Zusammenhang Zwischen Wissenschaft Und Offenbarung: Zwölf Vorträge Gehalten Zu Rom...

Nicholas Patrick Wiseman, Benedikt Weinhart

Nabu Public Domain Reprints:

You are holding a reproduction of an original work published before 1923 that is in the public domain in the United States of America, and possibly other countries. You may freely copy and distribute this work as no entity (individual or corporate) has a copyright on the body of the work. This book may contain prior copyright references, and library stamps (as most of these works were scanned from library copies). These have been scanned and retained as part of the historical artifact.

This book may have occasional imperfections such as missing or blurred pages, poor pictures, errant marks, etc. that were either part of the original artifact, or were introduced by the scanning process. We believe this work is culturally important, and despite the imperfections, have elected to bring it back into print as part of our continuing commitment to the preservation of printed works worldwide. We appreciate your understanding of the imperfections in the preservation process, and hope you enjoy this valuable book.

Zusammenhang zwischen Wissenschaft und Offenbarung.

Zwölf Vorträge,
gehalten zu Rom
von
Cardinal Wiseman.

In deutscher Uebersetzung herausgegeben
von
Dr. Daniel Haneberg.

Nach der neuesten Auflage des Originals verbessert und vermehrt
von
Dr. Benedikt Weinhart,
Professor der Dogmatik am k. Lyceum in Freising.

Dritte Auflage.

Mit einer illuminirten ethnographischen Karte der alten Welt und vier Tafeln.

Regensburg, 1866.
Druck und Verlag von Georg Joseph Manz.

69423143

„Die Wissenschaft ist da, die Religion zu pflegen."
Sadi's Rosengarten. VIII. 4.

LOAN STACK

Vorrede des Uebersetzers.

In einer Zeit, wo der Verkehr der Nationen so lebendig ist, und die geistige Fruchtbarkeit eines Landes dem gesteigerten Bedürfnisse nicht mehr genügen kann, ist es im Allgemeinen noch kein Beweis von dem Verdienste eines Werkes, wenn es in eine fremde Sprache übersetzt wird. Wenn aber ein katholisches Buch ernsten, religiösen Inhalts durch Uebersetzungen sich in den verschiedenen Ländern einbürgert, dann ist dieß nicht bloß ein vielstimmiges Zeugniß für seinen innern Werth, sondern es verräth auch, daß das den Katholiken aller Zungen Gemeinsame, daß der Geist der Kirche darin einen treuen und lebendigen Ausdruck gefunden hat und

*

einem herrschenden Bedürfnisse des Menschengeistes entgegenkommt. — Wie wenige Produkte der neuern Literatur ist das vorliegende Werk ein Gemeingut der Katholiken vieler Länder geworden: nicht bloß Deutschland und Frankreich haben es sich angeeignet, sondern auch in Spanien und Portugal, ja selbst in Schweden hat es durch Uebersetzungen Eingang gefunden.

Diesen großen Erfolg verdankt es sowohl der Grundidee, die es im Ganzen verfolgt, als auch den Mitteln, mit denen es dieselbe im Einzelnen anstrebt. Glänzende Beredsamkeit und gründliche Gelehrsamkeit würden diese Vorträge empfehlen, auch wenn sie nicht einem höhern Ziele gewidmet wären, sondern nur dienen sollten, die Ergebnisse der neuern Wissenschaft in ihren verschiedenen Richtungen auf populäre Weise darzulegen. Wenige waren für eine solche Aufgabe so ausgerüstet, wie der Verfasser: denn die verschiedensten Zweige des Wissens hat er mit gleicher Klarheit und Gründlichkeit erfaßt, und wenn überhaupt die Fähigkeit, die Resultate gelehrter Forschung allgemein zugänglich zu machen, in England gewöhnlicher ist, als bei uns, so verbindet er mit dieser Gabe noch eine Tiefe des Gedankens und einen Schwung der Rede, der weit über die Schranken trockener Verständlichkeit hinausstrebt und den Leser zu einem höhern Ziele mit fortreißt.

Vorrede des Uebersetzers.

Dieses Ziel, für das so glänzende Kräfte in Bewegung gesetzt werden, ist die Versöhnung der Wissenschaft mit der Offenbarung. Es ist aber nicht die abstrakte Wissenschaft, die Philosophie, nicht die allgemeine Frage von dem Verhältnisse zwischen Glauben und Wissen, die den Gegenstand unseres Werkes ausmacht: sondern es sind die einzelnen positiven Wissenschaften, die Philologie, die Ethnographie, die Archäologie ꝛc., die in ihrer Entfernung und in ihrer Annäherung an die geoffenbarte Religion geschildert werden. Das erfreuliche Ergebniß dieser geschichtlichen Darstellung ist dieß: daß jede Wissenschaft nur in den rohen Anfangsstufen ihrer Entwickelung in feindselige Stellung zu der Offenbarung tritt; daß sie aber in demselben Maaße, wie sie in ihrer Ausbildung fortschreitet, sich mit den geoffenbarten Lehren in Einklang setzt. So schildern denn diese Vorträge mit Begeisterung den Sieg der Kirche im Kampfe mit den geistigen Gewalten, welche die neuere Zeit gegen sie aufgeboten hat, und die ihr gefährlicher zu werden drohten, als selbst die blutigen Verfolgungen des Alterthums. — Mit der Freude über die schon gewonnenen Siege weckt das Buch zugleich das Vertrauen und die Zuversicht für die Zukunft. Es fehlt auch in unserer Zeit nicht an ängstlichen Gemüthern, die mit banger Sorge auf die Fortschritte der

Wissenschaft hinblicken, und ebenso wenig fehlt es an widerlichen Erscheinungen, welche diese Besorgnisse zu rechtfertigen scheinen. Doppelt erhebend ist es da, wenn ein Mann, der in der Wissenschaft nicht weniger hoch steht als in der Kirche, die Zagenden ermuthiget, das gesunkene Vertrauen zur Wissenschaft aufrichtet und die Bürgschaften aufzählt, die ihr bisheriger Verlauf für ihre künftigen Ergebnisse liefert. In diesem unerschütterlichen Vertrauen, das ebenso sehr aus der Festigkeit seines Glaubens als aus der Gründlichkeit seines Wissens hervorgeht, kann er mit Sicherheit den endlichen Triumph des Glaubens über alle Phasen gelehrten Irrthums vorhersagen. So ist er nicht bloß der Geschichtschreiber, sondern auch der Prophet der Siege der Offenbarung im Gebiete der Wissenschaft, und darum ist es erklärlich, wie die Gläubigen so vieler Nationen, denen der Triumph der ewigen Wahrheit am Herzen liegt, dieses Buch mit Freuden aufnahmen und bei sich heimisch machten.

Auch wir rechnen es uns zur Ehre an, dieses Werk durch eine Uebersetzung in die katholische Literatur Deutschlands eingeführt zu haben. Der Unterzeichnete theilte sich in diese Arbeit mit seinem Freunde, Professor Haneberg, jetzt Abt bei St. Bonifacius in München, indem er die Uebersetzung der Vorträge 3, 4, 5, 6, 9,

10 und 12 übernahm, wie dieß in der Vorrede zur ersten Auflage bemerkt ist. Es ist ihm besonders erfreulich, daß es ihm jetzt gegönnt wurde, die Mängel dieser ihrer Jugendarbeit nach Kräften zu verbessern, Mängel, die gewiß eine Entschuldigung verdienen, wenn man bedenkt, wie schwierig es ist, ein Werk zu übersetzen, das so verschiedenartige Gebiete der Wissenschaft umfaßt. — Möge man es ihm nicht als Unbescheidenheit deuten, wenn er es wagte, bisweilen kleine Anmerkungen beizufügen. Sie haben durchaus nicht die Absicht, das Werk des Meisters im Großen und Ganzen zu erweitern oder gar zu berichtigen; sondern sie sollten nur andeuten, welche Schritte seit dem Abschlusse dieser Vorträge die einzelnen Wissenschaften in den beregten Fragen weiter gethan: und andrerseits sollte die deutsche Literatur, der allerdings schon der Verfasser selbst eine höchst ehrenvolle Stelle im Texte eingeräumt hat, noch mehr hervorgehoben und auch in dieser Beziehung das Werk der deutschen Heimath näher gerückt werden. Wenn sie aber auch sonst zu nichts dienen, so mögen sie wenigstens Zeugniß geben von dem Eifer und der Sorgfalt, mit der ihr Verfasser sich dieses Buches angenommen hat. — Die Eintheilung in Paragraphen, nach Maaßgabe der im Originale den einzelnen Vorträgen vorgesetzten Inhaltsangaben, wurde, da sie ein-

mal in der ersten Auflage beliebt worden war, beibehalten, wenn auch in der Ziffer etwas beschränkt; der Gewinn an Uebersichtlichkeit und Klarheit wird vielleicht den Nachtheil der Incongruenz dieser Form mit einem lebendigen Vortrage aufwiegen. — Möge denn das treffliche Werk in dieser neuen Gestalt fortfahren, den Segen auszustreuen, den es bei uns, wie in so vielen andern Ländern, schon reichlich verbreitet hat.

Freising, an Allerheiligen 1855.

Dr. **Benedikt Weinhart**,
Professor der Dogmatik.

Vorrede des Verfassers.

In den folgenden Vorträgen wird dem Leser kaum ein gewisser Mangel an Harmonie zwischen den verschiedenen Theilen entgehen, und ich weiß nicht, wie ich mich darüber besser entschuldigen könnte, als durch kurze Angabe der Veranlassung und Weise ihrer Verfassung. Sie wurden zuerst für Privatbelehrung entworfen und im englischen Collegium zu Rom, dem ich vorzustehen das Glück hatte, gelesen, indem sie als einleitender Curs zum Studium der Theologie dienen sollten. Durch den Wunsch mehrerer Freunde wurde ich bewogen, sie öffentlich vorzutragen, und so wurden sie während der Fastenzeit 1835 vor einem großen und auserlesenen Kreise in den Gemächern Sr. Eminenz des Kardinals Weld gelesen.

Man wird leicht begreifen, wie viele Abänderungen für diesen zweiten Vortrag nothwendig waren, besonders da ich mich in meiner Ankündigung anheischig gemacht hatte, meine Gegenstände so einfach zu behandeln, daß sie auch Jenen verständlich würden, die keine vorhergehende Bekanntschaft mit denselben besäßen. Daher wurden viele Punkte nur oberflächlich berührt, die bei dem ersten Entwurfe weitläufiger entwickelt waren, während andere zu einer Breite ausgedehnt wurden, deren es nicht bedurfte vor akademischen Zuhörern, die mit den nothwendigen wissenschaftlichen Kenntnissen ausgerüstet waren. Der größere Theil der Vorlesungen wurde für diesen Zweck umgearbeitet.

Unter meinen Zuhörern zählte ich Männer, welche mich durch ihren Ruhm in den verschiedenen Fächern der Wissenschaft und Literatur von meinem weit verzweigten Vorhaben hätten zurückschrecken sollen; doch fand ich sie in ihrer Aufmerksamkeit unermüdet und in ihrem Urtheile ermunternd. Sie stimmten in den Wunsch ein, der von sehr vielen meiner Zuhörer zu wiederholten Malen ausgesprochen worden war, daß diese Vorlesungen dem Publikum mitgetheilt werden sollten, und ich ging nach England, hauptsächlich um dieses Begehren in's Werk zu setzen. Aber da schien eine neue Aenderung nothwendig, um sie für den Druck vorzubereiten.

Erstens wurden mehrere Theile, die ich bei dem zweiten Vortrage weggelassen hatte, wieder hergestellt, während mehrere elementare Einzelnheiten, die ich damals eingeschoben hatte, nicht mehr beseitigt wurden. Ich wünschte das Werk für verschiedene Klassen von Lesern interessant zu machen und hoffte, die Einmischung einiger wenigen Punkte, die ausschließlich für die Gelehrten bestimmt sind, würde dem Interesse, das der Plan im Ganzen für den gewöhnlichen Leser besitzen möchte, keinen Eintrag thun. Doch mußte eine gewisse Ungleichmäßigkeit daraus entspringen, indem manche Stellen an ganz andere Zuhörer gerichtet scheinen, als der größere Theil des Werkes.

Der zweite Grund zur Abänderung ist vielleicht genügender. Mein langer Aufenthalt im Auslande setzte

Vorrede des Verfassers.

mich außer Stand, mehrere neuere Werke, die über den Gegenstand dieser Vorlesungen handeln, zu Rathe zu ziehen, so daß ich in Bezug auf englische Bücher mit dem Dichter sagen könnte:

„Quod si scriptorum non magna est copia apud me,
  Hoc fit, quod Romae vivimus, illa domus." [1]

Nun verursachte die Lesung derselben in den Ansichten, die ich mir zuvor angeeignet hatte, gelegentliche Aenderungen. Aber selbst wenn ein Werk erst nach dem mündlichen Vortrage der Vorlesungen erschienen war, hielt ich es für räthlicher, es im Texte zu erwähnen, als es, bloß zur Vermeidung eines Anachronismus, ganz auszulassen. Ueberhaupt fühle ich wohl, daß ich weder Zeit noch Gelegenheit hatte, sie so zu verbessern, wie man etwa erwarten möchte, und daß ich noch manche andere Werke mit großem Vortheile hätte gebrauchen und zu Rathe ziehen können.

Die Form, in welcher daher meine bescheidenen Leistungen vor dem Publikum erscheinen, ist die einer dritten Ueberarbeitung, und, wenn die Bemerkung wahr ist, daß die zweiten Gedanken nicht die beßten sind, sondern die dritten Gedanken, welche die zweiten verbessern und sie zum Theil auf den lebendigern und natürlichern Eindruck der ersten zurückführen, [2] so mag ich diese kleine Erzählung dessen, was ich gethan, eher zum Zwecke einer Empfehlung als einer Entschuldigung vorzubringen scheinen.

Aber aufrichtig gesprochen, kann ich sagen, daß dem Auge keines Lesers, sei es auch noch so scharf, die Unvollkommenheiten meines Werkes mehr auffallen

---

[1] Catullus, „ad Manlium." 33.
[2] „Guesses at Truth."

werden, als meinem eigenen. Die Gegenstände, die es behandelt, sind mannigfaltig und haben mehr eine Erholung von ernstern Studien, als das Ziel meiner Fachstudien gebildet. Daß man seine zahlreichen Fehler beobachten und vielleicht strenge rügen wird, muß ich natürlich erwarten. Doch werde ich immer der Ueberzeugung sein, daß die Sache, für die ich spreche, ihren Schirm über ihre auch noch so unwürdigen Vertheidiger ausbreiten und ihnen das Wohlwollen Aller erwerben muß, die sie lieben und verehren. Mit Erfolg für sie kämpfen, wäre ruhmvoll; aber auch der Versuch, — dessen Mühe bei dieser Schrift nicht gering war, — kann gewiß nicht alles Verdienstes baar sein; und gerne will ich es als ein gutes Zeichen begrüßen, wenn mir der nachsichtige Leser zum Schlusse dieser meiner Vorrede die Worte des Dichters zuruft:

Μέγας ἀγών· μεγάλα δ' ἐπινοεῖς ἑλεῖν.
Μακάριός γε μὴν κυρήσας ἔσει.
ΠΟΝΟΣ Δ' ΕΥΚΛΕΗΣ.
        Euripid. Rhes. Act. I. v. 195.[1]

---

[1] Groß ist der Kampf, den du beginnest,
Und groß das Ziel, nach dem du sinnest;
Beglücken wird dich das Gelingen,
Doch schon die Müh' wird Ehre bringen.

Vorbemerkung des Verfassers
zur dritten Auflage.

Indem der Verfasser diese dritte Auflage dem Publikum darbietet, muß er sein Bedauern ausdrücken, daß sie nur als ein Abdruck der ersten erscheint. Seine gegenwärtigen Beschäftigungen lassen ihm wenig oder keine Muße zur Pflege der Literatur oder zur Fortsetzung jener Studien, welche die Lust seiner Jugend waren. Ob es der Vorsehung je gefallen wird, ihm eine Gelegenheit zu ihrer Wiederaufnahme zu gestatten, steht nicht in seiner Macht zu beurtheilen. Sollte ihm aber diese je gewährt werden, so wird er sie gewiß verwenden zur Vollendung von Werken, die durch die Erfüllung der Ansprüche eines höhern Berufes unvollkommen blieben; und zu keiner Arbeit wird er mit größerem Vergnügen zurückkehren, als zu einer solchen, die ihn in

Stand setzen wird, die Grundsätze dieses Werkes weiter zu bewähren. Je mehr er den Fortschritt jeder Wissenschaft, die hier behandelt wird, mit Aufmerksamkeit verfolgt hat, desto mehr Gründe fand er für seine Ueberzeugung, daß die Religion nichts zu fürchten hat von dem wohlberechtigten Fortschritte menschlicher Gelehrsamkeit.

London, 1. Juli 1849.

Inhalt.

	Seite
Vorrede des Uebersetzers	III
Vorrede des Verfassers	IX
Vorbemerkung des Verfassers zur dritten Auflage	XIII
Erster Vortrag: Ueber vergleichende Sprachkunde. I. Abtheilung	1
§. 1. Verhältniß der vergleichenden Sprachkunde zur biblischen Erzählung von der Völkerwanderung	7
§. 2. A. Geschichte der Sprachvergleichung. Erste Periode: Aufsuchung der Ursprache	11
§. 3. Zwei Hauptfehler dieser Methode	14
§. 4. Zweite Periode: Sammlung von Materialien	18
§. 5. Dritte Periode: Streben nach Ordnung und Eintheilung. Leibnitz	21
§. 6. Hervas, Katharina II., Pallas und Andere	26
§. 7. Sammlung von Vaterunsern; Adelungs Mithridates	31
§. 8. B. Ergebnisse der Sprachvergleichung. Erstes Ergebniß: Bildung von Familien	33
§. 9. Der indogermanische Stamm	34
§. 10. Die semitischen Sprachen	40
§. 11. Der malajische Stamm	40
§. 12. Zweites Ergebniß: Verringerung der unabhängigen Sprachen	43
§. 13. Das Keltische	44
§. 14. Das Finnische und Ungrische und die afrikanischen Sprachen	53

Inhalt.

		Seite
§. 15.	Rückblick	54
§. 16.	Gottes Finger im Menschenwerk	55

Zweiter Vortrag: Ueber vergleichende Sprachkunde. II. Abtheilung.

		Seite
§. 17.	Vergegenwärtigung des bisher Gewonnenen	59
§. 18.	Drittes Ergebniß: Verwandtschaft zwischen den verschiedenen Sprachfamilien	60
§. 19.	Gegenwärtiger Zustand dieser Wissenschaft	61
§. 20.	Ein Vorschlag zur Vermittelung. Irrthümer über die Entwickelungsfähigkeit der Sprachen	62
§. 21.	Humboldt's Urtheil über diesen Gegenstand	68
§. 22.	Möglichkeit einer Aenderung im grammatischen Bau einer Sprache	71
§. 23.	Vorschlag einer Regel für die Vergleichung der Wörter	75
§. 24.	Dr. Young's Anwendung der Wahrscheinlichkeitsrechnung auf die lexikalische Sprachvergleichung	78
§. 25.	Verwandtschaft der indogermanischen und der semitischen Sprachfamilie	80
§. 26.	Die Forschungen von Lepsius	81
§. 27.	Anwendung der bisherigen Resultate auf den biblischen Bericht	89
§. 28.	Zeugnisse der neuern Sprachforscher für die ursprüngliche Einheit der Sprache	90
§. 29.	Zeugnisse der neuern Sprachforscher über die Gewaltsamkeit und Plötzlichkeit der Sprachentrennung	98
§. 30.	Schwierigkeiten, die sich aus der Mannigfaltigkeit der amerikanischen Sprachen ergeben	104
§. 31.	Versuche von Vater, Smith-Barton und Malte-Brun, sie auf asiatische Sprachen zurückzuführen	106
§. 32.	Beweis ihrer Familieneinheit aus der Aehnlichkeit der Grammatik. Unterabtheilung in Gruppen	109
§. 33.	Erklärung der Menge dieser Sprachen aus dem wilden Zustande des Volkes	111
§. 34.	Zeugnisse für die asiatische Herkunft der Amerikaner. a) Ueberlieferungen	114
§. 35.	b) Chronologie	116
§. 36.	c) Ursagen	117
§. 37.	Das Prachtwerk über die amerikanischen Alterthümer	118
§. 38.	Zusammenhang der Sprachenbildung mit der Urgeschichte der Menschheit	120

Inhalt.

	Seite
§. 39. Providentieller Zusammenhang der verschiedenen Stufen der Religion mit den verschiedenen Sprachfamilien	122

Dritter Vortrag: Ueber die Naturgeschichte des Menschengeschlechtes. I. Abtheilung 126

§. 1. A. Geschichte dieser Wissenschaft. — Einheit der Menschenschöpfung bei Moses	129
§. 2. Die Rassen-Eintheilung bei den Alten, besonders bei Aristoteles	132
§. 3. a) Die Aegypter und Aethiopier, entsprechend der Negerrasse	133
§. 4. b) Die Scythen, germanische Stämme	136
§. 5. c) Die Thrazier, mongolische Stämme	144
§. 6. Schriftsteller der spätern Zeit	146
§. 7. Neue Versuche von Pownall und Camper. Camper's Gesichtslinie	147
§. 8. Blumenbach's System	149
§. 9. a) Verschiedenheiten im Schädelbau	150
§. 10. b) Verschiedenheiten in der Farbe der Haut, des Haares und der Iris	152
§. 11. Geographische Vertheilung der Stämme	155
§. 12. Unterschied zwischen Tataren und Mongolen	156
§. 13. Prichard	159
§. 14. Gegner der Einheit des Menschengeschlechtes	160
§. 15. B. Ergebnisse dieser Wissenschaft	165
§. 16. I. Schlüsse aus Analogien a) im Pflanzenreiche	167
§. 17. b) Analogien im Thierreiche	168
§. 18. II. Schlüsse aus sporadischen Abweichungen: a) mit den Rassenmerkmalen	175
§. 19. b) Die Stachelschwein-Menschen	176
§. 20. c) Ueberzählige Finger	179
§. 21. Moralische Aehnlichkeit aller Rassen	180

Vierter Vortrag: Ueber die Naturgeschichte des Menschengeschlechtes. II. Abtheilung.

§. 22. Beweis des wirklichen Ueberganges ganzer Völker zu einer andern Rasse aus der Sprachvergleichung	187
§. 23. a) Die Ungarn	189
§. 24. b) Tataren und Mongolen	191
§. 25. c) Die Kaukasier	193
§. 26. Entstehung der Negerrasse	194
§. 27. Das Klima, kein zureichender Erklärungsgrund	195

		Seite
§. 28.	Beispiele zum Belege für die Möglichkeit eines Ueberganges von der weißen zur schwarzen Farbe . .	197
§. 29.	a) Abyssinier	198
§. 30.	b) Suakin-Araber	198
§. 31.	c) Congoesen	199
§. 32.	d) Fulah, Joloffen und Mandingo's . . .	200
§. 33.	Beispiel eines wirklichen Ueberganges . . .	203
§. 34.	Widerlegung eines Einwurfes	204
§. 35.	a) Europäer in Ostindien	205
§. 36.	b) Europäer und Neger in Amerika . . .	206
§. 37.	Einfluß der Civilisation	207
§. 38.	a) Beispiele von den Selluks, den Bewohnern der Südseeinseln, den Mongolen und den Germanen .	208
§. 39.	b) Die Zahnbildung	210
§. 40.	Das Aufhören und Wiedereintreten früher thätiger Ursachen	213
§. 41.	Einwirkung solcher Ursachen auf die Rassenbildung .	218
§. 42.	Schattirungen und Uebergänge der verschiedenen Rassen	219
§. 43.	a) Polynesier	220
§. 44.	b) Malajen	223
§. 45.	c) Europäer	224
§. 46.	Der Nationaltypus in der Kunst	227
§. 47.	Einfluß der Nationalvorstellungen auf das Ideal moralischer Vollkommenheit	229
§. 48.	Anwendung auf die Authenticität des Evangeliums und die Vollkommenheit des Charakters Jesu .	230

Fünfter Vortrag: Ueber die Naturwissenschaften. I. Abtheilung 233

§. 1.	I. Die Medicin	235
§. 2.	Allgemeine Bemerkungen über die Zulässigkeit der Erörterung solcher Einwürfe	235
§. 3.	Läugnung des Todes und der Auferstehung Christi aus medicinischen Gründen	237
§. 4.	Beweis für die Wirklichkeit des Todes Christi aus medicinischen Gründen	239
§. 5.	Erzählung einer Kreuzigung nach dem Arabischen	244
§. 6.	Anwendung derselben Beweisart auf andere Punkte	245
§. 7.	II. Die Geologie	247
§. 8.	Geschichte dieser Wissenschaft. a) Systeme zur Vertheidigung der mosaischen Erzählung . . .	248

Inhalt.

		Seite
§. 9.	b) Systeme, die der heiligen Schrift widersprechen: Buffon und andere französische Schriftsteller	254
§. 10.	c) Rein wissenschaftliche Untersuchungen	256
§. 11.	Brydone über die Laven von Jaci Reale als Beispiel oberflächlicher Einwürfe	258
§. 12.	Berührungspunkte der Geologie und der heiligen Urkunden. A. Die Schöpfung	262
§. 13.	Zustand chaotischer Verwirrung unmittelbar nach der Schöpfung	263
§. 14.	Zeugnisse dafür in alten Kosmogonieen und bei den Vätern	265
§. 15.	Die Versteinerungen. Frage über ihre Entstehung	268
§. 16.	Cuvier's Entdeckungen	271
§. 17.	Beschreibung einiger vorweltlichen Thiere	273
§. 18.	Revolutionen im chaotischen Zustande der Schöpfung	275
§. 19.	Beständigkeit und Regelmäßigkeit der bei solchen Revolutionen thätigen Ursachen	277
§. 20.	Beaumont's Theorie von der Erhebung der Berge	279
§. 21.	Uebereinstimmung dieser Theorie mit der heiligen Schrift	281
§. 22.	Uebereinstimmung zwischen dem Gange der Schöpfung nach Moses und der Aufeinanderfolge der organischen Einschlüsse in den Schichten	282
§. 23.	Aeußerungen neuerer Geologen über die Uebereinstimmung zwischen der mosaischen Erzählung und der Geologie	286

Sechster Vortrag: Ueber die Naturwissenschaften. II. Abtheilung.

§. 24.	B. Die Sündfluth	290
§. 25.	1) Beweise für die Wirklichkeit der Sündfluth. — a) Entblößungsthäler	293
§. 26.	b) Findlinge oder Irrfelsen und andere Diluvial-Ablagerungen	295
§. 27.	Unmöglichkeit, diese Erscheinungen aus noch thätigen Ursachen zu erklären	301
§. 28.	Die Alpenblöcke	303
§. 29.	Elie de Beaumont's Anwendung der Erhebungs-Theorie auf die Sündfluth	305
§. 30.	c) Thierische Ueberreste	306
§. 31.	Ganze Thiere, die im Norden eingefroren gefunden werden	307

Inhalt.

		Seite
§. 32.	Knochenhöhlen	310
§. 33.	Menschenknochen in den Höhlen	312
§. 34.	Knochenbretzien	315
§. 35.	Einwurf: daß die geologische Fluth von der historischen der Zeit nach verschieden sei	315
§. 36.	2) Einheit der Sündfluth	319
§. 37.	3) Zeit der Sündfluth	323
§. 38.	Deluc's Zeitenmesser	324
§. 39.	a) Die Delta's	325
§. 40.	b) Die Dünen, Torfmoore ꝛc.	327
§. 41.	Saussure, Dolomien und Cuvier über die Zeit der Fluth	329
§. 42.	Schlußbemerkungen über die Naturwissenschaften	330

Siebenter Vortrag: Ueber die Urgeschichte. I. Abtheilung . 335

§. 1.	I. Indien	340
§. 2.	1) Astronomie. Bailly's Versuch, ihr außerordentliches Alter zu beweisen	342
§. 3.	Widerlegung durch Delambre und Montucla	347
§. 4.	Untersuchungen von Davis und Bentley über das Alter der indischen Astronomie	352
§. 5.	Das Zeitalter Rama's nach Bentley	357
§. 6.	Krischna's Epoche nach Bentley	358
§. 7.	Uebereinstimmende Urtheile von Schaubach, Laplace und Andern	360
§. 8.	2) Indische Chronologie	363
§. 9.	Ergebnisse der Forschungen von Jones, Wilfort und Hamilton	364
§. 10.	Versuche Heeren's, den Anfang der indischen Geschichte zu bestimmen	366
§. 11.	Entdeckungen von Obrist Tod	369
§. 12.	II. Andere asiatische Nationen	376
§. 13.	China	378
§. 14.	Japan	380

Achter Vortrag: Ueber die Urgeschichte. II. Abtheilung.

§. 15.	III. Aegypten	383
§. 16.	1) Historische Monumente	384
§. 17.	Geschichte ihrer Entzifferung	386
§. 18.	Der Rosetta-Stein	390
§. 19.	Erste Erforschung der demotischen Charaktere auf dem Rosetta-Steine durch Silvestre de Sacy, Akerblad und Young	391

Inhalt.   XXI

                                                        Seite
§. 20. Erforschung der hieroglyphischen Charaktere durch
       Young, Champollion und Bankes 393
§. 21. Gegner der neuen Entdeckung 399
§. 22. Anwendung der Entdeckung auf die ägyptischen Königs-
       reihen 401
§. 23. Anwendung der so gefundenen Chronologie auf die
       Beleuchtung der heiligen Schrift 402
§. 24. Champollion's biblische Gesinnung 405
§. 25. Schwierigkeiten in der Geschichte Joseph's durch die
       ägyptische Alterthumskunde erläutert 407
§. 26. Schweigen der Bibel vom Zuge des Sesostris . 411
§. 27. Denkmal am Lykus 413
§. 28. Hebung einer Schwierigkeit bei Ezechiel und Jeremias 417
§. 29. 2) Astronomische Monumente. Die Thierkreise von
       Dendera und Esneh, vorgeblich aus der Urzeit . 418
§. 30. Widerlegung durch die Entdeckungen von Bankes,
       Champollion und Letronne 420
§. 31. Nachweisung ihrer bloß astrologischen Bedeutung . 424

Neunter Vortrag: Ueber die Archäologie 431
§. 1. I. Münzen. Vereinigung eines anscheinenden Wider-
      spruches zwischen der Genesis und der Apostelgeschichte 431
§. 2. Fröhlich's Anwendung von Münzen zur Vertheidig-
      ung der Chronologie der Maccabäer 436
§. 3. Alexander, der erste König der Griechen betitelt . 438
§. 4. Zeit des Todes des Antiochus Evergetes . . 439
§. 5. Die Brüder Wernsdorf, Eckhel und Tochon d'Annecy
      über dieses Datum 441
§. 6. Die apameischen Münzen 444
§. 7. Ihre Geschichte 446
§. 8. Vergleichung dieser Darstellung mit andern Monu-
      menten 449
§. 9. II. Inschriften. 451
§. 10. Erklärung des Wortes regulus bei Joh. IV, 46 . 451
§. 11. Gibbon's und Dodwell's Behauptungen über die ge-
       ringe Zahl der christlichen Martyrer 453
§. 12. Ihre Widerlegung durch Inschriften 455
§. 13. Burnet's Einwurf widerlegt 458
§. 14. III. Monumente 459
§. 15. Der Gebrauch des Weines in Aegypten, gegen die
       Angabe der Bibel geläugnet 460

XXII Inhalt.

	Seite
§. 16. Vertheidigung durch Costaz, Jomard, Champollion und Rosellini	462
§. 17. Merkwürdige, in der Campagna Romana gefundene Vase, die sich auf die Sündfluth bezieht	464
§. 18. Die Eroberung Juda's durch Schischak, dargestellt zu Karnak	468

Zehnter Vortrag: Ueber orientalische Studien. I. Abtheilung. Heilige Literatur 473

§. 1. A. Kritische Wissenschaft	477
§. 2. Nutzen dieser Wissenschaft durch Anwendung auf einzelne Wörter und auf den ganzen Text	477
§. 3. Geschichte dieser Wissenschaft. 1) Altes Testament	479
§. 4. Houbigant und Michaelis	481
§. 5. Kennicott. Ermuthigung dieser Studien von Rom aus	482
§. 6. De Rossi	484
§. 7. 2) Neues Testament. Mill, Wetstein, Griesbach	485
§. 8. Hoffnungen der Freigeister von dieser Wissenschaft	486
§. 9. Ergebnisse. 1) Beweis der Reinheit des Textes im Ganzen und im Einzelnen	487
§. 10. 2) Sicherung gegen künftige Entdeckungen. Griesbach's Recensionen	491
§. 11. Widerlegung einer von Michaelis und Dr. Marsh erzählten Anekdote	495
§. 12. B. Biblische Philologie. I. Hebräische Grammatik	499
§. 13. Erste Periode ihrer Geschichte. Ihr Anfang unter den Christen	500
§. 14. Zweite Periode. Vergleichung mit verwandten Dialekten durch de Dieu, Schultens und die holländische Schule	501
§. 15. Dritte Periode. Die deutsche Schule: Michaelis, Storr, Gesenius	503
§. 16. Bedeutsamkeit dieser Wissenschaft für die Beweise der biblischen Wahrheiten	505
§. 17. Gesenius Anwendung der Grammatik zur Läugnung der messianischen Prophezie in Js. LII und LIII	507
§. 18. Widerlegung seiner Regel durch Ewald	510
§. 19. II. Biblische Hermeneutik. 1) Ihre Verwendung zu Angriffen auf die Kirchenväter	511
§. 20. Rechtfertigung des heiligen Augustinus und Hieronymus durch den Fortschritt dieser Wissenschaft	514

Inhalt.

XXIII

		Seite
§. 21.	2) Rechtfertigung der alten katholischen Exegeten durch denselben Fortschritt der Wissenschaft	518
§. 22.	3) Angriffe auf die heilige Schrift, besonders auf die Prophezieen durch die Verdorbenheit der Auslegungskunst in der rationalistischen Schule	521
§. 23.	Rückkehr zu gesunden Prinzipien. Hengstenberg	523
§. 24.	4) Einwurf von Michaelis gegen die Aechtheit der zwei ersten Kapitel des Matthäus aus dem Ausdrucke: „Erfüllt werden"	524
§. 25.	Beweis aus syrischen und arabischen Schriftstellern, daß dieser Ausdruck auch bei bloßer Anpassung von Schrifttexten gebraucht wird	526

Elfter Vortrag: Ueber orientalische Studien. II. Abtheilung. Profane Literatur 533

§. 1.	I. Erläuterungen einzelner Stellen. Sammlungen von Reise-Berichten über orientalische Sitten und Gebräuche	535
§. 2.	Joseph's Wahrsagebecher	536
§. 3.	Schätzung im Stammhaus	539
§. 4.	Geographische Erläuterungen	541
§. 5.	II. Orientalische Philosophie	542
§. 6.	Die orientalische Philosophie im engern Sinne	544
§. 7.	Die Mendäer oder Johannisjünger	546
§. 8.	Christologie der Samaritaner	552
§. 9.	Spuren der Trinitätslehre außer dem Christenthum, namentlich in der Tao-se-Lehre der Chinesen	553
§. 10.	Das Alter der indischen Philosophie	559
§. 11.	Forschungen von Colebrooke, den beiden Windischmann und Ritter	560
§. 12.	Probe einer Selbst-Mystifikation der Encyclopädisten	564
§. 13.	III. Morgenländische Geschichtsforschung. Merodach-Baladan	565
§. 14.	Einwürfe gegen den Ursprung des christlichen Cultus aus seiner Aehnlichkeit mit den Gebräuchen des Lamaismus	569
§. 15.	Beweis des neuern Ursprungs dieses Religionssystemes	571

Zwölfter Vortrag: Schluß 578

§. 1.	Bedeutung des gewonnenen, auf der Mannigfaltigkeit der angewandten Prüfungen beruhenden Beweises	581
§. 2.	Verstärkung desselben, die sich aus der Mehrheit der Verfasser und aus der Mannigfaltigkeit des Inhaltes der heiligen Schrift ergibt	584

		Seite
§. 3.	Verstärkung aus der Beschaffenheit der geprüften Thatsachen und der angezogenen Gewährschaften	585
§. 4.	Sicherheit der Religion gegen die Gefahr künftiger Entdeckungen	588
§. 5.	Interesse der Religion für den Fortschritt der Wissenschaft	590
§. 6.	Erste Klasse von Gegnern dieser Ansicht. Aengstliche Christen. Ihre Widerlegung durch die Kirchenväter	590
§. 7.	Stimmen aus der Kirche der spätern Zeiten	597
§. 8.	Zweite Klasse von Gegnern dieser Ansicht Die Feinde der Religion in neuern und ältern Zeiten	600
§. 9.	Ermunterung der Wissenschaften von Rom aus	601
§. 10.	Pflicht des Geistlichen, den Studien zu obliegen, um allen Einwürfen gewachsen zu sein	602
§. 11.	Aehnliche Pflicht aller Christen, je nach ihren Fähigkeiten	607
§. 12.	Nutzen, Vergnügen und Methode solcher Studien	608
Zusatz zu Seite 82.	Ueber die Uebereinstimmung zwischen den semitischen und indisch-europäischen Grammatikalformen	613

Erster Vortrag:

Ueber
vergleichende Sprachkunde.

I. Abtheilung.

Wäre uns vergönnt, Gottes Werke in der sichtbaren und in der geistigen Welt zu betrachten, nicht wie wir sie jetzt sehen, in Trümmern und kleinen Bruchstücken, sondern wie sie miteinander verwebt sind in dem großen Gewebe allgemeiner Harmonie; könnte unser Geist jeden Theil davon zusammen mit seinen allgemeinen und besondern Verbindungen, Verhältnissen und Beziehungen erfassen: so würde sich ganz gewiß zeigen, daß die von Ihm gestiftete Religion so vollständig in den allgemeinen Plan gehöre und passe, und so unentbehrlich darin sei, daß Alles in Verwirrung und Zerfall geriethe, wenn sie irgendwie könnte weggenommen werden. Und ein solcher Anblick ihrer Verwebung mit dem ganzen Haushalt und Bau der Natur wäre unter allen Beweisen, die man für ihre Wahrheit beibringen könnte, ohne Zweifel der überzeugendste. Aber das ist der große Unterschied zwischen der Wirkungsweise der Natur und der des Menschen, daß jene alle Theile ihrer Werke zu gleicher Zeit bildet und formt, während dieser sich auf einmal nur mit der Vollendung eines einzigen Theiles befassen kann;¹) und weil wir aus diesem Grunde in allen unsern Forschungen nur vereinzelte Gründe und Beweise nach einander und abgesondert in Betracht ziehen können, so wird ihre Gesammtstärke dadurch gar sehr abgeschwächt. Denn, wie der treffliche Baco richtig bemerkt: „Jener Einklang in den Wissenschaften, wonach ein Theil den andern unterstützt, ist der wahre und kürzeste Weg, alle Einwürfe geringerer Art zu widerlegen und zu beseitigen: und so soll es sein; wird dagegen jeder Satz, wie die Stäbe eines Bündels, einer um den andern hervorgezogen, so ist es leicht, etwas daran auszusetzen und sie nach Belieben zu biegen und zu brechen." ²)

Die Schwierigkeiten, welche uns die Beschränktheit unserer Fähigkeiten auf diese Art hemmend in den Weg stellt, sind durch althergebrachte Vorurtheile noch sehr vermehrt worden. Jahrhunderte lang ist es von Vielen für etwas Unnützes und beinahe Irreligiöses gehalten worden, eine Vermählung zwischen der Theologie und den andern Wissenschaften zu versuchen. Einige gehen in ihren Schriften, Viele in ihren Reden so weit, daß sie es für zulässig halten, einem Dualismus der Meinungen zu huldigen, indem sie gewisse Dinge festhalten, die sie als Christen glauben, und wieder andere, von denen sie als Philosophen überzeugt sind. Ein Solcher wird sagen, er glaube an die Schrift und an Alles, was sie enthalte; dessenungeachtet aber wird er sich zu irgend einem Systeme der Chronologie oder Geschichte bekennen, welches mit

---

¹) „Denn wenn der Künstler ein Bild haut oder schnitzt, so formt er bloß den Theil, woran er arbeitet, und weiter nichts; wenn dagegen die Natur eine Blume oder ein lebendiges Geschöpf hervorbringt, zeugt und gebiert sie zu gleicher Zeit die Keime aller Theile." Baco, „De augm. scient." Oxf. 1640. L. VII. p. 56).

²) Daf. S. 330.

ihr durchaus unvereinbar ist. Der Eine sieht nicht ein, wie es möglich sei, den mosaischen Schöpfungsbericht mit den Entdeckungen Cüviers in Uebereinstimmung zu bringen; ein Anderer meint, die Geschichte der Zerstreuung bei dem Thurmbau sei unverträglich mit der Menge der verschiedenen Sprachen der Gegenwart; ein Dritter hält es für äußerst schwierig, den Ursprung aller Menschen von Einem gemeinsamen Stammpaar zu erklären. Weit entfernt also die Religion oder ihre Wissenschaft, die Theologie als gleichberechtigte Schwester der andern Wissenschaften anzuerkennen, nimmt man an, sie bewege sich auf einem ganz verschiedenen Felde, und halte sich von ihnen in stets gleich weiter Entfernung: was allerdings jedem Zusammenstoße mit ihnen vorbeugt, aber auch keine gegenseitige Unterstützung zuläßt. Daher ist es auch kein Wunder, wenn die Theologie stets für ein Studium gilt, das nur einem bestimmten Stande angehörig und ohne allgemeines Interesse ist, und wenn man es für unmöglich hält, ihre Untersuchungen mit jenen mannigfaltigen Reizen auszustatten, welche uns an die Forschungen anderer Wissenschaften fesseln.[1])

Diese und ähnliche Erwägungen haben mich zu dem Unternehmen bewogen, mit dem ich heute beginne. Ich will nämlich versuchen, die Theologie einigermassen in den Kreis der andern Wissenschaften hineinzuziehen, indem ich zeige, wie schön sie durch sie alle beleuchtet, unterstützt und geschmückt wird; ich will zu erweisen streben, wie billig es wäre, daß der Philosoph sich vor ihren Entscheidungen beugte, überzeugt, daß sie durch seine Forschungen nur bestätiget werden; ich will den Einklang geoffenbarter und erforschter Wahrheiten zeigen und,

---

[1]) Als ein Muster des ungenügenden Verfahrens, womit die französische eklektische Schule Offenbarung und Wissenschaft zugleich zu trennen und zu vereinen sucht, sieh: Damiron, „Essai sur l'Histoire de la Philosophie en France." Bruxelles 1829. p. 471—474; oder: Carové, „Der Saint-Simonismus und die neuere Philosophie." Leipz. 1831. S. 42.

wenn gleich unvollkommen, ein ähnliches Bild darzustellen suchen, wie Homer auf dem Schilde seines Helden beschreibt: ein Bild von himmlischen Dingen und Bewegungen, die einer höhern Welt angehören, rings umsäumt und geziert mit Schilderungen mehr irdischer und alltäglicher Bestrebungen.

Die gegenwärtigen Vorträge haben demnach den Zweck, die Uebereinstimmung zwischen den Fortschritten der Wissenschaft und der Entwicklung der christlichen Wahrheiten nachzuweisen. Ehe ich aber hier weiter fahre, sei es mir gestattet, Ziel und Grenzen meiner Untersuchungen darzulegen. Schon aus der Feststellung meines Gegenstandes wird es ersichtlich sein, daß es nicht meine Absicht ist, mich auf das reichgepflegte Feld der natürlichen Theologie einzulassen oder die Fortschritte der Wissenschaft auf den daraus erwachsenden Beweis für eine weise, Alles leitende Vorsehung anzuwenden. Nur von der geoffenbarten Religion will ich handeln — von den Beweisen, die das Christenthum in seinen zahllosen Berührungen mit dem Laufe der Natur oder dem Gange menschlicher Ereignisse gewonnen hat. Und wenn ich das Wort Beweis gebrauche, so meine ich es in einem sehr weiten und allgemeinen Sinne. Denn Alles, was dazu dient, die Wahrheit irgend einer Erzählung des heiligen Buches zu bestätigen, zumal wenn dieselbe bloß menschlichen Augen unwahrscheinlich vorkommt oder mit andern Thatsachen nicht vereinbar zu sein scheint, muß nach meiner Ansicht auch dazu dienen, die Summe der Beweise für das Christenthum zu vermehren, da diese auf der Glaubwürdigkeit jenes Buches wesentlich beruhen. Jede Entdeckung, z. B. daß ein unbedeutendes Datum, welches bisher unerklärlich war, ganz richtig sei, hat außer der Befriedigung, die sie für den einzelnen Punkt gewährt, noch ein weit größeres geistiges Gewicht dadurch, daß sie das Vertrauen der Zuverläßigkeit auch in andern Stücken erweckt. Daher muß eine lange Untersuchung, die zu einer Entdeckung von scheinbar geringer Bedeutung führt, mehr nach dieser Gesammtwirkung als nach ihren unmittelbaren Ergebnissen beurtheilt werden.

Während aber, wie bemerkt, das Interesse Derer, welche nach Wahrheit forschen, es mit sich bringt, ihre Beweise so viel als möglich zu verallgemeinern und ihre Stellung auf der breitesten Grundlage zu nehmen, finden dagegen die Angreifenden immer am meisten ihren Vortheil in vereinzelten Einwürfen und stückweiser Untergrabung. Und dieses war der Kunstgriff, den sie von jeher gebraucht haben. Jede Wissenschaft wurde eigens ausgebeutet, und viele Einzel-Ergebnisse einer jeden wurden gesondert geltend gemacht, als hinreichend, die Schutzwehren des Christenthums umzustoßen. Diese wiederholten Angriffe müssen einen neuen Beweggrund zur Erforschung der wirklichen Ergebnisse der neuern Wissenschaft darbieten. Es ist wahr, daß die christliche Offenbarung auf allgemeinen Gründen ruht, die nicht so leicht durch vereinzelte Einwürfe zu erschüttern sind; es ist wahr, daß ihr innerer und äußerer Beweis aus mannigfaltigen und zahlreichen Gedanken besteht, welche so mächtig in einander verschränkt und verwachsen sind, daß ein theilweiser Angriff auf einen Punkt dem Ganzen gilt, so daß wir uns in größere Schwierigkeiten verwickeln, wenn wir in Folge eines einzelnen Einwurfes das ganze System des Christenthums für falsch halten, als wenn wir unser Unvermögen, zu antworten, gestehen und nichtsdestoweniger der angefochtenen Sache treu bleiben.

Aber obwohl so der weniger unterrichtete Christ seine Ueberzeugung ungestört bewahren kann, trotz der Schwierigkeiten, für die er keine unmittelbare Lösung sieht, so gibt es doch ein anderes Verfahren, das mehr Befriedigung, mehr Interesse gewährt und für Jene, in deren Macht es liegt, beinahe Pflicht ist: nämlich die Einwürfe kühn und geduldig zu prüfen und einen um den andern zu widerlegen, und zu diesem Zwecke kein ihnen zugängliches Mittel ungebraucht zu lassen, durch das sie sich die nothwendige Belehrung verschaffen können. Ueber unsern endlichen und vollständigen Erfolg dürfen wir durchaus keinen Zweifel hegen. Causa jubet melior superos sperare secundos.

Sind wir fest überzeugt, daß Gott ebensowohl der Urheber unserer Religion, wie der Natur sei, so müssen wir auch von Grund aus versichert sein, daß die Vergleichung seiner Werke in diesen beiden Ordnungen unausbleiblich ein übereinstimmendes Resultat liefern müsse. Es wird daher ein wesentlicher Theil meiner Aufgabe sein, zu zeigen, wie gerade dieselben Wissenschaften, woraus Einwürfe gegen die Religion entnommen wurden, sie in ihrem Fortschritte selbst gänzlich beseitigt haben; und deßhalb wird mein Gang in Behandlung der einzelnen Wissenschaften mit einer oder zwei Ausnahmen nothwendig geschichtlich sein. Auf solche Art werde ich einen bedeutenden Uebelstand vermeiden: ich brauche nämlich nicht vorauszusetzen, daß alle meine Zuhörer mit einer genauen Kenntniß so vieler verschiedener Fach-Wissenschaften ausgerüstet seien. Statt dessen hoffe ich vielmehr, eben mit dem Nachweise, welch namhafte Dienste jede Wissenschaft in ihrem Fortschritte der Religion geleistet hat, Ihnen zugleich eine kurze und einfache Einleitung in ihre Geschichte und Grundlehren darzubieten.

Wir werden sehen, wie die erste Stufe einer jeden zur Freude der Ungläubigen, wie zur Bestürzung der Gläubigen Einwürfe gegen die Religion aufbrachte; wie diese Studien Viele als gefährlich abschreckten; wie sie aber dann bei ihrer weitern Entwickelung zuerst die Schwierigkeiten beseitigten, die aus ihrem unvollkommenen Zustande sich ergeben hatten, und endlich sogar gediegene Beweise zu Gunsten der Religion an ihre Stelle setzten. Dieses berechtigt uns zu dem Schlusse, daß es wesentlich im Interesse der Religion liege, die Bestrebungen der Wissenschaft und der Literatur in ihren verschiedenen Gebieten zu ermuthigen.

§. 1.
Verhältniß der vergleichenden Sprachkunde zur biblischen Erzählung von der Völkertheilung.

Während ich in der Anordnung meiner Gegenstände eine gewisse natürliche Ordnung des Zusammenhanges beobachte, werde ich doch auch darauf bedacht sein, ihnen ein steigendes Interesse zu verleihen; und ich fürchte fast, mich eines Fehlers gegen die Taktik schuldig gemacht zu haben, indem ich die Wissenschaft, mit welcher ich jetzt beginnen will, an die Spitze des Ganzen stelle, da diese doch kaum das allgemeine Interesse der meisten folgenden haben kann; und doch bin ich sicher, daß sie Alles vollkommen rechtfertigen wird, was ich in diesen einleitenden Bemerkungen behauptet habe. Ich meine die Völkerkunde oder enger, die Eintheilung der Nationen nach den Ergebnissen der Sprachvergleichung — einer Wissenschaft, deren Alter, ich darf wohl sagen, die Grenzen unserer eigenen Erinnerung kaum übersteigt. Bei den Franzosen führt diese Wissenschaft auch den passenden Namen Linguistik (Sprachenkunde); auch ist sie unter dem Namen der vergleichenden Philologie bekannt. Diese Benennungen zeigen hinlänglich den Gegenstand und die Art und Weise dieser Wissenschaft an; ich habe daher um so weniger irgend eine andere Begriffsbestimmung derselben vorauszuschicken, als die allmählige Entwickelung meines Gegenstandes nach und nach den ganzen Umfang derselben zum Bewußtsein bringen wird.

Indem ich auf den Gegenstand eingehe, bin ich mir der Schwierigkeiten, von welchen er umgeben ist, vollständig bewußt: es ist eine Wissenschaft, die noch keine geschichtliche Darstellung erfahren hat und kaum Elementarwerke besitzt; ich mußte die Materialien zu der gegenwärtigen Skizze aus vielen Schriftstellern zusammen suchen. Eine einfache Geschichte dieser Wissenschaft wird aber, wie wir sehen werden, den mosaischen

Bericht von der Zerstreuung des Menschengeschlechtes in erfreulichster Weise bestätigen.

Es ist kaum nöthig, Ihnen diesen Ueberrest der Urgeschichte in's Gedächtniß zurückzurufen. Daß die Menschen von Einer Familie abstammten und nur Eine Sprache redeten, daß sie sich zu einem Zwecke, der mit den Planen der Vorsehung nicht übereinstimmte, vereinigten, und daß der Allmächtige in Folge davon ihre Sprache verwirrte und eine Mannigfaltigkeit der Zungen unter sie brachte, welche eine allgemeine Zerstreuung hervorrief: das sind in Kürze die Umrisse dieser ehrwürdigen Geschichte, wie sie in dem eilften Kapitel der Genesis erzählt wird.¹)

Nach der gewöhnlichen Auffassung der Ausleger dieser Stelle bestand jene Verwirrung nicht so fast in der Aufhebung der gemeinschaftlichen Sprache, als in der Einführung so mannigfaltiger Abänderungen, daß sie hinreichten, die Zerstreuung des Menschengeschlechtes zu bewirken. In der That konnte die lange und fruchtlose Bemühung, die Ursprache zu finden, bloß auf Grund dieser Voraussetzung unternommen werden.

Aber diese ganze Erzählung wurde von den Gegnern der Offenbarung als Mährchen oder Mythus behandelt.²) Philosophen mögen von uns aus unangefochten sich auf die Erörterung so abstrakter Fragen einlassen, wie diese: ob die Sprache die stufenweise Erfindung des Menschengeschlechtes

---

¹) (Eine treffliche Erklärung dieses Kapitels ist die Abhandlung von Fr. Kaulen „Die Sprachverwirrung zu Babel," Mainz 1861; worin die Fragen über den Ursprung der Sprache überhaupt und der Verschiedenheit der Sprachen insbesondere gründlich vom gegenwärtigen Standpunkte der Sprachwissenschaft aus behandelt werden. A. d. Ueb.)

²) „Das Buch Genesis hüllte ein Problem, welches noch keine Philosophie genügend gelöst hat, in einen bezeichnenden, ausdrucksvollen Mythus ein." Gesenius, „Gesch. der hebr. Sprache und Schrift." S. 13. (Sieh Gebdes' Vorrede zu seiner [englischen] Uebersetzung des Pentateuchs. 1792. S. XI.)

sein konnte, oder die freie Gabe Gottes gewesen sein mußte, wie Dr. Johnsohn, Anton und Bonald behaupten;[1] oder aber weder eine bloße Gabe, noch eine Erfindung, sondern nach der Ansicht W. v. Humboldts, ein nothwendiges und sich von selbst ergebendes Resultat der Organisation des Menschen.[2] Wir können ihnen auch das unschuldige Vergnügen gestatten, zu erörtern, ob eine solche Erfindung mit den Hauptwörtern begonnen haben möge, wie Dr. Smith meint,[3] oder mit den Empfindungslauten, wie der Präsident de Brosses und Herder vermuthen.[4] So lange ein bloß imaginärer Schauplatz für die in einer solchen Entdeckung handelnden Personen angenommen wird, so lange wir mit de Brosses von Kindern reden, die der Pflege der Natur anheim gestellt sind, oder mit Soave

---

[1] Boswell's „Leben." Erste Ausg. Bd. II. S. 417. K. G. Anton, „Ueber Sprache, in Rücksicht auf Geschichte der Menschen." Görlitz 1799. S. 31. — Beattie, "Theory of Language." Lond. 1788. p. 95. Dieser Satz ist die Grundlage des Systemes von Bonald, wurde aber eifrig bekämpft von Tamiron a. a. O. S. 221., Cousin, Vorrede zu Maine de Biran's „Nouvelles Considerations," Paris 1834. p. XV. u. a. m.

[2] „Die Sprache muß, nach meiner vollsten Ueberzeugung, als dem Menschen inne wohnend betrachtet werden; denn als das Werk seines Verstandes in seiner einfachen Erkenntniß ist sie absolut unerklärlich. . . . . Die Sprache konnte nicht erfunden werden, ohne daß ihr Typus im Menschen präexistirte." Nach einigen sehr interessanten Bemerkungen fügt er bei, daß die Sprache doch nicht als etwas fertig Gegebenes, sondern als etwas aus ihm selbst kommendes betrachtet werden müsse. „Ueber das vergleichende Sprachstudium, in Beziehung auf die verschiedenen Epochen der Sprachentwickelung." In den „Verhandlungen der k. Akademie der Wissenschaften in Berlin: hist. phil. Klasse." 1820—21. Berlin 1822. S. 247.

[3] "Theory of Moral Sentiments." Edinb. 1813. Vol. II. p. 361.

[4] De Brosses, „Traité de la Formation méchanique des langues" (anonyme). Paris 1765. Tom. II. p. 220. Herder, „Nouveaux Mémoires de l'Académie R. des Sciences." Berlin 1783. p. 382.

von zwei isolirten Wilden, ist das Feld offen und die Untersuchung ohne Gefahr.

Aber andere Schriftsteller haben ihre Spekulationen über diesen Gegenstand auf das Gebiet der Geschichte übergetragen; so nimmt z. B. Maupertuis an, das Menschengeschlecht sei ursprünglich ohne Sprache gewesen, bis die verschiedenen Zweige desselben allmählig besondere Mundarten erfunden hätten.¹) Rousseau und Volney schildern den Menschen als das „mutum et turpe pecus" der Alten; nach den Worten des Letztern, „gleichsam vom Zufall auf ein wildes, verworrenes Land geworfen, eine Waise, verlassen von der unbekannten Hand, die ihn hervorgebracht,"²) hatte er nun aus sich selbst die ersten Grundanfänge des geselligen Lebens zu entdecken, so ziemlich nach dem Princip und Vorgang, welchen der epikureische Dichter beschreibt:

> Ergo si variei sensus animalia cogunt,
> Muta tamen quom sint, varias emittere voces:
> Quanto mortaleis magis aequum est tum potuisse
> Dissimileis alia atque alia res voce notare.³)

Diese Ansicht von dem Ursprunge der Sprache wird gegenwärtig nicht selten wieder vorgebracht. So veröffentlichte Charles Nodier eine Reihe von Artikeln unter dem Titel: „Notions élémentaires de Linguistique" in der Zeitschrift „Le Temps" (September und Oktober 1833), worin er behauptet, die Sprache sei das Werk menschlicher, durch

---

¹) „Dissertation sur les differens moyens dont les hommes se sont servis pour exprimer leurs idées." — „Hist. de l'Académie Roy." Berl. 1756. p. 335.

²) „Ruines." Paris 1820. p. 37. „Causes de l'Inégalité entre les Hommes." Oeuvres complètes. Paris 1826. p. 40.

³) „Fühlt nun das Thier sich gedrängt von mannigfacher Empfindung,
Auszustoßen vielfältigen Laut, ob stumm auch geschaffen:
Wie viel mehr muß billig sodann dem Menschen gegönnt sein,
Daß er mit wechselndem Laut die wechselnden Dinge bezeichne."
Lucretius V. 1086.

sich selbst wirksamer Kräfte. Selbst Schriftsteller, auf welchen nie der Verdacht ruhte, gegen die Bibel streitende Meinungen gehegt zu haben, scheinen sich manchmal demselben Wahne hinzugeben.[1]

Der Marquis de Fortia d'Urban geht weiter und läugnet zugleich mit der Geschichte der Zerstreuung, wie wir sie bei Moses lesen, auch die göttliche Eingebung des geschichtlichen Theiles der Schrift.[2]

Wird die Frage so aufgefaßt, so scheint sie die Glaubwürdigkeit der mosaischen Urkunden in Betreff der frühesten Menschengeschichte in sich zu befassen. Da wird es dann unsere Pflicht, gerade jener Wissenschaft weiter nachzugehen, welche solchen Einwürfen Ursprung oder Stärke gab; und wir werden bald einsehen, daß sie die Wahrhaftigkeit des jüdischen Geschichtschreibers um so mehr bestätiget hat, je mehr sie sich der Vollendung näherte.

A. Geschichte der Sprachvergleichung.

§. 2.
Erste Periode: Aufsuchung der Ursprache.

Die Geschichte des vergleichenden Sprachstudiums bietet unter den Wissenschaften des Geistes dieselben Erscheinungen dar, wie die Chemie unter den Wissenschaften der Natur. Während diese in einer fruchtlosen Jagd nach dem Steine der Weisen oder einem Mittel gegen alle Krankheiten befangen war, beschäftigten sich die Linguisten mit dem eben so fruchtlosen Unternehmen, die Ursprache aufzusuchen. Beiderseits wurden im Verlaufe der Untersuchungen unstreitig viele und

---

[1] Z. B. Dr. Murray in seiner „History of European Languages." Edinb. 1823. Vol. I. p. 28.
[2] „Essai sur l'Origine de l'écriture." Paris 1832. p. 10.

unerwartete Entdeckungen gemacht; aber erst, als ein festes Princip analytischer Forschung bei der einen wie bei der andern eingeführt war, wurde die eigentliche Natur ihrer Gegenstände bestimmt, und gewann man Ergebnisse von einem weit größern Werthe, als diejenigen gewesen wären, welche zuerst zu so mühsamer Geistesanstrengung Anlaß und Ermunterung gegeben hatten.

Der Wunsch, die Wahrheit der mosaischen Geschichte darzuthun, oder die Begierde, die durch göttliche Eingebung zuerst mitgetheilte Sprache kennen zu lernen, war die Triebfeder oder der Beweggrund der chimärischen Forschungen der alten Linguisten. Denn, schloß man, kann nur gezeigt werden, daß es eine Sprache gibt, welche gleichsam den Keim aller übrigen enthält und einen Mittelpunkt bildet, von welchem sichtlich alle andern ausgehen, so erhält die babylonische Sprachverwirrung eine schlagende Bestätigung; denn diese Sprache muß einst die allen Menschen gemeinschaftliche Sprache gewesen sein.

Aber hier trat ein ganzes Heer von Nebenbuhlern auf, welche ihre sich widerstreitenden Ansprüche mit so viel Zuversicht oder so viel Wahrscheinlichkeit geltend machten, daß eine befriedigende Entscheidung daraus nicht mehr zu hoffen war.

Die celtische Sprache fand einen eifrigen Vertheidiger an dem gelehrten Pezron;[1] die Ansprüche der chinesischen wurden von Webb und etlichen andern Schriftstellern mit Wärme vertreten.[2] Sogar noch in unsern Tagen — denn

---

[1] „Antiquité de la Nation et de la Langue des Celtes." Paris 1704.

[2] „Essay on the Probability that the Language of China is the primitive Language." Lond. 1669. „The Antiquity of China; or an Historical Essay endeavouring a Probability that the Language of China is the primitive Language." Lond. 1678.

das Geschlecht solcher Träumer ist noch nicht erloschen — sind Don Pedro de Astarloa, Don Thomas de Sorreguieta, und der Abbé d'Jharce=Bidassouet d'Aroztegni als Kämpfer für das Biskajische in die Schranken getreten, mit demselben Erfolge wie früher der grundgelehrte und schwerfällige Goropius Becanus seine Muttersprache, das Plattdeutsche, als die Sprache des irdischen Paradieses darstellte.¹)

Ungeachtet dieser wetteifernden Ansprüche schienen die sogenannten semitischen Sprachen, das heißt, die im westlichen Asien herrschenden, das größte Gewicht auf ihrer Seite zu haben; aber leider gab es auch hier unter den einzelnen Schwestern Eifersucht und Streit. Die Abyssinier rühmten sich, ihre Sprache sei der Mutterstamm, von welchem selbst das Hebräische entsprungen sei;²) eine Menge syrischer Schriftsteller leitete ihre Sprache in gerader Linie von Noe und Adam durch Heber ab;³) das Hebräische aber war der Prätendent, welcher die zahlreichsten Stimmen zu seinen Gunsten vereinigte. Von den Alterthümern des Josephus und den Targumim oder chaldäischen Paraphrasen des Onkelos und denen von Jerusalem⁴) bis auf Anton (i. J. 1800) haben

---

¹) Astarloa, „Apologia de la lengua Bascongada." Madrid 1803. Sorreguieta, „Semana Hispana=Bascongada la unica de la Europa, y la mas antigua del orbe." Madrid 1804. D'Jharce 2c. theilte seinen Prospektus in französischen Blättern 1821 mit. Sein Werk ist seitdem, wie ich glaube, erschienen. Becanus, „Origines Antwerpianae." Antw. 1569. p. 534 seq.

²) Sieh die Vorbemerkungen zu der „Editio princeps" des neuen Test. Rom 1518.

³) Assemani führt sie in der „Biblioth. orient." Tom. III. part. I. p. 314. an; Ibn Chaledun, Mas'udi, Haider Rasi und andere arabische Schriftsteller sind derselben Meinung. Sieh Quatremère's gelehrten „Versuch" im „Nouveau Journal Asiatique." März 1835.

⁴) Joseph., „Archaeolog." L. I. c. 1. Die Targumim über Genes. XI, 1.

Christen und Juden dessen Ansprüche als beinahe endgültig entschieden betrachtet, und Namen vom ersten Range in der gelehrten Welt, ein Lipsius, Scaliger, Bochart und Vossius haben die Wahrheit vieler ihrer Theorieen auf die Gewißheit dieser Meinung gebaut.

Der gelehrte und scharfsinnige Molitor indeß, welcher zur Bestätigung der katholischen Wahrheit die Schatzkammern der rabbinischen Literatur ausgebeutet hat, anerkennt, daß die jüdische Tradition, welche das Hebräische zur Sprache der ältesten Patriarchen und selbst Adams macht, in ihrem buchstäblichen Sinne unzuläßig sei; „doch muß," fügt er sehr scharfsinnig bei, „wenn die Bibel das Buch der göttlichen Offenbarung sein soll, die hebräische Sprache ein zwar verkörperter, aber doch treuer Abdruck jener ersten reinen Ursprache sein, wie der gefallene Mensch einige Spuren der ursprünglichen Größe bewahrt hat." [1]

§. 3.

Zwei Hauptfehler dieser Methode.

Das war der Gegenstand, welchem das vergleichende Sprachstudium in der Regel anfangs seine Aufmerksamkeit zuwendete. In der Art, wie dabei verfahren wurde, lassen sich zwei wesentliche Fehler bemerken, — beide eine Folge des beschränkten Standpunktes, von welchem aus die Untersuchungen angestellt wurden. Der erste war, daß man, wie es scheint, kaum eine andere Verwandtschaft unter Sprachen anerkannte, außer die der geradlinigen Abstammung. Nebeneinander herlaufende Abstammung von gemeinsamer Wurzel kam den Gelehrten kaum irgend einmal in den Sinn: sobald zwei Sprachen eine Aehnlichkeit miteinander

---

[1] „Philosophie der Geschichte oder über die Tradition." Erster Band. S. 329 f.

hatten, schloß man sogleich, die eine müsse aus der andern entstanden sein.¹) Diese Art zu schließen tritt besonders bei solchen Schriftstellern hervor, welche über die semitischen Dialekte handeln; indeß gibt es auch sonst merkwürdige Beispiele davon.

So wurde von Lipsius und Salmasius schon früh eine Verwandtschaft zwischen der persischen und deutschen Sprache wahrgenommen;²) aber man wußte diese Erscheinung nicht anders zu erklären, als daraus, daß die eine von der andern müsse entlehnt haben. „Die heutige persische Sprache," sagt der gelehrte David Wilkins, „ist aus vielen morgenländischen und europäischen Wörtern zusammengesetzt, nämlich aus lateinischen, deutschen und griechischen."³) Früher hatte Walton die nämliche Meinung als etwas ganz Gewisses ausgesprochen. „Wie das persische Volk selbst ein Gemisch aus Griechen, Italern, Arabern und Tataren ist, so ist auch seine Sprache aus denen dieser Völker zusammengesetzt."⁴)

Dieses Princip verleitete den scharfsinnigen und gelehrten

---

¹) Folgende Stelle von einem Autor, mit dessen Meinungen ich übrigens selten übereinstimme, mag diese Behauptung erläutern: „Man muß sich die Völker und Sprachen nicht in absteigender Linie vorstellen. Unter ihnen findet kein Recht der Erstgeburt Statt. Die Frage, welche man oft aufwerfen hört, ob die Sprache A älter sei, als die Sprache B, ist kindisch und hat eben so wenig Sinn, wie in der Regel die scholastischen Streitreden in Betreff der Stammsprachen." „Principes de l'Etude comparative des Langues," par le Baron de Mérian. Paris 1828 p. 12.

²) Lipsius, „Epist. ad Belgas." Antw. 1602—1604. Salmasius, „De ling. Hellenist." p. 378. Von Scaliger wird oft angeführt, er habe diese Aehnlichkeit bemerkt; aber im 228sten Briefe an Pontanus schreibt er: „Nichts kann einer andern Sache unähnlicher sein, als das Deutsche dem Persischen."

³) Vorrede zu Chamberlayne's „Oratio Dominica." Amst. 1715. p. 7.

⁴) Prolegom. XVI. §. 2.

Reland zu einem andern, noch sonderbareren Irrthume über den nämlichen Gegenstand. Er hatte die indischen Wörter, welche in alten Schriftstellern aufbewahrt sind, gesammelt, und fand, daß viele derselben durch das Persische erklärt werden könnten. Allein dieß brachte ihn nicht zu der Vermuthung, daß zwischen der indischen und persischen Sprache eine Verwandtschaft bestehe; sondern da er keine Gründe fand, die ihn zu der gewöhnlichen Auskunft einer Entstehung der einen aus der andern berechtiget hätten, so war er unfähig, dieses Räthsel nach irgend einem damals bekannten Principe zu lösen; er schloß daher, die so gesammelten Wörter seien nicht indisch, sondern persisch, und wenn die Alten sie für indisch ausgeben, so sei dieß ein Mißverständniß von ihnen.¹) Selbst in neuerer Zeit wollte Abbé Denina²) die Verwandtschaft zwischen dem Deutschen und Griechischen nicht anders erklären, als durch die Annahme, daß die alten Deutschen eine Kolonie aus Kleinasien gewesen seien; so daß wir wahrhaftig mit dem Dichter ausrufen möchten:

> Hic quoque sunt igitur Grajae, quis crederet, urbes
> Inter inhumanae nomina barbariae;
> Huc quoque Mileto missi venere coloni,
> Inque Getis Grajas constituere domos.³)

Der zweite Irrthum in der Methode dieser Wissenschaft bestand darin, daß sie sich fast nur mit Ableitung und nicht mit Vergleichung abgab. Da die erwähnten Schrift-

---

¹) „De Veteri Lingua Indica Dissertat. Miscellan." Traject. ad Rhen. 1713. Tom. I. p. 209.

²) „Sur les Causes de la Différence des Langues," Nouveaux Mémoires de l'Académie Royale, 1783. Berlin 1785. p. 542.

³) Ovid., „Trist." L. III. El. IX.:
Also auch hier, wer glaubte es wohl, sind griechische Städte
Unter dem Namengewisch eines barbarischen Volkes;
Hieher auch von Milet entsendet sind Siedler gekommen,
Mitten im getischen Volk griechische Häuser zu bau'n.

steller die Abstammung anderer Sprachen von derjenigen, für welche sie Partei genommen hatten, beweisen wollten, so waren sie nothwendig zu diesem Auskunftsmittel getrieben. Aehnlichkeit von Wörtern oder Formen hätte bloß eine Seiten-Verwandtschaft unter den Sprachen, worin sie vorkommen, begründen können; daher wollte man lieber in der Lieblingssprache ein vermeintliches Urwort ausfindig machen, welches die Bedeutung des untersuchten Ausdruckes gleichsam im Keime enthielt, als seine Verwandtschaften durch die Schwestersprachen hindurch verfolgen, oder sogar die Ableitung desselben aus offenbaren Bestandtheilen in seiner eigenen Sprache versuchen. So leitet, wenn ich mich recht erinnere, Jennings irgendwo in seinen jüdischen Alterthümern das griechische Wort Asyl ἄσυλον von dem hebräischen אשל eschel, „Eiche, Hain" her, trotz der einfachen Ableitung, welche von den Alten angegeben wird, nämlich ἀ privativum, „un-," und συλάω „wegnehmen, rauben," was zusammen die Bedeutung „unverletzlich" bildet. Mit gleichem Rechte könnten wir das englische Zeitwort cut off (abhauen, abschneiden) von dem syrischen קטף Kataf ableiten, welches das Nämliche bedeutet.[1]) Vielgelesene Werke, welche die Rechtsansprüche der hebräischen Sprache vertreten, wimmeln noch heut zu Tage von derlei sonderbaren Ableitungen. Auch andere Schriftsteller verschmähten diese Methode nicht. So zum Beispiel erklärt Becanus jeden Namen, der sich in der Urgeschichte der Genesis findet, aus dem Holländischen; und wenn er in seiner lieben Muttersprache eine mögliche Auflösung derselben entdeckt, so macht er triumphirend den Schluß, diese Namen seien in dieser Sprache gegeben worden. Wer kann noch einen Augenblick zweifeln, daß Adam

---

[1]) (Deutsche könnten das Wort „Gebilde" ebensogut für syrisch halten, da Gebilto im Syrischen nichts anders bedeutet, als das gleichlautende Wort in unserer Sprache. Anm. d. Uebers.)

und Eva plattdeutsch redeten, wenn er hört, daß der Name des ersten Mannes sich deutlich in Hat (Haß) und Damm zerlegen läßt, weil er als Damm gegen den Haß der Schlange dastand; und der seiner Gattin in E (Eid, Bund) und Vat (Gefäß, Faß), weil sie das Gefäß des Eides, oder der Verheißung eines Erlösers war.[1]

§. 4.
Zweite Periode: Sammlung von Materialien.

Um aber unsern Gegenstand nicht aus dem Auge zu verlieren: die Fehler, welche ich in der frühesten Geschichte unserer Wissenschaft bezeichnet habe, waren die natürliche Folge des Zieles, das sie verfolgte. Ehe man irgend günstige Ergebnisse hoffen durfte, mußte nothwendig zu gleicher Zeit sowohl der Gesichtspunkt, als das Feld des Sprachforschers erweitert werden. Es war nothwendig, nach einer neuen Methode und ohne die heillose Systemsucht zu beginnen, und die Sammlung von Thatsachen war die unerläßliche Grundlage solcher Fortschritte. „Hier wie anderwärts," sagt Abel-Remüsat, „hat man damit angefangen, Systeme zu bauen, statt sich auf die Beobachtung der Thatsachen zu beschränken."[2]

Hätten die Neuern ihre Studien bei diesem ersten Punkte beginnen müssen, so wären gewiß viele Jahre verflossen, ehe sie zur Reife gelangt wären; denn die Sammlung des Stoffes hätte eine beträchtliche Zeit erfordert. Glücklicher Weise hatten indeß die ältern Schriftsteller hierin Manches gethan, wenn gleich ohne bestimmten Plan. Reisende hatten aus Ländern, welche sie besucht hatten, unter andern Seltenheiten Verzeichnisse von Wörtern mitgebracht; Missionäre, nach

---

[1] A. a. O. S. 539.
[2] „Recherches sur les Langues Tartares." Paris 1820. p. XVIII.

höhern Zielen strebend, lernten die Sprachen von Völkern, welche sie bekehrten, und schrieben Elementarwerke zu ihrer Unterweisung. Aus diesen beiden Quellen flossen die Sammlungen, welche zur Verfolgung des vergleichenden Sprachstudiums nothwendig waren.

Der erste Reisende, welcher daran dachte, seinen Bericht mit Verzeichnissen von fremden Wörtern auszustatten, war der unterhaltliche und leichtgläubige Pigafetta, welcher Magelhaens bei der ersten Reise um die Welt begleitete. Am Schlusse seines Tagebuches beschenkt er uns mit drei sehr magern Wörterbüchern: das erste ist brasilianisch, das andere, seinem patagonischen Riesen abgefragt, dessen Gestalt in seinem Buche so sehr in die Augen fällt, ist aus der tehuelischen Sprache, das dritte von Tidore, einer der Molukken.[1]) Seinem Beispiele folgten spätere Seefahrer; beinahe jeder Reisende, welcher neue Länder erforschte, oder in den bereits gekannten zur vollständigern Belehrung eine Nachlese hielt, sammelte Proben dieser Art, freilich oft ohne Urtheil, beinahe immer ohne Genauigkeit.[2]) Viele solche Sammlungen wurden auf Bibliotheken niedergelegt und in der Folgezeit von Gelehrten benützt. Der scharfsinnige Reland, dessen Arbeiten in diesem Gebiete der Literatur zu wenig beachtet worden sind, gab aus derartigen Handschriften der Bibliothek zu Leyden Vokabulare der malajischen, cingalesischen, malabarischen, japanischen und javaischen Sprache heraus. Auch gab er sich besonders Mühe, von Reisenden Proben der amerikanischen Sprachen zu sammeln.[3]) Auf gleiche Weise leisteten die Sammlungen von

---

[1]) Erster Band, dritte Ausg. des Werkes: „Navigationi et viaggi raccolti già da M. Giov. Bat. Ramusio." Ven. 1563. p. 370. — Die religiösen Begriffe sind im Wörterverzeichniß von Tidore arabisch ausgedrückt.

[2]) S. Balbi, „Introduction à l'Atlas Ethnographique du Globe." Paris 1826. p. 27 seq. u. p. C.

[3]) „De linguis insularum quarumdam orientalium Dissert.

Messerschmidt, die er während seines siebenjährigen Aufenthaltes in Sibirien angelegt und in der kaiserlichen Bibliothek zu St. Petersburg niedergelegt hatte, dem Sprachforscher Klaproth ausgezeichnete Dienste, als er seine Asia polyglotta verfaßte.[1]

Religiöse Bücher waren natürlich die ersten, welche von Missionären zum Gebrauche jener Nationen, die sie zum Christenthume bekehrten, gedruckt wurden, und diese enthielten unfehlbar das Gebet des Herrn. Dieses war also das zugänglichste Muster einer Menge von verschiedenen Sprachen und bot ein gleichförmiges Probestück für ihre Vergleichung dar. Kleinere Sammlungen davon hatten schon Schildberger, Postell und Bibliander gemacht; aber der Naturforscher Gesner faßte zuerst den Gedanken, es als Beispiel zu einer Uebersicht bekannter Sprachen zusammenzustellen, und im Jahre 1555 gab er seinen Mithridates heraus, welcher durch die erweiterte, aber weniger sorgfältige Ausgabe von Waser mehr bekannt wurde.[2] Das Verdienst dieses Werkchens besteht darin, daß es für spätere Bereicherungen einen Kern bildete; und obwohl wir lächeln müssen, wenn wir es neben seinem corpulenten

---

Miscell." Traject. 1708. Pars III. p. 57. Er fügt kurze Verzeichnisse von Wörtern bei, die auf der Salomonsinsel, auf Cocas, Neu-Guinea, Mosesinsel, Mu und Madagaskar im Gebrauche sind und schließt S. 137, daß allen das Malaiische zu Grunde liege. Dieses hat sich, wie wir sehen werden, im Wesentlichen bestätigt." „De linguis Americanis." Ibid.

[1] Paris 1823. p. VIII.

[2] „Mithridates Gesneri," Caspar Waserus recensuit et libello commentario illustravit. Tigur. 1610. Zwischen diesen zwei Ausgaben erschien das Werk zu Rom, ohne Nennung des Verfassers, als Anhang zu F. Angelo Rocca, „Bibliotheca Vaticana illustrata." Rom. 1591. p. 291—376. Der Verfasser gibt vor, er habe die Materialien selbst gesammelt, S. 310—364; jedoch hat er das ganze Gesner'sche Werk abgeschrieben, selbst mit Beibehaltung der Druckfehler, und nur etliche unbedeutende Zusätze beigefügt.

Namensgenossen von Adelung und Vater stehen sehen, so ist es doch erfreulich, die Spuren dieses ausgezeichneten Denkmals menschlicher Betriebsamkeit bis zu dem kleinen Wörterbuche Gesners zu verfolgen. Hier sind die Sprachen in alphabetischer Folge geordnet, die Hälfte davon aber falsch betitelt oder bestimmt, und wenn man hört, daß die Sprache der Götter einen eigenen Platz daselbst einnimmt, weil sich Homer in einer solchen Fiktion gefiel, so läßt sich leicht ermessen, wie viel kritischen Werth es besitze. Diese und die folgenden Sammlungen von Müller, Lüdeke, Stark und Anderen wurden vollständig verdunkelt und überflüssig gemacht durch die umfassendere Zusammenstellung von Wilkins und Chamberlayne, welche um den Anfang des vergangenen Jahrhunderts zu Amsterdam erschien.[1])

§. 5.
Dritte Periode: Streben nach Ordnung und Eintheilung. Leibnitz.

Dieser Zeitpunkt führt uns zu einer Periode, wo die Wissenschaft, so unvollkommen ihre Principien auch noch lange nachher mögen geblieben sein, wenigstens ein sehr weit ausgedehntes Feld zur Bearbeitung übernahm und den Charakter ihrer Beobachtungen und Versuche in der Art veränderte, daß der Weg zu wichtigern Entdeckungen bereitet wurde. Es ist vielleicht ihr Wendepunkt sowohl für die Völkerkunde als für die Religion.

Der Name Leibnitz ist das Bindeglied zwischen allen Wissenschaften des Zeitraumes, den wir jetzt erreicht haben. Wollten wir die Bestrebungen dieses großen Mannes mit Einem Worte ausdrücken, so müßten wir sagen: sie waren

---

[1]) „Oratio dominica in diversis omnium fere Gentium linguis versa." Editore J. Chamberlaynio. Amst. 1715. Briefe von Fr. Nicholson, Leibnitz und Wotton sind beigegeben.

Philosophie. Aber das wäre eine Unbild gegen seinen Ruhm; denn Viele beanspruchen und erlangen einen ähnlichen Namen, indem sie neues Licht auf irgend einen einzelnen Zweig der Wissenschaft werfen. Der Geist Leibnitz's glich dem Prisma seines großen Nebenbuhlers: der Eine Strahl brach sich bei dem Durchgange durch ihn in tausend mannigfache Farben, alle klar, alle leuchtend und in einander übergehend in beinahe unbemerkbaren Abstufungen von Licht, nicht von Schatten. In seinen Schriften folgen wir dem wechselnden Lichtstrahl, welcher durch den ganzen Kreis der Wissenschaften spielt; verfolgen wir ihn zurück bis in seinen Geist, so entdecken wir den Einen Quellpunkt, von dem all diese bunte Mannigfaltigkeit nach allen Richtungen ausläuft, — einen klaren und lebendigen Strom philosophischen Gedankens. In ihm fand zum ersten Male die Mathematik und die Moralphilosophie, die Geschichte und die Philologie eine gemeinsame Stätte, und selbst Gelehrte, die in einem dieser Fachstudien gründlich bewandert waren, huldigten dem Ansehen des Mannes, welcher so viel Geistesmacht besaß, sie alle zu umfassen und sie ihrer wechselseitigen Förderung dienstbar zu machen.

Von einem solchen Manne darf man wesentliche Fortschritte erwarten in jeder Wissenschaft, in der diese Vereinigung verschiedenartiger Befähigungen besonders nothwendig war. Eine solche war die Völkerkunde, und Leibnitz ist es, dem sie jene Principien verdankt, die ihr zuerst einen Platz unter den Wissenschaften anzusprechen gestatteten. Obwohl man nach einigen Stellen in seinen Werken annimmt, er habe die Rechte der hebräischen Sprache, als Ursprache zu gelten, vertreten, so verwirft er doch diese Ansprüche deutlich in seinem Briefe an Tenzel.[1]) Sei dem aber, wie ihm wolle, so muß zugege-

---

[1]) „G. Leibnitii Opera omnia." Edit. Dut. Tom. VI. part. II. p. 232. Eine ähnliche Ansicht spricht Hermann von der Haardt in einem Briefe an ihn aus. S. 235.

ben werden, daß er, so weit bloße Wortvergleichung reicht, zuerst gesunde Principien aufgestellt hat; ja es gibt schwerlich eine von den Anhängern dieses vergleichenden Systemes in neuerer Zeit ausgesprochene Analogie, die er nicht irgendwo vorgeahnt; mehrere seiner Hoffnungen sind erfüllt, viele seiner Muthmaßungen bestätigt worden.

Statt das Sprachenstudium auf den unnützen Zweck zu beschränken, den die frühern Philologen verfolgten, erkannte und empfahl er dessen Brauchbarkeit für die Förderung der Geschichte, um die Wanderungen alter Völker aufzuspüren und selbst über das Dunkel ihrer frühesten und unzuverläßigsten Berichte hinaus vorzudringen.[1] Diese Erweiterung des Zieles mußte natürlich eine Veränderung der Methode herbeiführen. Mochte sich Leibnitz gelegentlich zum Zeitvertreib in spielenden Ableitungen ergehen, so sah er doch deutlich ein, daß man, um den Kreis der Brauchbarkeit, die er jener Wissenschaft zu geben wünschte, zu erweitern, eine Vergleichung zwischen Sprachen anstellen müsse, die räumlich sehr weit von einander entfernt wären. Er klagt, daß die Reisenden in Sammlung von Sprachproben nicht fleißig genug seien,[2] und sein Scharfsinn

---

[1] „Ich finde nichts so geeignet, über Verbindungen der Völker zu urtheilen, wie die Sprachen. So zum Beispiel lehrt uns die Sprache der Abyssinier, daß sie eine Ansiedelung von Arabern sind." Lettre au P. Verjus, ib. p. 227: „Quum nihil majorem ad antiquas populorum origines indagandas lucem praebeat, quam collatio linguarum" etc. „Desiderata circa Linguas Populorum." Ib. p. 228. La Croze („Commerc. Epistol." Lips. 1712. Tom. III. p. 79.) und Reland (a. a. O. S. 78.) fassen dieses Studium vom nämlichen Standpunkte auf.

[2] „Schade, daß die Verfasser von Länderbeschreibungen und Reiseberichten Muster von den Sprachen der Völker beizufügen unterlassen; denn das würde dazu dienen, deren Ursprung aufzuhellen." „Monumenta varia inedita, ex Musaeo J. Feller. Jena 1717. Trim. XI. p. 595.

führte ihn zu dem Vorschlage, daß sie alle nach einer gleichförmigen Liste, welche die nächsten und einfachsten Begriffe enthielte, angelegt werden sollten.¹) Er forderte seine Freunde auf, Wörter in vergleichenden Tabellen zu sammeln, das Georgische zu erforschen, das Armenische mit dem Koptischen zusammenzustellen, und das Albanesische mit dem Deutschen und Lateinischen.²) Durch seine Aufmerksamkeit auf diese Bestrebungen und durch die eigenthümliche Schärfe seines Geistes kam er auf Muthmaßungen, welche durch neuere Untersuchungen auffallend bestätigt worden sind. So zum Beispiel vermuthet er, es möge zwischen dem Koptischen und Baskischen, der Sprache Aegyptens und der Pyrenäen eine Wortverwandtschaft bestehen,³) eine Vermuthung, welche der verstorbene Dr. Young, wie sich später zeigen wird, mit mathematischer Genauigkeit als wahr erwiesen hat.

Ich bemerkte so eben, daß dieses in Beziehung auf die Religion wie auf die Völkerkunde der Wendepunkt dieser Wissenschaft gewesen sei; und der Grund ist einfach. Das alte Band, welches bisher alle Sprachen in einer vorausgesetzten Verwandtschaft zusammen gehalten hatte, nämlich ihre angenommene Abstammung vom Hebräischen, war jetzt zerbrochen oder gelockert und durch kein anderes ersetzt.

Das Material der Forschung, woraus die neuere Wissenschaft in schönen Verhältnissen hervorgehen sollte, war noch im Zustande des Flusses, ohne Form und Verbindung. Bei der Aufsuchung neuen Materials schien jeder Tag eine neue, von

---

¹) „Desiderata" etc. (A. a. O.)

²) Tom. V. p. 494.

³) „S'il y avait beaucoup de mots Basques dans le Cophthe, cela confirmerait une conjecture, que j'ai touché, que l'ancien Espagnol et Aquitanique pouvait être venu d'Afrique. Vous m'obligerez en marquant un nombre de ces mots Cophtho-Basques." Ib. p. 503. auch II. p. 219.

allen vorher gekannten unabhängige Sprache zu entdecken, und folglich die Schwierigkeit der Vereinbarung von Thatsachen mit der mosaischen Erzählung immer zu vergrößern.¹)

Jetzt genügte es nicht mehr, etliche etwas ähnliche Wörter in drei oder vier Sprachen zu finden, und daraus auf den gemeinsamen Ursprung aller zu schließen. Als ein Beispiel dieses ältern Verfahrens will ich das Wort Sack, ein vorzügliches Lieblingsthema der ältern Etymologen, anführen. Goropius Becanus, den ich noch einmal als Stellvertreter der alten Schule auftreten lassen muß, gibt für das Vorkommen dieses Wortes in so vielen Sprachen den scharfsinnigen Grund an, in Babel habe gewiß Keiner seinen Schnappsack vergessen, was er auch sonst dort möge zurückgelassen haben. Diese triftige psychologische Voraussetzung bestätigt er durch seine eigene Beobachtung. Unser gelehrter Doktor wurde einstmals zu einem Deutschen gerufen, welcher sich in einem jähen Anfalle des Gehirnfiebers, woran er litt, selbst eine Wunde beigebracht hatte; aber obwohl der Kranke schreckliche Qualen ausstand, wollte er doch weder ihn noch einen seiner Kollegen in seine Nähe kommen lassen. „Der Unglückliche," bemerkt er, „erinnerte sich nicht, daß wir Aerzte seien, bereit, seine Krankheit zu verjagen." Allein trotz dieses offenbaren Zeichens von Irrsinn und Delirium vergaß er doch einen Gegenstand nicht, in Betreff dessen seine Vernunft vollkommen bewußt zu sein schien, — einen Sack voll Thaler, den er unter seinem Kissen hatte. „Kein Wunder also," ruft unser Philosoph aus, indem er sein Argument geschickt von dem Enthaltenen zu dem Enthaltenden und von dem Gegenstande zu dessen Namen überträgt, „kein Wunder, daß zu Babylon Niemand den Ausdruck für einen so wichtigen Artikel ver-

---

¹) Es war eine allgemeine Annahme, daß die Zahl ursprünglicher Sprachen bloß etwa siebenzig sein könnte. Sieh: Hervas, „Origine, meccanismo ed armonia degl' Idiomi." Cesena 1785. p. 172.

geffen hat."¹) So zahlreich indeß die Beispiele sind, die man von diesem Worte gesammelt hat, so wird man doch schwerlich finden, daß sie aus mehr als zwei einzigen Sprachfamilien, nämlich der semitischen und indogermanischen, genommen sind. Auf gleiche Weise zieht Graf von Gebelin, der Letzte, welcher sich auf dem alten Systeme zu behaupten gesucht hat, öfters die kühnsten Schlüsse auf eine allgemeine Verwandtschaft, nachdem er Wörter von den verschiedenen semitischen oder germanischen Dialekten unter sich verglichen hat.²)

§. 6.
Hervas, Katharina II., Pallas und Andere.

Dieses Verfahren sollte indeß jetzt aufgegeben werden, und einstweilen kein allgemeines Princip an seine Stelle treten. Bloß eine analytische Methode wurde als zuläßig erkannt, nach welcher die grammatischen Bestandtheile der Sprachen nicht minder als ihre Wörter zergliedert und verglichen, und keine Verwandtschaft zwischen zwei Sprachen zugegeben werden sollte, wenn sie nicht eine sehr strenge Probe aushielt. Es mochte daher scheinen, daß, je weiter die Untersuchung fortschritt, um so größer die Gefahr werde, wenn sie den verbotenen Grund der göttlichen Schriften betreten sollte.

Eine gewisse Aengstlichkeit in diesem Betreff macht sich bemerkbar in den Werken eines Schriftstellers, der gegen den Schluß des vorigen Jahrhunderts in mühsamen Untersuchungen und in Anhäufung von Stoff für diese interessante Wissenschaft alle seine Vorgänger hinter sich zurückließ. Es

---

¹) A. a. O. S. 578.
²) „Monde Primitif." Paris 1775—1781. Vol. III. p. 30 seq., zur Erläuterung seines „Ersten Principes: Die Sprachen sind nur Dialekte einer einzigen." Auch S. 290 ff.

war der unermüdete und gelehrte Jesuit Don Lorenzo Hervas y Pandura, welcher in einer Reihe von Werken, die größtentheils Theile seiner Idea dell' Universo ausmachen, den bereits beschriebenen Vorrath bedeutend erweiterte. Freilich genoß er den Vortheil, zu einer religiösen Gesellschaft zu gehören, welche in ihrem eigenen Kreise Männer hatte, die in jeder Gegend des Erdballes gereist waren und gepredigt hatten. So erhielt er nicht nur persönliche Belehrungen über wenig gekannte Sprachen, sondern war auch im Stande, sich viele Grammatiken, Wörterbücher und Schriften zu verschaffen, welche in Europa sonst schwerlich Jemand gesehen hatte. Da ihm solche Materialien zu Gebot standen, gab er Jahr für Jahr zu Cesena seine zahlreichen Quartbände über Sprachen heraus,[1]) welche dann auch in Spanien durch seine Freunde übersetzt erschienen.[2])

Das große Verdienst von Hervas ist sein unermüdeter Eifer und Fleiß im Sammeln. In seinen Werken findet sich kaum ein Versuch zu systematischer Anordnung: vielmehr fällt in seinen Bemerkungen eine gewisse Verwirrung und Mangel an sichtendem Urtheile auf. Natürlich muß man bei einem Manne, der ein so weites Feld durchwanderte, und in der

---

[1]) Seine vorzüglichsten Werke sind folgende: "Catalogo delle Lingue conosciute, e Notizia della loro Affinità e Diversità." 1784. "Origine, Formazione, Meccanismo ed Armonia degl' Idiomi." 1785. "Aritmetica delle Nazioni, e Divisione del Tempo fra l' Orientali." 1785. Dieses ist eines der anziehendsten und brauchbarsten von Hervas' Werken; am Ende des 20sten Theiles seiner Werke findet sich eine Ergänzung dazu: "Vocabolorio Poliglotto con Prolegomeni sopra più di 150 Lingue." 1787. "Saggio prattico delle Lingue." 1787. Hier ist das Vater unser in mehr als 300 Sprachen und Mundarten, sammt grammatischen Analysen und Anmerkungen enthalten.

[2]) S. "Voyage en Espagne," par C. A. Fischer. Paris 1801. II. p. 52. Die spanische Ausgabe ist bei Weitem vollständiger. Der "Catalogo de las Lenguas de las Naciones conocidas," Madrid 1800—1805, besteht aus sechs starken Oktavbänden.

Regel sich selbst seinen Weg bahnen mußte, zum Voraus manchen Mißgriff erwarten; aber so unverdrossen war er in Sammlung von Material, daß trotz der Vorsicht, womit seine Resultate anzunehmen sind, dennoch der Ethnograph noch gegenwärtig in seinen Blättern Belehrungen suchen muß, welche die seitherigen Forschungen nicht zu bieten oder zu erweitern im Stande waren. Indeß scheint er bei jedem Schritte zu fürchten, das Studium, das er betreibt, möchte Vorurtheile gegen die Offenbarung erregen. Er bemüht sich augenscheinlich mit großer Aengstlichkeit, das Gegentheil zu beweisen; er widmet diesem Gegenstande lange und sorgfältige Abhandlungen, womit er mehrere seiner Werke eröffnet oder beschließt.[1]) Aber seine Behandlungsweise ist dabei breit und abstrakt, und seine Folgerungen scheinen nicht ungezwungen aus den Thatsachen hervorzugehen, die er zum Beweise anführt. Die bei diesen Gelegenheiten von ihm angestellten Wörtervergleichungen aus verschiedenen Sprachen sind wirklich so ungenügend, daß ein einziger Buchstabe, den zwei Wörter mit einander gemein haben, für ihn schon hinreichend ist, um anzunehmen, daß das ganze Wort dasselbe sei.[2])

Während im südlichen Europa die Interessen dieser Wissenschaft durch diesen bescheidenen und gelehrten Priester gefördert wurden, hob sie sich im Norden auf eine glänzendere Weise durch die persönliche Vorliebe und Gönnerschaft einer Kaiserin. Unter den vielen Verdiensten Katharina II. um die gelehrte Welt ist das, daß sie ein umfassendes Werk über Sprachvergleichung entwarf, fortführte und nachher auch leitete, keineswegs das geringste, wenn gleich ihr englischer Biograph nirgends davon Erwähnung thut.[3]) Indeß hat Friedrich

---

[1]) „Saggio prattico;" Origine, formazione etc. p. 156 seqq.

[2]) Beispiele in seinem „Origine," p. 27. 29. 118. 128. 134. und „Vocab. Poligl." p. 33. seqq.

[3]) S. Tooke's „Leben Katharina's II." 5te Ausg. Weber Kap. 13.

Adelung in einem Schriftchen über diesen Gegenstand ihren Ansprüchen vollstes Recht widerfahren lassen. Wir erfahren hier auf Grund ihres Schreibens an Dr. Zimmermann, daß sie ein Verzeichniß von hundert russischen Wörtern auszog und in so viele Sprachen übersetzte, als nur immer möglich. Bald entdeckte sie unerwartete Verwandtschaften und begann eigenhändig vergleichende Tabellen anzulegen. Das Werk des Doktors über die Einsamkeit vermochte sie, diese trockene Arbeit aufzugeben; sie berief daher den Naturforscher Pallas und gab ihm den Auftrag, ihr Unternehmen auszuführen und es für die Veröffentlichung zu bearbeiten.[1] Dieser Auftrag paßte aber keineswegs zu seinen Neigungen und frühern Beschäftigungen; er wurde ihm gegen seinen Willen aufgebürdet[2] und fand dem zufolge eine sehr unvollkommene Ausführung. Unter dem Titel: "Linguarum totius Orbis vocabularia comparativa, Augustissimae cura collecta." erschienen die zwei ersten Bände zu Petersburg 1787 und 1789. Diese enthalten bloß die europäischen und asiatischen Sprachen; ein dritter folgte nicht mehr nach, aber in einer zweiten Ausgabe von Jankiewitsch (1790—1791) wurden die afrikanischen Dialekte nachgeliefert.

---

noch 17., wo doch ihre literärischen Leistungen aufgezählt werden, findet sich irgend eine Erwähnung der Forschungen der Czarin oder des Pallas über diesen Punkt.

[1] „Katharina der Großen Verdienste um die vergleichende Sprachkunde." St. Petersb. 1815. Es war dieß in Rußland nicht der erste Versuch, jenes Studium zu befördern. Bakmeister gab daselbst 1773 den Prospektus zu einem ähnlichen Werke heraus.

[2] Pallas bekannte dieß selbst. „Pallas' vergleichendes Wörterbuch der europäischen und asiatischen Sprachen, welches er, wie er selbst kurz vor seinem Tode sagte, invita Minerva und nur auf dringendes Verlangen der Kaiserin Katharina II. nach den von ihr gesammelten und bestellten Hülfsmitteln eiligst zum Druck beförderte, enthält zwar schätzbare Materialien, die aber ohne alle Kritik zusammengestellt sind." Klaproth, „Asia Polyglotta." Paris 1823. p. VII.

Während Europa an seinen beiden Enden so beschäftigt war, erhielt es eine namhafte Hülfe vom fernsten Osten. Im Jahre 1784 wurde die „Asiatische Gesellschaft" zu Kalkutta gestiftet, auf deren Betrieb man anfing, die Sprachen von Ost- und Südasien zu bearbeiten, und Grammatiken und Wörterbücher von Sprachen und Mundarten herausgab, die bis dahin beinahe ganz unbekannt geblieben waren. Der Ausdruck: „Morgenländische Sprachen," der früher nur auf die semitischen Dialekte beschränkt war, erhielt jetzt eine weit ausgedehntere Bedeutung; das Chinesische, das man früher beinahe für unzugänglich gehalten hatte, begann studirt zu werden, bis es später durch den Scharfsinn und Fleiß der französischen Orientalisten seiner Schwierigkeiten entledigt wurde; und das Sanskrit wurde von unsern Landsleuten, deren eigentliches Feld es war, mit großem Erfolge bearbeitet, worauf es dann in die Hände von Gelehrten des Festlandes überging.

Indeß fordert es die Gerechtigkeit, zu bekennen, daß Rom die Ehre gebührt, zuerst dem Studium der indischen Literatur eine ernstliche Aufmerksamkeit geschenkt zu haben. Johannes Werdin, bekannter unter dem Namen Paulinus a Sancto Bartholomäo, gab unter Begünstigung der Propaganda eine Reihe von Werken über Sanskrit-Grammatik, wie über die Geschichte, Mythologie und Religion der Hindu heraus. Noch während seines Lebens wurde er von Anquetil du Perron und andern französischen Kritikern hart angegriffen, aber von den beiden Adelung, seinen Landsleuten,[1]) nachdrücklich vertheidigt. Abel-Remüsat hat später seinem Namen noch Gerechtigkeit widerfahren lassen, und bemerkt, sein Unglück sei nur das gewesen, daß seine wenig unterstützten Arbeiten durch die vereinten Bemühungen der englischen Gesellschaft von Kal-

---

[1]) „Mithridates." Bd. I. S. 134. und Bd. IV. S. 56.

kutta überboten wurden.¹) Billiger Weise muß auch bemerkt werden, daß die gelehrten Glieder der Kirche in Italien, weit entfernt, irgend eine Unruhe kund zu geben, als diese neue und damals noch sehr geheimnißvolle Gattung von Literatur vor ihnen aufgeschlossen wurde, vielmehr dieselbe als eine Aussicht auf frische und wichtige Erweiterungen der Beweise für die älteste Tradition begrüßten. Dieses Gefühl ist mit besonderem Ernste in einem Briefe von F. Angelo Cortenoris, der lange Missionär in Ava gewesen, an den freigebigen Kardinal Borgia ausgesprochen.²)

§. 7.
Sammlung von Vaterunsern; Adelungs Mithridates.

Ich werde nun bloß noch auf Ein Werk aufmerksam machen und dann diesen geschichtlichen Theil meines Gegenstandes verlassen, um Ihnen einige seiner Ergebnisse vorzulegen. Ich hätte vielleicht schon erwähnen sollen, daß von der Zeit des Chamberlayne an fortwährend eine Reihe von Sammlungen des Vaterunsers herauskam, worunter die wichtigste die von Hervas gegebene ist. Etwas Neues gab vielleicht jede derselben; aber jede nahm auch die Irrthümer der früheren auf. Der Plan war durchaus verfehlt, wenn damit bezweckt werden sollte, den Charakter verschiedener Sprachen zu zeigen; denn die Uebersetzung eines in seiner Form so eigenthümlichen Gebetes mußte in vielen Sprachen mehr oder minder gezwungen ausfallen und konnte nie ein so gutes Probestück geben, wie ein Originalaufsatz von einem Eingebornen.

---

¹) In der „Biographie universelle," ed. Ven. 1828. Vol. 42. p. 342.; auch in seinen „Nouveaux mélanges asiatiques." Paris 1829. t. II. p. 3˙5 abgedruckt.

²) Ueber die Lektüre des „Amarasinha" von F. Paulinus, datirt: Udine, 9. Juni 1799, s. Borgia's Papiere in dem Museum der Propaganda C.

Ueberdieß waren die Sammlungen gewöhnlich in alphabetischer Ordnung angelegt und nicht mit philologischen oder ethnographischen Bemerkungen begleitet. Wirklich wurde das System, statt sich zu vervollkommnen, immer schlechter, bis dergleichen Leistungen in den Händen eines Fry, Marcel und Bodoni zu einem bloßen Luxusartikel der Presse herabsanken und nur mehr zu Proben ihrer Geschicklichkeit im Schnitt und Druck ausländischer Typen dienten. Ein Werk indessen, welches eine solche Sammlung enthält, macht eine sehr ehrenvolle Ausnahme hievon und muß trotz seiner Mängel zu den brauchbarsten und glänzendsten Arbeiten über Völkerkunde gerechnet werden. Ich meine den Mithridates, angefangen von Joh. Christoph Adelung i. J. 1806. Er starb vor der Ausgabe des zweiten Bandes, welcher i. J. 1809 unter der Aufsicht des Dr. J. Severin Vater erschien. Die Materialien zu diesem wurden vorzüglich aus Adelung's Papieren gezogen und dehnten die Untersuchungen, welche sich in dem ersten Bande auf Asien beschränkt hatten, auf die europäischen Sprachen aus; der dritte Band über die afrikanischen und amerikanischen Sprachen rührte ganz von Vater her und erschien von 1812 bis 1816 in einzelnen Lieferungen. Im Jahre 1817 wurde diese werthvolle Sammlung durch einen Supplementband vollendet, welcher viel nachträglichen Stoff von Vater und dem jüngern Adelung nebst einem sehr interessanten Versuche über das Cantabrische oder Biskajische von Wilh. von Humboldt enthielt.[1])

In diesem Werke ist die alphabetische Anordnung aufgegeben: dafür sind die Sprachen in Gruppen oder größere Abtheilungen geschaart und jede mit einer sehr sorgfältigen Beschreibung und Geschichte versehen. Dazu kommen Verzeichnisse von Werken, die zu ihrer Erlernung oder Erforschung

---

[1]) Dr. Vater starb den 28. März 1826, in einem Alter von 55 Jahren. Obwohl er zu Königsberg und Halle lebte, erschien doch sein „Mithridates" zu Berlin.

derselben dienen, sammt Proben, die größtentheils aus Vaterunsern bestehen. Nach der Ansicht, die sich Adelung über den Ursprung der Sprachen gebildet zu haben scheint, könnten sie von den Menschen in verschiedenen Gegenden erfunden worden sein.¹) Die Arche Noe's oder der babylonische Thurm bleibt indessen von seiner Betrachtung durchaus ausgeschlossen; denn er hat keine Lieblings-Hypothese aufrecht zu halten;²) und es möchte scheinen, das Paradies, aus welchem das Menschengeschlecht hervorging, sei seiner Meinung nach der Sitz der gegenwärtigen Generation, wonach also jede große Katastrophe, wodurch die Urgeschichte der Menschheit unterbrochen wurde, ausgeschlossen wäre.³) Mit derlei Meinungen haben wir indessen gegenwärtig nichts zu schaffen; Adelung gibt sie nicht als Ergebnisse seiner schätzbaren Forschungen.

B. Ergebnisse der Sprachvergleichung.

§. 8.

Erstes Ergebniß: Bildung von Familien.

Bis hieher hat uns der geschichtliche Theil unseres Gegenstandes beschäftigt und uns unvermerkt zu unserer eignen Zeit herabgeführt. Sie können daher mit Recht erwarten, daß ich Ihnen meinem Versprechen gemäß den gegenwärtigen Stand dieser Wissenschaft darlege und die Bestätigung nachweise, welche aus den neuesten Entwickelungen derselben die biblische Nachricht von der Zerstreuung der Menschen empfangen hat.

---

¹) Thl. I. Einleitung. Fragmente, u. s. w. S. 11.

²) „Ich habe keine Lieblingsmeinung, keine Hypothese zu Grunde zu legen. Ich leite nicht alle Sprachen von Einer her. Noe's Arche ist mir eine verschlossene Burg, und Babylons Schutt bleibt vor mir völlig in seiner Ruhe." Ebendas. Vorr. S. XI.

³) Ebendas. Einl. S. 6. Vergl. S. 14. 17.

Sie haben gesehen, wie gegen das Ende des vergangenen Jahrhunderts die Unzahl der allmählig entdeckten Sprachen die Wahrscheinlichkeit, daß die Menschen ursprünglich eine gemeinsame Zunge geredet hätten, weit geringer machte, als vorher, während die Auflösung gewisser anerkannter Verbindungen und Aehnlichkeiten zwischen den bereits bekannten jeden aus der vergleichenden Sprachkunde zu führenden Beweis für ihre Abkunft von einem gemeinsamen Stamme zu versagen schien. Jede neue Entdeckung diente bloß dazu, diese Verwickelung noch zu steigern; und unsere Wissenschaft muß zu jener Zeit einem religiösen Beobachter als ein Studium vorgekommen sein, das täglich mehr von der gesunden Lehre abweiche und kecke Spekulationen und bedrohliche Muthmaßungen ermuthige. Aber gerade in dieser Zeit drang ein Lichtstrahl in das Chaos der von Sammlern zusammengerafften Materialien, und der erste große Schritt zu einer neuen Gestaltung wurde eben damals gethan durch Scheidung jenes Stoffes in einzelne gleichartige Massen, gleichsam in Festländer und Meere, in die festen und begrenzten und in die beweglichen und wechselnden Bestandtheile, woraus diese Wissenschaft gegenwärtig zusammengesetzt ist.

§. 9.
Der indogermanische Stamm.

Die Verwandtschaften, welche man früher zwischen Sprachen, die in ihrem Ursprunge durch Geschichte und örtliche Lage getrennt sind, nur unbestimmt vermuthet hatte, fingen jetzt an, bestimmt und sicher hervorzutreten.

Man fand nun, daß neue und höchst wichtige Verbindungen zwischen Sprachen bestanden, in Folge deren die Idiome von Völkern, deren gegenseitige Beziehung keine andere Forschung gezeigt haben würde, in umfassende Gebiete oder Gruppen zusammentraten. Man fand, daß die germanischen Mundarten von der persischen Sprache wesentliche Aufhellungen erhielten, daß das Lateinische mit dem Russischen oder andern slavischen Sprachzweigen merkwürdige Berührungspunkte gemein habe, und daß der Bau der griechischen Verba auf μι nicht wohl gründlich verstanden werden könne, ohne auf ihre Parallelen in der indischen oder Sanskrit-Grammatik zurückzugehen.

Kurz, es wurde deutlich dargethan, daß Eine Sprache, im eigentlichen Sinne des Wortes, einen beträchtlichen Theil Europas und Asiens durchziehe, und, von Ceylon bis Island in einer breiten Strömung querhinlaufend, in Einem Bande der Einheit Nationen verbinde, welche die unverträglichsten Religionen bekennen, die abweichendsten Einrichtungen besitzen und nur geringe Aehnlichkeit in Zügen und in Farbe darbieten. Die Sprache oder vielmehr Sprachfamilie, welche ich hier nur flüchtig gezeichnet habe, hat den Namen der indogermanischen oder indoeuropäischen erhalten. Da diese Gruppe natürlicher Weise für uns das meiste Interesse darbietet und am meisten bearbeitet wurde, will ich mich länger bei ihr aufhalten, während ich mich auf etliche beiläufige Bemerkungen über andere Familien beschränken werde. Wenn Sie aber die Geschichte dieser Einen verfolgen, werden Sie vollkommen in Stand gesetzt sein, zu sehen, wie jede neue Forschung dient, immer noch mehr die gefährlichen Bestrebungen der ersten Perioden unserer Wissenschaft zu berichtigen.

Die großen Glieder dieser Familie sind das Sanskrit, oder die alte, heilige Sprache Indiens; das Persische, sowohl das alte als das neue, das man früher als einen tatarischen Dialekt betrachtet hatte;[1] das Deutsche sammt seinen ver-

---

[1] Pauw z. B. erwähnt die Verwandtschaft zwischen dem Deutschen und Persischen, „qui est un dialecte du Tartare." „Recherches Philos. sur les Américains." Berl. 1770. Vol. II. p. 303. „La Lingua Persiana moderna è un dialetto corrotto della Tartaro-Mongola." Hervas, „Catalogo." p. 124.

schiedenen Dialekten; das Slavische, Griechische und Lateinische sammt seinen zahlreichen Töchtern. Diesen müssen jetzt, wie wir später sehen werden, auch die keltischen Dialekte beigefügt werden, während obige Aufzählung bloß jene Sprachen enthalten soll, die schon früher in diese Art von Völkerbund aufgenommen wurden. Werfen Sie Ihre Augen auf die ethnographische Karte, welche ich Ihnen vorlege, so werden Sie sogleich das auf solche Art bevölkerte Gebiet bemerken, nämlich ganz Europa, bloß die kleinen Landstriche ausgenommen, welche von den Biskayern und den finnischen Familien, wohin auch die Ungarn gehören, bewohnt sind; von da dehnt es sich über einen großen Theil des südlichen Asiens aus, nur da und dort von Inselgruppen unterbrochen. Es wäre wirklich ermüdend, die Schriftsteller aufzuzählen, welche die Verwandtschaft der genannten Sprachen oder zweier oder mehrerer davon bewiesen haben; [1] für unsern Zweck wird es hinreichen, wenn ich vielmehr die Methoden darstelle, die sie eingeschlagen, und die Ergebnisse, die sie gewonnen haben.

Die erste und einleuchtendste Verfahrungsweise, und diejenige, welche zuerst auf diese interessanten Folgerungen führte, war jene, von welcher ich schon oft gesprochen habe: die Vergleichung von Wörtern in diesen verschiedenen Sprachen. Viele Werke haben vergleichende Tabellen von sehr großem Umfang dargeboten; die von Oberst Vans Kennedy enthält 900 Wörter, die das Sanskrit mit andern Sprachen gemein hat. Die Wörter, bei welchen eine solche Aehnlichkeit in verschiedenen Idiomen gefunden wurde, sind keineswegs solche, die in der Folgezeit durch Verkehr können ausgetauscht worden sein, son-

---

[1] Ein reichhaltiges Verzeichniß der Schriftsteller, welche zu Gunsten dieser Verwandtschaft gesprochen haben, gibt Dr. Dorn: „Ueber die Verwandtschaft des persischen, germanischen und griechisch-lateinischen Sprachstammes." Hamb. 1827. S. 91—120, und von den Gegnern derselben S. 120—135.

dern sie drücken die ersten und einfachsten Bestandtheile der Sprache aus, solche Grundbegriffe, welche von Anfang an müssen vorhanden gewesen sein und kaum jemals ihre Bezeichnungen wechseln. Von den Zahlwörtern, welche viele begleitende Bemerkungen erfordern würden, nicht zu reden, brauche ich nur folgende Wörter auszusprechen: pader, mader, sunu, dochter, brader, manuschja, widhawa, oder juwan, und Sie werden glauben, ich sage Wörter aus irgend einer europäischen Sprache her;¹) und doch ist jeder dieser Ausdrücke entweder Sanskrit oder Persisch. Wenn ich ferner eine andere Gattung einfacher Wörter auswähle, wie asthi (Gr. ὀστοῦν) Bein; denta Zahn (lat. dent-es); ejumen, Auge (engl. eye) im Zend; bhruwas Augenbrauen; nasa Nase; leb (pers.) Lippe; karu (Gr. χείρ) Hand; pad Fuß (pedes, πόδες); hrid (nach dem indischen Umlaut hard) Herz; dschânu (pers. s'anu) Kniee (lat. genu); dschiger (pers.) Leber (lat. jecur); stara (Zend) Stern oder dschala kalt (gelu); aghni Feuer (lat. ignis); dharâ Erde (lat. terra); nâvas Schiffe (lat. naves); gô Kuh; sarpa Schlange (lat. serpens): so möchten Sie sich wohl leicht einbilden, Mundarten von Sprachen zu hören, welche unserer Heimath weit näher liegen; und doch gehören sie alle den genannten asiatischen Sprachen an. Diese Vergleichung kann so weit getrieben werden, daß etwas phantasiereiche Etymologisten, wie v. Hammer, sogar rein englische Wörter wie bedroom aus dem Persischen ableiten wollen.²)

Indeß hätte dieses Zusammentreffen von Wörtern bei einer großen Anzahl von Philologen keineswegs für zureichend gegolten, wäre nicht im weitern Verlaufe eine noch wichtigere Uebereinstimmung in dem grammatischen Baue dieser Spra-

---

¹) Jene Wörter bedeuten: Vater, Mutter, Sohn, Tochter, Bruder, Mensch, Wittwe, Jüngling (juvenis).

²) Sieh dessen vergleichende Zusammenstellungen beinahe in jeder Nummer der Wiener Jahrbücher seit mehreren Jahren.

chen hinzugekommen. Bopp, im J. 1816, war der Erste, der diesen Gegenstand mit größerer Genauigkeit untersuchte; und indem er das Sanskrit-Verbum bis in's Kleinste scharfsinnig zergliederte und mit dem Beugungssysteme der andern Glieder dieser Familie verglich, ließ er über deren innerste und ursprüngliche Verwandtschaft keinen Zweifel mehr übrig;[1]) seitdem hat er seine Forschungen viel weiter verfolgt und die Herausgabe eines umfassendern Werkes begonnen.[2])

Durch die Zergliederung der indischen Fürwörter werden die Unregelmäßigkeiten an den Grundbestandtheilen der Pronomina in allen übrigen Sprachen erklärt. Das Hülfsredewort esse (sein), welches im Lateinischen aus Bestandtheilen zusammengesetzt ist, die zu zwei verschiedenen Wurzeln gehören, findet hier beide in regelmäßiger Form; hier finden sich die griechischen Conjugationen mit der ganzen verwickelten Maschinerie der Medien, Augmente und Verdoppelungen, und werden in so mannigfacher Weise aufgehellt, daß man es wenige Jahre früher für unmöglich gehalten hätte. Selbst unsere eigene Sprache kann manchmal durch das Studium entfernter Glieder unserer Familie Licht erhalten. Wo z. B. sollen wir die Wurzel unseres Comparatives: „better" (besser) suchen? Gewiß nicht in dessen Positiv „good" (gut), noch in den deutschen Dialekten, wo sich dieselbe Unregelmäßigkeit findet; aber in der persischen Sprache haben wir genau denselben Comparativ behter, genau mit der nämlichen Bedeutung, regelmäßig gebildet von seinem Positiv beh gut, gerade wie wir in derselben Sprache bädter (schlechter) von bäd (schlecht, engl. bad) haben.

---

[1]) Franz Bopp, „Ueber das Conjugationssystem der Sanskritsprache, in Vergleichung mit jenem der griechischen, lateinischen, persischen und germanischen Sprache." Frankf. 1816.

[2]) „Vergleichende Grammatik des Sanskrit, Zend, Griechischen, Litthauischen, Gothischen und Teutschen." Berlin 1833.

Indem ich diese zwei Sprachen miteinander in Berührung gebracht habe, kann ich nicht verbergen, daß mich einige Bemerkungen über diesen Gegenstand in dem bereits angeführten brauchbaren Werke von Oberst Kennedy ein wenig überrascht haben. Er sagt unter Anderm: „Die oberflächlichste Untersuchung der persischen Grammatik muß zeigen, daß sie von der deutschen von Grund aus verschieden ist. Also weder in Wörtern, noch im grammatischen Baue hat die persische Sprache mit der deutschen einige Verwandtschaft." [1] Ich kann nicht begreifen, wie Jemand, welcher Bopp's Werk durchgangen, und noch weniger, wie Jemand, der in beiden Sprachen nur etwa hundert Seiten gelesen hat, die ausgeprägte Verwandtschaft ihres grammatischen Baues läugnen kann. Ich muß zu gleicher Zeit bemerken, daß wir, um zwischen ihnen eine unpartheiische Vergleichung anzustellen, das Deutsche nicht bloß nehmen dürfen, wie es jetzt sich findet, sondern zurückgehen müssen auf seine älteren Formen, wie sie in Grimm's herrlicher Grammatik gegeben und nachgewiesen sind. Hier werden wir zum Beispiel Formen des Zeitworts „sein" treffen, welche mit der persischen Conjugation in engster Beziehung stehen. Indessen widerlegt der gelehrte Verfasser den einen Theil seiner Behauptung 60 Seiten später hinlänglich, indem er sagt: „Es muß ferner bemerkt werden, daß die einzigen Sprachen, worin Sanskritwörter vorkommen, das Griechische, Lateinische, Persische und Gothische sind, sammt den einheimischen Mundarten Indiens." [2] Indem so die Verwandtschaft beider Sprachen mit einer dritten anerkannt wird, wodurch sie gleichsam in die Familie, deren Haupt jene ist, als nahe Angehörige derselben aufgenommen werden, wird offenbar zugleich ihr gegenseitiger Zusammenhang zugegeben. An einer andern Stelle scheint er auch alle Verwandtschaft

---

[1] S. 157.
[2] S. 206; auch S. 9.

zwischen den Grammatiken des Sanskrit und des Persischen zu läugnen (S. 187); und in der angeführten Stelle, sowie anderswo, schließt er offenbar das Slavische von dieser Familie aus, obschon dessen Rechte, in ihr Platz zu nehmen, jetzt allgemein anerkannt sind. Im ganzen Verlaufe seines interessanten Werkes macht es einen peinlichen Eindruck, zu sehen, wie wenig geneigt der Verfasser sich zeigt, den Verdiensten seiner Vorgänger Gerechtigkeit widerfahren zu lassen; und das strenge Urtheil, das er an Andern ausübte, ist natürlicher Weise der Maaßstab der Beachtung geworden, welche ihm seine einheimischen und noch mehr die ausländischen Recensenten erzeigt haben.

Sie sehen sogleich, — und ich werde auf diesen Punkt nochmals zurückkommen, — wie ungemein die Bildung dieser großen Familie die Zahl unabhängiger Ursprachen vermindert; aber auch andere große Genera, wenn ich sie so nennen darf, sind eben so sicher abgegrenzt worden.

§. 10.
Die semitischen Sprachen.

Von den semitischen Sprachen brauche ich nicht zu reden: denn das enge Verhältniß zwischen den Dialekten, die sie ausmachen, nämlich dem Hebräischen, Aramäischen (Chaldäischen und Syrischen), dem Arabischen und der Gihs-Sprache oder dem Abyssinischen ist längst anerkannt und für eine andere Wissenschaft verwendet worden, welche wichtig genug ist, um ihr später einen eigenen Vortrag zu widmen.[1]

§. 11.
Der malajische Stamm.

Das Malajische aber, wie man es gewöhnlich nennt, bietet in der neuesten Völkerkunde ein ähnliches Ergebniß dar,

---

[1] S. unten den Vortrag „über orientalische Studien."

wie unsere bisherige Untersuchung. Nach Marsden sowohl als Crawfurd sollte man diese Sprache oder Sprachfamilie lieber die polynesische nennen, da das eigentliche Malajisch bloß eine Mundart davon ist und die lingua franca oder die Verkehrssprache des indischen Archipels genannt werden kann. In allen Sprachen, welche diese Gruppe bilden, findet sich ein großes Streben nach der einsilbigen Form und nach der Abwerfung aller Endungen, wodurch sie sich der Gruppe der übergangetischen Sprachen nähern, mit der Dr. Leyden sie auch wirklich zusammenstellt. „Die einheimischen, indisch-chinesischen Sprachen des Festlandes," schreibt er, „scheinen in ihrem ursprünglichen Baue entweder ganz einsilbig zu sein, wie die Sprachen, die in China gesprochen werden, oder neigen sich doch so stark zu dieser Gattung, daß man mit Grund annehmen darf, die mehrsilbigen Ausdrücke, welche sie enthalten, seien entweder unmittelbar aus dem Pali abgeleitet oder durch Verschmelzung von einsilbigen gebildet worden. Diese Sprachen erlangen insgesammt durch die Betonung eine unglaubliche Mannigfaltigkeit, wie die Volkssprache von China."[1] Hieher rechnet er aber das Bugische, Javaische, Malajische, Tagala, Batta und andere, welche nicht bloß in Wörtern, sondern auch in der grammatischen Construction verrathen, daß sie zusammengehören."[2] Crawfurd, der seine Beobachtungen in etwas engere Grenzen einschränkt, kommt zu derselben Folgerung. Nach seiner Ansicht bietet das Javanesische die meisten Elemente jener Sprache, welche die Grundlage sämmtlicher Sprachen von dieser Gattung bildet; dieses aber ist auffallend arm an grammatischen Formen,[3] was nicht minder der Fall bei dem malajischen

---

[1] „On the Language and Literature of the Indo-Chinese Nations." Asiat. Res. Vol. X. p. 162.

[2] S. 200.

[3] „History of the Indian Archipelago." Edinb. 1820. Vol. II. p. 5. seqq. 72. 78. 92. etc.

Dialekte ist.¹) In der That erkennt auch er in den Sprachen, die im ganzen indischen Ocean gesprochen werden, eine so starke Aehnlichkeit nicht bloß der Wörter, sondern auch des Baues, daß man berechtigt ist, sie in Eine Familie einzureihen.²) Marsden spricht sich noch bestimmter aus und weist der Gruppe noch ein viel umfassenderes Gebiet an. „Außer dem Malajischen," sagt er, „sind auf Sumatra noch eine Menge Sprachen im Gebrauche, welche indeß eine offenbare Verwandtschaft haben nicht nur unter sich, sondern auch mit jener allgemein verbreiteten Sprache, welche sich auf allen Inseln des östlichen Oceans von Madagaskar bis zu den entferntesten Entdeckungen des Capitain Cook vorherrschend und einheimisch findet, und so eine größere Ausdehnung hat, als die römische oder irgend eine andere Zunge je aufweisen konnte. Unbestreitbare Beispiele dieses Zusammenhanges und dieser Aehnlichkeit habe ich in einem Aufsatze mitgetheilt, mit dessen Veröffentlichung in der Archaeologia vol. VII. mich die Gesellschaft der Alterthumsforscher beehrt hat. An verschiedenen Orten ist sie mehr oder minder vermengt und verdorben: doch fällt auch zwischen den unähnlichsten Zweigen eine deutliche Identität vieler Grundwörter in die Augen, und bei manchen durch ihre geographische Lage sehr weit von einander getrennten, wie z. B. der Sprache der Philippinen und Madagaskars, weichen die Wörter kaum stärker von einander ab, als bei den Mundarten benachbarter Provinzen desselben Königreiches."³) Hier haben wir also wieder eine ungeheure Familie, die sich über einen weiten Theil der Erdkugel erstreckt und viele Sprachen umfaßt, die man noch vor wenigen Jahren für selbstständig hielt; und obwohl ich auf meiner Karte die übergangetische und malajische Gruppe vollkommen geschieden

---

¹) S. 41.
²) S. 78.
³) „History of Sumatra." Lond. 1811. p. 200.

dargestellt habe, möchte es doch beinahe scheinen, als ob zwischen beiden einige Verwandtschaft angenommen werden dürfe.

§. 12.
Zweites Ergebniß: Verringerung der unabhängigen Sprachen.

Ohne Zweifel werden Sie anerkennen, daß dieser erste große Schritt in der neuern Völkerkunde von der größten Wichtigkeit und Bedeutung ist, wenn man ihn in Beziehung auf die Urgeschichte der Menschen betrachtet. Statt in einer bunten Menge von Sprachen uns zu verwirren, haben wir sie jetzt auf bestimmte umfassende Gruppen zurückgebracht, deren jede eine große Mannigfaltigkeit von Sprachen, welche man früher für unzusammenhängend hielt, umfaßt und so gleichsam nur eine einzige menschliche Familie darstellt, die ursprünglich ein einziges Idiom besaß. Diese günstigen Ergebnisse sind nun durch jeden folgenden Schritt immer gesteigert worden, während jeder Anschein von Unvereinbarkeit zwischen der Zahl der Sprachen und der Geschichte der Zerstreuung immer mehr schwand. Denn ich habe Ihnen jetzt zu zeigen, wie fernere Untersuchungen neue Sprachen ihrer vermeintlichen Ursprünglichkeit beraubt und sie unter bereits entdeckte Gattungen geordnet, oder wenigstens mit entfernten Sprachen in Verbindung gebracht haben. So z. B. nahm Malte-Brun im Jahre 1812 an, der indogermanische Stamm sei in der Gegend des Kaukasus durch die dortigen Sprachen, wie das Georgische und Armenische, vollständig unterbrochen, indem diese, wie er sich ausdrückt, „hier eine eigne Familie oder Gruppe bilden." [1] Aber Klaproth hat durch seine kaukasische Reise eine bedeutende Einschränkung dieser Behauptung nothwendig gemacht. Er hat nämlich dargethan, oder wenigstens im höchsten Grade wahrscheinlich gemacht, daß die Sprache eines großen Stammes,

---

[1] „Précis de la Géographie universelle." II. p. 580.

der Osseten oder Alanen, zu der großen bereits erwähnten Familie gehöre.¹) Auch das Armenische, welches Fr. Schlegel früher als eine Art von Uebergangssprache betrachtet hatte, die sich eher an den Saum jener Gruppe anhänge, als sich ihr einverleibe,²) gehört, wie Klaproth durch grammatische und lexikalische Prüfung bewiesen hat, ebendahin.³) Das Afganische oder Puschtu hat dasselbe Schicksal getheilt.⁴)

§. 13.
Das Keltische.

Der größte Zuwachs indeß, welchen diese Familie vermittelst eines emsigen und kritischen Studiums der Sprachverwandtschaften empfangen hat, besteht unzweifelhaft in der Beiziehung der ganzen keltischen Familie, welche sich jetzt sammt ihren zahlreichen Mundarten begnügen muß, bloß eine Provinz des indogermanischen Gebietes zu bilden. Balbi setzt in seinem ethnographischen Atlas, den ich Ihnen später beschreiben werde, die biskajische und keltische Sprache auf Eine Tafel; natürlich nicht, als ob er glaubte, sie hätten irgend Etwas mit einander gemein, sondern weil sie offenbar außerhalb des Bereiches jener Idiome liegen, von welchen sie umgeben sind. Oberst Kennedy behauptet keck, "das Keltische

---

¹) „L'analyse de la Langue des Ossètes fera voir, qu'elle appartient à la souche Médo-Persane." — Voyage au Mont Caucase et en Géorgie. Paris 1823. Vol. II. p. 448. Siehe p. 470 seqq.

²) „Ueber die Sprache und Weisheit der Indier." Heidelb. 1808. S. 77.

³) „Asia polyglotta." p. 99. (Der Beweis für die Verwandtschaft des Armenischen mit dem indogermanischen Sprachstamme wurde vom grammatischen Standpunkt aus mit erschöpfender Vollständigkeit geführt von Petermann in seiner „Grammatica linguae armenicae," und besonders von Dr. Fr. Windischmann in den „Abhandlungen der philos.-philolog. Klasse der königl. bayerischen Akademie der Wissenschaften." Bd. IV. Abthl. 2. S. 1—51. — A. d. Ueb.)

⁴) Das. S. 57.

habe weder in Wörtern noch Redensarten noch im Satzbaue einen Zusammenhang mit den Sprachen des Osten."[1] Ein noch neuerer Schriftsteller hat die Frage mit allen Formen der verschollenen Schule erörtert und den Ursprung der keltischen Nationen durch ein Verfahren zu ergründen gesucht, welches anderwärts längst vergessen ist. Ich meine das Werk: „Die Gälen und Cimbern."[2] Es wäre gewiß ungerecht, ihm das Lob des Scharfsinns und sorgfältiger Forschung zu versagen; aber die zwei großen ethnographischen Punkte, welche darin behandelt werden, die Grundverschiedenheit zwischen dem Wälischen und Irischen, und der phönizische oder semitische Ursprung des Letztern sind gewiß mit all jenem ungenügenden Krame von Etymologien behandelt, welcher längst aus dieser Wissenschaft verwiesen wurde. Wollen wir die irische Sprache als einen phönizischen Dialekt darstellen, so ist das Verfahren sehr einfach. Aus den unbezweifeltsten Quellen wissen wir, daß das Phönizische und Hebräische verschwisterte Mundarten waren; man vergleiche also den grammatischen Bau dieser Sprache mit dem Irischen, und das Ergebniß wird die Frage lösen. Nun bemerken Sie, was der Verfasser statt dieses einfachen Verfahrens für einen Weg einschlägt. Die Ortsnamen an der spanischen und an andern Küsten wurden von den Phöniziern gegeben; nun können diese Namen insgesammt aus dem Irischen erklärt werden: daher ist die irische Sprache mit der phönizischen eine und dieselbe. Vor einigen Jahren theilte ein ausgezeichneter Geograph in einer französischen Zeitschrift[3] einen Aufsatz mit, worin er nach einem ähnlichen Verfahren viele afrikanische Ortsnamen aus dem Hebräischen ableitete, um deren phönizischen Ursprung zu erweisen. Klaproth widerlegte in einem Briefe unter dem dänischen Namen Kierulf diese

---

[1] A. a. O. S. 85.
[2] „The Gael and the Cymbri." By Dr. W. Betham. Dublin. 1834.
[3] „Nouvelles Annales des voyages." Feb. 1824.

Ableitungen dadurch, daß er für jeden Namen zwei neue, eine aus dem Türkischen und eine aus dem Russischen in Vorschlag brachte.[1] Das mag hinreichen, um zu zeigen, wie ungenügend ein solches Verfahren sei. Denn der Verfasser nimmt sich nie die Mühe, zu beweisen, daß die Beschaffenheit der Orte der irischen Auslegung ihrer Namen entspreche. Seine Ableitungen im Einzelnen zu prüfen, wäre wirklich gar zu unerquicklich; indeß kann ich mich nicht enthalten, ein paar Beispiele auf Gerathewohl herauszugreifen. Einige Namen, welche wir als phönizisch kennen, und welche in dieser Sprache zu der besondern Beschaffenheit der Orte, die sie bezeichnen, genau passen, müssen vom Irischen Bedeutungen entlehnen, welche ebenso gut auf jeden andern Ort anwendbar sind. So kommt nach ihm Thrus (im Phönizischen Zur, „Felsen," eine Bedeutung, auf welche in der heiligen Schrift wiederholt angespielt wird,) von Tir, „Land" oder „Stadt," her; während wir es mit eben so viel Recht von dem Chaldäischen Tir, „Palast," ableiten könnten. Palmyra und Tadmor, deren eines die genaue Uebersetzung des andern ist und so viel heißt, als: Palmenstadt, muß von irischen Wörtern herkommen, und ersteres muß heißen: „Palast der Freude,"[2] das letztere: „Großes Haus;" Cadix oder Gadir, wie es ursprünglich hieß, darf nicht mehr Insel, Halbinsel bedeuten, wie dieses im Phönizischen Zug für Zug zutrifft, sondern muß nach dem irischen cadaz, welches bloß der neuern Verstümmelung des Namens ähnelt, Herrlichkeit heißen.[3] Ferners wird eine Reihe von Namen nicht von Orten, sondern von Völkern, die eine ge-

---

[1] In einem Anhange zu seiner „Beleuchtung und Widerlegung der Forschungen u. s. w. des Herrn J. J. Schmidt." Paris 1824.

[2] Das Wort palas ist offenbar ein und dasselbe wie Palast, palatium, der palatinische Hügel, damals die Residenz der Kaiser und somit ein Palast. Aber wie kamen die Phönizier dazu?

[3] S. 100. 104.

meinsame Endung auf tani haben, vorgenommen; diese werden entzweigeschnitten, und der Ausgang muß das irische Wort tana, Gegend sein. Eben so gut könnte ich ihre Erklärung aus dem Malajischen herholen; denn hier bedeutet tanah auch Gegend, wie Tanah-Papuah das Land der Papua.[1] Wir wollen nur ein Beispiel zeigen: Lacetani bedeutet nach unserem Autor Milchland. Warum also nicht regelmäßig von lac nach der Analogie von spinetum, rosetum, lacetum bilden, welches hieße: ein milchreicher Ort, wovon dann wieder regelmäßig Lacetani die Einwohner eines solchen Landes genannt würden? Wenigstens ist dieses, falls wir überhaupt solche Etymologien machen dürfen, gewiß die regelmäßigere, als die irische: lait Milch, o von, tana Land.[2] Aber es genügt, wenn ich sage, daß lateinische, biskajische, und selbst spanische Wörter seltsamen Verwandlungen in irische unterworfen werden, um diese unhaltbare Hypothese auszuführen.[3] Was dann die grammatische Zergliederung betrifft, die in diesem Werke gegeben wird, um darzuthun, daß das Romanische und Irische nichts mit einander gemein haben, so muß ich erklären, daß dieselbe ungeachtet ihrer Dunkelheiten auf mich gerade den entgegengesetzten Eindruck machte, und mir, noch ehe ich das sogleich zu erwähnende Meisterwerk gesehen hatte, zu beweisen schien, daß beide zu der nämlichen Familie gehören und zwar zu der indogermanischen.

Vielleicht scheint es Ihnen, daß ich in meinen Bemerk-

---

[1] „Transactions of R. A. S." 1831. Vol. III. p. 1.

[2] S. 104.

[3] So zum Beispiel erfahren wir hier, daß Llanes von lean, Moorland, Moos herkomme, da doch llano im Spanischen genau für planus eintritt und gerade dasselbe bedeutet. Puenta Rio de la (Rio de la Puenta) von puinte, Punkt (wieder indogermanischen Ursprungs) und nicht von dem spanischen puente, Brücke. Cantabrer heißt: Häupter hoch auf! u. s. w. S. 107. 109. 111.

ungen über dieses Werk weitläufiger und strenger gewesen bin, als es mein Gegenstand erforderte; aber ich muß bekennen, daß ich mehr als einmal zu meinem großen Leidwesen klagen hörte, unsere englischen Ethnographen blieben weit hinter den großen Fortschritten auswärtiger Sprachforscher zurück; und wirklich, liest man zuerst die gelehrten, scharfsinnigen und gründlichen Untersuchungen Wilhelm Humboldts zu der aus dem Biskajischen geschöpften Erklärung eben derselben Namen, die in diesem Buche so entstellt sind; bewundert man die gesunden philosophischen und philologischen Grundsätze, die ihn bei jedem Schritte leiten,[1] und nimmt dann ein Werk in die Hand, das nach dem seinigen erschienen ist und auf demselben Felde sich bewegt, aber nach einem von den Sprachkennern Europas verlachten und verachteten Systeme kindischer Etymologien: so kann man sich wohl schwerlich eines lebendig empfundenen Bedauerns erwehren, daß wir uns den Vorwürfen unserer Nachbarn aussetzen, und daß unter uns offenbar ihre bisherigen Leistungen ohne Berücksichtigung bleiben. Wenn wir als unsern größten Ethnographen einen Dr. Murray nennen müssen, welcher die seltenste Belesenheit mit den lächerlichsten Theorien vereint, welcher bei einer gründlichen Kenntniß vieler Sprachen behauptet, die sämmtlichen europäischen entsprängen aus neun abgeschmackten einsilbigen Lauten;[2] wenn ein Philosoph, der bei seiner Schule in hohem Ansehen steht, noch im Jahre 1827 von der Verwandtschaft des Grie-

---

[1] In seiner interessanten „Prüfung der Untersuchung über die Urbewohner Hispaniens." Berl. 1821. Vergleiche Sir W. Bethams Ableitung Asturiens von as Gießbach, und sir Land (S. 106), mit der Erörterung des deutschen Gelehrten über diesen Namen, wie er sich in Spanien und Italien findet. S. 114.

[2] Es sind die folgenden: 1) ag, wag, hwag; 2) bag, bwag; 3) dwag; 4) ewag; 5) lag; 6) mag; 7) nag; 8) rag; 9) swag. (History etc. a. a. O. S. 31.) „Mit Hülfe dieser neun Wörter und ihrer Composita sind alle europäischen Sprachen gebildet worden." S. 39.

chischen und des Sanskrit als von etwas Neuem und Fremdem spricht und sich auf „eine deutsche Arbeit von Franz Bopp," und „eine Abhandlung über die Sprache und Philosophie der Indier von dem berühmten Fr. Schlegel" als auf Werke beruft, die bei uns bloß durch Recensionen bekannt seien; Gebelin, de Brosses und Leibnitz als die besten Gewährsmänner in diesem Fache anführt, und mehrere Seiten hindurch zu beweisen sucht, das Sanskrit sei ein aus dem Griechischen und Lateinischen zusammengestoppeltes Rothwälsch, und diese Behauptung durch das Küchenlatein und die maccaronischen Verse beleuchtet;[1] wenn ein gelehrter Linguist ankündigt, er wolle die Uebereinstimmung der europäischen Sprachen mit den morgenländischen darthun, und zu diesem Zwecke ursprüngliche und abgeleitete, alte und neue, semitische und indogermanische Wörter durcheinander wirft, indem er Ausdrücke wie Astrolab, Melancholie, die das Arabische, wie wir, von den Griechen entlehnt hat, für arabisch ausgibt;[2] kurz, wenn wir einen Theologen, meines Wissens von nicht geringem Ansehen, haben, der noch in der allerneuesten Zeit diese Wissenschaft in Beziehung mit der mosaischen Geschichte bringt, indem er die neuern Resultate derselben gänzlich übersieht und der Meinung ist, das Deutsche, Griechische und Semitische bilden die drei vorzüglichsten ethnographischen Reiche; der uns belehrt: „der Bau der drei großen Sprachfamilien, der östlichen, der westlichen und der nördlichen sei wirklich so verschieden, daß die vollkommene Fähigkeit einer jeden, allen Bedürfnissen des menschlichen Verkehres zu entsprechen, als ein neues

---

[1] All diese Beobachtungen finden sich in Dugald Stewart's „Elements of the Philosophy of the human Mind." Lond. 1827. Vol. III. p. 100—137.

[2] Siehe „A specimen of the Conformity of the European languages particularly the English with the Oriental Languages." By Stephen Weston, B. D. Lond. 1802.

Wunder erscheine;"¹) wenn wir so viele Andere, deren Aufzählung zu weitläufig wäre, unter uns hartnäckig an den alten Träumereien hebräischer Etymologien hängen sehen:

„Trattando l'ombre come cosa salda;"
(Mit Schatten umgeh'nd, wie mit Körperwesen;):—

dann müssen wir wohl fühlen, daß der gegen uns erhobene Vorwurf, wir hätten versäumt, mit dem Fortschritte dieser Wissenschaft auf dem Continente gleichen Schritt zu halten, nur allzu gegründet ist, und müssen empfindlich gedemüthigt werden, wenn wir statt der Berichtigung einer Wiederholung dessen begegnen, was uns ehebor den gerechten Tadel zugezogen hat.

Indeß werde ich von dieser unerquicklichen und unlieben Rüge, dergleichen, wie ich hoffe, in dem fernern Verlaufe dieser Vorträge nicht oft nothwendig sein wird, mit Vergnügen durch ein Werk zurückgerufen, von welchem ich mit Freuden bekenne, daß ich es unbedingt loben darf:

— χαίρω δὲ πρόσφορον
Ἐν μὲν ἔργῳ κόμπον ἱείς·²)

und welches uns zu dem Gegenstande zurückführt, von welchem wir so lange abgegangen sind. Denn Sie mögen wohl beinahe vergessen haben, daß wir untersuchten, in wie fern es zuläßig sei, die keltischen Mundarten mit der indogermanischen Familie in Verbindung zu bringen. Diese Frage kann jetzt als erledigt betrachtet werden durch das interessante Werk des Dr. Prichard: „Ueber den östlichen Ursprung der keltischen Nationen." (Oxford 1831.) Schon in einer früheren Arbeit,

---

¹) „Divine Providence; or, the Three Cycles of Revelation." By the Rev. G. Croly, LL. D. Lond. 1834. C. XXII. p. 301. Nichts kann ungenauer sein, als die Beschreibung der Eigenthümlichkeiten jeder dieser Familien, die auf jene Stelle folgt.

²)   Ich freue mich, da ich würdiges
      Prunkwort zu dem Werke füge.
                     Pindar, Nem. VIII. 82.

auf welche ich bei einer künftigen Gelegenheit ziemlich oft werde zurückkommen müssen, hatte er eine Zergliederung der wälischen Zahl- und Zeitwörter angestellt und kam zu dem Schlusse: die Einreihung dieser Sprache in die benannte Familie „würde keinen Anstand gefunden haben, wenn sie durch Männer, denen ein Urtheil über ihre Analogien zustand, einer ähnlichen Untersuchung wie die andern unterworfen worden wäre."[1]) In dem gegenwärtigen Werke aber hat er die Verwandtschaft des Keltischen mit den indogermanischen Sprachen außer allen Zweifel gesetzt. Zuerst hat er die lexikalischen Aehnlichkeiten untersucht, und nachgewiesen, daß die ursprünglichen und einfachsten Wörter, sowie die Zahlwörter und die gebräuchlichsten Verbalwurzeln beiderseits die nämlichen sind.[2]) Darauf folgt eine in's Einzelne gehende Zergliederung des Zeitwortes, welche dessen Aehnlichkeit mit andern Sprachen zeigen soll, und diese ist von der Art, daß sie nicht ein zufälliges Zusammentreffen, sondern eine Grundidentität des innern Baues darthut. Das Redewort „sein," welches genau analysirt wird,

---

[1]) „Researches into the Physical History of Man." London 1826. Vol. II. p. 168. Vgl. p. 622.

[2]) S. 36—88. Es ist übrigens bemerkenswerth, daß Jäkel alle Wörter, welche von den Alten als keltische gegeben werden, aus dem Deutschen nachweist. „Der germanische Ursprung der lateinischen Sprache." Bresl. 1830. S. 11. Kommt dieß bloß von Familienverwandtschaft, oder von einer Verwechselung bei den Alten, welche sich wenig Mühe gaben, die Sprachen zu studieren, welche sie für barbarisch hielten? (Eine ähnliche Ansicht wie Jäkel hat in neuester Zeit Ad. Holtzmann geltend gemacht in der Schrift „Kelten und Germanen;" eine hist. Untersuchung. Stuttg. 1855, indem er den Satz aufstellt: „Die Germanen sind Kelten, die Kymren und Gälen sind keine Kelten." Auch er nimmt an, daß die Römer irrthümlich deutsch und keltisch für verschiedene Sprachen gehalten hätten. Dagegen sieh die gründlichen Untersuchungen von H. Brandes: „das ethnographische Verhältniß der Kelten und Germanen." Lpz. 1857. — Den indogermanischen Charakter der celtischen Sprache hat besonders Zeuß in seiner Grammatica celtica Lps. 1852 schlagend nachgewiesen. A. d. Ueb.)

bietet auffallendere Aehnlichkeiten mit dem persischen Zeitwort, als vielleicht irgend eine andere Sprache der Familie. Aber das Keltische ist auf solche Art nicht bloß ein Glied dieser Verbindung geworden, sondern hat ihr auch wichtige Dienste geleistet. Denn nur aus ihm können mehrere Verbal-Endungen anderer Sprachen befriedigend erklärt werden. So geht z. B. die dritte Person der Mehrzahl im Lateinischen, Griechischen, Persischen und Sanskrit auf nt, nd, ντι, ντο und nti oder nt aus. Nimmt man nun mit den meisten Grammatikern an, daß die Endungen der Verba aus den Fürwörtern der entsprechenden Personen entstanden sind, so finden wir einzig im Keltischen ein Fürwort, das jenen Ausgang erklären kann. Denn auch hier geht die dritte Person der Mehrzahl auf nt aus und entspricht so ganz genau, gleichwie die übrigen, ihrem Fürwort hwynt oder ynt.[1])

Dieser Umstand gibt dem Wälischen gewiß einen wichtigen Platz unter den Sprachen, welche diese große Familie bilden. Freilich darf es deßwegen keinen unverdienten Vorzug vor den andern erhalten, oder als dem Urstamme näher stehend betrachtet werden. Denn die Bestimmung des Grades der Abstammung, wenn eine solche Statt findet, oder des Rechtes der Erstgeburt unter den einzelnen Gliedern, ist eine wichtige Frage, die noch immer ihrer Lösung entgegen sieht. Sanskrit wird von den meisten Sprachforschern nicht für das zusammengestoppelte Rothwälsch, wofür es Stewart ansah, sondern für die älteste und reinste Form gehalten: das Lateinische gleicht ihm in vielen Rücksichten mehr als das Griechische, und doch hat Jäkel unlängst zu erweisen gesucht, daß es seine Abstammung durch das Deutsche herleite. Wirklich hat er viele Beispiele von lateinischen Wörtern vorgebracht, welche sich nur durch Beiziehung des Deutschen erklären lassen, wie fenestra,

---

[1]) S. 130—138.

welches durch das verwandte Fenster von finster hergeleitet wird, indem es ursprünglich, nach seiner Meinung, die Läden bedeutet habe; und andere, die nur hier eine Wurzel haben, wie praesagire und sagus, welches in dem Deutschen sagen, woraus wahrsagen, eine genügende Wurzel finde.¹) Solchen Muthmaßungen darf man sich indeß nicht zu schnell hingeben; denn eine Wurzel, die einst beiden Sprachen gemein gewesen, kann in der einen verloren gegangen, in der andern bewahrt worden sein, wenn gleich beide in ihrer Abstammung unabhängig von einander sind. So müssen wir ja alle Augenblicke Wurzeln, die jetzt im Hebräischen fehlen, aus dem Arabischen entlehnen; und doch wird daraus gewiß Niemand schließen, daß die hebräische Sprache eine Tochter der arabischen sei. Eine in's Einzelne eingehende grammatische Zergliederung allein kann uns richtige Folgerungen über diesen Punkt darbieten.

§. 14.
Das Finnische und Ungrische und die afrikanischen Sprachen.

Während so die indogermanische Familie in dem Gebiete, das sie beherrscht, sich allmählig immer mehr abrundet und zugleich ausdehnt, und die Zahl ihrer Glieder sich täglich vermehrt, fand man bei andern Sprachen, deren Zusammenhang früher unbekannt gewesen, daß sie trotz beträchtlicher Länderstriche, die sie trennen, doch gegenseitig in so naher Verbindung stehen, daß sie eine gemeinsame Familie miteinander bilden. Ich will mich mit einem einzigen Beispiele in Europa begnügen. Gegen das Ende des letzten Jahrhunderts bewies Sainovic, und nach ihm Gyarmathi, daß das Ungrische, welches wie eine Insel von lauter indogermanischen Sprachen umgeben ist, wesentlich zu der finnischen oder Uralfamilie gehöre, welche sich gleichsam durch Estland und Liefland herab-

---

¹) A. a. D. S. 13.

beugt, um es zu erreichen.¹) Auch in Afrika, dessen Dialekte verhältnißmäßig nur wenig studiert worden sind, enthüllt jede neue Untersuchung Verbindungen zwischen Nationen, welche auf großen Länderstrichen ausgebreitet und oft durch dazwischen liegende Völkerschaften getrennt sind: im Norden zwischen den Sprachen der Berbern und Tuariken von den kanarischen Inseln bis zu der Oase von Siwa; im mittlern Afrika zwischen den Dialekten der Felatahs und Fullahs, welche beinahe das ganze Innere einnehmen; im Süden unter den Stämmen über das ganze Festland hin, von den Kaffern und Mozambique bis zum atlantischen Weltmeere.²)

§. 15.
Rückblick.

Aber es ist Zeit, inne zu halten, theils um das bisher Gewonnene zu überschauen, theils um daraus für die noch interessanteren Resultate, womit sich der nächste Vortrag beschäftigen wird, Vorzeichen zu entnehmen. Wir sahen also, wie die gelehrte Welt schlief und sich mit der Annahme befriedigte, daß die wenigen damals bekannten Sprachen insgesammt in Eine aufgelöst werden können, und daß diese wahrscheinlich die hebräische sei. Wachgerüttelt durch neue Entdeckungen, welche diese leichte Rechtfertigung der mosaischen Geschichte in Frage stellten, erkannte sie die Nothwendigkeit

---

¹) „Sainovii Demonstratio idioma Ungarorum et Lapponum idem esse." Copenh. 1770. Gyarmathi, „Affinitas Ling. Hungaricae cum Linguis Fennicae originis, grammatice demonstrata." Gotting. 1799. (Die Vergleichung des Finnischen mit dem Ungrischen und mit den übrigen Sprachen dieses Sprachstammes [türkisch, mongolisch und Mandschu] hat in neuerer Zeit von grammatischem Standpunkte aus H. Kellgren vorgenommen; s. „seine Grundzüge der finnischen Sprache mit Rücksicht auf den Ural altaischen Sprachstamm." Berl. 1847. — A. d. Ueb.)

²) S. Prichard a. a. O. S. 7.

einer durchaus neuen Wissenschaft, welche ihre Aufmerksamkeit der Klassifizirung der Sprachen widmen müsse. Anfangs schien es, als ob die junge Wissenschaft sich keine Beschränkung gefallen lassen wolle, und ihre ersten Fortschritte schienen mit den sichersten Wahrheiten im geraden Widerspruche zu stehen. Nach und nach indessen vereinigten sich Massen, welche anfangs in Unbestimmtheit hin und her zu schwanken schienen, und bildeten, gleich den Garteninseln des mexikanischen Sees, feste und ausgedehnte Gebiete, welche der sorgfältigsten Bearbeitung fähig und werth waren. Mit andern Worten, die Sprachen gruppirten sich in verschiedene große und engverbundene Familien und verminderten auf solche Art um ein Bedeutendes die Anzahl der Ursprachen, von welchen andere ausgegangen sind. Hierauf sahen wir dann, wie jede folgende Untersuchung, weit entfernt, dieses vereinfachende Ergebniß zu schwächen, im Gegentheil es noch mehr bestätigt hat, indem sie immer neue, früher für unabhängig angesehene Sprachen in das Bereich fester Familien unterbrachte, oder solche, die wenig oder gar keine Verwandtschaft versprachen, zu neuen vereinigte. Das sind die zwei ersten Ergebnisse dieser Wissenschaft, deren weitere Fortschritte ich auf ein anderes Mal versparen will.

§. 16.
Gottes Finger im Menschenwerk.

Ehe ich aber diesen Vortrag schließe, kann ich mich nicht enthalten, einige Betrachtungen anzudeuten, die sich mir aufdrängten, da ich auf die hier befolgte Art der Forschung einen Rückblick warf. Denn wenn ich betrachte, wie viele verschiedene Menschen beinahe ohne ihr Wissen gearbeitet haben, die Resultate zu gewinnen, die ich Ihnen vorgelegt, indem der Eine, ohne eine bestimmte Absicht, auf die Analogien dieser Sprache Jagd machte, ein Anderer, ohne zu wissen warum, die Mundarten barbarischer Stämme in's Auge faßte, ein Dritter, bloß zum Zeitvertreib, die Wörter verschiedener Länder miteinander verglich; wenn ich sie sehe, gerade wie Ameisen, die ihre einzelnen winzigen Lasten tragen, oder irgend kleine Hemmungen entfernen und kreuz und quer durcheinander laufen, wie in völligem Wirrsal und zu gegenseitiger Störung all ihrer Absichten; und wenn ich doch entdecke, daß aus all Dem ein Plan von außerordentlicher Regelmäßigkeit, Ordnung und Schönheit hervorgeht: so glaube ich darin Zeichen eines höheren Instinktes, einer leitenden Einwirkung auf die gedankenlosen Rathschläge der Menschen zu lesen, welche sie zu großen und nützlichen Zwecken führt. Und dasselbe findet sich meines Bedünkens in der Geschichte eines jeden gesunden Zweiges der Wissenschaften. Denn wie ein Tag, der dann und wann sich in hellerem und wärmerem Sonnenscheine aufthut, ankündigt, daß die volle Entfaltung der Sommerpracht nahe daran sei über die Erde aufzugehen: so sehen gewisse bevorzugte Geister vermöge einer geheimnißvollen Mittheilung jederzeit die Annäherung irgend eines großen und neuen Systemes der Wahrheit gleichsam vorher, oder ahnen sie vielmehr voraus und künden sie an; so that Baco in der Philosophie, Leibnitz in unserer Wissenschaft, und Plato an einer heiligeren Offenbarung. Dann erheben sich, wir wissen nicht wie, Werkleute und geduldige Arbeiter und kommen von allen Seiten heran, gleich denen, die Reisbündel unter ein Fundament werfen oder Steine darauf legen; Niemand hält sie für die Baumeister des Hauses, denn sie wissen und verstehen nichts von dessen Plan und Zweck; und doch paßt jeder Stein, den sie aufsetzen, genau und hilft die Nützlichkeit und Schönheit der Theile desselben vermehren. Und so baut sich in dieser Weise durch die Bemühung Vieler, die sich zusammengethan und doch nicht über einen bestimmten Plan verständigt haben, eine Wissenschaft in schönen Verhältnissen auf und scheint fest und an ihrem rechten Platze unter den andern bereits errichteten dazustehen: und so wird sie endlich gleichsam zu einem Gliede in dem allgemeinen Einklang der Dinge und zu einem Grundsatze in der allgemeinen Wahrheit und zu einem Ton oder Akkord in der Harmonie der Natur.

Nun kann ich mich unmöglich überreden, es gebe kein überwachendes Auge bei dieser Lenkung ungleichartiger Dinge zu Einem großen Ziele, wenn ich sehe, daß dieses große Ziel die Bestätigung des Wortes Gottes ist; sondern ich möchte vielmehr von dieser scheinbar menschlichen Geschäftigkeit mit dem göttlichen Dichter sagen:

> Lo Motor primo a lui si volge lieto
> Sovra tant' arte di natura, e spira
> Spirito nuovo di virtù repleto,
> Che ciò, che truova attivo quivi, tira
> In sua sustanzia e fassi un' alma sola
> Che vive e sente, e sè in sè rigira.
> Dante, Purg. XXV. ¹)

Nicht als ob Er Theil nähme an den Irrungen und Thorheiten Derer, die in solchen Bestrebungen sich abmühen: sondern wie Er die Uebel dieser Welt zu den heiligsten Zwecken benützt und oft in Folge derselben die herrlichsten Seiten Seiner anbetungswürdigen Vorsehung entfaltet, so wird Er auch hier sogar die übelgemeinten Bemühungen Vieler beherrschen und lenken, und es so einrichten, daß ein neues und schönes Licht auf Seine Wahrheiten daraus ausströmt; wenn es am meisten Noth thut.

So möchte ich den Ursprung und die Entwickelung jeder neuen Wissenschaft immer als ein wesentliches Glied in der

---

¹) Dann naht der hohe Schöpfer sich mit Lust
  Dem schönsten Werke der Natur und senket
  Den neuen Lebensgeist ihm in die Brust;
   Von diesem wird der frühere getränket,
  Bis sie zu einer Seele sich verbinden,
  Die solcher Weise lebt und fühlt und denket.
(Kannegießer's Uebers.)

festen Ordnung der moralischen Welt-Regierung Gottes betrachten: gerade wie die zeitweise Erscheinung neuer Sterne am Firmamente nach den Lehren der Astronomen in den Annalen der Schöpfung ein vorbestimmtes Ereigniß sein muß. Und wenn Sie mir in diesen Betrachtungen beistimmen, so werden Sie gewiß auch mit mir fühlen, daß wir uns, indem wir die Geschichte irgend einer Wissenschaft verfolgen, nicht so fast einer thörichten Neugierde hingeben oder dem Fortschritte menschlichen Scharfsinns nachgehen, als vielmehr die schöne Stufenfolge bewundern, in welcher Gott allmählig den Schleier von irgend einer zuvor verdeckten Kenntniß weghob, indem er anfangs ein Ende, dann ein anderes lüftete, bis er endlich ganz aufgerollt ist: und Sie werden mit mir sich freuen, den dabei beabsichtigten Zweck und Nutzen sowohl zu unserer demüthigen Belehrung, als zur Mehrung Seiner Herrlichkeit zu erforschen.

Zweiter Vortrag:
Ueber
vergleichende Sprachkunde.

II. Abtheilung.

§. 17.
Vergegenwärtigung des bisher Gewonnenen.

Obwohl ich in meinem letzten Vortrage, nachdem ich Sie zuerst durch eine kurzgefaßte Geschichte der sprachlichen Völkerkunde in vergangene Jahrhunderte geführt hatte, Sie in unsere Zeiten zurückgebracht und mit den Arbeiten Mancher, die noch leben, bekannt gemacht habe: so habe ich Ihnen doch damit gleichsam nur die Vorrede oder Einleitung zu der neuern Wißschaft und den Principien, wonach sie betrieben wird, mitgetheilt. Denn so reichlichen Stoff bot mir mein Thema, daß ich bei aller nur möglichen Abkürzung mich genöthigt sah, entweder Ihre Geduld durch einen zu langen Vortrag zu mißbrauchen, oder meinen Gegenstand zum Nachtheil seines bessern Verständnisses zu trennen. Indem ich nun diesen Theil wählte, welcher die Schwierigkeiten mehr mir auflegt, als Jenen, die so gefällig sind, mir Gehör zu schenken:

Contro il piacer mio per piacerli
Trassi dell' aqua non sazia la spugna.¹)

Zum Entgelt dafür muß ich Sie bitten, die Hauptpunkte, von denen wir wohl eine hinreichende Gewißheit gewonnen haben, in Ihre Erinnerung zurückzurufen: nämlich daß die vergleichende Sprachforschung viele Sprachen, die bis dahin vereinzelt da zu stehen schienen, in sichere Verwandtschaft brachte, indem sie große Gruppen oder Familien daraus bildete, so daß Nationen und Stämme, die weite Länderstriche einnehmen, in dieser Wissenschaft bloß als Ein Volk gerechnet werden; ferners daß der Fortschritt der Untersuchung in allen Fällen dahin führt, die Zahl unabhängiger Sprachen zu verringern, die Marken jener umfassendern Gebiete zu erweitern, und die Summe ursprünglicher Stämme der Zahl immer näher zu bringen, von der wir annehmen dürfen, daß sie plötzlich unter den wenigen Bewohnern der Urwelt entstanden sei.

§. 18.

Drittes Ergebniß: Verwandtschaft zwischen den verschiedenen Sprachfamilien.

Der nächste wichtige Punkt, der noch bestimmt werden muß, ist der: ob irgend eine Verwandtschaft zwischen Sprachen verschiedener Familien entdeckt werden könne, welche zu dem Schlusse berechtigte, daß sie einmal in engerer Verbindung als gegenwärtig gestanden sind; mit andern Worten, daß sie von einem gemeinsamen Stamme sich herschreiben. Nun sind aber die Untersuchungen, welche man angestellt hat, um diesen zarten und wichtigen Punkt zu bereinigen, so innig mit dem heutigen Stande der Wissenschaft und der Schulen, in welche sich dieselbe theilt, verknüpft, daß es für uns unvermeidliche Nothwendigkeit wird, den Gang des Vortrages zu unterbrechen und

---

¹) Zog ich, zu Leid mir, ihnen nur zu Lieb
Kaum halbgesättigt aus der Fluth den Schwamm.

diesen gegenwärtigen Zustand der sprachlichen Völkerkunde zu betrachten; wenn man je eine Unterbrechung nennen darf, was wesentlich im Entwurf unseres ursprünglichen Planes liegt. Da die eine Schule nur geringen Werth auf die Methode der andern und folglich auch auf die daraus gewonnenen Ergebnisse legt, so wäre es ungerecht, diese als ausgemacht anzunehmen, und ich würde Sie hintergehen, wenn ich Ihnen diese Resultate als die unwidersprechlichen Entdeckungen der Wissenschaft mitzutheilen wagte, ohne mich darüber auszusprechen, in wiefern sie für befriedigend gelten dürfen. Zwei Dinge will ich zum Voraus bemerken: erstens, daß bis hieher völlige Uebereinstimmung herrscht, weßhalb die Resultate, die ich Ihnen vorgelegt habe, als durchaus unbestritten betrachtet werden dürfen; zweitens, daß wir, wie Sie finden werden, durch die strengeren Grundsätze, welche die eine Schule angewendet hat, durchaus nicht verloren, ja vielmehr gewonnen haben.

§. 19.
Gegenwärtiger Zustand dieser Wissenschaft.

Die vornehmsten Sprachforscher neuerer Zeit kann man in zwei Klassen eintheilen, deren eine die Verwandtschaft der Sprachen in ihren Wörtern, die andere in ihrer Grammatik sucht; die beiderseitigen Methoden kann man die lexikalische und die grammatische Vergleichung nennen. Die Hauptstützen des erstern Verfahrens finden sich vorzüglich in Frankreich, England und Rußland, wie Klaproth, Balbi, Abel-Remüsat, Whiter, Vans Kennedy, Gulianoff, der jüngere Adelung und Merian. In Deutschland kann man v. Hammer-Purgstall und vielleicht Friedrich Schlegel zu derselben Schule zählen. Das Princip, welches diese Männer befolgten, kann man wohl kurz in der Bemerkung, die Klaproth irgendwo macht, zusammenfassen: „Die Wörter sind der Zeug oder Stoff der Sprache, die Grammatik ist der Zuschnitt oder die Gestaltung desselben."

Und in einem Werk des verstorbenen Baron Merian, das Klaproth herausgab, finden wir alle Principien, wonach er und seine Schule ihre Studien betrieben, deutlich und systematisch sammt allen daraus erschlossenen Resultaten dargelegt.¹) Die andere Klasse ist größtentheils auf Deutschland beschränkt und rechnet W. A. v. Schlegel und Wilhelm v. Humboldt unter ihre ausgezeichnetsten Häupter. Niemand hat die Grundsätze der andern Schule einläßlicher und nachdrücklicher gekennzeichnet, als der erste dieser beiden Schriftsteller: „Viri docti," sagt er, „in eo praecipue peccare mihi videntur, quod ad similitudinem nonnullarum dictionum qualemcunque animum advertant, diversitatem rationis grammaticae et universae indolis plane non curent. In origine ignota linguarum exploranda ante omnia respici debet ratio grammatica. Haec enim a majoribus ad posteros propagatur, separari autem a lingua cui ingenita est, nequit, aut seorsum populis ita tradi ut verba linguae vernaculae retineant, formulas loquendi peregrinas recipiant."²) Hier haben wir, wie Sie sehen, zwei wichtige Behauptungen: daß die Grammatik ein angeborner, wesentlicher Bestandtheil einer Sprache ist; und daß keinem Volke eine Grammatik für sich aufgedrungen werden könne, sondern daß es auch den Stoff der Sprache annehmen müsse, sobald es die Form annimmt.

§. 20.
Ein Vorschlag zur Vermittelung. Irrthümer über die Entwickelungsfähigkeit der Sprachen.

Da nun hiemit die Ansichten oder vielmehr die Principien der beiden Schulen festgestellt sind, so will ich jetzt darauf übergehen, Ihnen einige Gedanken und Ergebnisse vorzulegen,

---

¹) „Principes de l'Etude comparative des Langues." Paris 1828.
²) „Indische Bibliothek." Bonn 1822. I. Bd. 3. Heft. S. 285. 287. In der ersten Nummer (1820) drückt er sich noch stärker aus.

zu welchen mich die Verfolgung dieses Studiums geführt hat. Indem ich sie mit aller gebührenden Bescheidenheit ausspreche, hoffe ich doch, sie möchten etwa Einiges dazu beitragen, die Kluft zwischen den beschriebenen Schulen zu verengern.

Vor Allem muß ich bemerken, daß Schriftsteller oft im Irrthum sind, wenn sie eine Sprache zu zergliedern suchen, in der Absicht, ihre ursprüngliche Gestalt zu bestimmen. Nichts findet man auch bei sehr umsichtigen Männern gewöhnlicher, als die Vorstellung, es liege in den Sprachen ein Streben nach Entwickelung und Vervollkommnung; wie Horne Tooke oder sein Gegner führen sie uns zu Epochen zurück, wo jedes Hülfs= redewort seine eigentliche Bedeutung hatte,[1] und wo jede Conjunction ein Imperativ war. Auf gleiche Weise spricht Murray von der Stufe der Sprachen, wo zuerst die Composita und Fürwörter erfunden wurden,[2] ja er vermißt sich sogar, wie ich schon in dem letzten Vortrage erwähnt habe, alle Sprachen auf etliche abgeschmackte und sinnlose Silben zurückzuführen. Ein Beispiel wird vollkommen erklären, was ich meine. Wenn wir die semitischen Sprachen und insbesondere das Hebräische zergliedern, so können wir ihr ganzes Conjugationssystem in lauter Pronominalzusätze auflösen, die sich an die einfache Grundform des Zeitwortes anschließen; und ebenso lassen sich in ihren Wörtern die Spuren der einsilbigen Wurzeln statt der zweisilbigen, welche sie jetzt darbieten, entdecken. Wir hätten also eine einfache, aus den kürzesten Wörtern zusammengesetzte Sprache, durchaus ohne alle Beugung, in welcher die Bedeutung ihrer Bestandtheile nur durch die Stellung im Satze bestimmt würde; mit andern Worten, eine Sprache, die in ihrem Baue ganz genau dem Chinesischen gliche. Das wäre gewiß im Vergleich mit dem gegenwärtigen Zustande der Familie ein einfacherer, ein ursprünglicher Zustand, und man könnte sich etwa denken,

---

[1] S. z. B. Fearn, „Anti-Tooke." Lond. 1824. Vol. I. p. 244.
[2] „History" etc. Vol. I. p. 41.

daß aus ihm der gegenwärtige durch die allmählige Entwickelung vieler Menschenalter entstanden sei; und wirklich hat es nicht an gelehrten Männern gefehlt, die so gedacht haben.[1] Nun kann ich aber diese Meinung, welcher ich einst gehuldigt zu haben gestehe, ganz und gar nicht theilen; denn bisher bietet die Erfahrung mehrerer tausend Jahre nicht ein einziges Beispiel spontaner Entwickelung in irgend einer Sprache. In was immer für einer Periode wir eine Sprache treffen, finden wir sie in ihren wesentlichen und charakteristischen Eigenschaften fertig; wohl mag sie eine feinere Glättung, einen größern Reichthum, eine mannigfaltigere Satzverbindung erhalten: aber ihr specifischer Unterschied, ihr Lebensprincip, ihre Seele, wenn ich so sagen darf, erscheint als vollkommen ausgebildet und kann sich nimmermehr verändern. Wenn eine Aenderung eintritt, so geschieht dieß einzig dadurch, daß eine neue Sprache

---

[1] Die Gründe, worauf diese Theorie beruht, sind für Alle, die mit diesen Sprachen bekannt sind, so einleuchtend, daß man sich nur wundern muß, warum nicht mehrere Schriftsteller sich daran gehalten haben. S. Adelung's „Mithridates." Thl. I. S. 301. Klaproth, „Observations sur les racines des Langues Sémitiques," als Anhang zu Merian's „Principes." S. 209. Diesen möchte ich noch die Autorität der eigentlichen Hebräisch-Kenner von Fach, eines Michaelis, Gesenius, Oberleitner u. s. f. beifügen. (Die neueste Sprachwissenschaft huldigt dieser Ansicht fast allgemein, und unterscheidet drei Stufen in der Entwickelung der Sprachen: den Zustand der Isolirung, wo nicht nur die Begriffe, sondern auch die grammatischen Beziehungen der Begriffe durch eigene Wurzelwörter ausgedrückt werden; den Zustand der Agglutination, wo die Wörter, welche die grammatischen Beziehungen ausdrücken, mit denen, welche sie bestimmen sollen, zusammenwachsen und sich zu bloßen Silben abschwächen, deren ursprüngliche Bedeutung nicht mehr erkenntlich ist; und den Zustand der Flexion, wo die Beziehungen der Begriffe durch Lautänderung innerhalb der Wörter ausgedrückt werden. Ein Beispiel für die erste Stufe gibt die chinesische Sprache, für die zweite der indo-germanische, für die dritte der semitische Sprachstamm. Auf jeder Stufe bleiben aber auch mehr oder weniger Spuren der vorausgehenden Stufe. A. d. Ueb.)

wie ein Phönix aus der Asche einer andern hervorgeht; und selbst wo eine solche Nachfolge eintrat, wie beim Italienischen auf das Lateinische, beim Englischen auf das Angelsächsische, ist ein verhüllender Schleier über den Wechsel gezogen: die Sprache scheint sich mit einem geheimnißvollen Gewebe einzuspinnen und in den Zustand der Verpuppung überzugehen, und wir sehen sie nicht mehr, bis sie, bald mit größerer, bald mit geringerer Schönheit, aber immer vollkommen gestaltet und nicht mehr veränderlich wieder zum Vorschein kommt. Und selbst da sehen wir, daß die frühere Stufe die Theile und Organe, welche der folgenden Gestalt und Leben geben müssen, bereits vorgeformt in sich enthielt.¹)

Die beiden Sprachen, die ich so eben erwähnt habe, sind ihren wesentlichen Zügen oder vielmehr ihrer Persönlichkeit und dem Principe ihrer Identität nach in den ältesten Schriftstellern so vollkommen, wie in den neuesten. Von Dante oder den Guido's brauche ich nicht zu reden; aber auch unser Chaucer fand gewiß in der vaterländischen Zunge ein so vollbesaitetes und so lieblich gestimmtes Instrument, seinen Leis darauf zu singen, als selbst Wordsworth nur immer wünschen konnte. So ist es mit dem Hebräischen: in den Schriften Mosis und in den noch ältern Fragmenten, die der Genesis einverleibt sind, ist die wesentliche Fügung der Sprache fertig, und offenbar trotz ihrer augenscheinlichen Unvollkommenheit jeder fernern Vervollkommnung unfähig. Das Altägyptische, wie es auf den frühesten Denkmälern, und

---

¹) So zeigt uns schon eine geringe Bekanntschaft mit dem Verfalle des Lateinischen, daß die Wörter, welche jetzt rein italienisch sind, gewöhnlich werden, wie pensare, denken, in den Schriften des heiligen Gregorius, oder die Präposition de für den Genitiv. Solche Formen waren ohne Zweifel unter dem Volke schon lange vorher gang und gäbe. In schlichten, rohen Grabinschriften haben wir ss statt x wie Bissit für vixit; ja ich erinnere mich an einen Fall, wo dieses Verbum wie im Italienischen (nur B statt V) geschrieben ist: Bisse.

wie es nach einem Zwischenraum von dreitausend Jahren in den koptischen Liturgien geschrieben ist, wird, wie Sie sehen werden, von Lepsius als ein und dasselbe dargestellt. Die nämliche Bemerkung gilt, wenn man die ältesten griechischen oder lateinischen Schriftsteller mit den spätesten vergleicht. Das Beispiel der letzteren ist besonders schlagend, wenn wir erwägen, welche Gelegenheit zum Fortschritt ihnen durch die Berührung mit den erstern geboten war. Aber obschon die Eroberung Griechenlands Bildnerei und Malerei, Dichtkunst und Geschichte, Kunst und Wissenschaft in das ungebildete Latium brachte, obschon es die Formen seiner Perioden rundete und seiner Sprache neue Geschmeidigkeit und Kraft gab: so setzte es doch seiner Grammatik kein Tempus und keine Deklination, seinem Lexikon keine Partikel, seinem Alphabete keinen Buchstaben bei.

Wir dürfen es nämlich ohne weiters als einen Grundsatz aufstellen, daß keine Nation aus einem Gefühle des Mangels in ihrer gegenwärtigen Sprache unter gewöhnlichen Umständen von einer andern entlehnen oder irgend neue Keime in sich hervorrufen wird. Dem Chinesischen gebricht es so sehr an der grammatischen Construction, daß man es für eine Copie jener Begriffsbezeichnung halten könnte, welche die Taubstummen durch Zeichen ausdrücken:[1] wie kommt es denn,

---

[1] Die Taubstummen können nicht dazu gebracht werden, die grammatischen Gebärden, welche Abbé Sicard für sie erfand, anzuwenden, sondern begnügen sich mit den einfachsten Zeichen der Vorstellungen und bestimmen die Fügung durch nichts Anderes, als einzig durch die natürliche Ordnung des Zusammenhanges. S. Degerando, „De l' Education des Sourds-muets." Paris 1827. Tom. I. p. 580. 588. Das Vater unser, welches sie in Zeichen ausdrücken, nimmt sich, in Wörter übertragen, so aus: 1) Unser, 2) Vater, 3) Himmel, 4) in (Zeichen der Einschließung), 5) Wunsch (Zeichen des Heranziehens), 6) euer, 7) Name, 8) Ehrfurcht, 9) Wunsch, 10) euer, 11) (über) Seelen, 12) Königreich, 13) (d. h.) Vorsehung, 14) ankommen, 15) Wunsch, 16) euer, 17) Wille, 18) thun, 19) Himmel, 20) Erde, 21) Gleichheit (gleichwie). S. 589.

daß es dessenungeachtet sich nie bewegen ließ, jene Bildungen hervorzubringen, die uns zum Verständnisse der Rede unerläßlich scheinen? Warum haben die semitischen Sprachen, nach mehrtausendjähriger Nachbarschaft mit Sprachen anderer Familien nie ein Präsens oder zusammengesetzte und bedingte Zeiten und Arten gebildet, deren Mangel ihre Reden und Schriften so unklar macht, oder einige neue Bindewörter erfunden, um dem verknüpfenden wau die Last, jede mögliche Beziehung zwischen den Theilen einer Rede auszudrücken, zu erleichtern? Ja wie kommt es, daß Diejenigen, welche sie sprechen, nach einer so überaus langen Berührung mit vollkommenern Alphabeten, zwar die ungeheuren Schwierigkeiten eines vokallosen einsehen, aber es doch nie dahin gebracht haben, dieselben bei sich einzuführen, sondern bis auf diesen Tag zu dem unbequemen Auskunftsmittel mühsamer Punkte ihre Zuflucht nehmen? Auch hat der einzige Zweig, der eine Aenderung versucht hat, nämlich der äthiopische, nur ein noch unnatürlicheres und verwickelteres syllabisches Alphabet hervorgebracht, voller Unbequemlichkeit und unzähligen Mißverständnissen ausgesetzt. Gäbe es in den Sprachen irgend eine Art natürlicher Entwickelung, so hätten sie gewiß so viele Zeitalter in diesen Fällen hervorgerufen. Aber statt dessen sind oft gerade die früheren Epochen einer Sprache die vollkommensten; und Grimms neueste, von mir öfter erwähnte Untersuchungen über die ursprünglichen Formen der deutschen Grammatik sind weit entfernt, das Streben einer Sprache nach Vervollkommnung zu erweisen: denn viele schätzbare Formen sind darin verloren gegangen.

Wer also von untergeordneten Bildungsstufen einer Sprache redet, oder annimmt, sie habe Jahrhunderte gebraucht, um zu irgend einem gegebenen Punkte grammatischer Entwickelung zu gelangen, spricht durchaus gegen die Erfahrung. Sprachen wachsen nicht auf aus einem Saamen oder Ableger. Ein geheimnißvoller Naturproceß gießt sie in eine lebendige

Form, woraus sie in all ihren schönen Verhältnissen hervorkommen, und diese Form ist der menschliche Geist, mannigfaltig bestimmt durch die Umstände seiner äußeren Beziehungen. Hier kann ich wiederum nicht umhin, zu bedauern, daß wir nicht im Stande sind, die verschiedenen Beziehungen und Verbindungen einzelner Wissenschaften in Einem Blicke zu umfassen; denn wenn es den Anschein gewinnt, daß viele Menschenalter nöthig gewesen seien, um Sprachen zu dem Zustande zu bringen, worin wir sie zuerst finden, so würden andere Untersuchungen uns zeigen, daß diese Menschenalter nie existirt haben; und so würden wir genöthigt, irgend eine bildende Kraft, eine ewig waltende Einwirkung ausfindig zu machen, welche das auf einmal thun konnte, zu dessen Vollführung die Natur Jahrhunderte brauchte; eine Aufgabe, die das Buch Genesis allein gelöst hat.

§. 21.
Humboldts Urtheil über diesen Gegenstand.

Obwohl Sie vielleicht bereits glauben mögen, ich habe mich über diesen Gegenstand zu weit verbreitet, so darf ich ihn doch nicht verlassen, ohne Ihnen mitzutheilen, was ich als die stärkste Bestätigung meiner Ansichten betrachte, nämlich das Urtheil Wilhelm Humboldts. Dieser Sprachforscher, der an Tiefe wohl jeden andern übertrifft, verband einen Geist zergliedernder Untersuchung mit einem ungeheuren Vorrathe praktischer Völkerkunde und benützte, wie Wenige außer ihm, das Sprachstudium als ein Mittel zu einer besseren Bekanntschaft mit den Formen des Gedankens und mit den Entwicklungsstufen der Geistesbildung. Und wenn es tapfern Rittern zur Ehre gereichte, daß sie gerne mit angeschnalltem Harnische starben, und wenn es manchen Rednern ein Ruhm war, daß ihre Beredtsamkeit gerade noch einmal in hellerer Lohe aufflackerte, ehe sie für immer erlosch: so ist gewiß sein Ehrenpreis ein noch schönerer: den besten Beweis der stillen Gewalt des Gedankens über die Schwächen unserer Natur gegeben und dem Tode nahe, noch gezeigt zu haben, wie der Genius die Elemente eines langen und gedankenreichen Lebens in festem Halte zusammenfassen vermag. Denn schon lange hatte er seinen Freunden die Absicht angekündigt, als sein letztes Vermächtniß eine sehr kurzgefaßte Abhandlung über die Philosophie der Sprache zu entwerfen. Als nun seit einigen Monaten, den letzten seines Lebens, Krankheit ihn zu einem solchen Zustande hilfloser Schwäche herabgebracht hatte, daß seine Hand nicht länger weder Feder noch Buch halten konnte, da schien er, über seinen Tisch gebeugt, wie Einer, den die Jahre gekrümmt haben, innerlich jene mannigfaltigen Kräfte zusammenzurufen, die ihn in früheren Tagen ebenso zum Philosophen, wie zum Staatsmanne befähigt hatten, und diktirte über jenen so schwierigen Gegenstand ein tiefsinniges Werk, welches, wenn es erscheint, der Welt ein glänzendes Beispiel geben wird, wie stark, nicht die herrschende Leidenschaft, sondern die waltende Intelligenz auch im Tode noch ist.[1])

Als er nach der Anweisung von Abel-Remüsat sich in kurzer Zeit mit dem Chinesischen bekannt gemacht hatte, erwiederte er ihm ungesäumt diesen Dienst durch einen höchst interessanten Brief über die grammatischen Formen. Da ich diese Schrift, erst lange nachdem ich die eben gemachten Betrachtungen niedergeschrieben hatte, zu Gesicht bekam, wurde ich freudig überrascht, hier genau dieselben Ansichten zu finden, obschon in weit philosophischerem Ausdrucke. „Ich betrachte die grammatischen

---

[1]) (Die Abhandlung ist seitdem erschienen unter dem Titel: „Ueber die Verschiedenheit des menschlichen Sprachbaus und ihren Einfluß auf die geistige Entwickelung des Menschengeschlechtes." Berlin 1836. gr. 4. Zugleich als Einleitung zu dem opus posthumum: „Ueber die Kawisprache auf der Insel Java." Berlin 1836—1840. 3 Bde. gr. 4. — A. d. Ueb.)

Formen," sagt er, "nicht als die Früchte der Fortschritte, welche eine Sprache in der Zergliederung des Gedankens macht, sondern vielmehr als das Ergebniß der Art und Weise, wie ein Volk seine Sprache anschaut und behandelt." [1]) Er bemerkt, es gebe im Maja und Betoi, zwei amerikanischen Sprachen, zwei Formen des Redewortes, wovon die eine die Zeit, die andere lediglich die Beziehung zwischen Subjekt und Objekt bezeichne. Dieses sieht sehr philosophisch aus; und doch bemerkt er richtig: "Diese Zusammenstellungen können, däucht mir, zum Beweise dienen, daß, wenn sich dergleichen Eigenthümlichkeiten in den Sprachen finden, man sie nicht einem besonders philosophischen Geiste ihrer Erfinder zuschreiben dürfe." [2]) Ich nehme mir die Freiheit, Ihnen noch einen Auszug vorzulesen, welcher auf bewunderungswürdige Weise dasselbe ausdrückt, was ich aussprechen wollte: "Ich bin vollkommen überzeugt, daß man jene wahrhaft göttliche Kraft, welche in den menschlichen Fähigkeiten liegt, diesen Schöpfergeist der Nationen, vorzüglich im Urzustande nicht verkennen darf, wo alle Ideen und selbst die Kräfte der Seele von der Neuheit der Eindrücke einen lebendigeren Aufschwung empfangen; wo der Mensch Combinationen ahnen kann, zu denen er durch den langsamen und allmähligen Gang der Erfahrung niemals gekommen wäre. Dieser schöpferische Geist kann die Grenzen, welche sonst den Sterblichen vorgeschrieben zu sein scheinen, überschreiten, und wenn es auch nicht möglich ist, seinen Gang bis auf die letzte Spur zu verfolgen, so ist seine belebende Gegenwart darum nicht weniger offenbar. Ehe ich darauf verzichtete, den Ursprung der Sprachen aus dem Einflusse dieser mächtigen und ersten Ursache zu erklären, und ehe ich ihnen insgesammt einen mechanischen, einförmigen Gang

---

[1]) „Lettre à M. Abel-Rémusat: Sur la nature des formes grammaticales" etc., par M. Guill. de Humboldt. Paris 1827. p. 13.
[2]) S. 15.

anwiese, der sie Schritt für Schritt von dem gröbsten Anfange bis zu ihrer Vollendung fortschleppte, würde ich viel lieber die Meinung Derer ergreifen, welche den Ursprung der Sprachen auf eine unmittelbare Offenbarung der Gottheit zurückführen. Sie anerkennen wenigstens den göttlichen Funken, welcher in allen Idiomen, selbst den unvollkommensten und ungebildetsten, hindurchblitzt."[1]) Demnach gibt also dieser ausgezeichnete Sprachforscher zu, daß die Sprachen ihre irrthümlich sogenannte eigenthümliche Entwickelung nicht durch leise Uebergänge erreichen, sondern von einer unbekannten Kraft des menschlichen Geistes erhalten; es sei denn, wir nehmen an, daß sie, wie die erste Rede, von oben mitgetheilt wurden.

§. 22.
Möglichkeit einer Aenderung im grammatischen Bau einer Sprache.

Da wir so den Sprachen die Kraft, ihren grammatischen Bau aus sich selbst zu erzeugen und unter gewöhnlichen Umständen sogar ihn zu wechseln, abgesprochen haben und diesen Bau nicht bloß als die äußere Form der Sprache, sondern als ihren wesentlichsten Bestandtheil betrachten: so mögen wir füglich untersuchen, in wie fern Schlegel Recht habe, wenn er annimmt, eine solche Veränderung oder ein solcher Wechsel könne unter keinerlei Umständen Statt finden. Ich erlaube mir die Bemerkung, daß etliche Beispiele uns zu der Behauptung zu berechtigen scheinen, daß unter dem Drange besonderer Einwirkungen eine Sprache solche Veränderungen erfahren kann, welche ihre Wörter der einen und ihre Grammatik der andern Klasse zutheilen. Freilich wird in diesem

---

[1]) S. 55. vgl. S. 51 und die oben im ersten Vortrage S. 9 in der Anmerkung 3. angeführte Stelle. (Der Uebersetzer wollte diese Stelle lieber in's Teutsche übertragen, als im franz. Original anführen.)

Falle eine neue, von jenen, woraus sie entstand, verschiedene Sprache gebildet; aber immerhin wird sie von derjenigen, die ihr voranging, durch die Annahme neuer grammatischer Formen ihren Ausgang nehmen. So räumt Schlegel selbst ein, das Angelsächsische habe durch die normannische Eroberung seine Grammatik verloren.[1]) Und können wir nicht sagen, das Italienische sei aus dem Lateinischen mehr durch die Annahme eines neuen grammatischen Systemes, als durch irgend einen Wechsel in den Wörtern entstanden? Denn vergleichen wir ein Werk in den beiden Sprachen, so finden wir kaum einigen Unterschied in den Verben und Nennwörtern, aber einen von den Fürwörtern entlehnten Artikel, einen gänzlichen Verlust der Casus und folglich aller Deklination; die Zeitwörter werden im Aktiv größtentheils durch Hülfsredewörter conjugirt und haben gar kein eigentliches Passiv. Diese Veränderungen berechtigen uns gewiß, es als eine neue Sprache zu betrachten. Es ist wahr, die Sprache ist in diesem Falle in Beziehung auf den Charakter ihrer Veränderungen nicht aus ihrer Familie hinausgegangen; denn all' diese Eigenthümlichkeiten finden sich in andern Sprachen der indogermanischen Klasse, wie im Deutschen und Persischen; aber eben so wahr ist es auch, daß der Wechsel sehr groß ist und die neue Sprache in eine andere Unterabtheilung bringt, welche das eine Extrem der Familie bildet, während das Lateinische fast das andere ist.

Nach der Annahme einiger Sprachforscher bietet das alte Pehlewi ein ähnliches Beispiel dar; denn Sir W. Jones bemerkte, daß die Wörter semitisch, die Grammatik aber indogermanisch sei;[2]) weßhalb auch Balbi sie in seiner Uebersicht unter die semitischen gezählt hat. Dr. Dorn gibt die Thatsache zum Theile zu, läugnet aber die Folgerungen, indem er

---

[1]) „De Studio Etym." S. 284.
[2]) „Asiatic researches." Calcutta. Vol. II. p. 52.

annimmt, die semitischen Wörter haben sich durch Verkehr mit den ringsum wohnenden aramäischen Völkern in die Sprache eingeschlichen.¹) Ein anderes merkwürdiges Beispiel einer ähnlichen Erscheinung kann man aus dem Kawi, einer Sprache des indischen Oceans, nehmen, von welcher Crawfurd so schreibt: „Sollte ich über die Geschichte des Kawi eine Meinung abgeben, so würde ich sagen, es sei ein Sanskrit, das seine Beugungen verloren und an deren Stelle die Präpositionen und Hülfsverba der einheimischen Dialekte von Java angenommen hat. Man möchte glauben, daß die einheimischen Brahmanen dieser Insel, getrennt von dem Lande ihrer Ahnen, aus Fahrlässigkeit oder Unwissenheit sich der schwierigen und verwickelten Beugungen des Sanskrit aus denselben Gründen zu entledigen suchten, wie die Barbaren das Griechische und Lateinische in das neuere Romanische oder Italienische umbildeten."²)

Ein anderes Beispiel bieten vielleicht auch die tatarischen Sprachen dar, in welchen ein gründlicher Gelehrter Spuren einer ähnlichen Abweichung von dem ursprünglichen Charakter

---

¹) „Ueber die Verwandtschaft" u. s. w. S. 41. (Spiegel, einer der ersten Kenner der altpersischen Sprachen, erklärt die Sprachmengung im Pehlewi durch die Annahme, daß es in dieser Art als gesprochene Sprache wohl nie existirt habe: diese Einmischung fremder Wörter sei bloß falsche Eleganz und Geschäftsstyl gewesen, wie auch wir im vorigen Jahrhundert unsere Sprache durch den Gebrauch französischer Wörter zu schmücken vermeinten. Sieh sein „Avesta, die heiligen Schriften der Parsen." Lpz. 1852. Bd. I. S. 27. — A. d. Ueb.)

²) „On the Existence of the Hindu Religion in the Island of Bali." As. Res. XIII. p. 161. In einem andern Werke drückt Crawfurd seine Meinung gemäßigter aus: „Die Meinung, zu welcher ich mich in Betreff dieser sonderbaren Sprache hinneige, ist die, daß es keine fremde, in die Inseln eingeführte Zunge, sondern die Schrift-Sprache der Priesterschaft sei." — „History of the Indian Archipelago." Edinb. 1820. Vol. II. p. 18.

ihres grammatischen Baues findet. „An dem andern Ende Asiens," sagt Abel-Remüsat, „weiß man durchaus nichts von der Kunst, die Zeitwörter abzubeugen; wenigstens spielen die Participien und Gerundive in den tongusischen und mongolischen Idiomen, denen die Unterscheidung der Personen unbekannt ist, die vornehmste Rolle. Die östlichen Türken sind die Ersten, bei welchen sich einige Spuren davon zeigen; aber der geringe Gebrauch, den sie davon machen, scheint zu bezeugen, daß vorher ein einfacheres System dagewesen sei. Jene Türken endlich, welche ehedem den gothischen Stamm in den Ländern, die den Irtisch und Uralfluß trennen, berührten, nachher aber zurücktrieben und bis nach Europa verfolgten, haben noch mehr, als die andern Türken, mit den gothischen Nationen gemein, nämlich die Conjugation durch Hülfszeitwörter; aber trotz dieser Zuthat, die ihrer Sprache fremd scheint, bewahrt sie doch Etwas von dem schwerfälligen Mechanismus der conjugationslosen Sprachen." ¹) Endlich läßt sich noch als Beispiel das Amharische anführen, worüber ich einen tüchtigen Schriftsteller aus einer Zeitschrift, die alle Ermunterung verdient, will reden lassen: „All dieß haben wir nur angeführt, um zu zeigen, daß die Frage, ob Sprachen nicht von einander Pronomina und Endungen borgen können, während das ganze Material diesen fremd bleibt, eine gründliche Untersuchung erheische.... So z. B. ist das Amharische, das man anfangs für eine Mundart der Gihs-Sprache (des Aethiopischen) hielt, und welches semitisch zu sein schien, nach

---

¹) „Recherches sur les Langues Tartares." Paris 1820. Tom. I. p. 306. (Dieser Behauptung, die auch von Schott vertreten wird — s. seinen „Versuch über die tatarischen Sprachen" S. 2. 3. — widerspricht, wenigstens in dieser Allgemeinheit, Kellgren. „Das Finnische, Ungarische, Osmanisch-Türkische, und wenigstens zum Theil auch das Mongolische zeigen ein so strenges und durchgreifendes Flexionsprincip, daß man keinem von ihnen den Namen einer Flexionssprache absprechen kann." A. a. O. S. 16.)

den neuesten Untersuchungen afrikanischer Abkunft und hat bloß semitische Endungen nachgeahmt."[1]

Dieses sind Beispiele von Sprachen, die offenbar aus ihren eigenen Familien hinausgehen, um grammatische Formen und Fügungen zu suchen. Sprachen entfalten manchmal bei der größten Entfernung die außerordentlichste Uebereinstimmung in der Grammatik, ohne daß man irgend eine Verwandtschaft bei ihnen annehmen dürfte: so z. B. bietet das Baskische viele auffallende Aehnlichkeiten mit einigen Sprachen Amerika's, wie den Mangel ganz derselben Buchstaben, das Streben, dieselben Consonanten zu verbinden, und eine ähnliche verwickelte Zusammensetzung des Conjugationssystems, worin durch die Einschiebung gewisser Silben verschiedene Modificationen des einfachen Zeitwortes ausgedrückt werden, ein Punkt, worin es auch den Dialekten des südwestlichen Afrika's gleicht.[2] Aber während Humboldt behauptet, ähnliche Wörter reichen nicht hin, einen gemeinsamen Ursprung verschiedener Sprachen festzustellen, und während er die eben erwähnten Züge der Aehnlichkeit hervorhebt, ist er doch weit entfernt, anzunehmen, daß zwischen diesen verschiedenen Idiomen irgend eine Verwandtschaft Statt finde; vielmehr sagt er: "Grammatische Eigenthümlichkeiten dieser Art schienen mir immer mehr Beweise der Culturstufen, als der Verwandtschaft unter Sprachen zu sein."[3]

§. 23.
Vorschlag einer Regel für die Vergleichung der Wörter.

Aber — um diesen Gegenstand zu einigem Abschlusse zu bringen — mir scheint, daß einerseits zwar die Vergleicher

---

[1] „On Comparative Philology" im „West of England Journal." July 1835. Nro. 3. p. 91.

[2] Sieh Balbi, „Tableau des langues de l'Afrique."

[3] „Prüfung der Untersuchung über die Urbewohner Hispaniens." S. 175; vgl. S. 109.

von Wörtern ihre Folgerungen großentheils zu weit getrieben haben, daß aber auch der gelehrte v. Schlegel sich von seinem Unwillen über die Ungebührlichkeiten derselben habe hinreißen lassen, wenn er behauptet, der gemeinsame Gebrauch des α privativum beweise die Verwandtschaft des Griechischen und Sanskrit stärker, als mehrere Hunderte von Wörtern.¹) Humboldt, der sonst nicht minder der grammatischen Aehnlichkeit den Vorrang zugesteht, räumt der Wortverwandtschaft in einer kurzen, aber vortrefflichen Auseinandersetzung seiner Ansichten über diese Wissenschaft, ihr gehöriges Recht ein.²)

Ich möchte daher zur Prüfung der Verwandtschaft der Worte und zur daraus abgeleiteten Folgerung einer Verwandtschaft der Sprachen eine Regel vorschlagen, welche das willkührliche Verfahren der lexikalischen Schule verhüten und den strengeren Anforderungen der andern näher kommen dürfte. Diese ist: Man nehme nicht Wörter, die einer oder zwei Sprachen verschiedener Familien gehören, und ziehe nicht aus ihrer Aehnlichkeit, welche zufällig oder mitgetheilt sein kann, Schlüsse, die auf ihre ganzen Familien gehen, sondern man vergleiche miteinander Wörter von einfacher Bedeutung und ursprünglicher Nothwendigkeit, welche durch die ganzen Familien durch herrschen und folglich darin so zu sagen Urfassen sind. So ist z. B. die Zahl sechs im Sanskrit schasch, im Persischen schesch, im Lateinischen sex, im Deutschen sechs. Es ist folglich ein Wort, das im strengen Sinne zu der ganzen Familie gehört; allein es gehört ebenso gut auch zu der ganzen semitischen: denn im Hebräischen, dem reinsten Ausdrucke dieses Stammes, haben wir nicht minder schesch, und in den andern Dialekten ist es nach den Gesetzen modifi-

---

¹) A. a. O.

²) „An Essay on the best means of ascertaining the affinities of Oriental Languages." By Bar. W. Humboldt. In den „Transactions of the Royal Asiat. Society." 1830. Vol. II. p. 214. 215.

cirt, welche in dem Buchstabenwechsel durchgängig herrschen. Deßgleichen ist sieben im Sanskrit saptan, im Gothischen sibun; wozu im Semitischen das Hebräische schebha, das Arabische seb'a zu vergleichen ist. Ebenso ist im Sanskrit eins eka, im Persischen jek, im Hebräischen eh'ad und so in den andern Dialekten. Fände man das Wort κέρας bloß im Griechischen, so könnte man es allenfalls für eine Ableitung von dem hebräischen oder phönizischen keren halten; aber diese Meinung scheint unzuläßig zu werden, sobald man findet, daß es solche Glieder der Familie durchzieht, die es nicht können entlehnt haben: wie das lat. cornu, und das deutsche Horn. Auch kann das Lateinische nicht einmal vom Griechischen entlehnt sein; denn die Einschiebung eines n, wodurch es dem Semitischen näher gebracht wird, kann wohl nicht zufällig sein; zumal da es sich auch im Deutschen findet, bei welchem man doch weder auf einen Verkehr mit dem Hebräischen, noch mit dem Griechischen verfallen kann. Allein dieses Wort, das sich in so vielen Gliedern dieser Familie findet, ist ebenso allgemein in der semitischen, wo es im Syrischen karno und im Arabischen karn lautet. In gleicher Art ist kein Grund vorhanden, den rein sanskritischen Ursprung des Wortes ama Mutter, zu bezweifeln; und doch ist es auch dem Semitischen wesentlich eigen: Em (und imm) im Hebr., omm im Arab., mit derselben Bedeutung; so wie auch ama im Baskischen, das jetzt im Spanischen soviel heißt, als Amme. Diese Beispiele reichen zur Erläuterung meiner Regel hin. Sie bieten Fälle dar, in welchen Wörter durch alle oder doch die meisten Glieder zweier Familien hindurchgehen, so daß wir sie als ursprünglich oder wesentlich in beiden betrachten können. Nur in solchen Fällen würde ich nun geneigt sein, eine Wortvergleichung als hinreichenden Beweis der Verwandtschaft zwischen Sprachen gelten zu lassen. Wenn daher ein Lexikon, wie das von Parkhurst, ein englisches Wort von einer hebräischen Wurzel ableitet, so verwerfe ich das sogleich als ungegründet; wenn ein griechisches darauf zurückgeführt ist, so nehme ich es als möglich an, denn es kann durch Berührung mit den Phöniziern eingeführt worden sein; aber in Hinsicht auf die Abstammung beweist es nichts. Wenn jedoch, wie in obigen Beispielen, zwei oder mehrere dieser Sprachen dasselbe Grundwort haben und dieses dann in einigen semitischen Sprachen wieder vorkommt, so gebe ich zu, daß es für die Bildung des geheimnißvollen Zusammenhanges aller Sprachen in einer frühesten Zeit von Wichtigkeit sei.

§. 24.

Dr. Youngs Anwendung der Wahrscheinlichkeitsrechnung auf die lexikalische Sprachvergleichung.

Das führt uns zu einer andern wichtigen Untersuchung: wie groß die Anzahl ähnlicher Wörter in verschiedenen Sprachen sein müsse, um uns zu einem Schlusse auf deren gemeinsamen Ursprung zu berechtigen. Diesen Punkt machte Dr. Young zum Gegenstande einer interessanten mathematischen Berechnung, welche meines Wissens in kein Werk über Völkerkunde Eingang gefunden hat; wahrscheinlich weil sie in einer Abhandlung über Gegenstände vorkommt, die mit dieser Wissenschaft in gar keinem Zusammenhange stehen. Nachdem er seine verschiedenen Formeln entwickelt hat, kommt er zu dem Schlusse: „Es scheint daher klar, daß aus der Uebereinstimmung des Sinnes irgend eines einzelnen Wortes in zwei Sprachen durchaus kein Schluß auf ihre Verwandtschaft gemacht werden kann; und daß gegen die Uebereinstimmung von nur zwei Wörtern die Wahrscheinlichkeit wie 3 zu 1 stünde; wenn aber drei Wörter sich als identisch zeigen, so stünde die Wahrscheinlichkeit wie 10 zu 1, daß sie beiderseits von irgend einer Stammsprache herkommen, oder auf irgend eine andere Weise eingeführt sein müssen; bei sechs Wörtern wie 1700 gegen 1, und bei acht nahe an 100,000 zu 1; so daß in solchen Fällen der Beweis beinahe unbedingte Gewißheit erreichte. Im Baskischen z. B. oder der altspanischen Sprache finden wir in dem Wörterregister, das der schönen Abhandlung von W. v. Humboldt beigefügt ist, die Wörter beria, neu; ora, Hund; guchi, klein; oguia, Brod; otzoa, Wolf; woraus das spanische onza, und zazpi (oder wie Lacroze schreibt, shasphi) sieben. Nun heißt im Altägyptischen beri neu; whor Hund; kudchi klein; oik Brod; ounsh Wolf; shashf sieben; und wenn wir diese Wörter für gleichlautend genug halten, um unsere Rechnung darauf anzuwenden, so ist die Wahrscheinlichkeit mehr als 1000 gegen 1, daß in irgend einer sehr entfernten Zeit eine ägyptische Colonie sich in Spanien niederließ; denn keine von den Sprachen der Nachbarvölker zeigt irgend eine Spur davon, daß sie das Medium gewesen wäre, durch welches diese Wörter ihr zugeführt wurden." [1]

Dieser Schluß ist gewiß zu bestimmt und kühn; denn diese Aehnlichkeiten können, wenn sie bewährt sind, hinreichend durch die Voraussetzung erklärt werden, daß beide Sprachen von dem nämlichen Punkte ausgegangen und in sich einige Bruchstücke einer gemeinsamen ursprünglichen Sprache bewahrt haben. Indeß müssen Denen, welche diesem Vergleichungssystem anhängen, doch die Ergebnisse dieser mathematischen Berechnung im Allgemeinen außerordentlich wichtig sein, in so fern dieselbe zu beweisen scheint, daß schon eine sehr beschränkte Anzahl von Wörtern, wenn sie wirklich ähnlich und so beschaffen sind, daß sie nicht durch späteren Verkehr können eingetauscht worden sein, eine Verwandtschaft zwischen zwei Sprachen darzuthun vermöge.

Ich komme nun endlich zu den Folgerungen dieser langen Erörterung, welche nothwendig war, um den Werth der einzelnen Ergebnisse zu würdigen, die ich Ihnen vorlegen

---

[1] „Remarks on the Reduction of Experiments on the Pendulum." Philosophical Trans. Vol. CIX. für 1819. p. 70.

werde. Dabei brauche ich Sie kaum aufmerksam zu machen, daß die Anhänger des lexikalischen Systemes oder der Wortvergleichung leichter Analogien zwischen Sprachen finden, die weit von einander entfernt sind und keinen historischen Zusammenhang haben. So ist das Baskische, das, wie wir gesehen haben, Dr. Young mit dem Aegyptischen verglich, von Klaproth auch mit den semitischen Sprachen zusammengestellt worden, indem dieser eine Anzahl von wirklich oder scheinbar ähnlichen Wörtern aus beiden zusammenbrachte.¹) In gleicher Weise hob er in einem Briefe an den ältern Champollion auffallende Uebereinstimmungen der Wörter zwischen dem Koptischen und sehr entfernten Sprachen vorzüglich innerhalb des Oby und der Wolga hervor.²) Indeß werde ich von seiner unermüdlichen Arbeit in diesem Fache wieder zu sprechen haben.

§. 25.

Verwandtschaft der indogermanischen und der semitischen Sprachfamilie.

Die zwei Familien, welche die geringste Schwierigkeit für die Prüfung des Zusammenhanges unter Sprachen von gänzlich verschiedenem Charakter darbieten, sind zweifelsohne die schon oft erwähnten — die indogermanische und die semitische: denn wir sind mit ihren verschiedenen Gliedern besser bekannt, als mit denen irgend einer andern Familie. Daher kommt es, daß sehr viele Versuche gemacht wurden, diese mit einander in Berührung zu bringen; aber der Erfolg ist nur zu oft unbefriedigend, da man die eben aufgestellte Regel nicht beachtet: die Ursprünglichkeit der so verglichenen Wörter in beiden Familien dadurch festzustellen, daß man sieht, ob sie

---

¹) „Mémoires rélatifs à l'Asie." Paris 1824. Tom. I. p. 214.
²) Das. p. 205.

alle oder doch mehrere ihrer Zweige durchlaufen. So z. B. scheint mir Dr. Prichard in einer vergleichenden Tabelle, die er mitgetheilt hat,[1] weder auf den ursprünglichen Charakter der Wörter, noch auf ihr allgemeines Vorkommen in der ganzen Familie hinreichend Rücksicht genommen zu haben. Er vergleicht z. B. das hebräische Wort jain mit dem lateinischen vinum, dem wir das griechische οἶνος beifügen; und diese Vergleichung ist ohne Zweifel ganz richtig. Da es aber mehr als wahrscheinlich ist, daß der Anbau der Rebe und die Weinbereitung von Osten nach Westen ausging und ursprünglich den semitischen Nationen angehörte, so dürfen wir annehmen, daß der Name ebenfalls mitwanderte, und demnach wäre es ein entlehntes Wort. Ferners vergleicht er das lateinische lingua (Zunge) mit dem hebr. loa', schlucken, schlingen. Nichts davon zu sagen, daß der Zusammenhang dieser beiden Begriffe in der Etymologie keine Wahrscheinlichkeit hat, ist das Wort lingua in der indogermanischen Familie dem Lateinischen eigenthümlich. Jedoch wird es ein Familienwort, wenn wir beachten, was Marius Viktorinus sagt: „die Alten hätten dingua statt lingua gesprochen."[2] Das Wort, auf solche Art in die ursprüngliche Gestalt zurückversetzt, tritt in Verwandtschaft mit dem deutschen „Zunge" und verliert alle Aehnlichkeit mit dem semitischen Worte.

§. 26.
Die Forschungen von Lepsius.

Ich habe bereits einige Beispiele von, meines Erachtens, befriedigenderen Wortvergleichungen zwischen den beiden Spra-

---

[1] Am Ende seines „Eastern Origin of the Celtic Nation." p. 192.

[2] Novensiles sive per l sive per d scribendum; communionem enim habuerunt literae hae apud antiquos, ut dinguam et linguam, et dacrimis et lacrimis." Marii Victorini „grammatici et rhetoris de orthographia." Lugd. 1854. p. 32. Vgl. p. 11.

chen gegeben, als ich die Regel für solche Untersuchungen aufstellte; aber ich möchte noch ferner darauf aufmerksam machen, daß es in der grammatischen Eigenthümlichkeit dieser beiden Familien Punkte gibt, welche noch eine genauere Vergleichung zulassen, als bisher versucht wurde. Es wäre kaum thunlich, meine Gedanken über diesen Gegenstand darzulegen, ohne eine in's Einzelne gehende verwickelte Analyse, die ohne einige Bekanntschaft mit den Sprachen kaum verständlich und für einen großen Theil meiner Zuhörer von geringem Interesse wäre.[1] Ich will daher bloß meine Ueberzeugung aussprechen, daß eine genauere grammatische Verwandtschaft zwischen den Familien sich finden wird, als wir von vorne herein zu vermuthen geneigt sind; und mit Freuden erwähne ich ein Werk, welches allem Anscheine nach ein Feld für neue Untersuchungen eröffnet und auf neue Elemente der Verwandtschaft zwischen diesen und andern Familien aufmerksam macht. Ich meine die „Paläographie als Mittel für die Sprachforschung, zunächst am Sanskrit nachgewiesen" (Berl. 1834), ein Werk voll der merkwürdigsten und originellsten Untersuchungen von Dr. Lepsius. Vermittelst dieses neuen Elementes hat er mehrere sehr sinnreiche und überraschende Aehnlichkeiten zwischen dem Hebräischen und dem Sanskrit festgestellt, so daß nach seinem eigenen Ausdrucke das Vorhandensein eines beiden gemeinschaftlichen, wenn gleich unentwickelten Keimes nicht mehr bezweifelt werden kann.[2]

Ermuthigt durch das Gelingen dieser Arbeit, wurde er veranlaßt, sich auf das Studium des Koptischen zu verlegen,

---

[1] Ueber diesen Gegenstand findet sich am Ende eine Zugabe.

[2] S. 23. Auf eine merkwürdige Weise treffen beide darin zusammen, daß Resch in den Regeln der hebräischen Punktation offenbar als Vokal betrachtet ist, gerade wie im Sanskritschen der Buchstabe ri. Da ich das Werk von Lepsius nicht mehr zur Hand habe, erinnere ich mich nicht mehr, ob er diese Aehnlichkeit hervorhebt.

um, wenn es möglich wäre, dessen Beziehungen zu andern Sprachen zu entdecken, da es bisher als eine vereinzelte und unabhängige Zunge war betrachtet worden. Durch die Freigebigkeit, welche die deutschen Regierungen auszeichnet, wo es gilt, die Wissenschaft zu fördern, wurde er in den Stand gesetzt, seine Forschungen zu verfolgen, welche denn auch mit einem vollständigen Erfolge gekrönt wurden. Durch die Gefälligkeit des ausgezeichneten und gelehrten Mannes, auf dessen Antrieb er sie unternommen hatte, bin ich in den Stand gesetzt, Ihnen die interessanten Ergebnisse derselben bis auf die neueste Zeit herab mitzutheilen. Der erste Brief, woraus ich die folgenden Auszüge übersetzt habe, ist datirt: Paris, den 20. Jan. 1835.

„Meine ägyptischen und koptischen Studien gehen gut. Sie haben mich auf Resultate geführt, die mich selbst höchst angenehm überraschten und deren allgemeineres Interesse für die Geschichte der Sprachen täglich mehr hervortritt. Was mich anfangs ein wenig beunruhigte, war die völlige sprachliche Einsamkeit, in der sich das Koptische zu befinden schien, und die geringe Aussicht, die sich mir darbot, es je als ein Hülfsmittel bei meinen Forschungen über die ägyptischen Alterthümer gebrauchen zu können. Zu gleicher Zeit muß ich gestehen, daß die historischen Nachweisungen Quatremère's über den Ursprung der ägyptischen Sprache (welche freilich von der Sprache selbst ganz unabhängig sind) mir viele Zweifel über die Einheit des Aegyptischen und Koptischen ungelöst ließen. Ich habe jetzt im Wesen der Sprache selbst entdeckt, daß sie nicht nur gar keinen Schein grammatischer Veränderungen hat, und vielleicht in einem höhern Grade jenes den semitischen Dialekten so eigenthümliche Princip der Stabilität besitzt, sondern auch, daß sie in ihrer Bildung Spuren eines höhern Alters bewahrt hat, als irgend eine indogermanische oder semitische Sprache, mit der ich bekannt bin; Spuren, die daher in ganz unerwarteter Weise wichtig auch für diese beiden Familien sein werden. Indessen kann das Koptische weder als semitisch noch als indogermanisch bezeichnet werden; es hat seine eigene, besondere Bildung, obwohl allerdings seine fundamentale Verwandtschaft mit diesen zwei Familien nicht zu verkennen ist. Es steht ungefähr auf derselben Bildungsstufe, wie das Semitische; daher tritt die Verwandtschaft hier mehr hervor. Der von Ihnen nachgewiesene Fortschritt von der syllabischen zur alphabetischen Sprache ist auch ein sehr wichtiges Element für das Koptische."

„Die Wurzeln der Pronomina sind derjenige Redetheil, welcher in der Sprachbildung zuerst gewirkt und in sehr beträchtlichem Maaße einen Einfluß darauf ausgeübt zu haben scheint. Auf diese Wurzeln und ihre Vergleichung mit den semitischen und indogermanischen Pronominalbildungen lege ich großes Gewicht. Stellen wir z. B. einen Augenblick die Affixe der persönlichen Fürwörter im Koptischen und Hebräischen zusammen, um die Verwandtschaft zwischen der beiderseitigen Bildung zu sehen:

	mein Meer	unser Meer	dein Meer m.	dein Meer f.
Hebr.	jam-mi	jam-nu	jam-ka	jam'-k(i)
Kopt.	jom-i	jom-n	jom-k	jom-ti
	euer Meer	sein Meer	ihr Meer f. sing.	ihr Meer pl.
Hebr.	jam'-kem (ken)	jam'-hu	jam'há(-t)	jam-m-u
Kopt.	jom-ten	jom-f	jom-s	jom-u." [1]

---

[1] Ich nehme mir die Freiheit, einige Bemerkungen beizufügen. 1) Die Aehnlichkeit bei der ersten Person im Singular ist vollständig, da das andere m in dem gewählten Beispiele zufällig ist, indem es von dem außer Gebrauch gekommenen jamam abzuleiten ist; weßhalb das Suffix einfach i lautet, wie im Koptischen. 2) Der Unterschied in der zweiten Person fem. sing. ist ebenfalls mehr scheinbar, als wirklich; in sofern das Hebräische in den zweiten Personen von dem durch die Analogie gebotenen Suffixe ta, ti, oder t, tem, ten abweicht, und k statt t annimmt. Das Koptische wirft Licht auf diese Erscheinung, indem hier die regelmäßigen Suffixa verbleiben, während es im masc. dieselbe Vertauschung vornimmt,

„Ich beschäftige mich gegenwärtig mit einer Probe einer koptischen Grammatik, die ich herausgeben will, um so dem Publikum über die neue Richtung meiner Studien Rechenschaft zu geben. Ich werde jedoch einen vergleichenden Theil vorausschicken, welcher vorzüglich auf den Pronominalwurzeln beruhen und der koptischen Sprache den Boden, auf welchem sie entsprang, sichern und ihren Platz unter den andern, besser gekannten Sprachen anweisen soll. Der neue und eigenthümliche Theil ihrer Bildung, jener Theil, welcher jeder Sprache ihre eigene Individualität verleiht, wird sich so auf eine sowohl für den Schreiber, als für den Leser passendere Art an den ältern Theil anschließen, der sie mit andern Dialekten in Verbindung bringt. Einige wichtige Theile meiner koptischen Grammatik sind der Hauptsache nach bereits vollendet, und es ist am Ende nicht so schwierig, etwas Licht auf Dinge zu werfen, welche vorher in äußerster Finsterniß lagen."

„Ich wurde veranlaßt, besondere Aufmerksamkeit den Namen der Zahlwörter zu widmen, in denen ich eine auffallende Aehnlichkeit mit den entsprechenden Zifferzeichen fand. Was mich aber noch mehr betroffen hat, ist dieß, daß die indogermanischen und semitischen Zahlwörter genau, selbst in Einzelheiten, mit dem ägyptischen Systeme übereinstimmen; daß ferners die Sanskrit-Ziffern eigentlich ägyptisch sind, und daß sich all das im Aegyptischen deutlicher und dem natürlichen Ursprunge näher findet. Die Zahlzeichen scheinen mir entschieden von Aegypten nach Indien gewandert zu sein, von wo sie die Araber holten, bei denen sie jetzt noch indisch heißen, gerade wie wir sie arabisch nennen, weil wir sie von den Arabern überkamen. Die merkwürdige Uebereinstimmung der Zahlwörter im Koptischen, Semitischen und Indogermanischen und ihre, besonders im Aegyptischen, erweisbare

---

wie das Hebräische. 3) Diese Bemerkung gilt auch, wie von selbst einleuchtet, für die zweite Pers. plur.

Ableitung von den drei Pronominalwurzeln und von ihrem den Ziffern entsprechenden Zusammenhang unter einander wird mich zu einer ausführlicheren Erörterung dieses wichtigen Gegenstandes führen."

„Einer der vorzüglichsten Punkte endlich, die mich beschäftigten, ist der unläugbare Zusammenhang zwischen dem semitischen und dem demotischen, und weiterhin auch dem hieroglyphischen Alphabete der Aegyptier. Was in hohem Grade alle Untersuchung über die Aussprache des Koptischen hemmt, sind die griechischen Charaktere, welche in dem zweiten oder dritten Jahrhunderte angenommen wurden, wo viele der feineren Unterschiede, welche ohne Zweifel in der ursprünglichen einheimischen Paläographie existirten, aufgegeben werden mußten. Indessen ist mir die Aussprache der koptischen Zunge, die mir wegen ihrer außerordentlichen Anhäufung von Vokalen und wegen anderer Eigenthümlichkeiten anfangs ein ganzes Chaos schien, völlig klar geworden; besonders seitdem ich genauere Untersuchungen über die Accente angestellt habe, die in den Grammatiken als ganz unwesentlich betrachtet und in gedruckten Werken in der Regel sehr unrichtig angegeben werden. Aber ich habe jetzt einige Handschriften von der Bibliothek bei mir, die mir ein vollständig neues Licht über den Gegenstand verschafft haben."

Der zweite Auszug, den ich Ihnen mittheilen will, ist aus einem Briefe vom 14. vorigen Monats. (Febr. 1835.)

„...... Ich dachte, es wäre wohl besser, wenn ich meine Abhandlung über die Namen und Zeichen der Zahlen, zu welchen ich, wie zu ihrer interessanten Verwandtschaft, den Schlüssel in den ägyptischen Ziffern und den koptischen Zahlwörtern entdeckt zu haben glaube, vollenden und der Akademie überschicken würde. Längstens in einer Woche wird sie fertig sein, und die Resultate scheinen mir vollkommen klar und befriedigend, indem sie das so oft, aber immer nur von ferne angegriffene Räthsel über die Bedeutung jener alten Zahlwurzeln lösen und zwar nicht bloß in Hinsicht des Koptischen, sondern auch für die semitischen und indogermanischen Sprachen; auch werden sie diesen ganzen Kreis von Dialekten in eine merkwürdige wechselseitige Harmonie bringen, was meiner Ansicht nach von großer Wichtigkeit für alle höheren Gebiete der vergleichenden Sprachkunde sein wird." [1])

Die Folgerungen, die sich aus diesen interessanten Mittheilungen ergeben, springen jedem Denkenden von selbst in die Augen. Wir haben nun die Gewißheit, daß das Altägyptische, nunmehr in seiner völligen Identität mit dem Koptischen erkannt, ferner nicht mehr für eine isolirte Sprache ohne allen Zusammenhang mit den sie umgebenden zu halten sei, sondern mit den beiden schon so oft erwähnten Familien ganz außerordentliche Berührungspunkte darbiete; allerdings noch nicht bestimmt genug, um sie in eine von den beiden einzureihen, aber doch hinlänglich deutlich und in dem wesentlichen Bau der Sprache begründet, um die Meinung auszuschließen, als seien sie nur zufällig oder später eingeimpft. Dieser Uebergangscharakter dient, nach dem Ausdrucke von Lepsius, diesen Sprachenkreis in merkwürdiger Harmonie zusammen zu gruppiren, so daß wir, statt das Indogermanische und Semitische als ganz isolirte Familien zu betrachten, oder uns mit einiger Uebereinstimmung in Wörtern begnügen zu müssen, jetzt vielmehr zu der Anschauung berechtigt sind, daß sie sowohl durch wirkliche Berührungspunkte, als auch durch die Dazwischenkunft des Koptischen in einer geheimnißvollen Verwandtschaft verkettet sind, die sich auf

---

[1]) (Diese Forschungen sind seitdem erschienen unter dem Titel: „Zwei sprachvergleichende Abhandlungen: I. über die Anordnung und Verwandtschaft der semitischen, indischen, äthiopischen, altpersischen und altägyptischen Alphabete: II. über den Ursprung und die Verwandtschaft der Zahlwörter in den indogermanischen, semitischen und der koptischen Sprache." Berlin 1836. — A. d. Ueb.)

den wesentlichen Bau und die nothwendigsten Formen aller drei gründet.

Wir wollen nun die weitern Fragen in Betracht ziehen, zu denen diese Forschungen einen denkenden Geist leiten müssen: wie z. B. können solche Uebergangssprachen entstanden sein? Geschah es dadurch, daß diese beiden großen Gruppen ursprünglich Eine waren, so daß, als sie sich trennten, — wie Massen, die irgend eine Convulsion der Natur von einander reißt, — kleinere Bruchstücke zwischen beiden absplitterten, die an der eigenthümlichen Beschaffenheit beider Theil nehmen, und so noch ihre früheren Einigungspunkte verrathen? Oder sind sie insgesammt in gleicher Weise als Abkömmlinge eines gemeinsamen Stammes zu betrachten, welche durch nunmehr unbekannte Umstände, die auf wahrscheinlich längst aufgehobenen Gesetzen beruhten, in solche Abarten auseinandergegangen sind? Wählen Sie was immer für eine Hypothese, oder vielmehr anticipiren Sie was immer für ein Ergebniß, das wahrscheinlicher Weise aus diesen Entdeckungen und ihrer weitern Ausdehnung sich ergeben mag, so kommen Sie nothwendig auf eine Einheit und Gemeinschaft der großen Gruppen und Familien, theils durch sie selbst, theils wie bei den Polygon-Bauten der Alten, vermittelst kleinerer verbindender Bruchstücke, welche die Natur oder die Vorsehung dazwischen gelassen hat.

Es ist auch noch der Beachtung werth, daß gerade jene strengere Schule, deren Forderung zur Nachweisung einer Verwandtschaft zu streng schien, als daß dieselbe außerhalb der Grenzen einer Familie immer anwendbar wäre, jene Verwandtschaft zwischen den Familien selbst entdeckte und jede Bemäckelung dieser wichtigen Thatsache abgeschnitten hat. Denn mehr als soviel kann man, soweit Principien in Betracht kommen, von diesen Forschungen nicht verlangen; was nun noch übrig bleibt, ist nur der Wunsch ihrer weitern Anwendung und die Ausdehnung desselben Verfahrens auf andere Gruppen, die dem Anscheine nach von den übrigen getrennt sind.

§. 27.
Anwendung der bisherigen Resultate auf den biblischen Bericht.

Hier wollen wir einen kurzen Rückblick auf den Zusammenhang unserer Wissenschaft mit dem biblischen Berichte werfen. Den einfachen historischen Grundzügen zufolge, die ich Ihnen vorgelegt habe, schien ihre erste Entstehung geeigneter, Unruhe, als Vertrauen zu erregen, indem sie das Band, welches in der uralten Meinung sie alle zusammengehalten hatte, entzweiriß; so schritt sie eine Zeit lang fort, immer noch scheidend und zertrennend, und folglich auch allem Anscheine nach den Bruch zwischen ihr und der heiligen Geschichte immer erweiternd. Auf ihrem weitern Gange begann sie neue Verwandtschaften zu entdecken, wo solche am wenigsten erwartet wurden; bis man nach und nach anfing, viele Sprachen, deren gemeinsamen Ursprung man anerkannte, zu gruppiren und in umfassende Familien einzureihen. Dann verminderten neue Untersuchungen allmählig die Zahl unabhängiger Sprachen und dehnten folglich das Gebiet der größeren Massen aus. Endlich, als dieses Feld schon beinahe erschöpft zu sein schien, gelang es, so weit es noch versucht wurde, einer neuen Gattung von Untersuchungen, die außerordentlichen Verwandtschaften dieser Familien zu erweisen, — Verwandtschaften, die im Charakter und Wesen jeder Sprache liegen, so daß keine derselben ohne diese Elemente, worin die Aehnlichkeiten bestehen, je hätte existiren können. Da nun dieses jeden Gedanken an ein gegenseitiges Entlehnen ausschließt, da dieselben nicht in einer jeden durch unabhängige Vorgänge entstanden sein können, und da die Grundverschiedenheit unter den Sprachen nicht erlaubt, sie als Dialekte oder Sprößlinge von einander zu betrachten: so sind wir zu der Folgerung gedrängt, einerseits daß diese Sprachen ursprünglich in Eine vereinigt gewesen seien, woraus sie diese gemeinschaftlichen Elemente zogen, die allen wesentlich sind; andererseits, daß die Trennung zwischen ihnen, welche andere, eben so wichtige Elemente der Aehnlichkeit zerstörte, nicht etwa durch einen allmähligen Verfall oder durch individuelle Entwickelung habe entstehen können — denn das haben wir längst ausgeschlossen — sondern durch irgend eine gewaltsame, ungewöhnliche und wirksame Kraft, welche allein hinreicht, diese sich widerstreitenden Erscheinungen zu vereinbaren und zugleich für die Aehnlichkeiten und Verschiedenheiten Rechenschaft zu geben. Es ist meines Bedünkens schwer zu sagen, was für einen weitern Schritt auch der unersättlichste und unverständigste Skeptiker noch verlangen könnte, um die Ergebnisse dieser Wissenschaft mit dem biblischen Berichte in Uebereinstimmung zu bringen.[1]

§. 28.
Zeugnisse der neuern Sprachforscher für die ursprüngliche Einheit der Sprache.

Um aber die Geschichte dieser Wissenschaft zu vollenden, darf ich nicht stillschweigend an den Schriften und Ansichten einiger Autoren vorübergehen, die in dem bisher eingehaltenen Beweisgange noch keine Stelle gefunden haben, obschon ihre Namen gelegentlich angeführt wurden. Ich will Ihnen also ihre positiven Folgerungen vorlegen und auf solche Art Ihnen zeigen, in wiefern sie die Schlüsse, die ich aus ihren Untersuchungen zog, rechtfertigen. Ich will sie in zwei Klassen eintheilen, wovon die erste aus Solchen bestehen soll, welche einstimmig die ursprüngliche Einheit aller Sprachen anerkennen.

Der gelehrte Alexander von Humboldt, welchem wir

---

[1] (Eine sehr gediegene Darlegung des Ganges und der Resultate der vergleichenden Sprachforschung findet sich auch in der herrlichen Rede Fr. Windischmanns: „Der Fortschritt der Sprachenkunde und ihre gegenwärtige Aufgabe." München 1814. — A. d. Ueb.)

so ungemein schätzenswerthe Mittheilungen über die Sprachen und Denkmäler Amerikas verdanken, drückt sich über diesen wichtigen Punkt so aus: „So abgeschlossen gewisse Sprachen anfangs scheinen, so sonderbar ihre Launen und Eigenthümlichkeiten sein mögen, haben doch alle eine Analogie unter sich, und man wird ihre zahlreichen Beziehungen in dem Maaße immer mehr einsehen, als die philosophische Völkergeschichte und das Sprachstudium sich der Vollkommenheit nähern." [1])

Ueber diesen wichtigen Gegenstand gab die Akademie von Petersburg ein sehr entschiedenes Zeugniß im fünften Bande ihrer Denkwürdigkeiten ab. [2]) Wahrscheinlich war diese gelehrte Körperschaft in jenem Theile ihrer Arbeiten unter dem Einflusse des Grafen von Goulianoff, eines enthusiastischen Vertheidigers der Einheit der Sprachen, wie sie, oft ohne hinlängliche Beachtung der wirklichen Uebereinstimmung, und noch weniger des wesentlichen Sprachbaues aus der bloßen Aehnlichkeit der Wörter gewonnen wird. Er hat selbst seine Ansichten in der Abhandlung über das gründliche Sprachstudium ausgesprochen, woraus ich eine Stelle ausheben will: „Indem die Aufeinanderfolge der vorgeschichtlichen Thatsachen sich mit den Jahrhunderten verwischt, scheint sie der Gewißheit der wesentlichsten Thatsache, nämlich der Brüderschaft der Völker, Eintrag zu thun. Nun würde dieses Faktum, das interessanteste für den denkenden Menschen, vollkommen festgestellt durch die Annäherung der alten und neuen Sprachen, wenn man sie nach ihrer ursprünglichen Stellung betrachtet. Und wenn je irgend ein philosophisches Vorurtheil die Wiegen des menschlichen Geschlechtes vervielfältigen möchte, so wäre die Identität der Sprachen immer bei der Hand, um das Zauberwerk zu vernichten, und diese Autorität würde auch den

---

[1]) Bei Klaproth, „Asia polyglotta." p. 11.
[2]) S. „Bulletin Universel." VII. Section. Vol. I. p. 380.

befangensten Geist zurechtbringen.") Ein Jahr nach dem Erscheinen dieser Arbeit ließ er den Prospektus eines Werkes ausgehen, das die Einheit der Sprachen darthun sollte.*) Ich weiß nicht, ob es erschienen ist; denn der Charakter seiner Untersuchungen ist nicht von der Art, daß er mich veranlaßt hätte, darüber Erkundigung einzuziehen: sondern ich fürchte, in jenem Prospektus war zu viel versprochen, als daß die Versprechungen hätten gehalten werden können. Die Entscheidung der Akademie über diesen Punkt war indeß ganz ohne Vorbehalt; denn sie versichert, nach einer langen Untersuchung die Ueberzeugung erlangt zu haben, daß alle Sprachen als Mundarten Einer jetzt verlorenen Sprache zu betrachten sind.

Zu derselben Klasse von Schriftstellern ist auch der ehemalige Staatskanzler Merian zu rechnen, welcher sich zu der nämlichen Folgerung bekennt, obwohl er sie in seinem großen Werke „Tripartitum" vielleicht nicht geradezu ausspricht. Dieses Werk besteht aus vier zwischen 1820 und 1823 zu Wien herausgekommenen Foliobänden und enthält vergleichende Verzeichnisse vorzüglich von russischen und deutschen Wörtern, denen aber eine Masse ungeordneten Stoffes aus allen andern Sprachen beigefügt ist. Für die lexikalische Vergleichung hat das Werk ohne Zweifel einen beträchtlichen Werth; indeß muß man gestehen, daß man Blatt um Blatt überschlagen muß, bis man bei Sprachen aus verschiedenen Familien irgend eine erträgliche Aehnlichkeit entdeckt. Doch abgesehen davon, zeigt der Schluß seiner ersten Fortsetzung oder des zweiten Bandes hinlänglich seine Ansichten über den Punkt, den wir eben vor Augen haben; denn er schreibt: „Jene, welche an der Einheit der Sprachen zweifeln, mö-

---

¹) „Discours sur l'Etude fondamentale des Langues." Paris 1822. p. 31.

²) Der Titel des Werkes sollte sein: „Etude de l'Homme dans la manifestation des ses facultés."

gen, nachdem sie Whiter durchgangen haben, Goulianoff lesen." ¹)

Derselben Schule, obwohl die Verdienste der eben erwähnten Schriftsteller weit überragend, gehört Julius Klaproth an, dessen Namen ich schon mehr als einmal aufgeführt habe. Wenigen Schriftstellern verdanken wir so seltene Aufschlüsse über die Sprache und Literatur der meisten asiatischen Völker und über die Geographie sonst nur wenig bekannter Länder. Indeß muß man gestehen, daß man seiner Kühnheit wegen seine Behauptungen nur mit einer gewissen Behutsamkeit aufnehmen kann. Freilich wäre es schwer gewesen, vollkommene Genauigkeit mit dem mannigfaltigen Charakter seiner Untersuchungen zu verbinden. Sein großes Werk über Sprachverwandtschaft, „Asia polyglotta" (Paris 1823) genannt, besteht aus einem starken Quartbande Text mit vergleichenden Uebersichten in Folio. Hier macht er kein Hehl daraus, daß er der mosaischen Geschichte von der Zerstreuung ganz und gar keinen Glauben schenke; sie sei, meint er, wie vieles Andere in der westasiatischen Literatur, bloß ein Mährchen, das man auf den bezeichnenden Namen Babel gegründet habe. ²) Nach seiner Ansicht retteten sich bei der Ueberschwemmung Menschen an verschiedenen Orten, indem sie die höchsten Berge erkletterten; daher hätten sich dann die verschiedenen Familien des menschlichen Geschlechtes aus so vielen Mittelpunkten im Kaukasus, dem Himalaja und Altai ausgebreitet. Trotz dieser nicht vielversprechenden Ansichten stimmen doch seine Resultate

---

¹) „Tripart. seu de Analogia Linguarum Libellus. Continuatio." Vien. 1822. p. 585. Whiters Werk, worauf hier Bezug genommen wird, ist das „Etymologicum Universale."

²) „Die andere (Sprachverwandtschaft) ist postdiluvianisch, und ihre Ursachen sind nicht so verborgen, so daß wir nicht nöthig haben, den Thurm von Babel zu Hülfe zu nehmen, was, wie Manches in den Schriften der Westasiaten, nur eine Erzählung zu sein scheint, die zu einem Bedeutung habenden Namen erfunden ist." S. 40; vgl. S. 41.

ganz genau mit der heiligen Geschichte überein. „Die allgemeine Sprachverwandtschaft," so spricht er sich aus, „mit der ich mich bei der Ausarbeitung dieses Werkes weit mehr beschäftigt habe, als es anfangs mein Vorsatz war, ist durch dasselbe in ein so helles Licht gesetzt worden, daß man sie als erwiesen anzunehmen gezwungen ist." „Sie scheint," fügt er noch bei, „nicht anders erklärbar, als dadurch, daß sich noch Ueberbleibsel einer Ursprache in allen Mundarten der alten und neuen Welt finden."[1] Und wie ich glaube, muß man gestehen, daß in den zahlreichen vergleichenden Verzeichnissen nach seinen Berichten über jede Sprache, ungeachtet vieler oberflächlicher und spielender Beispiele, doch eine Menge von Aehnlichkeiten zu finden ist, die ausgeprägt genug sind, die glückliche Anwendung der Berechnung des Dr. Young zu rechtfertigen, wenn je seinem Gedanken einiger Werth zugestanden wird.[2]

Mit noch größerem Vergnügen gehe ich jetzt darauf über, die Gedanken des seligen Friedrich Schlegel vorzutragen,

---

[1] Vorrede, S. IX.
[2] (Unter den neuern Sprachforschern ist als Vertheidiger des gemeinsamen Ursprungs der Sprache besonders Max Müller, Professor in Oxford aufgetreten. Er sagt: „Ich gestehe, wenn ich immer und immer wieder die Einwendung hörte, daß es unmöglich sei von einem gemeinsamen Ursprunge der Sprache zu reden, weil die vergleichende Sprachforschung bewiesen habe, daß verschiedene Sprachfamilien existiren, fühlte ich, daß dies nicht wahr sei, daß es jedenfalls eine Uebertreibung sei. Wenn man die Frage recht ins Auge faßt, so stellt sie sich so dar: Will man behaupten, daß die Sprache von verschiedenen Anfängen ausgehe, so muß man erst die Unmöglichkeit beweisen, daß die Sprache einen gemeinsamen Ursprung gehabt habe." Er führt dann aus, daß dieser Beweis nie geliefert worden ist, und daß sich im Gegentheil zeigen lasse, wie eine Sprache von einem gemeinsamen Ursprunge aus sich verändern und in ganz verschiedene Sprachen auseinander gehen könne. Lectures on the science of language; Tom. I. p. 339 ff. Deutsch: Vorl. über die Wissenschaft der Sprache, bearb. v. Dr. Karl Böttger. Lpz. 1863. — A. d. Ueb.)

eines Mannes, dem unser Menschenalter mehr verdankt, als unsere Kindeskinder vergelten können: neue und geläuterte Anschauungen über die Kunst und ihre heiligsten Leistungen; den Versuch, wenn nicht mehr, das Auge der Philosophie nach innen auf die Seele zu wenden und die heiligsten Elemente ihrer geistigen Kräfte mit den Bestandtheilen menschlichen Wissens zu paaren; vor Allem die glückliche Entdeckung eines reicheren Indiens, als Vasco de Gama den Europäern eröffnete, da sein Werth nicht in seinen Specereien oder Perlen und barbarischem Golde besteht, sondern in unerforschten Gebieten der Wissenschaft, in unbearbeiteten Fundgruben einheimischen Wissens, in tief vergrabenen Schätzen symbolischer Kunde, und in lang verhüllten Denkmalen uralter, ehrwürdiger Ueberlieferungen.

In dem Werke, welches zuerst die Augen Europas auf diese merkwürdigen Gegenstände hinwendete (in der Abhandlung: „Ueber die Sprache und Weisheit der Indier," 1808),[1] spricht er deutlich seine Ansicht in Betreff der ursprünglichen Einheit aller Sprachen aus. Mit Unwillen weist er die Vorstellung ab, nach welcher die Sprache vom Menschen in einem wilden, verwahrlosten Zustande erfunden und nach und nach

---

[1] (Max Müller [a. a. O. Tom. I. p. 161] sagt von diesem Werke: „Dieses Buch wurde die Grundlage der Sprachwissenschaft. Obwohl nur zwei Jahre nach dem ersten Bande von Adelungs Mithridates erschienen, ist es von diesem durch dieselbe Entfernung getrennt, wie das Kopernikanische von dem Ptolemäischen System. Schlegel war kein großer Gelehrter: viele seiner Angaben haben sich als irrig erwiesen; aber er war ein Mann von Genie, und wenn eine neue Wissenschaft zu schaffen ist, bedarf es der Einbildungskraft des Dichters noch mehr, als der Genauigkeit des Gelehrten. Offenbar war eine Art poetischer Anschauung nothwendig, um mit Einem Blicke die Sprachen Indiens, Persiens, Griechenlands, Italiens und Deutschlands zu umfassen, und sie mit dem einfachen Namen Indogermanisch zusammen zu ketten. Dieses war Schlegels Werk: und in der Geschichte des menschlichen Geistes nannte man es mit Recht die Entdeckung einer neuen Welt." — A. d. Ueb.)

durch die Bemühung oder Erfahrung der folgenden Geschlechter vervollkommnet worden wäre. Er betrachtet sie im Gegentheile als ein Ganzes, mit ihren Wurzeln und ihrem Bau, ihrem Klang und ihrer Schrift,[1]) die nicht hieroglyphisch gewesen sei, sondern aus Zeichen bestanden habe, welche genau die Laute jener Ursprache ausdrückten. Allerdings ist nach ihm die Sprache nicht unmittelbar von oben mitgetheilt worden; sondern der Geist der Menschen war so eingerichtet, daß er bei seiner ersten Erscheinung nothwendig diesen wohlgeordneten und schönen Bau hervorbringen mußte, und gerade darauf stützt er die Annahme ihrer Einheit und Untheilbarkeit.[2])

Seine fernern Studien brachten ihm keine andere Meinung bei; ja gerade in seinem letzten schönen Werke, cycnea vox et oratio, welches, wie treffend bemerkt worden

---

[1]) Die Ansicht, daß die Schrift eine ursprüngliche Kunst und ein wesentlicher Theil der Sprache sei, in ihrem vollsten Sinne genommen, ist keineswegs auf Schlegel beschränkt. Des Versuches von de Gebelin, die Einheit aller Alphabete zu erweisen („Monde primitif." Ende von Bd. III.), und der gelehrteren und geistreicheren Vergleichungen von Paravey („Essai sur l'Origine unique et hiéroglyphique des chiffres et des lettres de tous les peuples." Paris 1826.) zu geschweigen, will ich bloß zwei andere Schriftsteller anführen, die sich ebenfalls zu dieser Meinung bekennen. Herder bemerkt: „Die Alphabete der Völker bieten eine noch treffendere Analogie dar; sie ist der Art, daß es im Grund genommen eigentlich nur ein einziges Alphabet gibt." — „Nouveaux Mémoires de l'Académie Royale, an. 1781." Berlin 1783. p. 413. W. von Humboldt scheint am Schlusse seiner Abhandlung: „Ueber das Entstehen der grammatischen Formen," Berlin 1823, der nämlichen Meinung zu huldigen.

[2]) „Sprache und Weisheit der Indier." Buch I. Kap. 5. S. 64; vgl. S. 60. Diese Gedanken, ausgedrückt mit der glühenden Beredtsamkeit, welche alle philosophischen Werke ihres Urhebers auszeichnet, sind von F. Wüllner in seinem interessanten Werke: „Ueber Ursprung und Urbedeutung der sprachlichen Formen," Münster 1831. S. 27, streng beurtheilt worden. Dieser Schriftsteller leitet alle Sprache von Interjektionen ab. S. 4.

ist, seine philosophischen Forschungen mit einem Ausdruck des Zweifels schloß, — denn der Tod fand ihn bei seiner nächtlichen Lampe über den höchsten Interessen des edlern Sinnes wachend, und versagte ihm, wie einst der Mörder des Archimedes, die Zeit, seine Aufgabe zu vollenden[1]) — in seiner Philosophie der Sprache und des Wortes betrachtet er die Sprache als eine ganz besondere Gabe des Menschen, und folglich als etwas in seinem Ursprunge Einheitliches. Ich kann mich nicht enthalten, eine Stelle anzuführen:

„Mit unsern jetzigen Sinnen und Organen dürften wir wohl durchaus nicht im Stande sein, uns irgend einen, aber auch nur den allerentferntesten anschaulichen Begriff von der Sprache des ersten Menschen zu machen; eben so wenig, wie von der Rede, mittelst deren die ewigen Geister sich durch die weiten Himmelsräume ihre Gedanken auf den Flügeln des Lichtes unmittelbar zusenden, oder auch von jenen durch kein erschaffenes Wesen je nachzusprechenden Worten, welche in dem unzugänglichen Innern der Gottheit von Ihr selbst ausgesprochen werden: — wo ein Abgrund dem andern — wie es in dem heiligen Gesange heißt — die ganze Fülle der unendlichen Liebe und der ewigen Herrlichkeit antwortend zuruft. — Wenn wir aber von dieser unerreichbaren Höhe wieder herunter steigen wollen zu uns selbst und zu dem ersten Menschen, wie er wirklich gewesen ist, so ist die kindlich einfache Erzählung in jenem Buche unserer ersten Urkunde des Menschengeschlechtes, wie Gott den Menschen die Sprache gelehrt hat, wenn wir bloß bei diesem kindlich einfachen Sinne stehen bleiben wollen, mit dem natürlichen Menschengefühl eigentlich wohl nicht streitend. Denn wie könnte es das sein oder einen solchen Eindruck irgend machen, wenn uns jenes Verhältniß

---

[1]) „Philosophische Vorlesungen, insbesondere über Philosophie der Sprache und des Wortes." Wien 1830. Der Verfasser verschied, als er eben die zehnte Vorlesung schrieb; das letzte Wort seiner Handschrift war: aber.

dort so dargestellt, wenn es ganz so genommen wird, wie etwa eine Mutter noch jetzt ihr Kind die ersten Anfänge des Redens lehren würde? — Allerdings aber liegt neben jenem einfach kindlichen Sinne, wie überall in dem von beiden Seiten beschriebenen Buche, auch noch ein anderer viel tieferer Verstand darin. Der Name eines Dinges oder lebendigen Wesens, nämlich wie es in Gott benannt und von Ewigkeit bezeichnet ist, enthält zugleich den Inbegriff seines innersten Wesens, den Schlüssel seines Daseins, die Macht und Entscheidung über sein Sein oder Nichtsein; wie dieß oft in der heiligen Sprache so gebraucht, und überhaupt da mit dem Begriff des Wortes oft ein so heiliger und hoher Sinn verbunden ist. Nach diesem tiefern Sinne und Verstande wird also durch solche Erzählung bezeichnet und angedeutet, wie ich solches schon früher berührt habe, daß mit dem von Gott dem Menschen unmittelbar verliehenen, ihm mitgetheilten, auf ihn übertragenen Worte, und eben dadurch, derselbe zugleich als Beherrscher und König der Natur, ja recht eigentlich als Stellvertreter Gottes in der irdischen Schöpfung hingestellt worden, sowie dieses seine ursprüngliche Bestimmung gewesen ist."

§. 29.
Zeugnisse der neuern Sprachforscher über die Gewaltsamkeit und Plötzlichkeit der Sprachentrennung.

Demnach ist die erste Folgerung, welche aus den Schriften neuerer Sprachforscher sich ergibt, die, daß die menschliche Sprache ursprünglich Eine gewesen sei; gehen wir also zu der zweiten, die es noch mehr bestätigen wird. Wie wurde diese Eine Sprache in so viele, so außerordentlich verschiedene zertheilt?

Zuerst will ich Sie die Stimme Herders vernehmen lassen, und um den Verdacht der Parteilichkeit auszuschließen, will ich zum Voraus bemerken, daß er auf der nämlichen Seite, die ich citiren will, sich Mühe gibt, uns zu belehren, daß er die Geschichte von Babel „als Bruchstück einer Dichtung in orientalischem Style" betrachte. Zuerst also lehrt er uns: Da das Menschengeschlecht ein fortschreitendes Ganze sei, dessen Theile in innigem Zusammenhange stehen, so müsse auch die Sprache ein zusammenhängendes Ganze bilden, das von einem gemeinsamen Ursprunge ausgehe.... Dieß festgestellt, fährt er fort, sei es höchst wahrscheinlich, daß das Menschengeschlecht und mit ihm seine Sprache auf Einen gemeinsamen Stamm, auf einen ersten Menschen zurückgehe und nicht auf mehrere, in verschiedenen Theilen der Welt zerstreute. Diesen Satz sucht er alsdann durch eine Prüfung des grammatischen Sprachbaues zu erläutern. Bei diesem Schlusse bleibt er indeß nicht stehen; er behauptet zuversichtlich, aus der Prüfung der Sprachen gehe hervor, daß die Trennung unter den Menschen gewaltsam gewesen sei; nicht als ob sie freiwillig ihre Sprache geändert hätten: sondern sie seien rasch und plötzlich von einander getrennt worden.[1] Denselben Satz nachzuweisen, war der Gegenstand einer Reihe von Aufsätzen, die 1824 und 1825 in der Gesellschaft für Literatur (Royal society of Literature) von Herrn Sharon Turner vorgelesen wurden. Der gelehrte Verfasser geht auf eine genaue Zergliederung der ersten Elemente der Sprache ein und schließt, die zahlreichen Beispiele von Anziehung und Abstoßung in den Sprachen lassen bei der Erklärung derselben keine Wahl, als die Annahme irgend einer Hypothese, die mit dem in der Genesis berichteten Ereignisse Aehnlichkeit habe. Doch ich will nicht weiter auf seinem Zeugnisse bestehen, — dem einzigen, das ich in dieser Wissenschaft angeführt habe von einem Schriftsteller, welcher ausdrücklich die biblische Erzählung vertheidigt.[2]

---

[1] Wie oben. „Mémoires de l'académie royale." Berl. p. 411—413.
[2] Diese Aufsätze sind gedruckt in den „Transactions of the Royal society of Literature." Lond. 1827. Vol. 1. part. I. p. 17—106. Die

Mehr als einmal habe ich Gelegenheit gehabt, die Meinungen des gelehrten Abel-Remüsat anzuführen, eines Mannes, welchen man mit Recht als den Wiederbeleber und großen Beförderer der chinesischen Literatur betrachten darf, und welcher neben einer gründlichen Kenntniß der ostasiatischen Sprachen auch einen denkenden philosophischen Geist besaß. Für mich wird sein Andenken stets in engster Verbindung bleiben mit dem Interesse, das ich an dieser Wissenschaft habe; denn in meiner Jugend hatte ich das Glück, seine belehrenden Gespräche hierüber mit eben so gelehrten Männern, wie er, die aber jetzt gleich ihm nicht mehr sind, zu hören:

> E quale il cicognin che leva l' ala
> Per voglia di volar, e non s' attenta
> D' abbandonar lo nido, e giù la cala;
> Tal era io con voglia accesa e spenta.
> Di dimandar, venendo infino all' atto
> Che fa colui ch' a dicer s' argomenta.¹)

Sein Werk über die tatarischen Sprachen, obwohl unvollendet, ist eine Fundgrube seltener Aufschlüsse über viele, auch außer seinem unmittelbaren Gegenstande liegende Punkte,

---

in diesen sorgfältig ausgearbeiteten Aufsätzen gegebenen Beispiele enthalten viele Unrichtigkeiten, und das System philologischer Grundsätze, welches angewendet wird, hält die von den Sprachforschern des Festlandes allgemein geforderte Probe nicht aus. Von der anerkannten Eintheilung in Familien wird gar keine Notiz genommen; dasselbe Wort wird in verschiedener Schreibweise, vielleicht nach Schriftstellern verschiedener Länder, zu wiederholten Malen vorgebracht; manche sind mitgetheilt, die in den angeführten Sprachen gar nicht vorkommen.

¹) Dante, Fegfeuer 25.:
> Und wie das Störchlein fühlet heft'gen Drang,
> Sich zu versuchen und den Flug zu wagen,
> Jedoch das Nest zu lassen wird ihm bang:
> So hatt' auch ich gar große Lust, zu fragen,
> Und wieder nicht, die Lippen so gezogen,
> Wie Jemand, der so just will etwas sagen.

(Kannegießer's Uebers.)

und zeichnet sich überall durch jene Kraft der Vereinfachung und analytischen Zergliederung aus, welche eine seiner besondern Gaben gewesen zu sein scheint. In der langen und inhaltsreichen Einleitung finden wir eine deutliche Darlegung seiner Ansichten in Betreff der Uebereinstimmung der Sprachforschung mit der heiligen Erzählung. Nachdem er nämlich sich weitläufig über die Art und Weise ausgesprochen hat, wie Sprachforschungen für die Geschichte können fruchtbar gemacht werden, schließt er so: „Daher sind wir im Stande, mit Bestimmtheit auszusprechen, welches vermöge der Sprache eines Volkes sein Ursprung sei, welches die Nationen, mit denen es in Verkehr gestanden, von welcher Art diese Beziehungen gewesen, zu welchem Stamme es gehöre; wenigstens bis zu jenem Zeitabschnitte, wo die profane Geschichte aufhört und wo wir unter den Sprachen jene Verwirrung finden werden, welche ihnen allen die Entstehung gab und zu deren Erklärung so vergebliche Versuche gemacht wurden." [1]

Wenn wir aber einmal die ursprüngliche Einheit der Sprache annehmen, können wir gewiß die nachmalige Zertheilung ohne irgend ein solches Ereigniß schwerlich erklären. Das bemerkte auch der scharfsinnige und gelehrte Geschichtsforscher Niebuhr in einem jener gelegentlichen Seitenblicke, die wir in seinem Werke treffen, und welche jederzeit die wunderbare Mannigfaltigkeit seiner Studien bezeugen, zu denen auch unsere Wissenschaft insbesondere gehörte. Die folgende Stelle führe ich aber um so lieber an, weil in der ersten Ausgabe (die, wie ich glaube, durch die kurz nach deren Erscheinung gelieferte Uebersetzung, in England am meisten bekannt ist) statt ihrer sich eine sehr verschiedene Ansicht findet.

„Dieser Trugschluß entging bei den Alten der Enthüllung vielleicht dadurch, daß sie viele ursprünglich verschiedene Geschlechter der Menschen anerkannten. Die, welche diese ver-

---

[1] „Recherches sur les Langues Tartares." Vol. I. p. XXIX.

kennen, und bis zu einem einzigen Stammpaare hinaufsteigen, müssen, um für das Dasein von im Baue verschiedenen Idiomen Rechenschaft zu geben, ein Wunder annehmen, und für jene Sprachen, die sich in den Wurzeln und in wesentlichen Eigenheiten unterscheiden, sich an das der Sprachenverwirrung halten. Die Annahme eines solchen Wunders beleidigt die Vernunft nicht; denn da die Ueberreste der alten Welt deutlich zeigen, daß vor der gegenwärtigen eine andere Ordnung des Lebens vorhanden war, so ist es gewiß glaublich, daß sie nach ihrem Beginne unversehrt blieb und zu irgend einer Zeit eine wesentliche Veränderung erlitt." [1]

Dieser Bemerkung möchte ich beifügen, daß, wenn wir, um die verschiedenen Sprachen zu erklären, zu eben so vielen unabhängigen Rassen unsere Zuflucht nehmen müssen, wir unausweichlich gezwungen werden, in verschiedenen Theilen des Erdballs nicht bloß einige, sondern eben so viele anzunehmen, als es gegenwärtig Idiome gibt, die allem Anscheine nach nicht mit einander in Verbindung stehen, also viele hundert. Diese Folgerung ist unphilosophisch im Princip; denn sie greift ohne weiters nach der nur im äußersten Falle zuläßigen Erklärung einer constanten Erscheinung: aber noch unphilosophischer in ihrer Anwendung, da wir die Rassen fast im umgekehrten Verhältniß der sie bildenden Individuen vermehren müßten; denn die unbedeutendsten Stämme und die kleinsten Unterabtheilungen wilder Bevölkerungen bieten auf die kennbarste Weise merkwürdige Unterschiede der Sprache dar. Daher fänden sich wohl im Innern Afrika's oder in den unerforschten Landstrichen Australiens mehr Rassen, als in ganz Europa und Asien. Doch über diesen Gegenstand soll in Kurzem mehr gesagt werden.

---

[1] Niebuhr, „Römische Geschichte." 3te Ausg. Thl. I. S. 60. Es ist erfreulich, diese Aenderungen trotz der Erklärung des Verfassers S. XII wahrzunehmen.

Ich will die Zeugnisse der Ethnographen mit dem von Balbi, dem unermüdeten und gelehrten Verfasser des „Atlas Ethnographique du Globe" beschließen. Dieses Werk besteht aus Karten, worin die Sprachen nach ethnographischen Reichen, wie er es nennt, geordnet sind; darauf folgen vergleichende Tabellen von den gebräuchlichsten Wörtern in jeder bekannten Sprache. Der beigefügte Band, welcher die Einleitung enthält, bietet eine umfassende Sammlung von werthvollen und interessanten Belehrungen über die allgemeinen Grundsätze der Wissenschaft dar. Bei dem Zusammentragen dieses Werkes waren ihm nicht bloß die bereits veröffentlichten Aufschlüsse jeder Art zugänglich, sondern er erhielt auch von den tüchtigsten Sprachforschern in Paris sehr wichtige Beiträge. Es muß daher interessant sein, zu erfahren, welche Ansicht im Geist eines Mannes sich bildete, der auf solche Art das ganze Gebiet der allgemeinen Sprachforschung durchlaufen und die Meinung Solcher angehört hat, die ihr ganzes Leben derselben widmeten. Aus meinem persönlichen Verkehre mit ihm kann ich sagen, daß er weit entfernt ist von dem Gedanken, die Untersuchungen der Sprachforscher hätten die Wahrhaftigkeit der heiligen Urkunde auch nur im Geringsten verdächtigt. Diese Ansicht ist aber auch in seinem Werke nicht unerwähnt geblieben; denn auf seiner ersten Karte drückt er sich so aus: „Weder geschichtliche, noch astronomische Denkmäler waren je im Stande, die Bücher Mosis des Irrthums zu überführen; im Gegentheile stimmen vielmehr sowohl die von den gelehrtesten Philologen, als von den gründlichsten Mathematikern gewonnenen Ergebnisse auf eine sehr merkwürdige Weise mit ihnen überein." [1]

---

[1] „Atlas Ethnographique du Globe," par Adrien Balbi. Par. 1826. Mappemonde Ethnogr. 1.

§. 30.
Schwierigkeiten, die sich aus der Mannigfaltigkeit der amerikanischen Sprachen ergeben.

Das also scheint das zweifache Ergebniß dieser Forschungen zu sein, das einst vielleicht Gefahr drohte, jetzt aber die biblische Geschichte mit einem wichtigen, stets wachsenden Zeugnisse unterstützt. Sprachen, die sich allmählig in Gruppen schaaren, welche wiederum täglich sich zu nähern streben und Ansprüche auf gegenseitige Verwandtschaft geltend machen, liefern gewiß den besten Beweis für einen früheren Berührungspunkt und dienen dazu, das Menschengeschlecht in gewisse große, charakteristische Familien zu theilen, deren weitere Unterabtheilung dem Gebiet der Geschichte angehört. Gleich jenen zusammen gruppirten, aber getrennten Massen, welche die Geologen als die Ruinen früherer Berge betrachten, sehen wir in den verschiedenen Mundarten des Erdballes Trümmer eines der alten Welt angehörigen ungeheuren Denkmales.[1] Die pünktliche Genauigkeit ihrer Brüche an vielen Stellen, das Geäder von ähnlichem Aussehen, das sich von der einen zu andern verfolgen läßt, zeigt, daß sie einst zu einem Ganzen verbunden waren, während die Kühnheit und Schroffheit in den Umrissen der Brüche beweiset, daß es nicht ein allmähliges Loslösen oder eine stille Wirkung war, welche sie trennte, sondern eine gewaltsame Erschütterung, welche sie entzweiriß. Und eben solche Schlüsse haben, wie Sie gesehen haben, die gelehrtesten Sprachforscher gezogen.

Es gibt noch einen andern Zweig unserer Wissenschaft, der außerhalb des Bereiches von all dem, was bisher behandelt wurde, zu liegen scheint, und es wäre unbillig, ihn

---

[1] S. D'Aubuisson, „Traité de Géognosie." Strasb. 1827. Tom I. p. 227.

mit Stillschweigen zu übergehen. Die ganze bisher mitgetheilte Geschichte dieser Wissenschaft scheint sich beinahe ausschließlich auf die alte Welt zu beziehen, wo die Cultur viel zur Ausgleichung der Formen und zur Verschmelzung der Dialekte beigetragen haben muß, wogegen im innern Afrika und noch auffallender auf der westlichen Halbkugel die Theorie der Sprache sich nicht mit den aufgestellten Grundsätzen will vereinen lassen, und die endlose Mannigfaltigkeit von Sprachen den Ursprung der Bevölkerung in peinliches Dunkel einhüllt.

Die Zahl der von den Eingeborenen Amerika's gesprochenen Dialekte ist wirklich beinahe unglaublich. Suchen Sie sich irgend einen Landstrich der alten Welt aus, wo Sie glauben, daß die meisten Sprachen gesprochen werden, und wählen Sie dann auf Gerathewohl in irgend einer amerikanischen, von Eingeborenen bewohnten Gegend eine gleiche Fläche aus, so werden Sie gewiß hier eine größere Anzahl verschiedener Zungen erhalten.[1] Ich war selbst Zeuge, wie dieser Umstand Personen von großer Einsicht und Gelehrsamkeit so große Bedenken erregte, daß sie lieber den Angaben Humboldts über die Anzahl amerikanischer Sprachen ihren Glauben verweigerten, als eine Thatsache zugaben, die Ihnen als ein beinahe unüberwindlicher Einwurf gegen die Erzählung der Schrift vorkam. Denn wir können nicht annehmen, daß jeder dieser Stämme, der eine seinen Nachbarn durchaus unverständliche Sprache redet, in gerader Linie von einem zur Zeit der Zerstreuung gebildeten Stamme herkomme, ohne die auffallende Anomalie zuzugeben, daß von den damals gebildeten menschlichen Familien so zahllose und doch so unbedeutende Stämme in solche Entfernung gewandert sein sollten. Kein

---

[1] S. Humboldt, „Essai politique sur la Nouvelle Espagne." Par. 1825. T. II. p. 352. (Es sollen in Südamerika allein 280—340 Sprachen bestehen, von denen wenigstens ein Fünftheil radical verschieden seien. — A. d. Ueb.)

Wunder also, daß die Glaubensfeinde des vorigen Jahrhunderts einen kürzeren Weg einschlugen, diese Aufgabe zu lösen, indem sie behaupteten, Amerika habe seine eigene Bevölkerung, unabhängig von jener des alten Festlandes.¹) Auch hier traten ihnen denn die Freunde der Religion bei Zeiten entgegen, und zwar, wie leider nur zu oft geschah, mit unreifen Hypothesen und grundlosen Theorien über die Quelle der amerikanischen Bevölkerung und die Mittel, wodurch sie in jenes Land hinüber gebracht worden sei. Campomanes trat auf für die Karthager, Kircher und Huet für die Aegypter, de Guignes für die Hunnen, W. Jones für die Inder und mehrere amerikanische Alterthumsforscher für die zehn Stämme Israels.

§. 31.
Versuche von Vater, Smith-Barton und Malte-Brun, sie auf asiatische Sprachen zurückzuführen.

Wir haben jetzt bloß zu untersuchen, was für ein Licht die Sprachforschung auf diese Frage zu werfen vermocht habe, und in wiefern die von ihr dargebotenen Lösungen mit den erfreulichen Ergebnissen zusammenstimmen, die in andern Bezirken der Erde gewonnen wurden. Der erste Schritt zur Feststellung eines Zusammenhanges zwischen den Bewohnern der beiden Continente wurde von den Anhängern jener Schule gemacht, die wir die lexikalische genannt haben, und bestand in der Vergleichung von Wörtern amerikanischer Dialekte mit Ausdrücken, die man bei den Nationen des nördlichen und östlichen Asiens fand. Smith-Barton war der Erste, der in diesem Versuche Einiges leistete; seine Arbeiten wurden in sehr ausgedehnter Gestalt von Vater einer 1810 erschienenen Ab-

---

¹) S. Ballet, „Réponses critiques." Besançon 1819. Vol. II. p. 51.

handlung einverleibt und später im Mithridates nochmals abgedruckt.¹) Die Resultate ihrer Arbeiten will ich mit den Worten eines stimmfähigen Richters geben: „Nachforschungen, die mit der ängstlichsten Genauigkeit, nach einer bis dahin beim etymologischen Studium noch nie angewendeten Methode gemacht wurden, haben das Dasein einiger den Lexicis beider Continente gemeinsamen Wörter erwiesen. In 83 von den Herren Barton und Vater untersuchten Sprachen fanden sich 170 Wörter, deren Wurzeln dieselben zu sein scheinen; und daß diese Uebereinstimmung keine zufällige sei, ist leicht einzusehen, da sie nicht bloß auf Lautnachahmung oder auf jener Gleichförmigkeit der Organe beruht, welche die ersten artikulirten Laute der Kinder überall fast vollkommen gleich macht. Von diesen 170 Wörtern, welche in diesem Zusammenhange stehen, gleichen drei Fünftel dem Mantschu, dem Tongusischen, Mongolischen und Samojedischen; zwei Fünftel aber dem Tschud, dem Baskischen, dem Koptischen und den Kongosprachen. Die Wörter wurden dadurch gefunden, daß man das Ganze der amerikanischen Sprachen mit dem Ganzen jener der alten Welt verglich; denn bisher sind wir mit keiner amerikanischen Sprache bekannt, welche auf eine ausschließende Weise irgend einer der asiatischen, afrikanischen oder europäischen Zungen entspräche.²)

Malte-Brun suchte einen Schritt weiter zu gehen, und zwischen den amerikanischen und asiatischen Sprachen einen geographischen Zusammenhang, wie er es nennt, herzustellen. Die Folgerungen aus seinen sorgfältigen Nachforschungen sind diese: daß Stämme, welche mit den Finnen, Ostiaken, Permiern und Kaukasiern zusammenhingen, längs den Ufern des

---

¹) „Untersuchung über Amerika's Bevölkerung aus dem alten Continente." Leipz. 1810. Mithrid. Thl. III. Abthl. 2. S. 340.

²) Alex. de Humboldt, „Vues des Cordillères. Vol. I. p. 19. (Engl. Uebers.)

Eismeeres hinzogen, über die Behringsstraße setzten und sich in sehr verschiedenen Richtungen nach Grönland und Chili ausbreiteten; daß andere, mit den Japanern, Chinesen und Kuriliern verwandt, an der Küste hinabzogen und bis Mexiko vordrangen;¹) und daß eine andere Colonie tungusischer, mantschuischer und mongolischer Herkunft längs den Gebirgszügen beider Continente vorrückte und dieselbe Bestimmung erreichte. Außerdem nimmt er an, daß durch mehrere kleinere Auswanderungen eine gewisse Anzahl malajischer, javaischer und afrikanischer Wörter hinübergetragen worden sei.²) So beschränkt indeß die so angestellte Vergleichung auch scheinen mag, ist sie doch, wie Sie gesehen haben, von dem scharfsinnigen Reisenden, den ich angeführt habe, und auch von Balbi als hinreichend angenommen worden, um zwischen beiden Continenten eine Sprachverwandtschaft darzuthun, deren ausgeprägter Charakter keinen zufälligen Ursprung anzunehmen erlaube.

Gleichwohl muß ich gestehen, daß diese Resultate in meinen Augen nur geringen Werth haben, theils weil die Aehnlichkeiten sehr unbedeutend und zu unregelmäßig sind, um von großem Nutzen zu sein, theils weil die nämlichen Schriftsteller, welche sie aufstellen, diese Wanderungen bloß als Zuflüsse zu einer bereits ansäßigen Bevölkerung und nur als weitere Bestimmungsmomente bei der Bildung oder Veränderung der einheimischen Sprachen betrachten.³) Sie haben also, wenn sie an sich zuläßig sind, bloß den Werth, daß sie

---

¹) Nach Humboldt wären die Tolteken oder Azteken, welche sich in Mexiko ansiedelten, die Hiong-nu, die laut den chinesischen Annalen unter Puno auswanderten und sich im nördlichen Sibirien verloren. „Essai polit." p. 350. S. auch Paravey, „Mémoire sur l'origine Japonaise, Arabe et Basque des peuples du plateau de Bogoa." Paris 1835.

²) „Tableau de l'enchaînement géographique des langues Américaines et Asiatiques." Géographie Univ. Paris 1821. Tom. V. p. 227 seqq. Vgl. p. 211.

³) Vater, S. 338. Malte-Brun, S. 212.

uns zu der Muthmaßung berechtigen, die Urbevölkerung habe die westliche Halbkugel auf demselben Wege erreicht, den spätere Einwanderungen einschlugen. Daher wundert es mich nicht, daß später ein ähnlicher Versuch Siebolds, die Japaner und die Mosca's oder Muysca's, eine ausgebreitete amerikanische Völkerschaft zwischen Macaraibo und Rio de la Hacha, vermittelst ihres beiderseitigen Wörtervorrathes in Zusammenhang zu bringen, von dem 1829 niedergesetzten Prüfungsausschusse der asiatischen Gesellschaft zu Paris für mißlungen erklärt wurde.[1]

§. 32.
Beweis ihrer Familieneinheit aus der Aehnlichkeit der Grammatik. Unterabtheilung in Gruppen.

Die Völkerkunde hat aber aus der Beobachtung theils örtlicher, theils allgemeiner Erscheinungen Schlüsse gezogen, welche für diesen Punkt von wesentlichem Belange sind und vollständig alle Schwierigkeiten entfernt haben, die aus der Vielheit der amerikanischen Sprachen entspringen. Vor Allem hat erstens die Prüfung des Baues, der durch alle Sprachen Amerikas durchgeht, keinen Raum zu einem Zweifel gelassen, daß sie alle eine einzige, besondere Familie bilden, die in all ihren Theilen durch das wesentlichste aller Bänder, durch Uebereinstimmung in der Grammatik verknüpft ist. Diese Uebereinstimmung ist nicht von schwankender, unbestimmter Art, sondern äußerst durchgreifend und umfaßt die unentbehrlichsten Theile der Grammatik; denn sie besteht vorzüglich in der eigenthümlichen Weise, durch die Einschiebung von Silben die Bedeutung und Beziehung des Verbums nach Art der Conjugation zu bestimmen; daher fand sich W. von Humboldt

---

[1] „Mémoire relatif à l'origine des Japonais." Nouveau Journal Asiatique. Juin 1829. p. 400.

veranlaßt, die Familieneigenthümlichkeit der amerikanischen Sprachen durch den von ihm aufgebrachten Ausdruck Agglutination zu kennzeichnen. Diese Uebereinstimmung ist auch nicht bloß strichweise, sondern dehnt sich über beide große Hälften der neuen Welt aus und gibt den Sprachen, die unter der heißen und unter der nördlichen Zone von den rohesten und von den cultivirteren Stämmen geredet werden, eine Familienähnlichkeit. „Diese wunderbare Gleichförmigkeit in der besondern Art, die Conjugationen der Zeitwörter auszudrücken, welche von einem Ende Amerika's zum andern herrscht," sagt ein Schriftsteller, „begünstigt außerordentlich die Annahme eines Urvolkes, welches den gemeinsamen Stamm der eingebornen Amerikaner bildete."[1] Ein anderer bemerkt: wenn wir eine so außerordentliche Verwandtschaft zwischen Sprachen, die so viele hundert Meilen von einander getrennt sind, gewahren, so sei der einfachste Schluß, zu welchem wir gelangen können, der: „es finde bei allen ein Ausgang von Einem gemeinsamen Mittelpunkte der Cultur Statt."[2]

Zweitens, je mehr Beachtung dem Studium der amerikanischen Sprachen gewidmet wird, desto mehr findet man sie den Gesetzen anderer Familien unterworfen, in sofern diese

---

[1] Malte-Brun, S. 217. Vgl. 213. („Der zweite Charakterzug, der den amerikanischen Sprachen eigenthümlich ist, besteht in besondern Verbalformen, durch welche die Richtung des Subjekts auf das persönliche Objekt ausgedrückt wird, d. h. wenn die Handlung des persönlichen Subjekts auf eine Person gerichtet ist, so wird das Fürwort, das diese Person anzeigt, durch eine Veränderung des Verbums ausgedrückt, und nicht bloß durch eine Einschiebung des Accusativs des Fürworts, wie in den europäischen Sprachen, sondern durch vom Fürwort verschiedene Affixe, die aber mit demselben und mit dem Stamm des Zeitworts oder mit dem bereits mit Partikeln verbundenen Zeitwort eng verknüpft sind... Die spanischen Grammatiker nannten diese grammatische Eigenthümlichkeit „Transicion." S. Tschudi und de Rivero, „Antiguedades Peruanas." Wien 1852. S. 92 f. — A. d. Ueb.)

[2] Vater, S. 329.

Eine, große Familie jeden Tag sich in umfassende Gruppen zu gliedern strebt, welche unter sich enger verwandt sind, als mit dem großen Stamme, von welchem sie wiederum einen Zweig bilden. So haben die Missionäre früh bemerkt, daß gewisse Sprachen als Schlüssel zu andern Dialekten angesehen werden können, so daß derjenige, der ihrer mächtig sei, sich leicht die andern aneigne. Diese Bemerkung wurde, wie ich mich erinnere, schon von Hervas gemacht, und spätere Forschungen haben sie vollkommen bestätigt. Daher konnte Balbi in seinem Tableau der amerikanischen Sprachen sie in gewisse große Provinzen eintheilen, innerhalb welcher er dann zahlreiche Bezirke angibt.

§. 33.
Erklärung der Menge dieser Sprachen aus dem wilden Zustande des Volkes.

Somit wird der aus der Menge der amerikanischen Sprachen genommene Einwurf gegen die Einheit der dortigen Nationen durch eben dieselbe Wissenschaft, in welcher er entsprungen ist, hinlänglich abgewiesen, und damit auch die Schwierigkeit, sie zu einem mit den Bewohnern der alten Welt gemeinschaftlichen Stamme zu rechnen, beseitigt. Aber die Sammlung und Vergleichung von Thatsachen, die mit den sprachlichen Forschungen zusammenhängen, haben zu einem fernern, ebenso befriedigenden Ergebnisse geführt; denn Sie werden sehen, daß wir noch die Unähnlichkeit der Mundarten solcher Nationen oder Stämme erklären müssen, welche an einander angrenzen und der Zahl nach sehr unbedeutend sind. Nun hat man bemerkt, daß diese Erscheinung keineswegs bloß Amerika angehört, sondern allen uncultivirten Ländern gemeinschaftlich ist. Hätten wir außer der Sprache kein anderes Kennzeichen des gleichen Ursprungs, so geriethen wir vielleicht bei der Prüfung dieses Punktes in Schwierigkeiten. Doch eine andere Wissenschaft, von welcher wir nächstens handeln werden, und welche die von mir gezogenen Folgerungen nachdrücklich bestätigen wird, ist im Stande, Merkmale aufzustellen, wodurch leicht zu ermitteln ist, ob ein Stamm mit einem andern Stamme durch Einheit der Rasse verbunden sei. Und doch fand man, daß in Fällen, wo kein Zweifel über die ursprüngliche Einheit wilder Horden obwalten kann, unter ihnen eine so endlose und vollständige Mannigfaltigkeit von Dialekten entsprang, daß nur geringe oder gar keine Verwandtschaft darin zu entdecken ist. Daher erscheint es gleichsam als ein Gesetz, daß der Stand der Wildheit, indem er Familien und Stämme durch Vereinzelung isolirt und den Arm eines jeden stets gegen seinen Nachbar erhebt, einen Einfluß ausübt, welcher den sammelnden und einigenden Tendenzen der geselligen Cultur wesentlich entgegengesetzt ist und nothwendig eifersüchtigen Wechsel und unverständliche Idiome in das Sprachgemengsel bringen muß,[1] welches die Unabhängigkeit verschiedener Horden umhegt.

---

[1] (Der Hauptgrund dieser großen Menge verschiedener Sprachen liegt in dem raschen Wechsel, dem die Sprache bei wilden Völkern unterliegt. „Gabriel Sagard, der im Jahre 1626 als Missionär zu den Huronen ging, behauptet, daß unter den Nordamerikanischen Stämmen kaum ein Dorf die nämliche Sprache spricht, wie das andere: ja daß zwei Familien desselben Dorfes nicht genau dieselbe Sprache sprechen. Und er fügt hinzu, was von Wichtigkeit ist: daß ihre Sprache jeden Tag sich ändert und schon so verändert ist, daß die alte Huronensprache schon ganz verschieden ist von der gegenwärtigen." — Wir lesen von Missionären in Mittelamerika, welche die Sprache wilder Stämme niederzuschreiben suchten und mit großer Sorgfalt ein Verzeichniß aller Worte anlegten, deren sie habhaft werden konnten. Wenn sie aber zu demselben Stamme nach Verlauf von nur zehn Jahren zurückkehrten, fanden sie, daß ihr Diktionaire schon veraltet und unbrauchbar war. Alte Worte waren versunken und neue aufgetaucht, und das ganze äußere Aussehen der Sprache war vollständig verändert. — M. Müller Lect. on the science of language T. I. p. A. d. Ueb.)

Nirgends ist diese scheidende Gewalt mit mehr Aufmerksamkeit untersucht worden, als unter den Stämmen von Polynesien. „Die Papua's oder Austral-Neger," sagt Dr. Leyden, „scheinen insgesammt in sehr kleine Staaten oder vielmehr Genossenschaften zertheilt zu sein, die nur in sehr geringer Verbindung unter einander stehen. Daher zerfällt ihre Sprache in eine Menge von Dialekten, welche im Verlaufe der Zeit durch Absonderung, Zufall oder verderbte Aussprache beinahe alle Aehnlichkeit verloren haben." [1] „Sprachen," sagt Crawfurd, „nehmen alle denselben Verlauf. Im wilden Zustande sind sie sehr zahlreich, in ausgebildeten Gesellschaften sind ihrer wenige. Der Stand der Sprachen auf dem amerikanischen Festlande bietet einen überzeugenden Beleg zu dieser Thatsache dar, und eben so befriedigend wird sie durch die indischen Inseln in's Licht gesetzt. Die Neger, welche die Gebirge der Halbinsel Malakka im niedrigsten und verworfensten Zustande geselligen Daseins bewohnen, zertheilen sich, obwohl nur gering an Zahl, in sehr viele verschiedene Stämme, welche eben so viele besondere Sprachen reden. Unter der rohen und zerstreuten Bevölkerung der Insel Timor werden, so viel man weiß, nicht weniger als vierzig Sprachen geredet. Auf Ende und Flores haben wir ebenfalls eine Menge von Sprachen; und unter der kannibalischen Bevölkerung von Borneo werden wahrscheinlich etliche hundert gesprochen." [2] Dieselben Erscheinungen lassen sich bei den australischen Stämmen, die zur nämlichen Rasse gehören, bemerken, wenn man die von Kapitän King mitgetheilten Verzeichnisse von Wörtern, welche verschiedenen Stämmen eigen sind, untersucht. [3] Die größte Verschiedenheit herrscht unter

---

[1] „Asiat. Researches." Vol. X. p. 162.
[2] „History of the Indian Archipelago." Vol. II. p. 79.
[3] „Narrative of a Survey of the Intertropical and Western Coasts of Australia." Lond. 1826. Vol. II. Append.

ihnen; einige indeß, wie die Ausdrücke für Auge, gehen durch alle hindurch, und hie und da, wie in den Bezeichnungen für Haar, weichen Stämme, die sich unmittelbar berühren, wesentlich von einander ab und bieten doch eine Uebereinstimmung mit andern weit entfernten Inseln dar. Wenn nun diese Ursachen anderswo auf diese Art wirken, so müssen sie in Amerika noch weit mächtiger sein; denn hier sind, wie Humboldt richtig bemerkt hat, „die Formation des Bodens, die Stärke des Pflanzenwuchses, die Furcht der Bergbewohner unter den Tropen, sich der brennenden Hitze der Ebenen auszusetzen, Hindernisse des Verkehres und tragen zu der erstaunlichen Verschiedenheit der amerikanischen Dialekte bei. Diese Verschiedenheit ist, wie man beobachtet hat, gemäßigter in den Savannen und Wäldern des Norden, welche der Jäger leicht durchstreift, an den Ufern großer Ströme, längs der Küste des Oceans und in jeder Gegend, wo die Inka's mit Waffengewalt ihre Theokratie festgestellt haben."[1]

§. 34.
Zeugnisse für die asiatische Herkunft der Amerikaner.
a) Ueberlieferungen.

So zeigt sich denn, wie ich glaube, daß die Völkerkunde in diesem Gebiete ihrer Forschungen wohl ihre Schuldigkeit gethan hat, indem sie zuerst die ungeheure Anzahl amerikanischer Dialekte auf Eine Familie zurückführte, und dann durch ähnliche Fälle für ihre außerordentliche Vielheit eine Erklärung gab. Da aber der Plan, den ich mir für die Reihe dieser Vorträge entworfen habe, uns nicht mehr auf diesen interessanten Erdtheil zurückführen wird, will ich Ihre gütige Nachsicht noch ein wenig weiter in Anspruch nehmen, indem ich noch einige Beweise für den Zusammenhang der

---

[1] „Vues des Cordilleres." Vol. I. p. 17.

Bewohner beider Welten kurz ausführe, und so die Mängel unserer ethnographischen Bekanntschaft mit ihren Sprachen ergänze.

Zuerst haben wir die Ueberlieferungen der Amerikaner selbst, worin sie als ein Wandervolk beschrieben werden, das von Nordwesten nach Süden zog. Die Tolteken, dann die sogenannten sieben Stämme, die Tschetschenefen und Azteken sind zufolge der mexikanischen Geschichte alle nach einander in Anahuak oder Mexiko angekommen. Auf dem hieroglyphischen Gemälde, welches die Wanderungen des letztern Volkes schildert, sind sie, nach Borturini, dargestellt, wie sie über das Meer, vermuthlich den Golf von Californien, fahren; ein Umstand, der keinen Zweifel über die Richtung lassen kann, die sie einschlugen. Diese Ueberlieferungen berichten ferners die Ankunft späterer Ansiedler, welche die Cultur jener Gegenden mächtig förderten. Manko Kapak ist, als Gründer der Dynastie und Religion der Inka's, am gefeiertsten unter ihnen. Ein phantasiereicher Schriftsteller hat diesen Umstand aufgegriffen und auf ihn eine vollständige Geschichte der Eroberung von Peru und Mexiko durch die Mongolen gegründet.¹) Er macht Manko Kapak zum Sohne des mongolischen Kaisers

---

¹) Ranking's „Historical Researches on the Conquest of Peru and Mexico etc. in the 13th century, by the Mongols, accompanied with elephants." Lond. 1827. Die Systemsucht gibt den sinnreichen Verfasser mitunter einem Mißverständnisse Preis. So führt er S. 419 Humboldt als Zeugen für eine tatarische Inschrift an, die in der Bucht von Narraganset soll gefunden worden sein, während doch Humboldt gerade an dieser Stelle die Erzählung als mehr denn zweifelhaft verwirft. — (Auch in dem angeführten Werke von Tschudi und de Rivero wird S. 17 die ähnliche Behauptung ausgesprochen: „Es unterliegt keinem Zweifel, daß Quetzalcoatl, Bochika, Manko Kapak und andere Reformatoren des mittlern Amerika buddhistische Priester waren, denen es durch ihre höhere civilisirende Lehre gelang, die Gemüther der Eingebornen zu beherrschen und sich zur politischen Gewalt emporzuschwingen." — A. d. Ueb.)

Kublai und zu Dschingischans Enkel, den sein Vater mit einer großen Flotte gegen Japan sendete. Ein Sturm zerstreute die Flotte, so daß sie nimmermehr heimkehrte, und dieser Schriftsteller stellt sich nun vor, sie sei an die Küste von Amerika getrieben worden, wo sich der Befehlshaber zu einem Häuptlinge gemacht habe. So geistreich und selbst annehmlich das auch sein mag, will uns doch der Beweis, welcher zur Begründung hiefür vorgebracht wird, sehr unbefriedigend dünken. Viele Aehnlichkeiten mögen sich zweifelsohne zwischen den Peruanern und Mongolen finden; aber sie lassen sich leicht aus andern Quellen erklären. Indessen lassen chronologische Angaben, die Beschaffenheit der eingeführten Religion und die errichteten Denkmäler keinen Zweifel übrig, daß Tibet oder die Tatarei das Stammland der Auswanderung Manko Kapaks gewesen sei.

§. 35.

b) Chronologie.

Zweitens bietet die Zeitberechnung der Amerikaner selbst in Dingen der bloßen Willkühr ein zu bestimmtes Uebereintreffen mit der ostasiatischen dar, als daß diese bloß zufällig sein könnte. Die Eintheilung der Zeit in größere Jahrescyklen, welche wieder in kleinere Abtheilungen zerfallen, wovon jede einen bestimmten Namen trägt, ist mit unbedeutenden Unterschieden das System, welches die Chinesen, Japaner, Kalmüken, Mongolen und Mautschu's gerade wie die Tolteken, Azteken und andere amerikanische Nationen befolgen; das beiderseits beobachtete Verfahren ist genau dasselbe, besonders wenn man das der Mexikaner und Japaner vergleicht. Aber eine Vergleichung des Thierkreises, wie er sich bei den Tibetanern, Mongolen und Japanern findet, mit den Namen, welche jene Nationen Amerika's den Monatstagen geben, wird wohl selbst den Hartgläubigsten zufrieden stellen. Die übereinstimmenden Zeichen sind: Tiger, Hase, Schlange, Affe, Hund und Vogel, in welchen allen offenbar keine natürliche Angemessenheit Statt findet, die ihre Annahme in beiden Continenten veranlaßt hätte. Dieses auffallende Zusammentreffen steigert sich noch durch die merkwürdige That= sache, daß einige der mexikanischen Zeichen, die in dem tata= rischen Thierkreise fehlen, sich in den indischen S'astrani genau in entsprechenden Stellungen finden. Diese sind eben so willkührlich, als die vorigen, nämlich ein Haus, ein Rohr, ein Messer und drei Fußtapfen. Um aber diesem Gegen= stande Genüge zu thun, müßte mehr in's Einzelne einge= gangen werden.¹)

§. 36.

c) Ursagen.

Endlich müßten, wenn auch sonst Alles fehlte, die unter den Amerikanern so lebendig erhaltenen, mit den Traditionen der alten Welt so übereinstimmenden Ueberlieferungen von der Urgeschichte der Menschheit, von der Fluth und Zerstreuung, jede Bedenklichkeit über ihren Ursprung heben. Die Azteken, Mitteken, Flaskalteken und andere Nationen hatten unzählige Gemälde über diese letztern Ereignisse. Den Tezpi oder Coxcox, wie der amerikanische Noe genannt wird, sieht man in einer Arche auf den Wassern schaukeln, neben ihm sein Weib, Kinder, viele Thiere und einige Gattungen von Korn. Als die Wasser abnahmen, ließ Tezpi einen Geier los, welcher

---

¹) S. die vergleichenden Tafeln in dem zweiten Bande der „Vues des Cordilleres." (Zu den Spuren, die auf einen Zusammenhang mit Asien hinweisen, gehören auch die Quippus, eine eigenthümliche Art von Schrift, die in Knöpfen an Schnüren von verschiedener Farbe besteht. Dieselbe Art, sich Nachrichten durch verknüpfte Schnüre mitzutheilen, ist auch in mehreren Theilen Central-Asiens, so wie in China, üblich gewesen. Tschudi und de Rivero: „Antiguedades Peruanas." p. 103. — A. d. Ueb.)

aber nicht mehr umkehrte, da er an den Leichen der Ertrunkenen Futter fand. Nachdem der Versuch noch mit einigen andern fehlgeschlagen hatte, kam endlich der Kolibri zurück und brachte einen grünen Zweig in seinem kleinen Schnabel. Auf dem nämlichen hieroglyphischen Gemälde ist die Zerstreuung der Menschen so dargestellt: die ersten Menschen nach der Fluth waren stumm; man sieht nun eine Taube auf einem Baume sitzen und Jedem eine Zunge geben; in Folge davon zerstreuen sich die Familien, fünfzehn an der Zahl, nach verschiedenen Richtungen.[1]) Diese Uebereinstimmung, die mich erinnert, daß ich mich einer Abschweifung hingebe, wäre allein schon hinreichend, ein Band engen Zusammenhangs zwischen den Nationen der beiden Continente zu begründen. Aber die Aehnlichkeiten zwischen ihnen sind wirklich so zahlreich, so außerordentlich und so in's Einzelne gehend, daß in einem Werke, von welchem ich ein paar Worte sagen muß, zwei lange und ausführliche Abhandlungen aufgenommen sind, welche darzuthun suchen, daß in Amerika zuerst von Juden und dann von Christen Colonien gegründet worden seien.[2])

§. 37.
Das Prachtwerk über die amerikanischen Alterthümer.

Das Werk, welches ich meine, ist die wahrhaft königliche Sammlung mexikanischer Monumente, herausgegeben von Lord Kingsborough, ein Schatz von Materialien für Alle, die sich dem Studium derselben widmen. Man kann unmöglich diese prachtvollen Bände durchblättern, ohne von dem mannigfaltigen Charakter der darin dargelegten Kunst betroffen zu werden. Die hieroglyphischen Figuren, welche die menschliche

---

[1]) Humboldt, das. S. 65. 66.
[2]) „The Antiquities of Mexico." Published by A. Aglio. Vol. VI. p. 232—409 et 409—420.

Gestalt in verdrehten und verkrüppelten Verhältnissen darstellen, haben nichts mit den Schildereien in erhabener Arbeit gemein. Hier haben wir hohe Gestalten, in kriegerischen Haltungen dastehend, dort Weiber, die mit überschlagenen Beinen auf zweiköpfigen Ungeheuern sitzen, mit Kindern auf den Armen, die Hälse mit Perlenschnüren umwunden, die Köpfe geschmückt mit spitz zulaufenden Aufsätzen von erhabener Arbeit, die manchmal die Gestalt von Thieren haben; anderswo treffen wir die Schildkröte, das heilige Symbol Indiens; dann sehen wir die Schlange, die sich um den Baum windet, oder Menschen, denen Gefahr droht, von mißgestalteten Scheusalen verschlungen zu werden, so daß es uns vorkommt, als betrachteten wir die Skulpturen irgend einer indischen Grotte oder einer alten Pagode.¹) Ich möchte noch beifügen, daß der Gesichtstypus in diesen Skulpturen keineswegs amerikanisch ist, sondern stark an die altindische Manier erinnert. Daneben findet sich eine andere Gattung von ebenso eigenthümlichen Denkmälern, die mit der ägyptischen Kunst übereinzustimmen scheinen. Da haben wir Pyramiden, die nach dem nämlichen Vorbilde gebaut sind und allem Anscheine nach gleichen Zwecken dienten; wir haben ganz eng eingefätschte Figuren, bei denen bloß unten die Füße und an beiden Seiten die Hände zum Vorscheine kommen, wie bei den ägyptischen Statuen, während der Kopfschmuck das Haupt umgibt, und an beiden Seiten herabhängend ungeheure Ohren vorschiebt; ferners andere, knieende Figuren, wo dieser Putz noch mehr hervortritt, so daß sie, wie Enea Quirino Visconti bemerkt hat, von dem Bogen zu Dendara, dessen Capitälern sie genau gleich sehen, copirt sein könnten. Auch ist in Figuren dieser Gattung die Gesichtsbildung keineswegs dieselbe, wie bei der vorigen, son-

---

¹) S. Vol. IV. part. I. Fig. 20. 36; 27. 28. 32. „Specimens of Mexican sculpture, in possession of M. Latour Allard at Paris." Fig. 15. part. III. fig. 8.

dern von einem Charakter, welcher mehr dem Kunststyl entspricht.[1]

Wer wird uns dieses Räthsel lösen, und sagen, ob diese Aehnlichkeiten zufällig seien, oder von irgend einem wirklichen Verkehre herkommen? In der That, das ist noch ein Land des Geheimnisses und Dunkels, und viel Studium wird noch erfordert, um Unregelmäßigkeiten zu erklären, Widersprüche auszugleichen und unsere Wissenschaft auf einen festeren Fuß zu stellen. Wir können ja nicht einmal Schwierigkeiten dieser Art heben, wenn sie unserer Zeit noch näher liegen; wir können z. B. nicht erklären, wie im J. 1306 Brasilienholz unter den steuerbaren Luxusartikeln an den Thoren von Modena eingetragen sein konnte, wie Muratori bewiesen hat; oder wie die Karte von Andreas Bianco, die in der St. Markus-Bibliothek zu Venedig bewahrt wird und im J. 1436 verfertigt wurde, eine Insel mit eben dem Namen Brasilien in das atlantische Meer setzen konnte. Um wie viel mehr müssen wir in's Dunkle gerathen, wenn wir das Durcheinander uralter Erzählungen entwirren, oder aus etlichen Bruchstücken von Denkmälern eine Urgeschichte wieder aufbauen wollen.

§. 38.
Zusammenhang der Sprachenbildung mit der Urgeschichte der Menschheit.

Und zum Beschlusse möchte ich bemerken, daß es in der Geschichte der Sprachen viele andere Aufgaben gibt, welche sich in die Geheimnisse der Natur verlieren und zu deren Lösung der Schlüssel in jenen verhüllten Gesetzen ihrer Einrichtung verborgen liegt, welche ihre Bindeglieder mit der moralischen Weltordnung ausmachen. Denn, möchte man fragen, wie kommt es, daß in der Urzeit so leicht Sprachen entstanden, die bis jetzt unverändert geblieben sind; oder vielmehr,

---

[1] S. daf. p. 1. fig. 1. ff. 18. Latour's Monumente, Fig. 8. 14. u. s. w.

wie trennten sich ihre ersten Familien so schnell in feststehende und unabhängige Dialekte, während im Verlaufe der Zeit die Menschen nicht viel mehr, als Mundarten von diesen provinziellen Idiomen oder offenbare, kaum mehr weiter fruchtbare Ableitungen gebildet haben? Denn sehr kurze Zeit nach der Zerstreuung müssen Sanskrit, Griechisch, Lateinisch, oder wenigstens seine Mutterzunge, sich von einander getrennt und ihre ausgeprägten charakteristischen Formen erhalten haben; und in der semitischen Sprache muß die Trennung eben so früh Statt gefunden haben. Ebensogut könnten wir fragen, warum die Eiche bloß in der Nähe ihrer Wurzeln mächtige, riesenhafte Aeste ausstrecke, deren jeder selbst stark genug zu sein scheint, einen andern Baum zu bilden, sein eigenes Bereich von Aesten zu besitzen und seine eigene Krone von jährlichen Geschossen zu tragen, während sie später nur schmächtige, weniger lebensvolle Zweige treibt, in welchen die Zeugungskraft beinahe erschöpft zu sein scheint. Und wirklich gibt es bei den Nationen so gut, als bei den Bäumen einen Saft, eine innere Lebensmacht, die immer aufwärts strebt und ihre frischesten Kräfte aus den einfachsten Einrichtungen, den lautersten Tugenden und kraftvollsten sittlichen Handlungen zieht. So lange diese den Boden bilden, worin ein Volk gleichsam sich tief bewurzelt hat, sind dessen Kräfte beinahe schrankenlos; wie aber diese altern und erschöpft werden, wird es auch verrotten und zerfallen. Gewiß, der menschliche Geist hatte im Vergleich mit dem unsrigen eine Riesengewalt, damals als die homerischen Gesänge die Dichtung des wandernden Harfners waren, als Hirtenhäuptlinge, wie Abraham, von Volk zu Volk wandern und selbst mit den Königen derselben verkehren konnten, und als ein junges Volk Denkmäler wie die ägyptischen Pyramiden zu entwerfen und auszuführen vermochte.

Und wenn wir so von Nationen sprechen dürfen, was sollen wir von dem ganzen Menschengeschlechte sagen, da noch all seine Kräfte gewissermaßen in seinen wenigen Urvätern eingeschlossen waren; da die Kinder Noe's, nur wenige Menschenalter von den Erinnerungen und Mahnungen Edens entfernt und im Besitze der angehäuften Weisheit langelebender Patriarchen, wunderbar geeignet waren, jene fremden Eindrücke aufzunehmen, die eine so eben in all ihrer Neuheit aufgegangene Welt auf sie zu machen berechnet war; da sie, selbst ein neugebornes Geschlecht, das einerseits gegen die Verheerungen der eben erlebten Katastrophe, andererseits gegen die Ueberwucherung ihres verjüngenden Einflusses ankämpfte, eine unbegränzte Vollkraft in Gedanken und That, eine Lebendigkeit der Wahrnehmung, einen Reichthum der Erfindung und eine Macht der Ausführung in sich fühlten, wie sie dem entscheidenden Augenblicke entsprach und spätern Geschlechtern nie mehr nöthig sein konnte! Und von Geistern, die auf solche Art so ganz eigenthümlichen Eindrücken hingegeben waren, die so unbegränzten Empfindungen so offen standen und so mächtig angetrieben waren, ihre Wirksamkeit zu bezeichnen, muß das erste Gepräge der Sprache einen kühnern Eindruck und ein unverwischbareres Gepräge empfangen haben, als spätere Zeiten mittheilen konnten, da die ersten Quellen vollkräftiger That geschwächt waren oder zu wirken aufgehört hatten.

§. 39.
Providentieller Zusammenhang der verschiedenen Stufen der Religion mit den verschiedenen Sprachfamilien.

Doch wir dürfen uns wohl nicht vorstellen, daß die göttliche Vorsehung bei der Austheilung dieser heiligen Gabe der Rede an verschiedene menschliche Familien keine weitere Absicht hatte, als das Menschengeschlecht räumlich zu zerstreuen oder ihm mannigfaltige Formen der Aeußerung zu verleihen; gewiß lag darin ein tieferer und wichtigerer Zweck: — nämlich die Geistesmächte unter sie zu vertheilen. Denn die Sprache ist so offenbar die verleiblichende Kraft, so zu sagen

die Einfleischung des Gedankens, daß wir uns beinahe eben
so leicht eine Seele ohne Leib, als unsere Gedanken unbekleidet
mit den Formen ihres äußeren Ausdruckes vorstellen können.
Daher müssen denn auch diese Werkzeuge der Schöpfungen
des Geistes ihrerseits dessen Charakter gestalten, beschränken
und bestimmen, so daß der Geist einer Nation nothwendig
mit ihrer Sprache im Verhältniß steht.

Die semitische Familie, ohne Partikeln und grammatische
Formen, die geeignet wären, die Beziehungen der Dinge aus=
zudrücken, steif durch eine ungelenke Satzfügung, und durch
die Ableitung der Wörter von Verbalwurzeln auf Begriffe
äußerlicher Handlungen beschränkt, konnte den Geist nicht auf
abstrakte und abstruse Ideen führen; daher eigneten sich ihre
Dialekte immer für die einfachsten geschichtlichen Erzählungen
und für die auserlesenste Dichtkunst, wo bloße Eindrücke oder
Empfindungen in rascher Aufeinanderfolge gefühlt und beschrie=
ben werden; während nie eine Schule einheimischer Philosophie
innerhalb derselben sich erhob, nie ein Element metaphysischen
Denkens auch in ihren erhabensten Produkten sich findet. Daher
sind im Hebräischen die tiefsten Offenbarungen der Religion,
die schrecklichsten Ankündigungen der Prophetie, die weisesten
Mahnungen der Tugend in Bilder eingekleidet, die aus der
äußern Natur entnommen sind. Und in dieser Hinsicht schlug
der Verfasser des Korans nothwendig den nämlichen Weg ein.

Dagegen empfing das Indogermanische eine wunderbare
Geschmeidigkeit zum Ausdrucke der innern und äußern Bezieh=
ungen der Dinge durch die Beugung seiner Nennwörter, durch
bedingte und unbestimmte Zeiten seiner Verba, durch das
Streben, unzählige Partikeln zu bilden oder anzupassen, vor=
züglich aber durch das mächtige und beinahe unbegränzte Ver=
mögen, Wörter zusammenzusetzen, verbunden mit der Leichtig=
keit, in der Construction zu wechseln, sie umzukehren und
ineinander zu schlingen, und mit der Kraft, unmittelbar und
vollständig die Bedeutung der Wörter von einer materiellen

auf eine bloß geistige Vorstellung überzutragen. Während daher diese Sprache ein geschicktes Werkzeug zur Ausführung der hochfliegendsten Gedanken des Genies ist, ist sie nicht minder gewaltig in der Hand des Philosophen; und in ihr und durch sie haben sich jene mannigfaltigen Systeme erhoben, welche vor Alters in Indien, später in Griechenland und in neuerer Zeit in Deutschland gestrebt haben, die menschliche Erkenntniß zu ergründen und die Formen unserer Ideen in ihre Urelemente aufzulösen.[1]

Werden Sie nun, wenn Sie mit solchen Betrachtungen auf die von Gott in der Offenbarung seiner Religion beobachtete Ordnung zurückschauen, in all diesem nicht ein Mitwirken zu noch edlern Zwecken wahrnehmen? Denn so lange seine Offenbarungen mehr bewahrt, als verbreitet werden sollten, da seine Wahrheiten vorzüglich die Geschichte des Menschen und seine einfachsten Pflichten gegen Gott betrafen, da sein Gesetz mehr aus Vorschriften äußerer Beobachtung als innerer Zucht bestand, da die Leitung der Menschen mehr durch die geheimnißvolle Einwirkung von Sehern des Zukünftigen, als durch die ständige Richtschnur eines unabänderlichen Gesetzes geschah, war das ganze Religionssystem in die Hände jener Menschen-Familie niedergelegt, deren geistiger Charakter und deren Sprache wunderbar dazu gebildet waren, die einfachen Ueberlieferungen der Urzeit mit Zähigkeit festzuhalten

---

[1] Zur Erläuterung des Gesagten möchte ich bemerken, daß zu unserer Zeit die Transcendentalphilosophie kaum in einem andern Lande, als in Deutschland hätte entstehen können, da die deutsche Sprache die Eigenthümlichkeiten der Familie in einem höhern Grade besitzt, als irgend eine andere, und sehr leicht gestattet oder verleitet, das Pronomen der ersten Person objektiv zu gebrauchen (das Ich), was in jeder andern europäischen Sprache zu gewaltsam ist, als daß es in ihnen zuerst hätte aufkommen können. Im Lateinischen z. B., wo es keinen Artikel gibt, ist es beinahe unmöglich, es auszudrücken, und Einer, der diese Sprache redet, hätte eine solche Idee nicht fassen können.

und Alles, was an der Außenseite des Menschen ist, zu beschreiben, weßhalb sie sich auch am erfolgreichsten zu dem erhabenen Amte der prophetischen Sendung verwenden ließen.

Kaum aber tritt ein mächtiger Wechsel ein in der Grundlage seiner Offenbarung und in den Fähigkeiten, an welche sie gerichtet ist, so findet offenbar auch ein entsprechender Uebergang statt in der Familie, welcher deren Verwaltung und vorzügliche Leitung augenscheinlich anvertraut ist. Die Religion, welche jetzt für die ganze Welt und für jedes einzelne Glied des Menschengeschlechtes bestimmt ist und folglich einer mannigfaltigeren Bezeugung bedarf, um den Bedürfnissen jedes Stammes, Landes und Zeitalters zu begegnen und dessen Sehnsucht zu befriedigen, wird „andern Bauleuten" übergeben, deren tiefere Gedankenmacht, deren ewig wacher Forschungsdrang leichter ihre unerschöpflichen Schönheiten entdecken und an's Licht bringen mochte; welche ihren Zusammenhang mit jeder andern Art von Wahrheit, jedem andern Systeme göttlicher Veranstaltung erforschen und so immer neue Beweggründe der Ueberzeugung und neue Gegenstände des Lobpreises aufdecken sollten. Während daher die göttliche Weisheit das Wesen der Religion einzig und unwandelbar gemacht hat, hat sie doch deren Beweise auf eine solche Art an das rastlose Rad menschlichen Strebens geknüpft und mit den andern Triebfedern seiner drängenden Wünsche vermischt, daß so jeder Schritt, der in der Verfolgung gesunder Forschung und demüthiger Untersuchung gemacht wird, auch ihnen eine neue Förderung und eine veränderte Stellung gewährt, worauf der denkende Geist mit überschwänglicher Bewunderung verweilen kann. Und wie dieses mit der Wissenschaft der sprachlichen Völkerkunde der Fall gewesen sei, haben Sie, wie ich sicher hoffe, jetzt zur Genüge gesehen.

Dritter Vortrag:

Ueber
die Naturgeschichte des Menschen-Geschlechtes.

I. Abtheilung.

Wenn uns der heilige Paulus warnt, uns in eitlen und endlosen Genealogien zu verwirren, so möchte man glauben, daß auch die Wissenschaft, zu der wir jetzt übergehen, zu den verbotenen gehöre. Denn gewiß muß der Versuch, den Verlauf und Ursprung jeder Varietät in dem menschlichen Geschlechte zurück zu einem gemeinschaftlichen Stammvater zu verfolgen, ein ziemlich hoffnungsloses Unternehmen scheinen, wenn wir bedenken, daß die dazu erforderliche Untersuchung sich in zahlreiche und komplizirte Fragepunkte verwickelt hat, theils durch die widersprechenden Behauptungen der Schriftsteller, theils durch die widerstreitenden Principien, auf die sie begründet wurde. Doch die erfolgreichen Ergebnisse der zuletzt besprochenen Wissenschaft mögen uns wohl ermuthigen, die Prüfung dieser ihrer Schwesterwissenschaft, der Geschichte des Menschengeschlechtes, nicht zu scheuen. Man könnte in der That sagen, daß beide Wissenschaften nahezu ein und denselben Gegenstand haben, so zwar, daß man ihnen vielleicht einen gemeinschaftlichen Namen geben könnte, der ihren Gegenstand bezeichnete, und ihm nur ein unterscheidendes Beiwort vorsetzen dürfte, um anzuzeigen, auf welchem Wege jede einzelne denselben verfolgt. Würden wir auf diese Art die erstere richtig **philologische Ethnographie** nennen, so könnten wir dieser nicht unschicklich den Namen **physiognomische Ethnographie** geben.

Die erstere hat uns bereits zu dem erfreulichen Schlusse geführt, daß, in soweit die Sprachen in ihrer gegenseitigen Vergleichung als Zeugen für den Gegenstand zugelassen werden, das ganze Menschengeschlecht ursprünglich Eine Familie bildete, oder nach den Worten der heiligen Schrift „Eine Lippe und Eine Sprache" war. Doch wenn in der Vertheidigung dieser Behauptung der Schrift große Schwierigkeiten zu überwinden waren, da die Verschiedenheit der Idiome, die jetzt die Völker der Erde trennen, sich ihr entgegenstellt, so bleibt doch noch eine größere und verwickeltere übrig, welche die Einheit des Menschengeschlechtes und seinen Ursprung von Einem Stamme unmittelbarer angreift. Diese Schwierigkeit besteht in der Betrachtung jener natürlichen Verschiedenheiten, welche die menschliche Gestalt in verschiedenen Gegenden der Erde trennen.

Das Wort Gottes hat die Menschen immer als von Einem Vater stammend betrachtet, und das große Geheimniß der Erlösung beruht auf dem Glauben, daß alle Menschen in ihrem gemeinschaftlichen Vater sündigten. Nehmen wir verschiedene, getrennte Schöpfungen des Menschen an, so ist das tiefe Geheimniß der Erbsünde und das glorreiche Geheimniß der Erlösung aus dem Buche der Religion ausgelöscht. Ist es daher nicht wichtig, die Gründe derer zu widerlegen, welche behaupten, es sei unmöglich, die vielen Verschiedenheiten der Menschenstämme in Eine Gattung zusammen zu bringen? welche sagen, daß die Naturgeschichte zu tief gehende Scheidungen zwischen den physischen Eigenthümlichkeiten verschiedener Völker zeige, als daß eines von dem andern abstammen könnte, und daß sich keine Ursachen, weder plötzliche noch allmählige, denken lassen, welche die Gestalt und Farbe des Europäers in die des Negers verwandeln, oder „den Aethiopier zwingen konnten, seine Haut zu ändern" und die asiatische Rasse zu bilden? Und wie werden wir mit dieser Widerlegung zu Stande kommen? Auf keinem andern Wege, als den ich Ihnen bereits gezeigt habe und noch oft einzuprägen und durch Beispiele zu erläutern gedenke: durch das tiefere Studium eben derselben Wissenschaft, die den Einwurf hervorbrachte, durch die Sammlung noch besserer Beweismittel, als bereits angeführt wurden, und durch wohlgeordnete Klassifikation von Erscheinungen, aus denen befriedigende Schlüsse gezogen werden können.

Dieses Geschäft will ich zufolge meines Versprechens diesen Morgen beginnen. Voraus werde ich eine historische Uebersicht dieser Wissenschaft schicken und vielleicht mehr, als es mit meinem Plane verträglich scheinen möchte, bei der ersten Stufe ihrer Geschichte verweilen, aus Gründen, welche sich leicht ergeben werden; hierauf werde ich versuchen, die Folgerungen, zu welchen uns der gegenwärtige Zustand der Wissenschaft berechtigt, zu klassifiziren und zu ordnen, und mit solchen weiteren Erläuterungen, wie ich sie selbst zu sammeln im Stande war, zu unterstützen; und dann will ich es Ihnen überlassen, diese Folgerungen mit der Geschichte des Menschengeschlechtes zu vergleichen, wie sie uns die Genesis überliefert.

A. Geschichte dieser Wissenschaft.

§. 1.
Einheit der Menschenschöpfung bei Moses.

Die Erwähnung dieser heiligen Urkunde erinnert mich mit Betrübniß an eine Aeußerung, welche ich nicht mit Stillschweigen übergehen kann, da sie gleichsam in den vorliegenden Gegenstand einleitet und mit meiner eben vorgetragenen Behauptung in geradem Widerspruche steht. „Die mosaische Erzählung," sagt ein gelehrter Schriftsteller, „spricht es nicht ganz deutlich aus, daß die Bewohner der Welt von Adam und Eva abstammten. Ueberdieß erhoben und erheben sich von vielen Seiten her Zweifel gegen die ganze oder theilweise Inspiration der verschiedenen Schriften, die das alte Testament enthält, selbst von Seite gelehrter Theologen und berühmter Orientalisten und Schriftforscher. Zu den Gründen des Zweifels an der Inspiration, die sich ergeben aus der Untersuchung verschiedener Erzählungen, aus der Kenntniß der hebräischen und anderer orientalischen Sprachen, und aus dem unvereinbaren Widerspruche zwischen den Leidenschaften und Gefühlen, welche der Gottheit von Moses beigelegt werden, und der Religion des Friedens und der Liebe, die sich bei den Evangelisten entfaltet, habe ich nur hinzuzufügen, daß die Angabe, als seien alle Thiere zuerst vor Adam geführt und dann später in der Arche versammelt worden, — vorausgesetzt, daß wir sie auf die lebendigen Bewohner der ganzen Erde beziehen müssen, — eine zoologische Unmöglichkeit in sich schließt." Der ersten Behauptung dieses Citates ist eine Note beigefügt, in welcher die Stelle angeführt wird, wo es heißt: „Gott schuf den Menschen, Mann und Weib," und dann (Kap. 5.): „Am Tage, da Gott den Menschen schuf, schuf er sie als Mann und Weib." Der Autor nimmt nun an, daß diese Stellen sich auf eine Schöpfung beziehen, die von der Eva's verschieden war.[1]) Nur ungern mache ich eine Bemerkung zu dieser Stelle, weil ihr Verfasser sicherlich diesen hier so unbesonnen geäußerten Ansichten nicht mehr huldiget. Aber der Werth des Werkes selbst, als einer reichen Sammlung wichtiger Thatsachen, die durch Bemerkungen von hoher Gelehrsamkeit mit einander verbunden sind, werden ihm noch immer Gewicht geben und es zu einem Lesebuch der Jugend empfehlen. Daher wage ich es, einige Bemerkungen über den theologischen Theil des Beweises zu machen. Die Schlüsse, die der Autor aus seinen wissenschaftlichen Forschungen zieht, sind mit der inspirirten Erzählung ganz übereinstimmend, und daher ist es doppelt zu bedauern, daß er von seinem Wege abging, um zu zeigen, daß auch der entgegengesetzten Behauptung die Lehre der Schrift nichts an Haltbarkeit benehme. Es war vielleicht von ihm eine Bekanntschaft mit den Arbeiten der Theologen nicht zu erwarten; allein seine Berufung auf sie berechtigt uns, ihre Meinungen einer Untersuchung zu unterwerfen. Nehmen wir nun einen der kecksten und verwegensten Ausleger, welche das neuere Deutschland hervorgebracht hat, so finden wir, daß sogar er die verschiedenen Texte, die unser Autor citirt, von allem Verdachte des Widerspruches freispricht. Ich meine nämlich Eichhorn, welcher aus rein philologischen Gründen die Conjectur, welche Astruc im vorigen Jahrhunderte aufstellte, erschöpfend bewiesen zu haben scheint, daß nämlich das Buch Genesis aus mehreren verschiedenen Urkunden zusammengesetzt sei, welche Moses nur seinem Werke einverleibt habe, und welche sich leicht unterscheiden lassen sowohl durch ihre bestimmt abgeschlossene Form, als auch durch den Gebrauch besonderer Wörter, wie z. B. des Wortes Jehovah, das in der einen

---

[1]) „Lectures on Physiology, Zoology and the Natural History of Man." Lond. 1819. p. 24º.

gänzlich fehlt und in der andern beständig vorkommt. So nennt das erste Kapitel, welches berichtet, daß „Gott den Menschen erschuf, Mann und Weib," ohne in das Einzelne dieser Schöpfung einzugehen, den Allmächtigen immer mit dem Namen Elohim, oder geradezu „Gott." Der vierte Vers des zweiten Kapitels beginnt aber offenbar eine neue Erzählung oder Urkunde mit einem eigenen Titel: „Das ist der Ursprung des Himmels und der Erde," mit andern Worten: „Das ist die Geschichte der Schöpfung des Himmels und der Erde;" diese geht mehr in das Einzelne des Paradieses und der Erschaffung des Menschen ein und unterscheidet sich durchaus durch den ständigen Gebrauch des Namens Jehovah bis an ihr Ende mit dem vierten Kapitel. Im fünften haben wir wieder die erste Urkunde oder irgend eine andere, worin das Wort Jehovah nicht gebraucht wird, und wo es wieder heißt, daß der Mensch geschaffen worden sei als Mann und Weib.¹) Obwohl nun dieß die Annahme des „gelehrtesten Theologen" von denen ist, welche die Inspiration läugnen, so widerlegt dieser Theologe dadurch nichts desto weniger die biblische Begründung einer andern Menschenschöpfung neben der Adams; denn er zeigt, daß die angeführten Texte nichts anderes sind, als verschiedene Beschreibungen ein und desselben Ereignisses. Es würde wohl nicht am rechten Orte sein, mich noch mit den übrigen Einwürfen zu befassen, welche sich „aus einer Untersuchung der verschiedenen Erzählungen, aus der Kenntniß der hebräischen und anderer orientalischen Sprachen, und aus dem unvereinbaren Widerspruche" zwischen dem Gotte des Moses und der christlichen Religion ergeben sollen; es ist wohl auch nicht ganz klar, in welchem Sinne die Worte des gelehrten Schriftstellers zu nehmen sind. Ich

---

¹) (Neuere Schriftforscher von Bedeutung haben dieser Ansicht mit Gründen widersprochen. S. Welte, „Nachmosaisches im Pentateuch." Freib. 1841. S. 82—97. — A. d. Ueb.)

meines Theils habe mir einige Mühe gegeben, mich mit den „hebräischen und andern orientalischen Sprachen," die nur in irgend einer Beziehung zu dem Studium der heiligen Schrift stehen, bekannt zu machen, habe aber doch nicht entdecken können, daß sich aus dieser Bekanntschaft „Gründe des Zweifels an der Inspiration" erhoben hätten. Doch gehen wir zu einer erfreulicheren Beschäftigung über.

§. 2.
Die Rassen-Eintheilung bei den Alten, besonders bei Aristoteles.

Die schärfer hervortretenden Verschiedenheiten des Menschengeschlechtes fallen so sehr in die Augen, daß sie unmöglich der Kenntniß der Alten entgehen konnten. Jedem mußte z. B. der Unterschied in Gesichtszügen, Farbe und Haar zwischen dem Neger und dem Europäer auffallen; und offenbar gibt uns Aristoteles die früher und zu seiner Zeit vorherrschende Eintheilung, wenn er sagt, daß die älteren Physiognomiker auf den Charakter einer Person schlossen aus der Aehnlichkeit seiner Züge „mit denen der Völker, welche sich durch Sitte und Gestalt von einander unterscheiden, nämlich der Aegypter, Thrazier und Scythen."[1] Da diese Rassen oder vielmehr ihre Merkmale in Vergleichung mit einer vierten betrachtet werden müssen, von welcher, als der rechten Mitte, sie nach verschiedenen Seiten abweichen, welches ohne Zweifel die griechische Form war: so haben wir hier eine Eintheilung der Menschen in vier verschiedene Klassen oder, wie wir es jetzt nennen, Rassen. Noch ist meines Wissens kein Versuch gemacht worden, diesen Punkt genauer zu untersuchen, und doch ist er nicht ohne Bedeutung. Denn außerdem, daß

---

[1] „Διελόμενοι κατὰ τὰ ἔθνη, ὅσα διήφερε τὰς ὄψεις καὶ τὰ ἤθη, οἷον Αἰγύπτιοι, καὶ Θρᾶκες, καὶ Σκύθαι." — „Physiognomie." cap. 1. Opp. Paris 1619. Tom. I. p. 1169.

dadurch eigentlich der Grund und die erste Stufe gelegt würde in der Geschichte einer Wissenschaft, welche täglich an Interesse und Bedeutung gewinnt, so könnten wir vielleicht einzelne Thatsachen finden, die uns über die Veränderungen Aufschluß gäben, welche die Zeit an den Nationen einzelner Landstriche hervorgebracht hat; aus diesen Gründen werde ich etwas tiefer in die Erörterung eingehen, selbst auf die Gefahr hin, eine Weile von der populären Form, die ich in diesen Vorträgen einzuhalten wünschte, abzuweichen.

§. 3.
a) Die Aegypter und Aethiopier, entsprechend der Negerrasse.

Die erste Rasse oder eigenthümlich charakterisirte Klasse von Menschen, welche Aristoteles nach den älteren Physiognomisten hier erwähnt, ist die ägyptische. Es kann hier kein Zweifel stattfinden, daß er damit die Negerrasse meint; denn außerdem, daß er diese unmöglich übergehen konnte, wo er von den Verschiedenheiten in dem menschlichen Geschlechte sprach, stellt er an einem andern Orte diese beiden deutlich zusammen, wo er sagt, „daß Leute, die sehr dunkelfarbig sind, auch furchtsam seien, was in Beziehung stehe mit der ägyptischen und äthiopischen Rasse." [1] Wieder bei einer andern Gelegenheit stellt er die Frage, warum die Aegypter und Aethiopier krumme Beine und auswärts stehende Füße haben? worauf er antwortet, daß dieß wahrscheinlich aus demselben Grunde herrühre, der ihnen beiden ihr wolliges Haar gebe, nämlich von der Hitze ihres Klimas. [2]

---

[1] „Οἱ ἄγαν μέλανες δειλοί· ἀναφέρεται ἐπὶ τοὺς Αἰγυπτίους καὶ Αἰθίοπας." Ib. cap. VI. p. 1180.

[2] „Διὰ τί οἱ Αἰθίοπες καὶ οἱ Αἰγύπτιοι βλαισοί εἰσιν; .... δηλοῦσι δὲ καὶ αἱ τρίχες· οὐλοτέρας γὰρ ἔχουσι." — „Problem." Sec. XIV. 4. Tom. II. p. 750.

Hier erhebt sich nun eine verwickelte und interessante Frage: Waren die alten Aegypter wirklich nach dem Typus der Neger gebildet, so daß sie beide zusammengeworfen werden konnten? Das Zeugniß des Aristoteles ist ohne Zweifel stark zu Gunsten einer bejahenden Antwort und wird es doppelt durch die Uebereinstimmung fast aller Klassiker, besonders des scharfsinnigen und genauen Herodot. Denn wo er von den Kolchern spricht, sagt er, sie stammen erwiesenermaßen von den Aegyptern ab, ὅτι μελάγχροές εἰσι καὶ οὐλότριχες,[1] „weil sie schwarz und wollhaarig sind." Hier wie bei dem Philosophen finden wir die zwei bestimmtesten Kennzeichen der Negerrasse den Aegyptern beigelegt.

Blumenbach, dessen Namen ich noch oft mit Ruhm werde erwähnen müssen, hat offenbar in Betreff der Physiognomie der Aegypter eine Lieblingstheorie. In seinen unschätzbaren „Decades craniorum" deutet er schon an, man könne unmöglich annehmen, daß während so vieler Jahrhunderte des Einbalsamirens der Nationaltypus keine Aenderung erlitten habe.[2] Im Jahre 1808 sprach er seine Meinung deutlicher aus, daß die Denkmäler das Dasein dreier verschiedener Formen oder Physiognomien unter den alten Aegyptern beweisen.[3] Drei Jahre später ging er tiefer in diese Untersuchung ein und theilte auch die Monumente mit, durch die er seine Annahme stützen zu können glaubte. Die erste dieser Formen nähert sich nach seiner Annahme dem Neger-, die zweite dem Hindu-, die dritte dem Berber-Typus oder gewöhnlichen ägyptischen Kopfe.[4] Aber ich glaube, ein vor-

---

[1] Ed. Lond. 1824. Lib. II. tom. I. §. 104. p. 157.

[2] „Decas collectionis suae craniorum diversarum gentium illustrata." Götting. 1790. p. 14.

[3] „Specimen historiae naturalis antiquae artis operibus illustratae." Ib. 1808. p. 11.

[4] „Beiträge zur Naturgeschichte." Ebd. 1811. Thl. II. „Dreierlei Nationalphysiognomien unter den alten Aegyptern." S. 130.

urtheilsfreier Beobachter wird ihm nicht leicht so weit folgen. Der erste Kopf hat nichts mit der schwarzen Rasse gemein und ist nur eine rohere Darstellung des ägyptischen Typus: der zweite ist nur seine mythologische oder ideale Veredelung. Um dieses System durch Denkmäler zu begründen, möchten zwei Dinge erforderlich gewesen sein: erstens, anstatt einzelner Darstellungen, die man zufällig nennen könnte, hätten ganze Klassen von Denkmälern nachgewiesen werden sollen, worin die verschiedenen Merkmale sich erhalten hätten: denn zufällige Abweichungen von dem gewöhnlichen Gange finden sich in jedem Gesetze; zweitens hätte irgend eine chronologische Beziehung zwischen den verschiedenen Klassen festgesetzt werden sollen, um so zu beweisen, daß der angenommene Wechsel zu verschiedenen Zeiten in der Nationalphysiognomie eintrat. Keiner von diesen Punkten ist jedoch versucht worden.

Alle Ueberreste der Aegypter sind den angeführten Behauptungen der Klassiker entgegen. Denn ihre Farbe und ihr Haar sind auf ihren Monumenten so deutlich ausgedrückt, als nur möglich. Wir finden die Körper der Eingeborenen immer roth oder lohfarben gemalt, mit langem, herabhängendem Haare, wo es der Kopfputz sehen läßt: während wir oft die Neger neben ihnen dargestellt sehen mit pechschwarzer Farbe, krausem Haare und vollkommenem Negergesichte, ganz so wie sie wirklich noch heut zu Tage sind.[1] Doch wir haben noch kostbarere Denkmäler, als diese Gemälde, in den Mumien selbst, deren Schädel, wie Lawrence bemerkt, ohne Unterschied die europäische Form haben ohne eine Spur der Negerbildung.[2] Und in Betreff der Haare können wir als allgemeine Beschreibung den Bericht anführen, den Villoteau von dem Haare einer Mumie gibt, die unter seiner Leitung geöffnet wurde: „Les cheveux étaient noirs .... bien

---

[1] Siehe die colorirten Tafeln in Hoskins' „Reisen in Aethiopien."
[2] „Lectures." p. 315.

plantés, longs et divisés en nattes retroussées sur la tête. Die Haare waren schwarz, dicht, lang, in Flechten getheilt, die über den Kopf aufgebunden waren." [1]

Es ist nicht leicht, diese sich widersprechenden Ergebnisse, die man so aus Schriftstellern, und die man von Denkmälern erhält, zu vereinigen, und man darf sich nicht wundern, daß gelehrte Männer in ihrer Meinung über diesen Gegenstand weit von einander abweichen. Ich möchte glauben, die beste Lösung sei, daß eben in Aegypten die Griechen am leichtesten die Bewohner des innern Afrika's sahen, da sich ohne Zweifel viele von denselben hier sammelten und niederließen oder in dem Heere als Tributpflichtige oder Unterthanen dienten, wie sie in spätern Zeiten thaten; und so kam es, daß sie von Schriftstellern mit dem Lande, wo sie dieselben allein kennen lernten, in Verbindung gebracht und als Theil der einheimischen Bevölkerung angesehen wurden. So etwas muß schon angenommen werden, um die Schriftsteller unter sich selbst zu vereinigen; denn Ammianus Marcellinus schreibt, daß die Aegypter dunkel und schwärzlich seien: "Homines Aegyptii plerumque subfusculi sunt et atrati." [2] So viel ist jedoch vollkommen gewiß, daß Aristoteles unter der ägyptischen Varietät, welche er unter den Abarten des Menschengeschlechts als die erste setzt, die schwarze oder Negerrasse versteht.

§. 4.

b) Die Scythen, germanische Stämme.

Die nächsten in seiner Reihenfolge sind die Scythen; und Hippokrates erwähnt von ihnen ebenfalls, daß sie ge-

---

[1] De Sacy, „Relation de l'Egypte," par Abd-Allatif. Paris 1810. p. 269.
[2] Lib. XXII. in fine. „In Scriptor. Histor. Rom." Heidelb. 1743. Tom. II. p. 518.

wisse Eigenheiten haben, welche allen ihren Stämmen, mit Ausnahme eines einzigen, gemeinschaftlich seien und von den griechischen eben so bestimmt nach der einen Seite abweichen, wie die Aegypter nach der andern.¹) Obwohl die alten Scythen das Land bewohnten, das jetzt größtentheils von Stämmen der sogenannten mongolischen Rasse bevölkert ist, mit denen die alten Scythen in ihrer nomadischen Lebensweise große Aehnlichkeit hatten: so können wir doch nicht einen Augenblick annehmen, daß von Schriftstellern wie Aristoteles und Hippokrates eine waizengelbe oder olivenfarbige Rasse als eine Varietät aufgestellt worden sei, die von den Griechen in einer den Negern entgegengesetzten Richtung abweiche. Es kann nicht zweifelhaft sein, daß die Scythen, welche bei Aristoteles in seiner Eintheilung der menschlichen Rassen erwähnt werden, die germanischen Stämme waren, welche sich zerstreut über ganz Scythien hin fanden. Dieses Land, wie es Herodot beschreibt, ist nicht, wie das Scythien des Ptolemäus, auf das nördliche Asien beschränkt, sondern begriff auch Dacien, Mösien und das ganze Land nördlich von Thrazien.²) Nun kann nicht in Abrede gestellt werden, daß die Einwohner dieser Gegenden Germanen waren; denn außer ihrer Abbildung auf Monumenten geben die Beschreibungen, welche Ovid in seinem Exil von ihnen macht, alle Züge der alten Germanen. So ist ihr Haar beschrieben als gelb oder lichtfarben:

„Hic mea cui recitem nisi flavis scripta Corallis,
Quasque alias gentes barbarus Ister habet;"³)

---

¹) „Ὅτι πολὺ ἀπήλλακται τῶν λοιπῶν ἀνθρώπων τὸ Σκυθικὸν γένος, καὶ ἔοικεν αὐτὸ ἑωυτῷ, ὥσπερ τὸ Αἰγύπτιον." — „De Aëre, Locis et Aquis." Ed. Genev. 1657. Tom. I. p. 291.
²) Siehe Lib. IV. §. 94. p. 327.
³) „Epist. de Ponto." Lib. IV. ep. II. 37.:
„Wer hört hier, was ich dichtete, an, als die blonden Coraller,
Oder was sonst für Volk, fremd mir, den Ister umwohnt?"
Die Coraller scheinen nach einer Vergleichung von Ep. VIII. 83. mit

und als nie geschoren:

„Mixta sit haec (gens) quamvis inter Graiosque Getasque,
A male pacatis plus trahit ora Getis,
Vox fera, trux vultus, verissima Martis imago,
Non coma, non ulla barba resecta manu." [1]

Ovid nennt aber, was kaum bemerkt zu werden braucht, fast auf jeder Seite seinen Verbannungsort Scythien.

Doch so weit bedurften wir kaum eines Beweises. Weit merkwürdiger ist es, daß Herodot mit seiner gewöhnlichen Genauigkeit deutlich zwei Rassen unterschieden hat, welche die weiten Gegenden des asiatischen Scythien inne hatten, die germanische, nach der alten Eintheilung, und die mongolische. Denn er berichtet uns, daß über den Sarmaten, und folglich, wie Breiger richtig bemerkt, um die Gegend von Astrachan am Jaik,[2] ein Stamm lebte, Namens Budiner, „eine große und zahlreiche Nation, mit außerordentlich blauen Augen und rothen Haaren."[3] Hier haben wir also einen scythischen Stamm, mit allen Eigenthümlichkeiten, welche die Alten den germanischen Völkern beilegten.[4] Aber an einem andern

---

X. 3. mit den Geten verwechselt zu sein. Ein kecker Etymologist könnte sie für die Vorältern der Kurisier halten.

[1] „Trist." Lib. V. eleg. VII. 11.:
„Zwar aus Griechen gemischt ist dieses Volk und aus Geten,
Aber es nähret mehr feindlicher Geten das Land:
Wild ist die Stimme und trotzig der Blick, ein lebendiges Marsbild,
Nie das wallende Haar, nimmer geschoren der Bart."
Lucan (lib. I.) sagt, von einem germanischen Stamme redend:
„Et vos crinigeros bellis arcere Chaycos."

[2] „Commentatio de Difficilioribus quibusdam Asiae Herodoteae." Der angeführten Ausgabe vorangeschickt. p. 184.

[3] „Βουδῖνοι δὲ ἔθνος ἐὸν μέγα καὶ πολλόν, γλαυκόν τε ἰσχυρῶς ἐστὶ καὶ πυῤῥόν." — „Melpom." Tom. I. §. 108. p. 327. Vgl. §. 21. p. 292.

[4] S. eine Zusammenstellung derselben bei Corringius, „De habitus corporum Germanorum antiqui et novi causis, liber singularis." Francof. 1727. mit einem weitläufigen Commentar von Burggraff. S. 29—100.

Orte beschreibt er die Agrippäer, ebenfalls ein scythisches Volk, mit ganz verschiedenen Zügen. „Man sagt von ihnen," schreibt er, „daß sie, sowohl Männer als Weiber, von Geburt an kahl sind, mit platten Nasen und starkem Kinn.[1] Ihre Gemüthsart, fügt er hinzu, ist ganz harmlos und unschuldig. Nun vergleichen Sie diese Merkmale mit den Eigenheiten der mongolischen Rasse, und Sie werden sogleich bemerken, wie genau Herodot ist, und wie das nämliche Nomadengeschlecht, wie jetzt, sicherlich auch zu seiner Zeit die nördlichen Gegenden Asiens durchstreifte. Blumenbach gibt uns folgende unterscheidende Merkmale der mongolischen Rasse an: eine platte Nase, nasus simus, entsprechend dem σιμοί des Herodotus, und ein vorragendes Kinn, mentum prominulum, γένειον μεγάλον.[2] Aber was sollen wir sagen von ihrer angeborenen Kahlheit? Sollen wir es etwa für eine Fabel halten, da wir sehen, daß der scharfsinnige Vater der profanen Geschichte, dessen Genauigkeit jede neue Untersuchung bestätigt, behutsam seine Behauptung mit einem Ausdrucke des Zweifels beschränkt? Λεγόμενοι, sagt er, εἶναι φαλακροί, sie sollen ganz kahl sein. Ich könnte antworten, daß Blumenbach an einem andern Orte, wo er das Haar der verschiedenen Rassen beschreibt, das der Mongolen als rarus, dünn, angibt, oder wie es Virey ausdrückt, clair semé.[3] Doch diese Schwierigkeit wird noch leichter durch jene Bemerkung entfernt werden, welche Pallas von den Kalmüken macht: „Ils rasent la tête à leurs enfants mâles dès la plus tendre enfance" [sie scheeren ihren männlichen Kindern

---

[1] Ἄνθρωποι λεγόμενοι εἶναι πάντες φαλακροί ἐκ γενεῆς γινόμενοι, καὶ ἔρσενες καὶ θήλεαι ὁμοίως, καὶ σιμοί, καὶ γένεια ἔχοντες μεγάλα." Ib. §. 33. p. 293.

[2] „De generis humani varietate nativa." Götting. 1795. p. 179.

[3] Ib. p. 166. Virey, „Histoire naturelle du genre humain." Bruxell. 1827. Vol. I. p. 411.

von der zartesten Jugend an den Kopf]; und wiederum: „Les hommes ont tous la tête rasée" [die Männer haben alle den Kopf geschoren]. ¹) Aus dieser auffallenden Sitte können wir erklären, warum Herodot, wo er von den Agrippäern spricht, sie oft mit keinem andern Namen benennt, als: „die Kahlen" — φαλακροὶ οὗτοι. ²)

Diese Mischung von Stämmen veranlaßte wahrscheinlich die Verwirrung, die nicht selten bei den alten Schriftstellern bemerkbar ist, wo sie Beschreibungen der Scythen geben; denn sie mischen Züge unter einander, welche nicht wohl zu Einer Rasse gehört haben können, sondern von beiden Theilen der Bevölkerung genommen zu sein scheinen. So wenigstens scheint es bei den zwei vorzüglichsten physiognomischen Schriftstellern des Alterthums, bei Adamantius und Polemon, der Fall zu sein. Ich beschränke mich auf ersteren, da ihn der andere nur ausgeschrieben hat. Adamantius also, welcher erklärt, daß er dem Aristoteles folge, spricht von den Scythen und Aethiopiern als von den Extremen der Menschengattung. ³) Nun gibt er uns an einem andern Orte die Beschreibung der Völker, die gegen Norden, und derer, die unter der heißen Zone wohnen, und meint also damit wohl jene, welche er vorhin Scythen und Aethiopier genannt hat. Von den erstern sagt er: „Im Allgemeinen sind die Bewohner des Nordens wohlgebaut, blond, hellfarbig, mit weichen Haaren, blauen Augen, platten Nasen, dicken Beinen, lockerm Fleische und vorstehenden Bäuchen." ⁴) Man sieht, daß diese

---

¹) „Voyages en différentes provinces de l'Empire de Russie." Paris 1788. Tom. 1. p. 502. 503.

²) A. a. O. §. 24. 25. p. 293 seqq.

³) „Physiogn." I. 1. „Scriptores Physiogn. veteres." Altemb. 1780. p. 318. „Polemon." Ib. p. 173. Adamantius unterscheidet jedoch hier deutlich zwischen der äthiopischen und ägyptischen Bildung.

⁴) „Ὡς δὲ πολὺ οἱ μὲν ὑπὸ τῇ ἄρκτῳ οἰκοῦντες, εὐμήκεις εἰσί, ξανθοί, λευκοὶ τὰς κόμας, ἀπαλότριχες, γλαυκοί, σιμοί, παχυσκελεῖς,

Beschreibung größtentheils auf germanische Stämme paßt, mit Ausnahme der platten Nase, des lockern Fleisches und der Dickleibigkeit, welche der Beschreibung eines Mongolenstammes entnommen scheinen, obwohl das letzte dieser Merkmale nur einigen wenigen beigelegt werden kann, wie den Kirgisen und Baschkiren.¹)

Diese Zerstreuung germanischer Volksstämme über ganz Scythien hin erscheint mit als eine sehr bedeutungsvolle Thatsache, und es war mir, nachdem ich sie auf diese Weise mit Hülfe der griechischen Schriftsteller verfolgt hatte, sehr erfreulich, dieselbe durch einen leider jetzt verstorbenen Orientalisten aus anderweitigen Gründen bestätigt zu sehen. „Wie paradox diese Behauptung immer klingen mag," sagt Abel-Remüsat, „ich glaube, es wird sich beweisen lassen, daß die Völker gothischen Stammes einst weite Striche der Tatarei inne hatten, daß einige seiner Zweige Transoxana bewohnten und sogar bis an das Altaigebirg reichten, und daß sie den Völkern des östlichen Asiens wohl bekannt waren, da die Eigenheit ihrer Sprache, ihr lichtes Haar, blaue Augen und weiße Farbe denselben um so mehr auffallen mußten, als diese Züge sich ganz besonders bemerklich machten mitten unter dunkelfarbigen Menschen mit braunen Augen und dunklem Haare, welche zuletzt ihre Plätze einnahmen. Wenn ich einmal die Beweise, die ich gesammelt, bekannt machen werde, wird es sich zeigen, ob meine Behauptung zu kühn ist."²)

περιπληθεὶς σαρκὶ λαγαρᾷ, προγάστορες." II. §. 23. p. 409. In meiner Uebersetzung habe ich nach λευκοί ein Komma gesetzt, und jenes nach κόμας gestrichen; erstens weil es sonst entweder eine unnütze Wiederholung oder ein Widerspruch wäre, in Beziehung auf die Farbe der Haare, welche schon durch ξανθοί ausgedrückt ist, und zweitens, weil in der entsprechenden Stelle bei Polemon das ganze Glied τὰς — γλαυκοί fehlt; denn er sagt: λευκοί, σιμοί etc. Lib. I. §. 3. p. 181.

¹) Pallas, a. a. O. p. 496.
²) „Recherches sur les langues Tartares." p. 45.

Er hat, meines Wissens, die Bekanntmachung dieser Beweise nicht mehr erlebt; aber der gelehrte und scharfsinnige Ritter hat die äußerst dunkle Geschichte der Bewohner von Mittelasien, die wegen verwirrter Uebertragung der Namen einer Nation auf die andere so verwickelt ist, in ein sehr helles Licht gesetzt. Er betrachtet Stämme indoeuropäischer oder indogermanischer Abkunft als die ersten Bewohner der Hochebene Mittelasiens, da alle chinesischen Schriftsteller sie als blauäugig und rothhaarig schildern. Im zweiten Jahrhunderte vor Christus waren einige Ueberreste, welche von den Hiong-nu westwärts getrieben worden waren, unter dem Namen Ui-siun oder U-siun noch mächtig an den Ufern des Balkasch-See's und des Flusses Hi; später jedoch geschwächt, wurden sie im vierten Jahrhunderte gegen Westen getrieben und fielen wahrscheinlich in die Strömung der nördlichen Völkerwanderung, welche damals sich gegen Süden zu bewegen begann.[1]

---

[1] „Die Erdkunde im Verhältnisse zur Natur und zur Geschichte des Menschen." — Berlin 1832. Thl. II. Buch II. Asien. Bd. I. S. 431—435. (Den mongolischen Ursprung der alten Scythen behaupten unter den neuern Gelehrten fast nur mehr Schaffarik und Niebuhr — s. dessen „Untersuchungen über die Geten und Sarmaten in seinen kleinen historischen und philolog. Schriften." 1. Samml. 1828. S. 362. 364 u. 395. — Für den germanischen, oder vielmehr arischen Ursprung derselben spricht aber außer den angeführten Gründen auch dieß, daß ihre Personen- und Götternamen, von denen sich freilich nur eine kleine Zahl erhalten hat, sich fast alle aus Persisch und Sanskrit erklären lassen; auch sagt Herodot ausdrücklich, daß die Scythen bei den Persern Saken heißen: dieser Name dient aber nicht bloß bei den Persern, sondern auch bei den alten Indern als Bezeichnung der jenseits des Orus und Jaxartes wohnenden arischen, aber nomadischen Stämme, die ihre Züge bis nach Indien ausdehnten und zur Zeit der Blüthe des persischen Reiches im Heergefolge des Darius und Xerxes auftraten. Ihre ersten Züge nach Europa müssen schon vor dem 8. Jahrhundert vor Christus stattgefunden haben; denn um diese Zeit vertrieben sie, nach Herodot, die Kimmerier in der

Der Schluß, den ich aus dieser längern Untersuchung ziehen möchte, ist, daß bei diesem Gemisch von Stämmen unter den Scythen ohne Zweifel die germanische Rasse es war, welche Aristoteles und Hippokrates im Auge hatten, da sie die Scythen schildern, als ebenso sehr von den Griechen unterschieden durch ihre helle, wie die Aethiopier durch ihre dunkle Farbe. Und in der That setzen die lateinischen Schriftsteller, denen die Germanen genauer bekannt waren als den Griechen, dieselben geradezu den Aethiopiern entgegen, als bildeten diese beiden die entgegengesetzten Grenzen des Menschengeschlechtes. „Die Farbe der Aethiopier," sagt Seneca, „ist nichts Auffallendes unter ihren Landsleuten, und rothes Haar, in einen Knoten aufgeschlungen, ist keine Eigenheit unter den Germanen." [1]) In gleicher Weise sagt Martial:

„Crinibus in nodum tortis venere Sicambri,
Atque aliter tortis crinibus Aethiopes." [2])

Kubansteppe. Fortwährend blieben sie aber mit ihren Stammverwandten in Asien jenseits des Oxus bis zum Balkasch-See in Verbindung, bis vom 2. Jahrhundert vor Christus an diese Verbindung unterbrochen wurde, einerseits von Osten her durch den Zug der Jueitschi, wahrscheinlich einer tibetanischen Nation, und andrerseits von Norden her durch die Hiong-nu, die langsam, aber unwiderstehlich vordrangen und diese arischen Völker aus ihrem Stammland zwischen Oxus und Jaxartes verdrängten. Zum Theil wurden sie gegen Süden, zum Theil gegen Nordosten nach Europa hin zersprengt, bis endlich im 4. Jahrhundert nach Christus der große Hunnenstrom hereinbrach und jenen nördlichen Theil in die Völkerwanderung hineinriß. S. „Ausland." 1852. „Ethnographische Streifzüge im Alterthum." Nro. 70. 72. 176—178. — A. d. Ueb.)

[1]) „De Ira." III. c. 26.
[2]) „Spectacul." Lib. Epig. III.:
„Aufgewunden in Knoten das Haupthaar kamen Sigambrer,
Der Aethiopier kam, anders gewunden das Haar."

§. 5.

c) **Die Thrazier, mongolische Stämme.**

Die dritte Menschenrasse, welche bei Aristoteles aufgezählt wird, besteht aus den Thraziern. Es ist nach meiner Meinung noch schwieriger zu bestimmen, was er mit diesem Namen bezeichnen will, obwohl es klar ist, daß er eine Nation meinen muß, welche sich durch besondere Farbe und Gestalt so sehr unterschied, daß sie sich unter den übrigen Rassen, die er beschreibt, bemerklich machte. Dieß möchte uns in natürlichem Gange zu der Vermuthung führen, daß sie in seiner Eintheilung der olivenfarbenen oder mongolischen Rasse entsprechen, der einzigen, welche sonst in seiner Klassification keinen Platz findet, obschon er mit ihr bekannt sein mußte. In dieser Vermuthung bestärken mich folgende Erwägungen.

Erstens, da Aristoteles in seiner Eintheilung der Menschengattung in Rassen hauptsächlich der Farbe folgt, und da die beiden schon besprochenen Klassen uns die Extreme gaben, so muß diese eine Mittelfarbe bilden, die deßungeachtet von der griechischen Hautfarbe verschieden ist. Nun findet sich eine von den Commentatoren des Aristoteles übersehene Stelle in Julius Firmicus, die uns die nämliche dreifache Eintheilung und die Farbe jeder Rasse gibt. „Erstens also," schreibt er, „herrscht über den Charakter und die Farbe der Menschen Uebereinstimmung, da man annimmt: wenn durch den verschiedenen Einfluß der Gestirne die Charaktere und Farben den Menschen zugetheilt werden, und wenn der Lauf der Gestirne durch eine gewisse Art künstlicher Zeichnung die Umrisse der menschlichen Körper bildet, das ist, wenn der Mond weiß, Mars roth, Saturn schwarz macht: warum wird in Aethiopien Alles schwarz, in Germanien weiß, in Thrazien roth geboren?"[1] Daraus möchte es scheinen, daß die Kupfer- oder Olivenfarbe das unterscheidende Merkmal des thrazischen Stammes war, und daß er folglich jener Rasse entsprach, die wir die mongolische nennen.

Zweitens: Homer hat die Thrazier als ἀκρόκομοι[2] beschrieben, d. h. als solche, die ihr Haar nur auf dem Scheitel des Kopfes tragen. Dieß scheint der Beschreibung, die uns von der griechischen und germanischen Sitte gemacht wird, ganz entgegengesetzt, da diese vielmehr einen reichen Haarwuchs pflegten; es ist aber ein auffallendes Merkmal der kalmükischen Sitte, wonach, wie bei vielen andern mongolischen Nationen, das Haupt geschoren wird, und nur ein kleiner Haarbüschel oder Zopf am Scheitel bleibt.[3]

Drittens können wir diese Vermuthung aus einer andern Stelle bei Aristoteles beweisen, wo er bemerkt, daß eine Nation unter den Thraziern so roh sei, daß sie in ihrer Rechenkunst nicht über die Zahl Vier komme.[4] Zu dieser Behauptung, — aus der sich auch ergibt, daß die Thrazier nicht Eine Nation, sondern eine Vereinigung von Stämmen waren, — bemerke ich nur, wie eine ähnliche Unwissenheit unter Völkern mongolischer Rasse entdeckt worden sein soll, z. B. unter den Kamtschadalen. In der That ist es schwer anzunehmen, daß pelasgische oder germanische Stämme, welche sich, wie aus der Uebereinstimmung ihres Zahlensystems mit

---

[1] „Primum itaque de moribus hominum coloribusque conveniunt, dicentes: Si stellarum mixturis mores hominibus coloresque distribuuntur, et quasi quodam picturae genere atque artificio stellarum cursus mortalium corporum lineamenta componunt; hoc est, si Luna facit candidos, Mars rubros, Saturnus nigros; cur omnes in Aethiopia nigri, in Germania candidi, in Thracia rubri procreantur?" — „Astronomicon." Ed. Basil. 1551. Lib. I. c. 1. p. 3.

[2] Iliad. Δ 533.

[3] Pallas, ubi sup. p. 502.

[4] „Problem." Sec. XV. tom. II. p. 753.

dem des südlichen Asiens erhellt, erst nach der Erfindung dieses Systems und nach der Herrschaft einer gewissen Bildung losgetrennt haben konnten, in eine so kläglichen Barbarei sollten gefallen sein.

Ich möchte noch andere Bemerkungen hinzufügen, nämlich das Vorherrschen des Schamanismus in der Religion Thessaliens, und den Ursprung der Reitkunst, der in der Fabel demselben Lande zugeschrieben wird: was beides auf eine Verwandtschaft mit jener Rasse hindeutet, die das nördliche und mittlere Asien inne hat. Ich brauche nicht zu bemerken, daß die Grenzen zwischen dieser Gegend und Thrazien so wenig feststehen, daß sie von alten Schriftstellern oft übersehen oder übergangen werden. Wahrscheinlich waren also der Bevölkerung Thraziens wandernde Stämme der oliven- oder kupferfarbigen Rasse beigemischt, welche Aristoteles und Julius Firmicus richtig in eine verschiedene Klasse setzten.

Doch gewiß habe ich mich zu lange bei dieser frühern Periode in der Geschichte unserer Wissenschaft aufgehalten, verlockt durch die Unbetretenheit des Pfades, den ich verfolgte, und ich darf mir nicht schmeicheln, die Meinung des Dichters, wenigstens in diesem Falle, bewährt zu haben:

— τὰ μακρὰ τῶν σμικρῶν λόγων
Ἐπίπροσθέν ἐστι καὶ σαφῆ μᾶλλον κλύειν.[1]

§. 6.

Schriftsteller der spätern Zeit.

Mehrere Jahrhunderte hindurch galt dieselbe nahe liegende Eintheilung der Menschen, die sich auf die vorherrschende Hautfarbe in den verschiedenen Theilen der Welt gründet,

---

[1] Euripid. Orest. 640.:
Daß lange Reden besser sind
Als kurze, und den Hörer mehr verständigen.

ohne große Aenderung, so daß das Menschengeschlecht, so wie die Erde, die es bewohnt, in drei Klassen oder Zonen getheilt wurde, von denen die ganz weiße die kältern Gegenden, die schwarze die heißen, die helle die gemäßigten bewohnte. Sie ist z. B. die Eintheilung, welche der arabische Historiker Abulfaradsch annahm.[1]) Im letzten Jahrhunderte wurde diese einfache Anordnung in Einzelnheiten verändert, bis sie in Folge der Entdeckung vieler Mittelschattirungen in der Färbung von Völkern, welche sich nicht leicht in diese dreifache Eintheilung bringen ließen, die Gestalt eines verwickelten Systems annahm. Leibnitz, Linnäus, Buffon, Kant, Hunter, Zimmermann, Meiners, Klügel und Andere schlugen verschiedene auf dasselbe Princip gegründete Eintheilungen vor, die aber, da dasselbe jetzt allgemein verworfen ist, nur geringes Interesse haben und nicht leicht zu behalten sind.

§. 7.
Neue Versuche von Pownall und Camper. Campers Gesichtslinie.

Der Erste, welcher eine neue Grundlage für dieses wichtige Studium in Vorschlag brachte, war der Gouverneur Pownall, welcher zwar auch die Farbe als Eintheilungsgrund annahm, aber doch auf die Nothwendigkeit hinwies, den Schädelbau in den verschiedenen Menschenstämmen in Betracht zu ziehen.[2]) Camper hat jedoch das Verdienst, zuerst eine Regel entdeckt zu haben, nach welcher die Köpfe verschiedener Nationen miteinander verglichen werden können, so daß bestimmte und charakteristische Resultate sich ergeben.

Camper war mit besondern Vorzügen zu diesem Unternehmen ausgestattet, da er zwei Wissenschaften, die nicht oft von Einer Person gepflegt werden, in sich vereinigte, eine

---

[1]) „Historia Dynastiarum." Oxf. 1663. p. 3.
[2]) „New Collection of Voyages." Lond. 1767. Vol. II. p. 273.

vollkommene und praktische Vertrautheit mit der Kunst, und eine umfassende Kenntniß der Physiologie und vergleichenden Anatomie. Da er sah, wie unvollkommen die besten Künstler, die er copirte, die Züge und Gestalt des Negers aufgefaßt hatten, beschloß er, zu untersuchen, welches die wesentlichen Eigenthümlichkeiten dieser Bildungsform seien.[1]) Er dehnte sodann seine Untersuchungen auch auf die Köpfe anderer Nationen aus und entdeckte, wie er glaubte, ein Gesetz oder eine Regel, sie mit sicherm, regelmäßigem Erfolge zu messen. Diese Regel besteht in dem, was man die Gesichtslinie nennt, und wird auf folgende Weise angewendet. Der Schädel wird von der Seite betrachtet, und zuerst eine Linie vom Eingange des Ohrs (meatus auditorius), zum Boden der Naslöcher gezogen; dann eine zweite von dem vorragendsten Punkte der Stirne bis zum äußersten Rande des Oberkiefers, wo die Zähne wurzeln (dem Alveolarfortsatz des obern Backenbeins). Es ist klar, daß an dem Durchschnittspunkte dieser beiden Linien ein Winkel gebildet wird, und das Maaß dieses Winkels, oder mit andern Worten, die Neigung der Linie von der Stirne zum Kiefer gibt die sogenannte Gesichtslinie und bildet in Campers System das eigenthümliche Unterscheidungsmerkmal jeder menschlichen Rasse.[2]) Wenn Sie die Zeichnungen betrachten wollen (Tafel I.), so werden Sie sogleich die Anwendung dieser Regel wahrnehmen. Daraus ergibt sich, daß der Gesichtswinkel des Pavians, der sich am meisten der menschlichen Gestalt nähert, etwa 58 Grad hat (Fig. 1.), der des Negers und Kalmüken hält 70° (Fig. 2.), und der des Europäers 80° (Fig. 3.). Die Alten, die ohne Zweifel das Wachsthum die-

---

[1]) „Dissertation physique de M. Pierre Camper sur les Différences réelles que présentent les traits du visage chez les hommes de différens pays" etc. Utrecht. 1791. p. 3.

[2]) Ib. p. 35.

ses Winkels im Verhältniß zum Fortschritt auf der Stufenleiter der Geistesbildung wahrnahmen, gingen über diese Linie, wie sie sich in der Natur findet, hinaus und wagten es, in ihren erhabenen Bildwerken, der Stirne eine überhängende, schwellende Vorragung zu geben, welche den Gesichtswinkel bis auf 95° ja 100° erhöht.[1]) Diese Thatsache hat Blumenbach schlechtweg geläugnet, und behauptet, daß alle diese Darstellungen alter Kunst, welche einen solchen Winkel geben, unrichtige Copieen seien.[2]) Aber ich glaube, wer die Köpfe Jupiters im Vaticanischen Museum, besonders die Büste in der weiten Kreishalle, oder die mehr verunstalteten Köpfe der Elgins=Marmore untersucht, wird sich überzeugen, daß Camper in dieser Beziehung Recht hat.

Gegen die von ihm vorgeschlagene Art der Messung hat Blumenbach mehrere triftige Einwürfe gemacht. Er bemerkt, daß sogar Camper selbst große Unbestimmtheit in Festsetzung der Anfangspunkte seiner Linie zuläßt; besonders aber wendet er ein, daß die Messung gänzlich unanwendbar ist bei jenen Rassen und Stämmen, deren bezeichnendstes Merkmal mehr in der Breite ihres Schädels, als in der Neigung seines obern Theiles besteht.[3])

§. 8.
Blumenbach's System.

Dieser scharfsinnige und thätige Physiologe ist es, dem wir das Eintheilungssystem, das jetzt fast allgemein üblich ist, und die Principien, auf die es gebaut ist, verdanken.

---

[1]) S. Camper's zweite Tafel, Fig. 3 u. 4, und S. 42 u. 55. Die römische Kunst hat den kleinern, die griechische den größern dieser beiden Winkel.

[2]) „Specimen historiae naturalis antiquae artis operibus illustratae." Goetting. 1808. p. 13.

[3]) „De generis humani varietate nativa." Goetting. 1795. p. 200.

Sein Museum enthält die allervollkommenste Sammlung von Schädeln, welche Gliedern von fast allen Nationen der Erde angehören. Nicht zufrieden mit den Resultaten, die er aus ihrem Studium zog, hat er aus jedem Zweige der Naturwissenschaft und aus jedem Gebiete der Literatur gesammelt, was immer auf die Geschichte des Menschengeschlechtes Licht werfen und über die Unterschiede in demselben Aufklärung geben kann. Seine Werke sind wirklich eine Vorrathskammer, aus welcher Alle schöpfen müssen, und die umfassendsten Werke, welche seitdem über diese Wissenschaft erschienen sind, können und konnten wenig mehr thun, als durch neue Gründe bestätigen, was er bereits bewiesen hatte.

Blumenbach's Eintheilung ist zuerst gegründet auf die Bildung des Schädels, und dann auch auf die Farbe der Haare, der Haut und der Iris.

§. 9.
a) Verschiedenheiten im Schädelbau.

Sie möchten auf den ersten Anblick glauben, daß eine genaue Bekanntschaft mit dem Baue und der Anatomie des Schädels nothwendig sei, um sein System ganz zu verstehen. Dieß ist jedoch keineswegs der Fall: denn sehr wenige Bemerkungen, mit einer Zeichnung vor uns, werden uns alle Belehrung verschaffen, die zu diesem Gegenstande nothwendig ist. Sie dürfen nur auf folgende Punkte ihr Augenmerk richten. Der Kopf oder Schädel von oben betrachtet, hat mehr oder weniger eine ovale Form, hinten glatt abgerundet, an der Stirne aber uneben und weniger regelmäßig wegen der Gesichtsknochen. Wenn wir diese untersuchen, so sehen wir, daß sie in verschiedenem Grade vorragen und in drei Theile getheilt werden können: erstens die Stirne, welche mehr oder weniger niedergedrückt sein kann, dann die Nasenbeine, und unter diesen die Kiefer, jedes mit seinen Zähnen.

Mit besonderer Aufmerksamkeit müssen wir auch beachten, auf welche Weise die Backenknochen mit den Schläfenbeinen verbunden sind: nämlich vermittelst eines Bogens, welcher Zygoma, Jochbein, heißt und so gebildet ist, daß starke Muskeln unter ihm durchgehen und sich an das untere Kiefer anlegen können. (S. Fig. 5.)

Nun besteht Blumenbach's Regel eben darin, daß man den Schädel betrachtet, wie ich beschrieben habe, und auf die erwähnten Punkte sein Augenmerk richtet. Er stellt ihn in seiner natürlichen Lage auf einen Tisch und besieht ihn dann von oben und hinten, und die wechselseitigen Verhältnisse und Formen der so sichtbaren Theile geben ihm das, was er Verticalregel, norma verticalis nennt. Nach dieser theilt er das ganze menschliche Geschlecht in drei Hauptrassen mit zwei Mittelrassen. Die drei Hauptabtheilungen nennt er: die kaukasische oder die centrale; zweitens die äthiopische und drittens die mongolische, oder die zwei extremen Abweichungen. Wenn Sie die Zeichnungen, die nach seinen Werken gemacht sind, betrachten, so werden Sie sogleich ihre charakteristischen Merkmale beobachten. In der kaukasischen, oder wie sie Andere genannt haben, cirkassischen Varietät (Fig. 4.) ist die Form des ganzen Schädels mehr symmetrisch, die Jochbogen fallen in den allgemeinen Umriß, und die Backen- und Kieferknochen sind durch die größere Vorragung der Stirne ganz bedeckt. Von dieser Bildung weichen die beiden andern nach verschiedenen Richtungen ab; die Negerbildung durch ihre größere Länge und Schmäle, die mongolische durch ihre außerordentliche Breite. An dem Negerschädel sehen Sie die auffallende seitliche Eindrückung des vordern Schädeltheils, wodurch die obenbenannten Bogen, obwohl an sich selbst sehr niedrig, doch sehr weit herauszustehen kommen: ferner beobachten Sie, daß der untere Theil des Gesichtes so weit über den obern hervorspringt, daß nicht nur die Backenknochen, sondern auch das ganze Kiefer, ja sogar die Zähne von oben sichtbar sind. Die ganze Oberfläche des Schädels ist auch auffallend verlängert und zusammengedrückt.

Der mongolische Schädel ist unterschieden durch die außerordentliche Breite seiner Stirne, so daß der Jochbogen aus dem allgemeinen Umrisse gänzlich heraustritt, nicht sowohl, wie bei dem Neger, in Folge einer Eindrückung desselben, als vielmehr wegen der enormen seitlichen Vorragung der Backenknochen, welche zudem durch ihre Fläche dem mongolischen Gesichte seinen eigenthümlichen Ausdruck geben. Die Stirne ist ferner sehr niedergedrückt, und das Oberkiefer vorragend, so daß es, in der vertikalen Richtung besehen, sichtbar wird.[1]

Zwischen der kaukasischen und jeder der beiden andern Varietäten ist je eine Mittelrasse, welche in einem gewissen Grade die unterscheidenden Merkmale der extremen Rasse besitzt und zu ihnen einen Uebergang von der centralen bildet. Zwischen der kaukasischen und der Neger-Rasse ist die malaische; das Bindeglied zwischen der ersten und der mongolischen ist die amerikanische Varietät.

§. 10.

b) **Verschiedenheiten in der Farbe der Haut, des Haares und der Iris.**

Außer diesen größeren Hauptmerkmalen gibt es noch andere von zweitem Range, die aber nicht minder leicht zu unterscheiden sind: sie bestehen in Hautfarbe, Haar und Augen der verschiedenen Stämme. Die drei Hauptfamilien sind durch eben so viele besondere Farben unterschieden: die

---

[1] (Der Eigenthümlichkeit der Schädelform entspricht immer auch eine eigenthümliche Bildung des Beckens: dasselbe hat bei den Kaukasiern eine mehr ovale, bei den Mongolen eine runde oder quadratische, bei den Negern eine keilförmige Gestalt. Die Verschiedenheit im Bau des Schädels und Beckens ist am gründlichsten bearbeitet in dem klassischen Werke von Weber: „Die Lehre von den Ur= und Rassenformen der Schädel und Becken der Menschen." 1830. — A. d. Ueb.)

kaukasische durch die weiße, die mongolische durch die olivenfarbige oder gelbe, die Negerrasse durch die schwarze; die Mittelrassen haben auch Mittelfarben: denn die Amerikaner sind kupferfarbig, die Malajen lohbraun.

Die Farbe des Haares und der Regenbogenhaut im Auge folgt mit ziemlicher Sicherheit der Farbe der Haut. Auch in der hellen oder kaukasischen Rasse, zu der wir gehören, haben Personen mit sehr heller oder röthlicher Gesichtsfarbe immer rothes oder hellfarbiges Haar und Augen von blauer oder sonst lichter Farbe, was man die blonde Varietät der weißen Rasse nennt. Bei Personen von brauner Haut ist das Haar immer schwarz und das Auge dunkler, und dieses heißt man die schwärzliche Varietät. Diese Uebereinstimmung der Farbe in den verschiedenen Theilen war den Alten wohl bekannt; denn sie beobachten sie in ihren Beschreibungen von Personen sehr genau. So sagt Ausonius, in seiner Idylle auf Bissula, welche zu der ersten Klasse gehörte, von ihr:

— „Germana maneret
Ut facies, oculos caerula, flava comis." [1]

Und in einem andern Fragmente gibt er ihr die entsprechende Gesichtsfarbe:

„Puniceas confunde rosas et lilia misce,
Quique erit ex illis color aëris ipse sit oris." [2]

So beschreibt Horaz einen Jüngling der zweiten Varietät:

„Et Lycum nigris oculis nigroque
Crine decorum." [3]

---

[1] Idyll. VII. 9. et fragm. annex.:
„. . . . . . daß immer germanisch
Sei das Gesicht, das Aug' bläulich und blond das Gelock."
[2] Purpurne Rosen gemengt mit Lilien schütte zusammen,
Und wie von beiden die Luft sich färbet, so färbt sich ihr Antlitz.
[3] Od. I. 32.:
„Lycus auch, mit schwärzlichem Aug' und schwarzen
Haaren geschmücket."

Aus diesen Bemerkungen werden Sie leicht ersehen, daß sowohl in der mongolischen als in der Negerrasse, wo die Haut dunkel, auch das Haar schwarz und das Auge dunkel ist. Ferner hat auch das Haar außer seiner Farbe in jeder Rasse noch eine besondere Eigenschaft: in der weißen Rasse ist es biegsam, reichlich, mäßig dick und weich; bei den Negern sehr dicht gesät, stark, kurz und kraus; bei den Mongolen steif, dünn und straff.

In jeder dieser Rassen entsteht zufälliger Weise eine Abweichung, welche erwähnt werden muß, und welche wenigstens in der Menschengattung krankhafter Natur zu sein scheint. Ich meine die Albinos, Menschen mit einer Haut von blendender Weiße, mit außerordentlich hellen, fast farblosen Haaren und rothen Augen. Dieselben sind ferner ungemein empfindlich und können nur wenig Licht ertragen, so daß man gewöhnlich sagt: die Albinos sehen im Dunkeln; sie sind auch meistens sehr schwächlich an Gesundheit und Geisteskraft. Man findet sie in jedem Lande: in einem Dorfe, wenige Meilen von dieser Stadt (Rom), ist eine sehr angesehene Familie, in welcher mehrere Kinder zu dieser Klasse gehören. Der scharfsinnige arabische Arzt Abdollatif erwähnt einen, den er unter den Kopten sah, als eine Naturmerkwürdigkeit.[1] Crawfurdt schöpft in Betreff Sonnerat's Beschreibung der Papuas von Neu-Guinea Mißtrauen aus dem Umstande, daß er sagt, ihr Haar sei glänzend schwarz oder feuerroth.[2] Allein Sonnerat scheint einige Albinos im Auge gehabt zu haben, deren Haar unter den Schwarzen eine aschgraue oder röthliche Farbe annimmt. Sogar in Afrika unter

---

[1] „Unter die Naturwunder dieser Zeit muß man ein Kind rechnen, das mit weißen Haaren geboren wurde, die jedoch nicht der Grauheit des Alters glichen, sondern sich eher dem Rothen näherten." — „De Mirabil. Aegypti." Oxon. 1800. p. 278.

[2] A. a. O. p. 27.

der dunkelsten Rasse sind sie durchaus keine ungewöhnliche Erscheinung und bilden durch ihre schneeweiße Farbe einen viel schroffern Gegensatz mit der Ebenholzschwärze ihrer Umgebung.[1]

§. 11.
Geographische Vertheilung der Stämme.

Ich übergehe viele andere geringere Verschiedenheiten dieser Menschenrassen, wie z. B. die Richtung der Zähne, die Größe und Bildung des Körpers, und fahre fort, indem ich Ihnen die geographische Abgrenzung jeder dieser größern Abtheilungen beschreibe.

Der kaukasische enthält alle Nationen Europas mit Ausnahme der Lappländer, Finnen und Ungarn; die Bewohner des westlichen Asiens mit Einschluß von Arabien, Persien, und hinauf bis an die Quellen des Flusses Obi, das kaspische Meer und den Ganges, und die Bewohner des nördlichen Afrikas.

Die Negerrasse umfaßt alle übrigen Einwohner des letztgenannten Erdtheils.

Die mongolische Rasse begreift alle Nationen von Asien, welche in der kaukasischen oder malajischen Varietät nicht eingeschlossen sind, und nimmt die europäischen Stämme auf, die von der vorigen Rasse ausgeschlossen waren, so wie auch die Eskimos in Nordamerika.

Zu der malajischen gehören die Einwohner von der Halbinsel Malacca, von Australien und Polynesien, die in der Ethnographie unter dem Namen Papua-Stämme zusammengefaßt werden.

Endlich die amerikanische schließt alle Ureinwohner der neuen Welt ein, mit Ausnahme der Eskimos.

---

[1] Siehe eine genaue Beschreibung eines weißen Negers vom Senegal in: „Description de la Nigritie," par M. P. D. P. Amst. 1789. p. 69.

§. 12.
Unterschied zwischen Tataren und Mongolen.

Ich muß bemerken, daß in Betreff des Namens und Umfangs der Rasse, welche ich, nach Blumenbach, die mongolische nannte, eine bedeutende Verwirrung und Unbestimmtheit herrscht. Blumenbach gibt mehrere Gründe an für die Verwerfung des alten Namens „Tataren," welchen jedoch viele Schriftsteller über diesen Gegenstand noch beibehalten haben. Es ist wirklich nicht leicht, die Genealogie der Stämme zu entwickeln, welche bald mit diesem, bald mit jenem Namen genannt werden, noch auch die Grenzen der verschiedenen Rassen festzusetzen, in welche sie gehören. Ich will jedoch versuchen, es so viel als möglich klar zu machen. Die Türken werden oft Tataren genannt, und die Eroberer des westlichen Asiens unter Dschingiskhan heißen bald Tataren, bald Mongolen. Bei den Mantschu's herrscht ebenfalls eine solche Unbestimmtheit über ihre Einreihung.

Historisch sind die Türken, Tataren und Mongolen vollkommen geschiedene Nationen. Nach Ritter, welcher alle Fragen der geographischen Geschichte gewiß sehr gründlich untersucht hat, besaßen die ersteren unter dem Namen Hiong-nu den ganzen Norden Chinas; sie theilten sich im ersten Jahrhunderte in zwei Königreiche, verschwanden im vierten aus der Geschichte, erlangten auf's Neue ihre Herrschaft im folgenden Jahrhundert, wurden später durch die unwiderstehliche Gewalt Dschingiskhan's fortgerissen, und erhielten so den Namen „Tataren," den sie als einen Schimpf betrachten. Die Tataren oder Ta-Ta, wie chinesische Geschichtschreiber sie nennen, und die Mongolen waren ebenfalls verschiedene Nationen, oder vielmehr etwa verschiedene Stämme einer und derselben Nation, da sie, nach Abulghazi, von zwei Brüdern abstammen, die diese Namen trugen.¹) Im eilften Jahrhunderte bildeten sie zwei von den vier Stämmen, welche sich in den Inschangebirgen am Hoangho=Fluß angesiedelt hatten. Dschingiskhan, entsprossen von einem mongolischen Vater und einer tatarischen Mutter, vereinigte beide Stämme und gab der vereinigten Nation den Namen der „Mongolen"; weil aber seine höchsten Beamten und der Adel Tataren waren, so kannte man sie gewöhnlicher unter diesem Namen, welcher auch in den gelesensten Geschichtsbüchern gemeiniglich gebraucht wird.²)

Philologisch betrachtet sind sie von Abel=Remüsat, der einen großen Theil seines Lebens dem Studium ihrer Sprachen widmete, in Eine Klasse zusammengeordnet. In seinem klassischen Werke über sie begreift er unter diesem Namen die Tataren, Türken, Mantschu's und Mongolen, die er nur als einen Zweig der Tataren betrachtet.³) In gleicher Weise bringen Klaproth und Balbi die Sprache dieser Nationen in eine gemeinschaftliche Hauptabtheilung.⁴)

In physiognomischer Rücksicht herrscht hier, wie ich vorher bemerkte, eine beträchtliche Verschiedenheit der Meinungen. Was wir jetzt Türken oder Osmanli's nennen, gehört ohne Zweifel zu der kaukasischen Rasse, so wie auch die Turkomannen, wandernde Stämme nördlich von Persien. Nach Virey gehören die Tataren aus physiognomischen Gründen in dieselbe Klasse, in welche auch die Mongolen gehören,

---

¹) „History of the Monguls." p. 27.

²) Ritter's „Erdkunde im Verhältniß zur Natur und zur Geschichte des Menschen." Thl. II. Buch II. Asien. Band I. Seite 241—283. Dr. Prichard betrachtet die Türken und Tataren als historisch Einen Stamm. „Researches." Vol. II. p. 283.

³) „Recherches" etc. Discours prélim. p. 37.

⁴) Klaproth, „Asia polyglotta." p. 255. Balbi, „Atlas Ethnogr." Nro. VIII.

und von der sie nur eine Unterabtheilung bilden.¹) Lacepède ist in seiner Angabe äußerst verwirrt und verbindet zuerst die Türken und Lappländer in Eine Familie mit dem größern Theile der Tataren, als Gliedern der kaukasischen Rasse; dann wirft er in die andere „die Tataren, welche eigentlich Mongolen heißen."²) Blumenbach unterscheidet deutlich die beiden, indem er die Tataren zu der kaukasischen Varietät rechnet, obwohl er anerkennt, daß sie durch die Kirgisen unmerklich in die mongolische Rasse übergehen. Dr. Prichard macht dieselbe Unterscheidung, nimmt jedoch an, daß diese Aehnlichkeit niemals ohne Mischung des Blutes stattfinde.³) Derselben Meinung scheint Pallas zu sein, welcher bemerkt, „daß die Mongolen nichts mit den Tataren gemein haben, als ihr nomadisches Wanderleben und einige Aehnlichkeit der Sprache." „Die Mongolen," fährt er fort, „sind in Sitten, politischen Einrichtungen und Gesichtszügen so weit von den Tataren verschieden, als die Neger von den Mauren." Doch anerkennt er gleichfalls, daß die Mongolen durch ihre Auswanderungen und Kriege den obenbenannten und andern tatarischen Stämmen ihre Züge mitgetheilt haben.⁴) Diese erklärende Abschweifung in Betreff dieser Nationen wird nicht ohne Nutzen für unsere spätere Untersuchnng sein: vielmehr werde ich Gelegenheit haben, mich darauf behufs sehr wichtiger Folgerungen zu beziehen.

---

¹) A. a. O. p. 313.

²) „Dictionnaire des Sciences naturelles." Art. Homme. Tom. XXI. p. 385.

³) „De generis humani variet." p. 306. „Researches." Ibid.

⁴) A. a. O. p. 486. (Der tatarische Stamm zeigt eine auffallende Mischung kaukasischer und mongolischer Formen. In der Krim z. B. haben die Tataren der Ebene ganz die Bildung der Mongolen, dagegen die Bergtataren den reinen kaukasischen Gesichtstypus. Im Ganzen überwiegt aber bei den Tataren der letztere weit den ersteren. S. A. Wagner „Geschichte der Urwelt." Leipzig 1845. S. 285. — A. d. Ueb.)

§. 13.
Prichard.

Bevor ich diesen historischen Theil meines Gegenstandes verlasse, würde es sehr undankbar sein, einen Schriftsteller unseres Landes nicht zu erwähnen, welcher mit so viel Geist und Gelehrsamkeit in Einem Werke alle historischen und physischen Fakten gesammelt hat, welche in irgend einer Weise Licht auf die Naturgeschichte des Menschen werfen können. Er untersucht jedes Volk, jede Völkerfamilie einzeln, und versucht, durch die Beobachtungen der Reisenden und Geschichtschreiber sie von ihren Ursitzen an zu verfolgen und mit ihren verwandten Stämmen zu verbinden. Er ist ferner vielleicht der erste Schriftsteller, welcher diese Wissenschaft mit den philologischen Untersuchungen, die den Gegenstand unserer letzten Vorträge ausmachten, in Verbindung brachte. Wenn ich je etwas auszusetzen hätte, so wäre es, daß der gelehrte Autor aus der Masse von Thatsachen, die er gesammelt hat, nicht hinreichend bestimmte und entscheidende Folgerungen zieht: daß der einleitende Theil des Werkes von den einzelnen Daten, auf welche seine Grundsätze angewendet werden sollen, zu weit entfernt ist, als daß ein Leser, der dem Buche nur gewöhnliche Aufmerksamkeit schenkt, leicht die wichtigen Folgerungen erfassen könnte, die sich mit Recht daraus ziehen lassen. Es wird jedoch in Zukunft für Jeden schwer sein, von diesem Gegenstande zu handeln, ohne Dr. Prichard für einen großen Theil seines Stoffes Schuldner zu sein.[1]

---

[1] Das hier erwähnte Werk von Prichard führt den Titel: „Researches int othe physical history of mankind." 3d. edit. Lond. 1828—1846. (Es erschien in deutscher Uebersetzung: „Naturgeschichte des Menschengeschlechts" mit Anmerkungen und Zusätzen von Dr. Rudolph Wagner, Prof. in Göttingen, und Dr. Fr. Will. Leipzig 1840—1848. 5 Bände. Von

§. 14.
Gegner der Einheit des Menschengeschlechtes.

Nachdem wir so die Schriftsteller aufgezählt und die Systeme auseinander gesetzt haben, welche auf der Seite der Wahrheit stehen und in so fern unserer Kenntniß am würdigsten schienen, ist es billig, zu zeigen, welches unsere Gegner, und welches ihre Ansichten von dieser Wissenschaft sind. Wir finden sie hauptsächlich unter den französischen Naturforschern, welche sich leider, wenigstens zum Theil, der skeptischen Theorien des letzten Jahrhunderts noch nicht entschlagen haben. Voltaire war nämlich einer der Ersten, der bemerkt, „nur ein Blinder könne zweifeln, daß die Weißen, Neger, Albinos, Hottentotten, Lappländer, Chinesen und Amerikaner von einander ganz verschiedene Gattungen seien."[1] Desmoulins behauptet in einer Abhandlung, die, zur Ehre der Academie des Sciences, von diesem Gelehrtenvereine verworfen worden ist, die Existenz von eilf von einander unabhängigen Arten des Menschengeschlechtes.[2] Bory de Saint Vincent geht noch weiter und erhöht die Zahl auf fünfzehn, welche wieder beträchtliche Unterabtheilungen haben. So bildet die adamitische Familie, oder die Nachkommen Adams, nur die zweite Abtheilung der arabischen Menschenart, des homo arabicus, während wir Engländer zu der teutonischen Varietät der germanischen Rasse gehören, welche wieder nur die vierte Abtheilung der gens braccata oder behos'ten Familie der japhetischen Gattung, des homo Japheticus, ist, die sich in die benannte und eine andere Klasse

---

Prichard erschien ferner: „Natural history of man." Lond. 1843, dem ein sehr reichhaltiger Atlas mit colorirten Rassenabbildungen beigegeben ist.)

[1] „Histoire de Russie sous Pierre le Grand." C. 1.
[2] „Histoire naturelle des races humaines."

spaltet, welche mit einem etwas feinern Merkmale bezeichnet ist, nämlich die gens togata, oder mit Mänteln bekleidete Familie.¹)

Birey gehört der nämlichen Schule an, obwohl seine Werke noch mehr empören durch die leichte, kecke Manier, in welcher überall die zartesten Punkte der Moral und Religion behandelt werden. Nicht zufrieden, dem Neger einen verschiedenen Ursprung von dem des Europäers anzuweisen, geht er so weit, fast eine gewisse Brüderschaft zwischen dem Hottentotten und dem Pavian zu argwöhnen.²) Aber darin hat ihn Lamarck noch überboten, indem er versucht, den Stufengang nachzuweisen, auf dem die Natur, in allmähliger Entwickelung einer Art von Wesen aus der andern, emporsteigt oder in frühern Zeiten emporstieg, so daß sie eine stufenartige Kette nicht von gleichzeitigen, sondern von aufeinanderfolgenden Gliedern bildete und auf dieser zuletzt den Menschen hervorbrachte, durch eine Metamorphose, die zwar den entgegengesetzten Weg geht, aber doch nicht minder wunderbar ist, als jene, von welchen wir in der alten Fabel lesen. Die zwei Bände seiner Philosophie zoologique gehen ganz darauf aus, diese entwürdigende Theorie durchzuführen: der erste, zu beweisen, wie die leibliche Organisation des Menschen aus einer zufälligen, obwohl natürlichen Modification des Affen entsprang; der zweite, zu zeigen, daß die geistigen Vorzüge der menschlichen Seele nur die Erweiterung der Fähigkeiten seien, mit denen auch die Thiere begabt sind, und daß sie sich nur quantitativ von den Seelenkräften

---

¹) „Dictionnaire classique d'histoire naturelle." Par. 1825. Tom. VIII. p. 293 u. 287. Der Japhetische Mensch selbst ist nur eine Unterordnung der leiotrichischen oder dichthaarigen Art. Die Einheit des Ursprungs der fünfzehn Arten wird geläugnet, p. 321. (Eine gründliche Widerlegung Bory's von A. Wagner findet sich in der Isis 1832. S. 409 und in den Münchner gelehrten Anzeigen IV. S. 153. — A. d. Ueb.)

²) Op. cit. Tom. II. p. 157.

derselben unterscheiden.[1] Lamarck nimmt aus schwachen, schlechtgestützten Gründen an: weil wir in der Natur eine Abstufung der Wesen bestehen sehen, müsse auch eine successive Entwicklung stattgefunden haben, wodurch Thiere einer Klasse sich in eine andere erheben konnten, indem nämlich irgend ein Thier, welches durch sein Bedürfniß zu einer neuen, eigenthümlichen Lebensart getrieben wird, dadurch auch die dazu nothwendige Aenderung der Organisation erhält; obwohl ganze Generationen in ihrer Uebung beharren müssen, bevor der Erfolg bemerklich wird. So wird z. B. ein Vogel durch Noth gezwungen, sich dem Wasser zuzuwenden und entweder zu schwimmen oder zu waden: seine Nachkommen thun dasselbe; im Laufe vieler Generationen entsteht durch das Ausstrecken der Zehen eine Haut zwischen denselben und er wird ein eigentlicher Wasservogel; oder er streckt seine Glieder, um an tieferen Stellen zu gehen, und allmählig dehnen sich seine Füße bis zur Länge des Kranichs oder des Flamingo's.[2] Diese beiden Factoren zusammen, neue Bedürfnisse und das Streben der Natur, ihnen entgegen zu

---

[1] „Philosophie zoologique: ou, Exposition des considérations rélatives à l'histoire naturelle des animaux," par J. B. Lamarck. Paris 1830. Siehe über diesen Punkt besonders Tom II. p. 445. Ich muß hier bemerken, daß Steffens geradezu die Existenz einer Stufenleiter von Wesen läugnet, indem nämlich, um sie geltend zu machen, nach seiner Ansicht die niedrigsten Thiere den vollkommensten Pflanzen am nächsten kommen müßten, während die Glieder zwischen beiden Ordnungen gerade nur die niedrigsten Eigenschaften beider besitzen, wie die Polypen, Infusorien, Algen ꝛc. Die Organisation von Allem, was weder der Pflanzen- noch der Thierwelt angehört, ist von der niedrigsten Art. „Anthropologie." II. 6.

[2] Tom. I. p. 249. „Wenn einige Vögel," sagt er (p. 251.), „welche schwimmen, lange Hälse haben, wie der Schwan und die Gans, so kommt es von ihrer Gewohnheit, ihre Köpfe zum Fischen in das Wasser zu stecken." Warum denn, möchten wir fragen, hat dieselbe Sitte nicht denselben Erfolg bei der gemeinen Ente und der Kriechente hervorgebracht?

kommen, vereinigten sich, um aus dem Pavian den Menschen zu bilden. Eine Rasse derselben, wahrscheinlich der Angola-Orang, verlor aus irgend einem unbekannten Grunde die Sitte, auf Bäume zu klettern, oder sich mit Hinter- und Vordergliedern zugleich zu halten. Nachdem er so durch viele Geschlechter hindurch auf der Erde gegangen war, nahmen die erstern eine andere, dieser Lebensart mehr entsprechende Gestalt an, wurden Füße, und allmählig eigneten sie sich die Sitte an, aufrecht zu gehen. Sie brauchten jetzt ihr Gebiß nicht mehr, um Früchte zu pflücken, oder mit einander zu kämpfen, da sie nun ihre Vorderfüße oder Hände zu diesem Zwecke frei hatten, und dadurch verkürzte sich allmählig ihre Schnauze und ihr Gesicht wurde mehr senkrecht. Weiter fortschreitend auf diesem Wege der Vermenschlichung wurde ihr Grinsen zum freundlichen Lächeln, und ihr Geklapper löste sich in articulirte Laute auf. „Solche Gedanken," schließt er, „würde man sich machen, wenn sich der Mensch nur durch das Merkmal seiner Organisation von den Thieren unterschiede, und wenn sein Ursprung nicht ein anderer wäre, als der ihrige." [1] Leider aber räumt sein zweiter Band mit allen andern Beweisen auf, daß die Menschen wirklich einen andern Ursprung hatten.[2] Ich brauche Sie kaum mit Widerlegung dieser An-

---

[1] S. 357.

[2] (Von dieser Theorie nicht wesentlich verschieden ist die gegenwärtig mit so zahlreicher Beistimmung aufgenommene Artenverwandlungslehre von Darwin, welche auch der eben genannte Gegner Lamarcks, Lyell, sich angeeignet hat. Nach derselben sind alle gegenwärtigen Arten von Organismen allmählig aus sehr wenigen, vielleicht nur aus Einer ursprünglichen Art entstanden, indem durch Zufall, oder vielmehr durch den in der Natur liegenden Trieb nach Mannigfaltigkeit, in einzelnen Individuen Eigenthümlichkeiten entstanden, welche ihren Fortbestand und ihre Fortpflanzung „im Kampfe um das Dasein" erleichterten. Wie nun der Mensch zufällig entstandene Eigenthümlichkeiten von Pflanzen und Thieren dauernd erhalten kann, indem er die damit begabten Individuen mit solchen von gleicher

sicht hinzuhalten; ich will mich damit begnügen, zu bemerken, daß die Erfahrung von Jahrtausenden sie mehr als hinreichend entkräftet hat. Wie kommt es, daß wir nicht ein einziges Beispiel von einer solchen Entwicklung, wie sie Lamarck annimmt, während dieses langen Zeitraumes der Beobachtung entdecken können? Ohne Unterbrechung seit den Tagen des Aristoteles ist die Biene geschäftig in der Kunst, ihr süßes Honig zu bereiten: die Ameise hat ihre Labyrinthe gebaut, seit Salomon sie zum Vorbild empfahl; aber seit der Zeit, da sie von dem Philosophen und dem Weisen beschrieben wurden, bis auf die schönen Untersuchungen der Huber, haben sie zuverlässig weder ein neues Organ, noch einen neuen Sinn zu diesem Zwecke bekommen. Aegypten, welches uns, wie die gelehrte Commission französischer Naturforscher richtig bemerkt, nicht nur in seinen Bildwerken, sondern auch in den Mumien seiner Thiere ein Museum der Naturgeschichte hinterlassen hat, zeigt uns jede Gattung nach dreitausend Jahren ganz unverändert. Welch ein Streben war nicht im Menschen, und ist besonders jetzt in ihm, nach neuen Hülfsmitteln, nach neuen Kräften und nach einer höhern Stufe im Gebrauche seiner Sinne? und doch, nicht Ein

---

oder ähnlicher Bildung paart: so trifft auch die Natur selbst eine ähnliche Auswahl (natural selection, natürliche Züchtung,) indem sie den Fortpflanzungstrieb so begabter Individuen auf ähnlich begabte hinlenkt. Auf diese Weise werden jene zufällig entstandenen Eigenthümlichkeiten nicht bloß fortgepflanzt, sondern von Generation zu Generation so gesteigert, daß im Verlaufe von sehr langen Zeiträumen Formen entstehen, die von der ursprünglichen wesentlich verschieden sind und ganz neue Arten bilden. Darwin, der die Principien seiner Theorie überhaupt nicht bis zu ihren letzten Consequenzen verfolgt, geht nicht so weit, einen gemeinsamen Ursprung des Menschen mit den Thieren ausdrücklich zu behaupten: seine Anhänger aber beobachten darin weniger Zurückhaltung. Eine treffliche Widerlegung dieser Theorie siehe in Frohschammers Athenäum. München 1862. B. I. H. 3. — A d. Ueb.)

neues Glied ist entstanden, nicht Ein einzelnes Organ hat sich ausgedehnt, nicht Ein neuer Kanal der Wahrnehmung hat sich geöffnet, daß wir jetzt nach vielen tausend Jahren Hoffnung fassen könnten, noch eine höhere Stufe der allmähligen Veredelung zu erreichen oder uns etwas weiter von unserer Verwandtschaft mit dem klappernden Affen zu entfernen.[1]

B. Ergebnisse dieser Wissenschaft.

§. 15.

Es ist nun Zeit, von der Geschichte und den Grundsätzen dieser Wissenschaft zu ihren Entdeckungen und Ergebnissen überzugehen. Indem ich Sie mit diesen und ihrem Verhältnisse zu dem, was die Religion von dem Ursprunge des Menschen lehrt, bekannt mache, werde ich den Weg verfolgen, der mir der einfachste und sicherste scheint. Ich werde diese Ergebnisse in einer gedrängten Abhandlung über diesen Gegenstand zusammenfassen, indem ich die Beobachtungen und Entdeckungen neuerer Schriftsteller, verbunden mit selbst gefundenen Thatsachen, sammle, und meine eigenen Gedanken

---

[1] Eine vollständige Widerlegung von Lamarck's System siehe in Lyell's: „Principles of Geology." Lond. 1830. Voll. II. p. 18. (Deutsch „Elemente der Geologie," aus d. Engl. von E. Hartmann. Weimar 1839.) Lamarck läugnet jedoch, daß seine Theorie von den Thieren, die in Aegypten gefunden wurden, nur im Entferntesten berührt werde. Tom. I. p. 70. — (Auffallend ist es, wenn die Naturforscher, wie es nicht selten geschieht, den Unterschied der verschiedenen Rassen zu groß finden, als daß sie von einem gemeinsamen Vater abstammen könnten, dagegen den Unterschied zwischen dem Menschen und Affen nicht zu groß, um ihnen nicht einen gemeinsamen Ursprung beizulegen. Jedenfalls kann ein Anhänger der Darwinischen Artenverwandlung keine Berechtigung haben, den gemeinsamen Ursprung der Rassen zu läugnen, selbst wenn er sie als verschiedene Menschenarten auffaßt. — A. d. Ueb.)

darüber ohne Rückhalt mittheile. Auf diese Weise hoffe ich, Sie in Besitz von allem dem zu setzen, was für Sie von diesem wichtigen, leider noch zu unvollkommen beleuchteten Gegenstande von Bedeutung sein kann.

Die große Frage, welche gelöst werden soll, ist die: Wie können solche Abweichungen, wie wir gesehen, in dem menschlichen Geschlechte entsprungen sein? War es eine plötzliche Veränderung, welche irgend einen Theil eines großen Stammes in einen andern verwandelte, oder müssen wir eine allmählige Degradation annehmen, wie es die Naturforscher nennen, indem einzelne Nationen oder Stämme stufenweise durch die verschiedenen Schattirungen hindurch von einem Extreme zum andern gelangten? Und in jedem Falle, welcher muß als Urstamm betrachtet werden? Man muß gestehen, daß der gegenwärtige Stand dieser Wissenschaft uns nicht berechtigt, zu Gunsten der einen oder der andern Annahme uns ausdrücklich zu entscheiden, und folglich auch nicht, den letzten Punkt auch nur zu erörtern. Aber deßungeachtet ist sie so weit gekommen, daß sie keinem vernünftigen Zweifel an dem gemeinschaftlichen Ursprunge aller Rassen Raum gibt.

Denn ich glaube, wenn wir Alles, was in dieser noch jungen Wissenschaft gethan worden ist, überschaut haben, so dürfen wir behaupten, daß folgende Punkte, welche alle Bestandtheile dieser Frage einschließen, erschöpfend dargethan sind. Erstens: daß zufällige, oder, wie man es nennt, sporadische Abweichungen in einer Rasse entstehen können, welche in derselben die Merkmale einer andern hervorzubringen streben; zweitens: daß diese Abweichungen ständig werden können; drittens: daß Klima, Nahrung, Civilisation 2c. einen großen Einfluß haben müssen, solche Abweichungen zu erzeugen, oder wenigstens, sie ständig, charakteristisch und dauernd zu machen. Ich sage, daß diese Punkte, wenn einmal bewiesen, alle Bestandtheile der ganzen vorliegenden Frage einschließen, welche lautet: „Können solche Verschiedenheiten, wie wir sie jetzt in dem Menschengeschlechte sehen, von einem gemeinschaftlichen Stamme entsprungen sein?" Denn wenn dieß gezeigt ist, so haben wir die Gründe entkräftet, worauf die Gegner der Offenbarung die Läugnung der von ihr gelehrten Einheit des Ursprunges bauen. Und überdieß wird jeder vorurtheilsfreie Philosoph die einfachere Annahme der verwickeltern vorziehen, wenn gegen dieselbe nichts eingewendet werden kann. In der Behandlung dieser Punkte wird es fast unmöglich sein, sie ganz unvermischt vorzunehmen, besonders die beiden ersten. Ich hoffe jedoch, daß es nicht schaden wird, wenn sie auch in einander überfließen.

§. 16.

I. Schlüsse aus Analogien
a) im Pflanzenreiche.

Bevor die Schriftsteller über diese Wissenschaft auf die eigentliche Untersuchung eingehen, ebnen sie sich gewöhnlich das Feld durch Erforschung der Gesetze, welche die Natur in Bezug auf die niedern Ordnungen der Schöpfung befolgt hat. Um z. B. mit den Pflanzen zu beginnen, so führt uns jede Beobachtung mehr und mehr zu dem Schlusse, daß jede Gattung ihren Ursprung von einem gemeinschaftlichen Mittelpunkte nimmt, von wo aus sie sich allmählig verbreitet hat. Die Beobachtungen, welche Humboldt und Bonpland in Südamerika, Pursh in den vereinigten Staaten, und R. Brown in Neuholland machten, haben Decandolle mit hinreichendem Materiale versehen, um mit Erfolg eine geographische Vertheilung der Pflanzen zu versuchen und den Mittelpunkt nachzuweisen, von dem eine jede wahrscheinlich ausging. Er hat zwanzig botanische Provinzen, wie er sie nennt, aufgezählt, in welchen einheimische oder ursprüngliche Pflanzen vorkommen. Man darf sich daher nicht wundern, daß, als Amerika zuerst entdeckt wurde, auch nicht eine einzige Pflanze sich vorfand, die in der alten Welt bekannt war, außer solchen, deren Saamen durch die Gewässer des Oceans hinübergeschwemmt sein konnten. In den vereinigten Staaten werden von 2,891 Pflanzengattungen nur 385 im nördlichen Europa gefunden, und von 4,100 Species, die in Neuholland entdeckt wurden, sind nur 166 mit unsern Gegenden gemein, und von diesen sind viele durch Ansiedler verpflanzt worden.[1] Dieß zeigt einerseits das Streben der Natur nach Einfachheit und Einheit im Ursprunge der Dinge, während andererseits die Abarten, die in der Pflanzenwelt unter dem Einflusse äußerer Umstände entstehen, die beständige Wirkung eines ändernden Einflusses nachweisen.

§. 17.
b) Analogien im Thierreiche.

Aber die Uebereinstimmung zwischen Thieren und Menschen ist noch enger und anwendbarer. Die physische Organisation beider Klassen beseelter Wesen ist so ähnlich, die Gesetze, wodurch ihre Individuen und Gattungen erhalten werden, so gleichförmig, ihre Abhängigkeit von den Gesetzen krankhafter Einflüsse, von der Wirksamkeit natürlicher Ursachen und von der Einwirkung künstlicher Verbindungen unter den verschiedenen Namen von Zähmung und Civilisation ist so übereinstimmend, daß wir fast ein Recht haben, aus dem wirklichen Stattfinden von Aenderungen bei den einen auf die Möglichkeit derselben bei den andern zu schließen.

Nun ist es gewiß und klar, daß Thiere, die anerkannt

---

[1] Siehe Lyell's geistreiches Kapitel über diesen Gegenstand, Vol. II. p. 66, und Prichard, Vol. I. c. 2. sec. 2. p. 23. Ueber die Vergleichungspunkte in der Organisation der Pflanzen und Thiere, siehe Camper's Abhandlung über diesen Gegenstand: „Oratio de Analogia inter Animalia et Stirpes." Gröning. 1764.

nur Eine Gattung bilden, unter besondern Umständen sich in Abarten spalten, die eben so bestimmt hervortreten, wie bei den Menschen. Was z. B. die Bildung des Schädels betrifft, so ist der des italienischen Windspiels weit mehr von dem des Bullenbeißers verschieden, als der europäische von dem Neger=Schädel: und doch wird jedes Merkmal der Gattung, das man immer aufstellen mag, diese beiden Extreme einschließen, zwischen denen eine Kette von Mittelgliedern deutlich eingereiht werden kann. Ferner weicht, wie Blumenbach bemerkt, der Kopf des wilden Ebers nicht weniger von dem des zahmen Schweines, seines unläugbaren Abkommen, ab, als der Schädel von was immer für zwei menschlichen Rassen.[1]) In jeder Gattung der Hausthiere finden sich eben so auffallende Verschiedenheiten.

Aenderungen der Farbe und des Haarwuchses sind nicht weniger gewöhnlich und merkwürdig. Alle Vögel in Guinea, und auch die Hunde, sind nach Beckman so schwarz als die Einwohner.[2]) Der Ochs der römischen Campagna ist durchaus grau, während in andern Theilen Italiens ein größtentheils rother Schlag herrscht; auch sind Schweine und Schaafe hier vorzüglich schwarz, während in England ihre vorherrschende Farbe weiß ist. In Corsika werden Pferde, Hunde und andere Thier schön gefleckt. Mehrere Schriftsteller schreiben einzelnen Flüssen die Eigenschaft zu, dem Vieh an ihren Ufern die Farbe zu geben. So bemerkt Vitruvius, daß die Flüsse Böotiens und der Xanthus bei Troja ihren Heerden gelbe Farbe gaben, woher der Fluß Xanthus seinen Namen habe.[3]) Hr. Stewart Rose sagt in seinen „Briefen aus dem

---

[1]) Op. cit. p. 80.
[2]) „Voyage to and from Borneo." Lond. 1718. p. 14.
[3]) „Sunt enim Boeotiae flumina Cephysus et Melas, Leucaniae Crathis, Trojae Xanthus etc. . . . . cum pecora suis temporibus anni parantur ad conceptionem partus, per id tempus adiguntur eo

Norden Italiens," daß eine gleiche Eigenschaft heut zu Tage dem Po beigelegt werde.¹) Auch werden sich manche von Ihnen hier wahrscheinlich an die weißen Heerden des schönen Klitumnus erinnern, wie sie der Dichter beschreibt:

„Hinc albi, Clitumne, greges et maxima taurus
Victima saepe, tuo perfusi flumine sacro,
Romanos ad templa Deûm duxere triumphos."²)

Aehnlichem Wechsel ist der Haarwuchs unterworfen. Jeder Versuch, in Westindien Wolle zu erzeugen, hat, so viel ich weiß, fehlgeschlagen, weil die Schaafe, die hinübergebracht werden, ihre Wolle gänzlich verlieren und sich mit Haaren bedecken.³) Dasselbe findet in andern heißen Klimaten statt. „Die Schaafe von Guinea," sagt Smith, „haben so wenig Aehnlichkeit mit denen von Europa, daß ein Fremder, ohne sie blöcken zu hören, kaum sagen könnte, was für Thiere es seien, da sie nur mit einem hellbraunen und schwarzen Haare bedeckt sind, wie der Hund," — so daß ein launiger Schriftsteller bemerkt: hier scheine die Welt verkehrt; denn die Schaafe

---

quotidie potum, ex eoque, quamvis sint alba, procreant aliis locis leucophaea, aliis pulla, aliis coracino colore. Igitur quoniam in Trojanis proxime flumen armenta rufa, et pecora leucophaea nascuntur: ideo id flumen Ilienses Xanthum appellavisse dicuntur." — Architect. L. VIII. c. III. p. 162. edit. De Laet. Amst. 1649. In den Noten zu dieser Stelle werden bestätigende Zeugnisse von Plinius, Theophrastus, Strabo ꝛc. angeführt: einige gehen offenbar in's Fabelhafte. Aristoteles, „De historia animal." L. 3., gibt dieselbe Ableitung des Flusses Xanthus.

¹) „Lettres from the North of Italy." Lond. 1819. Vol. I. p. 23. Die Vorstellung der Einwohner ist, „daß nicht nur die einheimischen Thiere weiß (oder eigentlich rahmfarbig) sind, sondern daß sogar fremdes Vieh sich in diese Farbe kleidet, wenn es vom Po trinkt."

²) Virgil. Georg. II. 146.:
„Oftmals führten von da, hinauf zu den Tempeln der Götter,
Weiße Heerden, Klitumnus, der Stier, von den Opfern das größte,
Von deiner heiligen Fluth begossen, den römischen Siegeszug."

³) Prichard, ebb. S. 226.

tragen Haare und die Menschen Wolle.¹) Einer ähnlichen Erscheinung begegnen wir in der Gegend um Angora, wo fast alle Thiere, Schaafe, Ziegen, Kaninchen und Katzen, mit schönem, langem Seidenhaar, das in den orientalischen Manufacturen so berühmt ist, bedeckt sind. Auch andere Thiere sind diesem Wechsel unterworfen; denn Bischof Heber berichtet, daß Hunde und Pferde, die von Indien nach den Hügeln gebracht werden, sich bald mit Wolle bedecken, wie die Shawlziege dieses Klimas.²)

Und wenn wir Bau und Gestalt der Thiere im Allgemeinen betrachten, so finden wir, daß sie den größten Abänderungen unterworfen sind. Keines zeigt dieß deutlicher, als der Ochs, einfach weil sich an keinem Kunst und Zähmung in größerm Umfange versucht hat. Was für ein Unterschied ist zwischen dem niedrigen, massigen, langgehörnten Thiere, welches durch die Straßen Roms zieht, und dem schmalköpfigen, zartgliedrigen Schlag, den der englische Pächter am höchsten schätzt! Nach Bosman „arten die europäischen Hunde an der Goldküste bald in einem seltsamen Grade aus. Ihre Ohren werden lang und steif, wie die des Fuchses, zu dessen Farbe sie sich auch hinneigen, so daß sie in drei oder vier Jahren ganz häßlich werden; und in ebenso viel Bruten verwandelt sich ihr Bellen in ein Geheul oder Gebelfer." Ebenso sagt Barbot, daß die „einheimischen Hunde sehr häßlich sind, indem sie mit unsern Füchsen viele Aehnlichkeit haben: mit langen, stehenden Ohren, langem, schmalem und am Ende spitzigem Schwanze, ganz unbehaart, haben sie nur

---

¹) Smith, „New Voyage to Guinea." Lonb. 1745. p. 147. „New General Collection of Voyages and Travels." Lond. 1745. Vol. II. p. 711.

²) „Narrative of a Journey through the upper Provinces of India." 2. ed. Lond. 1828. Vol. II. p. 219. (Deutsch in der „Bibliothek der neuesten und wichtigsten Reisebeschreibungen" ꝛc. von M. C. Sprengel und fortgesetzt von Ehrmann u. A. Weimar 1831. Bd. 58.)

eine bloße, nackte Haut, entweder einfarbig oder gefleckt, und kein Gebell, sondern nur Geheul. Die Schwarzen nennen sie cabre de matto, was im Portugiesischen eine wilde Ziege heißt: denn sie essen sie, und halten ihr Fleisch höher als Hammelfleisch." [1] So scheint es, daß Klima oder andere örtliche Umstände in diesem Falle die Kraft haben, einem Schlag von Thieren, die aus einem andern Lande gebracht wurden, in Folge von wenigen Geschlechtern die Eigenschaften der einheimischen Rasse mitzutheilen, so daß sie von ihrem ursprünglichen Stamme ganz verschieden und kaum mehr kenntlich sind. Eben so gibt das Kameel ein Beispiel von außerordentlicher Veränderung. "In einigen Caravanen, an denen wir vorüberkamen," sagt ein neuerer Reisender, "waren Kameele von viel größerer Gattung, als ich je zuvor gesehen hatte, und in Gestalt und Verhältnissen von den arabischen Kameelen so verschieden, als der Bullenbeißer von dem Windhunde. Diese Kameele hatten breite Köpfe und dicke Hälse, von deren unterer Schneide langes, zottiges, dunkelbraunes Haar herabhing; ihre Füße waren kurz, ihre Gelenke dick, ihr Leib und ihre Hüften rund und fleischig, obschon sie wenigstens einen Fuß höher vom Boden standen, als die gemeinen arabischen Kameele." [2] Und da wir eben von diesem Thiere sprechen, muß ich bemerken, daß sein bezeichnendstes Merkmal, der Höcker auf seinem Rücken, der sich in der baktrischen Abart verdoppelt, nach der Annahme einiger Naturforscher nur eine zufällige Abweichung von der Grundform ist und dadurch entsteht, daß sich in dem Zellgewebe des Rückens in Folge der Hitze, der es immer ausgesetzt ist, eine fettige oder talgichte Substanz absetzt, ganz wie der Höcker

---

[1] „New Collection of Voyages" etc. p. 712.

[2] „Travels in Assyria, Media and Persia" by J. S. Buckingham. 2nd. ed. Lond. 1830. Vol. I. p. 241. (Deutsch in der Bibliothek der neuesten und wichtigsten Reiseb." 1828. 45. und 46. Bd.)

auf dem Zebu oder indischen Ochsen, oder der Schwanz des berberischen und syrischen Schaafes, oder die ähnliche Bildung auf den Hüften der Buschmann-Hottentotten.[1]

Diese Beispiele, bei denen ich mich mehr bemühte, zu den bereits anderwärts angeführten neue hinzuzufügen, als zu wiederholen, was bereits gesammelt wurde, beweisen, daß sporadische oder zufällige Abweichungen unter Thieren nicht nur hervorgebracht, sondern auch, was noch weit mehr unserm Zwecke entspricht, fortgepflanzt werden können. Es würde nicht schwer sein, Beispiele von dieser letzten Thatsache anzuhäufen; denn die große Verbreitung der Albino-Thiere, wie der weißen Kaninchen, oder der Schimmel-Pferde, welche ursprünglich wahrscheinlich aus einer Krankheit entstanden, beweist, wie leicht solche zufällige Abweichungen sich forterben. Aber Dr. Prichard erwähnt ein Beispiel, das wahrhaft merkwürdig ist, nämlich einen Schlag von Schaafen, welcher seit wenigen Jahren in England gezogen wird und unter dem Namen Ancon- oder Otterrasse bekannt ist. Er entstand aus einer zufälligen Abweichung oder eigentlich Mißgestaltung in einem Thiere, welches seine Eigenthümlichkeiten seiner Nachkommenschaft so vollkommen mittheilte, daß die Rasse vollständig gebildet ist und dauernd zu werden verspricht: sie ist auch hochgeschätzt wegen der Kürze ihrer Füße, wegen deren sie nicht leicht über die Gehege springen kann.[2] Es ist auch wohlbekannt, daß der Rinderschlag, der von dem ungeheuren Durham-Ochsen ausging, künstlich hervorgebracht wurde durch Kreuzung mit solchem Vieh, das schöne Muster jeder Gattung darzubieten schien, indem man das kleine Hochlandvieh zu Grunde legte; und alles Vieh, das irgend zu einer außerordentlichen Größe gelangt, steht mit dieser Rasse in Verbindung.

---

[1] Levaillant, „Second Voyage." Tom. II. p. 207. Virey, Tom. I. p. 218.
[2] Vol. II. p. 550.

Die Schlüsse, die sich aus diesen Thatsachen ergeben, bieten einen starken Grund der Analogie für das menschliche Geschlecht dar, und es ist nicht leicht einzusehen, warum unter den Menschen nicht ebenso große Verschiedenheiten entstanden und auf die Nachkommenschaft übergegangen sein könnten, wie unter den Thieren.¹) Denn aus dem Gesagten ergibt sich als gewiß, daß Verschiedenheiten sowohl in Beziehung auf Schädelbildung, Farbe und Haarwuchs, als auf den ganzen Körperbau unter Thieren Eines Stammes entstehen können und unter Einwirkung besonderer Umstände ständig und charakteristisch und auf die Nachkommenschaft vererblich werden. Müssen wir es dann nicht für sehr wahrscheinlich halten, daß in dem Menschengeschlechte dieselben Ursachen auf gleiche Weise thätig sein, und nicht minder dauernde Wirkungen hervorrufen mögen? und da solche Abweichungen, wie sie darin sich zeigen, von einander nicht weiter abstehen, als solche, welche im Thierreiche bemerkt wurden, so dürfen wir auch nicht stärkere oder außerordentlich wirkende Ursachen zu ihrer Erklärung suchen. Doch wir wollen jetzt dem Punkte näher rücken und den Gegenstand fester zu Hand nehmen.

---

¹) (Carl Vogt, der neueste Bekämpfer der Einheit des Menschengeschlechtes, will diesen Analogien aus dem Thierreiche keine beweisende Kraft zugestehen, weil nicht alle Thiere in gleicher Weise einer solchen Veränderung durch das Klima unterworfen sind, da z. B. in Paraguai das Merinoschaaf sich geändert habe, der Hund aber nicht. („Köhlerglaube und Wissenschaft." Gießen 1855. S. 52ff.) Dieser Einwand hätte vielleicht eine Bedeutung, wenn aus jenen Analogien bewiesen werden sollte, daß ein bestimmtes Klima den Menschen in gleicher Weise wie das Thier ändern müsse. Aber nicht die Nothwendigkeit, sondern nur die Möglichkeit einer solchen Veränderung soll durch Analogien aus dem Thierreiche dargethan werden, und diese steht fest, wenn diese Umwandlungsfähigkeit auch nur eine beschränkte ist. Es zeigt sich übrigens, daß z. B. der Hund, der in Paraguai unverändert blieb, an der Goldküste sich geändert hat. Die von Vogt angeführten Beispiele beweisen also höchstens, daß nicht alle Thiere durch dieselben Einflüsse geändert werden, aber nicht daß einzelne Thiere schlechthin unveränderlich sind. — A. d. Ueb.)

§. 18.

**II, Schlüsse aus sporadischen Abweichungen.
a) mit den Rassenmerkmalen.**

Es scheint mir also unläugbar, daß in jeder Familie oder Rasse des menschlichen Geschlechts zufällige Abweichungen stattfinden, welche ganz das Eigenthümliche einer andern Rasse in derselben herzustellen suchen. Rothe Haare z. B. werden als fast ausschließlich auf die kaukasische Rasse beschränkt angenommen; und doch gibt es beinahe in jeder andern Rasse Individuen mit dieser Eigenthümlichkeit. Charlevoix bemerkte sie unter den Eskimos, Sonnerat unter den Papuas, Wallis unter den Tahitas und Lopes unter den Negern.[1] Dieß ist jedoch nicht auffallender, als daß unter uns sich Individuen mit krausem Haare finden, und ich glaube, wer einmal solchen Dingen Aufmerksamkeit geschenkt hat, wird bei solchen Personen auch eine Annäherung an andere Eigenthümlichkeiten der äthiopischen Familie bemerkt haben, z. B. dicke Lippen und dunkle Hautfarbe. In den Proben von Schädeln aus Blumenbach's Museum, die er herausgegeben hat, findet sich auch der Kopf eines Lithauers, welcher, im Profil betrachtet, leicht für einen Negerschädel genommen werden könnte.[2] Doch das sonderbarste Beispiel, welches mir von diesem sporadischen Streben der Natur, in einer Rasse die Eigenthümlichkeiten einer andern hervorzubringen, vorgekommen ist, fand ich bei einem neuern Reisenden, wohl dem ersten von denen, welche Hauran, oder die Gegend jenseits des Jordans durchforschten. Er schreibt, wie folgt: „Die Familie, welche hier (zu Abu-el-Beadi) im Dienste des Heiligthums wohnte, war besonders merkwürdig, indem sie, nur mit Ausnahme des Vaters, Ne-

---

[1] Blumenbach. S. 169.
[2] „Decades Craniorum." Dec. 3. tab. XXII. p. 6.

gerzüge, eine tief schwarze Farbe und krauses Haar hatte. Meine Meinung war, es rühre dieß daher, daß ihre Mutter eine Negerin sei, wie sich denn solche Leute bisweilen bei den Arabern in der Eigenschaft von Weibern oder Concubinen finden; aber während ich aus eigener Beobachtung keinen Zweifel hegen konnte, daß das gegenwärtige Haupt der Familie ein reiner Araber von unvermischtem Blute war, wurde mir auch versichert, daß sowohl die männlichen als die weiblichen Glieder der gegenwärtigen und vorhergehenden Generationen durch Abkunft und Heimath reine Araber waren, und daß in der Geschichte der Familie niemals eine Negerin weder als Weib noch als Sklavin bekannt sei. Gewiß ist es eine auffallende Eigenthümlichkeit der Araber, welche das Thal des Jordans bewohnen, daß sie ein flacheres Gesicht, dunklere Haut und gröberes Haar haben, als andere Stämme: eine Eigenthümlichkeit, die, wie ich glaube, eher der beständigen und heftigen Hitze dieser Gegend, als irgend einer andern Ursache zugeschrieben werden muß."[1] Wenn man alle Thatsachen und Umstände, welche hier erzählt werden, als hinreichend bewährt annehmen darf, so haben wir gewiß ein auffallendes Beispiel, wie Individuen einer Familie sich den Unterscheidungsmerkmalen einer andern nähern, und wie diese Verschiedenheiten sich auf die Nachkommenschaft forterben.

§. 19.
b) Die Stachelschwein-Menschen.

Es gibt sogar Beispiele, daß weit auffallendere und fremdartigere Abweichungen, als jene sind, welche die unter-

---

[1] Buckingham, „Travels among the Arab Tribes." Lond. 1825. p. 14. (In dem angeführten Werke von Weber: „Die Lehre von den Ur- und Rassenformen der Schädel und Becken des Menschen" ist durch Beispiele und Abbildungen gezeigt, daß es Europäerschädel gibt, welche den Charakter der mongolischen, amerikanischen, malajischen und selbst der äthiopischen Rasse auf's Bestimmteste an sich tragen. — A. d. Ueb.)

scheidenden Merkmale der verschiedenen Rassen bilden, unter den Menschen entstanden und sich vom Vater auf den Sohn fortsetzten, Abweichungen, welche die Lösung der vorliegenden Frage weit schwieriger gemacht haben würden, als sie gegenwärtig ist, wenn sie in einem entfernten Theile der Erde entstanden wären und sich auf eine beträchtliche Bevölkerung ausgebreitet hätten. Die merkwürdigste ist ohne Zweifel diejenige, welche in der Familie Lambert durch drei Generationen hindurchging und allgemein unter dem Namen „Stachelschwein-Menschen" bekannt war. Der Gründer dieser außerordentlichen Abart wurde zuerst als Knabe von seinem Vater im Jahre 1731 vorgezeigt und kam aus der Umgegend von Euston-Hall in Suffolk. Machin beschrieb ihn in jenem Jahre in den „Philosophical Transactions," wie sein Leib bedeckt sei mit Warzen von der Dicke eines Bindfadens und der Länge eines halben Zolls: jener Name jedoch wurde ihm noch nicht beigelegt.[1]) Im Jahre 1755 wurde er auf's Neue, dießmal unter dem obbenannten Titel, vorgezeigt und von Baker in einem Aufsatze, der dem vorigen zur Ergänzung dienen sollte, beschrieben. Besonders wichtig aber ist es, daß er jetzt als Mann von 40 Jahren sechs Kinder gezeugt hatte, die alle zur nämlichen Zeit, neun Wochen nach ihrer Geburt, dieselbe Eigenthümlichkeit gezeigt hatten: das einzige, das am Leben blieb, ein Knabe von 8 Jahren, wurde mit seinem Vater vorgezeigt. Baker gibt eine Zeichnung von der Hand des Knaben, wie Machin zuvor die des Vaters gezeichnet hatte. Im Jahre 1802 wurden die Kinder dieses Knaben in Deutschland von Monf. und Mad. Joanny vorgezeigt, und vorgegeben, daß sie zu einem Volke in Neuholland oder irgend einem andern entfernten Orte gehörten. Dr. Tilesius aber untersuchte sie sehr sorg-

---

[1]) „On an uncommon case of a distempered skin" by John Machin, „Philosophical Transactions." Vol. 37. für 1731—1732. p. 299.

fältig und gab den genauesten Bericht heraus, den wir von dieser sonderbaren Familie haben, zugleich mit Zeichnungen, welche die beiden Brüder, Johann mit 21 und Richard mit 13 Jahren, in ganzer Figur darstellten.[1] Ihr Vater, der Knabe von Baker's Bericht, war noch am Leben, und diente als Jäger bei dem Lord Huntingfield zu Heaveningham-Hall in Suffolk. Als man ihnen die Abbildung seiner Hand in den „Philosophical Transactions" zeigte, wurde sie sogleich von beiden an einem besondern Knoten im Handgelenk erkannt.[2] Die Beschreibung des Dr. Tilesius von S. 30 bis zum Ende des Werkes ist sehr in's Einzelne gehend und entspricht genau derjenigen, welche von ihren Vätern gemacht wurde. Der ganze Leib, mit Ausnahme der Handflächen, der Fußsohlen und des Gesichtes, war bedeckt mit röthlich-braunen, harten, elastischen, etwa einen Zoll langen, hornigen Auswüchsen, welche, wenn sie mit der Hand gerieben wurden, an einander rauschten. Ich weiß das Aussehen dieser seltsamen Decke, wie es die Kupferstiche des Tilesius geben, mit nichts besser zu vergleichen, als mit einer Anzahl Basaltprismen, bald länger, bald kürzer, wie sie in der Natur gewöhnlich gruppirt sind. Einmal im Jahre wurde diese Hornbekleidung abgestreift, und ihr Abfallen war mit einigem Unwohlsein verbunden; sie wich auch der Wirkung des Merkurius, welcher deßhalb angewendet wurde: in beiden Fällen kehrte sie jedoch nach sehr kurzer Zeit allmählig wieder zurück.[3] Die Schlüsse, welche Baker aus dieser sonderbaren Erscheinung zieht, sind wohlbegründet und haben jetzt um so mehr Gewicht, da dieselbe sich noch

---

[1] „Ausführliche Beschreibung und Abbildung der beiden sogenannten Stachelschwein-Menschen, aus der bekannten englischen Familie Lambert." Altona 1802. Fol.

[2] S. 4.

[3] Philosophical Transactions. Vol. 49. p. 22.

in einer andern Generation und an zwei verschiedenen Beispielen zeigte. „Es scheint daher," sagt er, „außer allem Zweifel, daß von diesem Manne eine ganze Menschenrasse abstammen könnte, welche ein eben so rauhes Fell hätte, wie er selbst: und wenn dieß geschähe und der zufällige Ursprung vergessen würde, so wäre es nicht unmöglich, daß man sie für eine verschiedene Menschengattung halten würde: eine Betrachtung, die uns so ziemlich zu dem Gedanken führen könnte, daß, wenn die Menschen von einem und demselben Urstamme ausgingen, die schwarze Haut der Neger und viele andere Verschiedenheiten ihren Ursprung gar leicht einer solchen zufälligen Veranlassung verdanken konnten." [1]

§. 20.
c) Ueberzählige Finger.

Eine andere, gewöhnlichere Abweichung, welche durch ganze Familien hindurchgeht, besteht in überzähligen Fingern. Im alten Rom wurde sie mit einem besondern Namen bezeichnet, und die Sedigiti werden bei Plinius und andern ausgezeichneten Schriftstellern erwähnt. Sir A. Carlisle hat die Geschichte einer solchen Familie sorgfältig durch vier Generationen verfolgt. Ihr Name war Colburn und die Eigenthümlichkeit kam in die Familie durch die Urgroßmutter des jüngsten Gliedes, das er untersuchte: sie war nicht allgemein, sondern haftete nur an einigen Kindern in jeder Generation. Maupertuis hat andere Beispiele in Deutschland erwähnt, und ein berühmter Wundarzt in Berlin, Jacob Ruhe, gehörte zu einer Familie, welche von der Mutter aus diese Eigenthümlichkeit hatte. [2]

---

[1] „Philosophical Transactions." Vol. 49. p. 22.
[2] „Philosophical Transactions." Vol. 104. part. I. p. 94. Prichard, Vol. II. p. 537.

So hätten wir also sowohl aus der Analogie, als aus Beispielen selbst bewiesen: erstens, daß in der Natur ein stetes Streben vorhanden sei, in unserer Gattung Spielarten zu erzeugen, die oft einen außerordentlichen Charakter tragen, bisweilen auch sich auf eine ganz bestimmte Weise den eigenthümlichen Unterscheidungsmerkmalen einer verschiedenen Rasse nähern; und zweitens, daß diese Eigenthümlichkeiten sich durch aufeinander folgende Geschlechter vom Vater auf den Sohn forterben können. Die hiemit gewonnene Thatsache berechtigt uns vollkommen zu der Annahme, daß die verschiedenen Familien oder Rassen unter den Menschen einem ähnlichen Ereignisse ihren Ursprung verdanken, nämlich der zufälligen Entstehung einer Abweichung, welche unter dem Einflusse günstiger Umstände — indem z. B. die Familie, in der sie entstand, sich absonderte, und in der Folge ihre Glieder sich unter einander verheiratheten, — ständig und unvertilglich durch folgende Geschlechter wurde.

Doch Sie werden fragen, kommt irgend ein Fall vor, daß ganze Stämme sich auf diese Weise änderten? oder mit andern Worten, gibt es irgend Beispiele, daß diese beiden Wirkungen einmal im Großen thätig waren? Sie werden mir zugeben, daß die Beantwortung dieser Frage mit allen Schwierigkeiten des Gegenstandes zu kämpfen hat: und ich wüßte nicht, wo ich die Behandlung dieser Materie besser unterbrechen könnte, als an dem Punkte, den wir eben erreicht haben.

§. 21.
Moralische Aehnlichkeit aller Rassen.

Leider müssen wir, indem wir uns mit dieser Wissenschaft beschäftigen, es uns versagen, eine Reihe von Gründen zu unsern Gunsten anzuführen, welche die Ergebnisse derselben wesentlich berühren: jene moralischen Aehnlichkeiten unter den

Menschen aller Rassen, welche unter Geschöpfen verschiedenen Ursprungs kaum stattfinden könnten. Die gewöhnlichen Untersuchungen der Zoologen und Physiologen, was nämlich hinreichend oder nothwendig sei, eine Verschiedenheit der Art anzunehmen, habe ich, als unnöthig, ganz umgangen.[1] Denn ich glaube, auch ohne uns in die tiefere Wissenschaftlichkeit einer solchen Untersuchung einzulassen, die unserm Zwecke fern liegt, dürfen wir sicher sein, Thiere verschiedener Gattung vor uns zu haben, wenn wir an ihnen Sitten und Charactere — um mich dieses Ausdruckes zu bedienen — von ganz verschiedener Natur entdecken. Der Wolf und das Lamm sind nicht minder durch den Gegensatz ihrer Gemüthsart, als durch ihre äußere Bedeckung und ihre verschiedene Gestalt von ein-

---

[1] (Bei der gegenwärtigen Lage des Streites ist die Frage von dem Begriff der Art kaum ganz zu umgehen; denn auf ihr beruht fast das Hauptargument der Vertheidiger der Einheit des Menschengeschlechts. Sie behaupten nämlich: Die verschiedenen Menschenrassen stammen von Einem Paare ab; denn sie bilden nur Eine Art. Daß sie aber nur Eine Art bilden, ergibt sich daraus, daß aus der Vermischung verschiedener Rassen Individuen von un beschränkter Fruchtbarkeit erzeugt werden. Wenn dagegen Thiere verschiedener Arten sich paaren, so sind ihre Bastarde entweder ganz unfruchtbar, oder sie können sich wenigstens nicht unter sich selbst befruchten, sondern nur durch Anpaarung mit der älterlichen Art: jedenfalls aber erlischt ihre Fortpflanzungsfähigkeit nach sehr wenigen Generationen. Die Gegner suchen nun Beispiele von der Fruchtbarkeit der Bastarde vorzubringen; allein eine große Anzahl ihrer Beispiele ist zu wenig verbürgt, um sicher auf sie zu bauen: die verbürgten Beispiele beweisen aber immer nur eine beschränkte Fortpflanzungsfähigkeit durch wenige Generationen, und kein einziger Fall kann bewiesen werden, wo Bastarde bei reiner Inzucht, ohne Anpaarung mit einem der älterlichen Stämme, die Fruchtbarkeit erhalten hätten. Dieses Argument hat Rudolph Wagner in einem Zusatze zu seiner Uebersetzung Prichards besonders gründlich behandelt. („Ueber die Bastardzeugungen und einen physiologischen Beweis, daß alle Menschenrassen nur Eine Art bilden." I. Bd. S. 439.) Ebenso Andreas Wagner, „Geschichte der Urwelt." S. 245 ff. — A. d. Ueb.)

ander unterschieden. Sollte Ihnen dieses etwa eine Vergleichung der Extreme scheinen, so will ich nur sagen, daß die gewaltthätige Wildheit des Wolfes und die diebische Verschlagenheit des Fuchses, der hordenweise und lärmende Angriff des einen und die einsame Diebereí des andern uns weit besser dient, sie bestimmt zu klassifiziren, als die Verschiedenheit ihrer Gestalt. Betrachten wir nun Menschen von dem verschiedensten Zustande des geselligen Lebens, wie tief auch immer gesunken oder wie fein gebildet, so finden wir gewiß eine Annäherung der Gefühlsweise, eine Aehnlichkeit der Neigungen und eine Leichtigkeit der Aneignung, welche deutlich zeigt, daß das Vermögen, das dem Instinkte der Thiere entspricht, durch das ganze Geschlecht ein und dasselbe ist. Die Mohawken und Ossagen, die Bewohner der Sandwich- und der Pellew-Inseln lernten nach kurzem Verkehr mit Europäern, besonders wenn sie in unsere Gegend kamen, sich Alles aneignen, was nach unsern Begriffen zu einem anständigen Leben gehört, und schloßen Verbindungen und Freundschaften der innigsten Natur mit Menschen einer andern Rasse. Die Verschiedenheit der Organisation bei den Thieren steht immer mit ihrer Verschiedenheit des Charakters im Zusammenhange: die Höhlung, welche eine einzige Muskel in die Knochen des Löwen macht, zeigt seine Lebensweise und Natur: das kleinste Bein in der Antilope steht in Beziehung mit ihrer fruchtsamen und flüchtigen Gemüthsart. Doch beim Menschen, — mag er nun wie der träge Asiate seine Tage im Winkel seines Divans verschlafen, oder wie der amerikanische Jäger ganze Menschenalter hindurch in rastloser Jagd das Wild im weglosen Forste gehetzt haben, — verräth nichts in seiner ganzen Organisation, daß er nicht durch Gewohnheit und Erziehung die eine Beschäftigung mit der andern hätte vertauschen können; nichts beweist, daß die Natur ihn für den einen oder den andern Stand bestimmte.

Im Gegentheil, die Gleichheit der moralischen Eigenschaften, die dauernde Gewalt der Familienliebe, die Neigung, gegenseitige Interessen zu gründen und zu behaupten, die gemeinsame Gesinnung über Eigenthum und die Mittel seiner Vertheidigung, abgesehen von zufälligen Abweichungen, die Uebereinstimmung über die Hauptpunkte des Sittengesetzes, und mehr als Alles, die heilige Gabe der Sprache, welche die Forterhaltung aller andern menschlichen Eigenthümlichkeiten sichert, beweisen, daß die Menschen, wo sie immer sich finden, oder wie sie immer jetzt versunken sein mögen, gewiß für einen und denselben Zustand bestimmt und darum auch ursprünglich in denselben versetzt worden sind. Diese Erwägung ist sicherlich für die Behauptung einer Einheit des Ursprungs beim Menschen von großem Gewichte, so wie die entsprechende zu derselben Annahme bei den Thieren berechtigt.

Dieser Schluß steht freilich in geradem Gegensatze zu der populären Theorie der gewöhnlichen Philosophen, welche behaupten, daß der natürliche Fortschritt der Menschen von der Barbarei zur Civilisation gehe, und daß der Wilde als Urtypus der menschlichen Natur zu betrachten sei, von dem wir uns durch stufenweise Kraftanstrengungen entfernt haben. Doch die bisherige Auseinandersetzung und die Erwägung, daß die Natur, oder vielmehr ihr Urheber, die Geschöpfe in den Zustand setzt, für den er sie bestimmte, daß der Mensch, wenn er für ein geselliges und häusliches Leben körperlich gebildet und geistig ausgerüstet war, ebenso wenig wild und ungebildet in einen Wald geworfen werden konnte, als die Meermuschel zuerst auf dem Gipfel des Gebirges erzeugt, oder der Elephant mitten unter den Eisbergen des Pols geschaffen sein kann; diese Erwägung muß jede Vorstellung ausschließen, als ob der Zustand der Wildheit etwas anderes sei, als ein Niedersinken, eine Abweichung von der ursprünglichen Bestimmung und Stellung des Menschen. Dieß ist der Standpunkt, auf welchen sich der gelehrte Friedrich Schlegel in einem trefflichen Werke gestellt hat, welches zu meiner großen Freude einer meiner hochgeachteten und gelehrten Freunde endlich seinen Landsleuten in ihrer Muttersprache dargeboten hat, und ich hoffe, sein Unternehmen werde ihn ermuthigt haben, das Werk durch Uebersetzung der letzten Schriften dieses Philosophen zu vollenden.

„Wenn der Mensch," sagt er, „einmal in's Verderben und in's Sinken geräth, so läßt sich nicht wohl im Voraus eine Grenze bestimmen, bis wohin er von Stufe zu Stufe heruntersinken und dem Thiere sich annähern könne; eben weil er von Ursprung aus ein freies, dann so veränderliches und selbst organisch genommen höchst biegsames Wesen ist. Noch weit unter dem Neger herab, der schon wegen seiner organischen Kraft und Lebendigkeit, dann auch wegen seines gelehrigen und mehrentheils gutartigen Charakters noch gar nicht auf der tiefsten und letzten Stufe der Menschheit steht, bis zu den unförmlichen Patagonen, den fast blödsinnigen Pescherähs, den gräulichen Menschenfressern auf Neuseeland, von denen selbst die Abbildungen Grausen erregen, müssen wir also nun diesen Faden der Erklärung als die einzig menschlich richtige Ansicht festhalten. . . . . Weit entfernt aber, mit Rousseau und seinen Anhängern in dem Naturzustande auch der besten und edelsten Wilden den wahren Anfang der Menschheit und die eigentliche Grundlage des gesellschaftlichen Vertrages zu suchen, oder gar auf das Experiment zu verfallen, die bürgerlichen Verhältnisse wieder auf jenes gepriesene Ideal in dem vermeinten Naturzustand des Menschen zurückführen zu wollen, können wir darin nur einen Zustand der Verwilderung und eine Ausartung sehen und erkennen."[1]

Gewiß, dieß ist tröstlicher für die Menschheit, als die erniedrigenden Theorien eines Virey oder Lamarck: und doch ist damit eine gewisse bittere Demüthigung vermischt. Denn ist es empörend, zu denken, daß unsere edle Natur nichts

---

[1] „Philosophie der Geschichte." Wien 1829. Bd. I. S. 46. 47.

Besseres sein sollte, als eine Vervollkommnung des boshaften Affen, so können wir doch nicht ohne eine gewisse Scham und Sorge sehen, wie diese Natur so tief von ihrer ursprünglichen Schönheit herabsank, daß Menschen diese Verwandtschaft mit irgend einem Scheine von Wahrheit behaupten konnten. Doch können wir daraus die gute Lehre ziehen, daß wir gar wohl den Stolz, den die hohe Stufe unserer Bildung nur zu leicht erregt, durch die Erinnerung zügeln dürfen, daß, wenn wir und die niedrigsten Wilden nur Brüder Einer Familie sind, wir nicht minder als sie von niederer Abkunft sind, und sie nicht minder als wir die höchste Bestimmung haben; daß wir, mit den Worten des göttlichen Dichters, alle auf gleiche Weise —

„nur Würmer sind, bestimmt
Zum Schmetterling, beschwingt mit Engelsflügeln,
Der schutzlos seinen Flug zum Richter nimmt." [1]

Und eine solche Zusammensetzung, eine solche Gestaltung des Seins, welche die doppelte Verbindung des Menschen mit einer obern und einer untern Welt zeigen sollte, ein solcher Wechsel des Zustands, welcher das Dasein streitender Kräfte beweisen konnte, von denen die eine ihn durch Erweiterung seiner Fähigkeiten aufwärts ruft, die andere ihn zum Genusse des rein thierischen Lebens hinabzieht, scheint für sein getheiltes Wesen natürlich und nothwendig zu sein. Denn so, um mit den Worten eines wahrhaft christlichen Philosophen zu schließen, „steht der Mensch da als eine lebendige Individualität, zusammengesetzt aus Natur und Geist, aus innerm und äußerm Sein, aus Nothwendigkeit und Frei-

---

[1] „O superbi cristiani, miseri lassi,
Che della virtù della mente infermi
Fidanza avete ne' ritrosi passi;
Non vi accorgete voi che noi siam vermi,
Nati a formar l' angelica farfalla,
Che vola alla giustizia senza schermi?"

Purg. X.

heit; sich selbst ein Geheimniß, der Geisterwelt ein Gegenstand tiefer Gedanken, von Gottes Allmacht, Weisheit und Liebe das vollkommenste Zeugniß. Rings umhüllt von seiner körperlichen Natur, sieht er Gott nur wie von Ferne, und ist seines Daseins so gewiß, als der himmlische Geist, — er, der Sohn der Offenbarung und der Held des Glaubens, der schwach ist, und doch stark, arm, und doch Besitzer des höchsten Reiches der himmlischen Liebe!"¹)

---

¹) Papst, „der Mensch und seine Geschichte." Wien 1830. S. 50.

Vierter Vortrag:

Ueber

die Naturgeschichte des Menschen-Geschlechtes.

II. Abtheilung.

§. 22.

Beweis des wirklichen Ueberganges ganzer Völker zu einer andern Rasse aus der Sprachvergleichung.

In meinem letzten Vortrage begnügte ich mich mit den Analogien, die für den Gegenstand unserer Untersuchung von Bedeutung zu sein schienen, und suchte sowohl aus ähnlichen Erscheinungen in den niederen Gebieten der organischen Schöpfung, als auch aus zufällig hervortretenden Abweichungen in unserm eigenen Geschlechte zu erweisen, daß eine große Wahrscheinlichkeit zu Gunsten der Annahme spricht, daß alle Varietäten, die sich in dem Menschengeschlechte finden, von einem gemeinsamen Stamme ausgingen, und ich versprach bei unserer nächsten Zusammenkunft die Frage ohne weiters aufzunehmen und mehr unmittelbar zu behandeln. Ich wünschte daher zu beweisen, daß irgend einmal bei ganzen Nationen ein Uebergang von einer Rasse in eine andere stattgefunden haben muß: und zu diesem Ziele muß ich einen neuen Zeugen zu Hilfe rufen, für den unsere beiden ersten Unterredungen Sie schon werden vorbereitet haben — das vergleichende Sprachstudium.

Ich glaube, man hat nie gezweifelt und kann wohl auch nicht zweifeln, daß Nationen, welche nahverwandte Sprachen sprechen, ursprünglich wie immer mit einander verbunden gewesen sein müssen. Sogar diejenigen, welche den gemeinsamen Ursprung des menschlichen Geschlechtes läugnen, geben zu, daß Gleichheit oder Aehnlichkeit, und insbesondere starke grammatische Verwandtschaft der Sprache zwischen Nationen, sie mögen wie immer von einander entfernt sein, nicht durch Zufall entstehen konnte, sondern einen wirklichen Zusammenhang des Ursprungs oder eine frühere Verwandtschaft beweist. Dieß ist von selbst klar, wäre es auch nicht von Dr. Young, wie ich bei einer früheren Gelegenheit bemerkte, mathematisch bewiesen worden: denn die Verwandtschaft, die ich Ihnen zwischen einigen Sprachen, z. B. dem Sanskrit und dem Griechischen, nachwies, kann unmöglich die Wirkung eines Zufalles sein. Sprechen oder sprachen daher zwei Nationen, so weit die Geschichte reicht, Dialekte einer und derselben Zunge, so müssen wir schließen, daß sie einen gemeinschaftlichen Ursprung gehabt haben, außer man könnte zeigen, daß wenigstens eine von ihnen ihre Sprache geändert hat, — eine Annahme, die immer den strengsten Beweis verlangt. Denn die Erfahrung beweist, mit welcher Hartnäckigkeit auch kleine Gemeinden ihre ursprüngliche Sprache festhalten. Die Sette Communi, eine kleine deutsche Colonie, die, soweit geschichtliche Urkunden reichen, im Norden Italiens festsitzt die Griechen von Piana dei Greci bei Palermo, die flamändischen Tuchmacher in Wales, die seit Jahrhunderten dort ansäßig sind, behalten alle mehr oder minder unreine Dialekte ihrer Muttersprache bei, und gehören mit zu den vielen Beweisen, die man dafür anführen kann, wie schwer es ist, eine Sprache auszurotten.

Haben wir so das eine Element als unveränderlich festgesetzt, so können wir von diesem aus schließen, ob auch das andere unverändert geblieben ist: oder, deutlicher zu reden, beweist die Sprachgleichheit unfehlbar die ursprüngliche Einheit zweier Nationen, und weichen sie deßungeachtet in physischen Eigenschaften in solchem Maaße von einander ab, daß sie jetzt in verschiedene Rassen eingereiht werden, so müssen diese Eigenschaften dem Wechsel unterworfen sein: denn eine der beiden Nationen muß ihren Urtypus verloren haben. Nun kann man, glaube ich, beweisen, daß die Grenzen der zweifachen Klassifikation des Menschen, einerseits nach Sprache und anderseits nach Gestalt und Gesichtsbildung, nicht mehr zusammenfallen; und da sie sich einmal decken mußten, die der Sprache aber unverändert geblieben ist, so müssen wir schließen, daß die andere eine Aenderung erlitten hat. Ja ich glaube sogar, wir sind im Stande noch weiter zu gehen: denn während kein Beispiel bis jetzt beigebracht wurde, noch je werden wird, noch kann, daß ein Volk, sei es durch allmähligen Uebergang, sei es aus freiem Antriebe, seine Sprache aus einer Familie in eine andere übertrug, so können wir vielleicht in dem Gebiete der andern Klassifikation die Natur in dem Augenblicke überraschen, wo sie einen Uebergang von einer Rasse zu einer andern bildet, indem wir Beispiele eines Mittelzustandes zwischen zweien entdecken, oder den Vorgang selbst, der ihn bisweilen erzeugt hat.

§. 23.
a) Die Ungarn.

Da wir von der Verwandtschaft der Sprachen handelten, habe ich einen merkwürdigen Zusammenhang zwischen der Sprache Ungarns und den Sprachen des nördlichen Europas, der finnischen, lappischen und esthischen, nachgewiesen und triftig begründet; und ein Blick auf die ethnographische Karte wird ihnen zeigen, daß sie, wie eine Insel, als eine von der Gruppe, der sie angehört, getrennte Masse gelegen ist. Allein diese Verwandtschaft ist noch ausgedehnter und schließt die Tscheremissen, die Wotjaken, Ostjaken, — eigentlich As-jach's genannt, — und die Permier ein, Stämme, die jetzt die Ufer des Obi oder noch östlichere Theile von Sibirien bewohnen.[1] Aber während Niemand zweifelt, daß alle diese Stämme nur Eine Familie ausmachen, sind ihre physischen Züge gänzlich verschieden. Zwar zeichnen sich alle durch ihren niedern Wuchs aus; aber während viele dieser uralischen und tschudischen Stämme, wie die Lappländer, Tscheremissen, Wogulen und Ungarn schwarze Haare und braune Augen haben, haben andere, wie die Finnen, Permier und Ostjaken alle, nach Dobrowsky, rothes Haar und blaue Augen.[2] Auch dieses scheint mir bemerkenswerth, daß, obwohl alle diese Stämme Blumenbach's mongolischer Familie angehören, wir doch die Merkmale derselben weniger bestimmt ausgeprägt finden, je mehr wir uns von ihrem Hauptsitze entfernen, und daß die Merkmale des germanischen Zweiges der kaukasischen Familie vorherrschend werden, so wie wir uns ihrem geographischen Mittelpunkte nähern. Hier muß also gewiß der eine oder der andere Theil der Familie von seinem Urtypus abgewichen sein, so daß er in einem gewissen Maaße die Schranken der Rasse, zu der wir ihn zählen müssen, überschritt.

---

[1] Diese Sprachen bilden in Balbi's Ethnographie die uralische Familie. „Atlas Ethnogr." N. 15. Siehe die diesem Werke beigegebene Völkerkarte.

[2] Prichard II. 266.

§. 24.

b) Tataren und Mongolen.

Eine andere Veränderung können wir vielleicht in derselben Familie verfolgen. Sie erinnern sich ohne Zweifel, daß ich in unserer letzten Zusammenkunft in eine genauere Auseinandersetzung des Verhältnisses der Tataren zu den Mongolen mich einließ, und ich bemerkte, daß die besten und neuesten Schriftsteller über die Klassifikation der Sprachen, Abel=Remüsat, Balbi, Klaproth und Pallas beide Sprachen in dieselbe Familie setzen. Ich bemerkte auch, daß sie nach ihrer eigenen Tradition von zwei Brüdern abstammen und im elften Jahrhunderte zwei aus einer Verbindung von vier Stämmen ausmachten. All dieses scheint doch gewiß auf einen gemeinsamen Ursprung hinzudeuten, so weit er durch historische, traditionelle und philologische Gründe verfolgt werden kann. Und doch ist es unzweifelhaft, daß die Extreme der beiden Nationen oder Familien so unähnlich sind, als möglich, und daß die Tataren zu der kaukasischen Familie gehören.¹) Man hat nicht selten behauptet, daß die Türken ihre schönen Gestalten und Köpfe der großen Mischung mit cirkassischem Blute verdanken, welches durch ihre gefangenen Weiber aus diesem Lande herübergebracht werde. Allein diese Theorie, die auch auf andere ähnliche Fälle angewendet wurde, kann sich kaum halten, wenn wir erwägen, daß eine solche Uebertragung fremden Blutes niemals die große Masse des Volkes erreichen konnte, sondern auf die Reichen beschränkt bleiben mußte; denn sie allein konnten etwa dieser Einwirkung ausgesetzt sein. Ich werde Ihnen später zeigen, daß Verschwägerungen durch viele Menschenalter hindurch nicht im Stande waren, die eigenthümlichen Züge der zwei Nationen, welche vor Alters

---

¹) Siehe S. 155.

Italien bewohnten, zu verlöschen. Aber außerdem müssen wir bemerken, daß die Osmanlis oder Türken dieselben Züge trugen, ehe noch die bezeichnete üppige Sitte wohl eine besondere Wirksamkeit ausüben konnte.¹)

Ferner aber bemerkte ich, daß einige Tatarenstämme, wie die Kirgisen, dem Mongolentypus so nahe kommen, daß sie eine Art Mittelstufe zwischen ihnen bilden. Dieses schreibt Dr. Prichard ebenfalls den Wechselheirathen zu; aber ich denke, es würde schwer sein, nachzuweisen, daß diese Ursache wirklich vorhanden war.

In Blumenbach's Sammlung von Schädeln haben wir einen von einem Jakut-Tataren, der alle Merkmale der mongolischen Rasse an sich trägt.²) Dieß mag vielleicht nur ein einzelner Fall sein: aber Dobell scheint zuzugeben, daß dieser Tatarenstamm sich den Mongolen etwas nähert: denn er bemerkt: „Man kann sehr glaubliche Gründe dafür anführen, daß sie von den Mongolen abstammten; aber ihr wahrscheinlichster Ursprung ist doch tatarisch. — Die Züge und der Ausdruck eines jakutischen Gesichtes haben größern Antheil an der tatarischen, als an der mongolischen Rasse."³)

---

¹) Wenigstens wenn wir annehmen, daß die Sitte erst nach der Befestigung der türkischen Macht begann. Ein alter Geschichtschreiber beschreibt Mahomed den Großen, ersten Kaiser der Türken, folgendermaßen: „Seine Gesichtsbildung war tatarisch, bleich und melancholisch, wie seine meisten Vorgänger, die osmanischen Könige, waren; sein Blick und Gesicht ernst, mit durchdringenden, hohlen Augen, etwas in den Kopf eingesunken, und seine Nase so lang und gebogen, daß sie fast seine Oberlippe berührte." Knolles, „History of the Turks." 5th edit. p. 433.

²) Decad. I. Cranior. Tab. 15. p. 10.

³) „Travels in Kamtchatka and Siberia." London 1830. Vol. II. p. 13. 14.

§. 25.
c) Die Kaukasier.

Die Rasse, zu der wir gehören, bietet eine ähnliche Erscheinung dar. Welcher Annahme wir auch immer folgen mögen, das Vorherrschen einer Sprache, die wesentlich dieselbe ist von Indien bis Island, beweist, daß die zwischen inne liegenden Völker gemeinsamer Abstammung sind. Und doch sind die Bewohner der indischen Halbinsel in Farbe und Gestalt so wesentlich von uns verschieden, daß sie in eine andere Rasse eingereiht werden. Klaproth stellt zur Erklärung dieses Umstandes die Vermuthung auf, daß sich die indo-germanischen Nationen vor der Sündfluth auf zwei Bergketten, den Himalaja und den Kaukasus, retteten. Von dem erstern stiegen nach seiner Meinung südlich die Indier, nördlich die Gothen herab; von dem andern kamen die Meder, Perser und Pelasger. Dann nimmt er an, daß die schwarze Farbe der Hindus durch Vermischung mit einer dunkeln Rasse entstanden sei, die vor ihnen da war, indem sie sich vor derselben Fluth auf die Berge von Malabar geflüchtet hatte.[1] Doch all dieses ist bloße Conjectur ohne die geringste Begründung weder in der Geschichte, noch in der örtlichen Tradition, und wurde nur ersonnen, um der Schwierigkeit zu entgehen, der man viel leichter ausweicht durch die Annahme, daß ein Volk seine charakteristischen Merkmale ändern kann, so daß es in eine Rasse übergeht, die von derjenigen ganz verschieden ist, welche die Sprache als seinen Urstamm nachweist.

---

[1] „In Indien hat sich derselbe ganz mit frühern dunkelfarbigen Bewohnern vermischt und seine Sprache herrschend gemacht, dabei aber seine charakteristischen physischen Kennzeichen eingebüßt. Die braunen oder negerartigen Urbewohner von Indien retteten sich wahrscheinlich zur Zeit der noachischen Fluth auf die hohen Gebirge von Malabar und die Ghats." „Asia Polygl." p. 43.

§. 26.

Entstehung der Negerrassen.

Doch diese Beispiele werden Ihnen noch keineswegs überzeugend darthun, daß die beiden Extreme, die schwarze und die weiße Rasse, jemals eins gewesen sein können: denn die rothe oder lohfarbene kann nicht als Mittelstufe zwischen ihnen betrachtet werden; sondern wir müssen uns nach Beispielen unmittelbaren Ueberganges von einem Extreme zum andern umsehen, und dieß ist sicherlich der schwierigste Knoten in unserer Frage, die wir zu lösen haben. Ich will nicht von den großen Untersuchungen reden, welche viele Schriftsteller über die Urfarbe der Menschen angestellt haben: viele, wie Labat, halten die rothe dafür,[1] entweder weil der Name des ersten Menschen im Hebräischen diese Farbe bedeutet, oder, wie Bischof Heber muthmaßt, weil ungezähmte Thiere sich gegen dieselbe hinneigen.[2] Blumenbach nimmt an, daß die ursprüngliche Farbe weiß war; und wenn ich es wagen dürfte, einen Grund zu Gunsten dieser Meinung anzugeben, so würde ich darauf aufmerksam machen, daß jede Abweichung von dieser Farbe das Merkmal eines Excesses oder einer krankhaften Affektion trägt. Alpinus hat bewiesen, daß der Sitz der Farbe des Neger nicht in der äußern Haut liegt, die bei ihm so farblos ist, als die unsrige, sondern in dem feinen Gewebe unter derselben, welches in der Anatomie unter dem Namen des malpighischen Netzes oder Gewebes bekannt ist.[3] Dieses Gewebe ist bei den Schwarzen der Sitz eines dunkeln

---

[1] S. Labat, „Nouvelle Relation de l' Afrique." Paris 1728. Tom. II. p. 257.

[2] Ubi sup. Vol. I. p. 69.

[3] „De sede et causa coloris Aethiopum." Leyd. 1738. (Auch die Sommersprossen und die dunklere Färbung einzelner Stellen der Haut bei den Weißen hat denselben Grund wie die schwarze Farbe des Negers,

Färbestoffes und soll bei dem Albino mit Beutelchen oder kleinen Bläschen bedeckt sein, die eine weiße Substanz enthalten, welche ihnen die eigenthümliche Farbe gibt; doch sagt Buzzi in seinem Berichte von der Untersuchung eines Albino nach seinem Tode, daß er von dem Gewebe überhaupt keine Spur habe finden können.[1]) Es möchte daher scheinen, daß der Weiße, inmitten der zwei entgegengesetzten Abweichungen, der natürliche oder normale Zustand sei.

§. 27.
Das Klima, kein zureichender Erklärungsgrund.

Die Alten trafen hier die einfache Auskunft, daß sie die Farbe des Negers der Wirkung der Sonne zuschrieben. Daß das Klima, je nach seinen fortschreitenden Abstufungen der Hitze, einen Einfluß auf die Farbe der Haut hat, ist in so fern wahr, daß wir zwischen beiden ein bestimmtes Verhältniß stattfinden sehen. Im Allgemeinen sind die weißen Rassen näher am Nordpol, und die dunkelsten mehr unter dem Einflusse der tropischen Hitze: und zwischen diesen beiden Extremen können wir viele Mittelstufen verfolgen: so von dem Dänen zu dem Franzosen, nach diesem käme der Spanier oder Italiener, dann der Maure, und endlich der Neger.[2]) Doch dieser Versuch, eine Kette von Abstufungen in der Farbe festzusetzen, hat mit zwei ernstlichen Schwierigkeiten zu kämpfen. Erstens ist bei allen diesen Stufen die Farbe zu offenbar der Erfolg einer äußerlichen Einwirkung auf die Haut, deren Wirksamkeit durch Verwahrungsmittel gegen die Hitze gemäßigt

---

und darin ist die Möglichkeit des Ueberganges der weißen Farbe in die schwarze wenigstens angedeutet. A. d. Ueb.)

[1]) „Opere scelte." Milano 1784. Tom. VII. p. 11.
[2]) Dieß scheint die Ansicht Dr. Hunters zu sein, in „Disputatio inauguralis quaedam de hominum varietatibus et harum causis exponens." Edinb. 1775. p. 26.

ober aufgehoben werden kann. Die maurischen Frauen, die das Haus hüten, sind fast ganz weiß: die Negerkinder aber werden mit zehn Tagen schwarz, wie sorgfältig man sie auch vor der Hitze schützen mag: die Wirkung ist daher im ersten Falle rein äußerlich, während sie im andern in der Entwickelung einer innern Anlage besteht. Zweitens: dieser Theorie, die verschiedenen Stufen der Dunkelheit als eine Reihe von Uebergängen vom Weißen zum Schwarzen zu betrachten, sind die auffallenden Thatsachen geradezu entgegengesetzt, daß eine und dieselbe Rasse ihre Farbe ohne merkliche Veränderung unter den verschiedensten Breiten behält, und daß unter der nämlichen Breite die seltsamsten Verschiedenheiten offenbar in ein und derselben Rasse hervortreten. Vom Ersten bieten uns die Amerikaner ein schlagendes Beispiel dar. Weder an den eisigen Ufern der kanadischen Seen, noch auf den glühenden Pampas der südlichen Halbinsel kann auch nur ein Schatten von Verschiedenheit in der Hautfarbe der eingebornen Indianer entdeckt werden. Dieselbe Kupferfarbe kennzeichnet alle diese Stämme.[1] Zu der zweiten Thatsache haben wir nicht minder auffallende Belege im Osten.

„Die große Verschiedenheit in der Farbe verschiedener Eingebornen," sagt Bischof Heber bei der Beschreibung seiner ersten Ankunft in Calcutta, „fiel mir sehr auf; von dem Haufen, der uns umgab, waren einige so schwarz wie Neger,

---

[1] (Diese Thatsache wird in neuerer Zeit in Abrede gestellt. M'Culloch und Morton behaupten nach genauer Untersuchung, daß die kupferrothe Farbe nur wenigen Stämmen ursprünglich zukomme, und die meisten sie nur durch Anstreichen mit rother Erde erlangen, daß vielmehr die Hauptfarbe die braune sei, die bald in's Rothe, bald in's Gelbe, bald selbst in's Weiße und Schwarze übergehe. Auffallend ist es, daß gerade unter den Tropen hellfarbigere Indianer-Stämme zum Vorschein kommen, als in den kälteren Klimaten: so wie auch andrerseits die mongolische Rasse ihre dunkelsten Farben im Norden, selbst innerhalb der Polarregion hat. — A. d. Ueb.)

andere bloß kupferfarben, und wieder andere um wenig dunkler als die Tunifer, die ich zu Liverpool gefehen habe. Herr Will, der Vorstand der bischöflichen Schule (Bishops-College), der mir entgegengekommen war, und der mehr als die Meisten von Indien gesehen, sagte mir, daß er für diese Verschiedenheit, welche allgemein durch das ganze Land hindurchgeht und überall gleich auffällt, keine Erklärung finden könne. Sie rührt nicht ganz davon her, daß die Einen mehr, die Andern weniger der Sonne ausgesetzt sind; denn diese Ungleichheit der Färbung ist auch unter den Fischern sichtbar, welche alle fast ganz nackt sind. Auch kömmt es nicht auf die Kaste an, da nicht selten Brahminen ersten Ranges schwarz, dagegen Parias verhältnißmäßig weiß sind."[1] Diese letzte Bemerkung ist, wenn wir uns ganz auf sie verlassen können, von großem Gewichte. Denn, wie wir bei einer künftigen Gelegenheit sehen werden, haben Heeren und Andere, veranlaßt durch die Kasteneintheilung, gemuthmaßt, daß Indien von zwei verschiedenen Nationen bevölkert war, von denen die eine die andere überwunden und in einen Zustand von Unterwürfigkeit und Abhängigkeit versetzt hat: diese Muthmaßung würde nun vollständig begründet sein, wenn eine Verschiedenheit der Farbe zwischen den hohen und niedern Kasten bemerklich wäre.

§. 28.

Beispiele zum Belege für die Möglichkeit eines Ueberganges von der weißen zur schwarzen Farbe.

Bisher habe ich, wie Sie sehen, nur Zweifel gegen die Art und Weise geäußert, wie man sich die Entstehung der schwarzen Farbe des Negers erklären zu können glaubte: denn obwohl ich der Meinung bin, daß sie mit dem Klima im Zusammenhang stehe, so ist doch gewiß noch keine Theorie

---

[1] Vol. I. p. 9.

zur Erklärung ihres Ursprunges entdeckt worden. Unsere Wissenschaft ist noch jung, und wir müssen uns damit begnügen, Thatsachen zu sammeln und daraus die natürlichen Folgerungen zu ziehen. Zu diesen also müssen wir uns wenden, und sie werden hinreichen, zu beweisen, daß eine solche Aenderung stattgefunden haben kann: ob durch Zufall, oder durch allmählige Abweichung, wissen wir freilich nicht. Ich will einige solche, die ich mir angemerkt habe, Ihnen vor Augen führen.

§. 29.
a) Abyssinier.

Die Eingebornen von Abyssinien sind ganz schwarz, und doch gehören sie unstreitig ihrer Abstammung nach zu der semitischen Familie, und folglich zu einer weißen Rasse. Ihre Sprache ist nur ein Dialekt von dieser Klasse, und schon der Name derselben deutet darauf hin, daß sie über das rothe Meer herkam. Daher geht in der Schrift die Benennung Kusch sowohl auf sie als auf die Bewohner der andern Seite: und weder in der Gesichtsbildung noch im Schädelbau haben sie mit den Negern irgend eine Aehnlichkeit. Sie können sich leicht entweder durch Abbildungen oder durch lebende Individuen überzeugen, daß außer der Farbe ihr Gesicht ganz europäisch ist. Hier also hat eine Aenderung stattgefunden, obwohl wir nicht wissen, wie?

§. 30.
b) Suakin-Araber.

Ein anderes, auffallenderes Beispiel gibt uns der einsichtsvolle und zuverläßige Reisende Burckhardt. Die Stadt Suakin, auf der afrikanischen Küste des rothen Meeres unterhalb Mekka, enthält eine gemischte Bevölkerung, die erstens aus Beduinen oder Arabern, mit Einschluß der Nachkommen der ehemaligen Türken gebildet wird, und zweitens aus dem Stadtvolke, das theils aus Arabern von der gegenüberliegenden Küste, theils aus Türken neuern Ursprungs besteht.[1] Folgendes ist sein Bericht von den zwei Klassen. Von der ersten sagt er: „Die Hadherebe oder Beduinen von Suakin haben genau dieselbe Gesichtsbildung, Sprache und Kleidung, wie die nubischen Beduinen. Im Allgemeinen haben sie schöne und ausdrucksvolle Gesichter, mit dünnem und sehr kurzem Barte. Ihre Farbe ist von dem dunkelsten Braun, das sich dem Schwarzen nähert, doch haben sie in der Gesichtsbildung nichts von dem Charakter der Neger."[2] Die andern, welche sämmtlich von Ansiedlern aus Mosul, Hadramaut rc., und von Türken, die durch Selim bei seiner Eroberung von Aegypten hieher geschickt worden waren, abstammen, haben denselben Wechsel erlitten. „Der gegenwärtige Schlag," sagt Burckhardt, „hat afrikanische Gesichter und Sitten und läßt sich von den Hadherebe in keiner Hinsicht unterscheiden."[3] Hier also haben wir zwei verschiedene Nationen, Araber und Türken, die im Laufe von wenigen Jahrhunderten, obwohl ursprünglich weiß, in Afrika schwarze Farbe annahmen.

§. 31.

c) Congoesen.

Kapitain Tuckey sagt, wo er von den Eingebornen von Congo spricht, „daß sie offenbar eine gemischte Nation sind,

---

[1] „Travels in Nubia." 2nd ed. p. 391. (Deutsch in der Bibliothek der neuesten und wichtigsten Reiseb. Bd. 21. 1820.)

[2] Pag. 395.

[3] S. 391. Da die Hadherebe nach dem ersten Citate kein Negergesicht haben, so müssen wir wohl hier unter Gesicht nur die Farbe verstehen.

da sie keine Nationalphysiognomie haben und viele von ihnen in ihrer Gesichtsbildung ganz südeuropäisch sind. Man könnte nun leicht auf die Vermuthung kommen, daß dieß von Wechselheirathen mit den Portugiesen herrühre, und doch gibt es unter ihnen sehr wenige Mulatten." [1]) Diese Beobachtung hebt jene Vermuthung gänzlich auf, wenn sie auch aus andern Gründen zuläßig wäre. Denn die Physiognomie einer ganzen Nation konnte niemals durch wenige Ansiedler durchaus geändert werden. Aus den allgemeinen Bemerkungen über Kapitän Tuckey's Reise, welche von Gelehrten und Offizieren aus seiner Begleitung gesammelt wurden, erfahren wir, daß „ihre Gesichter, obwohl sie denen des Negerstammes am nächsten kommen, doch weder so stark ausgeprägt, noch so schwarz sind, wie gewöhnlich die afrikanischen. Wie man sie schildert, sind sie nicht nur gefälliger, sondern haben auch einen Anschein großer Einfalt und Unschuld." [2])

§. 32.

d) Fulah, Joloffen und Mandingo's.

Es gibt noch viele Nationen, nicht nur längs der Küste, sondern selbst im Herzen von Mittelafrika, die ganz von einer glänzenden Schwärze sind, ohne eine Spur von Negerzügen. Unter ihnen sind die Fulah, welche Park beschreibt als „nicht schwarz, sondern von gelblich brauner Farbe, welche in einigen Gegenden lichter und heller ist, als in andern. Sie haben kleine Gesichter, weiche, seidenartige Haare, sind ohne die dicken Lippen oder die krause Wolle, welche die benachbarten Stämme haben." [3]) Jobson beschreibt sie als „gelblich braun,

---

[1]) „Narrative of an Expedition to explore the River Zaire." Lond. 1818. p. 196.

[2]) Ibid. p. 371.

[3]) Sumner, „Records of Creation." 2nd ed. Vol. I. p. 380.

mit langem, schwarzem Haare, bei weitem nicht so kraus, wie das der Neger.[1] Von den Joloffen schreibt Moore, daß sie viel schwärzer und schöner seien als die Mandingo oder die Felupen, ohne die breiten Nasen und dicken Lippen, die diesen Völkerschaften eigen sind, und daß keiner von den Einwohnern dieser Landschaften an Schwärze der Haut und an Schönheit des Gesichtes den Joloffen gleichkomme." Der Schriftsteller, aus dem ich dieß anführe, fügt hinzu, daß die Reisenden nicht immer mit derselben Genauigkeit, wie Moore, die Joloffen von den Mandingo und andern platschnasigen Schwarzen, unter die sie gemischt sind, unterscheiden; und an einem andern Orte sagt er, wo er die Mandingo beschreibt, „daß sie eben so kenntlich seien durch ihre dicken Lippen und platten Nasen, als die Joloffen und Fulah durch schöne Züge."[2] Nun aber ist dieß dem Berichte, den neuere Reisende geben, ganz entgegengesetzt; denn Caillié beschreibt die Einwohner von Timbuktu: „Sie sind von gewöhnlichem Wuchse, wohlgebaut, gerade, und gehen mit festem Tritt. Ihre Farbe ist ein schönes, tiefes Schwarz: ihre Nasen sind ein wenig gebogener als die der Mandingo's, und wie diese haben sie dünne Lippen und dunkle Augen."[3] Dieser Widerspruch ist jedoch von keinem großen Belang: denn jedenfalls ist es klar, daß die schwarze Farbe nicht in nothwendigem Zusammenhange mit dem Negergesichte steht, sondern daß zwei Rassen oder Varietäten da sind, die zwar gleichmäßig schwarz sind, aber doch durch das bedeutendere Merkmal der Schädel- und Gesichtsbildung in verschiedene Familien gewiesen werden. Schon Blumenbach hat in allgemeinen Ausdrücken das Dasein dieser zwei Klassen in Afrika angemerkt, der einen,

---

[1] „New General Collection of Voyages." Ut sup. p. 262.
[2] Ibid. p. 255. 266.
[3] „Travels through Central Africa." Lond. 1830. Voll. II. p. 61.

bestehend aus Negern in jeder Beziehung, der andern, auch aus Schwarzen, aber mit schönen und vollkommen europäischen Gesichtern; jedoch nennt er sie alle ohne Unterschied Aethiopier und hat für eine gesonderte Einreihung keine Vorsorge getroffen.[1]

Diese Verschiedenheit wird vielleicht noch als bemerkenswerther erscheinen, wenn mich eine andere Beobachtung nicht täuscht. Wir werden, glaube ich, im Allgemeinen finden, daß jene Nationen, welchen nur die schwarze Farbe ohne das Negergesicht beigelegt wird, in der Civilisation eine Stufe über ihren Nachbarn stehen und sich zu irgend einer Religion bekennen, die Ansprüche auf Offenbarung macht; so haben die Abyssinier ein ganz verdorbenes Christenthum, die Eingebornen von Congo einige Ueberreste davon, und alle andern die muhammedanische Religion: während jene, welche die Negermerkmale in ihrem vollen Umfange haben, wie die Dahomanen, Kaffern oder Hottentotten, auf der niedrigsten Stufe moralischer oder physischer Versunkenheit stehen und sich zu einem kläglichen Fetisch- oder Götzendienste bekennen. Wenn nun die Schädellehre nur irgend einen Grund hat, — und ich denke, selbst ihre hitzigsten Gegner müssen in Betreff ihrer Bossuets Grundsatz zugeben, daß „jeder Irrthum eine mißbrauchte Wahrheit ist," — so würden die niedergedrückte Stirne und die eingedrückten Schläfen, welche in Blumenbach's System das Merkmal des Negers bilden, gerade diesen Zustand der Versunkenheit anzeigen. Und so hätten wir denn zwei verschiedene Wirkungen: die Gesichtsbildung wäre abhängig von der Civilisation, und die Farbe größtentheils vom Klima.

Denn in Betreff des Einflusses des letztern scheint der außerordentliche Umstand, daß alle, auch die verschiedensten Nationen, die sich in dem heißen Klima Afrika's befinden,

---

[1] „Decas Cran." I. p. 23.

— Klima in seinem weitesten Sinne genommen als Inbegriff der Eigenheit der bewohnten Landstriche, — „die dunkle Livree der Sonne anzogen," uns zu dem Schlusse zu berechtigen, daß dieses Merkmal den Gegenden, die sie alle bewohnen, zugeschrieben werden muß. Die unmittelbare, äußerliche Einwirkung der Sonnenstrahlen könnte einen solchen Erfolg nicht haben; sondern da, wie Le Cat, Camper und Lawrence [1]) bewiesen haben, die Haut des weißesten Europäers unter gewissen Umständen über die ganze Oberfläche oder doch einen großen Theil des Leibes so schwarz als die des Negers werden kann, so dürfen wir annehmen, daß das Prinzip, welches diese Aenderung verursacht, und welches offenbar auch in dem Weißen liegt, unter dem Einflusse eines besondern Klimas in Wirksamkeit treten und durch Abstammung dauernd gemacht werden könne.

§. 33.
Beispiel eines wirklichen Ueberganges.

Bevor wir den Boden Afrika's verlassen, will ich noch ein Beispiel anführen, das man vielleicht als einen Zustand des Ueberganges betrachten kann: Burckhardt hat die wilde Bevölkerung von Mahaß mit Merkmalen beschrieben, die zwischen denen der Neger und der Nubier die Mitte halten: „An Farbe sind sie ganz schwarz, ihre Lippen sind wie die der Neger, nicht aber die Nasen und Backenbeine." [2])

---

[1]) Le Cat, „Traité de la couleur de la peau humaine." Amst. p. 130. Camper, „Dissertat. physique." p. 16. Lawrence, „Lectures on Physiology" etc. p. 522. Es ist eine Erscheinung, die besonders bei Frauen während ihrer Schwangerschaft beobachtet wurde.

[2]) A. a. O. p. 53.

§. 34.
Widerlegung eines Einwurfes.

Man könnte freilich diesen Thatsachen andere, die oft angeführt zu werden pflegen, entgegenstellen. Man hat beobachtet, daß die Nachkommen der französischen, englischen und portugiesischen Ansiedler auf der Küste von Afrika nach vielen Generationen noch unverändert geblieben sind, während die Neger in Nordamerika nach mehreren Jahrhunderten noch Neger sind.[1]) Und, um ein neues Beispiel hinzuzufügen, Burckhardt erwähnt zweimal die Nachkommen bosnischer, von Selim in Nubien zurückgelassener Soldaten, welche noch immer die Züge ihrer Heimath behalten, obwohl sie ihre Sprache vergessen haben.

Vieles davon oder Alles mag wahr sein; aber was beweist es, wenn wir es den Thatsachen, die ich angeführt habe an die Seite stellen? Nichts, als daß die wirkenden Ursachen uns noch unbekannt sind, daß wir das leitende Gesetz der Natur nicht entdecken können, daß es zwei Ordnungen von Thatsachen gibt, die beide wahr sind, ohne daß die eine die andere aufhebt. Ich wünsche nur zu zeigen, daß die Beobachtungen der neueren Gelehrten darauf ausgehen, zu beweisen, daß eine solche Aenderung stattgefunden haben **kann**, nicht daß sie stattfinden **muß**. Ein einziger Fall reicht hin, die erste Behauptung zu beweisen, während es Tausende erfordern möchte, die zweite darzuthun.

---

[1]) „Description de la Nigritie." W. o. p. 56. Labat. Tom. II. p. 255.

§. 35.

a) **Europäer in Ostindien.**

Doch gehen wir tiefer in den Einwurf ein! Glaubwürdige Zeugen berichten uns, daß in einigen Theilen Indiens die Nachkommen von Europäern, die seit lange dort angesiedelt waren, zwar ihre Farbe gänzlich geändert haben, nicht aber ihre Gesichtszüge. „Es ist übrigens merkwürdig," sagt ein Schriftsteller, den ich bereits öfter angeführt habe, „wie alle diese Menschenrassen (Perser, Griechen, Tataren, Türken und Araber), nach wenigen Generationen, selbst ohne alle Verschwägerung mit Hindus, die tiefe Olivenfarbe annehmen, welche wenig heller ist, als die Negerfarbe, und dem Klima entsprechend zu sein scheint. Die hier lebenden Portugiesen verheirathen sich nur unter einander, oder, wenn sie können, mit andern Europäern, und doch sind sie während eines dreihundertjährigen Aufenthaltes in Indien so schwarz wie die Kaffern geworden. Hiedurch wird die öfters ausgesprochene Behauptung, daß sich der Unterschied zwischen dem Neger und Europäer nicht einzig aus dem Klima erklären lasse, großentheils entkräftet. Allerdings besitzt der Neger noch andere Eigenthümlichkeiten, die dem Hindu abgehen, und zu denen sich der portugiesische Colonist nicht hinzuneigen scheint; .... wenn aber die Wärme die eine Veränderung zuwege bringt, so können andere Eigenthümlichkeiten des Klimas vielleicht auch andere Modificationen hervorbringen, und wenn solche Eigenthümlichkeiten drei oder vier Jahrtausende Zeit haben, zu wirken, so ist es nicht leicht, ihrer Kraft Gränzen zu setzen."[1] Dieser Schluß ist freilich irrig, insofern die Negerzüge schon zur Zeit Herodots und Homers, oder noch viel früher, wie aus den ägyptischen Denkmälern

---

[1] Heber, „Narrative." Vol. I. p. 68.

erhellt, feststanden, und das Klima nicht hinreichen wird zur Erklärung der angeführten Fälle von Stämmen, die unter der nämlichen Breite und auf demselben Boden einen gänzlich verschiedenen Charakter haben. Doch ist die Thatsache, welche diese Stelle enthält, von Bedeutung, indem sie zeigt, daß ein Uebergang von der weißen zur schwarzen Farbe stattfinden kann.

§. 36.
b) Europäer und Neger in Amerika.

Ebenso haben Long, in seiner „Geschichte von Jamaika", und Edwards, in seiner „Geschichte von Westindien", bemerkt, daß die Schädel der weißen Ansiedler in diesen Gegenden merklich in der Gestalt von den europäischen verschieden sind, und sich der ursprünglichen amerikanischen Bildungsform nähern. Dr. Prichard behauptet ebenfalls auf gute Gewährschaft, daß die dritte Generation derjenigen Sklaven der vereinigten Staaten, welche in den Häusern leben, wenig von der eingedrückten Nase übrig habe, und daß ihr Mund und ihre Lippen regelmäßiger werden, während zugleich ihre Haare mit jeder folgenden Generation länger wachsen. Dagegen behalten die Feldsklaven ihre ursprüngliche Form viel länger.[1] Caldani

---

[1] Vol. II. p. 565. (Vogt, der entschiedene Gegner der Einheit des Menschengeschlechtes, führt in seinen „Vorlesungen über den Menschen" Bd. II. S. 240 selbst eine Stelle von Reiset an, welche sagt, daß bei den auf den Antillen gebornen Negerkindern die Haare und die Farbe bleiben, daß aber das Gesicht die Schnute verliert, und daß sich der Kreolenneger in allen anderen Beziehungen dem Weißen nähert; ebenso eine Stelle von Réclus, welche lautet: „Die Neger der vereinigten Staaten haben durchaus nicht mehr denselben Typus, wie die Neger in Afrika; ihre Haut ist selten sammtschwarz, obgleich fast alle ihre Ahnen von Guinea eingebracht wurden. Sie haben keine solche hervorstehenden Backenknochen, keine so dicken Lippen, so platten Nasen, so dicke Wolle, so bestialische Physiognomien, so spitze Gesichtswinkel, als ihre Brüder in der alten Welt. Im Verlaufe

hat ein Beispiel von einem schwarzen Schuhmacher gegeben, der, in früher Jugend nach Venedig gebracht, seine Farbe so sehr geändert hatte, daß er nicht dunkler war, als ein Europäer, der mit einer leichten Gelbsucht behaftet ist; und in diesem Falle spricht er aus eigener Beobachtung.¹)

§. 37.
Einfluß der Civilisation.

Die wichtige Bemerkung, die ich eben von Dr. Prichard anführte, ist von hoher Bedeutung und wird ohne Zweifel durch genaue Beobachtung immer mehr bekräftigt werden. Sie bringt mich zu der Betrachtung des Einflusses zurück, den die Civilisation auf die Eigenthümlichkeiten einer Rasse ausübt. Cuvier hat bemerkt, daß unter allen bisher entdeckten Mitteln, Modificationen bei den Thieren zu erzeugen, keines so kräftig wirkt, als Zähmung und Dienstbarkeit: die größte Varietät, die noch erzielt wurde, ist dadurch hervorgebracht worden.²) Bei dem Menschen kommt dieser Wirkung die Civilisation am nächsten und muß wegen ihres moralischen Einflusses noch stärker sein. Ohne Zweifel bringen die Lebensweise, die Nahrung, die Bequemlichkeiten und die höhere oder niedere Stufe geistiger Bildung eine starke und dauernde Wirkung bei den verschiedenen Nationen hervor. Ein neuerer Reisender in Syrien hat auf die große Verschiedenheit aufmerksam gemacht, welche die Beduinen von den Fellahs im

---

von 150 Jahren haben sie hinsichtlich ihres äußeren Ansehens ein gutes Viertel der Strecke zurückgelegt, welches sie von den Weißen trennt." — A. d. Ueb.)

¹) „Institutiones physiologicae, auctore L. M. Caldanio." Ven. 1786. p. 151.

²) In seinem „Discours préliminaire." Siehe ebenso Blumenbach in dem Kapitel mit der Aufschrift: „Ausartung des vollkommensten aller Hausthiere, des Menschen," in seinen „Beiträgen zur Naturgeschichte." Göttingen 1790. Thl. I. S. 47.

Hauran trennt. Die erstern, oder wandernden Araber, die immerfort den Beschwerden und Mühseligkeiten eines unstäten, thätigen Lebens ausgesetzt sind, sind schwach gebaut und haben ein kleines Gesicht und dünnen Bart. Die letztern, oder ansäßigen Araber, sind stämmig und wohlbeleibt, haben einen starken Bart, jedoch nicht den kühnen Blick ihrer Brüder in der Wüste. Doch kann kein Zweifel obwalten, daß diese zwei Klassen in Wirklichkeit nur Ein Volk ausmachen, indem sie dieselbe Sprache sprechen und unter demselben Klima wohnen. Was verursacht denn nun den Unterschied zwischen ihnen? Ohne Zweifel ihre verschiedene Lebensart; denn dieser genaue Beobachter fügt hinzu, daß bis auf ein Alter von sechzehn Jahren kein Unterschied zwischen ihnen wahrzunehmen sei.[1] In einem andern Werke sagt derselbe, ein ähnlicher Unterschied sei zwischen ihren Anlagen sichtbar.[2]

§. 38.

a) Beispiele von den Selluks, den Bewohnern der Südseeinseln, den Mongolen und den Germanen.

Jackson erwähnt denselben Unterschied zwischen den Arabern, welche die Städte in Marokko bewohnen, und den Beduinen, die unter Zelten leben. „Die Selluks von Haha," sagt er, „sind physiognomisch verschieden von den Arabern der Ebenen, und selbst von den Selluks von Susa, obwohl sie in Sprache, Sitten und Lebensart den letztern gleichen."[3] Ja sogar unter den Beduinen selbst hat Volney bemerkt, daß ein deutlicher Unterschied bemerklich ist zwischen dem

---

[1] Burckhardt's „Reisen in Syrien". Thl. I. S. 456. nach der deutschen Uebersetzung in Weimar 1823.

[2] „Notes on the Bedouins and Wahabees." Lond. 1830. p. 104. (Deutsch in der „Bibliothek der neuesten und wichtigsten Reiseb." Bd. 57. 1831.)

[3] „An Account of the Empire of Morocco." Lond. 1811. p. 18.

gemeinen Volk und ihren Scheichs oder Fürsten, die durch bessere Nahrung schlanker, fester und wohlgenährter werden, als ihre armen Unterthanen, deren täglicher Unterhalt aus sechs Unzen Speise besteht.¹) Forster hat eine ähnliche Verschiedenheit auf Tahiti bemerkt. „Das gemeine Volk," sagt er, „das der Luft und Sonne stark ausgesetzt ist, seine Kraft zum Ackerbau, Fischfang, Rudern, Haus- und Kahnbau anstrengt und dabei in der Nahrung knapp gehalten ist, ist schwärzer, mit wolligerm, krauserm Haare und niedrigem, schwachem Körperbau. Die Häupter und Erih's aber haben ein ganz anderes Aussehen. Die Farbe ihrer Haut ist weniger braungelb, als die der Spanier, und nicht so kupferroth, wie die der Amerikaner; sie ist lichter, als die hellste Färbung eines Bewohners der ostindischen Inseln. Von dieser Farbe an finden wir alle Mittelschattirungen bis herab zu einem lebhaften Braun, das an Schwarz grenzt. Einige wenige haben gelbliches, braunes oder aschfarbenes Haar."²) Kotzebue und andere spätere Seefahrer haben dieselbe Beobachtung gemacht; doch scheint es klar, daß die Jeris oder der Adel der Sandwich- und anderer polynesischen Inseln wirklich ein von dem gemeinen Volke verschiedener Stamm sind.³)

Sowohl Pallas, als Klaproth haben die Ansicht geäußert, daß die mongolische Farbe großentheils von den Sitten dieser Rasse herrühre. Die Frauen und Kinder sind auffallend weiß; den Männern aber gibt der Rauch und die

---

¹) „Voyage en Egypte et en Syrie." Par. 1787. Tom: I. p. 359.

²) „Observations made during a Voyage round the World." Lond. 1778. p. 229. Sieh auch seines Sohns „Voyage round the world." 1777. Vol. I. p. 305. (Deutsch von dem Verfasser selbst: „Reise um die Welt." Berl. 1779.)

³) Kotzebue, „New Voyage round the world." Lond. 1830. Vol. II. p. 58. (Deutsch: „Neue Reise um die Welt." Weimar 1830. 2 Bde.)

Sonne, der sie viel ausgesetzt sind, ihre gelbe Färbung. Obwohl Vieles gegen diese Annahme eingewendet werden könnte, so mag sie doch dienen, dem Einflusse, welchen Sitten und Civilisation auf die Eigenthümlichkeiten verschiedener Rassen haben können, größere Aufmerksamkeit zuzuwenden. Zu demselben Ende möchte ich die merkwürdige Aenderung anführen, die in der germanischen Familie vorgegangen ist. Denn wir haben gesehen, daß ihre Züge einst so bestimmt waren, daß sie eine von den großen, am stärksten bezeichneten Abtheilungen des Menschengeschlechtes ausmachte, indem sie für das griechische Auge den geraden Gegensatz zu der schwarzen Farbe der Aethiopier bildete. Jetzt sind diese unterscheidenden Merkmale, wenn auch nicht ganz ausgelöscht, doch so verwischt worden, daß sie nicht leicht herauszufinden sind: ohne Zweifel durch den Einfluß der Civilisation und die Verschmelzung der eigenen Volkssitten mit denen anderer Stämme, die zu derselben Familie gehören.

§. 39.
b) die Zahnbildung.

Der stärkste Beleg für den dauernden Einfluß der Sitten auf die verschiedenen Rassen kann wohl von den Zähnen genommen werden. Blumenbach hat bemerkt, daß die Zähne des Menschen ihn offenbar als animal omnivorum bezeichnen, d. i. als ein Wesen, das seine Nahrung aus allen Reichen der Natur nimmt. Aber bei einigen Nationen werden, wahrscheinlich durch den Gebrauch von Speisen, die starkes Kauen erfordern, die Schneidezähne stumpf und abgerundet, und die Eckzähne sind von den Backenzähnen nicht zu unterscheiden. Dieß ist der Fall bei vielen, vielleicht den meisten ägyptischen Mumien, und bei den Grönländern und Eskimo's, die ihre Speise ungekocht genießen, mit außerordentlicher Anstrengung der Zahnkiefer.[1]

---

[1] „De generis humani varietate." p. 27. 224.

Diese Beispiele mögen statt vieler genügen, um zu zeigen, welch ein wichtiges Element die Verschiedenheit der Sitten ist: denn die Natur, die überall, wo die allgemeine Harmonie nicht gefährdet wird, ihre Gesetze den besondern Umständen anzupassen strebt, scheint nach einiger Zeit die Abweichungen, die aus dieser zufälligen Ursache hervorgegangen sind, dauernd zu machen.

Es gibt noch viele andere physiologische Beobachtungen und Einwürfe, die mit der Einheit des Ursprungs der Neger und der weißen Rasse in Beziehung stehen; allein ich übergehe sie, da sie Ihnen ihrer Natur nach kaum interessant sein können.[1]) Ich fahre daher unverzüglich fort, die Resultate

---

[1]) Nur erwähnen will ich in einer Note einen Einwurf, theils als ein Beispiel der seltsamen Mittel, zu denen Schriftsteller dieses Faches ihre Zuflucht genommen haben, theils weil sich meines Wissens Niemand die Mühe genommen hat, ihn zu beantworten. Ich meine den Einwurf, den Virey gegen die Einheit des Menschengeschlechts hernimmt aus den genauen Beobachtungen des Fabricius über den pediculus nigritarum, welches der wissenschaftliche Name des Schmarotzerinsectes der Neger ist, das specifisch von allen andern verschieden sein soll, so zwar, daß nach ihm die schwarze Rasse, bei der es sich findet, auch vom Ursprung an verschieden gewesen sein müßte. (Tom. I. p. 391.) Zur Erwiederung darauf bemerke ich nur, daß es andere Beispiele gleicher Natur gibt, wo wir über das Dasein kleinerer Thiergattungen vor dem Dasein ihrer gegenwärtigen Sitze und Nahrung keine Auskunft wissen. Die tinea, oder Motte z. B., welche die bearbeitete Wolle angreift, berührt sie niemals, wenn sie ungewaschen ist: wo war sie nun, ehe noch die Wolle gewaschen und gekämmt war? Müssen wir etwa gewaschene und ungewaschene Wolle als zwei verschiedene Gattungen betrachten, weil ein und dasselbe Thier nicht in beiden lebt? Die Larve der oinopota cellaris lebt nur in Wein und Bier; ein anderes Insect, das Reaumur beschreibt, verschmäht jetzt alle Speise außer der Chokolade. (S. Kirby und Spence's „Introd. to Entomology." 4th edit. Vol. I. p. 384. 388.) Wie oder wo lebten nun diese kleinen Geschöpfe, bevor das, was jetzt ihre ausschließliche Nahrung ist, bereitet wurde? denn Niemand wird glauben, daß diese Substanzen immer da waren, von der Hand der Natur selbst verfertigt. Diese Fälle sind dem eingewendeten

dieser Wissenschaft so kurz als möglich zusammen zu fassen. Ich habe gesucht, das, was man in ihrem gegenwärtigen noch unvollkommenen Zustande nach meiner Meinung als ihre anerkannten Ergebnisse betrachten kann, mit einander zu verbinden und Ihnen vorzulegen. Darnach steht es fest: erstens, daß unter Thieren, die anerkannt Eine Gattung ausmachen, Abweichungen entstanden, die denen unter den Menschen ähnlich und nicht minder von einander verschieden sind. Zweitens, daß sich bei dem Menschengeschlechte ein Streben der Natur zeigt, in einer Rasse Abweichungen hervorzubringen, die sich den eigenthümlichen Merkmalen der andern nähern. Drittens, daß sporadische Abweichungen der außerordentlichsten Art sich durch Zeugung fortpflanzen können. Viertens, daß wir in der Vergleichung der Sprachen und Eigenthümlichkeiten größerer Völkerschaften oder ganzer Nationen hinreichende Beweise für ihren Uebergang von einer Rasse zu einer andern finden. Fünftens, daß, obwohl der Ursprung der schwarzen Rasse noch in Dunkel gehüllt ist, hinreichende Thatsachen vorliegen, um die Möglichkeit ihrer Abkunft von einer andern zu beweisen, besonders wenn wir zugeben, daß außer der Einwir-

---

ganz gleichartig; aber es gibt noch einen vollkommen gleichen Fall von einem Insecte, welches eine Krankheit bei dem zahmen Schweine erzeugt, aber niemals bei dem wilden gefunden wurde, obwohl dieses anerkannt der Urstamm ist. „Der Finnenwurm im Schweinfleisch," sagt Blumenbach, „ist in seiner Art ein eben so vollkommenes Thier, als der Mensch. Nun aber findet sich, so viel bekannt, dieses Thier bloß beim zahmen Hausschwein, und niemalen hingegen bei der wilden Sau, von der doch jenes abstammt." (Beiträge zur Naturgeschichte, Thl. I. S. 30.) Sieh auch einige auffallende Bemerkungen über diesen Gegenstand bei Tilesius, in den „Mémoires de l'Academie de S. Petersbourg." 1815 Tom. V. p. 402. (Neuere Untersuchungen haben gezeigt, daß der Finnenwurm im Schwein, der Drehwurm im Schafe und der Bandwurm im Menschen ein und dasselbe Thier sind, nur auf verschiedenen Stufen seiner Entwickelung. — A. d. Ueb.)

kung der Hitze auch noch die moralischen Ursachen auf die physische Organisation Einfluß haben.¹)

§. 40.
Das Aufhören und Wiedereintreten früher thätiger Ursachen.

Hier muß ich auch bemerken, daß wir oft voreilig und ungerecht sind, wenn wir auf das Vergangene aus jetzt thätigen Ursachen schließen. Es ist allerdings wahr, daß die Natur in ihrem Wirken beständig und regelmäßig ist; allein wenn in dem kurzen Laufe unserer Erfahrung oder der Wahrnehmung früherer Beobachter keine Abweichung von der

---

¹) (Es ist gewiß von Interesse, zu vernehmen, wie Alexander von Humboldt, der wohl als der Repräsentant der modernen Naturwissenschaft betrachtet werden kann, sich über die Frage von der Einheit des Menschengeschlechtes ausspricht. [Kosmos Bd. I. S. 379.] „So lange man nur bei den Extremen in der Variation der Farbe und der Gestaltung verweilte, und sich der Lebhaftigkeit der ersten sinnlichen Eindrücke hingab, konnte man allerdings geneigt werden, die Rassen nicht als bloße Abarten, sondern als ursprünglich verschiedene Menschenstämme zu betrachten. Die Festigkeit gewisser Typen mitten unter der feindlichsten Einwirkung äußerer, besonders klimatischer Potenzen schien eine solche Annahme zu begünstigen, so kurz auch die Zeiträume sind, aus denen historische Kunde zu uns gelangt ist. Kräftiger aber sprechen auch meiner Ansicht nach für die Einheit des Menschengeschlechtes die vielen Mittelstufen der Hautfarbe und des Schädelbau's, welche die raschen Fortschritte der Länderkenntniß uns in neuern Zeiten dargeboten haben, die Analogie der Abartung in andern wilden und zahmen Thieren, die sichern Erfahrungen, welche über die Grenzen fruchtbarer Bastarderzeugung haben gesammelt werden können. Der größere Theil der Contraste, die man ehemals hatte zu finden geglaubt, ist durch die fleißige Arbeit Tiedemanns über das Hirn der Neger und der Europäer, durch die anatomischen Untersuchungen Brolifs und Webers über die Gestalt des Beckens hinweggeräumt." Er eignet sich dann an, was „einer der größten Anatomen unsers Zeitalters, Johannes Müller, in seiner Alles umfassenden Physiologie des Menschen" sagt: ... „Die Menschenrassen sind Formen einer einzigen

Gleichmäßigkeit ihres Wirkens aufgewiesen werden kann, so rührt es daher, daß das kleine Segment von dem Kreise ihrer Dauer, auf das unsere und jener Bahn sich beschränkt, nur ist wie eine gerade Linie, ein infinitesimales Element, dessen Krümmung sich erst zeigt, wenn es mit einem größern Theile des Umfanges in Verbindung gebracht wird. Daß aber außer den besondern Gesetzen, die uns bekannt sind, einst noch andere sehr thätig gewesen sein müssen, deren Wirksamkeit jetzt aufgehört hat oder verhüllt ist, davon muß uns das Studium des Weltgebäudes bald überzeugen. Es gab Zeiten innerhalb des Gebietes der mythologischen Geschichte, da fast in jeder Bergkette Vulkane tobten, da Seen austrockneten oder plötzlich in vielen Thälern erschienen, da Meere über ihre Grenzen brachen und neue Inseln schufen, oder ihr Bett zurückzogen und alte Continente erweiterten; da endlich eine Kraft der Erzeugung und Anordnung in einem großen, mächtigen Maaßstabe thätig war: da die Natur nicht bloß mit der jährlichen Erneuerung der Pflanzen und Insecten, sondern mit der Schöpfung der umfassenderen, massigern Elemente ihrer Sphäre für Jahrtausende beschäftigt schien: da ihre Thätigkeit nicht darauf beschränkt war, die Wiesen im Frühling zu schmücken, oder durch das langsame Nagen der Fluth und der Ströme die Küsten abzuspülen; sondern da sie in den großen Werkstätten der Erde arbeitete, Berge aufhebend, Meere versetzend und so der Welt ihre großen, unzerstörbaren Umrisse verleihend. Und wie sollen wir uns dieß erklären, als indem wir eine zweifache Wirksamkeit in der Natur annehmen, die eine, regelmäßig vom Anfange und

---

Art, welche sich fruchtbar paaren und durch Zeugung fortpflanzen: sie sind nicht Arten eines Genus: wären sie das letztere, so würden ihre Bastarde unter sich unfruchtbar sein. Ob die gegebenen Menschenrassen von mehreren oder Einem Urmenschen abstammen, kann nicht aus der Erfahrung ermittelt werden." — A. d. Ueb.)

gleichmäßig bis an's Ende; die andere, eine geheimnißvolle, leisewirkende Kraft, die zwar auf demselben Felde sich bewegt, aber mit einer unmerklichen, den Bedürfnissen des ganzen Systemes angemessenen Bewegung darauf hinwandelt. Auch in andern Fällen und in kleinerm Maaßstabe muß sich dieses als Lauf der Natur zeigen. In dem Kinde sind der Kreislauf des Blutes, die Absorption und Digestion, alle Lebensverrichtungen, ganz wie in dem Manne; sie beginnen mit dem Leben und sind regelmäßig während seiner ganzen Dauer, nur durch größere oder geringere Thätigkeit verschieden. Aber in seinen frühern Stadien ist noch außerdem eine bildende Kraft in uns thätig, keinem Gesetze der Nothwendigkeit erreichbar, scheinbar unabhängig von dem allgemeinen Laufe der gewöhnlichen Lebenskräfte, welche Wachsthum und Festigkeit den Gliedern, eigenthümliche Bildung dem Gesichte, allmählige Entwickelung und Stärke den Muskeln gibt; dann allem Anscheine nach in Unthätigkeit zurücksinkt und zu wirken aufhört, bis das Alter noch einmal die außerordentlichen Gesetze in Thätigkeit zu rufen scheint, um den Eindruck auszulöschen und das Werk ihrer frühern Wirksamkeit zu zerstören. Und ebenso müssen wir zugeben, daß in dem Kindesalter der Welt außer den ordnungsmäßigen Regeln des beständigen, täglichen Laufes Ursachen, die zur Hervorbringung großer und dauernder Wirkungen nothwendig waren, eine Macht hatten, deren es jetzt nicht mehr bedarf, und die darum nicht mehr ausgeübt wird; daß ein Streben da war, der Erde und ihren Bewohnern stärkere Züge aufzuprägen, Länder sowohl als ihre Vegetation, Rassen wie Individuen hervorzubringen.

Es lassen sich auch gewiß noch jetzt Fälle wahrnehmen, wo Eine Ursache auf zweifache Weise wirkt, im Kleinen und im Großen. Eine epidemische Krankheit z. B. geht, neben ihrer besondern Wirkung auf einzelne Individuen, noch einen ähnlichen Gang, nur in Beziehung auf große Communitäten oder Vereinigungen von Menschen, oder sogar auf das ganze

menschliche Geschlecht: zuerst bei ihrem öffentlichen Auftreten
ist sie schwach, wächst dann, und in entgegengesetzter Abstufung
weicht sie ebenso der Natur oder der Kunst und verschwindet;
und zwar in der Art, daß in der Krisis, der Periode der
größten Gefahr, das Loos jedes Patienten mehr von irgend
einem geheimnißvollen Gesetze, das ihn mit der infizirten Ge=
meinheit in Verbindung bringt, als von den besondern Um=
ständen dieses einzelnen Falles abzuhängen scheint. Und in
ähnlicher Weise können wir sagen, daß der tägliche und jähr=
liche Lauf der Natur, die durchaus so gleichmäßig zu sein
scheinen, doch nur Theile einer viel längern Periode sind, an
deren Ende eine Wirkung, die jetzt zu klein ist, um sichtbar
zu sein, durch die Vereinigung ihrer Erfolge sich als groß
und bedeutend zeigen und durch Gesetze hervorgebracht scheinen
wird, die sich jetzt in dem vielgliedrigen Mechanismus des
Universums verbergen.

Um aber das angeführte Beispiel noch weiter anzu=
wenden: wenn irgend ein Theil des menschlichen Organismus
so angegriffen ist, daß die Kraft, die in seiner Kindheit wirkte,
auf's Neue nothwendig wird, obwohl sie dem Anscheine nach
aufgehört hatte, so sind verborgene Hilfsquellen da, die sie in
Thätigkeit rufen, so daß, wenn ein Theil der Knochensubstanz
verloren geht, zu seiner Wiedererzeugung jenes wunderbare
Weben auf's Neue beginnt, das wie eine Kryftallisation seine
Fäden von Punkt zu Punkt schließt, und darüber ein dichtes
und festes Gewebe ausbreitet, ebenso wie es vor vielen Jahren
in der Kindheit geschah. Und ebenso sehen wir, daß, wenn
die Natur durch zufällige Umstände in ihre erste Lage zurück=
versetzt werden kann, sie auch ihre ursprüngliche Thätigkeit
wieder aufnimmt und die Gesetze erneut, die sie zurückge=
nommen hatte. Die Schöpfung der Korallenriffe und der
daraus gebildeten Inseln in der Südsee, die bald von ver=
schiedenen Punkten aus bevölkert wurden, zeigt uns in diesem
letzten Winkel, zu dem sie ihre schaffenden Kräfte zurückgezogen

zu haben scheint, wie sie einst neue Wohnungen für den Menschen bereitete. Das unglaubliche Maaß, in welchem bei solchen Anlässen die Einwohner sich vermehren, weit über die Berechnungen der modernen Statistiker, beweist, welche mächtige Energie sie ausübte, wenn es zur Fortpflanzung des menschlichen Geschlechtes nothwendig war. Auf einer Insel, die zuerst i. J. 1589 von einigen wenigen schiffbrüchigen Engländern bewohnt, und i. J. 1667 von einem holländischen Schiffe entdeckt wurde, soll nach diesen achtzig Jahren eine Bevölkerung von 12,000 Seelen, Alles Nachkommen von vier Müttern, sich vorgefunden haben.[1]) Acosta, der die Naturgeschichte von Neuspanien hundert Jahre nach seiner Entdeckung beschreibt, berichtet uns, daß es, sogar schon früher, „Männer gab, die 70,000 bis 100,000 Schaafe hatten, und daß ebendamals Viele so viel besaßen, was in Europa als großer Reichthum betrachtet würde, hier aber nur als mäßiger Wohlstand gilt." Und doch war in diesem Lande vor seiner Entdeckung nicht ein einziges dieser Thiere, und der ganze Schlag stammte von denen ab, welche die Spanier hingebracht hatten. Dasselbe gilt auch vom Hornvieh; damals war dessen Vermehrung so stark, daß es zu seiner Zeit in Heerden von Tausenden über die Ebenen und Gebirge von Hispaniola schweifte und das Eigenthum eines jeden war, der es mit Haumessern (desjarretoderas) jagen und fällen mochte: und so vortheilhaft war diese Jagd, daß i. J. 1585 die Flotte von dieser Insel 35,444 und von Neuspanien 64,350 Häute ausführte, — Zeugnisse einer Vermehrung, die ganz über alle gewöhnliche Berechnung geht.[2])

---

[1]) Bullet, „Réponses critiques." Besanç. 1819. Vol. III. p. 15.
[2]) Acosta, „Historia natural y moral de las Indias." Barcelona 1591. Fol. 180.

§. 41.

Einwirkung solcher Ursachen auf die Rassenbildung.

Solche Beispiele, zu denen ich noch viele andere hinzufügen könnte, scheinen das Dasein verborgener Hilfsquellen in der Natur zu beweisen, die niemals hervorgerufen werden, als im Zustande ihrer Kindheit. Und gewiß kann es nicht unphilosophisch sein, anzunehmen, daß Eindrücke, die charakteristisch und dauernd sein sollten, damals leichter mitgetheilt und unvertilglicher eingeprägt wurden. Wir brauchen nicht mit Carové zu der Muthmaßung unsere Zuflucht zu nehmen, daß die schwarze Farbe der Neger das Zeichen sei, das dem Kain aufgedrückt wurde, und daß es sich nach der Sündfluth in der Familie Japhets fortpflanzte, der sich, nach seiner Vermuthung, mit diesem Stamme verschwägert hatte.[1]) Durch solch eine Annahme gewinnen wir nur wenig; denn es bleibt uns immer noch die Farbe der Amerikaner und Malajen zur Erklärung übrig. Viel einfacher ist es aber, zuzugeben, daß durch ein Individuum oder eine Familie unter günstigen Umständen Eigenthümlichkeiten entstanden seien, welche etwa durch Zwischenheirathen und die fortgesetzte Wirkung derselben Umstände dauernd wurden.

Doch wir überlassen uns hier auch der bloßen Muthmaßung! — Ich gebe es gerne zu; denn obschon genug gesagt worden ist, um zu beweisen, daß unsere Wissenschaft bereits alle ernsten Einwürfe gegen die Einheit des Ursprunges in dem Menschengeschlechte zurückweisen kann; obwohl die zugestandenen Thatsachen, die ich Ihnen vorlegte, darthun können,

---

[1]) „Kosmorama, eine Reihe von Studien zur Orientirung in der Natur" ꝛc. Frankf. 1831. S. 65. Er nimmt nämlich an, daß sie gemischter Abkunft seien, von den Sethiten, repräsentirt durch Sem, und den Kainiten, die sich in Japhet fortsetzten.

daß der Ursprung einer Rasse von einer andern keine Unmöglichkeit sei: so müssen wir doch gestehen, daß die Art und Weise, wie die Natur verfuhr, noch ein Geheimniß ist, so daß der Philosoph sich mit Muthmaßungen begnügen und offen gestehen muß:

Οὐκ οἶδ' ἀκριβῶς, εἰκάσαι γε μὴν πάρα¹).

Auch kann eine solche Muthmaßung nicht als voreilig und unstatthaft abgewiesen werden, so lange die Thatsache, die sie erklären soll, sicher und unwidersprechlich feststeht.

§. 42.
Schattirungen und Uebergänge der verschiedenen Rassen.

Ich werde nun die Beweisführung über diesen Gegenstand schließen, indem ich noch einmal den Zusammenhang der verschiedenen Rassen und die unmerklichen Schattirungen, wodurch sie in einander überzugehen scheinen, wiederhole.²)

Die weiße Rasse, die ich somit als die centrale betrachte, verbindet sich mit den Mongolen durch die Finnen und Asjachen, die von ihnen Farbe, Haar und Iris haben: ebenso durch die Tataren, welche durch die Kirgisen und Jakuten unmerklich in die mongolische Rasse übergehen: und drittens durch die Hindus, die mit uns durch die Sanskritsprache verbunden sind. Mit der Negerrasse ist sie durch die Abyssinier verknüpft, die eine semitische Sprache und europäische Gesichtszüge haben, und durch die Araber von Suakin,

---

¹) Eurip. Rhes. Act. II. 280.:
„Gewiß ist's nicht, vermuthen aber läßt sich's wohl."
²) (Der berühmte Physiolog Joh. Müller sagt (Physiologie B. II. S. 774.): „Eine scharfe Eintheilung der Menschenrassen ist unmöglich. Die gegebenen Formen sind sich ungleich an typischer Schärfe und Eigenthümlichkeit, und ein sicheres, wissenschaftliches, inneres Princip der Abgrenzung liegt nicht, wie bei den Arten vor." — A. d. Ueb.)

welche den Nubiern gleichen: dann kommen die Eingebornen von Mahaß, dann die Fulah und Mandingo, und so weiter bis zu den Congoesen, den eigentlichen Negern und den Hottentotten. Diese letztern stehen wieder in enger Verbindung mit den Gebirgsbewohnern von Madagascar, diese mit denen von Cochin=China, den Molukken und den philippinischen Inseln, auf welchen allen ein Schlag schwarzer, wollhaariger Gebirgsbewohner ist, die sich in der Sprache von den andern Eingebornen unterscheiden. Diese schließen sich hinwiederum an die Neuholländer an und an die Eingebornen von Neucalebonien und den Neuhebriden, welche ferner durch Aehnlichkeit der Sitten, Religion und theilweise durch physische Züge mit den Neuseeländern und andern Eingebornen Polynesiens verbunden sind, und so erbleichen die Farben, bis wir fast wieder zu den asiatischen Familien zurückkommen.[1]

§. 43.
a) Polynesier.

Die Bevölkerung dieser Inseln verdient eine genauere Aufmerksamkeit. Ich habe bemerkt, daß auf den unzähligen Inseln Polynesiens zwei verschiedene Stämme oder Familien

---

[1] (Andrerseits ist die Verbindung der amerikanischen Rasse mit der mongolischen und malajischen so nah, daß schon Alex. v. Humboldt sich aussprach: „Die menschliche Gattung zeigt keine sich mehr nähernden Rassen, als die amerikanische, die mongolische, die der Mandschus und die der Malajen." Der Naturforscher Pickering, der die große Weltumseglungsreise unter Kapitän Wilkins mitmachte, einverleibt die Eingebornen Amerikas unbedingt der mongolischen Rasse und nimmt nur die Kalifornier nebst einigen andern Völkern aus, die er als verwandt mit den Völkern der Südsee erklärt. „United States exploring Expedition under the Command of Ch. Wilkins." Vol. IX. „The races of man and their geogr. distribution by Ch. Pickering M. D." Philadelph. 1848. Mit ihm stimmt so ziemlich auch der Amerikaner John Bachman überein:

sind. Forster beweist diesen Punkt wirklich unumstößlich. Während die Einwohner von Tahiti und Neuseeland, den Marquesas-, Freundschafts- und Gesellschafts-Inseln nur Dialekte einer und derselben Sprache sprechen, wie aus seinen vergleichenden Tabellen erhellt, sprechen die von den Neuhebriden, besonders von Mallicollo, Neucaledonien und Tanna barbarische Dialekte, die ganz verschieden und allem Ausscheine nach unzusammenhängend sind. Ihre physischen Eigenthümlichkeiten sind gleicherweise sehr verschieden und nähern sich, wie ich bemerkt habe, den Negern der westlichern Inseln. Worauf ich aber besonders aufmerksam zu machen wünsche, ist, wie die Stämme der ersten Rasse, deren Einheit Niemand in Abrede stellen wird, auf der einen Seite in Farbe und Gestalt in so ungeheurer Ausdehnung abgewichen sind, und wie die der andern Rasse ebenfalls von ihrem Urtypus sich so weit entfernt haben, daß beide in einander übergegangen, und nur schwer zu unterscheiden sind, außer durch ihre Sprache. „Jede der beiden obigen Rassen," sagt Dr. Forster, „ist wieder in mehrere Varietäten getheilt, die die Abstufungen in die andere Rasse bilden, so daß wir in der ersten Rasse manche finden, die ebenso schwarz und schmächtig sind, als manche aus der zweiten: und in dieser zweiten Rasse gibt es einige starke, athletische Gestalten, die sich wohl mit der ersten messen können."[1]

Während so in einer und derselben Rasse einige sich kaum von dem Negertypus unterscheiden lassen, und mit den Negern von Afrika durch unzertrennliche Glieder verbunden sind, weichen andere so weit davon ab, daß sie sich sowohl

---

„The doctrine of the Unity of the human race examined on the principles of science." Charlest. 1850. — A. d. Ueb.)

[1] „Observations" etc. p. 228. Sieh die vergleichende Tabelle S. 284. Es gibt jedoch mehrere bedeutende Uebereinstimmungen zwischen den Dialekten der beiden Stämme, so wie beider mit dem malajischen.

durch Ebenmaaß in Körper- und Schädelbau, als durch Farbe den Einwohnern Europa's nähern. Und in diesen Abstufungen kommen wir auch auf eine entsprechende Stufenleiter der Civilisation. „Die Eingebornen einiger Inseln in der Südsee," sagt Lawrence, wo er von der Form des Schädels spricht, „sind in Gesicht- und Schädelbildung von den Europäern kaum zu unterscheiden." Und wiederum: „Die Bewohner dieser Inseln, von Neuseeland im Westen bis zur Osterinsel, bilden einen Menschenschlag von viel besserer Organisation und Beschaffenheit. In Farbe und Gesichtsbildung nähern sich viele von ihnen der kaukasischen Varietät, während sie in Ebenmaaß der Glieder, Wuchs und Stärke unübertroffen sind."[1]) Dr. Prichard zieht aus dieser Abstufung in der Rasse starke Folgerungen. „Wenn wir," sagt er, „diese Rassen (die Papuas und Polynesier) zusammen betrachten, so scheinen sie einen hinreichenden Beweis darzubieten, daß die äußersten physischen Abweichungen, wie sie die menschliche Gestalt in verschiedenen Nationen zeigt, von einem einzigen Stamme entstehen konnten und wirklich entstanden. Sie setzen uns in den Stand, wirkliche Thatsachen als Beispiele dieser Abweichung aufzuweisen. Wir können allerdings nicht alle Stufen auf einmal zurückgehen, aber wir können den ganzen Weg nach und nach durchlaufen. Wenn einige wenige von den hellsten Neuholländern von der Gesammtheit getrennt und allein auf eine Insel gesetzt würden, so würden sie eine Rasse von lichterer Farbe als die Neuseeländer bilden. Sollte nicht dieser Stamm unter günstigen Umständen in noch lichtere Schattirungen übergehen, wie die Rasse von Neuseeland oder ihre Verwandten auf den Gesellschaftsinseln gethan haben?"[2])

Ich darf den sonderbaren Gebrauch nicht übergehen, der nicht nur auf diesen Inseln, sondern auch unter den

---

[1]) „Lectures on physiology." p. 382. 571.
[2]) Vol. I. p. 488.

Hottentotten in Afrika, den Guaranos in Paraguai und den Kaliforniern in Amerika herrscht, daß sie nämlich den kleinen Finger an einer oder an beiden Händen abschneiden zum Zeichen der Trauer über den Tod eines Verwandten,[1] — ein Gebrauch, der zu seltsam ist, als daß wir glauben könnten, er sei von selbst in so weit entfernten Theilen der Erde entstanden.

§. 44.

b) **Malajen.**

Eine solche Abstufung fast von einem Extreme zum andern in einer und derselben Rasse findet nicht ausschließlich bloß in diesen Stämmen statt. Die Malajen bieten eine ähnliche Ungleichheit dar. „Die Farbe," sagt Crawfurd, „ist im Ganzen braun, wechselt jedoch ein wenig in verschiedenen Stämmen. Weder das Klima, noch die Sitten des Volkes scheinen damit im Zusammenhange zu stehen. Die hellsten Rassen sind im Ganzen gegen Westen, doch einige von ihnen, wie die Battiks auf Sumatra, gerade unter dem Aequator. Die Javanesen, deren Lebensart die verfeinertste ist, gehören zu den dunkelsten Bewohnern des Archipels; die elenden Dajaks oder Kannibalen von Borneo unter die hellsten."[2] Die Schwierigkeit, solche Verschiedenheiten zu erklären, spricht eher für, als gegen die Folgerungen, die wir gezogen haben; denn, da einmal die Thatsache fest steht, daß in einer Rasse, deren Einheit anerkannt ist, solche Varietäten entstanden, so zeigt die Schwierigkeit, sie auf eine gemeinsame Ursache zurückzuführen, nichts weiter, als daß es Naturkräfte gibt, die wir noch nicht entdeckt haben, oder eine Verkettung von Ursachen, deren Elemente wir noch nicht in den erforderlichen Verhält-

---

[1] Forster (G.). „Voyage round the world." Vol. 1. p. 435.
[2] „History of the Indian Archipelago." Vol. I. p. 19.

nissen gemischt haben, so daß wir ihre Wirksamkeit berechnen könnten. Je weiter wir aber die Macht der Natur über unsere Begriffe ausdehnen, um so leichter rechtfertigen wir die Hervorbringung unerklärlicher Erscheinungen.

§. 45.
c) Europäer.

In der Familie, zu der wir gehören, besteht dieselbe Reihe von Modificationen: wir haben darin Varietäten, die, wenn auch nicht so stark ausgeprägt, doch eben so unzerstörbar scheinen; allein Niemand würde wohl behaupten, daß jede aus einem unabhängigen Stamme entsprang. Der Jude ist noch heut zu Tage von den Europäern, die ihn umgeben, vollkommen zu unterscheiden, obwohl West und andere ausgezeichnete Künstler es unmöglich fanden, ihn durch besonders bezeichnende Züge zu charakterisiren.[1] Die Zigeuner kann ich hier gleichfalls anführen als ein Beispiel eines Stammes, der, obwohl ihm seine Sprache indischen Ursprung anweist, doch viel von seiner ursprünglichen Bildungsform und namentlich die Olivenfarbe seiner Heimath durch sein Leben in andern Klimaten verloren hat. Ferner, die germanischen Stämme können noch durch ihr Gesicht von den Griechen unterschieden werden, und diese hinwiederum von

„der Celtenrasse,
Getrennt durch Antlitz, Sprach' und Bau;
Ein bunter Menschenschlag:"

wie ihr eigener nördlicher Barde sie irgendwo genannt hat. Es ist vergebens, diese Unterabtheilungen durch alle möglichen bürgerlichen und moralischen Bande mit einander zu verschmelzen: immer werden sie doch wie die vereinigten Gewässer der Rhone und Saone zwar mit einander in Einem Bette fließen, aber mit kenntlich verschiedener Strömung.

---

[1] S. Camper, „Dissert. physique." p. 21.

So werden sogar die kleinsten Varietäten, einmal hervorgebracht, nicht mehr verwischt, und sind darum doch nicht Zeichen eines unabhängigen Ursprungs. Selbst Familien können sie fortpflanzen; so hat das kaiserliche Haus Habsburg seine eigenthümlichen Gesichtszüge. Woher kommt es nun, daß die Abweichungen, die durch natürliche Prozesse hervorgerufen sind, nicht auch wieder durch natürliche Prozesse zu tilgen sind? Dieß muß wohl eines der Geheimnisse der Natur sein, daß wir sie zwingen können, auf irgend ein Ding ihr Siegel zu setzen, es aber nicht mehr zu erbrechen wissen. Wie der halbgelehrte Lehrling des Zauberers, den der deutsche Dichter so schön beschreibt, besitzt der Mensch oft das Zauberwort, sie zum Wirken zu nöthigen, hat aber das andere noch nicht gelernt, das sie wieder aufzuhören zwingt.

Das Land und die Stadt, worin wir uns befinden, bietet uns eine Anwendung dessen, was wir soeben erörtert haben, auf eben so nützliche als angenehme Untersuchungen dar. Dr. Edwards hat in einem französischen Werke „über die physiologischen Eigenthümlichkeiten der menschlichen Rassen in ihrer Beziehung auf die Geschichte" einen sehr bedeutsamen Wink über den Verfolg dieser Wissenschaft gegeben. Er war erstaunt, auf einem Markte im südlichen Frankreich zwei verschiedene Charaktere an den Köpfen des Landvolkes zu sehen, von denen jeder einem besondern Typus angehörte; auf seinem Wege durch Italien wendete er dem Vorkommen beider eine besondere Aufmerksamkeit zu, und überall beobachtete er, daß einer über den andern vorherrschte. Den einen betrachtet er als den gallischen Typus, den andern als den römischen. Als Muster des einen bezeichnet er das Gesicht Dante's, das allen meinen Zuhörern zu wohl bekannt ist, als daß ich es zu beschreiben brauchte. Ich bin überzeugt, Niemand kann der in verschiedenen Theilen Italiens vorherrschenden Gesichtsbildung Aufmerksamkeit schenken, ohne zu bemerken, wie oft diese Form in Toscana und in Oberitalien wiederkehrt, während sie sich in Rom und den südlichen Provinzen sehr selten findet. Doch bezeichnet er keinen Typus von der römischen Kopf- und Gesichtsbildung. Um diesen zu finden, dürfen wir uns nicht durch die gewöhnlichen Darstellungen irre leiten lassen. Es sind einige Stadtviertel in Rom, wo man glaubt, daß noch die Nachkommen der alten Einwohner übrig seien, und oft haben Reisende geschrieben, daß die Bevölkerung jenseits der Tiber in ihrer Gesichtsbildung genau den römischen Soldaten auf der Trajansäule und andern alten Monumenten gleiche.

Auch angenommen, daß diese hinreichend deutlich, oder richtig genug abgebildet sind, um eine solche Vergleichung zu gestatten, so müßte ich doch gestehen, daß es eines der schlechtesten Kriterien wäre, die man sich denken könnte. Denn eine auch nur oberflächliche Bekanntschaft mit der römischen Kunst wird Jeden überzeugen, daß auf allen historischen Denkmälern, wo nicht geradezu Porträte beabsichtigt wurden, alle Figuren nach der griechischen Form gebildet sind und zur Bestimmung der Physiognomie der alten Einwohner keinen Leitfaden an die Hand geben können. Aber betrachten Sie die Sarkophage, auf welchen die Brustbilder der Verstorbenen in erhabener Arbeit eingegraben oder in den auf dem Deckel ruhenden Statuen ausgehauen sind; oder prüfen Sie die Reihe kaiserlicher Brustbilder im Capitolium, und unfehlbar müssen Sie einen auffallenden Typus entdecken, der von dem bekränzten Bilde auf Scipio's Grab bis zu Trajan oder Vespasian sich gleich bleibt, nämlich einen breiten, flachen Kopf, eine niedrige, weite Stirne, ein in der Kindheit plumpes und rundes, später breites und viereckiges Gesicht, einen kurzen, dicken Nacken und starken, breiten Körperbau: ein Typus, der gänzlich im Widerspruche steht mit dem, was man gewöhnlich als römische Gesichtsbildung betrachtet. Wir brauchen nicht weit zu gehen, um ihre Nachkommen zu finden: jeden Tag kann man ihnen auf den Straßen begegnen, besonders unter den Bürgern oder der Mittelklasse, dem unveränderlichsten Theile jeder Bevölkerung. Der Kontrast zwischen den wirklichen Gesichtern der Römer und ihrem idealen Typus in der Kunst ist vielleicht nirgends so leicht kenntlich, als in den Skulpturen des Titusbogens. Die verschiedenen Soldaten, die auf beiden Seiten dargestellt sind, gleichen einander so genau, daß man, wären sie nicht in Stein gehauen, vermuthen könnte, sie seien alle in einer Form gegossen. Das ganze Profil, besonders der halb geöffnete Mund, zeigt, daß der Künstler eine Regel, eine bestimmte Form hatte, von der er nicht abweichen wollte. Mit dieser aber steht der Kaiser auf seinem Siegeswagen im schroffsten Gegensatze: seine ganze Bildung ist nach einem andern Typus geformt, und obwohl die Gesichtszüge ganz ausgelöscht sind, so ist doch genug von dem Umrisse übrig, um das dicke, plumpe Gesicht und den massigen Kopf eines wahren Römers zu zeigen.

§. 46.
Der Nationaltypus in der Kunst.

Diese Bemerkungen mögen uns lehren, nur mit großer Behutsamkeit von Werken, die dem höhern Gebiete der Kunst angehören, auf charakteristische Formen zu schließen. Keine Nation ist lange im Besitze der Kunst der Darstellung, ohne sich selbst einen idealen Typus zu bilden; und diese Behutsamkeit sollte nothwendig verdoppelt werden, wo die Künste und ihre Typen entlehnt sind. Selbst die Aegyptier hatten ihr Ideal der Schönheit so gut als die Griechen, und Champollion pflegte, zum Schrecken aller rein klassischen Künstler, in Entzücken zu gerathen über die Reinheit der Züge und Formen an einigen ägyptischen Statuen. Und alle Jene müssen ihm Recht geben, welche sie als die Vollendung derjenigen Principien betrachten, welche, ohne natürlich über den Nationaltypus der lebendigen Formen hinauszugehen, den

Geist eines bestimmten Volkes leiteten und zu einer der frühesten Offenbarungen der Kunst führten. Eine zu geringe Beachtung dieser Erwägungen verleitete Blumenbach zu der schon in der letzten Vorlesung erwähnten Einbildung, daß in Aegypten verschiedene Menschenrassen gewesen sein müssen, während die vereinzelten Proben verschiedener Physiognomien, die er vorbringt, nur den Unterschied zwischen einer rohern und idealischern Periode des Styls zu verrathen scheinen. Bei einer andern Gelegenheit fällt er in einen ähnlichen Irrthum. Die Köpfe auf den atheniensischen Tetradrachmen haben nach seiner Meinung mit den Werken aus dem Zeitalter des Perikles nichts gemein und nähern sich in ihren Zügen der ägyptischen Bildungsform.[1] Wenn wir sie aber mit den äginetischen Marmoren[2] vergleichen, werden wir eine auffallende Charakterähnlichkeit entdecken; sie haben alle denselben schielenden oder lachenden Ausdruck, der diesen frühern Werken so eigenthümlich ist. Doch wird sich Niemand beikommen lassen, sie für etwas anderes, als rein griechisch zu halten. Sie zeigen in der That, eben in ihrer weiten Entfernung von den vollkommenen Werken einer spätern Periode, wie bald eine gleichförmige Regel oder Norm in die Kunst eindringt und ihr nothwendiges Princip wird. Cockerell hat bemerkt, daß an den äginetischen Marmoren „durchaus ein Gesetz der Proportion und ein System anatomischen Ausdruckes sichtbar ist,"[3] und Thiersch ist einverstanden mit Wagner's Bemerkung, daß, obwohl die Kunst sich in andern Beziehungen

---

[1] „Specimen historiae naturalis antiquae artis operibus illustratae." Goetting. 1808. p. 11.

[2] Die Statuensammlung, welche den Tempel des Jupiter Panhellenius auf der Insel Aegina schmückte; Thorwaldsen hat sie zu Rom meisterhaft ergänzt, und sie machen jetzt die vorzüglichste Zierde der prachtvollen Glyptothek in München aus.

[3] Im „Journal of Science and the Arts." 1819. Vol. VI. p. 338.

weiter ausbildete und alle Grazie der Form in diese Schule Eingang fand, die Gesichtszüge doch unverändert blieben.[1]) So ist in der That nicht nur in der äginetischen, sondern auch in jeder andern griechischen Schule, von den flüchtig eingegrabenen Figuren auf den griechischen oder sogenannten etruskischen Vasen bis zu den Skulpturen auf dem Parthenon Eine Regel, Ein Ideal des Schönen, das nirgends verkannt werden kann, und kein Zweifel kann obwalten, daß man die abstrakte Form von den Nationalzügen hernahm, als deren gereinigte Darstellung man sie betrachten darf. Und so kann in manchem Betrachte die Kunst, wo sie einheimisch und national ist, von mittelbarem Nutzen sein, um uns, selbst in ihren heroischen und mythologischen Figuren, den Charakter des Volkes darzustellen.

§. 47.
Einfluß der Nationalvorstellungen auf das Ideal moralischer Vollkommenheit.

Nachdem wir nun so weit von dem Gegenstande unserer Untersuchung Schritt für Schritt abgewichen sind, erlauben Sie mir, noch ein wenig weiter zu gehen, um eine moralische Nutzanwendung zu verfolgen, die uns diese Bemerkungen darbieten und die uns vielleicht wieder auf unser Thema zurückführen wird. Wenn keine Nation, keine Menschenfamilie zum Behufe ihres Typus idealischer Vollendung in der Schönheit der Form von ihren eigenen physischen Eigenthümlichkeiten abgehen konnte: wenn der Aegypter niemals im Stande war,

---

[1]) „Von der Minerva an bis zum letzten der Krieger sehen sich alle ähnlich und scheinen insgesammt leibliche Brüder und Schwestern zu sein, ohne den geringsten Ausdruck von Leidenschaft. Zwischen Siegern und Besiegten, zwischen Gottheit und Menschheit, ist nicht der geringste Unterschied zu bemerken." Ueber die Epochen der bildenden Kunst unter den Griechen. München 1819. 2te Abhandlung. S. 59.

durch irgend eine Abstraction einen Kunststyl zu erzeugen, worin die Farbe, der Bau und die Gesichtszüge seiner Gottheit rein europäisch wären, noch auch der Grieche seinem Helden die braungelbe Farbe, die enggeschlitzten Augen und vorstehenden Lippen des Aegypters geben konnte — denn jeder mußte das andere für Unförmlichkeit halten —: so konnten auch weder sie, noch die Menschen irgend einer Nation sich ein Ideal, ein Gesetz moralischer Charaktervollkommenheit bilden, das nicht aus dem hervorging, was gerade ihnen das Schönste und Vollkommenste schien. Ein Hindu kann sich seinen brahmanischen Heiligen nicht anders denken, als im vollkommenen Besitze der Enthaltsamkeit, des Schweigens, der Härte und der kleinlichen Genauigkeit in jeder unbedeutenden Pflicht, die er an seinen lebenden Mustern in verschiedenem Grade bewundert. Plato's Sokrates, die Vollendung des philosophischen Charakters, ist aus ganz griechischen Elementen zusammengesetzt und bildet einen Inbegriff aller jener Tugenden, welche die Lehren seiner Schule zur Zierde eines Mannes für nothwendig erachteten.

§. 48.
Anwendung auf die Authenticität des Evangeliums und die Vollkommenheit des Charakters Jesu.

Nun erschien mir dieß oft als der stärkste innere Beweis einer höhern Autorität, die der Geschichte des Evangeliums aufgedrückt ist, daß der heilige und vollkommene Charakter, den sie schildert, von jedem Typus moralischer Vollkommenheit, den die Verfasser desselben sich vorstellen konnten, nicht nur verschieden, sondern ihm geradezu entgegengesetzt ist. Wir haben in den Schriften der Rabbinen reichlichen Stoff, um uns das Vorbild des vollkommenen jüdischen Lehrers zu bilden: wir haben die Reden und Thaten Hillel's und Gamaliel's und des Rabbi Samuel, alle vielleicht großentheils erfunden, alle aber gezeichnet mit dem Gepräge der Nationalideen, alle geformt nach einer Regel eingebildeter Vollkommenheit. Doch kann nichts weiter von einander abstehen, als ihre Gedanken, Grundsätze, Handlungen und Charaktere von denen unseres Erlösers. Liebhaber zänkischer Controversen und Verfechter verfänglicher Paradoxen, eifersüchtige Streiter für ihre ausschließlichen Nationalprivilegien, feurige, rücksichtslose Kämpfer für das letzte Tüpflein im Gesetze und sophistische Umgeher seines Geistes, — so sind größtentheils diese großen Männer, genau das Seitenstück und der Widerschein jener Schriftgelehrten und Pharisäer, die als der gerade Widerspruch gegen die Grundsätze des Evangeliums so hart getadelt werden.

Wie kamen nun Männer, die nicht einmal auf Bildung Anspruch hatten, auf den Gedanken, einen Charakter zu schildern, der in jeder Rücksicht von ihrem Nationaltypus abweicht und mit allen jenen Zügen im Widerspruche steht, welche Sitte, Erziehung, Patriotismus, Religion und Natur als die allerschönsten geheiligt zu haben schienen? Und die Schwierigkeit, solch einen Charakter als eine Erfindung von Menschen zu betrachten, wie einige sich gottloser Weise einbildeten, vermehrt sich noch, wenn wir beachten, wie Schriftsteller, welche verschiedene Thatsachen erzählen, wie z. B. Matthäus und Johannes, uns nichts desto weniger zu derselben Darstellung und Auffassung führen. Indeß haben wir, meines Erachtens, hierin einen Schlüssel zur Lösung jeder Schwierigkeit. Denn denken wir uns, man trüge zwei Künstlern auf, ein Bild zu schaffen, das ihre Ideen von vollkommener Schönheit verwirklichte, und beide lieferten Figuren, die gleicherweise nach einem neuen, von Allem, was bisher in diesem Lande gesehen wurde, abweichenden Typus gebildet und doch zugleich sich einander vollkommen ähnlich wären; so würde sicherlich die Erzählung einer solchen Thatsache ganz unglaublich scheinen, außer man nähme an, daß beide ein und dasselbe Original copirten.

Dieß muß also auch hier der Fall sein: auch die Evangelisten müssen das Bild, das sie entwerfen, nach dem Leben gezeichnet haben, und die Uebereinstimmung der moralischen Züge, die sie ihm geben, kann nur von der Genauigkeit herrühren, mit welcher jeder sie nachbildete. Doch dieses erhöht nur unser geheimnißvolles Wunder. Denn gewiß war Er nicht wie die übrigen Menschen, der sich im Charakter so sehr losmachen konnte von dem, was Alle, die ihn umgaben, Alle, die ihn lehrten, für das Schönste und Bewunderungswürdigste hielten; der, obwohl er sich über alle Nationalvorstellungen von moralischer Vollkommenheit hinwegsetzte, doch nichts von den Griechen, Indiern, Aegyptern oder Römern entlehnte; der, während er so nichts gemein hatte mit irgend einem bekannten Charaktertypus, mit irgend einem feststehenden Gesetze der Vollkommenheit, dennoch einem jeden als der Typus seiner Lieblings-Vorzüge erschien.¹) Und fürwahr, wenn wir sehen, wie er dem Griechen, obwohl keiner von den Gründern seiner Sekten, Gegenstand der Nachahmung, — dem Brahmanen, obwohl ihm von Männern aus der Fischerkaste gepredigt, Gegenstand der Verehrung, — dem rothen Canadier, obwohl der verhaßten, weißen Rasse angehörig, Gegenstand der Anbetung sein kann: so können wir unmöglich seine Bestimmnng verkennen, alle Verschiedenheit der Farbe, Gestalt, Gesichtsbildung und der Sitten aufzuheben, in sich selbst den Typus der Einheit, zu dem alle Adamskinder gehören, auszubilden, und uns in der Möglichkeit dieser moralischen Vereinigung den stärksten Beweis zu geben, daß das menschliche Geschlecht in all seiner Mannigfaltigkeit doch wesentlich Eines ist.

¹) *Διάφοροι δὲ φύσεις βροτῶν,*
    διάτροποι δὲ τρόποις· ὁ δ' ὀρθός
    ἐσθλὸν σαφὲς αἰεί.
Mannigfaltig ist Menschennatur,
Vielgestaltet an Art; doch überall gilt
Als etwas Edles der rechtschaffne Mann.
                          Euripid. Iphig. Aul. 559.

Fünfter Vortrag:
Ueber
die Naturwissenschaften.

I. Abtheilung.

„In allen wissenschaftlichen Bestrebungen," sagt der liebenswürdige Philosoph Fronto, „halte ich es für besser, ganz unwissend und ungelehrt zu sein, als halbwissend und halbgelehrt. Auch in Beziehung auf die Philosophie ist es, wie man sagt, besser, sie ganz unberührt zu lassen, als nur mit den äußersten Lippen zu verkosten: und diejenigen werden die Schlimmsten, welche, nachdem sie nur in der Vorhalle der Wissenschaft gestanden, fortgehen, ehe sie eingetreten sind." [1] Nichts hat die Richtigkeit dieser Bemerkungen so sehr bestätigt,

---

[1] „Omnium artium, ut ego arbitror, imperitum et indoctum esse praestat, quam semiperitum et semidoctum. Philosophiae quoque disciplinas ajunt satius esse nunquam attigisse, quam leviter et primoribus ut dicitur labiis delibasse; eosque provenire malitiosissimos, qui in vestibulo artis obversati, prius inde averterint quam intraverint." Ad M. Caes. Romae 1823. Lib. IV. ep. 3. p. 91.

als der Zusammenhang zwischen den Naturwissenschaften und der geoffenbarten Religion. Die Bosheit oberflächlicher Männer, die entweder nicht den Muth oder nicht die Geduld hatten, in das Heiligthum der Natur einzudringen, war es, die aus ihren Gesetzen Einwürfe gegen geoffenbarte Wahrheiten hernahm. Wären sie kühn vorgeschritten, so würden sie, wie in den Grottentempeln Indiens und Idumeas, entdeckt haben, daß die Tiefen, welche zur Verhüllung der dunkelsten Geheimnisse dienen, am ehesten zu Orten der tiefsten Anbetung werden.

Die Naturwissenschaften, die wir jetzt zu behandeln haben, kommen gewöhnlich dadurch in Verbindung mit der Religion, daß sie die Grundlage der sogenannten natürlichen Theologie bilden, indem sie nämlich die **Weisheit** und **Güte Gottes** in den Werken der Schöpfung deutlich zeigen und das Dasein einer ordnenden Vorsehung in Bau und Lenkung des Weltalls nachweisen. Die eigentliche Bestimmung der Vorträge, die ich unternommen, verbietet mir, in die Betrachtung dieses Zusammenhanges mich einzulassen, und wenn auch Mangel an hinreichendem Stoffe für mein vorgesetztes Unternehmen mich bestimmen könnte, diesen Boden zu betreten, so würde doch die ebenso umfassende und interessante, als gelehrte und geistvolle Weise, in welcher neuerdings die Bridgewater-Bücher diesen Zweig der Religionswissenschaft behandelt haben, mich davon abschrecken. Wenn wir uns daher nach unserm Vornehmen auf den Zusammenhang zwischen Wissenschaft und **geoffenbarter** Religion beschränken, so werden wir finden, daß der letztbesprochene Gegenstand uns ganz natürlich auf die Betrachtung der etwaigen Verbindung zwischen philosophischen Untersuchungen und den in der heiligen Schrift erzählten Thatsachen leitet. Denn wir können in Wahrheit sagen, daß wir bei dem Versuche, die Einheit des Menschengeschlechtes festzustellen, uns in mannigfache physiologische Speculationen verwickelt fanden und die Wirkung natürlicher Ursachen auf die physische Organisation des Menschen zu beleuchten hatten.

Dieß möchte uns in das Gebiet der Medicin zu leiten scheinen, und so sonderbar es Ihnen auch vorkommen mag, so gedenke ich doch, Sie durch dieselbe in die Naturwissenschaften überzuführen.

§. 1.
I. Die Medicin.

Sie werden wahrscheinlich fragen, welches Licht der Fortschritt der Medicin auf die Wahrheiten der Religion werfen könne. Vielleicht nicht viel, wenn wir sie als ein Aggregat von Grundsätzen betrachten, die in jeder Schule anders sind, oder als eine Reihenfolge von Theorien, die miteinander im größten Widerspruche stehen und nicht oft zu einer Beleuchtung heiliger Lehren angewendet wurden. Aber in einzelnen Fällen, bei der Prüfung bestimmter Thatsachen, wo die Wissenschaft zuerst von den Gegnern unserer Religion in Anspruch genommen wurde, ist durch eine tiefere und gelehrtere Erörterung, ausschließlich auf wissenschaftliche Grundlage gebaut, das Werk der Widerlegung erfolgreicher und erschöpfender zum Abschlusse gebracht worden, als die bloße Theologie es vermocht hätte. Ich will ein einziges Beispiel auswählen, wo oberflächliche ärztliche Beobachtung zur Läugnung, und später eine gründlichere Gelehrsamkeit zur vollständigen Vertheidigung eines wichtigen Theiles der Beweise für das Christenthum angewendet wurde.

§. 2.
Allgemeine Bemerkungen über die Zuläßigkeit der Erörterung solcher Einwürfe.

Ich muß jedoch einige Bemerkungen vorausschicken, die ebensowohl bei andern Fällen in künftigen Vorträgen, als bei dem gegenwärtigen Anwendung finden können. Ist es nützlich, möchte man fragen, oder ist es räthlich, Ihnen Einwürfe gegen heilige, göttliche Wahrheiten vorzuführen, die Ihnen gegenüber noch niemals erhoben wurden und Ihnen vielleicht noch unbekannt sind? Würde es nicht besser sein, solche Beleuchtungen meines Gegenstandes zu vermeiden, welche Sie mit irreligiösen Erörterungen und freidenkerischen Behauptungen bekannt machen müssen, die in fremden Ländern ausgeheckt wurden, von dem Ihrigen aber völlig ausgeschlossen blieben? Spräche ich nicht zu einer wissenschaftlich gebildeten Versammlung, oder wären diese Vorträge zur Belehrung Solcher bestimmt, welche niemals, ich will nicht sagen, über ihr heimathliches Land, sondern über ihre heimathliche Literatur hinausgekommen sind, so wäre ich vielleicht geneigt, die Anregung solcher gefährlichen Fragen zu vermeiden. Oder wäre die rationalistische Philosophie des Continents von so verführerischer Art, daß sie die spielende Einbildungskraft bezauberte und den unbehutsamen Forscher gefangen nähme: so würde ich es für meine Pflicht halten, den Eingang zu diesen Zaubergärten eher zu schließen, als zu öffnen. Aber die Sache verhält sich in beiden Beziehungen anders. Denn für's Erste wissen Alle im Allgemeinen, daß viele solche seltsame Meinungen und thörichte Einwürfe in Frankreich und Deutschland von Solchen, die sich den Namen Philosophen anmaßten, erhoben wurden: und Jeder, der auch nur oberflächlich mit der Literargeschichte dieser beiden Länder während der letzten fünfzig Jahre bekannt ist, kennt die Namen derjenigen, die an dem unheiligen Werke arbeiteten. Nun besorge ich, der allgemeine Eindruck der Kunde, daß gelehrte und talentvolle Männer das Christenthum verworfen haben, als unverträglich mit ihren wissenschaftlichen Entdeckungen und Forschungen, möchte viel gefährlicher sein, als die eigentliche Prüfung der Gründe, auf welche sie im Besondern ihre Verwerfung bauten. Ein scharfsinniger Kritiker hat bemerkt, es sei zu bedauern, daß die Schriften Julians des Abtrünnigen verloren gegangen seien, indem es interessant gewesen sein müßte, zu sehen, was ein so gelehrter und geistreicher Mann dem Christenthume vorwerfen konnte. Diese Art von Muthmaßung und Bedauern ist tausendmal schädlicher, als die Werke selbst nur immer sein könnten: denn aus den Proben von Julians Raisonnement, die uns bei Cyrillus aufbehalten sind, erhellt klar, daß seine Einwürfe von der geringfügigsten Art waren. Wenn ich Ihnen daher Einwürfe von Freidenkern vorlege, mit denen Sie zuvor unbekannt waren, aber zugleich auch die befriedigenden Widerlegungen, mit denen man ihnen begegnete und sie zurückschlug, so hoffe ich, die Besorgniß, die oft aus einer unbestimmten und dunklen Ahnung der Gefahr hervorgeht, eher zu verringern, als zu vergrößern. Auch darf ich nicht fürchten, daß sich Jemand leicht durch das, was ich sagen werde, zu einem gefährlichen Grübeln in verbotenen Untersuchungen werde verlocken lassen: denn die Schriftsteller, mit denen ich hauptsächlich zu thun haben werde, sind der Art, daß es einen entschiedenen Gelehrten fordert, um mit ihnen anzubinden, und einen ernsthaftern Beweggrund — sei er gut oder schlecht — als bloße Neugierde, um bei ihrer Lesung die Geduld nicht zu verlieren.

§. 3.
Läugnung des Todes und der Auferstehung Christi aus medicinischen Gründen.

Dieß vorausgeschickt, kehre ich zurück mit der Bemerkung, daß der Punkt, von dem ich sagte, daß er von oberflächlichen Forschern aus medicinischen Gründen angegriffen worden sei, kein anderer ist, als der Tod und die Auferstehung unseres Heilands. Weil der heilige Paulus diese für eine der Hauptstützen unseres Glaubens hält, ohne die seine Predigt eitel sein würde, so haben, wie Sie wissen, die Feinde des Christenthums in alter und neuer Zeit keine Kunst unversucht gelassen, um diesen Grundstein unseres Glaubens zu erschüttern. Jeder anscheinende Widerspruch in der Erzählung der Apostel wurde eifrig aufgegriffen, um sie zu widerlegen; aber der geradeste Weg, auf dem sie in alter und neuer Zeit angegriffen wurde, ist der Versuch, die Wirklichkeit des Todes unseres Erlösers in Zweifel zu setzen. Aus dem Ernste, mit dem Johannes bei den letzten Ereignissen seines Lebens zu verweilen scheint, und aus den starken Betheurungen, mit denen er versichert, daß er selbst Augenzeuge von dem Durchstechen seiner Seite gewesen sei,[1] erhellt deutlich, daß bereits zu seiner Zeit dieses erhabene, wichtige Ereigniß in Frage gestellt worden ist. Nicht einen Augenblick will ich bei den rohen, empörenden Blasphemieen einiger Schriftsteller des vorigen Jahrhunderts verweilen, die gefühllos und gottlos unserm Herrn und Heiland Schuld gaben, sich am Kreuze todt gestellt zu haben;[2] solch ungeheure Gottlosigkeit findet ihre Widerlegung in ihrer eigenen Abgeschmacktheit. Aber neuere Ungläubige, die es nicht wagen, die Tugend und Heiligkeit Christi zu läugnen, während sie seine Wunder zu rein natürlichen Ereignissen machen wollen, haben einen feinern Weg zur Erklärung seiner Auferstehung gewählt, in der Erfindung, daß er, aus medicinischen Gründen, am Kreuze nicht gestorben sein könne, sondern in einem Zustande von Ohnmacht oder Asphyxie abgenommen worden sein müsse. Paulus, Damm und Andere bekennen sich zu dieser Meinung und unterstützen sie durch sehr scheinbare Gründe. Es ist gewiß, sagen sie, daß nach dem Zeugnisse des Josephus und anderer alten Schriftsteller gekreuzigte Personen drei, ja sogar neun Tage am Kreuze lebten; darum finden wir auch, daß die beiden, welche das Urtheil des Erlösers theilten, am

---

[1] Joh. XIX, 34. 35. vgl. I. Joh. I, 3. Sieh des Bischofs von Salisbury: „Letter tho the Rev. T. Benyon." 1829. p. 26.

[2] Eine Widerlegung dieser Gottlosigkeit s. in Süßkind's „Magazin für christliche Dogmatik." H. 9. S. 158.

Abende noch nicht todt waren, und daß Pilatus ohne das ausdrückliche Zeugniß des Hauptmannes nicht glauben wollte, daß er so schnell gestorben sein könne.[1]) Auf der andern Seite aber ist nichts wahrscheinlicher, als daß Anstrengung, Seelenangst und Blutverlust Erschöpfung und Ohnmacht hervorbrachten; in diesem Zustande wird der Erlöser zur Verfügung seiner gläubigen Freunde gestellt, die seine Wunden mit Spezereien pflegen und ihn in einem stillen und wohl bewachten Grabgewölbe der Ruhe überlassen. Hier erhält er bald wieder das erloschene Bewußtsein und kehrt zu seinen Freunden zurück. In Beziehung auf die Wachsamkeit seiner eifrigen Feinde werden andere Beispiele angeführt, wo dieselbe getäuscht wurde, wie z. B. der heilige Paulus, der für todt liegen blieb, nachdem er in Lystra war gesteinigt worden: oder der heilige Sebastian, der, nachdem mit Pfeilen auf ihn geschossen worden war, von den Christen geheilt wurde. Den Lanzenstich in die Seite des Heilands umgeht man, indem man sagt, daß das im Griechischen gebrauchte Zeitwort (νύττειν) eher schürfen, oberflächlich verwunden bedeute, als den Leib durchbohren. Und so kommt nun nach ihrer Ansicht in der Geschichte seines Leidens kein Grund vor, einen wirklich erfolgten Tod anzunehmen.

§. 4.
Beweis für die Wirklichkeit des Todes Christi aus medicinischen Gründen.

Wären die Theologen zur Widerlegung dieser scheinbaren, oberflächlichen Beweisführung sich selbst überlassen gewesen, ohne Zweifel wäre ihre eigene Wissenschaft dem Geschäfte vollkommen gewachsen gewesen. Sie hätten genug Irrthümer in den Behauptungen und eine übermäßige Freiheit in den

---

[1]) S. Justus Lipsius, „De Cruce." Lib. II. c. 12. Josephus, „Cont. Apion." p. 1031.

Voraussetzungen dieser Schriftsteller finden können, um sie vollständig zu widerlegen. Aber es war viel angemessener, daß eben dieselbe Wissenschaft, welche zur Befehdung der Religion in Dienst genommen worden war, vermocht wurde, die gehässige Zumuthung von sich abzuweisen und es über sich zu nehmen, die Einwürfe, die man aus ihren eigenen Grundsätzen herzunehmen behauptete, entscheidend zu widerlegen.

Mehrere ausgezeichnete Schriftsteller hatten sich mit der Physiologie des Leidens unseres Heilandes, um mich so auszudrücken, beschäftigt, bevor man noch diese Weise des Angriffes versucht hatte: so Scheuchzer, Mead, Bartholinus, Vogler, Triller, Richter und Eschenbach. Aber eine viel gründlichere und wissenschaftlichere Untersuchung wurde von den beiden Gruner, Vater und Sohn, angestellt, von denen der letztere zuerst darüber nach dem Rathe und unter der Leitung seines Vaters schrieb. Diese verschiedenen Schriftsteller haben Alles gesammelt, was medicinische Analogieen zur Feststellung der Art und Weise des Leidens unseres Heilands und der Wirklichkeit seines Todes beitragen konnten.

Sie haben gezeigt, daß die Qualen der Kreuzigung an sich fürchterlich waren, nicht bloß wegen der äußerlichen Wunden und der peinlichen Lage des Körpers, oder auch wegen des kalten Brandes, welchen die unmittelbare Einwirkung der Sonnenhitze nothwendig zur Folge haben mußte, sondern auch wegen der Wirkung dieser Lage auf den Kreislauf und andere regelmäßige Lebensfunctionen. Der Druck auf die Hauptarterie oder Aorta mußte, nach Richter, den freien Lauf des Blutes hindern: und indem er sie außer Stand setzte, alles Blut, das ihr aus der linken Herzkammer zuströmte, aufzunehmen, mußte er die Rückkehr des Blutes aus den Lungen hemmen. Durch diese Umstände mußte in der rechten Herzkammer eine Congestion und Spannung entstehen, „unerträglicher als alle Pein, und als der Tod selbst." „Die Venen und Arterien der Lunge, so wie die übrigen um das Herz und die Brust," fügt er hinzu, „mußten durch die Ueberfülle des Blutes, das hier zusammenströmte und sich anhäufte, entsetzliches körperliches Leiden zu der Seelenangst hinzufügen, die aus der übermächtigen Last unserer Sünden hervorging." [1] Allein dieses allgemeine Leiden mußte auf verschiedene Individuen einen verschiedenen Eindruck machen, und wie Karl Gruner richtig bemerkt, mußte der Erfolg, den es an zwei abgehärteten, wilden Räubern hatte, die eben frisch aus dem Gefängnisse kamen, natürlich ein ganz anderer sein, als der, welcher sich an unserm Heiland zeigte, dessen Bau und Gemüthsart von gerade entgegengesetzter Beschaffenheit war; der schon zuvor eine Nacht voll Qualen und unausgesetzter Mühsal ausgestanden; der in geistigem Kampfe gerungen, bis eine der seltensten Erscheinungen, blutiger Schweiß hervortrat, der im höchsten Grade alle geistige Schärfung seiner Strafe, ihre Schande und Schmach, und die Betrübniß seiner heiligen Mutter und einiger gläubigen Freunde fühlen mußte. [2] Dazu hätte er noch andere Erwägungen hinzufügen können, z. B. daß der Erlöser offenbar mehr geschwächt war, als Andere in ähnlichen Umständen, indem er ja nicht stark genug war, sein Kreuz zu tragen, wozu sonst Missethäter, die zur Hinrichtung geführt wurden, immer im Stande waren. Und wenn unsere Gegner annehmen, daß unser Herr nur in eine Ohnmacht gefallen sei in Folge der Erschöpfung, so haben sie offenbar kein Recht, dieß aus andern Fällen zu schließen: denn in denselben fand gerade dieses nicht statt. Der jüngere Gruner geht genau in alle, auch die geringfügigsten Umstände des Leidens ein und untersucht sie als Gegenstände der gerichtlichen Medicin; besonders zieht er den Stoß der Lanze des

---

[1] Georgii G. Richteri „Dissertationes quatuor medicae." Goetting. 1775. p. 57.

[2] Caroli Fried. Gruneri „Commentatio antiquaria medica de Jesu Christi morte vera non simulata." Halae 1805. p. 30—36.

Soldaten in Betracht. Er zeigt die große Wahrscheinlichkeit, daß die Wunde in der linken Seite von unten schief aufwärts ging; er beweist, daß man doch gewiß annehmen dürfe, ein solcher Stoß, geführt von dem starken Arme eines römischen Soldaten, mit einer kurzen Lanze — denn das Kreuz war nicht hoch über den Boden erhöht — müsse unter jeder Voraussetzung eine tödtliche Wunde verursacht haben.[1] Bis zu diesem Augenblicke, meint er, könne der Erlöser noch schwach am Leben gewesen sein, da sonst das Blut nicht mehr geflossen wäre, und der laute Schrei, den er ausstieß, auf eine Ohnmacht hinweist, die aus einem zu großen Blutandrange nach dem Herzen entstand. Aber diese Wunde, die, wie er aus dem Fließen des Blutes und Wassers schließt, in die Brusthöhle ging, mußte nach seiner Meinung nothwendig tödtlich sein.[2] Sein Vater, Christian Gruner, betritt denselben Kampfplatz und beantwortet Schritt für Schritt die neuen Einwürfe eines anonymen Gegners. Er zeigt, daß die Worte, welche Johannes gebraucht, um die mit der Lanze versetzte Wunde auszudrücken, oft gebraucht werden, um eine tödtliche Verwundung zu bezeichnen;[3] er beweist, daß, wenn man auch annehme,

---

[1] S. 40—45.

[2] S. 37. Tirinus und andere Commentatoren, so wie auch viele Aerzte, als die Gruner, Bartholinus, Triller und Eschenbach, nahmen an, daß dieß Wasser Lymphe aus dem Herzbeutel war. Vogler in seiner „Physiologia historiae passionis." Helmst. 1693. p. 41. nimmt es für Blutwasser, das sich vom Blute ausschied. Aber aus der Weise, wie Johannes diesen geheimnißvollen Strom beschreibt und aus der Uebereinstimmung des ganzen Alterthums müssen wir etwas Höheres, als ein bloß natürliches Ereigniß annehmen. Richter bemerkt, daß der starke Strom von Wasser und Blut, „non ut in mortuis fieri solet, lentum et grumosum, sed calentem adhuc et flexibilem, tamquam ex calentissimo misericordiae fonte," als übernatürlich und tief symbolisch betrachtet werden müsse (p. 52).

[3] „Vindiciae mortis Jesu Christi verae." Ibid. p. 77 sqq Ein Umstand, den keiner dieser Schriftsteller bemerkt hat, scheint mir den

Christus sei anfangs nur scheintodt gewesen, doch schon eine leichte Wunde tödtlich gewesen wäre, weil in einer Ohnmacht, die aus Blutverlust entstünde, schon eine Aderläß dafür angesehen würde;[1]) und daß endlich die Spezereien und Salben, mit denen er einbalsamirt wurde, und das verschlossene Grabgewölbe, weit entfernt, einen Ohnmächtigen zu sich selbst zu bringen, das sicherste Mittel sein würden, den Scheintod in wirklichen Tod durch Erstickung zu verwandeln.[2]) Wir können auch noch Eschenbachs Bemerkung hinzufügen, daß kein sicher verbürgtes Beispiel von einer Ohnmacht vorhanden sei, die mehr als einen Tag dauerte, während sie hier drei Tage gewährt haben müßte;[3]) ferner würde auch diese Zeit nicht hingereicht haben, einen Körper, der die zerschmetternden Qualen der Kreuzigung und die Schwächung einer durch Blutverlust entstandenen Ohnmacht ausgestanden hatte, zu Kraft und Gesundheit wieder herzustellen.

Punkt von der Tiefe der Wunde zu entscheiden, und außer allen Zweifel zu setzen, daß die Wunde nicht oberflächlich sein konnte, sondern in die Brusthöhle eingedrungen sein muß. Unser Heiland macht einen Unterschied zwischen den Wunden seiner Hände und der seiner Seite, indem er will, daß Thomas die erstern mit dem Finger, die letztere durch Hineinlegung seiner Hand messe. (Joh. 20, 27.) Diese muß also äußerlich eine Breite von zwei oder drei Fingern gehabt haben. Nun aber mußte eine Lanze, die nur langsam gegen die Spitze hin zulief, um in dem Fleische eine Narbe oder einen Einschnitt von solcher Breite zurückzulassen, wenigstens vier oder fünf Zoll in den Leib eingedrungen sein, eine Annahme, die sich mit einer oberflächlichen Fleischwunde durchaus nicht verträgt. Natürlich ist dieser Beweis nur gegen Jene gültig, welche zwar die ganze Leidensgeschichte und die darauffolgenden Erscheinungen des Erlösers zugeben, aber die Wirklichkeit seines Todes läugnen, und zu diesen gehören die Gegner Gruners.

[1]) Pag. 67.
[2]) Pag. 70. Car. Gruner. p. 38.
[3]) „Scripta medico-biblica." Rostock 1779. p. 128.

§. 5.
Erzählung einer Kreuzigung nach dem Arabischen.

Ich kann bei dieser Gelegenheit einen Fall, der einige der vorhergehenden Bemerkungen bestätigen wird, nicht umgehen, um so mehr, da er noch in keine europäische Sprache übersetzt, und darum vielen Lesern, die an diesen Forschungen Antheil nehmen, wohl nicht leicht zugänglich ist. Ich meine die Erzählung von einem gekreuzigten Mameluken oder türkischen Sklaven, die Kosegarten aus einem arabischen Manuscripte, betitelt: „Die blumige Wiese und der duftende Wohlgeruch," herausgegeben hat. Die Erzählung fährt nach Anführung der Gewährsmänner, wie es im Arabischen gewöhnlich ist, folgendermassen fort: „Man sagt, daß er seinen Herrn aus irgend einem Grunde erschlagen hatte; und er wurde gekreuzigt an den Ufern des Flusses Barada unter der Burg von Damaskus, mit dem Angesichte gegen Osten gekehrt. Seine Hände, Arme und Füße waren angenagelt, und er blieb so von Freitag Mittags bis zu derselben Stunde am Sonntag, wo er starb. Er besaß eine merkwürdige Stärke und Tapferkeit; er war mit seinem Herrn im heiligen Kriege bei Askalon gewesen, wo er eine große Anzahl Franken erschlug: und da er noch sehr jung war, hatte er einen Löwen getödtet. Mehrere außerordentliche Dinge begegneten bei seiner Annagelung: wie daß er sich ohne Widerstand der Kreuzigung hingab und ohne Klagen seine Hände ausstreckte, die angenagelt wurden, und nach ihnen die Füße: er sah unterdessen zu ohne einen Seufzer zu thun oder das Gesicht zu verziehen oder seine Glieder zu bewegen." So sehen wir einen Mann, in der Blüthe seines Alters, ausgezeichnet durch Tapferkeit und Stärke, gewöhnt an kriegerische Beschwerden, ja so stark, daß es in einem andern Theile der Erzählung heißt: „er schüttelte seine Füße, bis er die Befestigung der Nägel locker machte, so daß er sie, wenn sie in dem Holze nicht wohl gesichert gewesen wären, herausgerissen hätte;" und doch konnte er das Leiden nicht länger als achtundvierzig Stunden aushalten. Aber der bedeutendste Umstand in dieser Geschichte, die Beleuchtung der biblischen Erzählung, die ich am meisten im Auge hatte, ist die Thatsache, die meines Wissens keiner von den Alten, die diese Strafe beschreiben, erwähnt hat, — daß die vorzüglichste Qual, die dieser Sklave ausstand, die des Durstes war, genau so, wie es in der Geschichte des Evangeliums erzählt wird.¹) Denn der arabische Erzähler fährt fort: "Ich habe dieß von Einem gehört, der Augenzeuge davon war; — und er blieb so bis er starb, geduldig und schweigend, ohne Klagen, sondern rings um sich sehend auf das Volk zur Rechten und zur Linken. Aber er bat um Wasser, und keines wurde ihm gegeben; und die Herzen des Volkes erweichten sich in Mitleid gegen ihn und in Erbarmen über ein Geschöpf Gottes, das, noch Jüngling, unter einer so schweren Heimsuchung litt. Unterdessen floß Wasser rings um ihn, und er sah darauf hin und sehnte sich nach einem Tropfen davon . . . . . . und er klagte über Durst den ganzen Tag; hierauf wurde er still: denn Gott gab ihm Stärke."²)

§. 6.
Anwendung derselben Beweisart auf andere Punkte.

Das Gesagte mag hinreichen, zu zeigen, daß unsere Nachbarn auf dem Continente ihre medicinischen Forschungen auch auf die Vertheidigung und Beleuchtung des Wortes

---

¹) Joh. 19, 28. Schon der Umstand, daß ein Getränk bereitet war, beweist dieß.

²) Kosegarten. "Chrestomathia Arabica." Lips. 1828. p. 63 —65. Im Verlaufe dieser Erzählung wird ein kleiner Umstand erwähnt,

Gottes gerichtet haben. Es gibt noch manchen andern Punkt, der nicht geringere Beachtung verdiente, manchen, der die Bemühung eines gelehrten Arztes wohl lohnen würde, wenn er sich geneigt fühlte, einen Theil seines Talentes und seiner Erfahrung der Vertheidigung und Zierde der Religion zu widmen. Ich bemerke nur Einen Punkt, der mir zu einem solchen Studium einzuladen scheint, da ich weiß, daß ich die Ehre habe, mehr als Einen, der diesem Geschäfte gewachsen wäre, unter meine Zuhörer zu zählen. Der Gegenstand, den ich meine, ist der Versuch Eichhorns, die plötzliche Erblindung des heiligen Paulus auf seinem Wege nach Damascus und seine Heilung durch Ananias aus natürlichen, medicinischen Beobachtungen zu erklären. Er hat eine Anzahl medicinischer Fälle gesammelt, um zu beweisen, daß es nur eine Amaurose war, durch den Blitz verursacht und heilbar durch Mittel der einfachsten Art, wie etwa die Auflegung der Hände auf das Haupt.[1]) Natürlich ist diese eben so abgeschmackte als gottlose Annahme mit leichten Gründen zu widerlegen; schon die Erwähnung des Umstandes, daß Ananias dem Saul sagte, er sei gekommen, sein Gesicht wieder herzustellen, beweist, daß er sich nicht auf natürliche Mittel verließ; denn zugegeben, daß die Amaurose zufällig durch solche einfache Mittel geheilt werden kann, so würde doch gewiß auch der geschickteste Augenarzt nicht wagen, ihren Erfolg vorher zu sagen und sich auf ihre Gewißheit zu verlassen. Deßungeachtet aber wäre es noch wünschenswerther, daß diese Geschichte, so unbezweifelt sie auch an sich selbst sein mag, von eben derselben Wissenschaft vertheidigt würde,

---

der einiges Licht auf das werfen könnte, was 2. Sam. 14, 26. von Absaloms Haar gesagt wird, indem sich daraus die Meinung bestätigt, daß das Gewicht ein anderer Ausdruck für den Werth ist. „Er war der schönste der Jünglinge und sehr schön von Gesicht und hatte das längste Haar, dessen Werth einige tausend Dirhems war." (S. 65.)

[1]) In seiner „Allgemeinen Bibliothek." Bd. 3. S. 13 ff.

von welcher sie bestritten worden ist, und daß zur Widerlegung von Eichhorns Läugnung dieses Wunders etwas von derselben Art geschrieben würde, wie es in Entgegnung auf die Blasphemieen Schusters und Paulus geschehen ist.

Es würde nicht schwer sein, zwischen der eben besprochenen Wissenschaft und derjenigen, zu welcher wir zunächst übergehen, nämlich der Geologie, Bindeglieder festzusetzen. Die Chemie z. B., die mit beiden in enger Verwandtschaft steht, möchte uns mehrfache, interessante Anwendungen gestatten. Aber ich übergehe sie, sowohl weil sie wahrscheinlich besser bekannt sind, als auch weil die Fülle des Stoffes, der uns vorliegt, für weniger wichtige Punkte nicht Zeit läßt. Ich eile daher fort zu einem möglichst flüchtigen Ueberblick über den Zusammenhang zwischen der Geologie und der heiligen Geschichte.

§. 7.

II. Die Geologie.

Man kann die Geologie in Wahrheit die Alterthumskunde der Natur nennen. So frisch und jung auch diese Macht uns entgegentritt, und so gewaltig in all ihren Wirkungen; so frei von allen Anzeichen eines Verfalles ihre Schönheit und Kraft scheinen mag: — doch hat sie auch ihre alten Zeiten, ihre frühern Tage wilden Kampfes und kühner Bestrebungen, und dann ihre Epochen stiller Ruhe und sanfter Ordnung. Die Sagen von all diesem nun hat sie auf unzählige Denkmäler eingeschrieben, die über das unbegrenzte Gebiet ihrer Herrschaft zerstreut sind, in Schriftzügen, welche die Wissenschaft des Menschen entziffern gelernt hat. Sie hat ihre Pyramiden in jenen Bergkegeln von bestrittener Bildung, die in allen Continenten sich erheben; — ihre mächtigen Wasserleitungen in den majestätischen Flüssen, die weite Gebiete gleichsam abschreiten, bald in die Tiefen der

Erde hinabsinkend, bald in friedlichem Strome in die Kammern des unermeßlichen Meeres fließend; — ihre Grenzmarken und örtlichen Denkmäler, um Zeiten und Räume ihrer Siege über die Kunst oder ihrer Niederlagen von einer mächtigern Gewalt als die ihrige zu bezeichnen; — ihre Cameen und geschnittenen Steine in den Abdrücken von Insecten oder Pflanzen auf Steinplatten; — und wir haben erst vor Kurzem auch noch ihre Grabstätten oder columbaria entdeckt, in jenen sonderbaren Höhlen, worin die Knochen früherer Geschlechter eingesargt, ja sogar von ihrer erhaltenden Hand einbalsamirt liegen, mit Zeugnissen und Belegen, wann sie lebten und wie sie starben. Und sogar über jene Zeiten hinaus können wir zurückgehen zu ihren Cyklopenmonumenten, ihren fabelhaften Zeitaltern

„der Hydern, der Gorgonen und Chimären,"

wo die Riesenmassen der ungeheuren Saurier und Megatherien über See und Land schwärmten; und Alles, was eine gespensterhafte Phantasie von ihren Gestalten nur hätte träumen können, finden wir mit Erstaunen in sichern Darstellungen auf zuverläßigen Monumenten geschildert.

§. 8.
Geschichte dieser Wissenschaft.
a) **Systeme zur Vertheidigung der mosaischen Erzählung.**

Von allen Wissenschaften war keine den willkührlichen Erfindungen des Geistes und der Einbildungskraft mehr preisgegeben, als die Geologie: keine hat einen so weiten Spielraum ausgesteckt für ideale Theorieen und luftige, wenn gleich glänzende Systeme, die für die widerstrebendsten Zwecke gebaut wurden. Indem wir die verschiedenen sogenannten Theorieen der Erde aufzählen, die sich während der zwei letzten Jahrhunderte bildeten, können wir sie füglich in drei Klassen eintheilen.

Die erste umfaßt diejenigen, welche die mosaische Kosmogonie oder Schöpfungsgeschichte und die Sündfluth als erwiesene Punkte annahmen und bei ihren Studien den Gesichtspunkt im Auge hatten, wirkliche Erscheinungen mit diesen Ereignissen in Uebereinstimmung zu bringen. In den frühern Werken dieser so wie jeder andern Klasse findet sich natürlich mehr Scharfsinn und Einbildungskraft, als Gründlichkeit der Untersuchung. Die ältern Theorieen sind es kaum werth, daß wir uns bei ihnen aufhalten; Burnet, Woodwart, Whiston und Hooke und viele Andere verdienen wegen ihres Eifers für die Sache der Religion viel Lob: allein nur geringen Ruhm können sie für wirkliche Dienste zu ihrer Unterstützung in Anspruch nehmen. Nichts war leichter, als zu zeigen, wie die Welt zuerst geschaffen, und wie sie von einer Wasserfluth zerstört wurde, wenn alle wirkenden Ursachen, die man dafür in Bewegung setzte, reine Annahmen und Erdichtungen aus dem Kopfe des Autors waren. Burnet nahm an, eine schwache Kruste habe die Erdoberfläche gebildet, und um die Zeit der Sündfluth habe eine Aenderung in der Richtung der Erdaxe stattgefunden. Diese angenommene Aenderung, — die von neuern Astronomen hinreichend widerlegt worden ist, — befreite das eingekerkerte Wasser von seinen schwachen Banden und verursachte, daß es die Erde überströmte. Whiston war noch poetischer. Er nahm an, unsere Erde habe vor Jahrtausenden durch den Raum geschweift,

"Eine irrende Masse gestaltloser Gluth,
Ein Komet ohne Pfad;" Byron.

bis, um die Zeit der mosaischen Schöpfung, ihr Lauf eingehemmt und sie aus dem Zustande ihres Umherschweifens zurückgerufen wurde, um von nun an die friedlichen Umwälzungen eines Planeten zu durchlaufen. Aber was geschah nun, um sie so bald wieder bei der Sündfluth in ihrer ordentlichen Bahn zu stören? Ein anderer Komet ist zur Hand, den die Rache des Allmächtigen auf die gottlose Welt losläßt:

„Die ausgestoß'ne Welt
Rollt donnernd rasch hinunter in den Raum,
Und ihre Meere spritzen auf in Schaum,
Und wirbeln zischend um sie her, wie Thau." Hogg.

In diesem Zustande schoß er auf unsere kleine Erdkugel herab, nahm sie in seine wässerige Atmosphäre auf und ertränkte und zerstörte sie mit einem Male.

Fürwahr, derartige Theorieen, die Voltaire veranlaßten, in seiner spöttischen Weise zu sagen, daß „die Philosophen sich ohne Umstände an Gottes Stelle setzen und die Welt nach ihrem Gefallen zerstören und erneuern," fügen der Sache der Religion wesentlichen Schaden zu, anstatt sie zu unterstützen. Denn, wie De la Beche bemerkt hat, wenn ein Fluß in seinem Bette gewaltsam anschwillt und eine Ueberschwemmung droht, so bewirken gerade die Brücken, die der Mensch schlug, um sicher über ihn hinzuschreiten, oder die Schleußen, die er baute, um ihn zu nützlichen Zwecken zu verwenden, eine gefährlichere Aufstauung seiner Gewässer und geben ihnen, wenn der schwache Damm, den sie ihnen entgegensetzen, durchbrochen ist, eine verderblichere Strömung;[1]) und ebenso können wir hier sagen, daß die künstlichen Mittel, zu denen man griff, um unbeschädigt über die vielleicht nur eingebildeten Gefahren dieser Wissenschaft wegzukommen und aus ihnen sogar einen Vortheil zu ziehen, diesen Gefahren vielmehr eine größere Gewalt gaben: ja, wie Dr. Knight bemerkt, als der Fortschritt der Wissenschaft sie umgeworfen hatte, schien sich von ihnen auf die Gegenstände, die sie beleuchten sollten, einige Mißgunst zu vererben.[2])

---

[1]) „A Geological Manual." 3rd edit. 1833. p. 65. „Handbuch der Geognosie von H. T. De la Beche. Nach der 2. Aufl. des engl. Originals bearbeitet von H. v. Dechen." Berl. 1832.

[2]) „Facts and Observations towards forming a New Theory of the Earth." Edinb. 1819. p. 262. Siehe auch: Conybeare and

Ungern sage ich etwas von noch lebenden Schriftstellern, wenn, wie es fast scheint, Arbeiten, die von einer feurigen Liebe zur Religion eingegeben und auf die uneigennützigsten Zwecke gerichtet sind, vom Tadel getroffen werden müssen. Aber ich bin überzeugt, daß der Sache der Religion keineswegs mit unreifen Theorieen gedient ist, noch auch mit Verwerfung von Thatsachen, die schon zu wiederholten Malen erwiesen wurden. Nur in aller Kürze muß ich die heftigen Angriffe berühren, welche Granville Penn auf Dr. Bucklands Entdeckungen und Beobachtungen betreffs der vorfluthlichen Ueberreste der Knochenhöhlen machte. Jedermann muß sich betroffen fühlen von der Art und Weise, wie er Umstände und Beweismittel von geringer und untergeordneter Bedeutung aufgreift und vermittels derselben die hauptsächlichern und wichtigern Ergebnisse läugnet. Fairholme befolgt so ziemlich dasselbe Verfahren: so haben z. B., bevor noch eine hinreichende Vergleichung der Beobachtungen angestellt war, einige Geologen das Mastodon ausschließlich als Einwohner von Amerika betrachtet; die Entdeckung der Knochen desselben in Europa reicht nun nach seiner Meinung hin, das ganze System der fossilen Thiere umzustoßen.[1] „Wenn wir schließen, daß es ausgestorbene Thiergattungen gibt, weil die ungeheuren Knochen der Saurier oder die abentheuerlichen Skelette der Pterodaktylen nichts Entsprechendes in der bekannten gegenwärtigen Welt finden, so ist dieß eine unberechtigte Fol=

Phillip's „Outline of the Geology of England." Lond. 1822. p. XLIX. und „Correspondance particuliére entre M. le Dr. Teller et J. A. de Luc." Hanov. 1803. p. 161. (Deutsch: „Sendschreiben an Teller." Hanov. 1802.)

[1] „Wir wissen, daß in Amerika die Ueberreste des Mastodon sowohl, als des Mammuth beständig auf demselben Grunde entdeckt wurden. Dieser Umstand allein wäre schon hinreichend, die ganze Theorie der Geologen umzustoßen, welche das Mastodon auf Amerika beschränken." „A general View of the Geology of Scripture." Lond. 1833. p. 368.

gerung; denn wir haben noch nicht alle Flüsse im Innern Afrikas durchforscht, und können folglich nicht wissen, ob nicht diese Thiere in ihrem Gebiete noch bestehen!" ¹)

Doch, weil ich eben bei diesem Gegenstande bin und Schriftsteller erwähne, die zuerst alle geologischen Thatsachen und Grundsätze zurückweisen, und dann die Geologie mit der mosaischen Erzählung zu vereinigen sich vermessen; die mit hartem Tadel gegen die Geologen verfahren, weil sie sich in ihrer Wissenschaft irgend eine Theorie bauen, und die doch sich selbst zwei bilden, eine für die Geologie und eine andere für die inspirirte Erzählung: so kann ich Einen Schriftsteller nicht übergehen, welcher, vielleicht phantastischer als alle Anderen, theils durch Declamation, theils durch Verdrehung, hauptsächlich aber durch Verkehrtheit der Beweisführung diese Wissenschaft als von Grund aus widerchristlich angreift und wenigstens alle ausländischen Geologen dem Anathem der wahren Gläubigen übergibt. Ich meine Dr. Croly's „göttliche Vorsehung," ein Buch, welches anzunehmen scheint, daß das Christenthum noch unerwiesen war, bis der Verfasser den wunderbaren Parallelismus entdeckte, welcher zwischen Abel und den Waldensern, Enoch und der Bibel („den zwei Propheten im Sackkleide"), Constantinus und Moses, den Reliquien der Apostel und den zwei goldenen Kälbern, Esra und Luther, Nehemias und dem Churfürsten von Sachsen stattfindet.²) Gewiß, ein solcher Phantast, der überdieß den Muth hatte, auf den Trümmern der frühern Auslegungen der Apokalypse eine neue grundlose Theorie zu erbauen, hätte sich zuvor bedenken sollen, ehe er eine Wissenschaft bespöttelte wegen der vielen Systeme, die ihre Pfleger ersannen. Die

---

¹) Pag. 366.
²) „Divino providence; or, the Three Cycles of Revelation." Lond. 1834. Vgl. die Vorrede mit diesen sonderbaren Vergleichungen. p. 549. 571. 581. etc.

verschiedenen philologischen und physikalischen Unrichtigkeiten in den Declamationen dieses Schriftstellers nachzuweisen,[1]) die falschen Ansichten, die er von den Bestrebungen der Geologie, besonders auf dem Continente, hegt, zu beleuchten,[2]) den eben so wenig gerechten, als zu rechtfertigenden Tadel, den er über die Ansichten und Urtheile des gelehrten Dr. Buckland ausspricht, zu widerlegen, würde nicht viele Zeit erfordern, aber doch mehr, als das Werk verdient. Die Anklage

---

[1]) S. 95 z. B. läugnet Dr. Croly nach Granville Penn, daß die Tage der Schöpfung etwas Anderes bedeuten können, als den Zeitraum von vierundzwanzig Stunden, unter andern aus dem Grunde, weil das hebräische Wort יום jom von dem Verbum jama (ferbuit) herkomme. Ein solches Wort gibt es aber nicht im Hebräischen (m. v. Winers Lexicon S. 406), noch auch könnte es, wenn es wirklich eines gäbe, die Wurzel des andern sein. Im Arabischen ist ein verwandtes Wort wama (ferbuit dies), „der Tag war heiß;" aber sicherlich konnte das einfache Wort Tag in keiner Sprache sich von dem Begriffe eines heißen Tages ableiten. Der Schluß, daß das Wort Tag bildlich keine längere Zeit bezeichnen könne, weil es wörtlich die Periode des Lichtes, „die Zeit zwischen zwei Sonnenuntergängen," bedeute, ist sicher ein logischer Irrthum; eben so gut könnte man sagen, daß die Nacht kein Bild des Todes sein könne, weil sie die Zeit zwischen Sonnenuntergang und Sonnenaufgang bedeute. Ich will keineswegs die Verlängerung der Tage zu Perioden vertheidigen; aber ich muß es sehr mißbilligen, wenn man Jemanden, der es thut, für einen Ungläubigen erklärt, ohne andere Gründe, als solche, für das Gegentheil vorzubringen. Die Worte, welche gebraucht wurden, um den Stillstand der Sonne zu bezeichnen, sind ebenso deutlich und ausdrücklich, als die, welche in der Schöpfungsgeschichte gebraucht werden, und doch nimmt Niemand Anstand, sie bildlich zu verstehen, weil erwiesene Gesetze der Physik uns dazu nöthigen.

[2]) Dr. Croly spricht sich überall mit großer Vorliebe gegen die Geologie des Auslands aus, und setzt sogar in einer Note das Benehmen der englischen Geological Society mit ihr in Gegensatz. S. 108. Und doch kann ihm nicht unbekannt gewesen sein, daß alle ausgezeichneten englischen Geologen in den Ansichten übereinstimmen, die er mit solcher Heftigkeit zu verdächtigen sucht, daß nämlich schon vor der Sündfluth große Erdrevolutionen stattgefunden hatten.

Unglaubens, sei es gegen eine ganze große Klasse von Männern, sei es gegen einzelne Schriftsteller, ist schnell erhoben; sie gleicht in unsern Tagen dem unbestimmten Geschrei von Verrath und Verdächtigkeit, das in Zeiten der Aufregung die Entrüstung und das Rachegefühl der Menge ohne Untersuchung auch auf die Unschuldigsten herabzurufen pflegt, und ich weiß nicht, ob es eine schlimmere Art von Verläumdung gibt, als diejenige, welche Jedem, der über unwesentliche Gegenstände anders, als wir, zu denken wagt, das gehässigste der Brandmale aufzudrücken strebt.

§. 9.
b) Systeme, die der heiligen Schrift widersprechen: Buffon und andere französische Schriftsteller.

Doch wenn wir geneigt sind, uns mit Strenge gegen diejenigen auszusprechen, welche zwar unbegründete Systeme, aber doch wenigstens mit gutem Willen aufbauten, so dürfen wir nicht vergessen, daß eine andere Klasse sich keiner geringern, ja vielmehr größerer Willkührlichkeiten schuldig gemacht hat, selbst ohne solchen Grund für Milderung der Rüge. Ich meine diejenigen, deren Theorieen in geradem Widerspruche mit den heiligen Urkunden ersonnen wurden. Das letzte Jahrhundert hat eine Menge von solchen in Frankreich hervorgebracht, und besonders Eine wurde, wenn auch vielleicht nicht von ihrem Urheber darauf angelegt, jedenfalls von nur zu vielen Bewunderern so aufgefaßt, als ob sie mit der mosaischen Erzählung im Widerspruche stehe. Ich meine die Theorie Buffon's, der in seinen berühmten Epochen der Natur, erschienen i. J. 1774, die Theorie der Erde, die er sechs und zwanzig Jahre zuvor bekannt gemacht hatte, wiederholte und weiter ausführte.[1]) Alles, was eine glänzende

---

[1]) Rousseau gehörte unter diejenigen, welche Buffon's System mit der Erzählung der heiligen Schrift in Widerspruch setzten und es dieser

Einbildungskraft, ein reizender Styl und ein entschiedener Ton zu Gunsten irgend einer Theorie thun können, kam dieser gewiß zu Statten. „Er trat hervor," sagt Howard, „nicht mehr eine kühne Muthmaßung über die Bildung und Theorie des Weltalls zu geben, sondern mit angeblichen Beweisen in der Hand, um nicht nur die Möglichkeit, sondern in den meisten Punkten die nothwendige Wahrheit seiner frühern Behauptungen darzuthun. Er sprach nicht mehr in der Weise eines Mannes, der seine Muthmaßungen der Welt vorlegt, sondern in dem gebieterischen, diktatorischen Tone dessen, der aller seiner Behauptungen vollkommen sicher ist." [1]) Die Grundlage seiner Theorie war, daß die Erde ursprünglich eine Feuermasse gewesen sei, die, zu einem fast unglaublichen Grade erhitzt, sich allmählig bis auf unsere Zeit abkühlte, so daß sie immer bei der entsprechenden Stufe dieses Verlaufes die dem jedesmaligen Grade der Wärme angemessenen Pflanzen und Thiere hervorbrachte. Es kann nicht nothwendig sein, in eine genauere Erörterung der Meinungsverschiedenheit einzugehen, die jetzt über die Grundlagen dieser Theorie herrscht, ob nämlich wirklich eine allmählige Abkühlung der Erde stattfinde. Arago behauptet nach genauer Beobachtung, daß die strenge Gleichmäßigkeit des Klimas in den alten wie in den neuen Zeiten, so weit wir es beurtheilen können, die Zulässigkeit einer solchen Annahme abweist. Er stützt sich auf Beweisgründe, die ein französischer Philosoph zur Zeit Buffon's meines Erachtens kaum zu brauchen gewagt hätte, hätte er sich nicht aus freien Stücken der Gefahr aussetzen wollen, wegen zu großer Leichtgläubigkeit lächerlich zu werden. Denn

---

vorzogen. — S. De Luc, "Discours Préliminaire," in seinen "Lettres sur l'Histoire Physique de la Terre." Paris 1798. p. 110. (Deutsch. Leipz. 1798.)

[1]) Howards "Thoughts on the Structure of the Globe." London 1797. p. 286.

die Bücher Moses in der Hand, zeigt er, daß die Jahreszeiten in Paläſtina zur gegenwärtigen Zeit in Aufeinanderfolge und Productionskraft genau ſo ſind, wie ſie zu jener Zeit waren, und daraus ſchließt er, daß unmöglich eine Aenderung des Klimas eingetreten ſein könne.[1]) Dagegen könnte man vielleicht einwenden, daß eine ſo allmählige und ſtufenweiſe Aenderung des Klimas, die erſt in langen Zeiträumen merklich wird, eine entſprechende Modification in den Gewohnheiten — wenn ich ſo ſagen darf — der Pflanzen und Kräuter hervorbringen konnte. Mit dieſem Gegenſtande verbunden und in intereſſanter Weiſe auf geologiſche Thatſachen begründet iſt die Frage von der centralen Hitze, wie ſie mit großer mathematiſcher Genauigkeit und Gelehrſamkeit von Fourrier und Poiſſon behandelt wurde, von denen der erſtere das Vorhandenſein einer ſtrahlenden Hitze in dem Innern der Erde behauptet, während der andere die erfahrungsmäßigen Thatſachen zwar zugibt, aber die Folgerungen läugnet. Doch eine Erörterung dieſer Frage würde uns auf jeden Fall zu weit von dem vorliegenden Gegenſtande abführen.

Seit der Zeit Buffon's erhob ſich Syſtem auf Syſtem wie die wandelnden Säulen der Wüſte, die in drohender Schlachtordnung anziehen; aber wie ſie, waren ſie nur Gebilde von Sand, und obwohl i. J. 1806 das franzöſiſche Inſtitut mehr als achtzig ſolche der bibliſchen Erzählung feindliche Theorieen aufzählte, ſo iſt doch keine unter ihnen, die ſich bis jetzt erhalten hätte oder Erwähnung verdiente.

§. 10.
c) Rein wiſſenſchaftliche Unterſuchungen.

Die dritte und wichtigſte Klaſſe von Geologen umfaßt diejenigen, welche, ohne gerade Theorieen zu bilden, ſich damit

---

[1]) „Annuaire du Bureau des Longitudes" für 1834.

begnügten, Erscheinungen zu sammeln, sie zu ordnen und zu vergleichen. Die Geologie in diesem ihrem wahren Sinne verdankt ihren Ursprung und ihre Hauptentwicklung Italien. Brocchi hat in einer Einleitung zu seiner „Conchiologia fossile subapennina" seinem Lande volle Gerechtigkeit widerfahren lassen, indem er eine Reihe von Schriftstellern über Geologie aufzählt, die hauptsächlich die Fossile behandelten, dergleichen kein anderes Land aufweisen kann. Es wäre ermüdend, sie alle zu nennen; doch werde ich später Gelegenheit haben, ihre erfreulichen Forschungen zu erwähnen. Für jetzt möge es genügen, zu sagen, daß durch alle ihre Werke eine gewisse Scheu sichtbar ist, ihre Folgerungen zu weit zu treiben, eine Art von lauernder Furcht, es möchten kühne Consequenzen, die man etwa aus ihren Meinungen ziehen könnte, sich im Widerspruche mit wichtigeren Wahrheiten finden. Zu dieser Aengstlichkeit dürften die Schriften des Moro, Vallisnieri und Generelli schlagende Belege geben.

Man darf dieß jedoch nicht in der Art verstehen, als ob in diese Klasse Schriftsteller gehörten, die über das Verhältniß ihrer Wissenschaft zur Religion gleichgültig sind: im Gegentheil müssen zu derselben ihre eifrigsten Vertheidiger gerechnet werden und gerade diejenigen, welche ihr wesentliche und wirksame Dienste geleistet haben, obwohl sie sich sorgfältig enthielten, eigentliche Theorieen der Erde zu construiren. So war De Luc, der während seines ganzen, sehr langen Lebenslaufes die Erzählung der heiligen Schrift niemals außer Augen ließ, ein höchst schätzenswerther Sammler und Vergleicher von Thatsachen. Die Untersuchungen von Dolomieu, Cuvier, Buckland und unzähligen Anderen, deren Urtheil Sie an seiner Stelle hören sollen, haben sich durchaus nicht von dem Geiste irgend eines Systems leiten lassen, und haben doch ihre Gunst gegen die Sache der Religion bewährt.

So lange die Wissenschaft in den Händen solcher Männer ist, die überzeugt sind von der Gewißheit jener großen leitenden

Thatsachen, die der heilige Bericht von der Urgeschichte der Welt enthält, so haben gewiß jene Schriftsteller, die ich als Feinde der Geologie bezeichnete, keinen Grund zu Besorgnissen. In der That, so lange nur einfach Erscheinungen aufgezählt und nur die natürlichen, klaren Folgerungen daraus abgezogen werden, ist alle Furcht, daß die Ergebnisse der Wissenschaft sich der Religion feindlich erweisen möchten, grundlos. Um wie viel weiser war der Rath Gamaliels, und wie anwendbar auf diejenigen, welche diese Bestrebungen bekämpfen: „Stehet ab von diesen Männern und lasset sie gehen; denn wenn ihr Werk von Menschen ist, so wird es zu nichte werden; wenn es aber von Gott ist, so werdet ihr nicht vermögen, es zu nichte zu machen." [1]) Wenn ihre Darstellungen der Natur Menschenerdichtungen sind, so können sie sich gegen den Fortschritt der Wissenschaft nicht halten; sind sie treue Gemälde der Werke Gottes, so müssen sie sich mit seinen geoffenbarten Verkündigungen leicht vereinigen lassen.

§. 11.
Brydone über die Laven von Jaci Reale als Beispiel oberflächlicher Einwürfe.

Bevor wir geradezu in die Hauptergebnisse dieser Wissenschaft eingehen, will ich noch ein wenig verziehen, um ein Beispiel anzuführen von jenen gewöhnlichen Einwürfen, die, aus schlecht beobachteten Thatsachen durch scheinbare Schlüsse erhoben, eine geraume Zeit immer wieder und wiederum erneuert wurden und einen nicht unbeträchtlichen Eindruck hervorbrachten. Brydone schreibt in seiner Reise durch Sicilien folgendermassen: „Was sollen wir zu der tiefen Grube bei Jaci sagen? Man grub durch sieben auf einander liegende Schichten Lava, deren Oberflächen parallel liefen, und wovon

---

[1]) Apostelg. V, 38. 39.

die meisten mit einem dicken Bette guter Dammerde bedeckt waren. Nun muß, sagt er," (nämlich der Canonicus Recupero) „wenn wir nach der Analogie schließen dürfen" (wenn nämlich zweitausend Jahre nöthig sind, um eine Lavaschichte mit Pflanzenerde zu bedecken), „der Ausbruch, wodurch die unterste Lava entstanden ist, wenigstens vor 14,000 Jahren aus dem Berge geflossen sein. Recupero sagt mir, daß er in der Beschreibung der Geschichte des Berges durch diese Entdeckung in die äußerste Verlegenheit versetzt werde. Moses laste wie ein Blei=Gewicht auf ihm und ersticke seinen ganzen Eifer für die Untersuchung, indem er es nicht über sein Gewissen bringen könne, diesen Berg so jung zu machen, als der jüdische Prophet die Welt mache. Was denken Sie von diesen Gesinnungen eines römisch=katholischen Gottesgelehrten? Der Bischof, der streng orthodox ist — denn er besitzt eine vortreffliche Pfründe, — hat ihn bereits gewarnt, sich in Acht zu nehmen und ja nicht zu verlangen, ein besserer Naturgeschichtschreiber zu sein, als Moses, noch sich zu unterstehen, irgend etwas zu behaupten, was seinem heiligen Ansehen im Geringsten zuwider sein könnte." [1])

Es ist schwer zu sagen, womit man bei der Erwiderung auf diese abgeschmackte Schilderung den Anfang machen soll, ob mit den scientifischen oder mit den moralischen Sünden, die sie aufeinander häuft. Einige Schriftsteller glaubten diese Geschichte, schenkten dem Canonicus großes Zutrauen wegen seiner tiefen Erfahrung und Gelehrsamkeit in diesem Gegenstande, und wurden so durch die Irrthümer der ersten Klasse verführt; andere, wie Dr. Watson, verwarfen zwar die gezogenen Schlüsse, schonten aber weder den armen Priester noch seinen Bischof wegen ihres Benehmens. [2]) Beide Klassen

---

[1]) „A Tour through Sicily and Malta." Lond. 1773. Vol. I. p. 131. (Deutsch. Leipz. 1783.)

[2]) „Ich will über diesen Gegenstand nichts mehr hinzufügen, als

hatten gleich Unrecht; denn für's erste braucht es nicht zweitausend Jahre, nicht einmal zweihundert, um die Lava mit dem zu bedecken, was ungeschickte Beobachter für Erde halten könnten; zweitens sind die Schichten von Jaci Reale nicht mit Pflanzenerde bedeckt; drittens hat der Canonicus Recupero niemals behauptet, was Brydone ihm in den Mund legt, noch irgend eine solche Folgerung gezogen.

Der erste Punkt ist außer Zweifel gesetzt durch einen wissenschaftlichen Beobachter, der im Auftrage der britischen Regierung die Küste Siciliens vermaß. Kapitän Smyth sagt: „Das Verfahren, die Alter der Laven nach dem Fortschritte der Vegetation auf denselben zu bemessen, ist auf eine trügerische Theorie gebaut, indem dieser Fortschritt von ihrer örtlichen Lage, von ihrer Porosität und von den Theilen ihrer Zusammensetzung abhängig ist. Eben so wenig kann man sich auf die abwechselnden Lagen von Lava und Erde verlassen, indem ein Aschenregen mit Hülfe des darauf fallenden Regenwassers gar bald eine Erdschichte bilden kann, die dem Töpferthon ähnlich sieht. Einige der vulkanischen Massen der äolischen Inseln, die, so weit die Geschichte reicht, da waren, sind noch ohne ein grünes Blatt, während andere in verschiedenen Gegenden, die sich wenig über hundert Jahre hinaufdatiren, eine wilde Vegetation tragen; dasselbe sieht man bei zwei Laven des Aetna nahe an einander: denn die eine von 1536 ist noch schwarz und trocken, während die von 1636 mit Eichen, Fruchtbäumen und Weinbergen überwachsen ist." [1]

---

daß der Bischof der Diözese nicht so übel that, den Canonicus Recupero zu warnen, er möge sich in Acht nehmen, seinen Berg älter zu machen als Moses; obwohl es wenigstens ebenso gut gewesen wäre, seinen Mund mit Gründen zu schließen, als ihn mit der Androhung kirchlicher Strafe zu verstopfen." „Two Apologies." 1816. p. 156.

[1] „Memoir on Sicily and its Island's." London 1821. p. 164. Sieh auch Knight, „Facts and Observations." p. 264.

Sir W. Hamilton machte dieselbe Bemerkung über die Lava=
ströme, die über Herculanum hinweggingen und es zerstörten,
zu einer Zeit, die in der Geschichte so genau bekannt ist.
„Die Masse, welche die alte Stadt Herculanum bedeckt,"
sagt er, „ist nicht das Ergebniß eines einzigen Ausbruches,
sondern es sind deutliche Anzeichen da, daß die Masse von
sechs Ausbrüchen ihren Lauf über diejenige hinnahm, welche
unmittelbar auf der Stadt liegt und die Ursache ihrer Zer=
störung war. Diese Lager bestehen entweder aus Lava oder
gebrannter Masse, mit Adern guten Bodens zwischen ihnen." [1]

Der zweite und dritte Punkt wurde hinreichend dar=
gethan von Dolomieu, welcher den Charakter des Canonicus
rechtfertigte, während er zugleich aus eigener Beobachtung es
feststellte, daß gar keine Pflanzenerde zwischen den Lavaschichten
von Jaci Reale vorhanden ist. Dieß sind seine Worte:
„Der Canonicus Recupero verdient weder das Lob, das ihm
wegen seiner Wissenschaft gespendet, noch die Zweifel, die gegen
seine Orthodoxie erhoben wurden. Er starb ohne irgend eine
andere Belästigung, als die ihm Brydone's Werk verursachte.
Er konnte nicht begreifen, zu welchem Ende dieser Fremde,
dem er alle Höflichkeit bewiesen hatte, suchen konnte, Verdacht
gegen seine Rechtgläubigkeit zu erregen. Dieser schlichte Mann,
der wahrhaft religiös war und aufrichtig an dem Glauben
seiner Väter hing, war weit davon entfernt, angebliche Facten,
die sich als unrichtig erwiesen haben, übrigens selbst wenn sie
wahr wären, zu keinem Schlusse berechtigten, als Zeugnisse
gegen das Buch Genesis zu gebrauchen. Pflanzenerde zwischen
den verschiedenen Lavaschichten ist nicht vorhanden, und die
lehmige Erde, die sich bisweilen findet, kann auf eine Weise
hergekommen sein, die durchaus keinen Bezug auf das Alter
des Berges hat." [2] Ich will zu dieser erschöpfenden Wider=

---

[1] „Philosophical Transactions." Vol. LXI. p. 7.
[2] „Mémoire sur les isles Ponces." Paris 1788. p. 471.

legung nur noch hinzufügen, was ich selbst in Erfahrung gebracht habe, daß die Angabe Swinburne's, als sei Recupero in Folge von Brydone's Behauptung seiner Pfründe entsetzt und auch sonst verfolgt worden, unrichtig ist. Sein Charakter war in seiner Heimat allzu wohl bekannt, als daß ihm eine solche Verläumdung hätte schaden können; und im Gegentheil erhielt er, nachdem dieselbe schon zur Oeffentlichkeit gelangt war, von der Regierung eine Pension, die er bis zu seinem Tode genoß.[1]) Sie werden später am geeigneten Orte sehen, daß, wenn auch zwischen vielen auf einander liegenden Lavalagern Dammerde vorhanden wäre, daraus kein Schluß gezogen werden könnte in Bezug auf die Periode der gegenwärtigen Ordnung der Dinge.

Immerhin können wir nie mit zu hartem Tadel den grausamen Verläumder treffen, welcher so freundschaftliche Dienste durch grundlose Beschuldigungen vergelten konnte, die den Mann, den er seinen Freund nannte, auf jeden Fall in Verdacht, wo nicht in's Verderben bringen mußten. Zu gleicher Zeit mag dieß als ein Beispiel von den unreifen, mißleiteten Speculationen dienen, zu denen ein oberflächlicher, unwissenschaftlicher Beobachter sich und Andere verführen kann.

§. 12.
Berührungspunkte der Geologie und der heiligen Urkunden.
A. Die Schöpfung.

Nach einer so langen Einleitung wollen wir nun sehen, in welcher Weise die Lehren der Geologie mit den inspirirten Urkunden in Zusammenhang stehen, und in wie fern die Erscheinungen, welche von Männern beobachtet wurden, auf deren Genauigkeit wir uns verlassen können, mit ihrer kunstlosen Erzählung übereinstimmen.

---

[1]) Journal des Savans." 1788. p. 457.

Der erste Berührungspunkt zwischen dieser Wissenschaft und der mosaischen Geschichte ist die Schöpfung der Welt. Dr. Sumner zählt in folgender Weise die Punkte kurz auf, auf welche die Berührungen beider zurückgeführt werden können. „Die Erzählung der Genesis kann in Kürze in folgenden drei Artikeln zusammengefaßt werden: erstens, daß Gott der Urschöpfer aller Dinge war; zweitens, daß bei der Bildung des Erdballs, den wir bewohnen, sein ganzer Stoff in einem Zustande des Chaos und der Verwirrung war; und drittens, daß vor einer Zeit, die 5000 Jahre (5400) nicht überschreitet — ob wir die Zeitrechnung des Hebräischen oder der Septuaginta annehmen, thut nichts zur Sache —, die ganze Erde einer mächtigen Katastrophe unterlag, indem sie, durch unmittelbare Einwirkung der Gottheit, gänzlich überschwemmt wurde." [1]

Einige Schriftsteller haben versucht, die Tage der Schöpfung Stufe für Stufe aus den gegenwärtigen Erscheinungen der Welt herauszulesen und eine Geschichte jeder der aufeinanderfolgenden Hervorbringungen, vom Lichte bis zum Menschen, zu geben, wie dieselbe auf der Oberfläche der Erde beurkundet werde. All dieses ist jedoch, obgleich lobenswerth in seinem Ziele, nicht ganz befriedigend in seinen Ergebnissen. Der erste Theil meines Unternehmens soll daher mehr negativ als positiv sein, — ein Versuch, Ihnen zu zeigen, daß die überraschenden Entdeckungen der neuern Wissenschaft keineswegs mit der mosaischen Erzählung in Streit und Widerspruch stehen.

§. 13.
Zustand chaotischer Verwirrung unmittelbar nach der Schöpfung.

Erstens also müssen und werden die neuern Geologen die Richtigkeit des Satzes anerkennen, daß die Erde, nachdem

---

[1] „Records of Creation." Vol. II. p. 311.

alle Dinge gemacht waren, in einem Zustande chaotischer Verwirrung gewesen sein müsse; mit andern Worten, daß die Elemente, welche später sich zu der gegenwärtigen Anordnung des Erdballs vereinigen sollten, gänzlich verworren und wahrscheinlich in gegenseitigem Widerstreite thätig gewesen sein müssen. Welches die Dauer dieser Anarchie war, welche besondere Erscheinungen sie darbot, ob sie von Anfang bis zum Ende in unveränderter Unordnung verlief, oder ob sie unterbrochen wurde von Zwischenräumen der Ruhe und des Friedens, wo Thiere und Pflanzen da waren, — das hat die Schrift vor unsern Augen verhüllt; doch hat sie auch nichts gesagt zur Entmuthigung einer Untersuchung, die uns zu irgend einer Hypothese in Betreff derselben führen kann. Ja es könnte scheinen, als ob diese unbestimmte Periode absichtlich erwähnt worden sei, um dem Nachdenken und der Erfindungskraft des Menschen Raum zu lassen. Die Worte des Textes drücken nicht bloß eine momentane Pause aus zwischen dem ersten „Es werde" der Schöpfung und der Hervorbringung des Lichtes; denn die Participform des Zeitwortes, das den Geist Gottes, die schaffende Gewalt, über dem Abgrunde brütend und ihm seine erzeugende Kraft mittheilend schildert, bedeutet eigentlich eine dauernde, nicht eine vorübergehende Handlung. Schon die in der sechstägigen Schöpfung beobachtete Ordnung, die sich auf die gegenwärtige Anordnung der Dinge bezieht, scheint zu zeigen, daß sich Gott in allmähliger Entwickelung offenbaren wollte, indem er gleichsam auf wohlbemessener Stufenleiter von dem Leblosen zum Organischen, von dem Empfindungslosen zu dem mit Instinct Begabten, von dem Unvernünftigen zum Menschen emporstieg. Und welcher Widerspruch liegt nun in der Annahme, daß er auch von der ersten Schöpfung des rohen Embryo dieser schönen Welt bis zu ihrer Ausschmückung mit ihrer den Bedürfnissen und Sitten des Menschen angemessenen Zierde und Einrichtung ein ähnliches Verhältniß des Stufenganges beliebte, durch welchen das Leben in stetem Fortschritte sich erheben sollte bis zu seiner Vollendung sowohl in seiner inneren Kraft, als in seinen äußeren Werkzeugen? Wenn nun die von der Geologie entdeckten Erscheinungen das Walten irgend eines solchen Planes enthüllen, wer wird es dann wagen zu behaupten, daß es nicht in engster Analogie mit den Wegen Gottes in der physischen und moralischen Leitung dieser Welt übereinstimme? Oder wer will sagen, daß es seinem heiligen Worte widerstreite, da wir doch über diese unbegrenzte Periode, worein das Werk der allmähligen Entwickelung versetzt wird, ganz im Dunkeln gelassen sind? Wir müßten denn nur mit einem Manne, der jetzt eine hohe kirchliche Würde bekleidet, annehmen, daß in dem ersten Hauptstücke des Ekklesiastes auf solche urweltliche Revolutionen, nämlich Zerstörungen und Wiedererzeugungen, hingedeutet sei:[1] oder mit Andern die Stellen, wo es heißt, daß Welten geschaffen wurden, in ihrem buchstäblichsten Sinne nehmen.[2]

§. 14.
Zeugnisse dafür in alten Kosmogonieen und bei den Vätern.

Es ist in der That wunderbar, wie alle alten Kosmogonieen in derselben Vorstellung übereinstimmen und die Tradition einer frühen Reihe aufeinander folgender Umwälzungen aufbewahren, wodurch die Welt zerstört und erneuert wurde. Die Gesetze des Manu, ein indisches Werk, das mit der biblischen Schöpfungsgeschichte am engsten übereinkommt, sagen: „Es gibt auch unzählige Weltenschöpfungen und Weltenzerstörungen; das höchst erhabene Wesen vollführt alles dieses so leicht wie zum Spiel wieder und wiederum, um Glück-

---

[1] „Ricerche sulla Geologia." Rovereto 1821. p. 63.

[2] Hebr. 1, 2. In gleicher Weise ist einer von den Namen Gottes im Koran רב־אלעאלמין — der Herr der Welten — Sur. I.

seligkeit zu verbreiten."¹) Die Burmesen haben ähnliche Traditionen, und einen Abriß ihrer verschiedenen Zerstörungen der Welt durch Feuer und Wasser kann man in dem interessanten Werke von Sangermano, übersetzt von meinem Freunde Dr. Tandy, sehen.²) Auch die Aegypter haben in ihrem großen Cyklus oder der sothischen Periode einen Beleg einer ähnlichen Meinung.³)

Doch ich halte es für wichtiger und interessanter, zu bemerken, wie die frühern Väter der christlichen Kirche genau derselben Ansicht gewesen zu sein scheinen; denn der heilige Gregorius von Nazianz nimmt, wie schon vor ihm Justinus der Martyrer, eine unbestimmte Periode zwischen der Schöpfung und der ersten Ordnung aller Dinge an.⁴) Basilius, Cäsarius und Origenes sprechen sich deutlicher darüber aus; denn, um die Schöpfung des Lichtes vor der Sonne sich zu erklären, nehmen sie an, daß dieser Lichtkörper allerdings schon zuvor da war, doch so, daß seine Strahlen durch die dichte chaotische Atmosphäre gehindert waren, zur Erde zu dringen; diese wurde nun am ersten Tage so sehr verdünnt, daß sie die Strahlen der Sonne durchließ, ohne daß jedoch schon ihre ganze Scheibe sich unterscheiden ließ, welche erst am dritten Tage völlig enthüllt wurde.⁵) Diese Hypothese nimmt Boubée

---

¹) „Institutes of Hindu Law." Lond. 1825. Chap. I. Nro. 80. p. 13. vgl. Nr. 57. 74. etc.

²) „A Description of the Burmese Empire," printed for the Oriental Translation Fund. Rome 1833. p. 29.

³) (Die Ansichten der Alten über diese Erdrevolutionen sind erschöpfend behandelt in der ausgezeichneten Abhandlung von Lasaulx: „Die Geologie der Griechen und Römer. Ein Beitrag zur Philosophie der Geschichte." München 1851; wieder abgedruckt in seinen „Studien des klassischen Alterthums." Regensburg bei Manz 1854. — A. d. Ueb.)

⁴) Orat. II. Tom. I. p. 51. Ed. Bened.

⁵) „St. Basil. Hexaemer." Paris 1618. Tom. II. p. 23. „St. Caesarius, Dial. I. Biblioth. Patr. Gallandi." Ven. 1770. Tom. VI.

an als ganz vereinbar mit der Theorie von der centralen Hitze und der damit verbundenen Auflösung von Substanzen in der Atmosphäre, die sich dann allmählig niederschlagen mußten, so wie das auflösende Medium sich abkühlte.¹) Wenn Dr. Croly über einige Geologen so entrüstet ist, daß sie die Tage der Schöpfung als unbestimmte Perioden betrachten, weil nach seiner Etymologie das gebrauchte Wort „die Zeit zwischen zwei Sonnenuntergängen" bedeutet, was wird er zu Origenes sagen, der in der angezogenen Stelle ausruft: „Welcher vernünftige Mensch kann denken, daß der erste, zweite und dritte Tag ohne Sonne, Mond oder Sterne waren?" Gewiß würde die Zeit zwischen zwei Sonnenuntergängen ohne Sonne etwas ganz Unerklärliches sein.

Indem ich diese Bemerkungen mache, werde ich nicht durch eine persönliche Vorliebe für irgend ein System geleitet. Ich kann auf den Namen eines Geologen keinen Anspruch machen; ich habe die Wissenschaft mehr in ihrer Geschichte als in ihren praktischen Grundsätzen studiert; mehr um ihr Verhältniß zu heiligern Untersuchungen zu erkunden, als etwa in der Hoffnung, sie selbst anzuwenden. Ich werde Ihnen sogleich einen andern Weg zeigen, auf dem einige treffliche Geologen die schöne Uebereinstimmung dieser Wissenschaft mit der Schrift zu erweisen suchen. Ich erkühne mich nicht — es wäre Anmaßung von mir, mich dessen zu erkühnen, — zwischen beiden zu entscheiden oder über die Gründe, welche jede Seite vorbringen kann, abzusprechen; sondern ich will nur zeigen, daß, auch ohne Schmälerung des heiligen Bodens, Raum genug da ist für Alles, was die neuere Geologie verlangen zu dürfen meint; ich will nur zeigen — und ich glaube, die

---

p. 37. „Orig. Periarch." Lib. IV. c. 16. Tom. I. p. 174. Ed. Bened.

¹) „Géologie Elémentaire à la portée de tout le Monde." Paris 1833. p. 37.

Autoritäten, die ich eben anführte, werden diesen Punkt sichern, — daß, was von ihr in Anspruch genommen worden ist, schon vor Alters von Zierden und Lichtern der frühesten Kirche zugestanden wurde, die von der biblischen Wahrheit gewiß nicht ein Pünktlein aufgeopfert hätten.

§. 15.
Die Versteinerungen. Frage über ihre Entstehung.

Doch was, werden Sie fragen, macht es nothwendig oder wünschenswerth, irgend einen solchen Zwischenraum zwischen dem Acte der Schöpfung und der folgenden Ordnung der Dinge, wie sie jetzt bestehen, anzunehmen? Nach meinem Plane bin ich schuldig, dieß zu erklären, und ich will versuchen, es mit aller möglichen Kürze und Einfachheit zu thun. Seit verhältnißmäßig wenigen Jahren ist in den Kreis der geologischen Beobachtung ein neues Element eingeführt worden — die Entdeckung und Vergleichung fossiler Ueberreste.[1]) Jeder meiner Zuhörer weiß ohne Zweifel, daß in vielen Theilen der Welt ungeheure Knochen gefunden worden sind, die man gewöhnlich als die des Elephanten betrachtete, des Mammuth, wie man ihn von einem sibirischen Worte hieß, das ein fabelhaftes unterirdisches Thier bedeutet. Außer diesen und ähnlichen Ueberresten sind ungeheure Anhäufungen von Muscheln und Abdrücke von Fischen in Steinen, wie am Monte Bolca, fortwährend in jeder Gegend entdeckt worden.

---

[1]) (Daß übrigens die Petrefacten schon den Alten wohl bekannt waren, hat Lasaulx a. a. O. bewiesen: er erwähnt sogar eine Art paläontologischer Sammlung, die Kaiser Augustus auf seinen Landhäusern anlegte. Auffallend ist, daß sich auch die verschiedenen Erklärungsarten der Erscheinung bei den Alten schon finden, indem die Einen sie der bildenden Kraft der Natur, die andern der Deucaleonischen Fluth, und wieder andere einer frühern untergegangenen Schöpfung zuschrieben. S. Lasaulx. S. 15 f. — A. d. Ueb.)

Alle diese pflegte man ehedem auf die Sündfluth zu beziehen und führte sie als Beweis an, daß die Gewässer den ganzen Erdkreis bedeckt und sowohl das Leben auf dem Festlande ausgelöscht, als Seeerzeugnisse auf trockenes Land gesetzt haben.[1]) Doch vielleicht werden Sie mir kaum glauben, wenn ich Ihnen sage, daß schon vor vielen Jahren in Italien der heftigste Kampf geführt wurde über die Frage, ob diese Muscheln wirkliche Muscheln seien und einst Schaalthiere enthalten hätten, oder ob sie nur Naturerzeugnisse seien, entstanden durch die sogenannte „bildende Kraft der Natur," in Nachahmung bestehender Formen. Agricola, gefolgt von dem scharfsinnigen Andrea Mattioli, behauptete, daß ein gewisser fetter Stoff, von der Hitze in Gährung gesetzt, diese fossilen Gestalten erzeugte.[2]) Mercati i. J. 1574 behauptete fest, daß die von Sixtus V. im Vatican gesammelten fossilen Muscheln nichts anderes seien, als bloße Steine, die ihre Gestaltung von dem Einflusse der Himmelskörper erhielten;[3]) und der berühmte Arzt Fallopio war der Ansicht, daß sie, wo immer gefunden, von „den Wirbelbewegungen der Erdausdünstungen herrührten." Ja dieser gelehrte Mann war jeder Vorstellung von einer Ablagerung so entgegen, daß er

---

[1]) (In der neuesten Zeit behauptet auch Athanasius Bosizio [„das Hexaemeron und die Geologie" Mainz 1865.], daß die Sündfluth und andere ähnliche Katastrophen genügen, um die Bildung der Petrefakten und der sie einschließenden sedimentären Ablagerungen zu erklären. — A. d. Ueb.)

[2]) „Agricola sognava in Germania, che alla formazione di questi corpi fosse concorsa non so qual materia pingue, messa in fermento dal calore. Andrea Mattioli addottò in Italia i medesimi pregiudizj." Brocchi, „Conchiologia Fossile Subapennina." Milan. 1814. Tom. I. p. V.

[3]) „Egli niega che le conchiglie lapidefatte sieno vere conchiglie; e dopo un lunghissimo discorso, sulla materia e sulla forma sostanziale, conchiude che sono pietre in cotal guisa configurate dall' influenza dei corpi celesti." Ib. p. VIII.

kühn behauptete, die Töpferscherben, die den eigenthümlichen Wall bilden, der Ihnen allen unter dem Namen Monte Testaceo bekannt ist, seien Naturerzeugnisse, Spiele der Natur, um die Werke der Menschen nachzuäffen.¹) Dieses waren die Engen, in welche so eifrige und geschickte Männer sich getrieben sahen, um sich die Erscheinungen, die sie beobachteten, zu erklären.

Als der Ordnung und den Lagern, in welcher die Ueberreste von Thieren sich vorfanden, eine genauere Aufmerksamkeit zugewendet wurde, beobachtete man, daß zwischen beiden ein bestimmtes Verhältniß stattfand. Es wurde überdieß bemerkt, daß viele von diesen Ueberresten in solchen Lagen eingebettet liegen, welche die Wirksamkeit der Sündfluth, so gewaltsam und ausgedehnt sie auch sein mochte, nicht erreicht haben konnte. Denn wir müssen annehmen, daß diese Wirksamkeit sich auf die Oberfläche der Erde erstreckte, und daß sie Spuren einer verwirrenden und zerstörenden Thätigkeit zurückließ, während diese Ueberreste unterhalb der Lager gefunden wurden, welche die oberste Rinde der Erdkruste bilden, und diese auf ihnen lag mit allen Anzeichen eines allmähligen und ruhigen Niederschlages. Ferner wenn wir diese beiden Beobachtungen zusammenfassen, so müßten wir in der Voraussetzung, daß Alles durch die Sündfluth abgelagert wurde, erwarten, sie in vollkommener Verwirrung durcheinander gemengt zu finden, während wir doch wahrnehmen, daß die tiefern Lager z. B. besondere Klassen von Fossilien darbieten; diejenigen dann, welche darüber liegen, sind wieder in ihren Einschlüssen ganz gleichförmig, obwohl sie in vielen Fällen von den tiefern Ablagerungen verschieden

---

¹) Concepisce più facilmente che le chiocciole impietrite siano state generate sul luogo, dalla fermentazione, o pure, che abbiano acquistato quella forma, mediante il movimento vorticoso delle esalazioni terrestri." Ib. p. VI.

sind, und so weiter bis zur Oberfläche. Diese Symmetrie der Ablagerung, die in jeder Reihe sich kund gibt, während sie von der vorausgehenden sich unterscheidet, setzt eine Aufeinanderfolge verschiedener Wirkungen auf verschiedene Stoffe voraus, und nicht bloß eine einzige convulsive und gewaltsame Katastrophe. Allein diese Folgerung scheint völlig außer Zweifel gesetzt durch die noch unerwartetere Entdeckung, daß, während wir in aufgelegten Lagern oder wo immer Spuren der Fluth zu vermuthen sind, Knochen von Thieren antreffen, die zu noch bestehenden Arten gehören, unter den tiefer gelegenen Fossilien solche niemals entdeckt werden. Im Gegentheil, ihre Skelette geben uns eine Vorstellung von Ungeheuern sowohl in Beziehung auf Größe als auf Gestalt, die gar keine analoge Gattung in der Gegenwart haben, und deren Dasein neben dem Menschen kaum als möglich gedacht werden kann.

§. 16.
Cuvier's Entdeckungen.

Diese letztere Erwägung verdient eine genauere Beleuchtung, indem sie diejenigen, welche dieser Wissenschaft bisher ihre Aufmerksamkeit noch nicht geschenkt hatten, zu einiger Kenntniß ihrer neuen Entdeckungen anleiten wird. Sie werden sich vielleicht verwundern, wie aus einigen zerbrochenen Knochen ein Schluß auf die Thiere gemacht werden könne, denen sie angehören. Vor wenigen Jahren noch würde die Aufgabe, ein Thier aus einem einzigen seiner Knochen zu construiren, ein Absurdum geschienen haben, — und doch können wir in Wahrheit sagen, daß sie ganz vollständig gelöst worden ist. Es ist vielleicht unnöthig, zu bemerken, daß die Eigenthümlichkeit jeder Thiergattung so vollkommen ausgeprägt ist, daß jedes Bein, fast schon jeder Zahn charakteristisch genug ist, um ihre Gestalt zu bestimmen. Das sorgfältige Studium dieser Verschiedenheiten und die gleichförmigen Ergebnisse, zu denen es in allen Fällen führt, waren die Grundlage, worauf der verewigte Cuvier den außerordentlichen Bau dieser neuen Wissenschaft errichtete. Die Sitten oder Charaktere der Thiere, — wie ich schon einmal Gelegenheit hatte, zu bemerken, — drücken ihre Eigenthümlichkeiten in jedem Theile ihrer Gestalt aus; das fleischfressende Thier ist dieß nicht nur in seinen Zähnen und Krallen; jeder Muskel muß mit der für seine Lebensweise erforderlichen Stärke und Behendigkeit in Verhältniß stehen, und jeder Muskel höhlt den Knochen, den er faßt, oder unter dem er weggeht, mit einer entsprechenden Grube aus. Nichts kann überraschender sein, als die schlagenden, obschon unerwarteten Analogieen, mit denen Cuvier sein System bestätigt; denn er zeigt eine ständige und immer verhältnißmäßige Beziehung zwischen anscheinend ganz unabhängigen Gliedern, wie zwischen den Füßen und den Zähnen.

Da er jedoch zuerst seine Grundsätze der vergleichenden Anatomie auf die zerbrochenen Ueberreste von Knochen, die in den Gypsbrüchen von Montmartre ausgegraben wurden, anzuwenden begann, entdeckte er bald, daß diese keiner von den Arten, die jetzt den Erdkreis bewohnen, angehörten. Allein so sicher waren die wissenschaftlichen Grundsätze, die ihn leiteten, daß er die Knochen nach ihrer verschiedenen Gestalt und Größe mit Leichtigkeit an verschiedene Thiere vertheilte, und er erklärte, daß sie Thiere von der Klasse der Pachydermen oder Dickhäuter darstellten, und sich am nächsten an den Tapir anschloßen. Er unterschied zwei Arten und entdeckte sogar mehrere Unterabtheilungen, und schöpfte ihnen die angemessenen Namen. Die beiden Arten nannte er Palaeotherium, altes Thier, und Anoplotherium, unbewaffnetes Thier, von dem Umstande, daß das eine sich von dem andern durch den Mangel der Fangzähne unterscheidet. Seine Ergebnisse dürfen jedoch nicht als bloße Muthmaßungen betrachtet werden; denn nicht selten, nachdem er durch solche Analogie das Skelett irgend eines Thieres construirt hatte, geschah es, daß ein ganzes Skelett oder irgend ein Theil, den man zuvor noch nicht besaß, entdeckt wurde, und jedesmal fand es sich, daß seine Annahmen durchaus richtig waren; in keinem Falle war es meines Wissens nothwendig, seine auf Conjectur begründete Ergänzung zu berichtigen.[1]

§. 17.
Beschreibung einiger vorweltlichen Thiere.

In einigen Fällen waren Naturforscher wirklich so glücklich, die Reste dieser erloschenen Ungeheuer in solcher Vollständigkeit aufzufinden, daß sie sich das mühsame Verfahren, das ich eben beschrieb, ersparen konnten. Spanien z. B. war früh im Besitz eines fast vollständigen Skelettes des Megatherium, wie es jetzt heißt, welches i. J. 1789 von dem Marquis de Loreto aus Buenos Ayres herübergesandt wurde; es wurde in dem Cabinet zu Madrid zusammengestellt und von Juan Bautista Bru in Abbildungen veröffentlicht. Andere Bruchstücke, nämlich ein beträchtlicher Theil des Gebeines von demselben Thiere, wurden seitdem von Hrn. Parish nach England gebracht und der königlichen Wundarznei-Schule verehrt, und glücklicher Weise dienen sie großentheils, die fehlenden Stücke des Madrider Exemplars zu ergänzen.[2] So haben wir ein Thier mit dem Kopf und

---

[1] S. seine Grundsätze in „Extrait d'un ouvrage sur les espèces des quadrupèdes dont on a trouvé les ossemens dans l'intérieur de la Terre," p. 4; in seinem „Discours préliminaire, Recherches sur les ossemens fossiles." Vol. I. p. 58. Ebenfalls besonders abgedruckt. S. auch Vol. III. p. 9. ff. über das Verfahren, das in der, von ihm so genannten Schöpfung neuer Gattungen befolgt wurde.

[2] Sieh eine Tafel, welche die von beiden ergänzten Theile enthält,

den Schultern des Faulthieres, allein mit Gliedern und Füßen zwischen denen des Armadills und des Ameisenfressers. Jedoch muß es zugleich an Größe dem größten Elephanten gleich gekommen sein, indem es vierzehn Fuß lang und neun hoch ist.

Noch sonderbarer sind die Thierklassen, die zur Ordnung der Saurier oder Eidechsen gehören, unter denen es einige von enormen Größenverhältnissen und fast chimärischen Gestalten gibt, wie kaum die Einbildungskraft ersinnen könnte. Der Megalosaurus, wie Dr. Buckland ihn mit Recht benannte, war wenigstens dreißig Fuß lang; ja, wenn wir nach einem Exemplare, das in Tilgate Forest in Sussex entdeckt wurde, urtheilen wollen, so scheint es, auch nach der geringsten Berechnung, die entsetzliche Länge von sechzig bis siebenzig Fuß erreicht zu haben.[1] Der Ichthyosaurus oder die Fischeidechse, die zuerst nur stückweise entdeckt wurde, bot so auffallende Mißverhältnisse dar, daß man kaum glauben konnte, daß dessen Glieder ein und demselben Thiere angehörten. Erst nach wiederholten neuen Entdeckungen brachten Conybeare und De la Beche ein Thier zusammen mit dem Kopfe einer Eidechse, dem Leibe eines Fisches und vier Flossen anstatt der Gliedmassen. Die Größe einiger dieser Ungeheuer muß unglaublich gewesen sein, wie jeder Beobachter sich aus den Exemplaren im britischen Museum überzeugen kann. Noch phantastischer ist die Bildung des Plesiosaurus oder, wie er jetzt treffender genannt wird, Enaliosaurus oder See-Eidechse, welcher nebst ähnlichen Eigenthümlichkeiten, wie die vorigen, einen Hals hat, länger als der Schwan, und am Ende desselben einen sehr kleinen Kopf.[2] Endlich,

---

in den „Geological Transactions." Neue Folge 1835. Vol. III. Tafel 44. mit einer genauen Beschreibung von Clift. S. 437.

[1] Ibid. 1825. Vol. I. p. 391.

[2] S. „Geological Transactions." Vol. I. p. 43. 103.

um Sie nicht bei solchen bloßen Erläuterungen aufzuhalten, wurde ein noch weit außerordentlicheres und ich möchte fast sagen fabelhaftes Thier entdeckt, dem der Name Pterodaktylus von Cuvier gegeben wurde, welcher seinen Charakter zuerst nach einer Zeichnung von Collini bestimmte und so glücklich war, später seine Entscheidung an mehreren Exemplaren bestätigt zu sehen. Er erklärt dasselbe für das seltsamste Thier der Vorwelt: denn es hatte den Leib einer Schlange oder Eidechse, mit übermäßig langen Gliedmassen, offenbar wie die der Fledermaus zur Ausspannung einer Haut bestimmt, welche es zum Fliegen befähigte, einen langen Schnabel, mit scharfen Zähnen bewaffnet; endlich muß es weder mit Haaren noch mit Federn, sondern mit Schuppen bedeckt gewesen sein.[1]

Diese Beispiele aus vielen mögen genügen, um Ihnen zu zeigen, daß die Thiergattungen, die sich im Kalkstein oder in andern Felsarten eingeschlossen finden, keine entsprechenden Formen in der Jetztwelt haben, und daß, wenn wir sie im Gegensatz mit den noch bestehenden Arten betrachten, die in oberflächlichern Lagern gefunden werden, wir zu dem Schlusse gelangen, daß ihre Zerstörung nicht von derselben Umwälzung herrührte, welche die letztern von der Oberfläche der Erde hinwegnahm, um sie durch die Paare, die auf Gottes Befehl erhalten wurden, zu erneuen.

§. 18.

Revolutionen im chaotischen Zustande der Schöpfung.

Einige Naturforscher sind, trotz der nutzreichen Anwendung, die unsere Geologen von den fossilen Ueberresten, besonders zur Vergleichung mineralogischer Schichten, gemacht

---

[1] „Ossemens fossiles." Vol. IV. p. 36. Vol. V. part. II. p. 379. De la Beche in „Geological Transactions." Vol. III. p. 217.

haben, darauf beharrt, sie von der Geologie, als dieser Wissenschaft fremd, auszuschließen.[1]) Doch ist es unmöglich, unsere Augen dem neuen Lichte zu verschließen, das diese Entdeckungen über dieselbe ausgegossen haben, und folglich die Beziehung zu übersehen, in welcher die so bereicherte Wissenschaft zu der biblischen Erzählung steht. So weit, glaube ich, ist unsere Schlußfolgerung, obwohl sie nur als negativ erscheint, von hoher Bedeutung; denn die erste Stufe in der Berührung irgend einer Wissenschaft mit der Offenbarung, nachdem sie die stürmische Periode roher, widerstreitender Theorieen durchlaufen hat, ist die, daß sie kein ihr entgegengesetztes Resultat gibt. Und dieß ist im Grunde eine positive Bestätigung. Denn, wie ich in meinem Schlußvortrage umfassender darthun werde, die schöne Art, wie die Erzählung der heiligen Schrift, der Prüfung der verschiedensten wissenschaftlichen Fächer unterworfen, ihre Macht herausfordert, um in ihr irgend einen Irrthum zu entdecken, bildet in der Anhäufung verschiedenartiger Beispiele einen starken positiven Beweis ihrer unbestreitbaren Wahrhaftigkeit. So würden wir vielleicht hier, hätte die heilige Schrift keinen Zwischenraum zwischen der Schöpfung und der Organisation gestattet, sondern sie für gleichzeitige oder doch sich unmittelbar folgende Acte erklärt, rathlos gestanden sein, wie wir ihre Behauptungen mit neuern Entdeckungen vereinigen sollten. Da sie aber anstatt dessen einen unbestimmten Zwischenraum zwischen beiden zuläßt, ja sogar berichtet, daß da ein Zustand der Verwirrung und des Widerstreites, der Wüste und Leere stattfand, wo die See noch nicht in ein eigenes Becken eingeschlossen war, sondern bald den einen, bald den andern Theil der Erde bedeckte: so können wir wirklich sagen, daß der Geologe in diesen wenigen Zeilen die Geschichte der Erde

---

[1]) So Dr. Mac Culloch, in seinem „System of Geology, with a Theory of the Earth." Lond. 1831. Vol. I. p. 430.

liest, so wie seine Denkmäler sie ihm beurkunden, — eine Reihe von Zertrümmerungen, Erhebungen und Versetzungen; plötzliche Einbrüche des ungebundenen Elementes, die ganze Generationen von Amphibien nacheinander begruben; ruhige, jedoch unerwartete Niederschläge der Gewässer, die in ihren verschiedenen Schichten ihre Myriaden von Wasserbewohnern einbalsamirten;[1] Abwechselungen von Meer und Land und Süßwasserseen; die Atmosphäre verdunkelt von dichten Kohlendünsten, die durch allmählige Absorption in den Gewässern verschwanden und die durchgehende Masse der Kalkformationen bildeten; bis endlich die letzte Umwälzung zur Vorbereitung auf unsere Schöpfung kam, wo dem Werke der Zerstörung, bis auf Eine größere Fluth, Einhalt gethan wurde, indem die Erde nun genug gebrochen war für die schöne Mannigfaltigkeit, die Gott auf ihr hervorrufen wollte, und für die Herstellung jener Grenzmarken, die seine berathende Vorsehung beschlossen hatte; — und die Schöpfung blieb in diesem Zustande trüber, düsterer Erschlaffung, aus der sie durch die Wiedererzeugung des Lichtes und das folgende Werk der sechstägigen Schöpfung aufgeregt wurde.

§. 19.
Beständigkeit und Regelmäßigkeit der bei solchen Revolutionen thätigen Ursachen.

Allein ich glaube, wir können wohl sagen, daß gerade über diesen ersten Punkt unserer geologischen Untersuchung die Wissenschaft noch weiter gegangen ist, als ich angedeutet habe; denn ich glaube, wir sind auf gutem Wege zur Entdeckung einer so schönen Einfachheit der Wirkung in den Ursachen, welche die gegenwärtige Form der Erde hervor-

---

[1] Sieh diesen Punkt schön behandelt bei De la Beche: „Researches into Theoretical Geology." Lond. 1834. Cap. XII. p. 242.

brachten, und zugleich einer solchen offenbaren Annäherung an den fortschreitenden Gang, der in der bekannten Ordnung der Werke Gottes sich äußert, daß dadurch Alles, was er in seinem eigenen, heiligen Worte geoffenbart hat, bekräftigt wird, wenn ein solcher Ausdruck gebraucht werden darf.

Denn als ich einer Folge von Umwälzungen, Zerstörungen und Erneuerungen erwähnte, meinte ich nicht eine Reihe unzusammenhängender Veränderungen, sondern die ständige Wirkung einer einzigen Ursache, die nach feststehenden Gesetzen vollständige Umgestaltungen hervorrief. Und dieses festzustellen, darauf, darf ich sagen, zielt gewiß die neuere Geologie ab. Nur obenhin berührte ich vorhin die Frage von der centralen Hitze oder dem Dasein eines Principes von solcher Kraft in dem Innern der Erde: ob sie von dem frühern Zustande der Erdkugel herrühre, oder aus einer sonstigen Quelle, thut nichts zur Sache. Daß ihre Wirksamkeit auch jetzt noch hinreichende Gewalt hat, auf unserer Erde Revolutionen zu erregen — groß in Anbetracht einzelner Landstriche, geringfügig in Vergleich mit ihren ursprünglichen Kraftäußerungen, — muß den Meisten von Ihnen, die auf dem Schauplatze vulkanischer Thätigkeit zugegen waren, aus eigener Anschauung bekannt sein. Da wurden Inseln gebildet und wieder verschlungen, Hügel wurden erhoben, Bergkegel niedergerissen, die See hat ihre Grenzen geändert, und fruchtbare Felder wurden in schwarze Strecken der Verheerung verwandelt. Denken Sie sich diese Kraft in einem riesenhaften Maaße wirksam, nicht in Einer Gegend, sondern über die ganze Welt, bald auf dieser, bald auf jener Seite ausbrechend: — die Erfolge müssen in fürchterlichem Grade convulsiv, die Zerstörungen weit schreckbarer gewesen sein; ganze Berge mögen erhoben worden sein, und nicht bloß Hügel, wie der Monte Rosso, den der Aetna i. J. 1669 erhob, und die See mag weite Erdtheile überschwemmt haben, nicht bloß schmale Küstenstriche.

§. 20.

Beaumont's Theorie von der Erhebung der Berge.

Die Beobachtungen der Geologen scheinen darzuthun, daß irgend eine solche Kraft in der beschriebenen Weise gewirkt hat. Leopold von Buch bewies zuerst, daß Gebirge, anstatt die unbeweglichsten und festesten Theile des Erdgebäudes und älter als die ihren Seiten anliegenden, weichern Stoffe zu sein, vielmehr vermittels einer von unten emporhebenden Kraft durch dieselben hinaufgestoßen wurden. Elie de Beaumont hat diese Beobachtung noch viel weiter verfolgt, so daß er fast als Erfinder der Theorie betrachtet werden kann. Einen einfachen Beweis derselben werden Sie leicht fassen. Wenn die verschiedenen Schichten an der Seite eines Gebirges, obwohl nothwendiger Weise Niederschläge einer Auflösung im Wasser, anstatt horizontal zu liegen, welches die natürliche Lage solcher Niederschläge ist, und folglich mit den Seiten des Berges Winkel zu bilden in folgender Weise (a sei der Durchschnitt eines Berges und b stelle die anliegenden Schichten dar):

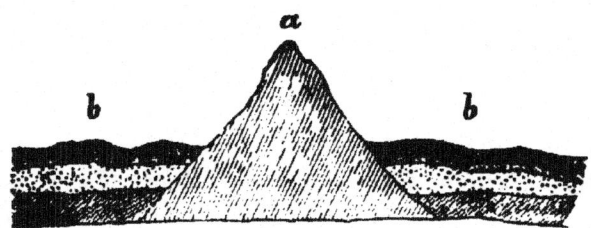

vielmehr mit denselben parallel laufen, auf diese Art:

so ist es offenbar, daß der Berg durch die bereits abgelagerten Schichten muß aufgestoßen worden sein. E. de Beaumont vergleicht die verschiedenen Schichten, die auf solche Weise von jedem Gebirge gleichsam durchbohrt sind, mit denjenigen, welche in horizontaler Ordnung liegen, als seien sie nach seiner Erhebung abgelagert, und versucht so die Periode in der Reihe der Urrevolutionen zu bestimmen, in welcher jedes emporgehoben wurde. Jedes dieser Gebirgssysteme, wie er sie nennt, erzeugte oder begleitete irgend eine große Katastrophe, die in einem gewissen Umfange zerstörend auf die bestehende Ordnung der Dinge einwirkte.[1]) Dieses System der französischen Geologen wurde von den englischen Gelehrten bestätigt und angenommen. Professor Sedgwick und Murchison bemerken über die auf der Insel Arran beobachteten Erscheinungen: sie schienen zu beweisen, daß die großen Verschiebungen der secundären Lager durch „die Emporhebungen des Granites entstanden,“ in welchem Falle „die emporhebenden Kräfte einige Zeit nach der Ablagerung und Erhärtung des neuen rothen Sandsteins thätig gewesen sein mußten.“[2]) Aber De la Beche ist offenbar der Meinung, daß diese allmähligen Erhebungen, die auf die Convulsionen hinweisen, welche den ruhigen Verlauf der Niederschläge störten, noch weiter vereinfacht werden können, indem man sie auf Eine Ursache bezieht, nämlich auf die Kraft der centralen Hitze, die auf verschiedene Weise die Erdrinde zerbrechen konnte, entweder auf dem Wege der Abkühlung, wie

---

[1]) „Revue Française.“ Mai 1830. p. 55. S. auch seine schriftlichen Mittheilungen an De la Beche in seinem Handbuch, S. 481 ff. Carlo Gemmellaro berichtet uns, daß er bei der wissenschaftlichen Versammlung in Stuttgart i. J. 1834 einen Aufsatz vorlas, in welchem er eine Modification dieses Systems und eine Beschränkung der Erhebung der Gebirge auf kleine Räume vorschlug. „Rilazione sul di lui viaggio a Stuttgard.“ Catania 1835. p. 12.

[2]) „Geolog. Trans.“ Vol. III. p. 34.

er annimmt,¹) oder wie der Urheber der Theorie meint, durch vulkanische Thätigkeit.

§. 21.
Uebereinstimmung dieser Theorie mit der heiligen Schrift.

Nun scheint mir, daß diese Theorie durch ihre schöne Einheit in Ursache und Wirkung in vollkommener Uebereinstimmung steht mit Allem, was wir von der Wirkungsweise der göttlichen Vorsehung wissen, welche ein Gesetz aufstellt und es dann seinem Gange überläßt; so daß das Hervorbrechen der Gebirge die rechtzeitige Wirkung von Ursachen wäre, die beständig in ihrem Gesetze, obwohl unregelmäßig in ihrer Wirksamkeit sind, so wie das Ausschlagen des neuen Keimes die jährliche Folge derselben Wirkung der Hitze auf die Pflanze ist. Aber diese Theorie scheint noch überdieß in der treffendsten Harmonie zu stehen mit den ausdrücklichen Erklärungen und Aussprüchen über die Ereignisse der Schöpfung, wie die heilige Schrift sie beurkundet. Aus diesen lernen wir, daß zur Einschränkung des Meeres in seinem Bette „die Berge emporsteigen und die Thäler hinabsinken zu dem Orte, den Gott ihnen gründete: Er setzte sie als eine Grenze, welche sie (die Wasser) nicht überschreiten: und sie bedecken nicht wiederum die Erde."²) An einem andern Orte wird die Bildung der Gebirge geschieden von der der Erde erwähnt. „Ehedenn die Berge wurden und gebildet ward die Erde."³) Eine andere merkwürdige Stelle scheint malerisch die Wirkungen dieses verzehrenden Prinzipes zu beschreiben: „Feuer wird entflammen in meinem Zorne, und es wird brennen bis in den untersten Abgrund (das Grab oder die

---

¹) „Researches." p. 39.
²) Ps. 104. 8—9.
³) Ps. 90, 2.

Hölle), und wird fressen die Erde mit ihrem Gewächs und verbrennen die Grundfesten der Berge."¹) In dieser Beschreibung, so wie in den meisten, die entweder die Herrlichkeit oder Macht, die Freundlichkeit oder Strenge des höchsten Wesens erheben, sind die Bilder höchst wahrscheinlich von seinen wirklichen Werken hergenommen, wie Bischof Lowth zur Genüge dargethan hat.

Aber die Entdeckungen neuerer Geologen haben auch, wie ich vorhin andeutete, eine fortschreitende Reihenfolge in der Erzeugung verschiedener Thiergeschlechter aufgestellt, in offenbarer Uebereinstimmung mit dem Gange, der uns in der sechstägigen Schöpfung geoffenbart ist. Diese gegenseitige Annäherung erschien sogar Einigen so auffallend, daß sie sich veranlaßt fanden, die erwähnte Methode einer Vereinbarung der heiligen Urkunden mit der neuern Wissenschaft zu verlassen, und zu behaupten, daß beide in einer viel vollkommenern Uebereinstimmung stehen, als ich bisher aufstellte. Wenn Sie auch ihrer Hypothese nicht beistimmen werden, so werden Sie doch Gelegenheit haben, zu sehen, daß die „ausländische Geologie" kein Verlangen trägt, die mosaische Erzählung zu untergraben oder zu bestreiten.

§. 22.

Uebereinstimmung zwischen dem Gange der Schöpfung nach Moses und der Aufeinanderfolge der organischen Einschlüsse in den Schichten.

Dr. Buckland bemerkt richtig, daß gelehrte Männer aus ganz andern als geologischen Gründen behauptet haben, die Tage der Schöpfung bedeuten lange, unbestimmte Perioden.²) Mit der Annehmbarkeit dieser Voraussetzung habe ich nichts zu schaffen; philologisch oder kritisch weiß ich nichts dagegen

---

¹) 5. Mos. 32, 22.
²) „Vindiciae Geologicae." Oxford 1820. p. 32.

einzuwenden: aber ich halte sie nicht für schlechthin erforderlich. Indeß, wenn wir auch die vorhin aufgestellte Hypothese zugeben, daß Alles, was die neuere Wissenschaft verlangt, durch den Zwischenraum zwischen der Schöpfung und der gegenwärtigen Anordnung der Dinge zugestanden ist, so könnte doch noch eine längere Zeit als ein Tag gefordert scheinen, vorausgesetzt, daß die Gesetze der Natur ihrem gewöhnlichen Gange überlassen waren; denn dann wäre ein längerer Zeitraum erforderlich gewesen, damit die schon erzeugten Pflanzen, wie wir annehmen müssen, mit Blüthen und Früchten geschmückt und zu ihrer vollständigen Größe herangewachsen wären, sobald der Mensch unter sie versetzt würde. Doch konnte es Gott auch gefallen, sie auf einmal hervorzubringen mit ihrer ganzen Größe und Schönheit von dem ersten Augenblicke ihrer Erzeugung an.

Cuvier bemerkte zuerst, daß bei den fossilen Thieren der Urwelt eine stufenweise Entwickelung der Organisation stattfinde, indem die tiefsten Schichten die unvollkommensten Thiere enthalten, nämlich Mollusken und Schaalthiere; nach diesen kommen Krokodile, Eidechsen und Fische; endlich zuletzt erst Säugethiere, welche mit den erloschenen Gattungen, von denen ich gesprochen, beginnen. Lyell läugnet, vielleicht mit Recht, die Gültigkeit der Folgerung, die man daraus oft gezogen hat, daß nämlich „hier eine fortschreitende Entwickelung organischen Lebens von den einfachsten zu den zusammengesetztesten Formen stattfinde"; indem die Entdeckung eines einzigen Fisches oder der Knochen eines Sauriers unter den Muscheln hinreiche, diese Stufenleiter zu zerstören. Allein diese Bemerkung steht mit der Ansicht, die ich eben darstellen will, keineswegs im Widerspruche, da, so viel ich weiß, jede neue Prüfung diese Aufeinanderfolge der Thiere bestätigt hat. In der sehr genauen tabellarischen Zusammenstellung der organischen Ueberreste in Sussex von Mantell, z. B., finden wir in den aufgeschwemmten Lagern den Hirsch und andere solche Thiere; in dem Fluthlande das Pferd, den Ochsen und den Elephanten; nach diesen weiter unten haben wir Fische und Schaalthiere, auch in einigen Formationen Schildkröten und die verschiedenen Saurier, die ich vorhin beschrieben habe. Es wurden wohl auch Knochen eines Thieres entdeckt, das Mantell zuerst für einen Vogel hielt; allein Professor Buckland betrachtet es für sehr wahrscheinlich, daß sie einem Pterodaktylus, einer fliegenden Eidechse, angehörten.[1]

Dieß vorausgesetzt, nehmen die bezeichneten Schriftsteller an, daß die Schöpfungstage längere und also unbestimmte Perioden bedeuten, während welcher eine gewisse Ordnung lebender Wesen bestand; und sie bemerken, daß die Beschaffenheit der organischen Ueberreste in den Schichten genau der Ordnung entspreche, in welcher nach der Erzählung der heiligen Schrift die Klassen, denen sie angehören, hervorgebracht wurden. Ein ungenannter Schriftsteller gab im vergangenen Jahre eine vergleichende Uebersicht dieser Uebereinstimmung heraus, indem er dem hochgeschätzten Werke Humboldt's von der Ueberlagerung der Felsen, und der anerkannten Aufeinanderfolge der organischen Fossile folgte. In den untersten, primitiven, oder, wie sie besser heißen, ungeschichteten Felsen, so wie in der tiefsten Reihe der geschichteten haben wir durchaus gar keine Spuren vegetabilen oder thierischen Lebens; dann finden wir Pflanzen, untermengt mit Fischen, besonders aber mit Krustenthieren und Mollusken, wie in der Grauwackengruppe, woraus erhellt, daß das Meer zuerst

---

[1] „Geolog. Trans." Vol. III. p. 200—216. Vgl. Dr. Buckland S. 220. (Die Annahme, daß bei den fossilen Organismen von den untersten Schichten zu den obersten ein regelmäßiger Fortschritt der Organisation Statt finde, ist durch den Fortschritt der Petrefaktenkunde mehr und mehr beschränkt und erschüttert worden. Vielfach finden sich die höhern Organismen in den untern, die niedrigern in den obern Schichten. Vgl. Bosizio a. a. O. S. 257—338. — A. d. Ueb.)

Leben erzeugte und seine Bewohner hervorbrachte; so wie die größere Menge der niedern Klassen, nämlich der Krustenthiere, Mollusken u. s. w., anzuzeigen scheint, daß sie früher da waren, als die vollkommenern Einwohner dieses Elementes. Reptile oder die vorhin beschriebenen kriechenden Ungeheuer, durch die fliegende Eidechse mit den Bewohnern der Luft verbunden, sind das Nächste, was sich uns zeigt, und werden von dem inspirirten Geschichtschreiber ebenso richtig eingereiht, wie die Meererzeugnisse. Nun endlich bringt die Erde Leben hervor, und dem gemäß finden wir zunächst die Ueberreste der Vierfüßer, doch von Gattungen, die größtentheils nicht mehr bestehen. Sie finden sich nur in den letzten Schichten, über denjenigen, worin die größeren Meerreptilien liegen, wie in der Süßwasserformation um Paris. Dann zuletzt kommt das Fluthland, worin, wie in unserer nächsten Versammlung weitläufiger gezeigt werden soll, die Ueberreste von Gattungen sich vorfinden, die jetzt noch die Erde bewohnen. Bei den Ueberresten jeder Klasse werden hinreichende Merkmale gefunden, daß irgend eine große Katastrophe sie aus dem Dasein gerissen hat.[1)]

Diese Hypothese, als Versuch, den jüdischen Geschichtschreiber mit dem neuen Naturforscher in Uebereinstimmung zu setzen, mag Vielen in Beziehung auf die Genauigkeit, die

---

[1)] (Am erfolgreichsten wurde diese Uebereinstimmung dargelegt von dem berühmten Marcel de Serres, einem der größten Geologen der Gegenwart, in seiner: "Cosmogonie de Moïse, comparée aux faits géologiques." 2. ed. Par. 1841. 2 voll. Deutsch von Steck. Tübingen 1841. Dagegen erklärt A. Bosizio (a. a. O.) den Nachweis einer Uebereinstimmung der Erdbildung nach Moses mit der, welche die neuere Geologie behauptet, so wie jeden anderen Versuch, beide mit einander auszugleichen, für ungenügend, — andererseits aber auch für unnöthig, indem er mit großer Entschiedenheit und Sachkenntniß den Beweis antritt, daß das ganze System der modernen Geologen auf grundlosen Voraussetzungen und trügerischen Cirkelschlüssen beruhe. — A. d. Ueb.)

zu einem so engen Parallelismus erforderlich ist, mangelhaft erscheinen. Auf jeden Fall wird sie dazu dienen, die Pfleger dieser Wissenschaft gegen den Vorwurf zu vertheidigen, daß sie unbekümmert seien um die Berührung, in welche ihre Ergebnisse mit heiligern Autoritäten treten könnten. Ueberdieß will ich hinzufügen, daß viele derselben auf dem Festlande, weit entfernt, die Wahrheit dieser Urkunden zu verachten, vielmehr eine tiefe Verehrung gegen sie und eine Bewunderung ihrer Weisheit ausdrücken, indem sie sehen, wie ihre wissenschaftlichen Bestrebungen in der erwähnten Weise sie zu bestätigen scheinen.

§. 23.
Aeußerungen neuerer Geologen über die Uebereinstimmung zwischen der mosaischen Erzählung und der Geologie.

"Wir können," sagt Demerson, "nicht genug aufmerksam machen auf diese bewunderungswürdige Ordnung, die so genau übereinstimmt mit den richtigsten Begriffen, welche die Grundlage der positiven Geologie bilden. Welche Huldigung sind wir nicht dem von Gott inspirirten Geschichtschreiber schuldig!"[1] "Hier," ruft Boubée aus, "sind wir bei einer Betrachtung angekommen, die sich uns nothwendig aufdrängen muß. Wenn ein Buch, das zu einer Zeit geschrieben wurde, wo die Naturwissenschaften noch so wenig Fortschritte gemacht hatten, deßungeachtet in wenigen Zeilen den Inbegriff der merkwürdigsten Folgesätze enthält, zu denen man unmöglich anders, als durch den unendlichen Fortschritt gelangen konnte, den man im achtzehnten und neunzehnten Jahrhundert machte; wenn diese Folgesätze mit Thatsachen in Verbindung stehen, die man damals, ja bis auf unsere Tage,

---

[1] „La Géologie enseignée en 22 leçons, ou histoire naturelle du globe terrestre." Paris 1829. p. 408. Vgl. p. 461.

weder wußte noch selbst ahnte, und welche die Philosophen immer auf widersprechende Weise und unter irrigen Gesichtspunkten betrachtet hatten; wenn endlich dieses Buch, über sein Zeitalter so erhaben in wissenschaftlicher Kenntniß, über dasselbe eben so erhaben ist in Sittenlehre und Naturphilosophie: so sind wir genöthigt zuzugeben, daß in diesem Buche etwas ist, was über den Menschen erhaben ist, etwas, was er nicht sieht, was er nicht begreift, was sich aber unwiderstehlich ihm aufdrängt." [1])

Die beiden angezogenen Werke tragen einen populären und elementaren Charakter und sind ausdrücklich zum Unterrichte der Jugend und der Personen von geringerer Bildung in den Grundzügen der Wissenschaft geschrieben. Eben deßwegen zog ich sie um so lieber an; denn sie können zeigen, wie das Bestreben dieser Wissenschaft auf dem Festlande, weit entfernt, auf den Unglauben auszugehen, vielmehr auf die Bestätigung und selbst auf die Erweisung des Christenthums abzielt: und wie die auswärtigen Geologen, anstatt ihre Zöglinge zur Verachtung der heiligen Schrift anzuleiten, als wäre sie mit ihren neuern wissenschaftlichen Ergebnissen unverträglich, sich vielmehr bestreben, aus den Ergebnissen ihrer Untersuchungen neue Beweggründe der Hochachtung und Bewunderung gegen sie zu gewinnen. Zu den bereits erwähnten Namen könnte ich noch andere hinzufügen, wie D'Aubuisson, Chaubard, Bertrand, dessen Werk in Frankreich sechs oder sieben Auflagen erlebt hat und erst kürzlich in's

---

[1]) Géologie élémentaire à la portée de tout le monde." Paris 1833. p. 66. (Dem können wir das Zeugniß beifügen, das Marcel de Serres in dem eben angeführten Buche zu Gunsten der Offenbarung ablegt: „Wird die Sprache der Tradition von den erwiesensten und feststehendsten Thatsachen der Geologie Lügen gestraft? Nein, tausendmal nein! Die Wissenschaft führt in dieser Hinsicht dieselbe Sprache, wie die Tradition." S. 222. — A. d. Ueb.)

Englische übersetzt wurde, und Margerin, welcher in dem Programme der Université Catholique einen Umriß seines Lehrgebäudes gegeben hat, der in ausgezeichnetem Sinne christlich ist.[1])

Diese Aeußerungen müssen ferners um so erfreulicher sein, wenn wir das Land in Erwägung ziehen, von dem sie ausgehen: jenes Land, welches vor Jahren die gedankenlosen Köpfe Europa's mit rohen, unverdauten Materialien zu Einwürfen gegen die Religion versorgte. Jenen aber, welche den bessern Geist kennen, der jetzt in dem warmen Blute Vieler aus seiner Jugend gährt, und welchen die geistvolle Gluth wahrer Vaterlandsliebe bekannt ist, die sie zu dem heiligen Verlangen aufmuntert, jenen Flecken aus dem Schilde ihres Landes zu tilgen und es durch den neuen Glanz, den es um die Sache der Religion verbreiten soll, ebenso hoch zu erheben, als es durch seine frühere Feindschaft gegen sie tief erniedrigt wurde; Jenen, die vertraut sind mit dem heiligen Bunde, der stillschweigend zwischen Vielen besteht, ihre verschiedenen höhern Fähigkeiten und Kenntnisse der Vertheidigung, Beleuchtung und Verherrlichung der Religion zu weihen unter der sichern Leitung der Kirche, der sie untergeben sind; Solchen, welche dieß Alles wissen, sind die angezogenen Zeugnisse nur geringe Aeußerungen einer weit verbreiteten Gesinnung, bloß Blätter, die sich bis zur Oberfläche des Gewässers erheben, um von dem reichen, üppigen Pflanzenwuchse zu zeugen, den seine Tiefen umschließen.

---

[1]) Paris 1813. p. 57. (Unter den deutschen Naturforschern, die ihr System in Uebereinstimmung mit der Bibel zu bringen suchten, steht der eigentliche Gründer der neueren Geologie A. G. Werner obenan; ihm reihen sich an: H. G. Schubert, H. Steffens, J. N. Fuchs [„Ueber die Theorien der Erde." München 1844.], K. Raumer, Andreas Wagner [s. sein treffliches Werk „Geschichte der Urwelt." Leipz. 1845.] Pfaff [„Schöpfungsgeschichte," Erlangen 1856.] und viele Andere. — A. d. Ueb.)

Und gewiß muß es erfreulich sein, eine Wissenschaft, die sonst, und vielleicht nicht mit Unrecht, unter die verderblichsten Gegner des Glaubens gerechnet wurde, so wieder in seinem Dienste zu sehen; zu sehen, wie sie jetzt, nachdem sie viele Jahre von Theorie zu Theorie, oder vielmehr von Hirngespinnst zu Hirngespinnst geirrt war, wieder zur Heimath zurückkehrt, wo sie geboren ist, und zu dem Altare, auf dem sie ihre ersten, einfachen Opfer darbrachte, nicht mehr, wie sie ausging, ein eigensinniges, träumerisches Kind mit leeren Händen, sondern mit der Würde gereifter Jahre, mit priesterlichem Schritte, den Schooß voll wohl erworbener Gaben, sie auf seinem heiligen Herde aufzuhäufen. Denn die Religion war es, wie wir am Anfange dieses Vortrages sahen, die der Geologie ihren Ursprung gab, und zum Heiligthume ist sie wieder zurückgekehrt. Auf welche Weise, soll unsere nächste Besprechung noch ferner auseinandersetzen.

Sechster Vortrag:
Ueber
die Naturwissenschaften.

II. Abtheilung.

§. 24.
B. Die Sündfluth.

Wenn wir über einen ebenen, angenehmen Weg hinwandern, so scheinen uns diejenigen Gegenstände, die uns zunächst umgeben, unserm Laufe zu begegnen und sich in entgegengesetzter Richtung zu bewegen. Und meistens sind dieß Werke der Menschenhände, die Hecken, die sie gepflanzt, oder die Hütten und Häuser, die sie gebaut haben. Werfen wir aber unsere Blicke über diese hinaus und betrachten die Schöpfungen der Natur, die gewaltigen Berge, die den Horizont umgürten, oder die majestätischen Wolken, die in dem Ozean des Himmels schwimmen, so sehen wir, daß sie mit uns auf unserm Wege ziehen, und daß ihr Lauf vorwärts geht, wie der unsrige. Und so glaube ich, ist es mit uns auf unserer Pilgerschaft nach der Wahrheit. Menschen haben uns rings umhegt mit den Pflanzungen ihrer eigenen

Hand oder den Erfindungen ihres eigenen Sinnes: und wenn wir bei unserm Fortschreiten auf diese schauen, so glauben wir mit der Wirklichkeit der Dinge gleichsam in Gegensatz und Widerspruch zu sein. Doch erheben wir unser Auge hinauf, über diese neuen, sterblichen Schöpfungen hinaus, und beschauen und befragen wir die Natur selbst in ihren ursprünglichen, dauernden Werken, so finden wir dadurch, daß sie auf Einem Wege mit uns wandert und auf den Gegenstand unseres Verlangens hinzielt.

Gewiß hat die Wissenschaft der Geologie Ihnen bereits gezeigt, daß, so lange als die Gelehrten Systeme aufthürmten, sie denjenigen im Wege standen, welche gerne zur Entdeckung heiliger Wahrheiten vorgeschritten wären; daß aber, wenn die Erscheinungen der Natur ehrlich zu Rathe gezogen und einfach dargeboten wurden, dieselben offenbar zu den erwünschten Folgerungen führten. Doch indem wir nun auf den zweiten Punkt eingehen, den ich zuvor erwähnte, als eine neue Berührung zwischen den heiligen und profanen Untersuchungen, nämlich auf die Sündfluth, wird Ihnen wahrscheinlich die Ersprießlichkeit dieser Wissenschaft noch viel deutlicher vor Augen treten. Es ist klar, daß, wenn je Spuren früherer Ereignisse auf der Erde gefunden werden können, nothwendig die letzte Katastrophe, die über ihre Oberfläche hinging, die deutlichsten Fußstapfen von ihrem Laufe zurückgelassen haben muß. Die kurze Dauer der Sündfluth und die convulsivische Natur ihrer zerstörenden Wirkungen ließ für langsame, allmählige Niederschläge keine Zeit, sondern muß mehr Spuren einer zerstörenden als einer bildenden Kraft, mehr Spuren von Losreißung, Verschiebung, Wegschwemmung, von einer aufwühlenden und einfurchenden Gewalt, als von einer gestaltenden und assimilirenden Thätigkeit zurückgelassen haben. Wir dürfen daher nicht glauben, sie so verfolgen zu können, wie wir das Bett eines ausgetrockneten Sees finden, sondern wie wir im Sommer den Lauf eines Winterbaches erkennen aus den Trümmern, die er von seinen Ufern riß, aus der Abspülung, die er an der Seite des Berges ausübte, aus der Anhäufung loser Stoffe, wo seine Wirbel am gewaltigsten waren, vielleicht auch aus den Trümmern werthvollerer Beute, aus den Ueberresten jener Pflanzen und Thiere, die er, als er über seine gewöhnlichen Grenzen brach, von ihrem natürlichen Aufenthaltsorte in seinen Strudel riß. Die Allgemeinheit ihrer Wirkung mußte eine solche Gleichmäßigkeit in ihren Erfolgen hervorbringen, daß sie in beträchtlich von einander getrennten Landstrichen sich als dieselben erweisen müssen, so daß der Meerstrom, der aus den geöffneten Schleußen des Abgrundes hervorbrach, seine Verwüstungen in Amerika in gleicher Richtung bezeichnen mußte, wie in Europa. Ohne Zweifel ist es schwierig, die Zeit einer solchen Fluth zu bestimmen, die über Landstriche hinging, welche viele Jahrhunderte der Vegetation mit ihrem jährlichen Tribute der Verwesung bedeckt, welche die thätige Hand des Menschen aufgebrochen oder sonst geändert, welche der nagende und entstellende Zahn der Zeit verwischt und umgestaltet, und welche eine Reihe geringerer örtlicher Katastrophen von Zeit zu Zeit wesentlich umgewälzt hat. Doch ungeachtet aller dieser Veränderungen kann es entweder in dem Zustande der Ruinen, welche die letzte Verwüstung zurückließ, oder in den Ergebnissen fortschreitender Wirkungen, die nicht von älterm Datum sein können, Zeitzeichen geben, welche hinreichende Daten darbieten wenigstens zu einer unbestimmten und annähernden Berechnung der Zeit, zu welcher sie sich ereignete.

Indem ich Ihnen darlege, welches Licht die neuere Geologie auf diese drei Punkte geworfen hat: auf die Wirklichkeit, die Einheit und die Zeit einer Sündfluth oder einer Zerstörung der Welt durch Wasser —, werde ich den Abriß, den Dr. Buckland in wenigen Zeilen am Schlusse seiner Vindiciae Geologicae gegeben und später in den Reliquiae

Diluvianae wiederholt hat, zu Grunde legen.¹) Dieses Werk werde ich ganz besonders im Auge behalten in der gedrängten Ueberficht, die ich Ihnen von den Bestimmungen der neuern Geologie über die phyfikalischen Zeugniffe diefer Katastrophe zu geben fuchen werde.

§. 25.
1) Beweife für die Wirklichkeit der Sündfluth.
a) Entblößungsthäler.

Die erfte Erfcheinung, welche genau beobachtet und als Beweis für eine plötzliche, allgemeine Ueberfchwemmung, wie fie die Sündfluth vorausfetzt, geltend gemacht wurde, ift das, was in neueren Werken unter dem Namen Entblößungsthäler bekannt ift. Catcott, in feinem Werke über die Sündfluth, war der Erfte, der fie bemerkte: allein fie hat feit feiner Zeit viel genauere Beachtung gefunden. Man verfteht unter diefem Worte Thäler zwifchen Hügeln, deren Schichten fich genau entfprechen, fo daß das Thal offenbar aus ihrer Subftanz ausgegraben ift. Um dieß durch ein bekanntes, entfprechendes Beifpiel zu erläutern: wenn Sie unter den Ruinen diefer Stadt Trümmer eines Walles entdeckten, der in Zwifchenräumen wieder erfchiene und in derfelben Linie ftünde, und wenn Sie fich nach genauerer Unterfuchung verficherten, daß die verfchiedenen Theile aus denfelben Materialien gebaut wären, genau in derfelben Ordnung, fo daß z. B. Reihen von Ziegel, Travertin und Tufftein durchaus in gleichen Zwifchenräumen und in entfprechenden Verhältniffen aufeinander folgten, fo würden Sie gewiß fchließen, daß die verfchiedenen Trümmer urfprünglich Einen fortlaufenden Wall bildeten, und daß die ihn unterbrechenden Lücken von der Zeit oder Gewalt herrührten. Genau diefelbe Ge-

---

¹) „Vindiciae." p. 36. „Reliquiae." Lond. 1823. p. 226.

dankenverbindung muß uns zu dem Schlusse führen, daß die Thäler, welche offenbar die Hügel entzwei geschnitten haben, durch irgend eine diesen Erfolgen entsprechende Gewalt ausgehöhlt worden sind. Dr. Buckland hat mit besonders glücklichem Erfolge diese Erscheinung an der Küste von Devon und Dorset untersucht und erläuterude Abbildungen davon gegeben. Aus diesen, so wie aus seiner Beschreibung erhellt, daß die ganze Küste durchschnitten ist von Thälern, die nach der See hinlaufen und die Schichten der Hügel so trennen, daß dieselben einander vollkommen entsprechen. An den Wänden dieser Thäler sind Kiesanhäufungen, die offenbar von der aushöhlenden Kraft an den Abhängen der Hügel und am Boden der Thalsohle abgesetzt wurden. Dieses kann von keiner gegenwärtig wirkenden Ursache herrühren; denn durch viele von ihnen lauft kein Bach, und in dem so abgelagerten Geschiebe finden sich Ueberreste von solchen Thieren, wie sie in der gegenwärtigen Ordnung der Dinge durch eine plötzliche Fluth umkommen würden.[1]) Aehnliche Beispiele könnte man aus den Arbeiten anderer Geologen anführen.

Zu dieser Klasse von Beweisen möchte ich eine andere sonderbare Erscheinung rechnen, die von dem Abspülen des Wassers von den Seiten der Berge her zu rühren scheint. Ich meine jene ungeheuren Zinnen von Granit oder andern festen Felsmassen, die von den benachbarten Bergen wie Inseln getrennt zu stehen scheinen. Der Mont Cervin im Vivarais bildet eine Pyramide, 3000 Fuß über die höchsten Alpen, und wird von Saussure so beschrieben: — „Obwohl ein eifriger Vertheidiger der Crystallisation, so kann ich doch nicht glauben, daß ein solcher Obelisk in dieser Gestalt unmittelbar aus der Hand der Natur hervorging. Die umgebende Masse ist losgerissen und weggeführt worden; denn nichts ist um ihn zu sehen, als andere Spitzen, die gleich ihm

---

[1]) „Reliquiae." p. 217. „Geolog. Trans." Vol. I. p. 96.

schroff aus dem Boden aufspringen, und deren Seiten gleicher=
weise gewaltsam entblößt sind." Zu Greifenstein in Sachsen
ist eine Anzahl von Granitprismen, die auf einer Ebene
stehen, und sich zu einer Höhe von hundert Fuß und darüber
erheben. Jedes derselben ist wieder durch horizontale Spalten
in eben so viele Blöcke getheilt, und so haben sie das Ansehen
einer großen Granitmasse, deren verbindende Theile gewaltsam
fortgerissen worden sind.[1])

§. 26.
**b) Findlinge oder Irrfelsen und andere Diluvial-Ablager-
ungen.**

Eine andere Klasse von Erscheinungen, welche zu den=
selben Ergebnissen führt, kann man füglich unter dem von
De la Beche vorgeschlagenen Namen der Irrfelsen (erratic
blocks) zusammenfassen.[2])

Dr. Buckland hatte zuvor die Unterscheidung zwischen
Alluvial= und Diluvial=Bildungen in Vorschlag gebracht;
unter erstern versteht er jene Ablagerungen, welche die Ebbe
und Fluth oder Flüsse oder andere noch bestehende Ursachen
gewöhnlich hervorbringen, und unter den letztern diejenigen,
welche von der Wirkung einer viel mächtigern Ursache, als
jetzt irgendwo thätig ist, z. B. einer großen, hereinbrechenden
Ueberschwemmung herzurühren scheinen. Die Bestandtheile
dieser Klasse kann man auf zwei zurückführen: erstens Ab=
lagerungen von Sand und Kies, wo gegenwärtig kein Wasser
wirkt, noch in der gegenwärtigen Ordnung der Dinge gewirkt
haben kann; und zweitens jene größern Massen, bald von
einigen Zoll im Durchmesser, bald in einem Gewichte von

---

[1]) Saussure, „Voyage dans les Alpes." Tom. IV. p. 414. Ure,
„New System of Geology." Lond. 1829. p. 370.
[2]) Pag. 181.

vielen Zentnern, welche man Rollfelsen nennt. Dieselben sind, wenn sie kleiner sind, dem Kiese beigemischt; doch oft setzen sie uns in Erstaunen durch ihre ungeheuren Massen, welche an der Seite eines Berges einsam und abgesondert dastehen und die schöne Beschreibung des Dichters bewähren:

> So schau'n wir oft auf kahlen Bergeshöhen
> Gelagert einen ungeheuren Stein;
> Verwundert fragen Alle, die ihn sehen:
> Wie kam er her? von wannen mag er sein?
> Er täuscht das Auge mit des Lebens Schein,
> Als wär's ein Seethier, das dem Meer entronnen
> Auf Felsen oder Sand ruht, sich zu sonnen.
>
> Wordsworth.

De la Beche hat den Umständen, unter welchen Geschiebablagerungen vorkommen, besondere Aufmerksamkeit gewidmet, und zeigt, wie unverträglich sie seien mit der Theorie, daß gegenwärtig bestehende Ursachen sie hervorgebracht haben. So finden wir oft, daß die Schichten auf jene Weise gebrochen sind, die man Verwerfungen (faults, failles) nennt, über welchen dann das Geschiebe ruhig und unaufgeregt liegt, und dadurch zeigt, daß eine andere Ursache es hier ablagerte, als jene, welche die Brechung der Schichten hervorgebracht hat. Auf gleiche Weise finden wir überall, wo es möglich ist, den Grund unter diesem Geschiebe zu untersuchen, die Felsen, so hart sie auch sein mögen, furchenartig eingekerbt, als wenn ein großer Strom, welcher schwere Massen mit sich fortführte, über sie hingegangen wäre. Aus diesen Thatsachen zieht er folgende Schlüsse: „Unsere Schranken gestatten uns nicht, mehr in's Einzelne einzugehen, wozu die nothwendigen Karten erforderlich wären; aber es würde eine starke Stütze für die Muthmaßung abgeben, daß Wassermassen über das Land hingingen. Beschränken wir unsere Aufmerksamkeit auf eine einzige Gegend, so müssen wir bemerken, daß die Verschiebungen viel größer, und die Verwerfungen, welche sicher durch einen einzigen Bruch entstanden, viel beträchtlicher sind, als wir es uns aus neuern Erdbeben möglicher Weise erklären könnten. Es ist daher nicht unphilosophisch, daraus den Schluß zu ziehen, daß eine größere, Schwingungen und Brechungen der Felsen verursachende Kraft auch eine größere Wassermasse in gewaltigere Bewegung setzen mußte, und daß die Fluthen, die über das Land hereinbrachen, oder mit verhältnißmäßig geringer Tiefe auf den Boden wirkten, eine Erhebung und eine zerstörende und mit sich fortreißende Gewalt haben mußten, welche mit der dazu angewandten aufregenden Kraft im Verhältniß stand."

„Die nächste Frage, die sich erhebt, ist diese: Gibt es noch andere Anzeichen, daß Wassermassen über das Land hingingen? Darauf kann man erwiedern, daß die Gestalt der Thäler sanft abgerundet ist, so daß auch der scharfsinnigste Kopf keine Verbindung meteorischer Ursachen ersinnen könnte, die sie hervorzubringen im Stande wäre: daß zahlreiche Thäler auf der Linie der Verwerfungen vorkommen, und daß das Geschiebe in einer Weise zerstreut ist, für die wir in der gegenwärtigen Wirkung rein atmosphärischer Gewässer keine Erklärung finden können." [1]

Dr. Buckland hat den Zug der Quarzkiesel von Warwickshire bis Oxfordshire und London genau verfolgt und keinen Zweifel mehr übrig gelassen, daß sie von einem gewaltigen Wasserstrome von Norden nach Süden herabgeführt worden sind; denn wenn wir ihnen in der Gegend von Birmingham und Lichfield zuerst begegnen, bilden sie ungeheure Lager unter dem rothen Sandsteine. Von da ab sind sie abwärts gerissen worden, besonders längs der Thäler der Evenlode und Themse, gemischt mit Trümmern von Felsen,

---

[1] S. 184. In der ersten Ausgabe ist der gelehrte Schriftsteller noch deutlicher, indem er am Anfange des zweiten Paragraphs das Wort „Fluth" gebraucht, während er jetzt nur „Wassermassen" sagt.

welche zwar in Yorkshire und Linkolnshire vorkommen, aber in der Gegend, wo diese Kiesel jetzt gefunden werden, nirgends feste Lager bilden. Die Anzahl derselben nimmt ab, je mehr wir uns von ihrem ursprünglichen Lager entfernen, so daß sie in Hyde-Park und in den Kiesgruben von Kensington minder häufig sind, als bei Oxford. Da aber diese Geschiebe auf den Höhen gefunden werden, welche diese Thäler einschließen, so möchte es ein natürlicher Schluß scheinen, daß dieselbe Ursache, welche sie hieher brachte, auch die Thäler aushöhlte; obwohl nach der Annahme des gelehrten Forschers eher bei ihrem Zurückzuge, als bei ihrem ersten Vordringen. Die Zulänglichkeit dieser einzigen Wirkung, alle jene Erfolge hervorzubringen, bietet gewiß einen starken Grund für die Zuläßigkeit dieser Hypothese dar.[1])

De la Beche fand auf der Spitze des großen Haldon-Hügels, gegen 800 Fuß über der Meeresfläche, Felsstücke, welche aus niederern Thälern hergeschwemmt sein mußten. „Ich fand dort," fügte er hinzu, „Stücke rothen, quarzhaltigen Porphyrs, kernigen, rothen Sandsteins und kernigen Kieselsteins, die in der Grauwacke der Umgegend nicht ungewöhnlich sind, wo alle diese Felsarten in niederern Thälern, als der Gipfel des Haldon, vorkommen, und von wo sie gewiß nicht durch Regengüsse oder Bäche hinaufgeführt werden konnten; man müßte denn nur annehmen, letztere hätten einmal beliebt, bergauf zu laufen." Dr. Buckland sammelte in der Grafschaft Durham, wenige Meilen von Darlington, Gerölle von mehr als zwanzig Varietäten des Grünsteins und Porphyrschiefers, der nirgends näher vorkommt, als in dem Seegebiet von Cumberland, und ein Granitblock in jener Stadt kann von keinem nähern Orte hergekommen sein, als von Shap bei Penrith. Aehnliche Blöcke werden auch auf der Hochebene von Sedgfield südöstlich von Durham gefunden. Der nächste

---

[1]) „Reliquiae." p. 249.

Punkt, von welchem diese Blöcke und Gerölle hergeleitet werden können, ist das Seegebiet von Cumberland, von welchem sie durch die Höhen von Stainmoor getrennt sind; und wenn man die Annahme, daß sie von dort her kommen, für zu schwierig hält, so bleibt keine andere Wahl, als ihnen norwegischen Ursprung zu geben, und anzunehmen, daß sie von dort über das gegenwärtige Meer herübergeführt wurden. Conybeare hat bemerkt, daß es nicht schwer wäre, eine fast vollständige Sammlung englischer Felsarten in der Gegend von Market=Harborough oder in dem Thale von Shipston=on=Stour aus den Trümmern des Gerölles, welches hier vorkommt, zusammen zu finden. Professor Sedgwick hat beobachtet, daß die Rollfelsen, welche das Geschiebe in Cumberland begleiten, von Dumfriesshire herkommen und folglich über den Solway=Frith gesetzt haben müssen. Noch auffallender ist die Entdeckung von Phillips, daß das Fluthland von Holderneß Steintrümmer enthält nicht nur von Durham und Cumberland und dem Norden von York=shire, sondern sogar von Norwegen; ähnliche Trümmer norwegischer Felsen sollen auch auf den Shetlands=Inseln vorkommen. Der nämliche Schriftsteller gibt ein seltsames Beispiel dieser Art. In dem Thale des Wharf ist der Schiefer von einer Schichte Kalkstein überlagert, auf deren Höhe, 50 bis 100 Fuß hoch, wir ungeheure hingeführte Schieferblöcke in großer Menge finden; die Klippen hinauf, bis zu einer Erhebung von 150 Fuß, sind die Blöcke noch zahlreicher. Sie scheinen von einem Strome gegen Norden an einen besondern Platz getrieben und nachher auf der Oberfläche des Kalksteins hingeführt worden zu sein.") Wir haben also hier eine offenbare Ablagerung von Kalksteinen auf dem Schiefer und dann eine gewaltsame Versetzung von Blöcken dieser Felsart auf die Oberfläche der Ablagerung.

---

¹) „Geol. Trans." Vol. III. p. 13.

Auf dem Festlande wurden genau dieselben Erscheinungen beobachtet. In Schweden und Rußland kommen große Blöcke vor, die allem Anscheine nach von Norden nach Süden geführt worden sind; der Graf Razoumovsky bemerkt, daß diejenigen zwischen St. Petersburg und Moskau aus Skandinavien kommen und in der Richtung von N.O. nach S.W. liegen. Die Irrfelsen von der Düna bis zum Niemen leitet Professor Pusch von Finnland, dem Onega=See und Esthland her; die von Ostpreußen und einem Theile Polens gehören drei verschiedenen Arten an, welche alle in der Gegend von Abo in Finnland gefunden werden.[1]) In Amerika sind die Erscheinungen ganz dieselben, und Dr. Bigsby, der die geologischen Erscheinungen des huronischen Sees beschreibt, bemerkt: „Küsten und Bett des Huron=Sees scheinen der Wirkung eines gewaltigen Wasserstromes und darin schwimmender Gegenstände, die vom Norden herstürzten, ausgesetzt gewesen zu sein. Daß eine solche Fluth sich ereignete, beweist nicht nur die Abspülung der Oberfläche des nördlichen Hauptlandes und der zerstreuten Inseln, sondern auch die ungeheuren Ablagerungen von Sand= und Rollfelsen, welche sich zu Haufen in jedem Thale sowohl auf dem Festlande, als auf

---

[1]) De la Beche, a. a. O. Buckland, „Reliquiae." p. 192 sqq. (Die Rollfelsen in Norddeutschland breiten sich aus über die sandigen Ebenen von Westphalen, Hannover, Holstein, Seeland, Mecklenburg, Brandenburg, Pommern und hinein nach Polen: im Allgemeinen über die ganzen niedern Lande, welche das baltische, und selbst das deutsche Meer begrenzen, von der Ems und Weser bis zur Düna und Newa. Der nördliche Abfall der Gebirge von Norddeutschland bildet für ihre Verbreitung die südliche Grenze. Lange nahm man an, sie stammen vom Harze; allein eine genauere Untersuchung und Vergleichung ihrer Gesteinmasse führte bald zu der Ueberzeugung, daß sie nur aus den Gebirgen Skandinaviens herrühren können, da sie Mineralien enthalten, die bei uns gänzlich fehlen und dort allein vorkommen, wie z. B. das Wernerit. Gegenwärtig ist diese Meinung die fast allgemein angenommene. — A. d. Ueb.)

den Inseln finden; denn die Trümmer sind fast ausschließlich primitiver Bildungsart, und in einigen Fällen kann ihre Identität mit den primitiven Felsarten, die auf der Nordküste einheimisch sind, nachgewiesen werden; da nun überdieß das Land gegen Süden und Westen weit hin der secundären Bildungsform angehört, so scheint die Richtung dieser Fluth von Norden her wohl verbürgt zu sein." [1])

§. 27.
Unmöglichkeit, diese Erscheinungen aus noch thätigen Ursachen zu erklären.

Wir dürfen jedoch nicht mit Stillschweigen über die Hypothese hingehen, welche von einigen tüchtigen neuern Geologen mit so viel Scharfsinn und Gelehrsamkeit behauptet worden ist, daß nämlich alle diese Erscheinungen aus Ursachen, die jetzt noch in Wirksamkeit sind, erklärt werden können. Fuchsel war der Erste, der diese Behauptung aussprach, welche, wie man wohl sagen darf, später die Grundlage der huttonischen Theorie bildete. Diese, wie so viele andere philosophische Schulen, verdankt ihre Berühmtheit mehr ihren Schülern, als ihrem Gründer, und Playfair und Lyell haben zu ihrer Aufrechthaltung gewiß Alles gethan, was eine ungeheure Anhäufung von interessanten Thatsachen und eine sehr geistreiche Kette von Folgerungen zu bewirken im Stande ist. Dem letzten besonders kann man die Anerkennung nicht versagen, daß er die Sammlung geologischer Beobachtungen ungemein bereichert hat. Nach dieser Theorie sind alle Thäler von den Flüssen oder Bächen, die durch dieselben laufen, ausgehöhlt worden; Alles, was eine convulsive Wirkung erfordert, wird Erdbeben zugeschrieben, die an Beschaffenheit und Umfang den unsrigen gleichen; alle Versetzung von Felsen

---

[1]) „Geolog. Trans." Vol. I. p. 205.

oder Kies könne durch Ebbe und Fluth, oder Flüsse, oder
Gießbäche, oder schwimmende Eisberge bewirkt worden sein.
Die Gegner dieser Theorie sind natürlich die Schriftsteller,
die ich angezogen, und viele andere, deren Ansehen in der
Geologie von Bedeutung ist. Brongniart z. B. widerlegt
jenen Theil davon, welcher dem Wasser eine so große ein=
schneidende Kraft beilegt, daß man sogar annehmen zu dürfen
glaubt, daß tiefe Thäler und Schluchten durch die Wirksamkeit
eines Stromes durch Felsen gefressen worden seien. Der
reiche Anwuchs von Moos auf der Oberfläche der Felsen an
und unter der Wasserfläche beweist, daß von dem Felsen,
auf welchem es wächst, nicht immerwährend weggespült wird;
denn wenn dieß wäre, so müßte es eben so beständig sammt
seinem harten Bette losgerissen werden. Der Nil und Orinoko
bedecken ungeachtet der ungeheuren Gewalt, welche ihr Umfang
ihnen gibt, jeden Felsendamm, der sich ihrem Laufe entgegen=
setzt, weit entfernt, ihn auszuspülen, nur mit einem dicken
braunen Ueberzuge von ganz eigener Natur.¹) Greenough
hat beobachtet, daß die Kraft der Flüsse eher eine Auf=
füllung, als die Aushöhlung von Thälern bewirkt, indem
sie eher ihr Bett erhöhen, als tiefer graben. Denn es ist
durch Beobachtung erwiesen, indem man an ihren Seiten
Gruben öffnete, daß die Kies=Ablagerung tiefer geht, als
ihr Bett. „Die Wirkung der Flüsse," fährt er fort, „muß
entweder im Auffüllen oder im Ausgraben bestehen; in beidem
zugleich kann sie nicht bestehen; besteht sie im Ausgraben,
so haben sie nicht jene Kieslager gebildet; besteht sie im
Auffüllen, so haben sie das Thal nicht ausgehöhlt." Die
Versetzung von Kies= und Rollfelsen in so ungeheure Ent=
fernungen und zu so großen Höhen kann eben so wenig

---

¹) „Dictionnaire des Sciences Naturelles." Vol. XIV. p. 55.
²) „Critical Examination of the First Principles of Geology."
Lond. 1819. p. 139.

aus noch bestehenden Ursachen erklärt werden. Denn es ist beobachtet worden, daß selbst Flüsse, wenn sie nicht außerordentlich stark sind, ihr Geschiebe nicht sehr weit mit fortführen, indem verschiedene Theile ihres Laufes von verschiedenen Geschiebarten belegt gefunden werden. Man hat so berechnet, daß wir einem Gießbach der Alpen, wenn er einige von den Blöcken, die am Fuße dieses Gebirges zerstreut sind, mit sich führen sollte, ein Gefäll geben müßten, welches seine Quelle über die Schneelinie versetzen würde. Der Rollfelsen, den man Pierre-à-Martin nennt, enthält 10,296 Kubikfuß Granit; ein anderer in Neufchatel wiegt 38,000 Zentner. Zu Lage ist ein Granitblock, welcher der Johannisstein heißt, der 24 Fuß im Durchmesser hat. Ein ungeheurer Rollfelsen an der Küste von Appin in Argyleshire ist nach einer Beschreibung Maxwell's eine Zusammensetzung aus Granit von unregelmäßiger Form mit abgerundeten Ecken und hat einen vertikalen Umfang von 42 Fuß, und einen horizontalen von 38. Zahlreiche andere Granitblöcke kommen in demselben Theile Schottlands vor, doch nirgends ist hier ein festes Granitlager, von dem sie hergeleitet werden könnten.[1]

§. 28.

Die Alpenblöcke.

Bevor wir diesen Gegenstand von den Rollfelsen verlassen, kann ich die besondere Erscheinung, die sie in den Alpen darbieten, nicht übergehen. Sie wurde besonders von Elie de Beaumont, und später von De la Beche untersucht.[2]

---

[1] „Geol. Trans." Vol. III. p. 488.

[2] („Die Schweizer- wie die savoyischen Alpen, ungleich weniger die ostwärts gelegenen, sind an ihrer nördlichen wie an der südlichen Seite von ungeheuren Bergtrümmern umgeben, welche offenbar von jenen granitischen Felsmassen herstammen, die den Hochrücken der Gebirgskette bilden.

Es zeigen sich genau jene Erscheinungen, die, wie wir annehmen müßten, die Strömung eines Wassersturzes durch die Thäler hervorbrächte, wenn er Bruchstücke von den Bergen, an denen er vorbeiging, mit sich führte, und ganze Vertiefungen mit den Trümmern, die er herabtrug, anfüllte. Wo eine Höhe oder eine vorspringende Wand sich ihm entgegensetzte, lagerte er eine größere Anhäufung von Materialien ab; näher dem Orte, wo die Blöcke abgerissen wurden, sind sie größer, verkleinern sich aber, je mehr sie sich davon entfernen, an Umfang und werden durch die Reibung mehr abgerundet.

Der Geologe, dem ich bisher genau gefolgt bin, wirft die Frage auf, in wie fern die Vertheilung der Alpenblöcke gleichzeitig gewesen sein könne mit der angenommenen Versetzung von Irrfelsen aus Skandinavien? Hierauf erwiedert er, nach einer vorläufigen Verwahrung, „daß die Blöcke in beiden Fällen in einem gewissen Umfange oberflächlich erscheinen und nicht von Ablagerungen bedeckt sind, die uns über die Verschiedenheit ihres Alters Aufschluß geben könnten; und daß es wohl möglich sei, daß eine große Erhebung der Alpen und eine Zerstreuung von Blöcken an beiden Seiten des Gebirges ganz oder doch so ziemlich gleichzeitig mit einer Convulsion im Norden stattgefunden habe." [1] In einem andern Werke läßt er sich in den Unterschied dieser beiden Blockzerstreuungen, der von den Alpen und der nördlichen, etwas tiefer ein und schreibt beide einer verhältnißmäßig

---

Diese Bergtrümmer liegen nordwärts von den Alpen in den Thälern und an den Höhen des Juragebirges zerstreut, welches die Grenze des Vorkommens dieser Bergtrümmer der Schweizer-Alpen gegen Norden hin bildet; an ihm finden sie sich vorzüglich an solchen Punkten aufgehäuft, welche den Ausmündungen der Thäler und Schluchten der höhern Centralkette, von der sie herabgerissen wurden, gegenüber liegen." S. Schubert: „Das Weltgebäude, die Erde und die Zeiten der Menschen auf der Erde." Erlangen 1852. — A. d. Ueb.)

[1] De la Beche. S. 194.

späten Periode zu. „In wie fern," schreibt er, „die Ereignisse, welche die beiden Anhäufungen dieser Blöcke hervorriefen, der Zeit nach von einander getrennt werden können, wissen wir nicht; doch sind wir gewiß, daß die geologischen Epochen beider sehr neu gewesen sein müssen, indem beide auf Felsarten von verhältnißmäßig geringem Alter ruhen." Später zieht er aus den Erscheinungen, welche in Europa und Amerika beobachtet wurden, den Schluß, daß irgend eine von den Polargegenden ausgehende Ursache in solcher Weise gewirkt habe, daß sie diese Zerstreuung fester Stoffe über einen gewissen Theil der Oberfläche der Erde hervorbrachte. Wir kennen keine Kraft, welche eine solche Wirkung hervorbringen könnte, als die Bewegung des Wassers.¹) Dieser Schriftsteller glaubt, daß dieselbe einfache Ursache, die E. de Beaumont in Vorschlag brachte, um alle vorhergehenden Umwälzungen auf der Oberfläche der Erde zu erklären, ebenso auch über diese letzte Auskunft geben könne. Eine Erhebung des Landes unter den Polarmeeren müßte den Ocean mit einer der Stärke dieser Bewegung entsprechenden Gewalt südlich über die Continente treiben.

§. 29.
Elie de Beaumont's Anwendung der Erhebungs-Theorie auf die Sündfluth.

Hier haben wir wieder einen Beweis dafür, daß viele Geologen des europäischen Continents, weit entfernt von ungläubigen Bestrebungen, vielmehr eine Sorgfalt an den Tag legen, ihre Hypothesen in der Art zu bilden, daß die Erzählung der heiligen Schrift darin Raum finde, und daß ihre Lösung des großen geologischen Problems dadurch zum Theil bewährt werde, daß sie ein so großes historisches Factum,

---

¹) „Researches in Theoretical Geology." p. 390.

wie dort erzählt wird, einschließe. Denn Elie de Beaumont bemerkt am Schlusse seiner „Untersuchungen", daß die Erhebung einer Bergkette, während sie in den Gegenden ihrer unmittelbaren Nachbarschaft die beschriebenen gewaltsamen Folgen hervorbrächte, in entferntern eine gewaltige Bewegung des Meeres und eine Störung seines Niveaus verursachen müßte, „Ereignisse, welche sich mit der plötzlichen und vorübergehenden Ueberschwemmung vergleichen lassen, von der wir eine Andeutung mit fast gleichförmigen Daten in den Archiven aller Nationen finden." Er fügt dann in einer Note hinzu, daß er dieses historische Ereigniß bloß als die letzte Umwälzung der Erdoberfläche betrachte, und daher sehr geneigt wäre, anzunehmen, daß die Andes zu jener Zeit emporgehoben wurden; aus ihrer Erhebung ließen sich alle Wirkungen erklären, die zur Hervorbringung einer Fluth sich vereinigen müssen.[1]

§. 30.

c) **Thierische Ueberreste.**

Ich komme nun zu einem andern großen und weit interessantern Gegenstande, auf den ich mich jedoch nicht ohne großes Widerstreben einlasse, in Folge der verschiedenen Hypothesen und widersprechenden Meinungen, die sich an ihn anschließen, nämlich die Ueberreste der Thiere, die man in verschiedenen Theilen der Erde unter gänzlich verschiedenen Umständen entdeckt hat. Ich bemerkte zuvor, daß in den obern, mehr beweglichen Schichten, die sich vermuthlich ablagerten, während die Erde durch einen mächtigen und stürmischen Strom eine Zeit lang unter Wasser gesetzt war, die Knochen und Skelette von Thieren gefunden werden, die in

---

[1] A. a. O. und „Annales des Sciences Naturelles." Tom. XIX. p. 232.

den meisten Fällen noch jetzt lebenden Gattungen angehören, obwohl sie bisweilen in der Art von ihnen unterschieden sind. Wenn wir aus der Analogie schließen, so müssen wir annehmen, daß dieselben durch die letzte Convulsion, welche die Erde aufregte, in ihre gegenwärtigen Lagen versetzt wurden, indem keine Spur da ist, daß irgend eine andere über sie weggegangen sei; und es scheint kaum möglich, zu zweifeln, daß das Wasser jenes Mittel war, durch welches sie auf eine so merkwürdige Weise erhalten wurden.

Dr. Buckland hat diesen Gegenstand bis zu der Zeit, da er seine Abhandlung von den diluvianischen Ueberresten herausgab, erschöpft, und die Entdeckung neuer Knochenbehältnisse seit seinem Werke kann man mit wenigen Ausnahmen von einigem Belange, die ich sogleich erwähnen werde, als bloße Wiederholungen der von ihm beobachteten Erscheinungen und als Bestätigung vieler seiner Folgerungen betrachten.

Die Ueberreste von Thieren, die in der Oberfläche der Erde entdeckt wurden, kann man in drei Klassen theilen: erstens solche, welche durchaus oder doch größtentheils in den nördlichen Gegenden gefunden werden, wozu auch diejenigen gehören, die wegen der Aehnlichkeit ihrer Lage auch durch eine ähnliche Annahme erklärt werden müssen; zweitens diejenigen, welche sich in Höhlen finden; und drittens diejenigen, welche in den sogenannten Knochenbrekzien, oder mit Kies und Gerölle vermengt in den Felsspalten vorkommen.

§. 31.
Ganze Thiere, die im Norden eingefroren gefunden werden.

Zu der ersten Klasse nun müssen wir vorzüglich die Körper von Elephanten und Rhinozerosen zählen, welche in Eis oder vielleicht besser in gefrornem Schlamme in den nördlichen Breiten gefunden werden. Im Jahre 1799 bemerkte Schumachoff, ein tungusischer Häuptling, auf der

Halbinsel Tamset an der Mündung der Lena im Eise eine unförmliche Masse: i. J. 1804 wurde sie vom Eise befreit und fiel auf den Sand. Es fand sich nun, daß es ein Elephant war, so unversehrt, daß die Hunde und selbst die Menschen von seinem Fleische aßen. Die Fangzähne wurden herausgeschnitten und verkauft, und das Skelett mit einem Theile des Haares in das kaiserliche Museum zu St. Petersburg geschickt, wo es noch jetzt aufbewahrt wird. Ein Rhinozeros, welches nach der Beschreibung von Pallas i. J. 1770 im gefrornen Schlamme an den Küsten des Viluji entdeckt wurde, war ebenfalls mit Haut und Haar bedeckt.[1] Die Expedition des Kapitän Beechey in den Norden Asiens hat eine Anzahl ähnlicher Entdeckungen zu Tage gebracht, indem die Knochen dieser beiden Thiere daselbst in beträchtlicher Menge im gefrornen Sande eingeschlossen gefunden wurden.[2] Man hat die so gefundenen Thiere andern jetzt nicht mehr bestehenden Arten beizählen wollen, hauptsächlich in Folge der behaarten Haut, mit welcher sie bedeckt sind. Vielleicht jedoch geht die Verschiedenheit nicht weiter, als sie sich auch bei wohlbekannten Thieren verfolgen läßt, die in einigen Ländern die Haut ganz oder beinahe nackt haben, während sie in andern zottig sind, z. B. der Hund, dessen unbehaarte Abart wohl bekannt ist. Fairholme hat eine Stelle aus Bischof Heber's Erzählung angeführt, welche zeigt, daß es auch noch heut zu Tage in Indien behaarte Elephanten gibt,[3] und behauptet, daß der Elephant in kältern Klimaten eine Neigung zeige, haarig zu werden. Doch lassen wir auch dieß bei Seite, so kann nicht bezweifelt werden, daß diese Thiere

---

[1] S. „Mémoires de l'Académie Impériale de St. Petersb." Vol. VII.

[2] S. die Abhandlung über diesen Gegenstand von Professor Buckland am Ende von Kapitain Beechey's Erzählung.

[3] A. a. O. S. 356.

durch eine plötzlich über sie hereinstürzende Katastrophe überrascht wurden, die sie in einem und demselben Augenblicke tödtete und einbalsamirte. Es liegt unserm Vorhaben ganz fern, zu untersuchen, ob diese Thiere Bewohner des Landes waren, wo sie jetzt begraben liegen, und wenn es so ist, wie sie in einem so kalten Klima leben konnten; oder ob auf der andern Seite das Klima eine Veränderung erlitten habe. Es scheint in der That viel wahrscheinlicher, daß sie lebten und starben, wo sie jetzt liegen, als daß sie erst hieher versetzt wurden; und daß das Klima wirklich eine solche Veränderung erlitten hat, welche seine Temperatur ungeeignet machte für Thiere, die es zuvor nicht nur ertragen konnten, sondern auch in seinem Pflanzenwuchse ihren nothwendigen Unterhalt fanden. Auch muß diese Veränderung, wenigstens allem Anscheine nach, so plötzlich gewesen sein, daß sie keine Zeit für die Verwesung ließ, sondern eine plötzliche Kälte muß die Thiere fast eben sobald eingeeist, als getödtet haben. Wie alles dieses geschehen konnte, ist ein Gegenstand des Systems und der Muthmaßung; aber zuverläßig ist es nicht unverträglich mit der Vorstellung von einer Fluth, die nicht nur alles Leben von der Erde hinwegraffen, sondern auch den ursprünglichen Fluch vollständig machen sollte, indem sie solche Veränderungen des Klima oder anderer Bedingungen des Lebens verursachte, daß die ungeheuer lange Lebensdauer der Menschen von dem vorfluthlichen bis auf das patriarchalische Maaß herabsank.

Wie groß daher auch die Schwierigkeiten sein mögen, die in der eben dargelegten Klasse von Erscheinungen noch ungelöst sind, so ist es offenbar, daß sie, weit entfernt, im Gegensatze mit dem Charakter der letzten großen Umwälzung zu stehen, vielmehr durch die Annahme derselben leichter erklärlich scheinen, als durch irgend eine andere Hypothese. Daher sagt auch Pallas, „daß er, bis er diese Gegenden durchforscht und so auffallende Denkmäler aufgefunden habe, sich niemals von der Wahrheit der Sündfluth habe überzeugen können." [1])

§. 32.
Knochenhöhlen.

Die zweite Klasse umfaßt die Knochen von Thieren, die in Höhlen aufbewahrt sind, und ist von noch größerm Interesse, als die erste. Alle die Gegenden aufzuzählen, wo diese Gräber der Urwelt gefunden werden, würde die Schranken, die ich einhalten muß, weit überschreiten; ich werde mich daher begnügen, Ihnen nach der genauen Beschreibung Bucklands einen allgemeinen Begriff davon zu geben. Die erste Höhle, welche allgemeine Aufmerksamkeit erregte, war die zu Kirkdale in Yorkshire. Sie wurde i. J. 1821 in einem Steinbruche entdeckt und bot nur eine sehr schmale Oeffnung dar, durch welche ein Mann kriechen konnte. Der Boden war obenhin bedeckt mit Kalksinter, dem kalkartigen Niederschlage, der sich im Wasser bildet, das von der Decke heruntertropft. Darunter war dicker Lehm oder Schlamm, in welchen die Knochen der verschiedenen Thiere und Vögel eingekittet waren. Bei weitem die größere Anzahl von Zähnen gehörte der Hyäne an, und unter ihnen waren Exemplare mit Anzeichen der verschiedensten Lebensalter. Außerdem gab es Knochen von dem Elephanten, dem Rhinozeros, dem Bären, dem Wolfe, dem Pferde, dem Hasen, der Wasserratte, der Taube, der Lerche ɾc. Nebst andern Beweisen, daß diese Höhle das Lager mehrerer Geschlechter von Hyänen war, ist auch zu bemerken, daß die Knochen fast durchaus in einem Zustande der Zertrümmerung waren, zersplittert und zerbrochen, mit Ausnahme jener harten und festen Knochen, die der Kraft der Zähne widerstehen. Man fand sogar auf vielen von den

---

[1]) „Essay sur la Formation des Montagnes."

Knochen Zahnspuren, welche, wie es sich zeigte, genau mit den Zähnen der in der Höhle gefundenen Hyänen übereinstimmten. Indem nun Dr. Buckland diese Spuren mit den wirklichen Sitten dieser Thiere vergleicht, Umfang und Beschaffenheit der Anhäufung untersucht und die Lage und andere Umstände der Höhle mit in Anschlag bringt, kömmt er auf den überraschenden Schluß, daß sie vor Zeiten das Lager von Hyänen gewesen sein müsse, welche die Knochen der von ihnen getödteten Thiere hineinschleppten und da mit Muße zermalmten; daß dann eine Ueberschwemmung in die Höhle den Schlamm brachte, in dem sie nun eingeschlossen sind, und der sie vor der Verwesung bewahrte. Ein solcher Schluß stimmt genau mit dem Charakter der Sündfluth überein.[1]) Diese Beschreibung ist in der Hauptsache auch auf die andern bekanntesten Höhlen anwendbar, z. B. die von Torquay, Gailenreuth, Kühloch ic.; doch ist zu bemerken, daß in den deutschen Höhlen besonders die Bärenknochen vorherrschend sind.[2]) —

Die von Professor Buckland dargelegten Thatsachen sind, wie allgemein anerkannt ist, mit ängstlicher Genauigkeit beobachtet und mit vollkommener Unpartheilichkeit geschildert; die Schlüsse und Folgerungen aber, die er daran knüpft, sind dem Tadel nicht entgangen. Granville Penn besonders hat seine ganze Darlegung mit großem Ernst und Freimuth angegriffen, und behauptet, daß die Knochen von der Fluth in die Höhle gespült wurden, indem dieselbe sie in der Nachbarschaft aufnahm und durch die enge Oeffnung in die Kluft

---

[1]) „Reliquiae." p. 1—51.

[2]) (Die bedeutendsten deutschen Höhlen, in denen sich Knochen finden, sind außer den angeführten Muggendorferhöhlen: die Schwarzfelderhöhle am südlichen Abhange des Harzes, die Baumanns- und Bielshöhle im Blankenburgischen, die Glücksbrunnerhöhle, die Höhle von Adelsberg in Krain. — A. d. Ueb.)

zwängte. Da er jedoch in den wichtigsten Punkten übereinstimmender Meinung ist, daß wir nämlich hier einen starken Beweis für die Sündfluth haben, so ist es unnöthig, in seine Gründe einzugehen. Es mag hinreichen, zu bemerken, daß die Geologen nicht für seine Ansicht gewonnen wurden, und daß Cuvier, Brongniart und Andere fortwährend Buckland's Erklärung beibehalten haben.

§. 33.
Menschenknochen in den Höhlen.

Doch es gibt eine andere, noch wichtigere Frage, welche vielleicht damals nicht so leicht gelöst werden konnte, als Professor Buckland seinen interessanten Bericht herausgab. Sind menschliche Knochen entdeckt worden, so mit den Ueberresten von Thieren vermengt, daß wir schließen können, der Mensch sei der Gewalt der Katastrophe, welche jene aus dem Leben hinwegraffte, mit unterworfen gewesen? Zwar waren die Fälle, die er seiner Beobachtung unterwerfen konnte, der Art, daß sie den Schluß, zu dem er kam, rechtfertigten: daß nämlich Menschenknochen, wo sie immer mit denen von Thieren vermengt entdeckt worden sind, zu einer spätern Zeit in die Höhle gekommen seien. Doch gibt es ein oder zwei Fälle, welche in einzelnen Umständen von diesen Beispielen einigermaßen abweichen.

Die Höhle von Durfort im Jura wurde i. J. 1795 zum erstenmale von Hrn. Hombres Firmas besucht, der jedoch keinen Bericht von ihr bekannt machte, bis er sie 25 Jahre später noch einmal untersuchte. Seine Abhandlung erschien unter dem Titel: „Notices sur des Ossemens Humains Fossiles." Im Jahre 1823 gab Marcel de Serres einen genauern Bericht davon heraus. Die Höhle liegt in einem Kalkberge, etwa 300 Fuß über der Meeresfläche, und man gelangt in sie durch einen perpendiculären Schacht, 20 Fuß tief.

Ist man aus diesem Schachte durch einen engen Spalt in die Höhle gelangt, so findet man einen viereckigen Raum von drei Fuß, welcher menschliche Knochen enthält, die wie die Kirkdaler Ueberreste in einen kalkigen Teig eingekittet sind.¹)

Doch eine noch genauere Beobachtung, die zu denselben Resultaten führte, wurde von Marcel de Serres in Beziehung auf die Knochen angestellt, die sich im tertiären Kalkstein bei Pondres und Souvignargues im Departement Herault finden. Hier entdeckte De Cristolles menschliche Knochen und Töpfergefäße gemengt mit den Ueberresten vom Rhinozeros, dem Bären, der Hyäne und vielen andern Thieren. Sie waren in Schlamm und Trümmer von den Kalksteinfelsen der Nachbarschaft eingeschlossen. Unter dieser Anhäufung, die an einigen Stellen gegen 13 Fuß tief ist, befindet sich der eigentliche Boden der Höhle. Aus einer sorgfältigen Analyse ergab sich, daß die menschlichen Knochen, gleichwie jene der Hyänen, bei denen sie sich fanden, ihre animalische Substanz gänzlich verloren hatten. Beide sind gleich zerbrechlich und kleben stark an der Zunge an. Um sich dieses Punktes zu versichern, verglichen sie De Serres und Ballard mit den Knochen, die aus einem gallischen Sarkophage gewonnen wurden, und der gewöhnlichen Annahme nach vierzehnhundert Jahre eingegraben lagen, und es ergab sich, daß die fossilen Knochen viel älter sein mußten.²)

---

¹) Granville Penn's „Comparative Estimate of the Mineral and Mosaical Geologies." 2nd. ed. 1825. Vol. II. p. 394.

²) Lyell, Vol. II. p. 225. (Seitdem wurden an vielen Orten theils in Höhlen theils in freiem Lande in den Diluvialablagerungen Ueberreste von Menschen, und zwar nicht bloß Knochen, sondern auch anscheinende Kunstprodukte sehr roher Art untermischt mit den Knochen vorsündfluthlicher Thiere gefunden, aber nirgends in einer Weise, die allen Zweifel ausschlöße, daß sie erst später durch irgend einen Zufall diesen Thierknochen beigemischt sein möchten. Das Interesse, dem Menschen ein möglichst hohes Alter beizulegen, macht zwar die Geologen sehr

In diesem Falle macht es jedoch die Entdeckung von Töpfergeschirr denkbar, daß die menschlichen Knochen später in die Höhle gebracht wurden. Denn während wir auf der einen Seite nicht annehmen können, daß Menschen in ein und derselben Höhle mit den Hyänen zusammengewohnt hätten; können wir uns auf der andern nicht denken, daß diese Thiere, wenn sie auch ihre Knochengier auf Kosten des Menschen befriedigten, sein Töpfergeschirr in ihr Lager geschleppt oder ihre Zähne daran versucht haben sollten. Zufall oder Absicht mag daher irgend einen spätern Bewohner der Nachbarschaft in den frühern Aufenthaltsort des wilden Thieres begraben haben; indeß bleibt immer noch zu erklären übrig, wie die menschlichen Knochen in ein und denselben Teig, wie die andern, eingeknetet wurden. Für jeden Fall jedoch haben wir offenbar einen hinreichenden Beweis, daß eine gewaltsame Revolution, verursacht durch einen plötzlichen Einbruch des Gewässers, die Thiere, welche die nördlichen Theile Europas bewohnten, getödtet hat; die übereinstimmenden Phänomene in den südlichen Gegenden, bekräftigt durch ähnliche Entdeckungen in Asien und Amerika, zeigen,

---

geneigt, das gleiche Alter dieser menschlichen Ueberreste mit den Thierknochen zu behaupten: aber mehr als eine größere oder geringere Wahrscheinlichkeit kann dafür nicht geltend gemacht werden; fast in jedem einzelnen Falle kann man die Schlußfolgerungen bestreiten und hat sie bestritten, und im Allgemeinen stehen in dieser Frage noch immer sich widerstreitende Auktoritäten einander gegenüber. Was insbesondere die bei Abbeville, Amiens, Clermont und an einigen andern Orten in Frankreich und England gefundenen Aexte, Messer, Keile, Pfeilspitzen u. s. w. aus Feuerstein betrifft, so gehört offenbar einiger gute Wille dazu, in ihnen Werke von Menschenhand zu erkennen, und die Möglichkeit, daß diese Steine durch Zufall diese Form empfangen haben möchten, kann nicht so leicht ausgeschlossen werden. Man darf sich in solchen Dingen nicht blenden lassen durch die Zuversicht der Naturforscher, mit der sie gewagte Schlußfolgerungen und Hypothesen für unbestreitbare Thatsachen ausgeben. — A. d. Ueb.)

daß ihr Einfluß sich noch weiter ausdehnte. In der Mitte des letzten Jahrhunderts hieß es, daß menschliche Knochen in einem sehr harten Felsen eingeschlossen gefunden worden seien, und man betrachtete sie als Zeugniß für die Wirkung der Sündfluth.¹)

§. 34.
Knochenbretzien.

Die dritte Klasse von thierischen Ueberresten, die ich erwähnt habe, besteht aus den sogenannten Knochenbretzien, welche man hauptsächlich in den Felsspalten oder auch in großen Höhlen findet. Sie bestehen aus stark zusammengekitteten Knochen mit Bruchstücken der umgebenden Felsmassen. De la Beche hat die in der Nachbarschaft von Nizza entdeckten genau untersucht, und Dr. Buckland hat besondere Einzelnheiten von der bei Gibraltar gefundenen gesammelt.²) Man glaubt allgemein, daß diese Art thierischer Einschlüsse je nach verschiedenen Umständen auch verschiedenen Zeiten zuzuschreiben sei; doch einige von ihnen könnte man vielleicht in ihrer Bildung für gleichzeitig mit den andern, eben beschriebenen Ablagerungen erklären.

§. 35.
Einwurf: daß die geologische Fluth von der historischen der Zeit nach verschieden sei.

Und hier schließe ich den ersten Theil meines Beweises oder vielmehr meiner Berichterstattung über die neuesten

---

¹) „A very curious and particular account of some skeletons of human bodies discovered in an ancient tomb, translated from the French; as also a circumstantial account of some petrified human bodies found last February standing upright in a rock." Lond. 1760. S. d. Brief am Ende des Werkes.

²) „Geolog. Trans." Vol. III. p. 173. „Reliquiae." p. 156.

Folgerungen der Geologie betreffs der Frage von der letzten Revolution, welche die Oberfläche der Erde verwüstete. Doch bevor ich weiter gehe, muß ich einer Schwierigkeit begegnen, die man leicht erheben könnte. Es gibt viele und sehr gelehrte Geologen, welche mehrere von den erwähnten Erscheinungen Revolutionen zuschreiben, die älter wären, als die große Ueberschwemmung oder Fluth, welche die Schrift beschreibt; ja einige ganz wohlgesinnte Schriftsteller unterscheiden die geologische Fluth von der historischen, die sie als eine nur partielle Ueberschwemmung betrachten,[1] und legen der erstern alle jene Erscheinungen bei, die ich eben erklärt habe.[2]

---

[1] Boubée p. 43. Vgl. p. 203.

[2] (Auch Buckland, dessen „Reliquiae Diluvianae" der Verfasser in dem Vorausgehenden folgte, hat in einer spätern Schrift, die er unter dem Titel „Geology and Mineralogy considered with reference to natural Theology" als einen Theil der bekannten Bridgewaterbücher herausgab, sich der Ansicht angeschlossen, daß die Fluth, deren Belege er in den „Reliquiae Diluvianae" darstellte, einer der Schöpfung des Menschen vorangehenden Periode angehörte. Die wenigen Gründe, die er für diese Aenderung seiner Ansichten anführt, sind eigentlich nicht geologischer Art, und von so geringer Bedeutung, daß man sich wundern muß, wie sie auf einen so besonnenen Mann einen solchen Eindruck machen konnten. Der Hauptgrund, der gegen die Identität des biblischen mit dem geologischen Diluvium vorgebracht wird, ist der, daß die Thierarten, die in dem letztern gefunden werden, zum weitaus größten Theile ganz andere seien, als die gegenwärtig existirenden, während doch nach dem biblischen Berichte die gegenwärtigen Thiere die Nachkommen derer von der Sündfluth sind. Allein die Voraussetzung selbst erweist sich mehr und mehr als unbegründet. Wenn es auch unläugbar ist, daß sich im Diluvium Thiere finden, die gegenwärtig nicht mehr existiren, so findet man anderseits immer mehr solche von gegenwärtig bestehenden Arten, so daß sie in vielen Lagen die ausgestorbenen überwiegen. Sind auch im Diluviallande noch nicht von allen gegenwärtigen Arten Spuren aufgefunden worden, so berechtigt dieses noch lange nicht zu dem Schlusse, daß sie in demselben gänzlich fehlen: und existiren Arten, welche sich im Diluvium finden, gegenwärtig nicht mehr, so können sie auch seit der

Auf diese Einwendungen könnte ich auf verschiedene Weise erwidern. Für's erste würde ich nämlich sagen, daß die Entdeckung menschlicher Knochen diesen Punkt zur letzten Entscheidung bringen müsse; denn wenn bewiesen werden kann, daß dieselben in ähnlichen Lagen und unter denselben Verhältnissen wie die der Thiere in den Höhlen vorkommen, so müssen wir annehmen, daß die Ursache ihrer Zerstörung die von der Geschichte beschriebene sei. Denn wenn diese, sei es nun die heilige oder die profane, ausspricht, daß Menschen und Thiere von einer Wasserfluth weggerafft worden seien, und wenn die Geologie die Erfolge einer ganz ähnlichen Katastrophe nachweist, und zugleich Zeugniß gibt, daß keine spätere Revolution mehr stattgefunden hat, so würde es sehr unphilosophisch sein, beide von einander zu trennen. Denn die Uebereinstimmung ihres Zeugnisses ist gleich der eines schriftlichen Documentes mit einer Münze oder einem andern Monumente: etwa wie der Triumphbogen, welcher den Sieg des Titus über die Juden feiert, obwohl ohne Datum, vermöge der Darstellung ihrer Beute von jedem verständigen Manne auf die Eroberung bezogen werden wird, welche Josephus uns so genau beschreibt.

Doch vorausgesetzt, es sei bewiesen, daß alle Erscheinungen, die ich beschrieben habe, einer frühern Zeit angehören, sollte ich wohl die Entdeckung bedauern? Ganz gewiß nicht; denn niemals würde ich einen Schritt vorwärts auf dem Pfade der Wissenschaft fürchten, und folglich auch niemals bedauern. Sollte es möglich sein, ein genaues System der

---

Sündfluth ausgestorben sein, wie wir ja sicher von Thierarten wissen, die innerhalb der historischen Zeit ausgestorben oder eben jetzt im Aussterben begriffen sind, z. B. der Schelch, das Elen, das Wiesend. Auch ist der Unterschied der fossilen Thiere von den lebenden nicht so groß, daß er nicht als bloße Abart betrachtet werden, und seit der Zeit der Sündfluth allmälig entstanden sein könnte.

geologischen Chronologie zu entdecken, und sollte irgend eine dieser Erscheinungen sich als einer frühern Epoche angehörig erweisen, so würde ich sie ohne Widerstreben aufgeben — vollkommen überzeugt, daß erstens nichts der heiligen Urkunde Feindliches bewiesen werden könnte, und zweitens, daß der Umsturz der Beweise, die wir hier gesehen haben, nur eine Vorbereitung zu ihrer Ersetzung durch viel entscheidendere sein würde. Wer z. B. bedauert, daß Scheuchzer's Homo diluvii testis oder der von der Sündfluth zeugende Mensch sich nur als einen Theil von einem Thiere der Salamander-Gattung auswies? Er betrachtete ihn gewiß für einen sehr wichtigen Beweis; aber sicherlich kann kein Freund der Wahrheit sich darüber betrüben, daß es entdeckt wurde, noch es bedauern, daß dieses schwache Zeugniß durch die gleichartigen Thatsachen, die ich Ihnen zusammenstellte, ersetzt wurde. „Die christliche Religion," sagt Fontenelle, „bedurfte zu keiner Zeit falscher Beweise zur Unterstützung ihrer Sache; und dieß ist noch weniger jetzt der Fall, wegen der Sorgfalt, mit welcher die großen Männer dieser Zeit sich bemüht haben, sie mit größerer Kraft, als die Alten thaten, auf ihren wahren Fundamenten festzustellen. Wir sollten von einem so gerechten Vertrauen auf unsere Religion erfüllt sein, daß wir falsche Vortheile verschmähten, von denen eine schlechtere Sache nicht Umgang nehmen würde." [1]) Was wir auch von den Ansichten dieses Schriftstellers denken mögen, sein Urtheil über unsere Aufrichtigkeit in jenem Vertrauen, das wir auf unsere Sache setzen, ist ganz richtig. Ich will noch ferner hinzufügen, daß ich nur der Geschichtschreiber dieser und anderer Wissenschaften bin, und zwar in Beziehung auf ihr Verhältniß zu der christlichen Wahrheit; ich habe in der Regel nur die Meinungen gelehrter Männer in ihren entsprechenden Wissenschaften darzustellen und die Vergangenheit mit der Gegenwart zu ver-

---

[1]) „Histoire des Oracles." Ed. Amst. 1687. p. 4.

gleichen. Der Boden wechselt beständig unter unsern Füßen, und wir dürfen uns mit jeder Wissenschaft zufrieden geben, wenn die Erfahrung beweist, daß ihre fortschreitende Entwickelung einer heiligern Sache günstig ist.

§. 36.
2) Einheit der Sündfluth.

Wir kommen nun zu der interessanten Frage, in wiefern geologische Erscheinungen die Einheit dieser Katastrophe darthun: mit andern Worten, ob neuere Beobachtungen uns zur Annahme einer Mehrheit örtlicher Ueberschwemmungen nöthigen, oder ob eine einzige große Fluth in einem furchtbar großartigen Maaßstabe festzusetzen sei. Zur Antwort darauf behaupte ich, daß Erscheinungen vorhanden sind, welche auf den letztern Fall hindeuten.

Denn für's Erste kann Ihnen in der Uebersicht, die ich von dem Laufe der Rollblöcke und anderer Geschiebe gegeben habe, die Bemerkung nicht entgangen sein, daß dieselben eine fast gleichmäßige Richtung von Norden nach Süden darbieten. Die Findlinge von Durham und Yorkshire kommen von Cumberland, die in Cumberland von Schottland, die in Schottland von Norwegen. Gerölle aus demselben Lande findet sich in Holderneß, und das Thal der Themse ist von der Gegend von Birmingham an ganz in der Weise damit angefüllt, wie die Anschwemmungen eines Gießbaches sich ablagern. Auf dem Continente ist es derselbe Fall; denn die Irrfelsen von Deutschland und Polen lassen sich bis nach Schweden und Norwegen verfolgen. Brongniart hat auch bemerkt, daß sie in parallelen Linien von Norden nach Süden laufen, wohl bisweilen ein wenig in der Richtung abweichen, jedoch in der Hauptsache immer den Anschein haben, als seien sie von einem überwältigenden Strome vom Norden herabgetragen worden. Sie werden sich ferner erinnern, wie Dr. Bigsby durch Beobachtungen sich überzeugte, daß das Geschiebe in Nordamerika immer von weiter gegen Norden gelegenen Punkten herkam. In Jamaika ist derselbe Zug bemerklich. Denn De la Beche bemerkt, daß die große Ebene von Liguanea, auf welcher Kingston liegt, „ganz aus Fluthanschwemmungen zusammengesetzt ist, die hauptsächlich aus dem Geröllе der Gebirge von St. Andreas und Port-Royal bestehen und offenbar nicht aus jetzt noch wirkenden Ursachen entstanden, sondern von diesen Bergen in derselben Weise, wahrscheinlich auch zu derselben Zeit hergeschwemmt wurden, wie die zahlreichen Striche europäischer Kieslager, die aus der theilweisen Zerstörung europäischer Felsen entstanden." Nun aber sind diese Berge nördlich von der Ebene. Ferner ist die Ebene von Vera und Niederclarendon diluvianisch, und ihre Bestandtheile scheinen aus den Trappformationen der Berge von St. John und Clarendon herzurühren, welche gegen Norden gelegen sind.[1]

Dieses Zusammentreffen in der Richtung des Laufes, den der Meerstrom verfolgte, in so entfernten Theilen der Welt, wir mögen nun ihre Entfernung von Norden nach Süden oder von Osten nach Westen messen, scheint deutlich die Wirkung einer gleichförmigen Ursache anzuzeigen. Denn wenn wir annehmen, daß das Meer zu verschiedenen Zeiten auf das Land hereingebrochen sei, so müßte es etwa zu einer Zeit z. B. das baltische, zu einer andern das mittelländische und wieder zu einer andern das atlantische gewesen sein: und in jedem Falle würde die Richtung der Fluth, wie sie in ihren Spuren sich kund gäbe, natürlich verschieden sein. Dagegen ist nun die Annahme einer einzigen Sündfluth nicht nur die einfachste und folglich die am meisten philosophische Erklärung dieser beständigen und gleichmäßigen Erscheinungen;

---

[1] „On the Geology of Jamaica." „Geol. Trans." Vol. II. p. 182, 184.

sondern eine Mehrheit solcher Katastrophen kann kaum zugegeben werden, ohne anzunehmen, daß jede die Folgen der vorhergehenden in Verwirrung gebracht habe, so daß die Linien der angeschwemmten Gegenstände sich kreuzten, die Richtungen in dem Gerölle wechselten und dadurch jede Berechnung verwirrten. Allein nichts der Art ist bisher irgendwo entdeckt worden, und deßwegen muß eine gesunde Wissenschaft wohl schließen, daß die Ursache nur Eine war. Auch würde die Gültigkeit dieses Schlusses nicht sehr gefährdet werden, wenn gleich spätere Nachforschung in entferntern Gegenden zu verschiedenen Ergebnissen führte. Denn wir müssen natürlich annehmen, daß außer dem nördlichen auch andere Ozeane auf die Erde losgelassen wurden, um ihre letzte große Reinigung zu bewirken; und von ihnen konnten dann die Linien der Anschwemmungen in andere Richtungen auslaufen.

Wenn die Spur dieser Geschiebe eine gleichförmige Richtung weist, so dürfen wir erwarten, daß auch die Bahn, auf der sie hinzogen, in entsprechender Weise bezeichnet ist. Der Erste, welcher, wie ich bereits erwähnte, auf diese Erscheinung aufmerksam machte, war Sir James Hall, welcher beobachtete, daß in der Umgebung von Edinburgh die Felsen mit Geleisen oder Linien bezeichnet sind, die offenbar dadurch eingekerbt wurden, daß schwere Massen in der Richtung von Osten nach Westen über sie hingingen. Murchison hat dieselbe Erscheinung im Broragebiet in Sutherlandshire genau beschrieben. — „Ich bemerkte," sagt er, „in meiner frühern Abhandlung, daß diese Hügel ihren Ursprung wahrscheinlich der Entblößung verdanken; diese Annahme bestätigt sich nun dadurch, daß sich auf ihrer Oberfläche unzählige parallele Furchen und unregelmäßige Ritze zeigen, die bald tief, bald seicht, kurz so beschaffen sind, daß sie kaum durch etwas Anderes entstanden sein können, als durch den Anstoß von Felsentrümmern, die von irgend einem gewaltigen Strome getrieben wurden. Die Furchen und Ritze scheinen von

Steinen jeder Größe gemacht zu sein und behaupten, mit Ausnahme einzelner nur leicht abweichender Linien, die wahrscheinlich von kleinern Rollsteinen herrühren, welche mit den größern in heftige Berührung kamen, einen durchgängigen Parallelismus in einer Richtung von NW. nach SO.[1]) Dieß Zusammentreffen ist gewiß merkwürdig und läßt wenig Raum, die Einheit der Ursache, die so gleichförmige Wirkungen hervorbrachte, zu bezweifeln.

Ich will nicht bei der Uebereinstimmung anderer Erscheinungen verweilen, wie z. B. der Gleichmäßigkeit in der Vertheilung des Diluviums und seiner organischen Ueberreste in verschiedenen Theilen der Welt; denn die bereits gemachten Bemerkungen werden hinreichen, Ihnen zu zeigen, daß die Wahrscheinlichkeit sehr zu Gunsten einer einzigen Ursache spricht, die sie alle hervorbrachte. Auch will ich Sie nicht bei einer andern wichtigen Folgerung aufhalten, die offenbar aus Allem, was bisher gesagt wurde, hervorgeht, daß die letzte Ueberschwemmung nicht, wie die angenommenen vorhergehenden, auf lange Zeit Alles unter Wasser setzte, sondern daß sie nur eine vorübergehende temporäre Fluth war, ganz wie die heilige Schrift sie beschreibt. Daß das Land vor derselben, zum Theil wenigstens, dasselbe war wie jetzt, erhellt aus den Hyänenhöhlen; daß es nur eine beschränkte Zeit lang unter Wasser war, erhellt aus der Abwesenheit aller solcher Ablagerungen, die eine Auflösung voraussetzen; denn ihr Niederschlag besteht aus losen Stoffen, Kies, Bretzien

---

[1]) „Geolog. Trans." Vol. II. p. 357. (Aehnliches wurde von Brongniart in Gemeinschaft mit dem berühmten Chemiker Berzelius in den skandinavischen Gebirgen beobachtet. Auf den höchsten Stellen der Granithügel entdeckte er zahlreiche parallellaufende Furchen, die inwendig abgerundet und wie polirt erschienen, als ob sie durch darüber gleitende harte und kugelförmige Massen gebildet worden seien. Die Richtung der Furchen ist beständig aus NNO. in SSW. S. v. Leonhard's „Lehrbuch der Geologie und Geognosie." — A. d. Ueb.)

und einem Gemisch von Trümmergestein, so wie etwa ein Fluß oder Meer, nur in riesenhaftem Maaße, zuerst mit sich nehmen und dann zurücklassen könnte.

§. 37.
3) Zeit der Sündfluth.

Wir kommen endlich zu einer andern noch interessantern Frage: Gibt die Geologie Daten, um mit ziemlicher Genauigkeit die Zeit dieser letzten Revolution festzusetzen?[1] Darauf können wir meines Erachtens mit Sicherheit erwidern — und einige der angeführten Autoritäten sagen es ausdrücklich —, daß der allgemeine und, wenn Sie wollen, unbestimmte Eindruck, den geologische Thatsachen auf genaue Beobachter machen, darauf hinausgeht, daß die letzte Heim-

---

[1] (Wenn in der neuern Zeit die der heiligen Schrift feindlichen Naturforscher, wie Lyell (Geological evidences of the antiquity of man. Lond. 1863) und Vogt (Vorlesungen über den Menschen), diese Revolutionen in ein sehr hohes Alter, weit über die Sündfluth hinauf, zu verlegen suchen, so geschieht es vorzüglich, um auch für den Menschen ein viel höheres Alter zu erweisen, als die heilige Schrift ihm beilegt. Während sie daher früher die Menschenknochen, welche man im Diluvium fand, für später hinzugekommen erklärten, um in ihnen nicht einen Beweis der biblischen Sündfluth anerkennen zu müssen, zeigen sie jetzt das größte Interesse, ihnen gleiches Alter mit den Diluvial-Ablagerungen zu vindiciren, um daraus einen Beweis zu gewinnen, daß der Mensch schon viele Jahrtausende früher die Erde bewohnt habe, als die heilige Schrift ihn auftreten läßt. Allein alle Thatsachen, auf die man sich zu diesem Zwecke beruft, sind noch so unsicher, die Schlüsse, die man daraus zieht, so willkürlich, daß dem Einwande gar kein Gewicht zuzuerkennen ist. (S. Schultz: Die Schöpfungsgeschichte nach Naturwissenschaft und Bibel. Gotha 1865. S. 409—417.) Die Frage von dem Alter der aufgefundenen Ueberreste von Menschen ist von einer endgültigen Lösung noch so entfernt, daß von ihr weder ein positiver Beweis für die biblische Lehre von der Sündfluth, noch eine Widerlegung der biblischen Lehre von dem Alter des Menschengeschlechtes gezogen werden kann. — A. d. Ueb.)

suchung von verhältnißmäßig neuem Datum ist. Die Oberfläche der Erde sieht aus, als sei sie erst kürzlich gestaltet worden, und die Ergebnisse der noch gegenwärtig thätigen Ursachen erscheinen als zu gering, wenn sie nicht auf eine sehr eng begrenzte Periode eingeschränkt werden. So, wenn wir die unbedeutende Anhäufung von Schutt oder Trümmergestein betrachten, die den Fuß hoher Gebirge umgibt, oder den geringen Fortschritt, den Flüsse ungeachtet des Schlammes, den sie täglich und stündlich absetzen, in Auffüllung der Seen machen, durch die sie laufen: so fühlen wir uns nothwendig getrieben, anzuerkennen, daß einige wenige Jahrtausende mehr als hinreichen, den gegenwärtigen Stand der Dinge zu erklären.

§. 38.

Deluc's Zeitenmesser.

Man hat jedoch einen Versuch gemacht, in dieser Untersuchung mit weit mehr annähernder Genauigkeit zum Ziele zu kommen, indem man die periodischen Wirkungen solcher Ursachen, wie ich gelegentlich erwähnte, maß, um so mit einiger Bestimmtheit die Länge der Zeit zu berechnen, die verflossen sein muß, seit dieselben zuerst zu wirken begannen. Deluc war der Erste, der sich bemühte, solche Daten zu beobachten und zu sammeln, welchen er den Namen Chronometer gab. Er ist zwar von Schriftstellern einer entgegengesetzten Schule wegen dieses Versuches scharf durchgenommen worden;[1] allein die Billigkeit fordert, zu bemerken, daß seine Folgerungen und selbst zum großen Theile seine Voraussetzungen von Cuvier angenommen wurden, dessen Scharfsinn und ungeheure geologische Kenntnisse Wenige zu bestreiten wagen werden. Die Beistimmung dieses Mannes ist es daher

---

[1] Lyell. Vol. I. p. 224, 300.

mehr, als der Vorschlag des andern, was mich bestimmt, Ihnen den in seinem Systeme angenommenen Beweisgang in Kürze darzulegen. Die hauptsächlichen Ergebnisse, wozu es führt, sind erstens, daß das Alter des Bestandes der gegenwärtigen Continente weit entfernt ist von demjenigen, welches die Verfechter der gegenwärtig thätigen Ursachen voraussetzen oder fordern; zweitens, daß wenn je eine genaue und bestimmte Messung der Zeit erreicht werden kann, sie so ziemlich mit jener zusammentrifft, die Moses für den Bestand der gegenwärtigen Ordnung der Dinge festsetzt. In Anbetracht der ungeheuren Zeitentfernung, zu der wir zurückgehen müssen, müssen die verschiedenen Daten bedeutend auseinandergehen; aber doch sind die Abweichungen nicht größer, als diejenigen, welche die chronologischen Tafeln verschiedener Nationen oder sogar verschiedener Autoren einer Nation darbieten.

§. 39.
a) Die Delta's.

Der erste Weg, um zu dem Datum unserer letzten Erdrevolution zu gelangen, ist der, daß man den Zuwachs der Flußdeltas mißt, d. i. desjenigen Landes, das an der Mündung der Flüsse durch allmähliges Absetzen des Schlammes und der Erde, die sie in ihrem Laufe mit sich forttragen, von dem Meere gewonnen wird. Indem wir die Geschichte um Rath fragen, können wir angeben, wie weit zu einer gegebenen Zeit die Spitze des Delta von der See entfernt war, und auf diese Weise mit Genauigkeit den jährlichen Zuwachs bestimmen. Eine Vergleichung desselben mit der ganzen Ausdehnung des Gebietes, das sein Dasein dem Flusse verdankt, gibt eine Schätzung, wie lange er durch sein gegenwärtiges Bett geflossen ist. Bisher jedoch wurde diese Messung nur oberflächlich versucht und führte daher auch nicht viel weiter als zu einem negativen Schlusse, im Gegensatze zu den unzähligen Jahrhunderten, die von einigen Geologen in Anspruch genommen wurden. So ist das Vorrücken des Nildelta's sehr merklich; denn die Stadt Rosetta, welche vor tausend Jahren am Meere stand, ist jetzt zwei Stunden davon entfernt. Nach Demaillet wurde der Ufervorsprung vor derselben in fünfundzwanzig Jahren um eine halbe Stunde vergrößert; doch muß dieß ein ganz außerordentlicher Fall gewesen sein. Wie dem auch sein mag, so ist es doch unnöthig, eine so ungeheure Zeitentfernung anzunehmen, um von dort den Beginn dieser Bildung zu datiren. Das Delta der Rhone ist, wie Astruc durch Vergleichung seines gegenwärtigen Zustandes mit den Berichten des Plinius und Mela dargethan hat, seit der christlichen Zeitrechnung um zwei Stunden gewachsen. Das des Po wurde von Prony im Auftrag der französischen Regierung wissenschaftlich untersucht. Die meisten von Ihnen kennen wohl die hohen Eindämmungen, zwischen denen dieser Fluß hinläuft; dieser Ingenieur nun stellte fest, daß sein Niveau höher steht, als die Hausdächer von Ferrara, und daß er seit 1604 am Meere 6000 Toisen, oder 150 Fuß für das Jahr, gewonnen habe. Daher ist Adria, das einst dem adriatischen Meere seinen Namen gab, vier Stunden von der See entfernt. Diese Beispiele werden uns nicht gestatten, der Wirkung dieser Flüsse eine ganz unbestimmte Zeit zuzuerkennen. Ein Strom, der so enorme Ablagerungen mit sich führt, daß ihr jährliches Wachsthum fast sichtbar genannt werden kann, kann nicht so viele Jahrtausende gebraucht haben, um sein gegenwärtiges Niveau zu erreichen.¹)

Nach Gervais de la Prise kann das Zurückgehen des Meeres und die Erweiterung des Landes durch die Ablagerungen

---

¹) Cuvier, „Discours préliminaire." 3me ed. Paris 1825. p. 144. Deluc, „Lettres à M. Blumenbach." p. 256. „Abrégé de Géologie." Paris 1816. p. 97.

der Orme durch Monumente, die zu verschiedenen bekannten Zeiten errichtet wurden, genau bemessen werden, und das Ergebniß ist, daß diese Ursachen nicht länger als sechstausend Jahre in Wirksamkeit gewesen sein können.[1]

§. 40.

b) Die Dünen, Torfmoore ꝛc.

Ein noch interessanterer Zeitmesser sind die Dünen. Unter diesem Worte versteht man Haufen Sand, welche sich zuerst am Ufer anhäufen und dann von dem Winde auf das bebaute Land fortgetrieben werden, so daß sie es verwüsten und zerstören. Sie erheben sich oft zu einer unglaublichen Höhe und treiben Teiche von Regenwasser vor sich her, deren Entleerung in die See sie verhindern. Deluc widmete denen an der Küste von Cornwall besondere Aufmerksamkeit und hat viele von ihnen sehr sorgfältig beschrieben. So drohte eine in der Umgegend von Padstow die Kirche zu verschlingen, über die sie völlig hereinhing und bereits das Dach berührte, so daß aller Zugang gesperrt gewesen wäre, wenn sich nicht glücklicher Weise die Thüre am andern Ende befunden hätte. Mehrere Häuser waren jedoch seit Menschengedenken bereits zerstört worden.[2] In Irland sind diese wandernden Sandbänke nicht minder zerstörend. Die weite Sandebene von Rosapenna an der Küste von Donegal war vor wenig mehr als fünfzig Jahren ein schönes Landgut, das dem Lord Boyne angehörte. Vor wenigen Jahren war das Dach des Wohnhauses gerade über dem Boden, so daß die Bauern in die Kammern wie in unterirdische Gewölbe hinabzusteigen pflegten,

---

[1] „Accord du Livre de la Genèse avec la Géologie." Caen 1803. p. 75.

[2] „Abrégé" etc. p. 102.

und jetzt ist nicht mehr die geringste Spur davon sichtbar. Aber kein Theil Europas hat von dieser zerstörenden Geißel so viel zu erleiden, als das Departement des Landes in Frankreich. Sie hat fruchtbare Ebenen und große Forste unter ihrem unwiderstehlichen Zuge begraben; nicht nur Häuser, sondern Dörfer sind, wie man in den Urkunden vergangener Jahrhunderte liest, überdeckt worden, ohne Aussicht, je wieder hervor zu kommen. Im Jahre 1802 überschwemmten die Teiche fünf werthvolle Pächtereien, und es sind gegenwärtig oder waren wenigstens vor einigen Jahren von diesen wandernden Sandbänken zehn Dörfer mit Zerstörung bedroht. Eines derselben Namens Mimifoa war, als Cuvier schrieb, seit zwanzig Jahren im Kampfe mit einer sechzig Fuß hohen Düne begriffen, mit geringer Aussicht auf Erfolg.

Nun studierte Brémontier dieß Phänomen mit besonderer Aufmerksamkeit, in der Absicht, seine Gesetze der Berechnung zu unterwerfen. Er überzeugte sich, daß diese Dünen jährlich sechzig bis zweiundsiebenzig Fuß vorrücken; und indem er den ganzen Raum, den sie durchlaufen hatten, abmaß, schloß er, daß ihre Thätigkeit nicht viel früher, als vor 4000 Jahren begonnen haben könne.[1]) Deluc war schon zuvor zu demselben Schlusse gelangt, indem er die von Holland maß, wo die Deiche ihm hinreichende Daten gaben, ihren Fortschritt mit historischer Genauigkeit zu bestimmen.[2])

Ich müßte nur dieselben Folgerungen wiederholen, wollte ich Sie in's Einzelne seiner Untersuchungen über die Zunahme des Torfs, oder die Anhäufung von Gerölle am Fuße der Hügel, oder das Wachsthum der Gletscher und der sie

---

[1]) Cuvier p. 161. S. D'Aubuisson, „Traité de Géognosie." Strassb. 1819. Vol. II. p. 468.
[2]) „Abrégé" etc. p. 100.

begleitenden Phänomene einführen.¹) Ich will mich daher begnügen, die Meinungen ausgezeichneter Beobachter allgemeiner geologischer Thatsachen zu Gunsten seiner Folgerungen anzuführen.

§. 41.
Saussure, Dolomieu und Cuvier über die Zeit der Fluth.

„Diese Beobachtung," sagt Saussure, wo er von dem Herabrollen der Felsen von den Gletschern im Chamounythale spricht, „die mit manchen andern, welche ich später mittheilen werde, übereinstimmt, gibt uns Grund, mit Deluc zu glauben, daß der gegenwärtige Zustand unserer Erdkugel nicht so alt ist, als einige Philosophen sich eingebildet haben." ²)

Dolomieu schreibt wie folgt: „Ich will eine andere

---

¹) Cuvier p. 162. Knights, „Facts and Observations." p. 216. Deluc, „Traité élémentaire de Géologie." Paris 1809. p. 129. „Abrégé" etc. p. 116—134. „Correspondance particulière entre M. le Dr. Teller et J. A. Deluc." Hannov. 1803. p. 161. Ein populärer französischer Schriftsteller über Geologie spricht auch über die Anhäufung von Gerölle, das von den Gletschern herabkommt und sich da ablagert, wo sie schmelzen, in Frankreich unter dem Namen murêmes bekannt, und zieht folgenden Schluß: „Da ihre Bildung von periodischen und fast beständigen Ursachen abhängt, so ist es nicht schwer, die Zeit zu berechnen, die nothwendig war, um ihnen den Umfang zu geben, den sie jetzt besitzen: und indem sie sich entschieden von dem Beginne der gegenwärtigen Ordnung der Dinge herschreiben, bieten sie eine neue Methode dar, zu einer annähernden Kenntniß der Zeit zu gelangen, die seit der letzten Fluth verstrichen ist. Diese Berechnung führt zu dem nämlichen Resultate und gibt uns höchstens fünf oder sechs tausend Jahre als das Alter der Welt." Er fährt dann fort, wie Cuvier, zu zeigen, wie genau diese Thatsachen mit den mosaischen Berichten übereinstimmen, so wie auch mit den Annalen aller andern alten Völker. Dr. Bertrand, „Revolutions of the Globe." Engl. Uebers. 1835. p. 269. Sieh. S. 247.

²) „Voyage dans les Alpes." §. 625.

Wahrheit vertheidigen, die mir unstreitig scheint, über die Deluc's Werke mich aufgeklärt haben und wovon ich die Beweise auf jeder Seite der Geschichte des Menschen oder wo immer Naturereignisse beurkundet werden, zu finden glaube. Ich will also mit Deluc behaupten, daß der gegenwärtige Zustand unserer Continente nicht sehr alt ist." [1])

Cuvier hat diesen Folgerungen nicht nur beigestimmt, sondern sie auch in weit positivern Ausdrücken behauptet. „Es ist," sagt er, „in der That eines der gewissesten, obwohl am wenigsten erwarteten Ergebnisse unbefangener geologischer Untersuchungen, daß die letzte Revolution, welche die Erdoberfläche verwüstete, nicht sehr alt ist." Und an einer andern Stelle fügt er hinzu: „Ich denke daher mit Deluc und Dolomieu, daß, wenn je etwas in der Geologie erwiesen ist, es die Behauptung sein muß, daß die Oberfläche unserer Erde einst das Opfer einer großen und plötzlichen Revolution wurde, deren Datum nicht viel weiter, als auf fünf- oder sechstausend Jahre zurückgehen kann." [2]) Und erlauben Sie mir, zu bemerken, daß Cuvier mit hinreichender Klarheit andeutet, er habe sich in seinen Untersuchungen nicht von irgend einem Wunsche, die mosaische Erzählung zu rechtfertigen, leiten lassen. [3])

§. 42.
Schlußbemerkungen über die Naturwissenschaften.

Ich glaube jetzt genug gesagt zu haben, um Sie über die neuern Bestrebungen dieser Wissenschaft zufrieden zu stellen, und ich zweifle nicht, daß Dr. Buckland's erwartete Abhandlung in der Bridgewater-Sammlung, obwohl nothwendig auf

---

[1]) „Journal de Physique." Paris 1792. part. I. p. 42.
[2]) „Discours" etc. p. 139. 282.
[3]) Pag. 352.

die Nachweisung ihres Zusammenhanges mit der natürlichen Theologie gerichtet, deßungeachtet weiteres Licht auf die erörterten Punkte werfen wird.¹) Ich kann mich nicht enthalten, hier den Wunsch auszusprechen, daß das Studium der Geologie bald ebenso vollständig, wie die übrigen Naturwissenschaften, in den Erziehungsplan aufgenommen werden möge. Während noch das Gedächtniß jung und die Neugier rege ist, werden die Namen der Gegenstände am leichtesten erfaßt und auch am treuesten festgehalten. Fast jede Gegend wird Formationen darbieten, die sich zur Veranschaulichung dieser Wissenschaft eignen, und ihr Studium selbst gibt, weil es selbstthätige und mannigfache Untersuchung erfordert und ermuthigt, Anregung und Sporn zu Leibesübungen und fördert so sowohl die Gesundheit als die Bildung.

Viele, ich weiß es, sind der Ansicht, daß eine zu genaue Bekanntschaft mit den materiellen Werken der Natur jenes mehr enthusiastische und poetische Gefühl sehr schwäche, welches die Beschauung ihres Antlitzes erregt, und daß sie daher dem kalten Grübeln das Uebergewicht über die warme Bewunderung verschaffe. Allein ich weiß nicht, wie dieß geschehen könnte, außer durch eine fehlerhafte Art der Mittheilung solcher Kenntnisse. Ich kenne keinen Grund, warum nicht der Geologe entzückt auf dem Scheitel des Berges stehen und zuerst mit dem Auge des Dichters das prachtvolle Schauspiel eines Alpenthales überschauen sollte, bevor er hinabsteigt, die verschiedenen Gesteine zu studieren und zu ordnen, die seine großartige Umgrenzung bilden. Wie könnte die Erkenntniß

---

¹) (Dieselbe ist seitdem erschienen unter dem Titel: „Geology and Mineralogy, considered with reference to natural Theology," deutsch von Agassiz: „Geologie und Mineralogie in Beziehung zur natürlichen Theologie." Neufchatel 1839, und von H. Hauf: „Die Urwelt und ihre Wunder." Stuttg. 1840. Wie schon erwähnt, hat das Werk die im Text ausgesprochenen Erwartungen nicht ganz erfüllt. — A. d. Ueb.)

der Art und Weise, wie die Natur wirkt, dem Genusse der Schönheit in den Ergebnissen ihres Schaffens so ganz entgegen sein? Im Gegentheil möchte es scheinen, als ob das eine das natürliche Gegenstück zum andern bilde. Der geschickte Musiker wird, indem er seine Augen über die geschriebene Partitur hinlaufen läßt, in einem Augenblicke ihre verwickelten Bewegungen entwirren, jeder Note ihre harmonische Kraft geben und sie so im Geiste mit einander verbinden, daß er mehr Musik durch sein Auge aufnehmen wird, als der ununterrichtete Hörer genießt, wenn er das Geschriebene in Töne verwandelt hört: eben so kann der, welcher die Gesetze der Natur kennt, ihre äußern Erscheinungen nach solchen festen Regeln bemessen, daß sie ihm einen treuern Begriff ihrer Reize geben, als der bloße Beschauer je erlangen kann. Dem ungeübten Auge wird das Gewebe, das von dem Webstuhle kommt, außerordentlich schön und in der Zeichnung höchst regelmäßig vorkommen, während ihm die Maschine, die es hervorbrachte, als ein verwirrtes Durcheinander verwickelter Räder und Rollen erscheint: und doch ist sie der natürliche Typus dessen, was sie hervorbringt, und der erfahrene Künstler wird vielleicht mit gleicher Bewunderung das schöne Muster, das sie wirken soll, daraus herauslesen. Und in ähnlicher Weise kann der gelehrte Naturforscher alle jene Gegenstände und Scenen, die Andere sich nicht vorstellen können, ohne sie wirklich gesehen zu haben, aus seiner Kenntniß der Naturprocesse construiren. Die Beobachtung der Art und Weise, wie gerollte Massen in den Thälern und an den südlichen Abhängen der Alpen herumliegen, muß von dem Laufe der ungeheuren Ueberschwemmung, die durch sie hindurchbrach, ihre Seiten abschwemmte und in wildem Triumphe mit ihrer rauhen Beute in die Ebenen Italiens stürmte, ein frischeres und treueres Gemälde in der Seele des Entdeckers bilden, als die Phantasie eines Dichters je hätte erfinden können. Die Beschauung vulcanischer Wirkungen durch ein wissenschaftliches Auge, das die von der Explosion aufgestoßenen Massen von dem herabrollenden Schaume des feurigen Stromes unterscheidet und vertraut ist mit der seltsamen, unbegreiflichen Art, wie z. B. zu Glen-Tilt[1]) der härteste Granit, in eine glasartige Flüssigkeit verwandelt, in die oben liegenden Felsarten aufschoß und sich durch ihre Adern ergoß, sowie mit dem genauen Maaße der Ursachen, die solchen mächtigen Erfolgen entsprechen, müßte gewiß von der furchtbaren Wirkung jenes gewaltigen Elementes, dessen strafendem Gerichte die Erde noch aufbewahrt ist, die erhabenste Vorstellung erregen, die nur möglich ist.

Es würde natürlich unmöglich sein, jeden Zweig der Naturwissenschaften so vollständig mit den heiligen Wissenschaften in Berührung zu bringen, wie jene, die wir behandelt haben; auch kann dieß nicht nothwendig sein. Denn Einen Weg gibt es, auf dem sie alle in den Dienst der Interessen der Religion gebracht werden können, — indem man sie nämlich als die Kanäle betrachtet, bestimmt, treue Begriffe und Vorstellungen der göttlichen Vollkommenheiten der Erkenntniß zuzuführen: als den Spiegel, in dem die verkörperten Formen jeder großen und schönen Eigenschaft des göttlichen Wesens am beßten betrachtet werden können; und als den der Seele eingeprägten Abdruck des großen Siegels der Schöpfung, worauf von allmächtiger Hand geheimnißvolle Charaktere der tiefsten Weisheit, allmächtige Zaubersprüche schöpferischer Kraft und die ausdruckvollsten Embleme einer allumfassenden, allerhaltenden Liebe eingegraben sind. Und wie der Steinschneider, wenn er irgend etwas in seinen Edelstein geschnitten hat, den Versuch auf dem weichen Wachse macht, und wenn er auch das Bild nicht vollkommen findet,

---

[1]) (Glen-Tilt liegt in den Grampian-Gebirgen Schottlands und ist der Punkt, an dem Hutton, der Gründer der vulcanistischen Schule, die Bestätigung seines Systems zu finden glaubte. — A. d. Ueb.)

dadurch doch nicht entmuthigt wird, so lange es nur jedesmal eine größere Annäherung an die beabsichtigte Form zeigt, sondern immer auf's Neue zu seinem friedlichen Geschäfte zurückkehrt: so dürfen auch wir, wenn wir fühlen, daß wir den deutlichen und tiefen Eindruck dieses herrlichen Siegels noch nicht in uns tragen, uns nicht scheuen, in unserer Arbeit fortzufahren, sondern müssen fortschreiten in dem ununterbrochenen Bestreben, der Erreichung einer vollkommenen Darstellung immer näher und näher zu rücken. Einige wenige Jahre werden wahrscheinlich neue Beweise für die großen Thatsachen, die wir besprochen haben, zu Tage bringen, so daß Alles, was Sie gehört haben, nur mehr von geringer Bedeutung sein wird. Jene, die nach uns kommen, werden vielleicht lächeln über den schwachen Begriff, der unserer Zeit von der Natur und ihren Wirkungen gegönnt ist: — wir müssen uns mitten in unserer unvollkommenen Kenntniß begnügen, nach dem Vollständigern gestrebt zu haben.

Denn wenn die Werke Gottes das treue, obschon schwache Abbild seiner selbst sind, so müssen sie gewissermassen an seiner Unermeßlichkeit theilnehmen: und da die Anschauung seiner eigenen unverhüllten Schönheit die nie sättigende, ewige Speise der körperlosen Geister sein wird, so dürfen wir sagen, daß ein ähnliches Verhältniß zwischen der Betrachtung seines in seinen Werken abgespiegelten Bildes und den Fähigkeiten unserer gegenwärtigen Natur beobachtet ist: denn hier ist Stoff für immer tiefere Betrachtung, für immer weitere Entdeckung, für immer heiligere Bewunderung. Und so hat Gott, — da er den Schönheiten seiner Werke nicht jene Unendlichkeit geben konnte, die den Eigenschaften vorbehalten ist, welche sie darstellen, — ihnen jene Beschaffenheit gegeben, die sie am beßten ersetzt und abbildet: denn während er unser Wissen von ihnen fortschreitend gemacht hat, hat er sie unerschöpflich gemacht.

Siebenter Vortrag:
Ueber
die Urgeschichte.

I. Abtheilung.

Nachdem wir bisher nach Möglichkeit festgestellt haben, wann zuerst dieser Schauplatz, worauf all die großen Scenen des menschlichen Lebens vor sich gingen, errichtet und ausgeschmückt wurde, so möchte es überflüssig scheinen, Jene, die seine Bühne betreten haben, zu befragen, wie lange es her ist, seitdem sie ihr mannigfaltiges Schauspiel von Krieg und Frieden, von Verwilderung und Gesittung, von groben Lastern und einfachen Tugenden begonnen haben. Denn in der Natur, die wir bisher zu Rathe gezogen haben, gibt es keinen Stolz, keinen Wunsch und keine Gewalt, die sie veranlaßte, sich anders darzustellen, als sie wirklich ist. Fragen wir hingegen die ältesten Nationen, wann sie entstanden sind, und wann sie zuerst die Bahn ihres geselligen Daseins betreten haben, so erhebt sich augenblicklich eine Menge von Vorurtheilen und kleinlichen Bestrebungen des Ehrgeizes und der Eifersucht, welche keine aufrichtige Antwort zulassen, und es lagert sich zwischen uns und die Wahrheit ein Nebel von selbstersonnenem oder überliefertem Irrthume, welcher die Untersuchung so dunkel und verwickelt macht, daß wir uns nur vermittelst sehr unsicherer Elemente mit beständiger Gefahr der bedenklichsten Irrungen unsern Weg suchen müssen.

Zudem hat es gelehrte und scharfe Forscher gegeben, welche, bei ihren Untersuchungen besondere Zwecke verfolgend, sich von diesen Darstellungen verführen ließen, für Geschichte annahmen, was bloß mythologische Fabel war, auf Daten, welche die reinste Erdichtung waren, Rechnungen gründeten, und, indem sie den jüdischen Büchern die Authorität absprachen, welche sie den indischen Weda's oder den ägyptischen Königslisten zugestanden, auf eine höchst widersinnige Art unsere heiligen Berichte verwarfen, weil sie auf den ersten Blick in ihnen eine Abweichung von denen anderer Völker zu finden meinten. Glücklicherweise indeß haben wir Methoden entdeckt, die ihnen unbekannt waren; wir haben gelernt, den Nationen Auskunft über ihre Urgeschichte zu entlocken; wir haben uns angewöhnt, mit advokatenmäßiger Gewandtheit morsche Urkunden zu durchstöbern, bis wir deren Aechtheit zur Gewißheit gebracht oder ihre Fehler entdeckt haben; wir haben keinen Geschmack mehr für sarkastische Musterung, für jene Leichtfertigkeit bei der Prüfung, welche einem Witzwort die Kraft eines Beweises geben konnte: sondern wir haben einen nüchternen und ernsten Gang bei jedem Fache der Wissenschaft lieben, das Reelle dem Glänzenden, die Thatsache der Theorie und geduldige, anstrengende Vergleichung unsichern Analogieen vorziehen gelernt.

Daß gelehrte und verständige Männer, wie oben gesagt, jeder in fernen Ländern entdeckten Urkunde den Vorzug geben vor denen, welche die Christen von dem jüdischen Volke erhalten haben, ist gewiß eine von jenen vielen Thatsachen, die in ihrer Gesammtheit eine befremdende Erscheinung des menschlichen Geistes beurkunden, nämlich die ausschweifende Neigung zu dem Wunderbaren in all dem, was außer unserem

Bereiche liegt, verbunden mit dem Bestreben, das, was wir besitzen, zu verkleinern. Ich habe zu Hause eine arabische Handschrift, welche unter andern sehr vermischten Gegenständen auch eine Beschreibung der vorzüglichsten Städte der Welt zu geben verspricht, wo natürlich Rom nicht wohl vergessen werden durfte. Aber wahrlich, keine hingezauberte Stadt des abentheuerlichsten Romans, nicht der chimärische Glanz des morgenländischen Jram's, nicht die Phantasiegebilde eines noch so träumerischen Utopiers sind je mit so ausgezeichneter Verachtung aller Möglichkeit menschlichen Reichthums entworfen worden, wie diese nüchterne Darstellung der ewigen Stadt. Sie hat nach dieser Beschreibung etliche sechzig oder achtzig Meilen in der Länge; mitten durch sie fließt der majestätische Strom Romulus, über welchen einige hundert eherne Brücken tragen, die so gebaut sind, daß man sie beim Anrücken eines Feindes aufheben kann; die Stadtthore sind zahlreich, alle von gleichem Stoffe; die Größe und der Reichthum vieler Kirchen, worunter unglücklicherweise die von St. Peter ausgelassen ist, wird auf's Genaueste beschrieben; der Verfasser vergaß nicht anzugeben, wie viele Thore von Erz und wie viele von Silber, wie viele Säulen von Marmor, wie viele von Silber oder Gold jede derselben besitze. So seltsam ungereimt dieses scheinen mag, so ist es doch nur ein schwaches Gegenstück zu den Verirrungen, denen sich wohlunterrichtete Europäer hingaben, da sie zum ersten Male den geschichtlichen und wissenschaftlichen Reichthum morgenländischer Völker beschrieben, die damals unter uns verhältnißmäßig noch wenig bekannt waren. Da fanden sich astronomische Operationen der feinsten Art, welche schon Beobachtungen voraussetzten in Epochen, deren Abstand von einander unberechenbar ist; da waren Perioden oder Zeitcyklen, die nothwendig entworfen sein müssen, als der Stand des Himmels um zahllose Menschenalter jünger war, als gegenwärtig; da waren Bücher, die offenbar viele tausend

Jahre eher geschrieben wurden, als der Westen nur irgend ein Lebenszeichen gab; da waren Monumente, die augenscheinlich Jahrhunderte früher errichtet worden waren, als die verwüstende Fluth die Erdoberfläche abgefegt haben soll; da waren endlich lange Königslisten und Verzeichnisse von Dynastieen, sicher bezeugt in den Annalen der Völker, welche weit über jenen Zeitpunkt zurückreichen müssen, den die verhältnißmäßig neuen Bücher Moses der Schöpfung der Welt anweisen.

Und was ist nun aus all diesen Wundern geworden? Nun, Sie können als Augenzeugen die Träumereien des Arabers in ihre gemeine Wirklichkeit verwandeln; den gewaltigen Romulus in die gelbe Tiber, die ehernen Pforten in hölzerne Thore, das Gold und Silber in Stein und Marmor; und Sie haben vielleicht in ihrem Morgenritte die Runde um die ganze ungeheure Stadt gemacht. Gerade so werden Sie, wie ich sicher hoffe, die eben so grundlosen Träumereien philosophischer Abentheurer zu behandeln im Stande sein; wenn wir heute und in unserer nächsten Zusammenkunft die Länder, wo all' diese wissenschaftlichen und literarischen Wunderdinge sich finden sollen, werden durchwandert haben, werden Sie, wie ich sicher glaube, überzeugt sein, daß jene Länder nur wie andere sind und, wie wir, innerhalb mäßiger Schranken der Dauer eingeschlossen werden; daß der Strom ihrer Ueberlieferungen ein ordentliches Maaß von Wust und Unrath mit sich führt, daß das kostbare Material, woraus ihre Denkmäler und Tempel sollen erbaut sein, nur der gewöhnliche Stoff ist, woraus alle menschlichen Dinge bestehen müssen. Der Araber war nicht gebildet genug, die Kunstschätze zu würdigen, die wir hier besitzen, und die weit mehr werth sind, als Pforten von Silber und Pfeiler von Gold: und die eitlen Philosophen des vorigen Jahrhunderts waren zu blind oder vielmehr zu verblendet, den eigentlichen Reichthum zu untersuchen, den das Morgenland ihrer Thätigkeit eröffnete in der Bestätigung uralter Wahrheiten, in der Beleuchtung heiliger Bestrebungen und in der Fülle ethnographischer und moralischer Belehrung, die es darbietet.

Schon die Gegenstände, von denen ich jetzt handeln will, sind indeß im geraden Gegensatze mit Dem, was ich von dem Streben der Menschen gesagt habe, das Naheliegende zu verachten und das weit Entfernte hoch zu erheben. Denn während bei uns diese sonderbare Neigung zu herrschen scheint, während jede der Schrift widersprechende Entdeckung von Vielen begierig aufgegriffen wird — wovon wir noch Beispiele in Menge sehen werden, wenn die bisherigen Vorträge deren noch nicht genug gegeben haben —, während hier jedem Funde, der mit irgend einer Behauptung des heiligen Textes zu streiten scheint, ein unnatürlicher Werth beigelegt wird: hangen die östlichen Nationen mit solcher Eifersucht an ihren heiligen Büchern und verwerfen jede Thatsache, die sie eines Irrthums überführen könnte, mit solcher Hartnäckigkeit, hielten die Chinesen, die Indier und die alten Aegyptier immer so fest an der unfehlbaren Genauigkeit ihrer Urkunden, daß wir die Leichtigkeit, womit die unsrigen so oft aufgegeben werden anders als durch eine natürliche Ursache zu erklären suchen müssen. Wahrhaftig ich glaube, wären die Bücher Moses nicht von der Christenheit aufbewahrt, sondern erst unter den Juden China's oder von Dr. Buchanan bei denen von Malabar[1]) gefunden worden, so hätten diejenigen, welche sie unter den gegenwärtigen Umständen herabgesetzt und geschmäht haben, sie als einen Schatz geschichtlicher und philosophischer Erkenntnisse aufgenommen.

Natürlicher Weise ist es nicht meine Absicht, mich auf ein Feld einzulassen, dessen Interesse von frühern Schriftstellern schon erschöpft ist, wie z. B. die chaldäischen oder assyrischen Alterthümer und die Einwürfe, die man früher

---

[1]) Wo man wirklich Abschriften des Pentateuchs fand.

aus den Bruchstücken des Berosus oder Sanchuniathon zog. Diese Dinge gehören zur Klasse purer, trockener Chronologie ohne ein Fünklein historischen Interesses; sie sind von vielen populären Schriftstellern erschöpfend behandelt und von der Schule, die ihnen einiges Gewicht beizulegen pflegte, so viel als aufgegeben worden. Ich will daher sogleich zu einem Lande übergehen, dessen früheste Geschichte stärkere Ansprüche auf unsere Theilnahme erhebt und das Prinzip, welches ich im Verlaufe dieser Vorträge besonders im Auge habe, in das hellste Licht setzen wird.

§. 1.
I. Indien.

Die indische Halbinsel scheint das Feld zu sein, welches die Vorsehung ganz besonders unseren Landsleuten zur Cultivirung übergeben hat, und so muß sie gewiß für uns einen ganz eigenen Reiz haben. Auch konnte für die Bedürfnisse des menschlichen Geistes kein Ereigniß willkommener sein, als die Entdeckung ihrer literarischen Schätze. Der Geschmack Europas, welcher durch die Erschütterungen des sechzehnten und siebzehnten Jahrhunderts getrieben wurde, in dem Nachhalle alt klassischer Bildung Vergnügen und Nahrung zu suchen, hatte bereits angefangen, bei dem süßen, aber einförmigen Mahle übersättigt zu werden; der Strom neu entdeckter Autoren, der eine Zeit lang aus der jungen Presse floß, war in's Stocken gerathen; jede Handschrift war verglichen, jeder Accent zurechtgerückt, jeder strittige Buchstabe war Gegenstand gelehrter Abhandlungen geworden; wir waren nach etwas wo möglich ganz Unerhörtem lüstern, das fähig wäre, unsern erschlaffenden Appetit zu reizen und zu stacheln. Mit Arabien und Persien hatte man es vergebens versucht. Der Mohamedanismus lag wie ein Alp auf ihrer ganzen religiösen Literatur; ihre kunstvolle Dichtkunst war zu sinnlich, um die geistigen Bedürfnisse europäischer Verfeinerung zu befriedigen, und ihre Geschichte war zu beschränkt, zu jung und durch ihren Zusammenhang mit der unsrigen schon zu bekannt, als daß sie hätte irgend ein mächtiges Interesse erregen können. Aber was immer unsere früheren Vorstellungen von Indien sein mochten, so wurden sie mehr als übertroffen. Wir finden uns unversehens zu den eigentlichen Quellen der alten Philosophie hingeführt, zu den Werkstätten jener mannigfaltigen Meinungen, welche die westlichen Schulen bildeten, in die Ammenstube unsers Geschlechtes, wo die ersten Laute unserer Sprache in ihren einfachsten Formen bewahrt blieben, zu dem eigentlichen Orakel und Herde des ganzen alten Heidencultes, zu dem innersten Heiligthume aller mystischen Lehre und sinnbildlichen Religion. Hier trägt Alles den Stempel ursprünglicher Frische und Einfachheit; und mögen wir die philosophischen Betrachtungen ihrer Weisen oder die frühesten und sagenhaften Nachrichten ihrer Geschichte prüfen, so fühlen wir, daß wir die Früchte kunstloser Geisteskraft und die unverfälschten Berichte volksthümlicher Ueberlieferungen lesen.

Doch wir dürfen uns von unsern Eindrücken nicht zu weit führen und von der blendenden Neuheit des Anblickes nicht zu einer Ueberschätzung seiner wirklichen Schönheiten verleiten lassen. Wenn der Naturforscher den riesenhaften Wuchs afrikanischer oder amerikanischer Wälder sieht und mit dem zwergartigen Maaße unserer Bäume vergleicht, so könnte er von den hundert Jahren, welche die Eiche zur Erlangung ihrer vollen Stärke braucht, mit eben so viel Recht schließen, jene Gewächse müssen schon Tausende von Jahren im Boden wurzeln, als der Philosoph schließt, daß so viele Menschenalter, lange vor dem Erscheinen der Philosophie im Westen, erforderlich sein mußten, um den wissenschaftlichen Systemen, die wir da finden, Bestand und Halt zu verleihen. Außer der Zeit müssen noch andere Factoren in Rechnung gebracht werden: im einen Falle haben wir die saftige Lebensfülle des Bodens und die reifende Gewalt des Klimas, im andern die vereinigte Wirkung physischer und moralischer Einflüsse, hervorgerufen durch eine frühe Niederlassung in einem Lande von entsprechendem Charakter, durch die glückliche Bewahrung der frühesten Erinnerungen und einen friedlichen Zustand mitten unter Gegenständen, welche den Geist zur Beschauung reizten.

Ich fürchte, ich habe meine Gedanken von Erwägung zu Erwägung schweifen lassen, ohne hinlängliche Rücksicht auf die wichtigere und gehaltvollere Unterhaltung, die Sie an meiner Hand zu genießen hoffen: daher gehe ich sogleich zu meiner Aufgabe über. Ich habe heute die Inder nicht in Beziehung auf ihre Literatur, sondern bloß auf ihre Geschichte zu betrachten: und diese will ich in zwei Theile scheiden. Zuerst will ich die Geschichte der Untersuchungen über das Alterthum ihrer wissenschaftlichen Kenntnisse und insbesondere ihrer Astronomie verfolgen; denn das war einer der lärmendsten Gemeinplätze in den Händen von Leuten, die der Religion abhold waren. Alsdann will ich Ihnen die Untersuchungen über ihre Annalen und die Erfolge, womit man die Schwierigkeiten ihrer politischen Geschichte zu entwirren suchte, in einer kurzen Skizze darlegen.

§. 2.

1) Astronomie.
Bailly's Versuch, ihr außerordentliches Alter zu beweisen.

Der erste Mann von einigem Ansehen in der gelehrten Welt, welcher den astronomischen Entdeckungen der Hindu ein unnatürliches Alter anwies, war der unglückliche Bailly.[1]

---

[1] (Nachdem er in der französischen Revolution als Maire von Paris und Präsident der Nationalversammlung eine große Rolle gespielt hatte, wurde er unter der Schreckensherrschaft guillotinirt. — A. d. Ueb.)

Während seines Lebens genoß er, wenigstens bei minder gründlichen Mathematikern, einen sehr glänzenden Ruf; aber alle Fehler seiner Zeit hatten ihn angesteckt, eine Neigung zu kühnen und auffallenden Hypothesen, welche von einer geistreichen und mannigfaltigen Beweisführung glänzend gestützt wurden. „Er schrieb nicht für Gelehrte," sagt Delambre, „er strebte nach einem ausgebreiteteren Ruhme. Er konnte dem Vergnügen nicht widerstehen, mit Voltaire in die Schranken zu treten; er wärmte das alte Mährchen von der Atlantis wieder auf; er hatte eine ziemliche Anzahl von Lesern und das war sein Verderben. Die günstige Aufnahme seines ersten Paradoxons verleitete ihn, mehrere zu Tag zu bringen. Er ersann seine untergegangene Nation und seine in der sagenhaften Urzeit vollendete Astronomie; Alles bezog er auf diesen Lieblingseinfall und war durchaus nicht ängstlich in der Wahl der Mittel, um dieser Hypothese Schein und Farbe zu verleihen."[1]) In seiner Geschichte der alten Astronomie stellte er die hier erwähnte Theorie auf. Indem er die astronomischen Formeln der Hindu, so weit dieselben durch die unvollkommenen Mittheilungen von Le Gentil bekannt waren, zergliederte, schloß er, sie müßten auf wirklichen Beobachtungen beruhen; aber der gegenwärtige Zustand und Charakter der Inder gestatte nicht, sie als ihre einheimischen Entdeckungen zu betrachten. Demnach behandelt er die gegenwärtige Astronomie jenes Landes nur als Bruchstücke und Trümmer einer ältern und weit vollkommenern Wissenschaft; und indem er diesen Muthmaßungen andere von anderer Art beifügt, gegründet auf Vermuthungen, Allegorien und dunkle Winke, bringt er seine berühmte Theorie heraus: daß vor vielen Jahrhunderten im Norden von Asien eine längst von der Welt verschwundene Nation existirt habe, von welcher alles Wissen der südlichen Halbinsel sich herleite. „Die Inder,"

---

[1]) „Astronomie du Moyen Age." Par. 1809. p. XXXIV.

sagt er, „bildeten nach meiner Meinung seit dem Jahre 3553 vor Christus eine vollkommen organisirte Nation; und zwar ist dieß das reducirte Datum ihrer Herrscherreihen." „Es ist höchst überraschend," fügt er an einem andern Orte bei, „bei den Brahmanen astronomische Tafeln zu finden, welche fünf- oder sechstausend Jahre alt sind."[1]) Ich will Ihnen eine Probe seiner Vertheidigung des nördlichen Ursprungs der Astronomie geben. Die Chinesen haben einen Tempel, der, wie man sagt, den nördlichen Sternen geweiht ist und „der Pallast des großen Lichtes" heißt. Er enthält keine Statuen, sondern bloß ein gesticktes Tuch mit der Aufschrift: „Dem Geiste des Gottes Pe-tu." „Petu sind," sagt er, „nach Magelhaens die Sterne des Nordens. Aber sollte nicht dieser Tempel dem Nordlichte geweiht sein? Schon der Name „Pallast des großen Lichtes" sollte auf diese Muthmaßung führen. Warum sollten sie gerade aus den Sternen des Nordens und nicht aus denen einer andern Himmelsgegend eine Gottheit gemacht haben? Sie haben nichts Auffallendes, während die Erscheinung der aurora borealis, diese Kronen, diese Strahlen, diese Lichtströme etwas ganz Göttliches an sich zu haben scheinen." Diese Muthmaßung wird alsdann durch eine andere von de Mairan bekräftigt, daß der Olymp der Sitz der griechischen Götter gewesen sei, weil man diesen Berg insbesondere von Nordlichtern umgeben sah. Nun hat aber das Nordlicht in China ganz und gar nichts Auffallendes; denn in 32 Jahren sah Pater Parennin nie Etwas, was diesen Namen verdiente. „Wir sehen also," schließt er daraus, „in dieser Art von Verehrung, die dem Nordlichte und den Sternen des Nordens gebracht wird," (hier sind die beiden vorher vertauschten Dinge schlau verbunden), „eine sehr starke Spur des Aberglaubens eines früheren Zeitraumes und des früheren Aufenthaltes der Chinesen in einem nördlichern Klima,

---

[1]) „Histoire de l'Astronomie ancienne." Par. 1775. p. 107. 115.

wo die ausgedehntere und häufigere Erscheinung des Nordlichtes einen lebendigern Eindruck gemacht haben muß!"[1])

Ist das Wissenschaft oder Mährchen? ist es Geschichte oder Phantasie? Diese Schöpfung eines neuen Volkes und diese Verlegung des Ursprungs der Astronomie, der nach der Meinung der ganzen Welt einen klaren Himmel und mildes Klima erforderte, in ein Land mit beinahe beständigem Schnee und trüben, düstern Bergen, konnte selbst Voltaire, bei all seiner Vorliebe für das Neue und Kecke, doch nicht verdauen; er schrieb an Bailly mehrere Briefe, alle mit jener Leichtfertigkeit des Tones und mit der Gleichgültigkeit gegen Wahrheit oder Falschheit des Inhaltes, welche allen seinen Werken eigen ist. Es scheint ihm einzig darum zu thun zu sein, die Brahmanen nicht aufzugeben, die er unter seinen besondern Schutz genommen hatte, oder seine eignen Lieblingsansichten über die historischen Alterthümer der Inder nicht zu opfern. „Aus Scythien," schreibt er, „ist nie etwas zu uns herausgekommen, außer Tiger, die unsere Lämmer fraßen. Einige dieser Tiger, das ist wahr, sind ein wenig astronomisch gewesen, als sie nach der Plünderung Indiens Muße gewonnen hatten. Aber dürfen wir annehmen, daß diese Tiger aus ihren Schlupfwinkeln mit Quadranten und Astrolabien hervorkamen? . . . . Wer hat je gehört, daß irgend ein griechischer Philosoph im Lande des Gog und Magog Wissenschaft gesucht habe?"[2]) In seinen Erwiderungen geht Bailly weitläufig in die Auseinandersetzung und Begründung seiner Ansicht ein. Ich muß gestehen, die Ausdrücke abgeschmackter Lobhudelei, womit er den oberflächlichen Meister des Unglaubens anredet, erregen Eckel. „Die Brahmanen," antwortet er auf diese Bemerkungen, „wären gewiß stolz, wenn sie wüßten, was für einen Sachwalter sie gefunden haben.

---

[1]) Seite 101.
[2]) „Lettres sur l'origine des sciences." Lond. et Par. 1777. p. 6.

Aufgeklärter, als dieselben je sein konnten, besitzen Sie jetzt das Ansehen, das jene im Alterthum genoßen. Jetzt geht man nach Ferney, wie einst nach Benares; aber Pythagoras wäre von Ihnen besser unterrichtet worden: denn der Tacitus, der Euripides und der Homer seiner Zeit wiegt allein jene ganze Hochschule des Alterthums auf." „Wären die unsterblichen Gesänge des griechischen Barden verloren gegangen," schreibt er anderswo, „so hätte Herr von Voltaire, nachdem er die Kämpfe und Triumphe des guten Heinrich beschrieben hat, gefunden, wie Homer die Iliade schrieb, und würde seinen Ruhm verdient haben." [1]) Aber indem ich über diese anwidernden Schmeicheleien hinweggehe, brauche ich bloß zu sagen, daß Bailly die in seinem mehr wissenschaftlichen Werke zu Gunsten seines Urvolkes, der Quelle alles menschlichen Wissens, vorgebrachten Beweise in dieser Schrift zusammenfaßt und in einer allgemein verständlichen Form darlegt.

Damit war er aber noch nicht zufrieden; er übernahm die abschreckende Mühe, die indischen Rechnungen mathematisch zu bewähren und die astronomischen Operationen sammt den in den Mittheilungen von Missionären und Reisenden enthaltenen Resultaten an strengen Formeln zu erproben. Es wäre meinem Plane fremd und könnte Ihnen schwerlich interessant sein, wenn ich ihm bei seiner mühsamen Arbeit Schritt für Schritt folgte. Ich will mich daher begnügen, Ihnen einigen Begriff von seinem Verfahren und seinen Resultaten zu geben.

Drei Klassen von astronomischen Tafeln waren in Europa bekannt geworden; die eine davon war offenbar aus einer andern geflossen; daher schließt Bailly sie aus. Die andern zwei tragen verschiedene Daten an der Spitze, das eine 1491 unserer Zeitrechnung, das andere 3102 Jahre vor derselben. Bailly schickt sich an, darzuthun, es sei außerordentlich un-

---

[1]) Seite 16—207.

wahrscheinlich, daß die Inder ihren Ausgangspunkt von andern Nationen geborgt hätten, weil sie in ihrem Verfahren von Grund aus von ihnen abweichen. Er schließt, beide Perioden müssen durch wirkliche Beobachtungen festgestellt worden sein, da die Angaben über den Himmelsstand in beiden richtig seien. Sonnen= und Mondsstände seien für die erste Zeit mit einer Genauigkeit gegeben, die mit Rechnen aus unsern besten Tafeln nicht erreicht werden könne; es wird eine Conjunction aller Planeten erwähnt, und die Tafeln Cassini's beweisen, daß eine solche Conjunction um jene Zeit stattgefunden habe, nur daß Venus nicht darunter war.[1] Alle diese einzelnen Sätze, die ich sehr unwissenschaftlich gegeben habe, werden im Verlaufe seines Werkes dem Anscheine nach durch strenge Rechnung begründet.

§. 3.
Widerlegung durch Delambre und Montucla.

Das war die prunkende Theorie dieses unglücklichen Mannes. In seinem früheren Werke führte seine Einbildung die wissenschaftlichen Untersuchungen seiner untergegangenen Nation über die Sündfluth zurück und nahm an, die Inder, Chaldäer und Andere seien die Stämme, welche die Bruchstücke der alten Wissenschaft nach der großen Katastrophe geerbt haben.[2] In dieser Arbeit ließ er indeß jene Hypothese außer Acht und behandelte die Astronomie der Inder als einheimische Erfindung, oder begnügte sich wenigstens mit dem Versuche, zu zeigen, daß das vorgebliche Datum jener alten Beobachtung in Indien richtig sein müsse. Indeß fand er bald genug unter den Gelehrten seines eigenen Landes einen

---

[1] „Traité de l'Astronomie Indienne et Orientale." Paris 1787. p. XX. seqq.
[2] „Histoire de l'Astronomie." p. 89.

Gegner, der vollkommen fähig war, seine mährchenhafte Theorie zu widerlegen. Delambre fand sich in seiner „Geschichte der alten Astronomie" veranlaßt, von den vorgeblichen Beobachtungen der Hindu zu handeln, und ohne in eine sehr tiefe mathematische Prüfung der von seinem akademischen Collegen so hoch erhobenen Operationen und Formeln einzugehen, enthüllte er eine Ungenauigkeit nach der andern, die derselbe in der Feststellung des Fragepunktes begangen, und zeigte, wie willkührlich er die zu Grunde liegenden Daten angenommen habe. Er thut dar, daß ganz und gar kein Grund vorhanden ist, die Wirklichkeit der vorgeblichen Beobachtungen anzunehmen; statt dessen billigt er die von englischen Schriftstellern gegebenen Lösungen, von denen ich sogleich sprechen will.[1]

Der Ton, in dem Delambre seine Widerlegung Bailly's durchführt, ist, das dürfen wir wohl zugestehen, nicht von der Art, einen Bewunderer seiner Träume besonders zu ergötzen. Denn weder die Gelehrsamkeit, noch den Charakter dieses Philosophen behandelt er mit besonderer Achtung; nicht nur die Richtigkeit seiner mathematischen Schlüsse, sondern auch die Wahrhaftigkeit seiner Angaben wird beständig in Zweifel gezogen. England war es, wo Bailly einen Kämpfer fand, der seine Vertheidigung über sich nahm. Zwischen der Epoche, wo Bailly schrieb, und der Zeit, wo Delambre ihn widerlegte, war, wie bereits angedeutet, ein neues Licht auf die Frage geworfen worden; die Veröffentlichung einer schätzbaren Sammlung indischer mathematischer Abhandlungen durch Colebrooke gab dem „Edinburgh Review" Anlaß, das Alterthum der indischen Wissenschaft zu erheben und das Benehmen Delambre's zu rügen. Die Veranlassung dazu war ohne Zweifel befremdend; denn Colebrooke's Werk bietet starke Gründe, den Ursprung der Mathematik in Indien gleich zum

---

[1] „Histoire de l'Astronomie ancienne." Par. 1817. p. 400 seq.

voraus für verhältnißmäßig jung zu halten. In seinen schätzbaren „Bemerkungen und Erläuterungen zu seiner Einleitung" gibt er nämlich ein dem Dr. Hunter von den Astronomen zu Udschajni mitgetheiltes Verzeichniß ihrer berühmtesten astronomischen Schriftsteller; und der älteste davon ist Waraha-Mihira, den sie in das dritte Jahrhundert der christlichen Zeitrechnung setzen. Aber von ihm ist nichts bekannt: wogegen ein anderer Astronom desselben Namens sehr berühmt ist, und dieser lebte gegen das Ende des sechsten Jahrhunderts, wie Colebrooke in Uebereinstimmung mit dem Verzeichnisse des Dr. Hunter zeigt. Allerdings führt er ältere Schriften, die fünf Siddhanta geheißen, an; aber diese haben vor seiner Epoche Zeit genug gehabt, zu existiren und alt zu werden, ohne gerade zu einem ganz außerordentlichen Alterthume hinaufzureichen. [1]

Eben so kann Brahmagupta, einer der ältesten von den vorhandenen mathematischen Schriftstellern, von welchem Colebrooke in dieser Sammlung einige Abhandlungen herausgegeben hat, nicht über das siebente Jahrhundert zurückgesetzt werden; ja dieser scharfsinnige und kritische Orientalist zeigt zuerst, wie wahrscheinlich es sei, daß Arjabhatta der Vater und Urheber der indischen Algebra sei, und sucht dann sein Alter festzustellen, wobei er zu dem Schlusse gelangt, er habe geblüht „etwa im fünften Jahrhunderte christlicher Zeitrechnung und vielleicht noch früher." Er war somit nahezu ein Zeitgenosse des Diophantus; jedoch ist er, nach dem Urtheile

---

[1] „Algebra, with Arithmetic and Mensuration, from the Sanscrit." Lond. 1817. p. XXXIII, XLVIII. Sieh indeß Bentley, „Historical View of the Hindoo Astronomy." Lond. 1825. p. 167. (Die fünf Siddhanta oder Lehrbücher der Astronomie sind: der Wasischta-, Brahma-, Saurja-, Paulissa- und Romaka-Siddhanta; die beiden letzten sind schon dem Namen nach griechischen Ursprungs, die andern haben den Namen von göttlichen Wesen und lassen dadurch wenigstens auf einen einheimischen und ältern Ursprung schließen. — A. d. Ueb.)

Colebrooke's, dem griechischen Mathematiker überlegen, indem er Methoden zur Lösung verwickelter mathematischer Gleichungen hat, welche der Andere nicht besaß.¹) Diese Angaben und Urtheile eines so stimmfähigen Richters, wie Colebrooke, konnten kaum geeignet scheinen, der Vertheidigung der indischen Ansprüche auf ein großes Alterthum in astronomischer Berühmtheit eine feste Grundlage zu bieten. Aber der Verfasser des Artikels in dem Review behauptet, während er alle diese Thatsachen zugibt, mit kecker Stirne, wir dürfen den Arjabhatta keineswegs als den Erfinder seiner Methoden betrachten, sondern müssen annehmen, daß viele Menschenalter zwischen ihrer ersten Erfindung und seinen Verbesserungen verflossen seien.²) Obwohl der Verfasser eingesteht, Bailly sei aus Mangel an Ortskenntniß, aus zu großem Vertrauen auf seine Berichterstatter und aus Systemsucht, von der er sich hinreißen ließ, ungenau gewesen, so behauptet er doch, daß nicht nur die Ursprünglichkeit der indischen Wissenschaft durch Colebrooke's Arbeit ganz sicher gestellt worden sei, sondern daß unläugbar diese Wissenschaft nur ein Ueberrest von der sei, die auf der indischen Halbinsel geblüht habe, als Sanskrit noch eine lebendige Sprache war, oder vielleicht „eine noch ältere Mutterzunge jene Wurzeln trieb, welche mit mehr oder weniger Festigkeit in die Mundarten so vieler und so entfernter Nationen sowohl des Orients als des Occidents ausschlugen."³) Ein Schluß, der uns weit über

---

¹) (Lassen nimmt an, daß Arjabhatta, — bei den Arabern Arghabar genannt — jener Ardubarios sei, den das Chronikon Paschale als einen weisen indischen Astronomen nennt, der zuerst eine indische Astronomie schrieb. Chron. Pasch. I. 64. Bonn. Da diese Chronik um die Mitte des vierten Jahrhunderts abgeschlossen ist, so darf angenommen werden, daß Arjabhatta schon vor dem Anfange desselben lebte. „Indische Alterthumskunde." Bd. I. S. 1134. — A. d. Ueb.)

²) Edinb. Rev. Vol. XXIX. p. 143.

³) S. 163.

alles Bereich der Geschichte hinaus und ziemlich nahe an das hinführen würde, was Bailly gewünscht hätte.

Da der Name Delambre's etwas mißgünstig, mit einem Vorwurfe ungebührlicher Härte gegen das Andenken seines akademischen Mitbruders erwähnt wurde, verlor der gelehrte Astronom keine Zeit, sowohl auf die Gründe, als auf die Rüge des Beobachters zu antworten; wozu er bei der Herausgabe seines Werkes über die „Astronomie des Mittelalters" Gelegenheit fand. In seiner Einleitung prüft er im Einzelnen die verschiedenen Gründe zur Bewunderung, die der ungenannte Recensent vorgebracht hatte, und gelangt zu dem Schlusse: wenn gleich jetzt gezeigt worden sei, daß die Inder einen gewissen Grad von Gewandtheit in Auflösung algebraischer Aufgaben erlangt haben, die indeß mehr wegen ihrer Scharfsinnigkeit als Nutzbarkeit bemerkenswerth seien, so sei doch noch nichts geschehen, um zu beweisen, daß sie auch nur annähernd eine richtige und wissenschaftliche Kenntniß der Astronomie gehabt haben.[1]

Wenn ich mit einiger Ausführlichkeit mich bei den Ansichten Delambre's aufhielt, so wäre es unbillig, zu vergessen, daß ein anderer Geschichtschreiber der mathematischen Wissenschaft, der schon schrieb, als sein Vaterland noch mehr unter dem Einflusse jener philosophischen Schule stand, welcher Bailly unglücklicherweise sich zugewendet hatte, mit jenen Ansichten übereinstimmt. Ich meine Montucla, welcher sich mit der äußersten Unparteilichkeit der Mühe unterzieht, die Gründe zu prüfen, welche Bailly für das außerordentliche Alter der indischen Astronomie vorgebracht hatte. So z. B. zergliedert er die große Periode des Kali-Juga, die aus 4,320,000 Jahren besteht, und findet, daß sie, mit 24,000 dividirt, den Quotienten 180 gibt; was zu der Vermuthung

---

[1] „Histoire de l'Astronomie du Moyen Age." Paris 1819. p. XXXVII.

führt, diese Periode sei bloß die Hälfte einer andern, die das Product von 24,000 multiplizirt mit 360 bildet. Da nun nach der Ansicht der Araber 24,000 Jahre den Zeitraum bilden, binnen welchem die Fixsterne in ihrer fortschreitenden Bewegung einen Umlauf vollenden würden, so möchte es scheinen, daß die Inder diese Idee von ihnen geborgt und so ihre große Periode gebildet haben, die einem Jahre von 360 Tagen, der ursprünglichen Jahreslänge, entspräche, wo dann jeder Tag aus einer vollständigen Umdrehung des Himmels bestünde. Das bestätigt er durch ähnliche Berechnungen unter den Arabern; und dieses ist unter Anderem für ihn ein Grund, zu schließen, daß die indische Astronomie, weit entfernt, sich eines so hohen Alterthums zu erfreuen, wie sein unglücklicher Landsmann sich eingebildet hatte, vielmehr von den Bewohnern des westlichen Asiens entlehnt worden sei.[1]

§. 4.
Untersuchungen von Davis und Bentley über das Alter der indischen Astronomie.

Aber nun muß ich mich billiger Weise zu den Arbeiten unserer Landsleute in diesem Zweige der Geschichte der Astronomie wenden. Hr. Davis war, wie Colebrooke bemerkt, der Erste, welcher einen genauen Bericht über die indische Astronomie aus einheimischen Schriften gab. Montucla hatte geäußert, Surja-Siddhanta, ein astronomisches Werk, vorgeblich von göttlicher Eingebung, würde ein kostbarer Fund sein; „aber," fügt er bei, „wer wird je diese geheimnißvollen Männer bewegen, es mitzutheilen?"[2] Gerade dieses Werk

---

[1] „Histoire des Mathématiques." Par. a. VII. Tom. I. p. 429.
[2] S. 443. (Es ist seitdem in der Bibliotheca Indica von Fitz Edward Hall mit Hülfe des Pandit Bapu Deva Sastrin herausgegeben

ist es nun, aus dem Hr. Davis seine Materialien gezogen hat; und er bemerkt, er habe bei den Brahmanen keine Abneigung gefunden, das Buch mitzutheilen und zur Erklärung desselben Beistand zu leisten. Der Gegenstand seiner Untersuchungen war nur die Entdeckung der Operationen oder Formeln, wodurch die Hindu ihre Sonnen- und Mondsfinsternisse berechnen; und insofern möchte es scheinen, daß er wenig oder gar kein Licht auf den Gegenstand unserer Abhandlung werfen könne. Gleichwohl ersieht man aus seinen einleitenden Bemerkungen, daß nach seiner Ansicht die entfernten Perioden, welche von den Hindu als Grundlagen oder Ausgangspunkte ihrer Berechnungen angenommen sind, durch rückwärtsschließende Berechnung willkührlich angesetzt und nicht wie Bailly träumte, durch wirkliche Beobachtung gewonnen wurden.[1])

Indeß ist Bentley als derjenige anzuerkennen, welcher diese und andere wichtige Werke der indischen Astronomie mit dem meisten Ernst und Erfolg studiert hat, zu dem Zwecke, das wahre Alter der Wissenschaft zu bestimmen; und mit seinen Forschungen, die sich durch einen langen Zeitraum hindurch ziehen, will ich diesen Theil meiner Aufgabe beschließen. Sein erster Versuch über diesen Gegenstand erschien in dem sechsten Bande der „Asiatic Researches." Er kann in zwei Theile eingetheilt werden. Im ersten prüft er die astronomischen Methoden der Inder und zeigt, wie leicht

---

(Calcutta 1859) und von Ebenezer Burgeß im Journal of the americain Oriental Society in's Englische übersetzt worden. — A. d. Ueb.)

[1]) „Asiatic Researches." Ed. Calcutta. Vol. II. p. 228. (Der späte Ursprung der indischen Astronomie erhellt auch besonders daraus, daß die Inder den Planeten mit Ausnahme des Jupiter bis in die spätern Zeiten nur eine geringe Aufmerksamkeit schenkten: ihre Beobachtungen beschränkten sich auf Sonne und Mond. Selbst Arjabhatta gibt nur von Jupiter eine genaue Umlaufszeit an, und dasselbe ist der Fall bei Waraha-Miriha. Lassen a. a. O. Bd. I. S. 826. — A. d. Ueb.)

ein Europäer, der mit denselben nicht bekannt wäre, bei Bestimmung ihres Datums in arge Irrthümer gerathen könnte. Alsdann schickt er sich an, die Zeit des Surja-Siddhanta zu erforschen, welchem die Brahmanen bescheiden ein Alter von etlichen Millionen Jahren zutheilen. „Das Alterthum astronomischer Werke der Inder," schreibt er, „wird auf die richtigste und sicherste Weise erforscht, wenn man die von ihnen berechneten Stellungen und Bewegungen der Planeten mit den aus sorgfältigen europäischen Tafeln entnommenen vergleicht. Denn es ist klar, daß jeder Astronom, möge er nun was immer für ein System, ein natürliches oder künstliches, befolgen, die wahre Stellung der Planeten in seiner eigenen Zeit zu geben suchen muß, wenigstens so gut als er kann und die Beschaffenheit seines Systemes es zuläßt; sonst wäre seine Bemühung ganz und gar nutzlos. Ist uns also die Stellung und Bewegung der Sonne, des Mondes und der Planeten für irgend einen bestimmten Zeitpunkt durch die Berechnung nach irgend einem ursprünglichen indischen Systeme gegeben, und haben wir auch aus richtigen europäischen Tafeln für den nämlichen Augenblick die Stellung und Bewegung derselben abgeleitet, so können wir daraus den Zeitpunkt rückwärts bestimmen, wo die entsprechenden Stellungen derselben nach beiden genau gleich waren." [1]

Nun schreitet Bentley zur Anwendung dieser einfachen Regel. Er nimmt seine Daten einerseits aus dem indischen Werke, andererseits aus Lalande's Tafeln, und indem er die Zahl der Jahre findet, welche erforderlich sind, um die irrigen Resultate zu geben, die aus den ersteren entnommen werden, entdeckt er verschiedene Perioden von 600, 700 und 800 Jahren, welche seit der Zeit der Verfassung verflossen wären. Doch damit noch nicht zufrieden, gibt Bentley starke Gründe dafür an, welche schließen lassen, daß der Verfasser

---

[1] S. 564

davon Waraha sei, von dessen Schüler Sotananda bekannt ist, daß er vor etwa 700 Jahren gelebt habe, was mit der mittleren Zeit, die aus Surja-Sibbhanta selbst abgeleitet wurde, zusammenstimmt.[1]

Die kritische Zeitschrift, von der ich zuvor erwähnt habe, daß sie die phantastischen Ansichten Bailly's so ernstlich vertheidigte, blieb darin nur der Ansicht treu, die sie von den Arbeiten Bentley's schon in ihrer ersten Nummer ausgesprochen hatte. Dem harten und böswilligen Angriffe, welchen sie auf den erwähnten Aufsatz machte, begegnete er mit einer klaren und kräftigen Antwort im achten Bande der Researches; aber ich übergehe diese Arbeit, weil er unterdessen eine ausführlichere, genauere und weit werthvollere Auseinandersetzung seiner Ansichten gegeben hat, zu deren Darlegung ich nun übergehe. Im nämlichen Jahre, wo Bentley seinen „historischen Ueberblick über die indische Astronomie" herausgab, beklagte der gelehrte Ideler zu Berlin, daß sich noch Niemand gefunden habe, der eine gründliche Kenntniß der Sanskritsprache und der Astronomie mit einander vereinigt hätte.[2] Bei diesem Manne indeß scheinen sich jene beiden Erfordernisse mit jener Willenskraft und jenem Forschungseifer verbunden zu haben, welche nothwendig waren, um sie in ihrem mühevollen Unternehmen zu leiten, und ohne Zweifel hat die Strenge, womit ihr Besitzer bei seinem ersten Versuche behandelt wurde, ihn zu der Arbeit gestählt und die Forschungen, welche sie hätte hemmen sollen, wesentlich gefördert.

In diesem Werke handelt Bentley nach einer Vorrede,

---

[1] S. 573. Dieses wurde indessen von Colebrooke in seiner „Algebra" geläugnet. (Auch Lassen sagt, daß Waraha um 500 nach Chr. blühte. — A. d. Ueb.)

[2] „Handb. der mathem. und techn. Chronologie." Berl. 1825. Bd. I. S. 5.

worin er seine früheren Behauptungen über Surja-Sibdhanta durch neue Berechnungen bestätigt, systematisch von den verschiedenen Zeitabschnitten, in welche man die indische Astronomie eintheilen kann. Er stellt in ihrer Geschichte acht verschiedene Perioden auf, deren jede er durch astronomische Daten zu bestimmen und zu fixiren sucht. Das Erste, was jedes astronomische System vornehmen muß, ist nothwendigerweise die Eintheilung des Himmels, ohne welche alle astronomischen Bestimmungen unmöglich wären. Die früheste indische Eintheilung ist die in Mondhäuser, früher 28, nunmehr 27 an der Zahl. Die Geschichte setzt diese Operation in eine Zeit zwischen 1528 und 1375 v. Chr., und auch die astronomischen Data, die in Verbindung damit genannt werden, treffen damit genau zusammen. Denn der Ort des Aequinoctial- und Solstitial-Punktes gibt das Jahr 1426 v. Chr.; und die eigenthümliche Mythologie dieser Operation, wonach die Planeten von verschiedenen Töchtern des Naschka wären geboren worden, gibt, wenn man sie auf den astronomischen Ausdruck zurückbringt und darunter die Mondsfinsternisse in den einzelnen Häusern versteht, genau dieselbe Zeit, 1425 v. Chr.¹) Wenn nun diese Berechnung richtig ist, so haben wir unzweifelhaft ein Datum für die Vorarbeit der indischen Astronomie, welches ganz innerhalb der Schranken der Wahrscheinlichkeit liegt. Die nächste beurkundete Beobachtung setzt Herr Bentley in das Jahr 1181 vor der christlichen Zeitrechnung, wo Sonne und Mond in Conjunction waren, und wo die Astronomen fanden, daß die Koluren von ihrer Stellung bei der vorigen Beobachtung um

---

¹) S. 4. (Nach Biot („Etudes sur l'Astronomie Indienne." Paris. 1862.) hätten die Inder die Nakschatra von den Chinesen bekommen; Weber dagegen (i. s. Ind. Studien II.) legt ihnen einen chaldäischen, M. Müller („On ancient Hindu Astronomy and Chronology." Oxford 1862.) einen indischen Ursprung bei. — A. d. Ueb.)

3° 20′ weiter zurückgewichen waren. Diese besteht in der Bezeichnung der Monate mit eigenen Namen, deren Eigenthümlichkeiten über die Periode entscheiden.

§. 5.
Das Zeitalter Rama's nach Bentley.

Die nächste wichtige Epoche, welche durch die darin vorausgesetzten astronomischen Daten entschieden wird, ist die Zeit des Rama, dessen Thaten den vornehmsten Inhalt indischer Dichtkunst bilden. Das Ramajana oder das Heldengedicht, das ihn feiert, gibt eine äußerst genaue Beschreibung des Himmels bei seiner Geburt und bei seinem Eintritte in's einundzwanzigste Jahr, woraus sich ergibt, daß eine solche Constellation nur etwa 961 Jahre vor Christus stattgefunden haben kann.[1]) Ich darf hier auch bemerken, daß in seiner Geschichte eine Stelle vorkommt, die ganz genau dem Kampfe der Götter und Riesen in der griechischen Mythologie entspricht.

Ich will Bentley durch die letzten Stadien seines Laufes nicht folgen; denn Alles, was wir nur immer wünschen können, ist schon bei den ersten gewonnen. Es kümmert uns wenig, daß die Hindu die Zeit ihrer Astronomen in ein ungereimtes Alterthum zurücksetzen, daß Garga und Parasara ihrer Aussage gemäß 3100 Jahre v. Chr. gelebt und geschrieben hätten, so lange bewiesen werden kann, daß die Wissenschaft, worin sie offenbar nicht bloß Anfänger waren, erst viele Jahrhunderte später ihre vorbereitenden Beobachtungen anstellte. Aber es muß billig erwähnt werden, daß das Wasischta-Siddhanta und Surja-Siddhanta, welche die Hindu einige Millionen Jahre zurückzudatiren pflegten, durch seine

---

[1]) S. 15.

Berechnungen auf das zehnte oder eilfte Jahrhundert der christlichen Zeitrechnung herabgebracht worden sind.[1]

§. 6.
Krischna's Epoche nach Bentley.

Es gibt eine indische Sage von großer Wichtigkeit, deren Alter Bentley durch astronomischen Kalkul zu bestimmen sucht: nämlich die Geschichte Krischna's, des indischen Apollo. In den einheimischen Sagen wird er als Avatara oder als Inkarnation der Gottheit dargestellt; bei seiner Geburt sangen Götterchöre Preishymnen, während Hirten rings seine Wiege umgaben; seine Geburt mußte dem Tyrannen Kansa verborgen werden, weil ihm geoffenbart war, das Kind werde sein Verderben sein. Das Kind entkam mit seinen Aeltern über den Strom Jamuna. Eine Zeit lang lebte er in Verborgenheit, begann aber alsdann ein öffentliches, durch Heldenmuth und Wohlthaten ausgezeichnetes Leben; er erschlug Tyrannen und beschützte die Armen; er wusch die Füße der Brahmanen und verkündete die vollkommenste Lehre; endlich aber erhielt die Macht seiner Feinde die Oberhand: er wurde nach dem einen Berichte mit einem Pfeil an einen Baum genagelt und weissagte vor seinem Tode das vielfache Elend, welches im Kali-Juga oder dem gottlosen Weltalter 36 Jahre nach seinem Tode stattfinden sollte.[2] Darf es uns befremden,

---

[1] (Nach Lassen hat Waraha-Mihira die fünf Siddhanta benützt; sie müssen also älter sein als dieser, und er nimmt an, daß sie am Anfang des sechsten Jahrhunderts n. Chr. schon vorhanden waren. „Ind. Alterth." Bd. II. S. 1133. Den Garga hält er für eine wirkliche Person, die aber in eine zu hohe Zeit gesetzt und mythologisirt wurde; dagegen Parasara wird als eine ganz mythische Person erklärt. A. a. O. 1121. — A. d. Ueb.)

[2] S. diese Legende in Paulinus a St. Bartholomaeo, „Systema Brahmanicum." Rom. 1802. p. 146 ff.

daß die Feinde des Christenthums diese Sage als Original der Erzählung unseres Evangeliums aufgriffen? Die Namen Christus und Krischna, welchen Einige derselben in Kristna verdrehten, wurden für identisch erklärt, und die zahlreichen Aehnlichkeiten in ihrer Geschichte traten zu deutlich und bestimmt hervor, um noch einen Zweifel übrig zu lassen, daß es eine und dieselbe Person sei.[1]) Die Leichtigkeit, womit die ersten Erforscher der indischen Literatur sich von ihrem Enthusiasmus hinreißen ließen, Allem, was sie da fanden, ein ungeheures Alterthum zuzuschreiben, kam hiebei diesen kecken Behauptungen zu Hülfe. Denn Sir W. Jones, der in allen derartigen Dingen als unfehlbare Autorität galt, und dessen Urtheil auch wirklich gehörige Berücksichtigung verdient, hatte es als gewiß ausgesprochen, „der Name Krischna und der allgemeine Umriß seiner Geschichte sei weit älter als das Leben unsers Erlösers und wahrscheinlich auch als die homerische Zeit." Indem er nun die Unmöglichkeit so vieler zufälligen Uebereinstimmungen in den beiden Geschichten oder Lebensberichten anerkennt, schließt er daraus, daß die Punkte der in's Einzelne gehenden Aehnlichkeit der Ursage in späterer Zeit aus apokryphischen Evangelien eingeschaltet worden seien.[2]) Maurice gibt ebenfalls deren Alterthum zu und begegnet ihren Schwierigkeiten auf eine Weise, die noch weit weniger geeignet ist, einem Feinde des Christenthums zu Statten zu kommen; denn er betrachtet sie als Ueberbleibsel einer alten

---

[1]) Volney „Ruines, ou Meditations sur les Revolutions des Empires." Par. 1820. p. 267.

[2]) „Asiatic Researches." Vol. I. p. 273. (In neuerer Zeit hat auch Weber in seinen „Indischen Studien", Bd. I. S. 400 ff., die Ansicht begründet, daß bereits zur Zeit der Blüthe des ersten Christenthums Legenden von Christus auf den schon früher göttlich verehrten Krischna übertragen worden seien; ja er ist geneigt, das ganze Avatara-System als eine Nachahmung des Dogmas von der Menschwerdung zu betrachten. A. a. O. Bd. II. S. 169. — A. d. Ueb.)

urzeitlichen Ueberlieferung über die künftige Erscheinung eines Erlösers, welcher in Wahrheit ein Avatara oder eine Inkarnation der Gottheit sein sollte.[1])

Das Alter dieses götterhaften Heros hat nun Bentley ebenfalls der Prüfung durch astronomische Berechnung unterzogen. Denn er forschte in den Berichten über ihn sorgfältig nach Angaben, worauf er eine Untersuchung über die Epoche seines Lebens bauen könnte; und nachdem er all diese zu spärlich gefunden hatte, — obwohl angegeben war, daß der berühmte Astronom Garga bei seiner Geburt zugegen gewesen sei und die Constellation dieses wichtigen Augenblicks aufgezeichnet habe, — war er so glücklich, sich das Dschanampatra Krischna's, welches den Planetenstand zur Zeit seiner Geburt enthält, zu verschaffen. Aus einer auf europäische Tafeln, die auf den Meridian von Udschein reducirt wurden, gegründeten Berechnung ergibt sich, daß der hier beschriebene Himmelsstand nur am 7. August des Jahres 600 nach Christus habe stattfinden können.[2]) Bentley schließt demnach, diese Sage sei eine schlaue Nachahmung des Christenthums gewesen, von den Brahmanen eigens zu dem Zwecke erfunden, um ihre Landsleute von der Annahme der neuen Religion abzuhalten, welche zu den äußersten Grenzen des Orients vorzudringen begann.

§. 7.
Uebereinstimmende Urtheile von Schaubach, Laplace und Andern.

Es mag vielleicht der Fall sein, daß Mancher mit diesem Schriftsteller in einigen seiner Ansichten nicht einverstanden ist; und ich muß gestehen, daß ich ihm ohne positivere Beweise in mehreren einzelnen Punkten nicht so weit folgen

---

[1]) „History of Hindostan." Lond. 1824. Vol. II. p. 225.
[2]) S. 111.

kann, als er geht. Indeß hat er doch für seine Nachweisung des jüngern Ursprunges, welcher den Beobachtungen und astronomischen Werken der Inder zuzuschreiben ist, entschieden die Zustimmung der beßten neuern Mathematiker. Delambre's, der seinen Aufsatz über das Alter des Surja-Sibbhanta als vollkommen befriedigend ansah, nicht zu gedenken, haben wir die Meinung Schaubach's, welcher behauptet, alle astronomischen Kenntnisse der Inder müssen von den Arabern hergeleitet werden, und gehören folglich eher der neuern als der alten Wissenschaft an.[1]

Laplace, dessen Namen gewiß bei jedem Astronomen neuerer Zeit weit mehr in Achtung steht, als der des überschätzten Bailly, dessen Freund und eifriger Bewunderer er war, drückt sich hierüber so aus: „Der Ursprung der Astronomie in Persien und Indien verliert sich, wie bei allen andern Völkern, in das Dunkel ihrer Urgeschichte. Die indischen Tafeln setzen einen sehr vorgerückten Zustand der Astronomie voraus; aber wir haben allen Grund zu glauben, daß sie kein sehr hohes Alterthum in Anspruch nehmen können. Hierin weiche ich, wenn gleich ungern, von einem ausgezeichneten und unglücklichen Freunde ab." Man sieht aus diesem Ausdrucke, daß Laplace keineswegs durch eine Zuneigung für unsere Sache bewogen wird, sich gegen die Ansprüche der indischen Astronomie zu entscheiden. Nach diesen Bemerkungen schreitet er zu einer in's Einzelne gehenden Untersuchung des Punktes, den ich gewiß oft genug wiederholt habe: ob nämlich die Beobachtungen, welche in den indischen Tafeln als Basis ihrer Berechnungen angesetzt sind, 1491 und 3102 Jahre vor Christus, je wirklich angestellt wurden; und er kommt zu dem Schlusse, das sei nicht der Fall, und die Tafeln stützen sich auf keine wahre

---

[1] In B. v. Zach's „monatlicher Correspondenz." Febr. und März 1813.

Beobachtung, weil die Conjunctionen, welche sie voraussetzen, nicht stattgefunden haben können. „Die nämlichen Ergebnisse," schließt er, „gewinnt man aus den mittlern Bewegungen, die sie dem Monde zuschreiben, im Verhältniß zu seinem Perigäum, seinen Knoten und der Sonne; da diese nämlich schneller sind, als Ptolemäus sie angibt, so verrathen sie, daß sie später sind, als dieser Astronom. Denn aus der Theorie der allgemeinen Schwerkraft wissen wir, daß diese drei Bewegungen in einer großen Anzahl von Jahren beschleunigt waren. So dienen denn auch die Ergebnisse dieser für die Astronomie des Mondes so wichtigen Theorie zur Aufhellung der Chronologie." [1] Diesen Zeugnissen können wir noch beifügen das von Dr. Maskelyne, das Bentley persönlich mitgetheilt wurde; [2] das von Heeren, [3] Cuvier [4] und Klaproth, welcher so schreibt: „Die astronomischen Tafeln der Hindu, denen man ein abenteuerliches Alterthum beigemessen hat, wurden im siebenten Jahrhunderte der gemeinen Zeitrechnung verfertigt, später aber durch Berechnungen auf eine frühere Epoche zurückdatirt." [5]

Da solche Autoritäten den Ansichten der ältern, vorher angeführten französischen Mathematiker bestätigend zur Seite treten, dürfen wir wohl mit Grund zweifeln, ob noch irgend ein anderer Kämpe auftreten werde, das außerordentliche Alter der indischen Astronomie zu vertheidigen. Jedenfalls wird es schwer sein, ihre Ansprüche in die Lage zurück zu versetzen, daß sie mit der mosaischen Chronologie in Wider-

---

[1] „Exposition du Système du Monde." Bruxell. 1827. 6. édit. p. 427.
[2] „Preface." p. XXV.
[3] „Ideen über Politik, Handel und Verkehr der alten Völker." 4te Ausg. Thl. I. Abthl. 3. S. 142.
[4] Cuvier, „Discours prélim." 8vo. Par. 1825. p. 238.
[5] „Mémoires relatifs à l'Asie." Par. 1824. p. 397.

spruch zu gerathen drohte. Es gibt noch andere Zweige der indischen Literatur, welche Ihnen gewiß gleiche Untersuchung zu verdienen scheinen, so z. B. das Alter der religiösen und philosophischen Schriften, denen noch vor wenigen Jahren von Manchen ein so ungereimtes Alterthum zugeschrieben wurde; da ich aber bei der fernern Lösung meines Versprechens der orientalischen Literatur einen eigenen Vortrag zu widmen gedenke, so will ich das, was mir in diesem Stücke am wichtigsten scheint, darauf versparen. Ich will daher von der Astronomie auf die Geschichte der Inder übergehen und sehen, ob sie etwa mehr, als erstere, mit den Berichten des Pentateuches an Alter wetteifern könne.

§. 8.
2) Indische Chronologie.

Von dem Nationalstolze, welcher für die Entstehung der Wissenschaft ein so übermäßig hohes Alter anzusetzen gebot, ließ sich nichts Anderes erwarten, als daß er auch für die Regierungen, unter denen sie blühte, eine entsprechende Zeitentfernung eingeben würde. Eine Erdichtung setzte nothwendig die andere voraus; und wenn morgenländische Nationen einmal darauf ausgehen, ihrem Ursprung und ihrer Urgeschichte eine mythologische Epoche zu geben, so begnügen sie sich nicht mit Wenigem und lassen sich nicht aufhalten durch die europäische Regel, Möglichkeiten zu berücksichtigen. Eine Million Jahre ist so bald erfunden, als tausend; gar nicht viele Könige sind nöthig, um sie auszufüllen, wenn man einem jeden von ihnen eine Masse von Jahrhunderten zutheilt; und die Leser glauben das Alles, wenn sie nur über den ersten Schritt hinausgebracht werden, nämlich zu glauben, daß die Könige Abkömmlinge von Sonne und Mond oder irgend solchen überirdischen Eltern gewesen seien. Wir können in der That nicht umhin, Jene zu bedauern, die sich verlocken ließen, solche Abgeschmacktheiten zu glauben; aber ich denke, wir müssen auch geneigt sein, unsere Theilnahme auf Jene auszudehnen, die zuerst versuchten, den Mährchenschwall, der in der indischen Geschichte waltet, zu sichten und die wenigen Körner von Wahrheit auszulesen, die in diesem Augiasstalle von Verwirrung verborgen liegen.

§. 9.
Ergebnisse der Forschungen von Jones, Wilfort und Hamilton.

Sir W. Jones hat in diesem Zweige indischer Untersuchungen wie in vielen andern Bahn gebrochen. Zur Grundlage seiner Forschungen nahm er die genealogischen Königslisten, welche Pandita Rathakanta aus den Purana's ausgezogen hatte, und unterzog sich der Mühe, ihre Geschichte zu entwirren, mit dem Entschlusse, sich durch keine, auch noch so heilige Rücksicht zu einer unredlichen Entscheidung verleiten zu lassen. „Ohne einem Systeme," schreibt er, „zugethan zu sein, und ebenso bereit, die mosaische Geschichte zu verwerfen, wenn sie sich als irrig zeigen sollte, wie sie zu glauben, wenn sie durch triftige, aus augenscheinlicher Gewißheit entnommene Gründe bestätigt wird, schreite ich zur bündigen Darlegung der indischen Chronologie nach Sanskrit-Werken."[1] Indeß entdeckte er bald, daß er es mit den eben berührten hochgebornen Geschlechtern zu thun habe, die für sich eine Ausnahme von allen Gesetzen forderten, welche die Dauer menschlicher Dynastieen beschränken. Doch, keineswegs erschreckt durch diese einschüchternde Entdeckung, die einen weniger enthusiastischen Forscher zur Verzweiflung getrieben hätte, versucht er für diese Ungereimtheiten Rechenschaft zu geben und allen Widerspruch auszugleichen. Er setzt Ver-

---

[1] „On the Chronology of the Hindoos." „Asiat. Res." Vol. II. p. 11.

zeichnisse von Königen auf, weist ihnen Zeiträume zu, indem er dabei den annehmbarsten Muthmaßungen folgt, die er nur immer ersinnen kann. Das Ergebniß dieser so wenig befriedigenden Arbeiten hören Sie in seinen eigenen Worten: „Hiemit haben wir einen Umriß der indischen Geschichte gegeben während des längsten Zeitraumes, der ihr möglicherweise zugemessen werden kann, und haben die Gründung des indischen Reiches etwa 3800 Jahre vor der gegenwärtigen Zeit aufgespürt." [1]) Nehmen wir also selbst von einem höchst vorurtheilsvollen Forscher die Ausdehnung, zu welcher die Annalen von Hinduftan mit irgend einer Rücksicht auf Annehmbarkeit möglicherweise können erstreckt werden, so haben wir die Gründung einer Regierung in diesem Lande nicht eher, als 2000 Jahre v. Chr., also zur Zeit Abrahams, wo nach dem Buche Genesis Aegypten eine fest gegründete Dynastie hatte und in Phönizien bereits Handel und Wissenschaft blühte.

Sir W. Jones fand einen Nachfolger an Wilfort, welcher die in den Purana's mitgetheilten Dynastieen von Magadha in eine Art von Ordnung zu bringen suchte. [2]) An ihn schloß sich Hamilton in derselben Bestrebung an; [3]) aber diese beiden geduldigen Forscher fanden sich bei jedem Schritte durch absichtliche Entstellungen oder unsinnige Widersprüche gehemmt. Der erstere dieser Schriftsteller ist ein trauriges Beispiel von der Höhe, auf welche die Pandita's ihre Betrügereien trieben, und folglich ein Beweis, wie weit wir ihnen in solchen Stellen ihrer Bücher trauen dürfen, welche uns zu einem unvernünftigen Alterthume hinaufführen möchten. Denn Wilfort fand, daß ein Mann, dem er großes

---

[1]) S. 145.
[2]) „On the kings of the Maghada." „As. Res." Vol. IX. p. 82.
[3]) „Genealogies of the Hindoos extracted from their sacred writings." Edinb. 1819.

Vertrauen schenkte, und den er mit beträchtlichen Opfern zum Beistande bei seinen Arbeiten verwendete, kein Bedenken trug, in seinen heiligsten Büchern Stellen zu radiren und zu ändern; da nun derselbe sah, daß die Originalien verglichen werden sollten, um seine Auszüge zu controliren, ging er so weit, daß er sogar Tausende von Versen dichtete, um sich gegen eine Entdeckung zu bergen.[1] Wilfort fand, in Beziehung auf unsern Gegenstand, daß diese heiligen Männer von Indien sich kein Gewissen daraus machten, Namen zu erfinden, um sie unter die von berühmteren Heroen einzuschieben, und daß sie ihr Benehmen damit rechtfertigten, daß dieß von jeher der Brauch ihrer Vorfahren gewesen sei. Wenn wir nun alle billigen Ermäßigungen und Zugeständnisse gemacht haben, so werden uns nur armselige Materialien übrig bleiben, um irgend eine sichere oder auch nur wahrscheinliche Geschichte daraus zu erbauen. Denn die beiden erwähnten Gelehrten haben am Ende bloß eine Reihe von Personen zum Vorschein gebracht, für deren wirkliches Dasein wir keine bessere Bürgschaft haben, als Gedichte und Göttersagen.

§. 10.
Versuche Heeren's, den Anfang der indischen Geschichte zu bestimmen.

„In diesem Falle," sagt ein scharfsinniger Schriftsteller, welcher indeß eher geneigt ist, das Alterthum der Literatur der Hindu zu überschätzen, als herabzudrücken, „haben sie nicht mehr Ansehen, als die Heroen= und Königsgeschlechter bei den Hellenen; und die so herausgegebenen Verzeichnisse nehmen in der indischen Mythologie denselben Rang ein, wie die des Apollodorus in der griechischen. Wir dürfen darin keine kritische oder chronologische Geschichte zu finden erwarten;

---

[1] „Asiat. Res." Vol. VIII. p. 250.

es ist eine von Dichtern behandelte und durch Dichter erhaltene, also in diesem Sinne eine Dichter-Geschichte, ohne daß sie deßhalb eine gänzlich erdichtete Geschichte zu sein braucht." [1] „Die Chronologie und Geschichte der Hindu," schreibt ein Anderer, „ist in der Regel ebenso poetisch und idealisch, als ihre Geographie. Bei diesem Volke führt die Einbildungskraft über jedes andere Vermögen die Oberherrschaft." [2] Auch setzt Klaproth den Anfang wahrer chronologischer Geschichte in Indien in das zwölfte Jahrhundert unserer Zeitrechnung. [3]

Heeren hat sich indeß große Mühe gegeben, die Inder bis zu ihren frühesten Einrichtungen zu verfolgen und ihre ältesten Staatsverhältnisse aufzuhellen. Er läßt sich in eine ausführliche Beweisführung ein, daß die Brahmanenkaste ein von den Bewohnern der Halbinsel verschiedener Stamm sei, und folgt ihrem Zuge von ihren muthmaßlichen Bergsitzen im Norden längs einer durch Tempel bezeichneten Linie zum Süden. Er führt Zeugnisse von Reisenden an, um zu beweisen, daß sie eine lichtere Farbe haben, als die Glieder anderer Kasten, eine Behauptung, die, wie Sie sich erinnern, im Widerspruche steht mit den Beobachtungen anderer Reisenden, die ich angeführt habe, als ich von den Varietäten des Menschengeschlechtes handelte. Indeß scheint mir diese Hypothese, die ganz allein die absolute Herrschaft der Brahmanen über die Masse des Volkes erklärt, keinem Einwande von Gewicht zu begegnen. [4] Obschon dieß nun eine sehr entfernte Zeit voraussetzt, — denn die ältesten Berichte über

---

[1] Heeren, w. ob. S. 242.

[2] Guigniaut in seiner französischen Uebersetzung von Creuzer's Symbolik und Mythologie: „Religions de l'Antiquité." Par. 1825. Tom. I. 2de partie. p. 585.

[3] A. a. O. S. 412.

[4] A. a. O. S. 257.

Indien zeigen, daß dieses System bereits zu ihrer Zeit festgestanden habe, — so führt es uns am Ende doch nicht zu irgend einem bestimmten Resultate.

Nach seiner Ansicht gibt der Krieg zwischen den Kuruiden und Panduiden, den Griechen und Trojanern der Sanskritdichtung, seiner historischen Grundlage nach Zeugniß für eine sehr frühe politische Gliederung im Gangesgebiete. Allein so weit haben wir wieder bloß ein hohes Alterthum, keine entscheidende chronologische Epoche. Was aber dieß Ereigniß betrifft, so ist wohl zu bemerken, daß es mit der Geschichte des Krischna ganz innig zusammenhängt; ist also Bentley's Ansicht über diese richtig, so muß auch jenes ihr Schicksal theilen und für eine jüngere Erfindung gehalten werden.

Wie dem nun sei, Heeren macht sich mit unermüdlicher Geduld an die Arbeit, die verschiedenen Ueberbleibsel der frühesten historischen Berichte zu ordnen und in Einklang zu bringen; er bemüht sich, die ältesten Staaten und die gleichzeitigen Dynastieen, welche sie besaßen, zu entdecken; aber die Resultate, zu welchen er nach seiner langen Forschung, durch die ich Sie nicht hindurch führen will, endlich gelangt, sind von der Art, daß sie selbst den ängstlichsten Gläubigen nicht beunruhigen dürfen. „Aus allen bisherigen Betrachtungen," schreibt er, „ergibt sich, daß die Gegend des Ganges viele Jahrhunderte, wahrscheinlich gegen 2000 Jahre vor Christus, der Sitz ansehnlicher Königreiche und blühender Städte gewesen sei."[1]) So lauten also seine Ergebnisse.

---

[1]) S. 272. (Auch Lassen, der, wie kein Anderer, das ganze Gebiet indischen Wissens beherrscht, kommt zu einem ähnlichen Resultate. Zuerst führt er alle Königsreihen der indischen Chroniken zurück auf ihre Quelle, die epischen Gedichte, nämlich den Ramajana und Mahabarata, die er vor das fünfte Jahrhundert vor Chr. ansetzt, und die viel spätern Puranas, die jedoch in dieser Beziehung auf alten Traditionen fußen. Nachdem er sie aber gründlich und mit kritischer Schärfe zusammengestellt und erörtert hat, kommt er zu dem Schlusse, daß sie sich ganz untüchtig

Statt der 6000 Jahre vor Alexander, die auf Arrhian's Glaubwürdigkeit hin von Manchen gespendet wurden, oder der Millionen, die man aus den Mährchen der Brahmanen entnahm, haben wir nach der Vermuthung von Jones und Andern die Zeit Abrahams als die früheste historische Epoche einer organisirten Gesellschaft in Indien.

§. 11.
Entdeckungen von Obrist Tod.

Da ich Sie nun etwas ausführlich durch die Geschichte der indischen Chronologie während der letzten vierzig Jahre hindurchgeführt habe, so würde ich nicht nur ein grobes Versäumniß begehen, sondern auch meinen Gefühlen Gewalt anthun, wenn ich ohne gehörige Kenntnißnahme an den Arbeiten eines Mannes vorüberginge, den ich unter meine Zuhörer zählen darf, und dessen Gegenwart mich vielleicht hätte abschrecken sollen, über Untersuchungen zu sprechen, die er, man darf wohl sagen, zur Vollendung gebracht hat. Gewiß kann Niemand die zwei prachtvollen Bände über die

---

erweisen, um auf sie irgend eine chronologische Berechnung zu gründen. Auch ihm ist der große Kampf der Anfang der historischen Zeit, da die Inder erst von da an Dynastieenverzeichnisse mit Angabe der Jahre der einzelnen Regierungen haben. Allein auch diese bieten eine so unzuverläßige Chronologie dar, daß die Bestimmung der Zeit dieses Kampfes schwankt zwischen dem 19. und 14. Jahrhunderte vor unserer Zeitrechnung. Die erstere Bestimmung scheint ihm aber nicht annehmbar. Dagegen bestätigt sich die Annahme des 14. Jahrhunderts nicht bloß durch die von den Puranas unabhängige Geschichte Kaschmirs, deren Anfang auf 1182 vor Chr. zu setzen ist, sondern auch durch die Angabe über die Stellung der Koluren in den Beda, die auf das vierzehnte Jahrhundert hinweist. „Die frühere Geschichte fällt ganz der Sage und Dichtung anheim, und eine wirkliche Chronologie für sie gewinnen zu wollen, ist eitles Bestreben." „Ind. Alterthumskunde." Bd. I. S. 499 ff. 749 ff. — A. d. Ueb.)

„Annalen und Alterthümer von Radschastan" [1]) lesen, ohne zu fühlen, daß ihr Verfasser im Stande war, die dem Anschein nach erschöpften Untersuchungen durch einen Schatz von neuen Materialien und ungewöhnlichem Scharfsinn zu bereichern, wodurch er nicht bloß auf den Gegenstand, der uns gegenwärtig beschäftigt, sondern nicht minder auch auf die vorausgegangenen ein helles Licht geworfen hat. Und wenn wir zu den spätern Perioden der Geschichte herabsteigen, so war er so glücklich, in den Annalen jener Staaten, die er zuerst beschrieben hat, ein ungeheures, noch verödetes Gebiet zur Erforschung zu finden. Was wenige Forscher vor ihm das Glück hatten zu vereinen, war ihm gegönnt miteinander zu verbinden: neue Thatsachen mit einem neuen Felde, das mannigfaltige Drama einer so wenig gekannten Geschichte mit einem Schauplatze, der mit der prachtvollsten Scenerie geziert ist, welche die Natur aufbieten, und mit den kostbarsten Denkmälern, welche die Kunst des Orients liefern kann. Mögen wir die geographischen, historischen oder künstlerischen Mittheilungen, wodurch dieses Werk unsere Kenntniß von Indien bereichert, oder den Reiz der persönlichen Erzählung betrachten, die es enthält, so dürfen wir es, wie ich glaube, ohne Scheu unter die werthvollsten wie unter die schönsten Werke über die morgenländische Literatur rechnen.

Obrist Tod hat ohne Zweifel in Berichtigung und Ordnung der Verzeichnisse indischer Dynastieen alle seine Vorgänger überboten.[2]) Er zeigt, daß zwischen den Geschlechtsregistern, welche Jones, Bentley und Wilfort herausgaben, und den von ihm aus allerhand Quellen gesammelten im Allgemeinen

---

[1]) Von Lieut.-Col. James Tod. Lond. Vol. I. 1829. Vol. II. 1832. Seit dem Vortrage dieser Vorlesungen hat der Tod diesen thätigen, gelehrten und liebenswürdigen Mann unserer gelehrten Welt entrissen.

[2]) (Weit weniger günstig urtheilt von diesem Versuche Lassen, a. a. O. Bd. I. Anhang. S. III. — A. d. Ueb.)

Uebereinstimmung herrsche; da sich aber in ihnen doch Abweichungen genug finden, um ihren Ursprung aus verschiedenen Originalien zu bezeugen, so schließt er nicht mit Unwahrscheinlichkeit, daß sie einige Begründung in der Wahrheit haben. Die zwei Hauptgeschlechter sind, wie oben bemerkt, die Kinder von Mond und Sonne (Panduiden und Kuruiden), und es ist bemerkenswerth, daß die Anzahl der Fürsten beider Linien in der ganzen Abfolge sich ziemlich gleich bleibt. Nehmen wir nun den Budha für den Wiederhersteller der Menschheit nach der Fluth, — was nicht unwahrscheinlich sein möchte, zumal er die Linie der Mondskinder eröffnet, — so hätten wir nach den genealogischen Tafeln „55 Fürsten von Budha bis Judischtra" (ich führe die eigenen Worte des Obristen Tod an); „und wenn man jeder Regierung im Durchschnitte 20 Jahre zutheilt, einen Zeitraum von 1100 Jahren; rechnet man nun diesen hinzu zu einer ähnlichen Periode zwischen damals und Wikramaditja, der 56 Jahre vor Christus regierte, so wage ich, die Gründung dieser beiden Geschlechter, die sich durch die Namen Surja (Sonne) und Tschandra (Mond) auszeichnen, im eigentlichen Indien ungefähr auf 2256 v. Chr. zu setzen, um welche Zeit, wenn gleich etwas später, die ägyptische, chinesische und assyrische Monarchie nach der gewöhnlichen Angabe gegründet wurde, also ungefähr anderthalb Jahrhunderte nach dem großen Ereignisse der Sündfluth."[1]) So weit ist gewiß kein Grund da, auch nur einen Augenblick ängstlich zu sein; und wenn wir die Zeitrechnung der Siebenzig annehmen, der Viele von den Neuern zu folgen geneigt sind, so haben wir noch eine weitere Zwischenzeit zwischen jener Heimsuchung und der Epoche, die hier der Gründung dieser königlichen Häuser zugetheilt wird.

Was diese Berechnung bestätigen muß, ist die Ueber-

---

[1]) Bd. I. S. 37.

einstimmung anderer durch ein ähnliches Verfahren gewonnener Resultate.

Aber die eigenthümlichste und zweifelsohne wichtigste von Obrist Tod's Entdeckungen in den indischen Annalen besteht in dem von ihm deutlich nachgewiesenen historischen Zusammenhange zwischen den alten Indern und jenen westlichen Stämmen, deren gemeinsamer Ursprung durch die Beweise der vergleichenden Sprachkunde dargethan wurde. Für's Erste zeigt er, daß die Hindu selbst die Wiege ihrer Nation gegen Westen und wahrscheinlich in die Gegend des Kaukasus verlegen. Zu verschiedenen Zeiten aber scheinen die Stämme, welche in jenem Theile von Asien blieben und den Namen Scythen erhalten hatten, in die neuen Niederlassungen ihrer Brüder eingebrochen zu sein und einerseits die indische Religion und Sitte beträchtlich verändert, andererseits mehreren der ausgezeichnetsten Königslinien den Ursprung gegeben zu haben. Um 600 v. Chr. haben wir Kenntniß eines Einfalles solcher Stämme in Indien, nahezu gleichzeitig mit einem ähnlichen Einbruche aus derselben Himmelsgegend in Kleinasien, dem Norden von Europa und ostwärts bis Baktrien, wo sie die griechische Herrschaft umstürzten. Die alten Geten lassen sich in den Dschiten des neuern Indiens entdecken, wo sie sich von den Gebirgen von Dschaud bis zu den Ufern von Mekran ausbreiten und noch die nämliche nomadische Lebensart führen, wie früher in ihren nördlicheren Landstrichen. Die Asi des Alterthumes sind wahrscheinlich der Aswa=Stamm Indiens.[1]) Nachdem der gelehrte Verfasser diese Namenähnlichkeiten festgestellt hat, weist er solche Berührungspunkte zwischen den Bewohnern des Nordens und den gegenwärtigen Inhabern von Radschastan in Kleidung, Göttergeschichte, Kriegssitten, Ceremonien und weltlichen Gebräuchen auf, welche keinen vernünftigen Zweifel an der

---

[1]) P. 63.

Verwandtschaft der beiden Stämme mehr übrig lassen.[1]
Ob nun die Annahme, daß diese Aehnlichkeiten von einem
späteren Einfalle herrühren, wohl begründet sei, oder ob sie
ein Rest ursprünglicher Verwandtschaft seien, mag, denke ich,
ein Gegenstand freier Erörterung sein. Ich habe auch gute
Gründe, zu bezweifeln, ob einige der Ableitungen stichhaltig
seien; denn ich fürchte, an einigen Stellen sei die Namen=
ähnlichkeit nicht hinlänglich durch geschichtliche Thatsachen
bestätigt, um uns mit Sicherheit auf Identität dessen, was
sie bezeichnen, schließen zu lassen. Doch das sind lauter
Erwägungen von untergeordneter Wichtigkeit; mein gelehrter
Freund hat völlig genug gethan, uns von dem frühern
Zusammenhange der jetzigen Bewohner Skandinaviens und
der immer noch in Indien herrschenden Stämme zu über=
zeugen. Und das bietet Anlaß zu einigen Erwägungen.

Sie werden nämlich bemerken, wie ich bei einigen Ge=
legenheiten neben meinem Hauptzwecke, die Beziehung wissen=
schaftlicher Untersuchungen auf Religionswahrheiten zu ver=
folgen, bemüht war, Ihre Aufmerksamkeit auf das Licht,
das eine Wissenschaft auf die andere wirft, hinzuwenden.
So möchte ich Sie auch hier aufmerksam machen, wie unsere
früheren Untersuchungen durch diese gänzlich verschiedenen
Forschungen so auffallend beleuchtet werden, und zwar so,
daß sie das Zeugniß, welches jene zu Gunsten der heiligen
Erzählung gaben, noch weiter bestätigen. So fanden wir,
daß jeder neue Schritt in dem vergleichenden Sprachstudium
uns einer positiven Gewißheit näher bringt, daß die Mensch=
heit ursprünglich Eine Familie gewesen sei; die Erforschung
der Urgeschichte der Völker, verbunden mit der Beobachtung
ihrer Sitten, Religionen und Lebensweise, bringt uns genau
zu demselben Schlusse. Indeß bleibt das nicht bloß auf die
Glieder derselben ethnographischen Familie, wie Germanen

---

[1] P. 65—80.

und Inder, beschränkt; denn Obrist Tod hat zwischen dem Ursprunge, welchen die Mongolen und Chinesen ihren Nationen anweisen, und den frühesten mythologischen Annalen der Inder wirklich so auffallende Uebereinstimmungen nachgewiesen, daß wir uns in der historischen Erforschung ihrer gemeinsamen Herkunft fast in dieselbe Stellung versetzt finden, wie durch die Entdeckungen des Lepsius und Anderer in der ethnographischen Untersuchung: nämlich in den Besitz hoher Wahrscheinlichkeit, daß Menschenfamilien, die dermalen durch vollkommen unterschiedene Sprachen getrennt sind, sich als eine ursprünglich einzige nachweisen lassen. In jeder Wissenschaft wurde vielleicht nur Ein Schritt gemacht; aber dieser ist so glücklich, daß er noch vollständigere und befriedigendere Entdeckungen ahnen läßt. Kann aber der gemeinsame Ursprung dieser Nationen geschichtlich begründet werden, so haben wir einen starken Beweis, daß irgend eine große und unbekannte Ursache müsse gewirkt haben, um jeder von ihnen eine so wesentlich eigenthümliche und verschiedene Sprache zu geben. Auch haben wir in diesen Untersuchungen noch einen fernern Beweis, daß das Klima oder sonst eine Ursache die äußerliche Gestalt und Gesichtsbildung eines Volkes verändern kann. Denn wenn wir die Hypothese des gelehrten Verfassers in ihrer vollen Ausdehnung annehmen und die dermalige Bevölkerung von Radschastan für einen nördlichen Stamm halten, der erst 600 Jahre v. Chr. in dasselbe eindrang, und zwar für einen Theil jenes Volkes, welches um dieselbe Zeit Besitz von Jütland nahm, so haben wir ein Beispiel, wie zwei Niederlassungen desselben Stammes im Laufe einiger Jahrhunderte so verschiedene physische Eigenthümlichkeiten angenommen haben, indem die eine das helle und blonde Aussehen des Dänen, die andere die dunkle Farbe des Inders bekam.

Wenn wir aber nicht so weit gehen und die Aehnlichkeiten in Namen und Sitten bloß als Spuren einer Urverwandtschaft annehmen, so gelangen wir doch zu einem ähnlichen Schlusse, der nur durch eine verhältnißmäßige Unbestimmtheit des Datums von dem andern sich unterscheidet, nämlich, daß die Geten Scythiens die Hellsten der kaukasischen Rasse seien, während die von Hinduſtan zu den Dunkelsten der malajischen gehören. Die Annahme Heeren's, daß auf der indischen Halbinsel zwei verschiedene Stämme leben, die sich heutzutage durch abweichende Farbe unterscheiden und die brahmanische und die niederen Kasten bilden, wird durch diese Betrachtung beinahe ganz umgestoßen.

Die vollständige Aehnlichkeit zwischen den mythologischen Systemen von Indien, Griechenland und Skandinavien, die nicht bloß in den Eigenthümlichkeiten und Attributen ihrer einzelnen Gottheiten, sondern selbst in ihren Namen und in den kleinlichsten Umständen ihrer Geschichten hervortritt, ist eine Entdeckung, die zu der früheren Geschichte dieser Studien gehört. Sir W. Jones, Wilfort und Andere aus der letzten Generation haben diesen Punkt mehr als genug festgestellt. Der letztgenannte Schriftsteller erneuerte auch mit unermüdeter Sorgfalt die alte Hypothese, daß zwischen den alten Verehrern des Nils und Ganges eine enge Verwandtschaft geherrscht habe; aber leider haben Umstände, die ich in Betreff seiner schon erwähnt habe, auf das Interesse, das seine Untersuchungen sonst hätten erregen müssen, einen Schatten geworfen. Obrist Tod hat indeß die bereits bekannten Punkte der Aehnlichkeit zwischen den Mythologieen beider Länder durch viele neue vermehrt. Ich will mich begnügen, auf seine Beschreibung des Gaurifestes, wie es zu Mewar mit großem Pomp gehalten wurde, und auf die Anmerkungen hinzudeuten, die er als Erklärung dazu beigefügt hat.[1]
Hier haben wir also eine neue Verstärkung jener Gründe, die uns veranlassen können, zwischen zwei Nationen, welche

---

[1] P. 570.

ihrer sprachlichen Eintheilung nach zu verschiedenen Familien gehören, eine Verwandtschaft zu vermuthen.

Dieses steigende Wachsthum des Beweises zu Gunsten eines gemeinsamen Ursprunges der Völker, welcher aus Untersuchungen gewonnen wird, die keine natürliche Beziehung zu seiner Entdeckung haben, stärkt nothwendig in hohem Grade unser Vertrauen auf die Nützlichkeit jedes Studiums, wofern dieses mit den verschwisterten Wissenschaften gehörig in Einklang gebracht und gleichen Schrittes mit ihnen fortgeführt wird.

§. 12.
II. Andere asiatische Nationen.

Nachdem wir somit gesehen haben, daß die Chronologie der Inder auf geziemende Grenzen herabgebracht ist, und daß in ihrer frühesten Geschichte neuerdings Aehnlichkeiten mit dem Ursprunge anderer Völker zum Vorscheine kommen, kann uns nicht mehr viel unter den Bewohnern Asiens aufhalten. Kein anderes Volk dieses Erdtheiles ist das Ziel einer so emsigen Nachforschung geworden, theils weil keines Materialien von gleichem Interesse besitzt, um den Fleiß der Gelehrten zu reizen, theils weil unser Verkehr mit jenem Lande uns größere Gelegenheit geboten hat, die Sprache zu betreiben, worin seine Documente geschrieben sind. Um aber die Rücksicht für andere Nationen nicht zu verletzen, und um nicht den Verdacht zu erregen, mit ihren Annalen könne man nicht so leicht zurecht kommen, will ich Ihnen in Kürze die Meinung eines oder zweier Schriftsteller geben, die in unserer Zeit ihre Mühe darangewendet haben, deren einheimische Chronologieen zu entwirren.

Klaproth hat in einem Aufsatze, den er in verschiedener Form und Sprache wiederholt abdrucken ließ, den Versuch gemacht, die Daten des Anfangs der gewissen und der zweifelhaften Geschichte bei verschiedenen asiatischen Nationen festzustellen, indem er vorzüglich ihren eigenen Geschichtschreibern folgte.¹) Mit sämmtlichen mohamedanischen Reichen ist er bald fertig, indem diese nur so viel alte Geschichte haben, als sie aus Moses borgen oder auf einen jüdischen Stamm pfropfen. Selbst die persischen Geschichtsbücher reichen wenig über den Beginn der sassanidischen Herrschaft 227 n. Chr. zurück. Cyrus erscheint darin als sagenhafter Held; vor ihm haben wir die Dynastie der Pischdabier, ein ganz fabelhaftes Gebiet;²) und die Gelehrten sind noch uneinig, ob Guschtasp, der Zeitgenosse des Serduscht oder Zoroaster, der Hystaspes der Geschichte, oder ein mit Ninus gleichzeitiger Mann,³) oder endlich der medische Cyaxares sei.⁴)

In fast gleicher Lage befinden sich jene christlichen

---

¹) „Examen des historiens Asiatiques," zuerst im „Journal Asiatique," Sept. u. Nov. 1823, erschienen; alsdann in seinen „Mémoires relatifs à l'Asie", Vol. I. p. 389, abgedruckt, worauf ich mich im Texte beziehen werde. Der Aufsatz erschien wieder unter dem Titel: „Würdigung der asiatischen Geschichtschreiber," in seiner „Asia polyglotta," p. 1—18.

²) Hyde, „De religione veterum Persarum." p. 312. v. Hammer, „Heidelberger Jahrbücher." 1823. S. 86. Guigniaut a. a. O. S. 688.

³) Rhode, „Die heilige Sage . . . der alten Baktrer, Meder und Perser." Frankf. 1820. S. 152 ff. Volney, „Recherches nouvelles sur l'Histoire ancienne." Par. 1822. p. 283.

⁴) Die Meinung, welcher Tychsen, „Comment. Soc. Goetting." Vol. XI. p. 112. und Heeren, „Ideen." Thl. I. Abthl. I. S. 440, den Vorzug gibt. (Die Ansicht, daß der Vistaspa des Zendavest der Hystaspes sei, wird wohl jetzt von keinem Gelehrten von Fach behauptet; denn der Vater jenes Königs Vistaspa heißt Aurvataspa; während der Vater des Hystaspes, der nicht König war, Arsames hieß. Vielmehr verweist Alles den Ursprung der Lehre Zoroasters in ein hohes Alter. S. Windischmann: Zoroastrische Studien. Berlin 1863. S. 121—165. — A. d. Ueb.)

Völkerschaften, deren verhältnißmäßig neue Geschichte in die
Hände der Priester, der natürlichen Geschichtschreiber eines
minder gebildeten Volkes, gefallen ist. Diese pflegten natürlich
jene rohen, mährchenhaften Ueberlieferungen zu verwerfen,
welche die früheste Geschichte heidnischer Völker bilden, mit
denen sie nichts mehr gemein haben wollten durch Herkunft
von unreinen und lasterhaften Gottheiten; dafür suchten sie
lieber solche Urberichte an ihre Stelle zu setzen, die ihnen die
heiligen Urkunden darboten. Das finden wir wirklich bei den
Georgiern und Armeniern. Der erste Theil ihrer Geschichte
ist aus der Bibel genommen: sie suchen ihre Ahnen in jener
Vorrathskammer der Urgeschichte, im Buche der Genesis zu
finden; darauf füllen sie einen weiten Zwischenraum mit
Berichten, die sie aus fremden Historikern entlehnen, und
reihen endlich ihre eigenen magern Nachrichten an, die zu
jung sind, als daß selbst die zarteste Empfindlichkeit in Betreff
der Offenbarung könnte beunruhigt werden. Die früheste
Periode, zu welcher irgend etwas, was auf den Namen
Geschichte Anspruch machen kann, unter ihnen hinaufreicht,
ist nach Klaproth 200—300 v. Chr.[1])

§. 13.
China.

Doch wir haben uns noch mit China abzufinden, welches
allerdings von den eben gemachten Bemerkungen ausgenommen
werden muß. Denn es besitzt eine einheimische Literatur von
großem Alterthume und gibt vor, das erste Volk, die Urnation
der Erde zu sein. Auch ist uns Allen bekannt, daß es seine
Geschichte zu einem wahrhaft ungeheuren Alter zurückführt,
und man möchte erwarten, daß seinen Ansprüchen eben soviel
Aufmerksamkeit geschenkt werden sollte, wie seinen Neben-

---

[1]) S. 412.

buhlern in Indien. Ich will mich indeß begnügen, Ihnen in wenigen Worten die Schlüsse vorzulegen, zu denen Klaproth durch das Studium der chinesischen Schriftsteller, dem er sich ganz vorzüglich widmete, gelangt ist; und ich kann Sie versichern, daß Sie darin die Entscheidung eines Richters haben, der keineswegs geneigt ist, unsern Wünschen dadurch zu willfahren, daß er den Ruhm der Chinesen herabsetzte.

Nach ihm war nun der erste Geschichtschreiber der Chinesen ihr berühmter Philosoph und Sittenlehrer Kong=fu=tse. Er soll die Geschichte seines Landes unter dem Namen Schu=King von den Tagen Jao's bis zu seiner Zeit aufgezeichnet haben. Man setzt die Lebenszeit des Confucius etwa vier oder fünf Jahrhunderte vor Christus; das Zeitalter Jao's aber wird 2357 Jahre vor der nämlichen Aera gesetzt. So haben wir also über 2000 Jahre zwischen dem ersten Historiker und den ersten Begebenheiten, die er berichtet. Aber dieses, wenn gleich so entfernte Alter genügte dem Stolze der Chinesen nicht, und spätere Geschichtschreiber haben der Regierung des Jao andere vorgesetzt, die sich zu dem ehrwürdigen Alterthume von drei Millionen zweimalhundert sechsundsiebenzigtausend Jahren vor Christus erstrecken.

Damit Sie die Verläßigkeit der chinesischen Geschichtsbücher noch genauer beurtheilen können, darf ich nicht vergessen, anzugeben, daß 200 Jahre nach dem Tode des Kong=tse der Kaiser Schi=Hoang=Ti aus der Dynastie Tsin die Werke des Philosophen ächtete und alle Exemplare davon zu vernichten gebot. Das Schu=king jedoch wurde unter der folgenden Dynastie Han wieder hergestellt, indem ein alter Mann, der es auswendig wußte, es dictirte. Das ist also der Ursprung der geschichtlichen Wissenschaft in China; und trotz aller gebührenden Verehrung gegen den großen Sittenlehrer des Ostens und trotz der Achtung gegen seine Behauptung, daß er bloß nach bereits vorhandenen Materialien gearbeitet habe, trägt Klaproth doch kein Bedenken, die Existenz historischer Gewißheit im himmlischen Reiche vor 780 v. Chr. zu läugnen, zu welcher Zeit bald die Aera der Erbauung Roms anhob, und die hebräische Literatur schon zu sinken begann. ¹)

§. 14.

Japan.

Die Japaner sind in der Geschichtskunde bloß Kopisten der Chinesen. Sie machen ebenfalls auf Millionen von Jahren vor der christlichen Zeitrechnung Anspruch. Aber der erste Theil ihrer Nachrichten ist durchaus mythologisch; der zweite macht uns mit den chinesischen Dynastieen bekannt, die in Japan geherrscht haben; und erst 660 Jahre v. Chr., wo der Dairi den Thron an sich riß, kann man sich einigermaßen an ihre Berichte halten. ²)

Wenn Sie auf die Chronologie der verschiedenen Völker, von denen ich gehandelt habe, zurückblicken, müssen Sie nothwendig von dem Umstande betroffen werden, daß jeder Versuch gescheitert ist, für eines von ihnen ein System der Chronologie aufzustellen, welches das Ansehen der mosaischen Berichte herabwürdigen könnte. Bei den meisten von ihnen werden wir, selbst wenn wir den zweifelhaftesten Parthieen ihrer Geschichte wirkliches Dasein zugestanden haben, auf keinen frühern Zeitraum zurückgeführt, als den die Bibel dem Dasein mächtiger Reiche in Ostafrika und unternehmender Staaten an der Westküste von Asien anweist. — Der gelehrte

---

¹) S. 406. Abel-Rémusat ist geneigt, die chinesische Geschichte zum Jahre 2200 v. Chr. und die annehmbare Ueberlieferung bis 2637 zurückreichen zu lassen. Selbst dieses Alterthum bietet nichts für die Ueberzeugungen eines Christen Bedenkliches dar. — „Nouveaux Mélanges Asiatiques." Par. 1829. Tom. I. p. 61.

²) S. 408.

Windischmann, welchen ich mit Stolz meinen Freund nenne, gibt den ganzen Zeitraum der chinesischen Geschichte zu, welchem Klaproth den ungewissen Zeiten zutheilt, und zeigt seine Uebereinstimmung mit einer andern Form der Berechnung, die aus den in China angenommenen Jahrescykeln gewonnen wird; und das Ergebniß ist ein ziemlich genaues Zusammentreffen zwischen dem für die Gründung des Reiches des Himmels durch Fo=hi oder Fu=chi, — den Einige sogar für Noah gehalten haben, — angesetzten Datum, der Zeit der Fluth nach dem samaritanischen Pentateuch, und dem Beginne des indischen Kali=Juga oder des eisernen Zeitalters.[1] Der Philosoph Schlegel trifft nicht nur mit dieser Meinung überein, sondern bestätigt auch Abel=Remüsat's Ansicht, daß die geschriebenen chinesischen Schriftzeichen 4000 Jahre alt sein müssen; „dieß," bemerkt er, „wird sie auf 3 oder 4 Menschenalter nach der Fluth gemäß der gewöhnlichen Zeitrechnung zurückbringen, eine Schätzung, die gewiß nicht übertrieben ist."[2]

Auch in Indien haben Sie Schriftsteller gesehen, die gleich dem Obrist Tod meistens ohne Einschränkung die chronologischen Tafeln des Landes annehmen, und doch ganz genau zu demselben Zeitraume für den Anfang seiner Geschichte kommen. Sicher muß ein Uebereintreffen wie dieses für den hartnäckigsten Geist Beweiskraft haben und die Ueberzeugung hervorrufen, daß irgend eine große und unübersteigliche Schranke sich zwischen die Völker und ihre frühern bestimmten Ueberlieferungen gestellt hat, jedoch so, daß sie schwache Strahlen der Erinnerung an einen ursprünglichen Zustand und ein glücklicheres Verhältniß des Menschengeschlechtes

---

[1] „Die Philosophie im Fortgang der Weltgeschichte." Bonn 1827. Thl. I. Abthl. I. S. 18.

[2] „Philosophie der Geschichte," in Robertson's engl. Uebersetzung. Bd. I. S. 106.

durchblicken läßt. Ein plötzliches Ereigniß, durch das die Menschheit großentheils, obwohl nicht gänzlich, zu Grunde ging, bietet die natürlichste Lösung aller Schwierigkeit dar, und das übereinstimmende Zeugniß physikalischer Erscheinungen, sammt der stillschweigenden Anerkennung der eitelsten Völker, muß diese Erzählung unseres geoffenbarten Buches vor jedem Angriffe schützen. —

Es gibt noch ein anderes Volk, dessen Geschichte vielleicht anziehender ist, als irgend eine der erörterten; doch sie wird uns für eine andere Zusammenkunft hinreichenden Stoff geben.

Achter Vortrag:
über
die Urgeschichte.

II. Abtheilung.

§. 15.
III. Aegypten.

Vom Boden Asiens, über den wir zuletzt hinstreiften, fruchtbar in jeder Wissenschaft und mannigfaltig durch die Entfaltung jedes Grades von Cultur von dem rastlosen Nomaden und ungezähmten Bergbewohner bis zum üppigen Perser oder verfeinerten Jonier, haben wir uns nun zu einem Lande zu wenden, auf welches die Natur das Siegel physischer und geistiger Einsamkeit gedrückt zu haben scheint. Eine einzige Stelle in ganz Afrika ist allein der Sitz einer selbstständigen Bildung, einer eingebornen Herrschaft und einer einheimischen Gattung von Denkmälern geworden; und das Nilthal erscheint so recht in eine geographische Lage gesetzt, die seine Bewohner von der herabgekommenen Bevölkerung der Wüste absondert, und mit den begünstigteren Gegenden des Ostens verkettet. — Zu jeder Zeit hat dieses außerordentliche Volk die Aufmerksamkeit der Gelehrten in Anspruch genommen. Sein Ursprung schien ihm selbst ein Räthsel gewesen zu sein, um so mehr auch allen Andern. Die geheimnißvollen Bilder seines Gottesdienstes, die dunkle Erhabenheit seiner Moral und vor Allem das undurchdringliche Räthsel seiner geschriebenen Denkmäler warfen einen fabelhaften Schleier über seine Geschichte. Die Gelehrten näherten sich ihr, als hätten sie in den zugänglichsten Thatsachen eine Hieroglyphenschrift zu entziffern, und wir waren geneigt, die Aegypter als ein Volk zu betrachten, welches sogar in seinen neuern Perioden noch die düstere Färbung und die unbestimmten Züge des grauen Alterthums behalten hat, und welches sich folglich eines weit über den Bereich unserer Berechnung gehenden Daseins rühmen dürfte. Wir waren fast versucht, ihnen zu glauben, als sie uns erzählten, daß ihre ersten Beherrscher die Götter der übrigen Welt gewesen seien.

Wenn wir nach so vielen Jahren des Dunkels und der Unsicherheit die verlorne Geschichte dieses Volkes wieder aufleben und ihre Stelle neben der von anderen alten Reichen einnehmen sehen; wenn wir Inschriften ihrer Könige lesen, welche ihre gewaltigen Thaten und königlichen Eigenschaften berichten, und auf ihre Denkmäler blicken mit dem vollen Verständniß der Ereignisse, deren sie gedenken: so ist dieser Eindruck auf einen hellen Geist kaum weniger überraschend, als die Empfindung des Reisenden wäre, wenn er, schweigend durch die Katakomben Theben's schreitend, diese Leiber, welche des Einbalsamirers Kunst so lange Zeit vor der Verwesung bewahrt hat, plötzlich ihre Leichentücher sprengen und wiedererwacht aus ihren Nischen aufspringen sähe.

§. 16.

1) Historische Monumente.

Während solches Dunkel über der Geschichte Aegyptens hing, ist es kein Wunder, daß die Gegner der Religion sich in dasselbe als einen Hinterhalt zurückzogen und sie aus seinem Schutze hervor scharf angriffen. Sie lasen die zerstreuten Bruchstücke seiner Jahrbücher zusammen, gerade wie Isis die zerfleischten Glieder des Osiris, und versuchten durch ihre Wiedervereinigung ein Lieblingsidol wieder aufzurichten, eine Chronologie von zahllosen Jahren, gänzlich unverträglich mit der des Moses. Volney trug kein Bedenken, die Bildung der Priesterhöfe in Aegypten 13,300 Jahre vor Christus zu setzen und dieß den zweiten Zeitraum seiner Geschichte zu nennen.[1]) Auch der dritte Zeitraum, in welchem nach seiner Vermuthung der Tempel von Esneh gebaut worden ist, geht bis auf 4600 Jahre vor unserer Zeitrechnung zurück, wohin wir beiläufig die Zeit der Erschaffung setzen. Aber die geheimnißvollen Denkmäler Aegyptens bildeten die brauchbarsten Laufgräben für diese Belagerer. Sie riefen diese ungeheuern und halbvergrabenen Riesenbilder und diese jetzt unterirdischen Tempel auf, von dem Alter und der frühen Bildung des Volkes, welches sie errichtete, Zeugniß zu geben; sie beriefen sich auf ihre astronomischen Ueberreste, die durch Jahrhunderte der Beobachtung gereifte Geschicklichkeit derer, die sie entworfen, zu bezeugen. Vor Allem sahen sie in jenen hieroglyphischen Inschriften die ehrwürdigen Urkunden von Herrschern, welche lange vor der viel neueren Zeit Moses oder Abrahams vergöttert wurden; sie zeigten im Triumphe auf die geheimnißvollen Schriftzeichen, welche eine ungesehene Hand auf diese urweltlichen Mauern gezeichnet hatte, und prahlten, daß nur ein Daniel nöthig wäre, der sie entziffern könnte, um zu zeigen, daß die Beweise des Christenthums gewogen und zu leicht befunden seien, und daß sein Reich unter die Ungläubigen und Freidenker getheilt sei. Eitle Prahlerei! Die Tempel Aegyptens haben endlich auf ihre Berufung geantwortet, in einer verständlichern Rede, als sie wohl ahnen

---

[1]) „Recherches." Vol. II. p. 440.

konnten; denn es hat sich ein Daniel gefunden im umsichtigen und beharrlichen Studium. Nachdem die Nachfolge so lang unterbrochen war, haben Young und Champollion sich das Linnenkleid der Hierophanten angethan, und die Denkmäler des Nils, unähnlich dem fürchterlichen Bilde zu Sais, haben sich von ihren Händen entschleiern lassen, ohne daß andere, als die wohlthätigsten, beruhigendsten Ergebnisse aus ihren Arbeiten gefolgt wären.

§. 17.

Geschichte ihrer Entzifferung.

Die Geschichte der Entdeckung, auf die ich anspiele, ist vielleicht nicht schwer zu entwirren; doch ist es keineswegs leicht, jedem Betheiligten seinen Antheil am Verdienste zuzuweisen. Allerdings gab es in den Untersuchungen scharfsinniger Alterthumsforscher annähernde Schritte, bevor die Ankündigung eines vollständigen Systems hieroglyphischer Literatur über Europa aufleuchtete. Es ist mehr als wahrscheinlich, daß Champollion nicht so leicht zum Ziele gelangt wäre, hätten nicht Andere schon vor ihm den Weg gebahnt; aber der Schritt, den er auf einmal von der Bahn bloßer Conjecturen und vereinzelter Anwendungen, die Andere vor ihm verfolgt hatten, zu einem allgemeinen Systeme that, das sogleich auf jeden Fall anwendbar war, und noch mehr die allgemeine Theilnahme, welche seine Werke diesem Studium gewannen, und es so aus der Hand weniger tiefsinniger Gelehrten in die allgemeine Tagesliteratur übertrugen, sind Gründe, welche er wohl geltend machen dürfte, um als Entdecker oder Wiederhersteller hieroglyphischen Wissens zu gelten.

Im letzten Jahrhunderte hatte Warburton und nach ihm Zoëga gemuthmaßt, daß die Hieroglyphen in Wirklichkeit Buchstaben darstellten; aber keiner konnte darauf Anspruch machen, diese Meinung durch eine einzige wirkliche Beobachtung bewahrheitet zu haben. Es war ja sogar nicht einmal genau bekannt, welches die Sprache des alten Aegyptens war. Jablonsky hatte es äußerst wahrscheinlich gemacht, daß sie dieselbe, wie die koptische oder die neuere Kirchensprache desselben Landes sei; denn er hatte aus dieser die ägyptischen Namen und Wörter, welche in dem alten Testamente vorkommen, befriedigend erklärt.[1]) Doch wenn in Betreff dieses Gegenstandes noch einiger Zweifel waltete, so wurde er vollends entfernt durch den gelehrten Quatremère in seinem interessanten Werke über Sprache und Literatur Aegyptens,[2]) worin die Identität und genaue Verwandtschaft der alten und neuen Sprache weitläufig nachgewiesen wurde. Ein großes Hinderniß zur Entzifferung alter ägyptischer Inschriften war somit beseitigt, wenn man annahm, daß sie aus alphabetischen Schriftzeichen zusammengesetzt seien. Die Gerechtigkeit fordert auch, zu bemerken, daß Champollion schon vor der Entdeckung, welche den Ruhm in Schatten setzte, den ihm sonst schon seine früheren Forschungen erworben hätten, einer der Ersten und Eifrigsten war, durch die koptische Literatur Aufschlüsse über die Geographie und Geschichte des alten Aegyptens zu sammeln.[3])

Wenn die Sprache, in welcher Inschriften geschrieben sind, bekannt ist oder mit Wahrscheinlichkeit vermuthet werden kann, so gibt es gewisse Regeln, wodurch sie auf verständliche Schriftzeichen zurückgebracht werden können. Die große Schwierigkeit ist aber, zu wissen, wo man beginnen soll; denn der erste Schritt kann nur eine Conjectur sein. So war es auch mit den pfeil= oder nagel= oder keilköpfigen Inschriften von

---

[1]) „Opuscula quibus lingua et antiquitas Aegyptiorum, difficilia LL. SS. loca illustrantur." Lugd. Bat. 1804.

[2]) „Recherches sur la Langue et la Litterature de l'Egypte." Par. 1808.

[3]) „L'Egypte sous les Pharaons." Par. 1814.

Persepolis, welche die gelehrte Welt in Verlegenheit gesetzt hatten, seit sie zuerst durch Niebuhr bekannt gemacht wurden, bis sie fast zugleich von Saint-Martin in Paris und Grotefend in Hannover entziffert wurden. Das von Ersterem befolgte Verfahren ist außerordentlich einfach und einleuchtend. Die Sprache mußte seiner Vermuthung nach die persische sein, und der alte Dialect ist in dem neuern und in dem Zend hinlänglich bekannt, um ihm irgend einen Hebel zum Beginne seines Werkes darzubieten. Er wählte eine Inschrift, die nach Form und Stellung offenbar eine historische war; und in der Voraussetzung, daß in einer solchen, wenn sie zu Ehren eines persischen Monarchen gemacht sei, der Titel „König der Könige" sich finden müsse, richtete er seine Aufmerksamkeit auf zwei Wörter oder Gruppen von Buchstaben, die beisammen standen und sich genau glichen, nur daß die Endung des einen hinreichend verschieden war, um zu der Vermuthung zu berechtigen, es sei die Mehrzahl des andern. Nachdem er durch dieses Mittel auf die Bedeutung der Buchstaben, welche diese zwei Worte ausmachten, gekommen war, wendete er sie auf einen Eigennamen an, welcher ihnen nahezu glich, und so war er im Besitze des Namens Xerxes, welcher in der That mit dem alten persischen Königstitel eine Aehnlichkeit des Lautes hat.[1]) Das Fundament war so gelegt: und durch die Anwendung der allmählig entdeckten Buchstaben auf andere Wörter, worin sie in Verbindung mit andern unbekannten vorkommen, erschlossen sich diese ihrerseits wieder seiner Forschung und setzten ihn in den Besitz seines Alphabets.

Gerade so wurde bei der Untersuchung und Entzifferung von Hieroglyphen verfahren. Wie ich bereits andeutete, war das Schwierigste der Anfang; aber zum Glücke gab eine plausible Muthmaßung, die sich wie im andern Falle als gegründet erwies, dem ganzen Entdeckungssysteme eine feste

---

[1]) „Journal Asiatique." 1833. Tom. II. p. 75. 79.

Grundlage. Es kann Ihrer Beobachtung nicht entgangen sein, daß auf allen ägyptischen Denkmälern gewisse Gruppen von Hieroglyphen in einen länglichen Rahmen oder ein Parallelogramm mit abgerundeten Ecken eingeschlossen sind. Längst schon hatte man mit großer Wahrscheinlichkeit vermuthet, daß diese so ausgezeichneten Hieroglyphen eigene Namen ausdrücken, und nichts fehlte, das Werk mit ihnen zu beginnen; denn eigene Namen konnten in keiner Sprache je durch Sinnbilder gut ausgedrückt werden, sondern mußten irgendwie durch phonetische oder lautbare Zeichen zusammengesetzt werden. Das ist selbst im Chinesischen der Fall; obwohl nämlich diese Sprache ideographisch ist und ohne Buchstaben Gegenstände und Vorstellungen bezeichnet, muß sie doch ein abweichendes System annehmen bei Wörtern, die weder das Eine noch das Andere darstellen, sondern eine künstliche Verbindung von Lauten, welche eine Person oder einen Ort benennen. War es also einmal möglich, einen einzigen in solchen Vierecken enthaltenen Namen zu erkennen, so mußte die Zerlegung desselben in seine Grundbestandtheile oder Buchstaben den Kern eines Alphabetes geben, der dann leicht erweitert werden konnte.

Diese Folgerungen sind insgesammt höchst einfach, und obwohl ich Ihnen in der Darstellung derselben mehr einen Rückblick auf Thatsachen und ihre Folgen gebe, als ein zum Voraus genau und systematisch entworfenes Schlußverfahren, so können sie doch dazu dienen, Ihnen zu zeigen, in was für gemessenen und behutsamen Schritten die ganze Untersuchung vor sich gegangen ist. Das war freilich nicht das Werk Eines Mannes oder Eines Landes, und weit entfernt, daß gelehrte Männer auf den beiden Seiten des Kanals Streit und Eifersucht über scheinbare Zueignung der gegenseitigen wissenschaftlichen Entdeckungen fühlen sollten, sollte man sich, wie ich glaube, vielmehr Glück wünschen, wenn man wahrnimmt, wie zwei Völker, nachdem sie tapfer um die altergraue Beute Aegyptens gekämpft haben, sich bewegen ließen, friedlich und einträchtig sich um sie her niederzulassen, um sie zu erläutern; und wenn das verstümmelte Bruchstück des Rosetta-Steines für uns eine kriegerische Trophäe war, so war es für unsere Nachbarn ein Denkmal eines noch glorreichern Sieges über die dunkelsten Geheimnisse einer verhüllten Kunst.

§. 18.
Der Rosetta-Stein.

Dieser berühmte Stein, gegenwärtig ein unregelmäßiger, auf einer Seite glatter Basaltblock, kann als Grundstein dieses wichtigen Studiums angesehen werden, indem alle Entdeckungen darin ihren Ursprung und ihre Bedeutung den ersten Erkenntniß-Elementen verdanken, die derselbe darbot. Diese beinahe formlose Masse, die noch vor wenigen Jahren in die Plunderkammer des Museums wäre geworfen worden, ist jetzt eines der werthvollsten Monumente unserer Nationalsammlung und wurde ursprünglich durch die französische Expedition entdeckt, als man den Grund zu einer Verschanzung in der Gegend von Rosetta grub. Es enthält drei Inschriften, eine griechische, eine andere in Hieroglyphen und eine dritte in einem Mittelalphabet, welches in der griechischen Aufschrift enchorisch (einheimisch) genannt wird.[1] Dieß setzte es außer Zweifel, daß jede Inschrift ungefähr denselben Sinn enthalte, und daß wahrscheinlich jede eine Uebersetzung der andern sei. Hier fand sich also einige Hoffnung einer Entdeckung des Unbekannten, da dieses wie in einer Gleichung mit dem Bekannten verbunden war. Die

---

[1] Die Sitte, in einem Lande, welches von Fremden besucht wurde, Inschriften in mehreren Sprachen abzufassen, beleuchtet und erklärt die Gründe, warum Pilatus eine Inschrift in drei Sprachen auf das Kreuz des Heilandes setzen ließ.

griechische Inschrift enthält eigene Namen, demnach auch die andern zwei; anfangs jedoch wurde der hieroglyphischen Inschrift, wahrscheinlich weil man die Arbeit für hoffnungslos hielt, von den Gelehrten kaum einige Aufmerksamkeit geschenkt, indem sie sich lieber dem Studium der enchorischen oder, wie sie jetzt genannt wird, demotischen Inschrift widmeten. Ich sollte vielleicht bemerken, daß die so geheißene Sprache der einheimische Dialect von Aegypten, das Koptische war, und daß das darin angewendete Alphabet ein linearisches ist, das sich jedoch ohne Zweifel in mehreren Stufen aus dem hieroglyphischen gebildet hatte.[1]

§. 19.

Erste Erforschung der demotischen Charaktere auf dem Rosetta-Steine durch Silvestre de Sacy, Akerblad und Young.

Der hochberühmte Silvestre de Sacy war der Erste, der in diesem Gebiete eine erhebliche Entdeckung machte. Er bemerkte, daß die Buchstaben oder Bilder, welche in der demotischen Schriftart gebraucht wurden, um die Eigennamen auszudrücken, so zusammengeordnet seien, daß sie das Aussehen von Buchstaben haben; und indem er verschiedene Wörter, worin dieselben Laute wiederkehrten, verglich, fand er sie durch die nämliche Figur dargestellt; und so zog er aus

---

[1] (Mehrere Versuche zur Erklärung dieser Inschrift wurden gemacht; so ein nicht sehr gelungener von Brugsch: „Inscriptio Rosettana hieroglyphica" etc. Berolini 1851. und ebenso: „Die Inschrift von Rosetta nach ihrem ägyptisch-demotischen Texte sprachlich und sachlich erklärt" ꝛc. Berl. 1850. Die beßte Lösung ist ohne Zweifel die neueste von Uhlemann: „Inscriptionis Rosettanae decretum sacerdotale accuratissime recognovit, latine vertit, explicavit, cum versione graeca aliisque ejus temporis monumentis hieroglyphicis contulit atque composuit, glossario instruxit M. A. Uhlemann." Lipsiae. 1853. — A. d. Ueb.)

ihnen die Elemente eines demotischen Alphabets, das noch ferner durch Akerblad zu Rom und Dr. Young in England aufgehellt und erweitert wurde. Alle diese Untersuchungen und theilweisen Entdeckungen waren 1814 schon vorhanden und beschließen keineswegs die Geschichte der demotischen Literatur Aegyptens. Dr. Young, der unstreitig der Vater dieses Zweiges ägyptischer Studien genannt zu werden verdient, führte sie beinahe bis zur vollkommenen Bildung des Current=Alphabetes fort und wurde bei seinen Untersuchungen einigemal durch ein höchst außerordentliches Zusammentreffen von Umständen unterstützt.

So zum Beispiel übergab ihm Champollion zu Paris im Jahre 1822 eine Abschrift eines von Casati nach Europa gebrachten demotischen Manuscriptes, weil es große Aehnlichkeit mit der Einleitung des Rosetta=Steines zu haben schien. Champollion hatte bereits die Namen der unterzeichneten Zeugen entziffert; denn es schien eine Vertragsurkunde zu sein. Nun traf es sich, daß, als Dr. Young nach England zurückgekommen war, ihm von Herrn Grey eine griechische Papyrusrolle zu seiner Verfügung gestellt wurde, die er zu Thebä zugleich mit andern in ägyptischen Schriftzügen gekauft hatte. Noch denselben Tag machte er sich daran, diesen Schatz zu erforschen, und er konnte, um des Gelehrten eigenen Ausdruck zu gebrauchen, kaum glauben, daß er wach und bei nüchternem Sinne sei, als er entdeckte, daß es nichts Geringeres war, als eine Uebersetzung eben jenes Manuscriptes, das er sich in Paris verschafft hatte; es trug auch den Titel einer „Copie von einer ägyptischen Schrift." „Ich konnte daher nicht umhin," sagt er, „anzunehmen, daß ein ganz außerordentlicher Zufall in meinen Besitz eine Urkunde gebracht habe, von der es vor Allem nicht sehr wahrscheinlich war, daß sie auch nur existire, noch weniger, daß sie durch einen Zeitraum von nahe zweitausend Jahren für meine Belehrung unversehrt erhalten wurde; aber daß gerade diese außerordentliche Uebersetzung sicher nach Europa, nach England und zu uns gebracht wurde, in dem nämlichen Augenblicke, wo ihr Besitz mir am meisten wünschenswerth war, als Erläuterung einer Urschrift, welche ich damals studierte ohne irgend eine andere gegründete Hoffnung, daß ich völlig zu ihrem Verständnisse befähigt wäre, — dieses Zusammentreffen würde man zu andern Zeiten als einen offenen Beweis angesehen haben, daß ich ein ägyptischer Zauberer sei."[1]

§. 20.
Erforschung der hieroglyphischen Charaktere durch Young, Champollion und Bankes.

Doch ich habe, weiter als nöthig war, die Geschichte dieses untergeordneten Zweiges ägyptischer Entdeckungen verfolgt, weil er wegen des Einflusses auf die Entzifferung hieroglyphischer Inschriften von Interesse ist. Auch hier that Dr. Young entschieden den ersten Schritt, so unvollkommen man ihn auch nennen mag. Er muthmaßte, daß die Rahmen, welche in der Inschrift von Rosetta vorkommen, den Namen Ptolemäus einschließen, und daß ein anderer, welcher eine Gruppe einfaßt, mit einem Zeichen, das er mit Recht als Ausdruck des weiblichen Geschlechtes betrachtete, den der Berenice enthalte. Diese Muthmaßung war richtig; doch man muß gestehen, daß der Grund, auf den hin er sie aufstellte, kaum eine Vorstufe zu den Entdeckungen Champollions ge-

---

[1] „An account of some recent discoveries in hieroglyphical literature." Lond. 1823. p. 58. Ein Schriftsteller über diesen Gegenstand steigert das im Text erwähnte seltsame Zusammentreffen noch mehr, indem er versichert, beide Urkunden seien Copien einer zweisprachigen Inschrift in Drovetti's Sammlung gewesen, welche zu copiren dem Dr. Young mit einer in Italien sehr ungewöhnlichen Unfreundlichkeit nicht gestattet worden sei. Siehe des Marquis Spineto „Lectures on the elements of hieroglyphics." Lond. 1829. p. 68. Doch von diesem noch ungewöhnlicheren Zusammentreffen gibt Dr. Young keine Andeutung.

nannt werden kann. Denn, wie er bemerkt, betrachtete Dr. Young jede Hieroglyphe als syllabisch und meinte, sie stelle einen Consonanten mit seinem Vocale dar, ein System, das beim ersten Versuche, es zu bewähren, in sich zusammengestürzt wäre. Denn er las die zwei Namen Ptolemeas und Bireniken, und nicht, wie es nachher richtig befunden wurde, Ptolmes und Brneks.[1]) Dr. Young scheint daher wenig mehr als den Ruhm ansprechen zu können, daß er zuerst praktisch die Entdeckung eines hieroglyphischen Alphabetes versuchte; ein Versuch, der vielleicht Champollion zu seinen glücklicheren Leistungen anspornte.

Wenn das Verdienst schon des ersten Schrittes auf diese Art streitig war, so ist der zweite nicht weniger Gegenstand wetteifernder Ansprüche geworden. Dieser wurde auf folgende Art gemacht: Auf der Insel Philä, welche weit oben im Nil gelegen ist, wurde ein Obelisk gefunden und von da nach England gebracht; auf dem zwei miteinander verbundene Kartuschen oder Rahmen mit Hieroglyphen waren. Eine davon stellte unverändert die bereits an dem Rosetta-Steine mit dem Namen Ptolemäus erklärte Gruppe dar. Die andere enthielt sichtlich einen zum Theil aus denselben Buchstaben zusammengesetzten Namen, welchem das Zeichen des weiblichen Geschlechtes folgte. Dieser Obelisk ruhte ursprünglich auf einem Sokel mit einer griechischen Inschrift, welche eine Bitte der Isispriester an Ptolemäus und Cleopatra enthielt und von einem beiden zu errichtenden Monumente sprach.[2]) Es war nun folglich aller Grund da, zu

---

[1]) „Précis du Système hiéroglyphique des anciens Egyptiens." Par. 1824. p. 31.

[2]) Diese Inschrift wurde von Letronne in einer gelehrten Abhandlung über sie beleuchtet. "Eclaircissements sur une inscription Grecque" etc. Par. 1822. Die Inschrift wurde von dem fleißigen und genauen Cailliaud abgeschrieben.

vermuthen, daß der Obelisk diese zwei Namen miteinander trage, und die Beobachtung bestätigte, daß die drei, beiden gemeinschaftlichen Buchstaben P, T und L im weiblichen Namen durch dieselben Zeichen ausgedrückt waren, die in dem des Königs für sie vorkamen. So konnte es keinen vernünftigen Zweifel in Betreff dieses zweiten Namens mehr geben, welcher die gelehrten Forscher in Besitz der andern Buchstaben setzte, aus denen er zusammengesetzt ist. All dieses sprach Champollion als sein ausschließliches Eigenthum an.[1] Bankes dagegen behauptet, er habe schon vorher den Namen Cleopatra entziffert, und sucht zu zeigen, daß Champollion von dieser Entdeckung Kenntniß erlangt haben müsse. Denn er sagt, es habe sich ihm die Beobachtung aufgedrängt, daß wenn zwei Figuren an einem Tempel zusammen vorkommen, sie sich durchaus so wiederholen. Nun ist über dem Säulengange von Klein-Diospolis eine griechische Inschrift auf Cleopatra und Ptolemäus, das einzige Beispiel weiblichen Vorgangs: und wirklich ist sie im ganzen Tempel hindurch immer vor das Bild des Königs gesetzt. Ueber letzterem ist dieselbe hieroglyphische Gruppe, die Dr. Young seinem Namen von dem Rosetta-Steine her angewiesen hat, und daher vermuthete Bankes mit großer Wahrscheinlichkeit, die Schrift über dem andern enthalte den Namen der Königin Cleopatra. Er überzeugte sich sodann, daß sowohl an dem Obelisk als auch an dem Tempel zu Philä, welche den griechischen Inschriften nach den nämlichen beiden Herrschern gewidmet waren, ähnliche hieroglyphische Gruppen sich fanden. Dieß führte ihn zu dem sichern Schlusse, daß, wie die eine Ptolemäus bezeichnete, so die andere den Namen seiner Gemahlin enthalten müsse. Da diese Umstände von ihm gerade auf demjenigen Kupferstiche seines Obelisken, den er dem Institute einreichte, mit Bleistift bemerkt waren, da sie allein Champollions

---

[1] „Lettre à M. Dacier." Par. 1822. p. 6.

Muthmaßungen einen Fingerzeig gegeben haben konnten, und da er sich gerade auf dieses Blatt beruft: so schließen Bankes und seine Freunde, daß dieser wichtige Schritt in der Hieroglyphenerforschung diesem zugeschrieben werden sollte.[1]

Als diese ersten und mühsameren Schritte einmal gethan waren, war das Werk verhältnißmäßig leicht, und Champollion, der zuerst geglaubt hatte, daß dieses System nur zum Lesen von hieroglyphisch ausgedrückten lateinischen und griechischen Namen passe, fand bald, daß auch die älteren Namen durch diesen Schlüssel sich erschloßen, und daß die aufeinanderfolgenden Dynastieen der Pharaonen und persischen Monarchen, die in Aegypten geherrscht hatten, auch ihre Namen sammt ihren Titeln und Thaten in derselben Schrift aufgezeichnet hatten.[2] Erst als seine Untersuchungen bis zu diesem Punkte gelangt waren, konnte man sagen, daß sie einen reellen Werth für die Geschichte haben und zur Entwirrung der verwickelten Schwierigkeiten der frühesten Annalen Aegyptens beitragen. Doch bevor ich die Geschichte ihrer Ergebnisse zu verfolgen beginne, muß ich inne halten, um das System zu erklären, welches sie zur Geltung brachten.

Es gibt bei den alten Schriftstellern viele zerstreute Stellen, welche die hieroglyphischen Schriften der Aegypter betreffen; aber nur eine von ihnen schien in Behandlung des Gegenstandes mehr in's Einzelne einzugehen. Sie lag aufbewahrt in jener umfassenden Vorrathskammer philosophischen Wissens, den „Stromata" des Clemens von Alexandrien, jedoch so eingehüllt in undurchdringliche Schwierigkeiten, daß man eher sagen kann, sie sei durch diese neuen Entdeckungen erklärt worden, als sie habe den Weg zu ihnen gebahnt. Sie hat indeß ihnen sehr wichtige Dienste geleistet, indem sie

---

[1] Salt, „Essay on Dr. Youngs and M. Champollions phonetic system of Hieroglyphics." Lond. 1825. p. 7. Note.
[2] „Précis du Système" etc. p. 2.

das bestätigte, was als die wesentliche Grundlage ihrer Ergebnisse angesehen werden muß, die Behauptung, daß alphabetische Buchstaben bei den Aegyptern gebraucht worden seien. Als nach Champollion's Entdeckung diese Stelle geprüft wurde, fand man, daß sie diesen Punkt, der den älteren Forschern nicht in den Sinn gekommen war, feststelle und noch zudem die bunte Mischung von alphabetischer und symbolischer Schrift, wie sie in Aegypten gebraucht wurde, in einer Weise erkläre, die mit dem, was die Monumente darbieten, vollkommen übereinstimmt. Das Ergebniß dieser Stelle, wie sie von Letronne übersetzt und commentirt wurde, ist, daß die Aegypter drei verschiedene Schriftarten gebrauchten: die epistolographische oder Currentschrift, die hieratische oder die bei den Priestern üblichen Schriftzüge, und die hieroglyphische oder monumentale Schriftart. Von den zwei ersteren haben wir hinreichende Beispiele, indem die erstere die demotische oder enchorische Schrift ist, von der ich bereits gesprochen habe; die zweite eine Gattung verkürzter hieroglyphischer Schriftzeichen, in welchen ein roher Umriß die Figuren darstellt, und welche auf Handschriften in Begleitung der Mumien getroffen werden. Die dritte, welche die wichtigste ist, ist nach Clemens zuerst aus alphabetischen Worten und dann aus bildlichen Darstellungen zusammengesetzt, welche wieder dreifältig sind, indem sie entweder Gegenstände darstellen, oder bildliche Vorstellungen, die von jenen entnommen sind, — wie wenn der Muth durch einen Löwen dargestellt wird, — oder endlich rein räthselhafte und willkührliche Zeichen.[1]) Nun hat die

---

[1]) „Précis." p. 330. Siehe auch die Stelle in des Marquis von Fortia d'Urban Abhandlung: „Sur les trois sistèmes (sic) d'écriture des Egiptiens (sic)." Par. 1833. p. 10. Die Stelle des Clemens kömmt vor in „Stromata." Lib. V. §. 9. p. 245. Ed. Potter. (Eine eigene Abhandlung über diese Stelle schrieb Ed. Dulaurier, „Examen d'un passage des Stromates de St. Clemens d'Alexandrie relatif aux écritures Egyptiennes." Par. 1833. — A. d. Ueb.)

Beobachtung all diese Einzelheiten völlig bestätigt; denn eben an dem Steine von Rosetta wurde bemerkt, daß wenn ein Gegenstand im Griechischen erwähnt war, die Hieroglyphen ein Bild von ihm darstellten, wie eine Statue, einen Tempel oder einen Mann. In andern Fällen sind die Gegenstände durch Sinnbilder dargestellt, die als völlig willkührlich betrachtet werden müssen, wie Osiris durch einen Thron und ein Auge, und ein Sohn durch einen der Gans sehr ähnlichen Vogel. — Ich brauche nicht mehr zu sagen, als daß neue Entdeckungen stufenweise das ägyptische Alphabet erweitert und vielleicht fast vollendet haben, so daß wir im Besitze eines Schlüssels sind, um alle Eigennamen und auch, obwohl nicht mit gleicher Gewißheit, andere hieroglyphische Texte zu lesen. Auf Eigennamen ist die Anwendung so einfach, daß Sie selbst vollkommen im Stande sind, die Haltbarkeit des Systemes zu prüfen. Denn Sie brauchen nur mit Champollion's Alphabet auf's Capitol oder in den Vatican zu gehen, um Ihre Kunst an den eigenen Namen auf einer der ägyptischen Inschriften zu versuchen.[1]

---

[1] (So sehr das Alphabet Champollion's sich für die Eigennamen bestätigt hat, so hat sich doch sein System zur Erklärung anderer Texte nicht als hinreichend erwiesen, und zwar darum, weil er alle Hieroglyphen, die nicht als einfache Buchstaben, nämlich als die Anfangsbuchstaben der Wörter, deren Bild sie darstellen, zu erklären sind, sogleich in symbolischer Bedeutung nimmt. Dagegen hat vorzüglich Seyffarth und sein Schüler Uhlemann geltend gemacht, daß jede Hieroglyphe die Consonanten ausdrückt, welche der Name derselben enthält, und daher syllabisch zu erklären ist; so heißt z. B. der bekannte Skarabäus im Koptischen tar und er ist daher das Zeichen für das Universum, das to oder ter genannt ist: die Gans (opt) ist das Zeichen für Sohn, kopt. ephte. Auch die Schüler Champollion's, wie Lepsius und Brugsch, fangen mehr und mehr an, sich diesem Princip zu nähern, das besonders in Uhlemann's Erklärung der Rosette-Inschrift sich als fruchtbar bewährt hat. — A. d. Ueb.)

§. 21.
Gegner der neuen Entdeckung.

Das Schicksal dieser glänzenden Entdeckung war dasselbe, dem wir die Geologie und andere Wissenschaften verfallen sahen. Kaum war sie Europa angekündigt, als furchtsame Gemüther in Angst geriethen und sie verwarfen, als ziele sie dahin, die Menschen zu gefährlichen Nachforschungen zu verleiten. Man fürchtete, wie es scheint, die so an's Licht gezogene Geschichte der ägyptischen Urzeit möchte, wie im vorigen Jahrhunderte die der Chaldäer und Assyrer, zur Bekämpfung der mosaischen Nachrichten angewendet werden. Rosellini, welcher die neue Entdeckung zuerst in Italien bekannt machte, wie er auch das Mittel war, sie zu ihrer Vollendung zu bringen, bemerkte mit Recht, daß solch ein Geschrei gegen jede wichtige Entdeckung erhoben worden sei. Die, welche es erheben, fügt er bei, lassen der Wahrheit wenig Gerechtigkeit widerfahren, da sie ihrethalben so furchtsam sind. „Diese Wahrheit ist auf ewigen Grund gegründet; weder kann sie der Neid der Menschen zu nichte machen, noch Alter sie verunstalten. Und wenn Männer, ausgezeichnet durch Frömmigkeit und Wissenschaft, das neue System anerkennen, was hat die Offenbarung davon zu fürchten?"[1] In der That sprach der heilige Vater, der damals auf dem Stuhle Petri saß, gegen Champollion sein Zutrauen aus, daß seine Entdeckung der Religion wichtige Dienste leisten würde.[2] Trotz dieser hohen Gutheißung hat die Anfeindung seither fortgedauert, und zwar, mit Bedauern sage ich's, mit einem Grade von Persönlichkeit und bitterer Gehässigkeit, die kaum eines geraden,

---

[1] In seinem italienischen Auszuge von „Champollion's Briefen an den Herzog von Blacas."

[2] „Bulletin Universel." Par. 1825. 7e sect. Tom. IV. p. 6.

mit wissenschaftlichen Bestrebungen beschäftigten Geistes würdig zu sein scheint.[1]

Vielleicht der beßtgeleitete Angriff auf das System, — weil er ohne die Gesinnungen, welche ich eben tadelte, nur von dem Wunsche beseelt ist, etwas Besseres an seinen Platz zu setzen, — ist der neulich von Abbé Graf de Robiano gemachte, welcher mit großem Scharfsinne die schwachen Seiten des hieroglyphischen Systems darlegt, besonders in der demotischen Schriftart. Er unternimmt eine unermüdliche und erfolgreiche Zergliederung des demotischen Textes auf dem Rosetta-Steine durch Vergleichung mit dem Griechischen, und schließt mit großem Anschein der Berechtigung, erstens, daß die eine nicht eine wörtliche oder sehr genaue Uebersetzung der andern sei, und zweitens, daß noch nichts geschehen und auch wohl nichts zu erwarten sei, um die Identität der so entdeckten ägyptischen Ausdrücke mit entsprechenden koptischen Wörtern zu erweisen.[2] Der Abbé selbst ist der Meinung, daß die ägyptische Sprache semitischen Ursprunges sei, und auf diese Hypothese hin versucht er es, eine oder zwei Inschriften durch die hebräische Sprache zu erklären. Dieser Versuch, obgleich scharfsinnig und gelehrt, scheint mir nicht ebenso erfolgreich. Indessen halte ich es nicht für nöthig, diesem gelehrten Priester in seiner Beweisführung zu folgen, weil es mir nicht vorkommt,

---

[1] Ich will nicht der verschiedenen Versuche von Riccardi erwähnen; aber der gelehrte Professor Lanci war besonders eifrig in seinem Widerstande. „Svanirà," schreibt er, „il timore che il nuovo geroglifico sistema possa mai adombrare in alcuna parte quella storia, che sola merita la universale venerazione." „Illustrazione di un Kilanoglifo" in seinen „Osservazioni sul basso rilievo Fenico-Egizio." Roma 1825. p. 47. — Siehe Champollion's Antwort in den „Memorie Romane di Antichità." 1825. Append. p. 10.

[2] „Etudes sur l'Ecriture, les Hiéroglyphes et la Langue de l'Egypte." Paris 1834. 4to; mit einem Atlas von Kupfertafeln p. 16—24 etc.

als ob irgend eine seiner vorgebrachten Ansichten überhaupt den einzigen für unsere gegenwärtigen Untersuchungen wichtigen Punkt des Systems angreift, nämlich dessen Fähigkeit, eigene Namen zu entziffern.

§. 22.
Anwendung der Entdeckung auf die ägyptischen Königsreihen.

Eine der ersten Anwendungen, die Champollion von seiner Entdeckung machte, war ein Versuch, die Reihenfolge der ägyptischen Könige wieder herzustellen. Die Tafel von Abydos[1] hatte ihm eine Reihe von Eigennamen gegeben, und die Erforschung der Monumente bot ihm die Namen der Könige, welche selbe trugen. Diese entsprachen ganz genau der achtzehnten Dynastie, welche in den Königsverzeichnissen enthalten ist, die Eusebius, Syncellus und Africanus aus dem ägyptischen Priester Manetho citiren; und indem er die beiden Urkunden miteinander combinirte, suchte er die alte Geschichte von Aegypten zu erforschen. Da das Museum von Turin ihn mit dem größern Theile seiner Denkmäler unterstützt hatte, veröffentlichte er seine Ergebnisse in Briefen über diese herrliche Sammlung, die er an seinen großen Mäcenas, den Herzog von Blacas, richtete.[2] Sein Verwandter,

---

[1] „Précis du système." p. 241.

[2] „Lettres à M. le Duc de Blacas, relatives au Musée Royal Egyptien de Turin, Première Lettre." Paris 1824. 2de. 1826. (Seitdem sind viele Versuche gemacht worden, die ägyptische Chronologie aus den Monumenten herzustellen, so namentlich von Seyffarth, Lepsius, Bunsen, Böckh. Allein die Forschungen all dieser Gelehrten gehen in ihren Ergebnissen noch so sehr auseinander, daß einem Widerspruche, in den sich ihre Ergebnisse mit den Angaben der heiligen Schrift setzen möchten, jedenfalls nur geringe Bedeutung beizulegen wäre. Zwei der bedeutendsten Aegyptologen der Gegenwart, Brugsch (i. s. „Geographie des alten Aegypten." Leipz. 1858. II. S. 41.) und de Rougé gestehen dieses

Champollion-Figeac, im Voraus durch sein gelehrtes Werk über die Lagiden bekannt, fügte als Anhang zu jedem dieser Briefe eine chronologische Untersuchung bei, die zum Ziele hatte, die Abweichungen der bei den alten Schriftstellern gegebenen Auszüge aus Manetho miteinander auszugleichen.

Natürlich mußte man erwarten, daß eine Vergleichung zwischen der so hergestellten Chronologie und der der Bibel bald angestellt würde; und in diesem Falle ward die Arbeit von den Freunden, nicht wie bisher von den Feinden der Offenbarung unternommen. Der bösartige Geist, welcher zu Ende des vorigen Jahrhunderts so oft geistreiche und gelehrte Männer getrieben hatte, die ganze Kraft ihres Genies und manche Jahre tiefer Forschung auf den Umsturz der heiligen Geschichte zu verwenden, war vorübergegangen oder hatte wenigstens die Angriffsweise geändert.

§. 23.
Anwendung der so gefundenen Chronologie auf die Beleuchtung der heiligen Schrift.

Der Erste, der auf diesem Felde auftrat, war Coquerel, protestantischer Geistlicher zu Amsterdam, der in einer Flugschrift von wenigen Seiten im Jahre 1825 die beiden Zeitrechnungen verglich und die Vortheile zeigte, welche eine von der andern ziehe.¹) Ich glaube, mir schmeicheln zu dürfen, der Zweite auf dem Felde gewesen zu sein. In der Aus-

---

offen zu, indem sie bekennen, daß „über die wichtigsten Punkte der Chronologie die abweichendsten Ansichten der größten Autoritäten vorliegen," und daß noch kein chronologischer Kanon zum Aufbau der ägyptischen Geschichte erwiesen sei. — A. d. Ueb.)

¹) „Lettre à M. Charles Coquerel sur le Système Hiéroglyphique de M. Champollion considéré dans ses rapports avec l'écriture sainte." Par A. L. Coquerel. Amsterd. 1825.

arbeitung seiner ägyptischen Chronologie fand es Champollion-Figeac für nöthig, bei einer Gelegenheit von seinen gewöhnlichen Führern abzugehen und die Jahreszahl anzunehmen, die nur durch eine einzige Urkunde, die armenische Uebersetzung von der Chronik des Eusebius, dem Horus zugeschrieben wird. Ich war so glücklich, auf dem Rande einer vaticanischen Handschrift ein syrisches Fragment zu entdecken, welches genau mit dieser Ansicht übereinstimmte, und indem ich es veröffentlichte, nahm ich Anlaß, eine Vergleichung zwischen der biblischen und der ägyptischen Chronologie zu entwerfen.[1] Coquerel's Flugschrift war mir indeß erst einige Jahre später zu Gesicht gekommen.

Im Jahre 1829 erschien eine gelehrte und sorgfältige Untersuchung über diesen Gegenstand von Greppo, Generalvicar der Diözese von Belley, mit dem Titel: „Essai sur le Système hiéroglyphique de M. Champollion le Jeune et sur les avantages qu'il offre à la critique sacrée." Nach einer klaren und faßlichen Darlegung von Champollion's System und einigen wenigen Bemerkungen über etliche philologische Beziehungen, welche es mit der frühern Literatur der Hebräer zu haben scheint, schreitet der Verfasser zu einer genauen Zergliederung der biblischen und ägyptischen Chronologie, indem er in der letztern jeden der in der Bibel erwähnten Pharaone zu entdecken sucht.

Im selben Jahre erschien in Frankreich ein anderes Werk über den nämlichen Gegenstand, betitelt: „Des Dynasties Egyptiennes" von Bovet, gewesenem Erzbischof von Toulouse. Die Gegenüberstellung, welche er mit den zwei Chronologieen vornimmt, ist weit mehr in's Einzelne gehend, als die von Greppo: doch in einigen Punkten, wie in dem Versuche, die Hyk-scho's oder Hirtenkönige in den Juden zu finden, scheint er mir nicht so umsichtig. Er scheint viel von

---

[1] „Horae Syriacae." Romae 1828. Tom. I. Particula IV. p. 263.

der Meinung eingesogen zu haben, welche vor der Revolution durch Boulanger und Guerin de Rocher in Schwang gebracht wurde, daß ein großer Theil aller alten Geschichtsbücher nur die Geschichte des jüdischen Volkes enthalte. Alle diese Schriftsteller haben dieselbe Aufgabe übernommen, zu zeigen, welch schöne Bestätigung die heilige Geschichte und Zeitrechnung durch die neuesten Entdeckungen in hieroglyphischer und ägyptischer Wissenschaft erhalten habe.

Doch mittlerweile wurden große und wichtige Fortschritte in der Geschichte der ägyptischen Dynastieen gemacht von Männern, die in diesem Lande selbst arbeiteten. Burton und Wilkinson, von denen der letztere erst seit wenigen Monaten zurückgekehrt ist, blieben mehrere Jahre in Aegypten, wo sie seine Denkmäler copirten, drucken ließen und erläuterten. Burton's „Excerpta Hieroglyphica" wurden zu Cairo lithographirt; Wilkinson's „Materia Hieroglyphica, containing the Egyptian Pantheon and the succession of the Pharaohs" ward 1828 zu Malta herausgegeben; und wegen ihres Erscheinens an so entfernten Orten, glaube ich, sind beide Werke verhältnißmäßig wenig bekannt geworden.[1]) Burton's Buch ist für unsere Studien nur durch die Genauigkeit seiner Zeichnungen, besonders der Tafel von Abydos, werthvoll. Das von Wilkinson enthält viele für die Erläuterung der Bibel wichtige und brauchbare Entdeckungen, und ich werde mich noch mehr als einmal darauf beziehen. Jedes frühere Werk ist jedoch durch die prachtvolle und sorgfältige Arbeit verdunkelt worden, die jetzt zu Pisa unter der Leitung von Professor Rosellini unter der Presse ist. Er war der Gefährte Champollion's bei der wissenschaftlichen Expedition, welche auf gemeinschaftliche Kosten von den Regierungen Frankreichs und Toscana's abgesandt wurde. Champollion's Tod

---

[1]) (Um so bekannter wurde Wilkinson's herrliches Werk: „**Manners and customs of the ancient Egyptians.**" Lond. 1837.)

wälzte das ganze Geschäft der Herausgabe auf Rosellini, der sich seiner auf eine Art entledigte, die nichts zu wünschen übrig läßt. Die Denkmäler der Könige sind bereits veröffentlicht, und zwei Bände Text enthalten ihre Erläuterung aus geschichtlichen und andern Monumenten.[1]

§. 24.
Champollion's biblische Gesinnung.

Bevor ich Ihnen durch Beispiele den Vortheil zeige, der aus diesen neuern Studien für die heilige Zeitrechnung und die Aechtheit der heiligen Schrift geschöpft wurde, muß ich Ihnen eine höchst interessante, mit unserer Untersuchung zusammenhängende Urkunde vorlegen. Der chronologische Theil der Briefe an den Herzog von Blacas ward ganz von Champollion-Figeac ausgearbeitet, wie ich vorher bemerkte; jedoch hat der Urheber der großen Entdeckung, obwohl von anerkannter guter Gesinnung, nie etwas veröffentlicht, was dahin zielte, die Uebereinstimmung seiner Chronologie mit der der Bibel zu beweisen. Ich habe aber das Vergnügen, einen eigenhändigen Brief von ihm, der in meinem Besitze ist, Ihnen vorzulegen, worin er nicht nur mit Unwillen die Anschuldigung zurückweist, als ob seine Studien auch nur im Geringsten zur Bekämpfung der biblischen Geschichte dienen sollten, sondern auch zu zeigen sucht, wie vielmehr beide Geschichten wechselseitig Unterstützung geben und empfangen.

---

[1] „Monumenti dell' Egitto e della Nubia." P. I. et II. 1832—1839. (Dazu darf man wohl auch die Ergebnisse der preußischen Gelehrtenexpedition nach Aegypten zählen; s. Lepsius, „Denkmäler aus Aegypten und Aethiopien." Berl. 1849—1852. Abthl. I. Von großer Wichtigkeit ist das von ihm aus den Turiner-Sammlungen herausgegebene „Todtenbuch der alten Aegypter." Leipzig 1842, eine Sammlung von Hymnen. — A. d. Ueb.)

Dieses interessante Document will ich Ihnen vorlesen. Es ist datirt: Paris, 23. Mai 1807. „Ich werde in wenig Tagen die Ehre haben, Ihnen eine kleine Schrift zu schicken, welche einen kurzen Ueberblick über meine historischen und chronologischen Entdeckungen enthält. Es ist die gedrängte Zusammenstellung der sichern Daten, welche alle in Aegypten vorhandenen Denkmäler tragen, und auf welche sich von jetzt an die wahrhafte, ägyptische Chronologie gründen muß. — Die Herren de San Quintino und Lanci werden dort eine schlagende Antwort auf ihre Verläumdungen finden, weil ich darin zeige, daß kein ägyptisches Monument wirklich älter als das Jahr 2200 vor unsrer Zeitrechnung ist. Es ist dieß gewiß ein sehr hohes Alter: aber es bietet nichts dar, was mit den heiligen Ueberlieferungen im Widerspruche ist, und ich wage zu sagen, daß es selbe sogar in allen Punkten bestätigt; vielmehr stimmt gerade, wenn man die durch die ägyptischen Monumente gegebene Chronologie und Reihenfolge der Könige anuimmt, die ägyptische Geschichte mit den heiligen Büchern bewundernswerth überein. Z. B. Abraham kam nach Aegypten gegen 1900, nämlich unter den Hirtenkönigen. Könige von ägyptischer Abkunft würden keinem Fremden in ihr Land zu kommen erlaubt haben; — auf gleiche Weise ist Joseph unter einem Hirtenkönige Minister in Aegypten und weist dort seinen Brüdern Land an, — was unter einem Könige ägyptischer Abkunft nicht hätte Statt haben können. Das Haupt der Dynastie der Diospolitaner, welche die achtzehnte genannt wird, ist der rex novus, qui ignorabat Joseph, der heiligen Schrift, welcher, da er von ägyptischer Abkunft war, den Joseph, den Minister eingedrungener Könige, nicht kennen mußte; er ist es, der die Hebräer in die Sklaverei brachte. Die Gefangenschaft dauerte so lang, als die 18te Dynastie; und es war unter Ramses V., genannt Amenophis, am Anfange des fünfzehnten Jahrhunderts, als Moyses die Hebräer befreite. Dieß ereignete sich in der Jugend des Sesostris, welcher unmittelbar seinem Vater nachfolgte, und seine Eroberungen in Asien machte, während Moyses und Israel 40 Jahre hindurch in der Wüste umherirrten. Deßwegen brauchen die heiligen Bücher von diesem großen Eroberer nicht zu sprechen. Alle andern Könige Aegyptens, die in der Bibel genannt werden, finden sich auf den ägyptischen Denkmälern wieder, in der nämlichen Ordnung der Aufeinanderfolge und genau in den Zeiträumen, in welche die heiligen Bücher sie setzen. Ich will hinzufügen, daß sogar die Bibel ihre wahren Namen besser schreibt, als es die griechischen Geschichtschreiber gethan haben. Ich möchte wohl wissen, was die antworten können, welche böswillig behauptet haben, daß die ägyptischen Studien darauf abzielen, den Glauben an die historischen, in den Büchern Moyses überlieferten Urkunden zu beeinträchtigen. Die Anwendung meiner Entdeckung gewährt ihnen vielmehr eine unumstößliche Stütze. — Ich verfasse in diesem Augenblicke den erklärenden Text zu den Obelisken Roms, welche Seine Heiligkeit auf Ihre Kosten stechen zu lassen geruht hat. Es ist wirklich ein Dienst, den Sie der Wissenschaft erweist, und ich werde glücklich sein, wenn Sie zu Ihren Füßen die Huldigung meiner tiefsten Dankbarkeit legen wollten."

§. 25.
Schwierigkeiten in der Geschichte Josephs durch die ägyptische Alterthumskunde erläutert.

Doch ist es hohe Zeit, daß ich Ihnen die Ergebnisse dieser vereinigten Anstrengungen vorlege, und immer darauf bedacht, sie aus den neuesten und besten Schriftstellern zu wählen, werde ich die Beziehungen zwischen der heiligen und ägyptischen Geschichte durchgehen, wie sie in den verschiedenen Theilen von Rosellini's Werken gegeben sind, um zu zeigen, welch neues Licht und welch schlagende Bestätigung die erstere von diesen Untersuchungen erhalten hat, und wie grundlos die Besorgnisse ihrer alten Gegner waren. Vor Allem muß ich bemerken, daß Rosellini die biblische Zeitrechnung zur nothwendigen Grundlage für alle seine Berechnungen nimmt, so zwar, daß er bereit ist, jeden Theil der frühesten Geschichte Aegyptens, welcher die von der Genesis vorgeschriebenen Grenzen überschreitet, zu verwerfen.¹)

Der erste Punkt in der Bibel, auf den Rosellini's Arbeiten neues Licht werfen, ist der Ursprung und die Bedeutung des Titels Pharao; doch kann man sagen, er habe in diesem Punkte einen Wink von unsern gelehrten Landsleuten Wilkinson und Major Felix erhalten. Durch mehrere Analogieen zwischen den hebräischen und ägyptischen Buchstaben zeigt er, daß der Name einerlei sei mit dem von Phra oder Phre, die Sonne, welcher den Namen der Könige auf ihren Monumenten vorgesetzt ist.²) Steigen wir zu einem spätern Zeitraume herab, so haben wir eine außerordentliche Uebereinstimmung zwischen den in der Geschichte Josephs erzählten Ereignissen und dem Zustande Aegyptens zur Zeit, als er und seine Familie darin einzogen. Es wird uns im Buche Genesis erzählt, daß Joseph, indem er seinen Vater und seine Brüder dem Pharao vorstellte, es nicht unterließ, ihm zu sagen, sie seien Hirten; ferner ihr Geschäft sei die Viehzucht; endlich sie hätten ihre Rinder und Schaafheerden mit sich gebracht.³) Allein in seiner Belehrung an sie scheint ein auffallender Widerspruch zu liegen: — „Wenn Pharao euch rufen und sagen wird:

---

¹) „I Monumenti dell' Egitto e della Nubia." Vol. I. p. 111. (Eine sehr anziehende und belehrende Zusammenstellung aller Bestätigungen, welche der Pentateuch durch diese Forschungen erlangt hat, gibt Hengstenberg in seinem Buche: „Die Bücher Mose's und Aegypten." Berl. 1841. — A. d. Ueb.)

²) P. 117. (Nach Schwarze, „Koptische Grammatik," 1850. S. 240, ist Pharao der ägyptische Königsname pouro. — A. d. Ueb.)

³) Gen. XLVI, 33. 34. XLVII, 1.

„„Was ist eure Beschäftigung?"" so sollt ihr sagen: „„Deiner Knechte Geschäft ist Viehzucht gewesen von unserer Jugend bis jetzt noch, sowohl unseres, als auch unserer Väter;"" damit ihr im Lande Gosen wohnen möget: denn — jeder Hirt ist unter den Aegyptern ein Greuel." [1]) Warum legt er nun ein solches Gewicht darauf, dem Pharao zu sagen, daß seine Familie ganz aus Hirten bestehe, da doch alle Hirten den Aegyptern ein Greuel waren? Dieser Widerspruch ist durch den Umstand beseitigt, daß, als Joseph in Aegypten war, der größere Theil des Königreiches unter der Herrschaft der Hyksos oder Hirtenkönige war, eines fremden Stammes, wahrscheinlich scythischen Ursprungs, der die Herrschaft an sich gerissen hatte. So ist uns auf einmal erklärt, wie Fremde, gegen welche die Aegypter so mißtrauisch waren, zur Macht zugelassen wurden; wie der König sogar froh sein konnte um neue Ansiedler, welche beträchtliche Striche seines Ländergebietes in Besitz nahmen; und wie der Umstand, daß sie Hirten waren, obgleich dem unterjochten Volke verhaßt, sie dem Herrscher, dessen Familie demselben Geschäfte oblag, werth machte. Diese Hyksos sind nach Champollion's Annahme dargestellt in den Figuren, die auf den Sohlen der ägyptischen Pantoffeln gemalt sind, zum Zeichen der Verachtung. [2]) Durch diesen Zustand Aegyptens können wir auch leichter die Maaßregeln erklären, die Joseph während der Theurung befolgte, um alles Land und Volk der Aegypter in eine Lehens=Unterthänigkeit unter ihre Herrscher zu bringen. [3]) Und bevor wir diesen Zeitraum verlassen, muß ich bemerken, daß der dem Joseph gegebene Name „Erlöser der Welt" durch Rosellini aus der ägyptischen Sprache richtig erklärt worden ist.

Nach dem Tode Josephs erhob sich, wie die Schrift

---

[1]) Gen. XLVI, 34. cf. XLVII, 6. 11.
[2]) Champollion, Lettre I. p. 57. 58.
[3]) Rosellini, ib. p. 180.

uns erzählt, ein König, der den Joseph nicht kannte. Dieser starke Ausdruck kann kaum auf den Nachkommen eines Monarchen passen, der von ihm so ausgezeichnete Wohlthaten empfangen hatte. Er möchte uns eher zur Vermuthung führen, daß eine neue Dynastie, die der vorigen fremd war, den Thron in Besitz genommen habe. „Die Schrift," sagt Jacob von Edessa, „meint nicht einen einzelnen Pharao, wenn sie sagt, ein neuer König, sondern die ganze Dynastie dieses Geschlechtes." [1] — Nun ist dieß wirklich der Fall. Denn wenige Jahre nachher wurden die Hykschos oder Hirtenkönige, welche der 17ten ägyptischen Dynastie entsprechen, aus Aegypten vertrieben durch Amosis, welcher auf den ägyptischen Denkmälern Amenophtiph heißt und der Gründer der 18ten oder diospolitanischen Dynastie war. Er mußte natürlich die Anerkennung der Dienste Josephs verweigern und dessen ganze Familie nothwendig als seine Feinde betrachten; und so begreifen wir auch seine Furcht, sie möchten sich mit den Feinden Aegyptens vereinen, wenn ein Krieg mit denselben ausbrechen sollte. [2] Denn die Hykschos fuhren lange nach ihrer Vertreibung fort, die Aegypter durch Versuche zur Wiedererlangung ihrer verlornen Herrschaft zu beunruhigen. [3] Unterdrückung war natürlich das Mittel, das angewendet wurde, die hebräische Bevölkerung zuerst zu schwächen und dann zu vertilgen. Die Kinder Israels wurden zum Aufbau der Städte Aegyptens verwendet. Es ist von Champollion bemerkt worden, daß viele von der 18ten Dynastie errichtete Gebäude auf den Ruinen älterer Gebäude stehen, welche offenbar zerstört worden waren. [4] Dieser

---

[1] Cod. Vat. Syr. 104. Fol. 44.

[2] Exodus I. 10. Auch Manetho in „Joseph. cont. Appion." Lib. I.

[3] Rosell. p. 291.

[4] Champollion, 2de lett. p. 7. 10. 17. (Rosellini gibt II. 2. S. 234 Abbildung und Beschreibung eines ägyptischen Gemäldes, das

Umstand sammt der Abwesenheit älterer Monumente in den von den Hykschos besetzten Gegenden bestätigt das Zeugniß der Geschichtschreiber, daß diese Eroberer die Monumente der einheimischen Fürsten zerstörten; und so war den Wiederherstellern einer einheimischen Herrschaft Gelegenheit gegeben, die, welche sie als die Bundesgenossen ihrer Feinde betrachteten, zur Gutmachung ihrer Unbilden zu verwenden. In diesen Zeitraum gehören die herrlichen Gebäude von Karnak, Luxor und Medinet-Abu. Zudem haben wir das ausdrückliche Zeugniß des Diodorus Siculus, daß die ägyptischen Könige damit prahlten, daß kein Aegypter Hand an's Werk gelegt habe, sondern daß die Fremden dazu gezwungen worden seien.[1]

§. 26.

Schweigen der Bibel vom Zuge des Sesostris.

Unter einem Könige dieser Dynastie, nach Rosellini Ramses, geschah der Auszug der Kinder Israels aus Aegypten.[2]

Ziegelarbeiter darstellt, die er nach Physiognomie, Farbe und Bart für Juden hält, und die von zwei Aegyptern mit Stöcken beaufsichtigt und angetrieben werden. Das Bild ist von dem Grabe eines hohen königlichen Beamten aus der Zeit Thutmes IV., des fünften Königs der achtzehnten Dynastie. — A. d. Ueb.)

[1] Tom. II. p. 445. Ed. Havercamp.

[2] Lib. I. p. 66. Ed. Wesseling. Ich übergehe es, die Ansicht anzuführen, die früher von Josephus und andern (a. a. O.) aufgestellt, durch viele neue Schriftsteller, wie Marsham („Canon Aegypt." Lips. 1676. p. 90. 106.) und Rosenmüller („Scholia in Vet. Test." P. I. Vol. II. p. 8. ed. tert.) wiederholt und sogar seit der Entdeckung des hieroglyphischen Alphabets von einigen wieder aufgenommen worden ist, wie von Bovet und Wilkinson („Materia hieroglyphica." Malta 1828. part. II. p. 80): daß die Hirtenkönige niemand anders, als die Kinder Israels gewesen seien. Diese Meinung erscheint nun ganz unhaltbar, und wird schwerlich viele Vertheidiger finden. Die Hykschos sind auf den Denkmälern mit den Gesichtszügen, der Farbe und andern Unterscheidungs-

Nach der biblischen Erzählung war dieser Auszug mit dem Untergange eines Pharao verbunden, und so würde er nach der von Rosellini angenommenen chronologischen Berechnung mit dem letzten Jahre der Regierung dieses Monarchen zusammenfallen.¹) — Bei diesem Punkte stoßen wir auf eine ernstliche Schwierigkeit. Alte Geschichtschreiber sprechen von Sesostris als einem mächtigen Eroberer, welcher von Aegypten auszog und, längs der Küste Palästina's hingehend, unzählige Völker seinem Scepter unterwarf. Die Schrift spielt nicht ein einzigesmal auf diese große Invasion an, welche über das Land, das die Israeliten bewohnten, hingegangen sein mußte. Dieses Stillschweigen ist nun der heiligen Geschichte zum Vorwurfe gemacht worden, als ob es eine sehr bedenkliche Auslassung enthalte, die ihre Glaubwürdigkeit untergrabe; denn lange Zeit wurde angenommen, daß der Sethos Aegyptus des Manetho mit dem Sesostris des Herodot derselbe sei. Selbst Champollion ist aus Mangel an hinreichenden Denkmälern in einen Irrthum über diesen Punkt gefallen und hat in der Folge seine Meinung geändert. Rosellini hat sich große Mühe gegeben, zu beweisen, daß beide verschieden seien, und hat durch diese Entdeckung alle Schwierigkeit gänzlich weggeräumt. Denn er zeigt, daß der große Eroberer Ramses Sethos Aegyptus — eine ganz andere Person als der Ramses

---

merkmalen des scythischen Stammes dargestellt. (Auch Seyffarth, Uhlemann, Hengstenberg und Delitzsch halten die Hyksos für die Juden. — A. d. Ueb.)

¹) Da die Bibel mit Ausnahme einer poetischen Stelle mehr von dem Untergange der Schaar Pharaos als dem des Monarchen spricht, so behaupten einige Schriftsteller, wie Wilkinson (p. 4. Remarks, am Ende der „Materia Hieroglyphica") und Greppo, den ich jetzt nicht genau citiren kann, daß wir nicht nothwendig den Tod eines Königs mit dem Auszuge aus Aegypten zusammentreffend anzunehmen brauchen. Bei Rosellini's Verfahren ist diese Abweichung von der gewöhnlichen Erklärung nicht nothwendig.

Sesostris oder Sesoosis bei Herodot und Diodor, — jener Herrscher sei, welcher diesen mächtigen Feldzug führte und die 19te ägyptische Dynastie gründete. Da die Israeliten kurz vor dem Ende der 18ten Aegypten verlassen hatten, so folgt, daß die Thaten dieses Eroberers und sein Zug durch Palästina gerade während ihrer 40jährigen Wanderung durch die Wüste sich ereigneten und keinen Einfluß auf die Lage dieses Volkes haben konnten, folglich auch in ihrer Volks=geschichte nicht erwähnt zu werden brauchten.[1]

§. 27.

Denkmal am Lykus.

Mit dieser Anwendung hängt ein eigenthümliches und merkwürdiges Denkmal zusammen, das längere Zeit den Gegenstand der Erörterung unter den römischen Alterthums=forschern gebildet hat und eine kurze Erwähnung verdient. Herodot berichtet, daß der große Eroberer Sesostris den Weg, welchen er nahm, durch eine Reihe von Denkmälern bezeich=nete, von denen er selbst einige in Palästina sah, während andere in Jonien vorhanden seien.[2] Maundrell (1697) war der Erste, der „einige seltsame Menschengestalten, halb erhaben und in Lebensgröße in den natürlichen Felsen gehauen," an jenem Berge bemerkte, welcher die Furth über den Fluß Lykus oder den Nahr-el-Kelb, nicht weit von Beirut, über=ragt. — Champollion bezeichnet in seinem „Précis" dieses

---

[1] Rosell. p. 305. (Eine poetische Geschichte dieses Eroberers entdeckte Sallier in einem Papyrus mit hieratischer Schrift, einer Art verkürzter Hieroglyphen. Derselbe ist beschrieben von Salvolini: „Campagne de Rhamses le Grand." Par. 1835. — Die Constellation, die man auf seinem Sarkophage fand, weist nach Seyffarth auf das Jahr 1693. — A. d. Ueb.)

[2] Lib. II. c. 105.

Denkmal als ein ägyptisches und als dem Ramses oder Sesostris angehörig. Es scheint, daß er seine Kenntniß aus einer von Bankes gemachten Skizze schöpfte; aber eine frühere von Wyse hatte Sir William Gell zu derselben Entdeckung des Helden, den es darstellt, geführt. Levinge untersuchte auf Sir William's Verlangen das Denkmal und sprach aus, daß die hieroglyphische Inschrift ganz entstellt sei.¹) Lajard veröffentlichte eine weitere Beschreibung nach einer Skizze der beiden Guys; doch richtete er seine Aufmerksamkeit mehr auf die persischen Denkmäler, welche an demselben Felsen sind. Später sammelte er alle Aufschlüsse, die er von Callier erhalten konnte, welcher indessen keine Zeichnung hatte, um seine Beschreibung zu erläutern.²) Bonomi endlich erforschte diesen anziehenden Stoff ausführlich, und seine Bemerkungen mit den sie begleitenden Zeichnungen, beide durch Landseer herausgegeben, lassen wenig zu wünschen übrig.

Daraus ergibt sich, daß neben der Straße, die längs der Seite eines vom Lykus bespülten Berges hinläuft, zehn alte Denkmäler sind. Zwei von diesen sind verhältnißmäßig von geringer Wichtigkeit, da sie eine lateinische und eine arabische Inschrift über einige an der Straße gemachte Ausbesserungen enthalten. Von den andern spricht Bonomi, wie folgt: „Die ältesten von den Monumenten, welche leider auch am meisten gelitten haben, sind drei ägyptische Tafeln. Auf diesen kann man an mehr als einer Stelle den in Hieroglyphen ausgedrückten Namen Ramses des Zweiten herausbringen, dessen Regierungsperiode sie jeder Kenner ägyptischer Kunst, wenn auch das Zeugniß des Namens gemangelt hätte, wegen der schönen Verhältnisse der Tafeln und ihrer Curvetto-

---

¹) „Bulletino dell' Instituto di Corrispondenza Archeologica." Gennaro 1834. No. I. b. p. 30. No. VI. Luglio. p. 155.

²) Ibid. und „Bulletino" No. III. a, Marzo 1825. p. 23.

415

Gesimse würde zugeschrieben haben."¹) Ich will mich begnügen, zu erwähnen, daß diesem zur Seite ein persisches Relief ist, das einen König mit astronomischen Zeichen darstellt und mit einer Keilinschrift bedeckt ist. Von diesem kostbaren Denkmale ward durch Bonomi mit großer Schwierigkeit ein Gypsabguß genommen.²) Landseer vermuthet, daß es Salmanassar oder einen andern alten assyrischen Eroberer darstelle.³) Der Ritter Bunsen, ohne den Guß oder die Zeichnung gesehen zu haben, vermuthet mit großer Wahrscheinlichkeit, der Held sei Cambyses.⁴) — Doch um zu unsern Aegyptern zurückzukehren: Champollion und nach ihm Wilkinson betrachteten den Sesostris der Geschichte als Eine Person mit Ramses II., welchem Bonomi die hieroglyphische Inschrift auf dem syrischen Monumente zuschreibt;⁵) doch hat er wahrscheinlich die Zahl seinem Namen bloß in Rück-

---

¹) „Landseer's Sabean Researches continued." Lond. 1825. p. 5. Sieh auch die der Abhandlung vorgeheftete Zeichnung. (Auch Lepsius schreibt die drei ägyptischen Tafeln Ramses II. dem Sesostris der Griechen zu, schon aus dem Grunde, weil die eine dem Gotte Ra, die andere dem Ammon, die dritte dem Phtha gewidmet ist, denselben Göttern, denen dieser König drei merkwürdige Felsentempel in Nubien errichtet hat. S. Lepsius: Briefe aus Aegypten, Aethiopien u. s. w. Berlin 1852. A. d. Ueb.)

²) Der Originalguß ist gegenwärtig im Besitz meines Freundes W. Scoles, Esq.

³) Ib. p. 14.

⁴) „Bulletino" No. III. a 1835. p. 21. (Rawlinson, der bekannte Entzifferer der Keilschriften, erkennt in diesem Königsbilde den Sohn des Erbauers von Khorsabad, den assyrischen König Bel-Adonim-Scha, der auch in Kujundschik bei Mosul, und auf einer assyrischen Säule auf Cypern abgebildet ist, so daß also sein Reich sich von Assyrien bis Phönizien und Cypern ausgedehnt haben muß. — A. d. Ueb.)

⁵) „Lettres écrites d'Egypte et de Nubie en 1828 et 1829." Par. 1833. p. 362. 438. Wilkinsons „Topography of Thebes." Lond. 1835. p. 51; auch „Materia Hieroglyph."

sicht auf jene vorgefaßte Meinung beigefügt. Champollion änderte, so viel ich weiß, seine Meinung vor seinem Tode, und ihm folgte, wie wir gesehen haben, Rosellini. Doch Bunsen, der sich lang mit einem Versuche beschäftigte, die Verwicklungen der ägyptischen Chronologie zu entwirren, hat bemerkt, daß Ramses III. ohne Zweifel der Sesostris der Griechen sei, und daß eine Irrung von drei bis vier Jahrhunderten in der Jahreszahl stattfinde, welche Champollion für den Anfang seiner Regierung ansetze.[1]

Wir gehen nun in der Zeitfolge wieder etwas weiter herunter. Rosellini mit allen andern Chronologen setzt das 5te Jahr Roboams, wo Schischak das Königreich Juda überfiel und Jerusalem eroberte, auf das Jahr 971 v. Chr.[2] Nun finden wir auf ägyptischen Monumenten, daß Scheschonk seine Regierung mit der 21sten Dynastie genau zur selben Zeit begann.[3] Rosellini hat viele Denkmäler von Schischak veröffentlicht, und von diesen bietet besonders eines die stärkste Bestätigung der heiligen durch die Profan-Geschichte, die bisher noch irgendwo entdeckt worden ist. Aber für heute habe ich nur reine Chronologie abzuhandeln, und muß deßwegen dieses anziehende Denkmal für unsere nächste Zusammenkunft aufsparen, wo wir die Archäologie besprechen werden.

Der Zarach des zweiten Buches der Chronik (XIV, 9—15) ward von Greppo und Andern für den Osorchon der Monumente gehalten. Rosellini verwirft indessen diese Meinung, obgleich, wie ich gestehen muß, nach meiner Ansicht nicht mit völlig hinreichenden Gründen: sie bestehen in der

---

[1] „Bulletino," ib. p. 23.
[2] III (I) Reg. XIV, 25.
[3] Rosell. p. 83. Sieh auch Champollion, 2de lett. p. 120. 164. Auch seinen Brief an Hrn. G. A. Brown in „Les principaux monumens Egyptiens du Musée Britannique, par le T. H. Charles Yorke, et M. le Col. M. Leake." Lond. 1827. p. 23.

unbedeutenden Verschiedenheit des Namens und darin, daß er ein Aethiopier genannt wird, ein Umstand, der vielmehr das Uebereintreffen bestätigen möchte; denn die Dynastie, zu welcher er gehört, ist die bubastische, welche Champollion als eine äthiopische betrachtet.[1] — Uebrigens hat Rosellini neue Denkmäler den bereits von Champollion gelieferten beigefügt, welche zweier Könige gedenken, die später in der heiligen Geschichte erwähnt werden: Sua, der Sevechus der Griechen und Schaback der Monumente, beurkundet in den Palästen von Luxor und Karnak und durch eine Bildsäule in der Villa Albani; und Teraha, der zu Medinet=Abu unter dem Namen Tahrak erwähnt wird.[2]

§. 28.

Hebung einer Schwierigkeit bei Ezechiel und Jeremias.

Um diese chronologischen Einzelnheiten zu beschließen, bleibt uns noch eine der schlagendsten Bestätigungen biblischer Genauigkeit übrig. Bei Ezechiel XXIX, 19—21 und Jeremias XLIV, 30 lesen wir, wie Gott den Pharao und sein Land dem Nabuchodonosor schenkt, und „es soll keinen Fürsten mehr geben vom Lande Aegypten." Doch finden wir nach dieser Zeit bei Herodot und Diodor den Amasis als König von Aegypten. — Wie sind diese zwei Thatsachen zu vereinigen? Durch seine Denkmäler, wie sie zuerst von Wilkinson herausgegeben wurden. Auf ihnen erhält Amasis nie die ägyptischen Titel der königlichen Würde, sondern statt eins der Vornamen hat er den semitischen Titel Melek, welcher zeigt, daß er für einen fremden Herrn regierte.[3] Zwei Umstände setzen dieß, ich darf wohl sagen, außer Zweifel.

---

[1] Wie oben p. 122.
[2] Pag. 107. 109. Wilkinson. p. 98. 99.
[3] „Materia Hieroglyph." p. 100. 101.

Erstens: Diodor erzählt uns, daß Amasis von niederer Geburt war, folglich konnte er das Königreich nicht erben; zweitens: ein Sohn von Amasis scheint Aegypten unter Darius regiert zu haben; denn er trägt den nämlichen Titel. Nun war während der persischen Eroberung gewiß kein einheimischer König da; denn die Denkmäler tragen die Namen der persischen Monarchen. Es wird also richtig sein, daß der Titel Melek vicekönigliche Gewalt bedeutet; was auch noch weiter durch ein von Rosellini veröffentlichtes Monument bestätigt wird, der Wilkinson's Bemerkung nicht beachtet zu haben scheint. Dieß ist eine Inschrift zu Kosseir aus den Zeiten persischer Herrschaft, worauf wir lesen: „Der Melek von Ober- und Nieder-Aegypten."[1]) So ist eine ernstliche Schwierigkeit beseitigt: Amasis war kein König, sondern ein Vicekönig.

§. 29.
2) Astronomische Monumente.
Die Thierkreise von Dendera und Esneh, vorgeblich aus der Urzeit.

Doch ist es Zeit, uns zu einer andern Anwendung ägyptischer Untersuchungen zu wenden, zu der Erklärung ihrer astronomischen Darstellungen. Die Beachtung der ägyptischen Denkmäler und Wissenschaft in neuern Zeiten ist fruchtbar gewesen an Einwürfen gegen die heilige Geschichte, welche sie, wie jede andere Wissenschaft, in ihrem Fortschritte wieder umgestoßen hat. Die Streitfrage über die Thierkreise von Dendera, dem alten Tentyris, und Esneh oder Latopolis ist ein merkwürdiger Beweis für diese Behauptung. — Der Feldzug in Aegypten unter Napoleon, welcher auf den wissenschaftlichen Eifer Frankreichs eben so viel Glanz ausgoß, als er auf seine kriegerische Tüchtigkeit Schatten warf, hat uns zuerst mit diesen merkwürdigen Denkmälern bekannt gemacht.

---

[1]) Pag. 243.

Zu Dendera wurden zwei gefunden; eines war ein länglichtes Gemälde, von zwei parallelen, aber getrennten Streifen gebildet, die innerhalb zweier wunderlichen weiblichen Figuren eingeschlossen waren. Auf diesen Streifen waren in einer innern Unterabtheilung die Zodiakalzeichen mit zahlreichen mythologischen Darstellungen vertheilt; auf der Außenseite war eine Reihe von Schiffchen, die Decane jedes Zeichens darstellend.¹) Dieser Thierkreis war in dem Säulengange eines Tempels gemalt, wo er gleich allen andern die Decke einnahm. Der zweite Thierkreis, der eher eine Planisphäre genannt werden kann, ist kreisförmig und wurde aus einer obern Kammer desselben Tempels durch Saulnier und Lelorrain nach Frankreich gebracht. Esneh lieferte auch zwei Thierkreise, einen von dem größern, den zweiten von dem kleinern seiner Tempel. Diese zwei mit dem rechtwinkligen Thierkreise von Dendera können allein besondere Aufmerksamkeit ansprechen; die kreisförmige Planisphäre muß dem Schicksale des in demselben Tempel gemalten Thierkreises folgen.

Nicht sobald waren Darstellungen dieser Denkmäler erschienen, als Europa und vorzüglich Frankreich wimmelte von Denkschriften und Abhandlungen, die ihr Alterthum besprachen. Es wurde im Allgemeinen als ausgemacht angenommen, daß sie den Stand der Himmelskörper darstellten in dem Zeitraume, wo sie entworfen, und die Gebäude, die sie schmückten, errichtet wurden. Einige entdeckten in ihnen den Punkt, in dem die Koluren der Sonnenwende die Ekliptik zu dieser Zeit

---

¹) (Der ägyptische Thierkreis ist zuerst in die drei Haupttheile [Camephi] eingetheilt, dann in die 12 Zeichen, und endlich in die 36 Decane, für jedes Zeichen drei. Ueber jeden dieser Theile ist eine Gottheit gesetzt, und diese herrscht auch über einen entsprechenden Theil Aegyptens: denn auch ganz Aegypten ist nach dem Vorbilde des Thierkreises eingetheilt in die drei Regionen, zwölf Provinzen und 36 Nomen [ptos]. — A. d. Ueb.)

schnitten, und mit Burckhardt schrieben sie dem großen Thierkreise von Esneh das erstaunliche Alter von 7000, dem von Dendera das von 4000 Jahren zu; während Dupuis mit den nämlichen Voraussetzungen das Letztere auf 3562 ermäßigte.[1]) Andere nahmen an, daß sie den Stand der Himmelskörper beim Anfange einer sothischen Periode darstellten, und setzten, gleich Sir W. Drummond,[2]) dem von Dendera 1322, dem vom großen Tempel von Esneh 2800 Jahre vor unserer Zeitrechnung an. Eine dritte Klasse endlich sah in ihnen den heliakischen Aufgang des Sirius zu einer gegebenen Periode und schloß mit Fourier, daß die Thierkreise von Esneh 2500, der von Dendera 2000 Jahre vor Christus entworfen worden seien,[3]) oder mit Rouet, daß letzterer 2500, der größere der erstern 4600 Jahre vor jener Zeitrechnung gezeichnet wurde.[4]) Ich brauche Sie nicht weiter mit Aufzählung von dergleichen Hypothesen zu ermüden. Ein und dasselbe Datum leitete verschiedene Denker zu entgegengesetzten Schlüssen, und der Irrthum verrieth sich selbst durch das charakteristische bunte Farbenspiel.

§. 30.
Widerlegung durch die Entdeckungen von Bankes, Champollion und Letronne.

In diesem Streite trat früh eine Klasse von Forschern auf, welche anzudeuten wagten, daß man das ungeheure Alter, das diesen sonderbaren Denkmälern zugestanden werde, nicht nach astronomischen, sondern nach archäologischen Grundsätzen

---

[1]) Sieh Cuvier, ubi sup. p. 251.
[2]) „Memoir on the antiquity of the Zodiacs of Esneh and Dendera." Lond. 1821. p. 141. Vgl. p. 7 und 59.
[3]) Sieh Guigniaut, p. 919.
[4]) Volney, „Recherches nouvelles." Par. 1814. 3e partie. p. 336.

prüfen sollte. Der ehrwürdige und gelehrte Monsignor Testa und der gefeierte Alterthumsforscher Visconti gehörten zu diesen.¹) Der Letztere bemerkte insbesondere, daß der Tempel von Dendera, obgleich von ägyptischer Bauart, unterscheidende Merkmale trage, welche nicht älter als die Ptolemäer sein können, und daß griechische Inschriften auf ihm sich auf einen Kaiser beziehen, der, wie er glaube, Augustus oder Tiberius sein müsse. Diese Einreden wurden deßungeachtet zwanzig Jahre hindurch übersehen, und astronomische Erklärungen wurden allein zugelassen. Bankes widmete während seines Besuches in Aegypten dieser anziehenden Untersuchung große Aufmerksamkeit und theilte in einem Briefe an David Baillie seine Gründe für die Vermuthung mit, daß diese Tempel von keinem größern Alter, als die Regierungen Hadrian's und Antoninus Pius seien.²) Er bemerkte, daß, während die Capitäler der ältesten Säulen von Thebä eine einfache Glocke bilden und auf vieleckigen oder ausgekehlten Schäften aufgestellt sind, die von Esneh und Dendera mit Laubwerk und Früchten reich verziert seien; ja noch mehr, die Hieroglyphen auf den Säulen sind gewiß nicht ägyptisch; denn Bankes fand eine Inschrift, welche angab, daß sie unter der Regierung des Antoninus gezeichnet worden seien.³)

Die archäologischen Beweise indessen für die neuere Errichtung dieser Denkmäler erhielten ihre völlige Entwickelung durch die Hand Letronne's. Dieser gelehrte Schriftsteller sammelte alle nöthige Belehrung aus den Mittheilungen und Berichten der Reisenden über ihre Bauweise und erläuterte die auf ihnen noch vorfindlichen Inschriften. Huyot und Gau

---

¹) Testa „Sopra due Zodiaci novellamente scoperti nell' Egitto." Roma 1802. Visconti in Larcher's Herodotus. Vol. II. p. 567 sqq.
²) Sir W. Drummond's „Memoir." p. 56.
³) Ib. p. 57. Dieß, vermuthe ich, ist von dem nördlichen Tempel von Esneh gemeint, der unter dem Namen der kleine bekannt ist.

versahen ihn mit wichtigen Einzelnheiten über erstern Gegenstand. Unter andern Thatsachen bewiesen sie aus dem Style und den angewandten Farben, daß das Vorhaus des kleinen Tempels von Esneh, auf welchem der Thierkreis angemalt ist, mit dem Tempel selbst von gleichem Alter sei. Nun ist eine Inschrift, wahrscheinlich dieselbe, welche Bankes erwähnt hat, durch diese Künstler von einer Säule des letztern copirt worden, worin angegeben wird, daß zwei Aegypter die Gemälde im 10ten Jahre des Antoninus — dem 147sten nach Christus — ausführen ließen.¹) Das also ist das Datum des kleinern Thierkreises von Esneh, welchem ein Alter von zwei- bis dreitausend Jahren vor Christus angewiesen wurde. Der Tempel von Dendera hat dasselbe Schicksal getheilt. Eine griechische Inschrift auf seiner Säulenhalle, welche man übersehen hatte, erklärt, daß er dem Wohle des Tiberius gewidmet sei.²)

Während Letronne so mit Erforschung der griechischen Inschriften auf diesen vermeintlichen Spuren grauen Alterthums beschäftigt war, brachte Champollion sein Hieroglyphenalphabet zur Reife und bestätigte durch seine Untersuchungen bald die Resultate seines Freundes. Auf der Vorhalle des Tempels von Dendera las auch er die hieroglyphische Inschrift von Tiberius.³) Auf der kreisförmigen Planisphäre des nämlichen Tempels entzifferte er die Buchstaben $AOTKPTP$: oder mit Ergänzung der Selbstlauter $AYTOKPAT\Omega P$, der Titel, welchen Nero auf den ägyptischen Münzen hat.⁴) Es bleibt nur noch der Thierkreis des großen Tempels von Esneh

---

¹) „Recherches pour servir à l'histoire de l'Egypte pendant la domination des Grecs et des Romains." Paris 1823. p. 456.

²) Ib. p. 180.

³) „Lettre à M. Letronne," zu Ende der „Observations," a. a. O. p. 111.

⁴) „Lettre à M. Dacier," p. 25. Letronne p. XXXVIII.

übrig, und Champollion hat über fein Alterthum zugleich mit dem Tempel, in dem er gemalt ist, mit ebenso wenig Umständen entschieden. Als er im August 1826 zu Neapel war, theilte ihm Sir William Gell genaue Zeichnungen von dem Thierkreise zu Esneh mit, die durch Wilkinson und Cooper aufgenommen worden waren, und er entdeckte, daß dieses Monument nicht, wie die Astronomen vermuthet hatten, unter der Regierung eines ägyptischen Pharao mit barbarischem Namen, sondern unter dem römischen Kaiser Commodus errichtet worden sei.[1] Schon vorher hatte er gezeigt, daß die Bildhauerarbeiten unter der Regierung des Claudius ausgeführt wurden.[2] Mit Recht hat also der Minister des Innern, Vicomte de la Rochefaucauld, in einem an den König von Frankreich gerichteten Berichte vom 15ten Mai 1826 Champollion das Verdienst zugeschrieben, die Streitfrage nach der Meinung jedes Unpartheiischen entschieden zu haben. — „Die öffentliche Zustimmung der ausgezeichnetsten Gelehrten Europas," schreibt er, „hat Ergebnisse bekräftigt, deren Anwendung bereits für die Wahrheit der Geschichte und für die Sicherheit gesunder, wissenschaftlicher Lehren von Nutzen gewesen ist. Denn Eure Majestät haben nicht vergessen, daß die Entdeckungen des Herrn Champollion ohne Widerrede gezeigt haben, daß der Thierkreis von Dendera, der den allgemeinen Glauben zu beunruhigen schien, bloß ein Werk der römischen Herrschaft in Aegypten sei."

Es war jedoch nicht zu erwarten, daß der Widerstand der Gegner durch diese mächtigen Angriffe völlig gebrochen sein werde. Zu viel Gelehrsamkeit war zur Unterstützung mühsam ausgedachter Theorieen aufgewendet, zu viel Zuversicht bei Behauptung von Lieblingssystemen an den Tag

---

[1] „Bulletin universel." A. a. O. Tom. VI.
[2] Letronne.

gelegt worden, als daß ihre Urheber ohne Leidwesen und mitunter auch ohne Kampf sie hätten aufgeben können.

„Difficile est longum subito deponere amorem." [1]

Man möge, meinten sie, den neuern Ursprung der Tempel und folglich auch der daran befindlichen Thierkreise als bewiesen annehmen; allein die letztern müssen von andern eines ältern Datums copirt sein. „So muß der ursprüngliche Entwurf des runden Thierkreises von Dendera wenigstens sieben Jahrhunderte vor unserer Aera gemacht worden sein." Dieß war die Vertheidigung, die der verstorbene Sir William Drummond in seinem letzten Werke [2] vorbrachte, und als er sie niederschrieb, konnte er mit der wenige Monate vorher herausgekommenen gelehrten Abhandlung nicht bekannt sein, in der Letronne dieser und jeder andern Vertheidigung des ungereimten Alters der Thierkreise den Todesstreich versetzte. [3]

§. 31.
Nachweisung ihrer bloß astrologischen Bedeutung.

Der unternehmende Reisende Caillaud brachte bei seiner Rückkehr aus Aegypten unter andern Seltenheiten eine in Theben entdeckte und durch mehrere Eigenheiten ausgezeichnete Mumie mit. Die zwei wichtigsten waren eine griechische, sehr entstellte Inschrift und ein Thierkreis, der ganz genau dem von Dendera glich. [4] In der Abhandlung, die ich angedeutet habe, unternimmt Letronne die Erklärung dieser zwei Punkte

---

[1] Catul. Car. LXXVI, 13.

[2] „Origines; or remarks on the origin of several Empires." Lond. 1825. Vol. II. p. 227.

[3] „Observations critiques et archéologiques sur l'objet des représentations zodiacales." Paris, Mars. 1824. Sir W. Drummond's Widmung ist vom 17. Sept. 1824 datirt.

[4] „Voyage à Méroé, au Fleuve Blanc etc." Par. 1823. Fol. II. pl. LXXI.

und ihre Anwendung auf die Thierkreisdarstellungen in den ägyptischen Tempeln. Er stellt die Inschrift mit einem Glücke her, das den tadelsüchtigsten Kritiker zufrieden stellen muß, und entdeckt, daß die Mumie die von Petemenon, dem Sohne des Soter und der Cleopatra, sei, der im Alter von 21 Jahren, 4 Monaten und 22 Tagen im 19ten Jahre Trajan's, den 8ten Payni oder 2ten Juni 116 n. Chr. starb.[1]

Der Thierkreis im Innern der Hülle gleicht, wie ich bereits gesagt, dem von Dendera. Gleich ihm von einer unverhältnißmäßigen weiblichen Figur umfaßt, deren Arme ausgebreitet sind, bietet er die Thierkreiszeichen dar, die in zwei parallelen Streifen auf- und absteigen, genau in derselben Ordnung und in einem ähnlichen Styl der Zeichnung. Sogar die Kuh, die in einem Kahne ruht und die Isis oder den Sirius bedeutet, fehlt nicht. Man darf daher wohl sagen, die Identität der beiden Darstellungen sei völlig hergestellt. Aber eine Eigenthümlichkeit findet sich in der kleinern Darstellung: das Zeichen des Steinbocks ist aus der Reihe genommen und in abgesonderter Stellung über das Haupt der Figur gesetzt, wo es zu herrschen scheint.[2] — Schon das bloße Vorhandensein eines Thierkreises auf der Hülle einer Mumie muß auf den Gedanken führen, daß er auf den Einbalsamirten Bezug habe; mit andern Worten, daß er astrologisch und nicht astronomisch sei. In diesem Falle kann man vermuthen, daß das abgesonderte Zeichen jenes darstellt, unter welchem die Person geboren war, und welches folglich ihr ganzes Lebensschicksal zu regieren hatte. Diese Muthmaßung ist leicht zu bewähren. Wir haben das genaue Alter des Petemenon mit dem Datum seines Todes. Wenn wir von diesem aus rechnen, so finden wir, daß er den 12ten Jänner 95 n. Chr. geboren sei. An diesem Tage befindet sich

---

[1] Pag. 30.
[2] Pag. 49.

die Sonne nahezu zwei Drittel im Steinbock. Wenn wir statt des Zeichens das Sternbild vorziehen, wird der Schluß derselbe sein; denn durch die Rechnung mit Delambre's Tafeln finden wir, daß gemäß des jährlichen Vorrückens der Tag- und Nachtgleichen zur fraglichen Zeit das ganze Sternbild innerhalb des Zeichens begriffen war, und daß die Sonne am 12ten Jänner etwa im 16ten Grad des erstern sich befand.[1] — Wir können daher keinem Zweifel Raum geben, daß der Thierkreis eine Nativitätsstellung ist; und die Aehnlichkeit wird uns zu demselben Schlusse in Bezug auf den von Dendera leiten, auch wenn nicht schon ein anderer Umstand uns ermächtigen würde, ihn für astrologisch anzusehen, nämlich die Darstellung der Decane, die von Visconti erkannt und von Champollion erwiesen wurden, welcher Letztere neben ihnen die im Julius Firmicus gegebenen Namen gelesen hat. — Dennoch begnügt sich Letronne nicht mit diesem allgemeinen Schlusse, sondern stellt eine ausführliche Untersuchung über die Astrologie der Alten an. Diese, ursprünglich in Aegypten entstanden, kam nach Griechenland und Rom und kehrte in ihr Mutterland zurück, geadelt und geheiligt durch den Schutz der Kaiser.[2] Genau zur selben Zeit, als die berühmten Thierkreise entworfen wurden, hatte diese Wissenschaft, wenn ihr je dieser Name zukommt, ihren Zenith erreicht und culminirte über ihrem heimischen Boden. Manilius unter der Regierung des Augustus, Vettius Valens unter der des Marc Aurel, schrieben ihre Abhandlungen über sie; aber die zahlreichen astrologischen Schaumünzen Aegyptens unter Trajan, Hadrian und Antonin zeigen, wie sehr sie in diesem Lande im Schwung gewesen ist.[3] Dieß war gleicherweise das Alter der astrologischen Sekten, der Gnostiker, Ophiten

---

[1] Pag. 53. 54.
[2] Pag. 58—86.
[3] Pag. 86—92.

und Basilidianer, deren Abraxas mit verschiedenen astrologischen Combinationen von einigen Erklärern des Thierkreises im Ernste für Denkmäler von 3863 Jahren vor der christlichen Aera genommen wurden.¹) Diese Vereinigung von Beweisen, die neuern und fast gleichzeitigen Jahreszahlen von allen Thierkreisen, der entschieden astrologische Charakter von einem, die Decane auf dem andern, und vor Allem das Vorherrschen astrologischer Vorstellungen zu der Zeit, wo alle in Aegypten vorhandenen Thierkreise allein gemacht wurden, läßt keinem Zweifel Raum, daß alle solche Darstellungen bloß Ueberbleibsel der geheimen Wissenschaften seien und nur Nativitäts-Stellungen darbieten.²)

Welch' eine Verschwendung von Talent, Zeit und Gelehrsamkeit hat nicht die Wahrheit zu beklagen, wenn sie die Geschichte dieses denkwürdigen Streites schildert. Ueber welch' einen glitzernden Haufen von zerfallenen Theorieen hat nicht der Irrthum zu trauern; Theorieen, wo Alles glänzend,

---

¹) Pag. 70.

²) Pag. 105—108. (Nach Lepsius, der die Planetenorte als durch die Thierkreiszeichen bestimmt annimmt, wäre der runde Thierkreis des Pronaos zu Dendera zwischen 23 und 22 vor Chr. entstanden; nach Seyffarth, der nach Sternbildern rechnet, enthält dieser Thierkreis die Constellation vom 11. Februar 37 n. Chr., und dieß ist das Geburtsjahr Nero's. Auf dasselbe Jahr beziehe sich die Constellation im eigentlichen Tempelgebäude zu Dendera. Er fügt bei: „Somit endet nun das lange tragische Lustspiel vom Thierkreise von Dendera, über dessen Alter so viele Köpfe sich zerbrochen haben, den man weit über alle geschichtlichen Ueberlieferungen hinausgestellt, der wegen seines antediluvianischen Ursprungs in Paris so zahlreichen Besuch erhielt, daß er in einer abgelegenen Kammer verborgen werden mußte." „Leipziger Repertorium der deutschen und ausl. Literatur." 1849. Bd. II. Heft 1. S. 10. Neuestens erschien eine Abhandlung von Prof. Lauth in München: „Les Zodiaques de Denderah. Mémoire où l'on établit, que ce sont des Calendriers commemoratifs de l'époque gréco-romaine. Leipz. 1865. — A. d. Ueb.)

Alles imponirend, Alles zuversichtlich war, wo aber zu gleicher Zeit Alles hohl und zerbrechlich und wurmstichig sich erwies. Wir haben viele Fälle, wo ein scherzhafter oder böswilliger Betrug die Treuherzigkeit und den Fleiß eines Alterthums= forschers zum Beßten hielt und ihn gleich Scriblerus ver= führte, dem modernen Roste die Ehrfurcht und Huldigung zu zollen, die dem des Alterthums vorbehalten ist.[1]) Aber nie hat vorher die Welt ein Beispiel gesehen, wo ein „Schwindelgeist" einen so großen Theil gelehrter und ver= ständiger Männer so vollständig befallen hätte, daß sie ver= hältnißmäßig neuen Denkmälern unzählige Jahre zuschrieben, ohne sich durch den Sturz einer Theorie nach der andern abschrecken zu lassen.

> Sie treten dennoch auf zum Streit
> In's selbe Feld, wo ihre Brüder kaum
> Sie fallen sah'n, wie Laub vom selben Baum.
> Childe Harold. IV, 94.

Wahrlich, nie trug der Irrthum vollständiger die Hyder= gestalt. Jeder Kopf ward in dem Augenblicke abgehauen, in dem er erschien; doch ein neuer erhob sich sogleich an seiner Stelle, gleich frech und ebenso „große Dinge redend." Denn mehr als zwanzig Jahre dauerte dieser erbitterte Krieg; doch, als das Vorurtheil allmählig erschöpft war, und wahre Wissenschaft Stärke gewann, ermattete die Lebenskraft des Ungeheuers, und die Wunden, die es empfing, wurden immer tödtlicher. Sein letzter Athemzug ist seitdem lange verhaucht, die letzte Zuckung seines Todeskampfes ist vorüber, und da es nur mehr in den Erinnerungen der Geschichte vorhanden ist, so kann es dem Einfältigsten und Furchtsamsten nicht mehr Schrecken einjagen, als das „dürre Gerippe" oder wohl=

---

[1]) Sieh d'Israeli, „Curiosities of literature." 2d. series, 2d. ed. Lond. 1824. Vol. III. p. 49 seqq. Uebrigens könnten manche andere seltsame Beispiele den von d'Israeli angeführten beigefügt werden.

erhaltene Reste eines wüsten Ungeheuers im Cabinet des Raritätensammlers.

Dagegen ist es eine Lust, das Verzeichniß der großen Namen zu sehen, welche ihre Kniee nicht vor diesem Lieblingsgötzen beugten, und es ist nicht mehr als Gerechtigkeit, ihrer zu gedenken. Ein Schriftsteller in einer englischen Zeitschrift hatte lange nach den letzten Untersuchungen, die ich ausführlich beschrieben habe, die Kühnheit, zu behaupten, daß „auf dem Festlande" — und er spricht insbesondere von Frankreich — „das Alterthum der Thierkreise von Dendera als hinreichend constatirt gelte, um zu beweisen, daß die Aegypter lange vor der Zeit, welche unser Glaube der Schöpfung des Menschen anweist, ein gelehrtes und wissenschaftlich gebildetes Volk gewesen seien;" während in England dieses nicht nur geläugnet, sondern von Bentley zuerst das Gegentheil bewiesen worden sei.[1] Durch ein logisches Verfahren, das in den Blättern dieser Zeitschrift leider zu gewöhnlich ist, findet der Schriftsteller die Ursache dieser Erscheinung in den Religionen der beiden Länder. „Der fluchvolle Einfluß des Papismus," sagt er, „verleitet den philosophischen Forscher, alle Offenbarung als nicht besser denn Pfaffentrug zu verwerfen," während „in unserm freien Vaterlande die Ermuthigung, die einer erschöpfenden und freien Erforschung der Beweise des Christenthums zu Theil wird, scharfe Denker seine Stärke kennen gelehrt hat."[2] Alles dieses war zwei Jahre später geschrieben, als Letronne's letztes Werk in Frankreich die Akten über diesen Gegenstand geschlossen hatte. Wäre jedoch der Kritiker weniger von dem Verlangen hingerissen worden, eine Lanze mit dem Katholizismus zu brechen, selbst da, wo seine Herausforderung dem gemeinschaftlichen Gegner, dem Unglauben, galt, so hätte er sich sicher die Namen, nicht nur

---

[1] „British Critic." April 1826. p. 137. cf. 149.
[2] Pag. 36 seq.

von Letronne und Champollion, sondern von Lalande, Biscouti, Paravey, Delambre, Testa, Biot, Saint-Martin, Halma und Cuvier in's Gedächtniß gerufen, von denen jeder diesen Denkmälern ein neueres Zeitalter angewiesen hat. Und wo nicht die Zahl, sondern astronomische Kenntniß gilt, mögen Namen wie die von Lalande, Delambre und Biot sicher in der Wagschale viele andere aufwiegen und Frankreichs Gelehrte von der vernichtenden Anschuldigung befreien, die auf sie so ungerechter Weise geworfen ward.

Neunter Vortrag:
über
die Archäologie.

Unsere letzten Untersuchungen haben uns stufenweise unter die Denkmäler des Alterthums geführt, und von der Prüfung solcher chronologischen Punkte, welche die Authentie der heiligen Geschichte berührten, fanden wir uns fast unmerklich zu der Erörterung einzelner Monumente von Königen und ihrem Volke gebracht. Man möchte daher sagen, daß die Wissenschaft, deren Gebiet wir jetzt betreten wollen, bereits eingeführt, oder daß wenigstens der Zusammenhang zwischen dem bereits Gesagten und dem nun Folgenden so eng und natürlich sei, daß er kaum eine Scheidung in zwei verschiedene Fächer gestatte. Allein in allen Zweigen der Geschichte, die wir bisher untersuchten, hatten wir ein einziges bestimmtes Ziel im Auge, die Vereinigung ihrer alten Denkmäler mit der heiligen Chronologie, und der Weg, den wir verfolgten, war darum gleichförmig und einfach. Wir haben nämlich den wirklichen Verlauf der Wissenschaft verfolgt, und indem wir ihre Ergebnisse mit unsern heiligen Urkunden verglichen, haben wir durchgängig entdeckt, daß sie alle Schwierigkeiten hob und eine Menge neuer und interessanter chronologischer Uebereinstimmungspunkte uns darbot.

Es gibt jedoch eine bedeutende Anzahl von Monumenten, welche mit den christlichen Urkunden in Zusammenhang stehen, und welche in diese Klasse nicht eingereiht werden konnten, indem dieselben, unter der nämlichen Wissenschaft aufgeführt, unsern Gang gestört und die Einheit unseres Planes zerstückelt haben würden. Diese will ich daher in eine besondere Klasse unter dem Namen der Archäologie zusammenstellen. Offenbar wird ihre Beschaffenheit uns kaum gestatten, einen so gleichförmig fortschreitenden Gang zu verfolgen, wie in unsern letzten Untersuchungen: denn so wie die Gegenstände, die sie erörtert, ist auch sie selbst nothwendigerweise fragmentarischer Art. Sie macht keinen Anspruch auf Einheit der Zeit, des Ortes oder der Handlung; sie zieht in das Bereich ihrer Erörterung die Ueberreste jedes Alters, jedes Landes, aus jeder Art von Stoffen gemacht und in jeder möglichen Gestalt gebildet. Wie sie nun so ihre Aufmerksamkeit von Griechenland nach Italien, von Sicilien nach Aegypten wendet, bald eine Inschrift entziffert, eine Münze erklärt, die Oertlichkeit eines Gebäudes feststellt oder sein Alter beurtheilt; so muß sie auch ihre Regeln, ihre Wege und ihre Richtung ändern. Deßwegen kann man auch nicht sagen, daß sie, als Wissenschaft, eine bestimmte, vorwärts schreitende Bewegung habe, welche die Entwickelung irgend eines Hauptergebnisses erzielte. Unser Gang muß ähnlicher Art sein: wir werden hier eine Münze auflesen, dort eine Inschrift durchstöbern; wir werden uns begnügen mit solchen Denkmälern, die uns der Zufall in den Weg werfen wird, und jede, wenn auch noch so schwache Beleuchtung und Bestätigung, die sie unsern geheiligten Ueberzeugungen darbieten mögen, werden wir sorgfältig in unsere Sammlung aufspeichern.

Zu diesen Bemerkungen muß ich ferner hinzufügen, daß ich hier auf nichts Anderes Anspruch machen kann, als eine

Nachlese zu halten von dem, was Andere hinter sich zurückgelassen haben. Von jener Art bestätigender Zeugnisse, welche diese Vorträge verfolgen, ist keines öfter und vollständiger behandelt worden, als eben die Beleuchtungen aus solchen antiquarischen Ueberresten. Jedes Handbuch der Einleitung in die heilige Schrift widmet diesem Gegenstande ein Kapitel; allein in manchen Fällen, wie bei dem Monumente von der assyrischen Gefangenschaft, das Horne nach Ker Porter gibt, sind die Beispiele nichts weniger als sicher; in andern, wie bei der apameischen Münze, keineswegs genau. Nun habe ich mich anheischig gemacht, keine Beispiele vorzubringen, die in Werken über die Beweise des Christenthums schon enthalten sind, und muß mich daher mit solchen begnügen, welche dem Fleiße Anderer entgangen sind.

Ich kann nicht umhin, an dieser Stelle ein Werk zu erwähnen, das eine ganze Klasse von Denkmälern unserer Behandlung entzieht, nämlich diejenigen, welche sich auf die Geschichte des Christenthums beziehen. Ich meine Walsh's „Abhandlung über alte Münzen, Medaillen und Gemmen, als Belege für den Fortschritt des Christenthums in den ersten Zeiten." [1]) Es ist jedoch ein Werk, das die Erwartung sehr täuscht: die Materialien sind fast alle nur von untergeordnetem Werthe; einen großen Theil des Bandes nimmt eine Abhandlung über die Gnostiker und ihre Lehren ein, die neben den gründlichen Forschungen solcher Schriftsteller des Continents, wie Neander und Hayn, nur eine klägliche Figur spielt. Der zweite Theil des Werkes gibt eine Anzahl von Münzen zur Beleuchtung der Kaisergeschichte von Diokletian bis Johannes Zemiskus im Jahre 969, und ist in so weit interessant; aber er enthält viele Ungenauigkeiten und gibt

---

[1]) „Essay on ancient coins, medals and gems, as illustrating the progress of Christianity in the early ages." Lond. 1828.

dem Verfasser Veranlassung zu Aeußerungen einer übelangebrachten Engherzigkeit.

Innerhalb dieser beengenden Schranken werden wir nun an unsere Untersuchungen über die Münzen, Inschriften und Monumente des Alterthums gehen.

§. 1.
I. Münzen.
Vereinigung eines anscheinenden Widerspruches zwischen der Genesis und der Apostelgeschichte.

Ein anscheinender Widerspruch findet Statt zwischen 1. Mos. XXXIII, 19 und Apostelg. VII, 16 in Betreff des Preises eines Feldes, das Jakob von den Hemoritern kaufte. Denn der heilige Stephanus sagt uns, daß der Preis in einer Geldsumme bezahlt worden sei, τιμῆς ἀργυρίου, während der Urtext der Genesis sagt, daß der Preis mit hundert Lämmern oder Schafen entrichtet wurde. Wenigstens geben die alten Uebersetzungen das hier gebrauchte hebräische Wort קשיטה (Kesita) auf diese Weise. Daher hat die englische Uebersetzung, die es mit pieces of money (Geldstücke) gibt, am Rande die andere Deutung, als dem Original näher, hinzugefügt. Angenommen nun, daß diese Uebersetzung der alten Versionen richtig ist — und gewiß haben nicht alle dem Worte diesen Sinn ohne Grund gegeben —, so bot sich eine sehr einfache Art, beide Stellen zu vereinigen, in der Annahme dar, daß dasselbe Wort beide Gegenstände bedeuten konnte: mit andern Worten in der Muthmaßung, daß die alte phönizische Münze das Bild eines Lammes, mit dem sie von gleichem Werthe war, auf sich trug, und daß sie von diesem Embleme auch ihren Namen erhielt. Denn nichts ist gewöhnlicher, als eine solche Uebertragung. Bei unsern Vorältern erhielten die Engel und Kreuze, auf welche Shakespeare so oft anspielt, ihre Namen von dem Bilde, das sie trugen; und bei den Römern schreibt sich der Name des Geldes überhaupt, pecunia, nach der allgemeinen Annahme von dem ganz gleichen Umstande her, daß ein Schaf darauf geprägt war. Alle anscheinende Schwierigkeit würde so durch eine höchst annehmbare Muthmaßung auf sehr befriedigende Weise beseitigt. Allein die Bekanntmachung einer Münze, welche von Dr. Clarke bei Citium auf Cypern gefunden wurde, hat uns alle nur wünschenswerthe Gewißheit gegeben. Der kürzlich verstorbene gelehrte Dr. Münter übergab der königlich dänischen Akademie über diesen Gegenstand eine Dissertation, die in ihren Akten für 1822 eingerückt wurde.[1]) Darin bemerkt er, daß diese Münze, welche aus Silber besteht, unbezweifelt phönizisch sei, da sie auf ihrer Rückseite eine Aufschrift mit phönizischen Charakteren trage. Auf der Vorderseite ist die Gestalt eines Lammes, und über ihr hohes Alter kann kein Zweifel obwalten. Es ist also, schließt er, sehr wahrscheinlich, daß wir hier eben jene Münze besitzen, welche in der heiligen Schrift erwähnt wird; wenigstens wissen wir jetzt mit Bestimmtheit, daß die Phönizier eine Münze mit einem Bilde hatten, das dem Sinne des Wortes Kesita entspricht, und das Element, das allein noch nothwendig war, um der auf bloße Conjectur begründeten Lösung eine moralische Gewißheit zu verschaffen, ist somit jetzt gewonnen.[2])

---

[1]) Philosophisch-historische Klasse.

[2]) Auf der Rückseite ist nebst der Inschrift auch eine Perlenschnur. Man könnte zu der Vermuthung versucht sein, daß ein solcher Umstand zur Erklärung der auffallenden Uebersetzung der zwei Targum's, des Onkelos und des von Jerusalem, dienen könnte, welche beide מאה קשיטה hundert Kesita mit מאה מרגליין hundert Perlen geben.

§. 2.
Fröhlich's Anwendung von Münzen zur Vertheidigung der Chronologie der Maccabäer.

Eine sehr erschöpfende und schätzenswerthe Anwendung der Numismatik zur Vertheidigung der biblischen Chronologie fand Statt in Beziehung auf die neuesten historischen Werke der Juden, die zwei Bücher der Maccabäer. Kein Theil der heiligen Schrift wurde einer so strengen Prüfung unterworfen, wie dieser, weil er seit der Reformation unter die religiösen Streitpunkte gehörte. Der Katholik, dem diese Bücher als ein Theil der kanonischen Schriften gelten, hat natürlich ein lebendigeres Interesse für sie; aber allen Christen müssen sie von hohem Werthe sein; denn sie bilden das letzte und einzige historische Bindeglied zwischen dem alten und neuen Bunde und die einzige Urkunde von der Erfüllung jener Verheißungen, welche die Wiederherstellung und Fortdauer des jüdischen Scepters bis zur Ankunft des Messias voraussagten. Große Schwierigkeiten walteten jedoch über das Datum, welches in denselben einigen, auch in der klassischen Geschichte berichteten Ereignissen angewiesen wird, und über die Art und Weise, in welcher sie dieselben erzählen. In auffallend widersinniger Weise war man gewöhnt, so oft das Zeugniß irgend eines heiligen Buches mit dem eines profanen Schriftstellers verglichen wurde, es als ausgemacht zu betrachten, daß im Falle eines Widerspruchs zwischen beiden der Irrthum immer auf Seite des erstern sein müsse. Dieß haben wir so gefunden, da wir von den indischen und ägyptischen Alterthümern handelten. Wo sie mit der Chronologie der Schrift nicht im Einklange standen, mußte der Fehler an dieser liegen, obwohl man ihr, vom Standpunkte der Kritik aus, wenigstens ein gleiches Gewicht mit jenen zugestehen muß. Genau derselbe Weg wurde nun hier eingeschlagen. Man entdeckte unbestreitbare Abweichungen zwischen dem Datum, welches in diesen Büchern gewissen Ereignissen angewiesen wird, und zwischen den Angaben von Schriftstellern, die der Zeit nach später und dem Lande nach entfernter von dem Schauplatze dieser Begebenheiten waren: und natürlich wurden die heiligen Bücher der Unrichtigkeit schuldig befunden. Erasmus Fröhlich hat in der Vorrede zu seinen „Annalen der Könige und Begebenheiten Syriens," einem numismatischen Werke von großem Ansehen und tiefer Forschung, es unternommen, eine Vergleichung der Chronologie dieser Bücher, nicht mit dem unbestimmten Zeugnisse anderer Historiker, die oft unter sich selbst abweichend sind, sondern mit dem gleichzeitigen und unbestreitbaren Zeugnisse von Münzen anzustellen. Das Ergebniß war eine Tabelle, welche in jeder Beziehung die Ordnung und Zeit der in der heiligen Schrift erzählten Ereignisse bestätigt. [1])

Sie werden leicht begreifen, daß die Einwürfe nicht ohne Kampf aufgegeben wurden. Die erste Ausgabe von Fröhlich's Werk erschien im Jahre 1744, und zwei Jahre später trat Ernst Friedrich Wernsdorff gegen ihn auf. [2]) Seine Anstrengungen erschienen seiner eigenen Parthei als ungenügend, und sein Bruder Gottlieb kam ihm im folgenden Jahre zu Hülfe. [3]) Beide erhielten im Jahre 1749 eine vollständige Entgegnung von einem unbenannten Schriftsteller; [4]) und trotz der Gereiztheit, welche die beiden Brüder an den

---

[1]) „Annales compendiarii Regum et Rerum Syriae." Ed. sec. Vien. 1754. Der zweite Theil seiner Prolegomena ist ganz von der Vertheidigung dieser Bücher eingenommen.

[2]) „De fontibus Historiae Syriae in Libris Maccabaeorum prolusio." Lips. 1746.

[3]) „Gottlieb Wernsdorffii Commentatio historico-critica de fide historica librorum Maccabaicorum." Wratisl. 1747.

[4]) „Auctoritas utriusque libri Maccab. canonico-historica adserta . . . . . a quodam Soc. Jesu sacerdote. Curante Casparo Schmidt bibliopego." Vien. 1749.

Tag legten, wird gewiß Jeder, der den Streit liest, sich überzeugen, daß der Sieg nicht auf ihrer Seite ist. Indem ich jedoch zwei oder drei von Fröhlich's Erläuterungen mittheile, will ich solche auswählen, welche die Wernsdorff selbst als genügend anerkennen.

§. 3.
Alexander, der erste König der Griechen betitelt.

Im ersten Buche der Maccabäer VI, 2 wird Alexander der Große mit folgender Beschreibung eingeführt: „ὃς ἐβασίλευσε πρῶτος ἐν τοῖς Ἕλλησι" — welcher der erste König unter den Griechen war. Dieß, wurde behauptet, ist falsch, indem Alexander mehrere Vorfahrer in Macedonien hatte, welche bestimmt Könige waren und unter den Griechen herrschten. Man könnte freilich erwidern, daß er der Erste unter ihnen war, welcher ein Reich gründete, das ihren Namen trug; allein die Lösung Fröhlich's ist weit erschöpfender. Denn es ist auffallend, daß, wie groß auch die Macht der andern Monarchen vor ihm gewesen sein mochte, doch nicht ein einziger vor ihm jemals den Titel Βασιλεύς oder König auf seinen Münzen annahm. „Gewiß," sagt Fröhlich, „ist es nicht ohne Gewicht, daß keine anerkannt ächte Münze der Herrscher von Macedonien vor Alexander den Titel König führt. Sie haben nur die Namen der Monarchen, wie Amyntas, Archelaus, Perdiccas, Philippus: und einige Münzen haben bloß Alexander, die mehreren aber König Alexander." [1] Gottlieb Wernsdorff läßt diese Lösung als begründet gelten. —

---

[1] Sane non de nihilo est, veterum qui ante Alexandrum fuissent Macedoniae regum certa numismata βασιλέως titulum non prae se ferre: sola comparent regum nomina: Ἀμύντα vel Ἀμύντου, Ἀρχελάου, Περδίκκου, Φιλίππου, et quaedam numismata Ἀλεξάνδρου legimus, alia plura Βασιλέως Ἀλεξάνδρου." Fröhlich, p. 31.

„Dieß ist richtig," sagt er, „und es ist kaum glaublich, daß über diesen Punkt irgend ein Zweifel obwalten könnte. Denn die jüdischen Geschichtschreiber verstehen unter dem Namen Griechen (τῶν Ἑλλήνων) immer die Macedonier und unter Königreich das macedonische Reich oder vielmehr eigentlich das der Seleuciden." Er beschuldigt jedoch Fröhlich einer doppelten Täuschung: indem er erstens dem Philippus Aribäus eine Münze des Philippus Amyntor zuschreibe, die Spanheim mittheilt, und auf welcher der Titel König vorkommt; zweitens, indem er eine Münze des Argäus übergehe. — „Dicitur quoque extare nummus Argaei, regis antiquissimi, cum epigraphe Ἀργείου βασιλέως."[1] Auf diese Einwürfe antwortet der ungenannte Vertheidiger Fröhlich's, daß der angebliche Amyntor Spanheim's offenbar, zufolge des Kunststyles, eine Münze eines gallisch-griechischen Königs sei, und daß Niemand den Argäus des Tollius je gesehen habe, noch eine Spur von ihm auffinden konnte. Er versichert auch, daß er und Fröhlich sorgfältig jede Münze in dem kaiserlichen und in andern Cabineten untersucht und auf keiner jenen Titel vor Alexander gefunden hätten.[2]

§. 4.
Zeit des Todes des Antiochus Evergetes.

Ferners lesen wir im ersten Kapitel des zweiten Buches einen Brief von den Juden in Palästina an ihre Brüder in Aegypten, der das 188ste Jahr der Seleuciden zum Datum hat und eine ausführliche Erzählung von dem Tode des Königs Antiochus in Persien enthält. Es entstand nun die Frage: welcher Antiochus konnte dieß sein? Abgesehen von chronologischen Einwürfen, konnte es gewiß nicht Antiochus

---

[1] „Commentatio." §. XXII. p. 39.
[2] Oper. cit. p. 170.

Soter sein, welcher zu Antiochien starb; auch nicht sein Nachfolger Antiochus Theus, der von Laodice vergiftet wurde; ebenso wenig Antiochus Magnus, der gegen die Juden freundlich gesinnt war. Von dem Ende des Antiochus Epiphanes haben wir einen ganz verschiedenen Bericht in eben demselben Buche (IX, 5); Antiochus Eupator, sein Nachfolger, wurde nach einer Regierung von zwei Jahren von Demetrius getödtet, und das Kind mit demselben königlichen Namen, das von Tryphon zum Könige ausgerufen ward, wurde bald von ihm auch vergiftet. Es bleibt kein Herrscher dieses Namens mehr übrig, als Antiochus Sidetes, auch Evergetes genannt, dessen Regierung allein mit der Zeit des Briefes zusammenfällt. Allein eine Schwierigkeit, anscheinend eben so ernst als irgend eine der vorhergehenden, schien ihn auszuschließen. Denn dieser Monarch begann seine Regierung im Jahre 174, und Porphyrius und Eusebius geben ihr übereinstimmend weniger als neun Jahre zur Zeit ihrer Dauer. Er muß daher nach ihnen um das Jahr 182 im Kriege umgekommen sein. Wie konnten nun die Juden im Jahre 188 von seinem Tode als einem eben geschehenen Ereignisse Bericht erstatten? Können wir uns z. B. vorstellen, daß heutzutage die Mitglieder irgend einer religiösen Gemeinschaft einen gemeinschaftlichen Brief an ihre Brüder in einem ziemlich nahen Lande schreiben würden, um ihnen die Nachricht von dem Tode des Herrschers, der sie unterdrückte, volle sechs Jahre nach diesem Ereignisse mitzutheilen? Dieses übereinstimmende Zeugniß zweier Geschichtschreiber wurde als entscheidend gegen den jüdischen Historiker betrachtet, und Prideaux nahm es ohne Anstand als richtig an.[1]) Nun aber hat es Fröhlich außer Zweifel gesetzt, daß sie Unrecht haben müssen. Erstens brachte er zwei Münzen mit dem

---

[1]) „Old and New Testaments cennected;" die chronologische Tafel am Ende des vierten Bandes. Ed. 1749.

Namen des Antiochus hervor, die eine mit der Jahrzahl 183, die andere 184; folglich um zwei Jahre später, als die von diesen Geschichtschreibern für seinen Tod festgesetzte Zeit. Die Eine lautet, wie folgt:

ΒΑΣΙΔΕΩΣ. ΑΝΤιοχου ΤΥΡ: ΙΕΡ: ΑΣΥ. ΔΠΡ.

König Antiochus; in Tyrus, dem heiligen Asyle, 184.¹)

§. 5.
Die Brüder Wernsdorff, Eckhel und Tochon d'Annecy über dieses Datum.

Der Streit über diese Münzen zog sich bis in unsere Zeit herein. Ernst Wernsdorff anerkennt die Aechtheit der Münze und gesteht ihr zu, daß sie sattsam darthue, Antiochus Sidetes habe über die von der profanen Geschichte ihm beigemessene Zeit hinaus gelebt: er scheint sogar sein eigenes Zeugniß dem des Fröhlich beizufügen. Denn er drückt sich so aus: „Quamquam igitur quod ad numismata et annos iisdem inscriptos attinet facile assentior eidem, cum ipsi mihi, beneficio consultissimi viri complures, ab Antiocho procusos numos oculis usurpare manibusque tractare contigerit."²) Sein Kampfgenosse jedoch war unbeugsamer; denn er behauptet, daß die Inschrift falsch gelesen sei, und daß wahrscheinlich eine leichte Aenderung eines Buchstabens die Zahl 181 in 184 verwandelt habe.³) Allein auch wenn wir Alles, was gegen diese zwei Münzen geschrieben wurde, gelten lassen, so gibt es noch andere, die erst nach den Ein=

---

¹) P. 24. Siehe die Münzen auf seiner Tafel XI. Nro. 27 und 29.

²) „De fontibus historiae Syriae." p. XIII.

³) „Commode legi posset ΑΠΡ 181, cum elementum Λ et Δ adeo similibus lineis exaretur, ac numus ipse mutilus sit, ut ne nomen quidem Antiochi distincte exhibeat." A. a. O. sec. XLII. p. 79. Vergl. die Erwiderung p. 288.

reden der beiden Brüder bekannt wurden und den Gegenstand außer Zweifel zu setzen scheinen. Denn Fröhlich machte später eine Münze von demselben Könige bekannt mit der Jahrzahl 185:[1] und Eckhel fügte eine vierte hinzu, die im Jahre 186 geschlagen ist.[2]

Dieser Punkt der biblischen Chronologie wurde vor wenigen Jahren auf's Neue untersucht von Tochon d'Annecy,[3] der offenbar nicht von dem Wunsche geleitet war, die Autorität der Bücher der Maccabäer zu schmälern. Er beweist, was Jedermann zugeben wird, daß ernsthafte Schwierigkeiten die eine wie die andere Annahme umgeben, und daß das übereinstimmende Zeugniß zweier Geschichtschreiber nicht leichthin verworfen werden sollte. Anscheinende Widersprüche begegnen uns in jedem Theile der Geschichte; die Schwierigkeit ist nur, welcher Seite man Unrecht geben soll. Die Denkmünzen, die zur Krönung Ludwigs XIV. geschlagen wurden, geben als Datum dieses Ereignisses einen andern Tag an, als alle gleichzeitigen Schriftsteller übereinstimmend festsetzen. Dr. Ruinart hat unter Allen allein einen Umstand erwähnt, welcher diese Abweichung erklärt. Denn er allein berichtet, es sei festgesetzt gewesen, daß die Krönung an einem gewissen Tage stattfinden sollte, nämlich an jenem, welchen die Denkmünzen angeben, die demgemäß vorbereitet wurden. Umstände aber verursachten eine Verschiebung bis auf den Tag, den die Geschichtschreiber bezeichnen. Nichts kann einfacher sein, als dieß Alles: doch möchten wohl in etwa tausend Jahren, wenn keine solche Erklärung gegeben worden wäre, die Alterthums-

---

[1] „Ad numismata regum veterum anecdota et rariora accessio nova." p. 69.

[2] „Sylloge Numorum veterum." p. 8. „Doctrina numorum veterum." Tom. III. p. 236.

[3] „Dissertation sur l'Epoque de la mort d'Antiochus VII. Evergetès, Sidétès." Paris 1815.

forscher um eine Vereinigung dieser Angaben nicht wenig verlegen gewesen sein. In diesem Falle nun hatten die Münzen Unrecht, die Geschichtschreiber aber Recht: in dem unsrigen sind wir ebenfalls genöthigt, Eine Klasse von Gewährschaften zu verwerfen, und ich denke, die Kritik wird kaum im Zweifel sein, welche vorzuziehen sei. Denn in dem angeführten Beispiele sind die Münzen im Unrecht, indem das Datum, das einmal darauf gesetzt war, nicht geändert wurde, als das Ereigniß, auf das man sie prägte, verschoben worden war; hier aber müßten wir den unglaublichen Irrthum annehmen, daß mehrmals nacheinander falsche Jahrzahlen gesetzt worden wären, indem man für einen schon lange vorher gestorbenen Monarchen neue Münzen geschlagen hätte.

Tochon verwirft die zwei früheren Münzen, besonders die von 184, aus andern Gründen, als Wernsdorff, aber mit Beistimmung Eckhel's, daß nämlich das, was man wegen einiger Undeutlichkeit für $\varDelta$ oder 4 hielt, ein B oder 2 von eigenthümlicher Form sei.[1]) Gegen die zwei letztern Münzen aber bringt er nur Wahrscheinlichkeitsgründe vor: die Schwierigkeiten, in die wir gerathen, wenn wir sie für ächt annehmen und dadurch so viele historische Gewährschaften umstürzen wollten.[2]) In einiger Rücksicht thut er offenbar Fröhlich Unrecht; denn er nimmt fortwährend an, daß der gelehrte Jesuit den Tod des Königs in das Jahr 188 setze,[3]) und fragt daher, wie es denn komme, daß wir von seinem Nachfolger Antiochus Grypus Münzen mit der Jahrzahl 187 haben.[4]) Nun setzt aber Fröhlich den Tod des Antiochus

---

[1]) „Dissertation." p. 22.

[2]) Pag. 64.

[3]) Pag. 24—29 etc.

[4]) „Comment alors supposer, que la mort d'Antiochus Evergetès puisse être arrivée l'an 188? Elle serait postérieure au regne de son fils." p. 61.

Evergetes auf 186 an.¹) So bildet nun der Umstand, daß keine Münze von Antiochus Grypus ein älteres Datum trägt, eine negative Bestätigung seiner Meinung. So weit also dürfte es scheinen, daß die Anwendung von Münzen zur Vertheidigung der Chronologie der biblischen Urkunden gedient habe.

§. 6.
Die apameischen Münzen.

Ich will nun Ihre Aufmerksamkeit auf eine Klasse von Münzen lenken, die lange der Gegenstand ernsthafter Streitigkeiten und endloser Conjecturen waren, und die auf jene große Erd=Revolution hindeuten, welche bereits mehrere Male uns beschäftigt hat. Nach den Beweisen von der Sündfluth, die wir in den Traditionen aller Länder gefunden haben, „von China bis Peru,"²) nach den sichtbaren Zeugnissen ihrer Wirkung, die wir entdeckt haben, aufgehäuft auf den Bergen und ausgegraben in den Thälern unserer Erde, möchte es vielleicht nicht der Mühe werth scheinen, uns noch um jene geringfügigen Denkzeichen zu bemühen, auf welche irgend eine besondere Nation, ja vielmehr eine Stadt, ihre Traditionen darüber einzuschreiben für gut fand. Doch müssen wir kleine Dinge um der größeren willen nicht vernachläßigen, sondern sie alle, wo es möglich ist, der edlen und glorreichen Sache der Religion dienstbar machen. Es ist klar, daß die Alten zwei sehr verschiedene Sagen von der Sündfluth hatten, die eine eine populäre Fabel, die der nationalen Mythologie an-

---

¹) „Anno CLXXXVI. Circa hoc tempus contigisse existimo caedem Antiochi VI. Evergetis." p. 88.

²) (Eine Zusammenstellung der Traditionen der verschiedenen Völker über die Sündfluth findet sich in dem trefflichen Werke von Lüken: Die Traditionen des Menschengeschlechtes. Münster 1856. — A. d. Ueb.)

gepaßt war, die andere, mehr philosophische, die sich von den Traditionen des Morgenlandes herschrieb und daher mit der Erzählung der Schrift in weit größerer Uebereinstimmung steht. Die erstere ist die Sündfluth der Dichter, wie Ovid sie beschrieben hat: und Millin hat bemerkt, daß es kein Monument gibt, auf dem sie dargestellt wäre.¹) Der andere Bericht von diesem Ereignisse ist in den Schriften Lucian's und Plutarch's aufbewahrt. Nach der Beschreibung dieser Tradition machte Deukalion eine Arche oder Kiste (λάρνακα), in die er sich zurückzog und ein Paar von jeder Gattung von Thieren, sowie auch sein Weib und seine Kinder mitnahm. In dieser Arche schiffte er so lange, als die Ueberschwemmung dauerte, „und dieses," sagt Lucian am Ende seiner Erzählung, „ist der historische Bericht, den die Griechen in Betreff Deukalion's geben."²) Plutarch fügt hinzu, daß die Rückkehr einer Taube dem Deukalion zuerst Nachricht von dem Auftrocknen der Gewässer gegeben habe.³) Nun enthalten die Münzen, die ich eben besprechen will, nebst einem andern Monumente, das ich bald hernach beschreiben werde, eine Darstellung dieser traditionellen Geschichte.

Diese kaiserlichen Bronzemünzen von der Stadt Apamea in Phrygien führen auf einer Seite die Köpfe verschiedener Kaiser, des Severus, Macrinus und Philippus des Aeltern. Die Rückseite ist bei Allen gleich und enthält eine Darstellung (s. Taf. II, Fig. 1), die Eckhel auf folgende Art beschreibt: „Ein Kasten schwimmt auf dem Gewässer, in welchem ein Mann und ein Weib von der Brust an aufwärts sichtbar sind. Außerhalb desselben, das Gesicht von ihm abgekehrt, schreiten ein bekleidetes Weib und ein Mann in einem

---

¹) „Galerie Mythologique." Par. 1811. Tom. II. p. 136.
²) „De Dea Syra." Ed. Bened. Amst. 1687. Vol. II. p. 661.
³) „Utrum animalia terrestria aut aquatica magis sint solertia." Oper. Par. 1572. Tom. III. p. 1783.

kurzen Hemde, die rechte Hand aufhebend. Auf dem Rande der Kiste steht ein Vogel, und ein anderer schwebt in der Luft und hält einen Olivenzweig in den Krallen." [1]) Der kleine Kreis einer Münze könnte kaum eine bezeichnendere Darstellung dieses großen Ereignisses geben. Wir haben zwei verschiedene Scenen, aber offenbar dieselben handelnden Personen. Denn die Kleider und Köpfe der außen stehenden Personen gestatten uns nicht, sie für andere, als die Figuren in der Arche zu halten. Wir haben dieselben Individuen zuerst in der Arche auf dem Wasser schwimmend, dann auf trockenem Lande in einer Stellung der Verwunderung stehend, mit der Taube, [2]) die das Sinnbild des Friedens über ihnen trägt.

§. 7.
Ihre Geschichte.

Doch der wichtigste Umstand ist noch zu erwähnen. Auf dem vordern Felde dieser Arche sind einige Buchstaben, und die Erörterung ihrer Bedeutung war der Gegenstand mehrerer gelehrten Abhandlungen. Der Erste, der diese Münzen bekannt machte, war Oktavius Falconieri im Jahre 1667. Der Kupferstich, den er von dem Pariser Severus gibt, hat die Buchstaben NHTΩN, was er als Fortsetzung von MAΓ, μαγνήτων liest. [3]) Vaillant wollte darauf, sowie auch auf der Chigi-Münze von Philippus, NEΩK für νεωκόρων lesen. Mills rückte in den vierten Band der Archaeologia von der königlichen alterthumsforschenden Gesellschaft einen Aufsatz über diesen Gegenstand ein, worin er behauptet, daß Alles, was

---

[1]) „Doctrina numorum veterum." Vienna 1793. Tom I. Vol. III. pag. 130.

[2]) Eckhel, ibid. p. 136.

[3]) „De nummo Apamensi Deucalionei diluvii typum exhibente Dissertatio, ad P. Seginum." Romae 1667.

nicht so liest, unterschoben sei. Bianchini gab zwei Copieen dieser Münze heraus und liest auf der einen NΩE, auf der andern NEΩ:[1]) die erste dieser Lesarten gibt auch Falconieri auf einer andern Münze. So hätten wir vier Versionen dieser Inschrift, und jede neue Untersuchung schien die Streitfrage noch mehr zu verwickeln. Die Lesart NΩE schien dem bei der ersten Bekanntmachung dieser Münzen ausgesprochenen Zwecke zu günstig, als daß nicht einiger Verdacht auf sie hätte fallen sollen; und so groß war die Furcht, eine so günstige Annahme für wahr zu erklären, daß Barrington, obwohl er dieses für die richtige Lesart anerkannte, nicht glauben wollte, daß darin irgend eine Andeutung des biblischen Namens enthalten sei, sondern lieber annahm, daß es für NΩI, wir, den Dualis von ἐγώ stehe und eine bündige Zusammenfassung der ovidischen Worte: „Nos duo turba sumus!" sei.[2]) Die Wahrheit ist, daß von allen diesen Lesarten keine die richtige ist; denn Eckhel hat erwiesen, daß die Münzen nur die zwei Buchstaben NΩ enthalten. Dieß hat er erwiesen aus seinen und Fröhlich's Beobachtungen der Münzen zu Wien und Florenz, aus Benuti's Untersuchung jener in dem Albanicabinet und aus Barthelemy's über den Pariser Severus. Bei einigen ist zwar nur das N sichtbar, dagegen läßt sich bei den meisten die Spur eines dritten Buchstabens erkennen, der aber nicht absichtlich ausgekratzt, sondern, weil er der hervorragendste Punct in dem Relief war, abgerieben wurde. Eckhel prüft die verschiedenen Erklärungen, die Andere von dieser Inschrift gaben; er verwirft sie und kommt zu dem Schlusse, daß, weil die ganze Scene, die auf der Münze dargestellt ist, eine so offenbare Beziehung auf die noachische Fluth habe, es auch die Inschrift auf der Arche

---

[1]) „La storia universale provata con monumenti." Romae 1697. p. 186. 191.
[2]) „Archaeologia." Vol. IV. p. 315.

haben müsse, und daß es folglich der Name dieses Patriarchen sei. Dieß erläutert er noch mehr durch die Münzen von Magnesia in Jonien, auf denen das Bild eines Schiffes mit der Inschrift *APΓΩ* sich befindet; ohne Zweifel zum Behufe deutlicher Bezeichnung des mythologischen Ereignisses, auf das es sich bezieht, nämlich des Argonautenzuges. [1]

Hier aber tritt uns eine offenbare Schwierigkeit entgegen: was konnte die Apameer veranlassen, solch ein Ereigniß zum Bilde für ihre Münzen zu wählen? Auch diese Schwierigkeit ist vollkommen beseitigt worden. Es war bei den Städten gewöhnlich, zu ihren Emblemen irgend ein merkwürdiges Ereigniß zu nehmen, das die Fabel dahin verlegte. So hat die Stadt Thermä in Sicilien den Herkules auf ihren Münzen, weil er nach der Mythologie daselbst geruht haben soll. Eben dieß ist nun auch der Fall bei Apamea oder, wie es vordem hieß, Celäne. Denn die sibyllinischen Bücher, die, obwohl unächt, doch ein hinreichendes Zeugniß von dem Vorhandensein einer Volkstradition sind, sagen deutlich, daß in der Nähe von Celäne der Berg Ararat sei, auf dem die Arche feststand. Diese Tradition, die offenbar mit der deukalionischen Fluth, deren Sitz Griechenland war, in keiner Beziehung steht, ist hinreichend, die Annahme einer solchen Darstellung auf den Münzen Apamea's zu erklären. Daher entstand auch wahrscheinlich ein anderer alter Name dieser Stadt, *Κιβωτός*, die Arche, wie Winkelmann gezeigt hat, und eben dieses Wort wird von den Septuaginta und Josephus bei der Beschreibung der Arche Noe's gebraucht. [2]

Hier also haben wir ein Beispiel von einem zur Beleuchtung der heiligen Schrift dienenden Monumente, das seine Zuverlässigkeit und Gültigkeit dem Fortschritte eben jener

---

[1] Pag. 132.
[2] Sieh Winkelmann, „Monumenti antichi inediti." Rom. 1767. Tom. II. p. 258. Eckhel a. a. O. p. 132. 139.

Wissenschaft verdankt, die es zuerst hervorzog. Denn wir haben gesehen, daß der gelehrte Numismatiker, von dem man sagen kann, daß er zuerst das Studium der Münzen in eine systematische Ordnung brachte und die ganze Wissenschaft einem allgemeinen Plane unterwarf, auch der Erste war, alle Unbestimmtheit von diesen interessanten Documenten zu entfernen und ihre Bedeutung über allen Zweifel zu erheben.

§. 8.
Vergleichung dieser Darstellung mit anderen Monumenten.

Doch man könnte einwenden, daß an einer solchen Darstellung der Arche kaum eine Uebereinstimmung weder mit der heiligen, noch mit der profanen Beschreibung der Sündfluth, wie sie vorhin erwähnt wurde, zu erkennen sei; denn diese nehmen an, daß nicht nur Noe und sein Weib, sondern seine ganze Familie und viele Thiere in der Arche eingeschlossen waren. Solche Umstände können kaum durch die Abbildung eines kleinen Kastens mit zwei Personen ausgedrückt sein. Um dieser Schwierigkeit zu begegnen, möchte ich eine Vergleichung zwischen den frühesten christlichen Denkmälern und der Darstellung auf diesen Münzen vorschlagen; denn Niemand wird bezweifeln, daß man auf den erstern die biblische Erzählung im Auge hatte. Auf ihnen ist die Arche immer als ein viereckiger Kasten dargestellt, der auf einem Wasserstrome schwimmt. In ihm sieht man nur die Figur des Patriarchen, von dem Leibe an aufwärts, und oben die Taube, die ihm den Oelzweig bringt. Dieß ist die Darstellung auf vier marmornen Sarkophagen, die Aringhi bekannt machte,[1] und in dem Gemälde der zweiten Kammer in dem Cömeterium des Callistus.[2] Eine ganz ähnliche Darstellung hat der Senator Buonarotti nach einer

---

[1] „Roma subterranea." Roma 1651. Tom. I. p. 325. 331. 338. Tom. II. p. 143.

[2] Ibid. p. 539. Siehe auch p. 551. 556.

Metallplatte mitgetheilt,¹) und Ciampini erläutert.²) Einige dieser Gemälde scheinen auch den Deckel des Kastens zu zeigen, der über dem Haupte des Patriarchen aufgeschlagen ist, wie bei den apameischen Münzen.³) Ferner erscheint wie bei diesen die Figur Noe's bisweilen außer der Arche, auf dem trockenen Lande stehend, mit der symbolischen Taube, um anzudeuten, wer er ist; denn so zählt Boldetti unter den gewöhnlichen christlichen Symbolen auch auf: „Noè dentro e talvolta fuori dell' arca, colla colomba." [Noe in und bisweilen auch außer der Arche, mit der Taube.]⁴) Endlich erscheint die Taube bisweilen auf der Arche stehend, wie auf der Münze; aber dann fehlt die Figur des Patriarchen. So ist es auf der fogginischen Gemme, die Mamachi beschreibt.⁵) Zur bessern Vergleichung der heiligen mit der profanen Darstellung habe ich ein Gemälde von dem Cömeterium des Calistus der apameischen Münze zur Seite gestellt (Fig. 2.). Und ich denke, wenn Sie beide nebeneinander sehen, so werden Sie daraus abnehmen, daß dadurch nicht nur jede Bedenklichkeit gehoben wird, ob eine solche Arche, wie die Noe's, jemals so dargestellt werden konnte, wie wir es auf den Münzen sehen, sondern daß auch die Aehnlichkeit zwischen beiden Arten von Monumenten groß genug ist, um uns zu

---

¹) „Osservazioni sopra alcuni frammenti di vasi antichi di vetro." Tom. I. Fig. 1.

²) „Dissertatio de duobus emblematibus Musaei Card. Carpinei." Romae 1748. p. 18. Bianchini hat auch nach einem alten Glase eine Darstellung derselben Scene in Miniatur herausgegeben. („Demonstratio historiae ecclesiasticae quadripartitae comprobatae monumentis." Romae 1753. p. 585.) Es ist bezeichnet mit Nr. 159, auf dem letzten Blatte der zweiten Tafel, zur Beleuchtung des zweiten Jahrhunderts.

³) Beispiele sieh bei Aringhi, Tom. II. p. 67. 105. 187. 315.

⁴) „Osservazioni sopra i Cimiterii" etc. Romae 1720. Lib I. p. 22.

⁵) „Originum et antiquitatum Christianarum." Lib. XX. Tom. III. Romae 1731. p. 22. Tab. II. Fig. 6.

der Annahme zu berechtigen, daß die Gegenstände beider identisch sind. Dazu kommt noch, daß die Altersverschiedenheit der beiden nicht sehr groß sein kann; daß die Christen in diesen Abbildungen, die auf verschiedenen Monumenten so gleichmäßig sind, unläugbar für ihre bildende Kunst einen gemeinschaftlichen Typus hatten, der von der biblischen Erzählung ganz verschieden ist, und daß dieser Typus wahrscheinlich von anderen Traditionen entlehnt war.

§. 9.
II. Inschriften.

Von den Münzen wenden wir uns nun zu den Inschriften, einer höheren Art von Monumenten, indem sie in der Regel in den Aufschlüssen, die sie uns gewähren, mehr in das Einzelne gehen. Der größte Vortheil, der aus dieser Art von Ueberresten des Alterthums gewonnen wurde, besteht in der Worterklärung dunkler Stellen in der heiligen Schrift, die sie oft schon dargeboten haben. Wollte ich mich jedoch über diese Art philologischer Bestätigung oder Erläuterung, die der biblische Text von ihnen empfing, weiter ausbreiten, so müßte ich Sie offenbar in kleinliche Einzelheiten und gelehrte Erörterungen einführen, die dem Zwecke dieser Vorträge kaum angemessen wären. Allein was immer neues Licht auf irgend eine Stelle der heiligen Schrift wirft, und was immer ihre Redeweise von einem Vorwurfe der Ungereimtheit und des Barbarismus reinigt, dient in gleicher Weise, die Klarheit unseres Verständnisses derselben zu erhöhen und die Zeugnisse für ihre Aechtheit zu vermehren.

§. 10.
Erklärung des Wortes regulus bei Joh. IV, 46.

Ich begnüge mich daher mit einem einzigen Beispiele, das ich einer gelehrten Abhandlung von Dr. Friedrich Münter entnehme, welche unter dem Titel: „Beiträge zur Erklärung des Neuen Testaments aus griechischen Marmorstatuen u. s. w." vor wenigen Jahren in die Kopenhagener Miscellaneen eingerückt war.¹) Bei Johannes IV, 46 ist die Rede von einem τις βασιλικός, einem gewissen Edelherrn oder Statthalter oder Hofbeamten (denn auf diese verschiedenen Weisen wird es übersetzt). Die englische Uebersetzung hat das erstere mit den zwei andern am Rande, und ein neuerer Commentator bemerkt von dieser Uebersetzung, daß sie „den Begriff eines erblichen Ranges und gewisser Würden ausdrücke, die in Palästina oder auch in Syrien nichts Entsprechendes hatten."²) Einige meinten, es bedeute einen Prinzen königlichen Geblütes, Andere einen königlichen Soldaten; wieder Andere haben es für einen Eigennamen angesehen. Die wahrscheinlichste Erklärung schien die von Krebs, daß es einen Minister oder Diener des Königs bedeute.³) Die Belege, die er aus Schriftstellern

---

¹) „Symbola ad interpretationem N. T. ex marmoribus, numis lapidibusque coelatis, maxime Graecis." In den „Miscellanea Hafnensia theologici et philologici argumenti." Koppenhag. 1816. Tom. I. fascic. 1.

²) Campbell, zu dieser Stelle.

³) „Observationes Flavianae." p. 144. Sechs von Griesbach's Codices lesen βασιλίσκος, und offenbar las auch der Uebersetzer der Vulgata so; denn diese Uebersetzung hat „quidam regulus," oder wie wir es übersetzt haben, „ein gewisser Statthalter." Schleusner nimmt an, daß diese Leseart aus der Vulgata entstanden sei; aber das Gegentheil ist viel wahrscheinlicher. Es mag nicht am unrechten Orte sein, in dieser Note zu bemerken, daß, obwohl die Vulgata das Wort durch ein Diminutivum gibt, es im Hellenistisch-Griechischen diese Bedeutung keineswegs hat. Dieß erhellt aus einer Inschrift von Silco, König von Nubien, die zuerst Niebuhr nach einer minder treuen Copie von Gau, in seinen „Inscriptiones Nubienses," Romae 1820, und wiederum Letronne nach einer von H. Caillaud im „Journal des Savans," Fevr. 1825. p. 98. 99, mitgetheilt hat. Dieser König beginnt die hochtönende Erzählung seiner Siege mit den Worten: Ἐγω Σίλκω βασιλίσκος τῶν Νουβάδων καὶ

vorbrachte, genügten nicht vielen Erklärern. Allein Münter entnahm einer Inschrift auf der Memnonssäule, die in demselben hellenistischen Dialecte wie das Neue Testament geschrieben ist, einen neuen Beleg, der diese Uebersetzung auf festern Fuß stellt. Darin erscheint nämlich ein *Ἀρτεμίδωρος Πτολεμαίου βασιλικός*, Artemidorus, Hofbediener des Ptolomäus. Denn der Zusatz des Namens des Königs wird eine andere Uebersetzung nicht gestatten.[1)]

§. 11.
Gibbon's und Dodwell's Behauptungen über die geringe Zahl der christlichen Martyrer.

Um nun zu Beispielen von allgemeinerer Bedeutung und Wichtigkeit, und von Worten zu Sachen zu kommen, will ich Ihnen ein Beispiel von den Diensten geben, welche Inschriften den großen Beweisen für das Christenthum leisten können. Wer immer auch nur oberflächlich diese studirt hat, ist überzeugt von der Wichtigkeit des Beweises, der sich aus der Freudigkeit ergibt, mit welcher die ersten Christen zur Vertheidigung ihrer Religion dem Tode entgegengingen. Von den Gesichten der Offenbarung Johannis bis zu der großen Kirchengeschichte des Eusebius bieten uns die Jahrbücher der Kirche eine Wolke von Zeugen dar, eine Schaar von Mar-

---

ὅλων τῶν Ἀιθιόπων. Wenn auch der scharfsinnige Grundsatz Salverte's, in seinem „Essai sur les noms propres": „Jamais peuple ne s'est donné à lui-même un nom peu honorable," auf Monarchen bei der Aufzählung ihrer Titel keine Anwendung fände, so würden die Worte in der zehnten und eilften Linie keinen Zweifel über die wahre Bedeutung lassen. Denn er sagt hier: „ὅτε ἐγέγονα μὴν βασιλίσκος," stand ich nicht hinter andern Fürsten zurück; sondern ich stand über ihnen." Letronne erläutert viele Ausdrücke dieser Inschrift aus dem Griechischen der Septuaginta und des Neuen Testamentes.

[1)] „Miscellanea." p. 18.

tyrern, die Liebe für Liebe, Leben für Leben hingaben, ihr Bekenntniß mit ihrem Blute besiegelnd und die Bosheit und Grausamkeit unbarmherziger Verfolger für nichts achtend. In dieser Festigkeit der Ueberzeugung, dieser Standhaftigkeit des Glaubens, dieser Kühnheit des Bekenntnisses und dieser Begeisterung der Liebe haben wir gewiß einen Beweis von der gewaltigen Macht, mit welcher Tausende von Zeugnissen, jetzt nur gelesen, damals aber gefühlt und gesehen, ihre Seelen erfaßten; in der Kraft, die sie durch alle die grausamen Prüfungen aufrecht erhielt, haben wir die Erweisung eines starken, innerlichen Prinzipes, das in ihnen der Schwachheit unserer Natur entgegenwirkte; und in der Nichtigkeit jeder Bemühung, sie zu besiegen oder gänzlich zu vernichten, haben wir ein Zeugniß eines schützenden Armes, der sichern Verheißung dessen, der jede Waffe, die gegen sein Werk geschmiedet wurde, zunichte machen konnte. Niemand wird sich daher verwundern über den Aufwand von Scharfsinn, mit dem man auf alle mögliche Weise dieses wichtige kirchenhistorische Factum zu verdächtigen suchte, und daß Gibbon allen buhlerischen Prunk seines eigenen Styles aufwandte und alle Gelehrsamkeit seiner Vorgänger entlehnte, um zu beweisen, daß das Christenthum nur wenige Martyrer hatte, und daß diese den Tod eher durch ihre eigene Unklugheit, als etwa aus Bosheit und Christenhaß ihrer Feinde erlitten; daß sie endlich eher von einem ehrgeizigen, unruhigen Geiste, als von einer heiligen göttlichen Anregung auf das Schaffot getrieben wurden. — „Ihre Personen," schließt er, „wurden für heilig gehalten, ihre Entscheidungen mit Ehrerbietung hingenommen, und sie mißbrauchten nur zu oft durch ihren geistigen Stolz und zügellose Sitten das Uebergewicht, das ihr Eifer und ihre Unerschrockenheit erlangt hatten. Auszeichnungen dieser Art verrathen die unbedeutende Zahl derer, die für das Bekenntniß des christlichen Glaubens litten und starben, gerade indem sie ihr so hoch erhobenes Verdienst zur

Schau stellen."¹) Der gelehrte Dodwell hat in seinen Abhandlungen über den heiligen Cyprian diesen Angriffen auf die historischen Beweise des Christenthums den Weg gebahnt, indem er behauptete, daß die Anzahl der Martyrer nur unbeträchtlich sei, und daß nach der Regierung Domitians die Kirche sich vollkommener Ruhe erfreute.²)

§. 12.
Ihre Widerlegung durch Inschriften.

Ansaldi und Andere haben sich des Geschäftes, diese Behauptungen aus historischen Gründen zu widerlegen, gewiß nicht ohne Erfolg entledigt; aber monumentale Inschriften bieten die direktesten und erschöpfendsten Mittel dar, sie umzustoßen. Visconti hat sich die Mühe genommen, aus bänderreichen Werken über christliche Alterthümer solche Inschriften zu sammeln, welche die Anzahl derer, die ihr Blut für Christus vergoßen, angeben.³)

Die Grausamkeit der heidnischen Verfolgungen, sogar unter Kaisern von milden Grundsätzen und sanftem Verfahren, ist hinreichend bezeugt durch eine pathetische Inschrift in dem Begräbnisse des Kallistus, welche Aringhi mittheilt. „Alexander ist nicht todt, sondern lebt über den Sternen, und sein Leib ruht in diesem Grabe. Er endete sein Leben unter dem Kaiser Antoninus, der, als er sah, daß er am meisten Gunst verdiene, anstatt Gewogenheit ihm Haß gab. Denn da er sein Knie beugte, dem wahren Gott zu opfern, wurde er zur Todesstrafe hinweggeschleppt. O unselige Zeiten! wo wir mitten in unsern heiligen Gebräuchen und Gebeten nicht sicher

---

¹) „Decline and Fall." C. XVI.

²) „Dissertationes Cyprianicae." Dissert. XI. p. 57. ad calc. Cypr. Opp. Oxon. 1682.

³) In den „Memorie Romane di Antichità." Rom. 1825. Tom. I.

sein können, selbst nicht in Höhlen! Was ist elender als das Leben? aber was ist auch elender als der Tod, da wir von unsern Freunden und Verwandten nicht begraben werden können?"¹) Diese pathetische Klage wird die Schwierigkeiten erklären, welche die Christen in Erwähnung der Namen ihrer Martyrer hatten, und warum sie so oft genöthigt waren, sich mit der Angabe ihrer Anzahl zu begnügen. So haben wir die folgenden Inschriften in den Katakomben:²)

MARCELLA ET CHRISTI MARTYRES CCCCCL.
(Marcella und 550 Martyrer Christi.)
HIC REQUIESCIT MEDICUS CUM PLURIBUS.
(Hier ruht Medicus mit noch Mehrern.)
CL MARTYRES CHRISTI.
(150 Martyrer Christi.)

Diese Inschriften beweisen deutlich die Grausamkeit der Verfolgungen und die große Zahl der Martyrer.

Nachdem wir so den Gebrauch gesehen haben, in einer kurzen Inschrift so vieler Dulder um des christlichen Glaubens willen zu gedenken, sind wir auf den natürlichen Schluß geführt, daß, wenn eine einfache Zahl auf einem Steine sich geschrieben findet, sie sich auf denselben Umstand bezieht. Dieß scheint der Alterthumsforscher, auf den ich mich eben bezog, erschöpfend bewiesen zu haben; denn man hat oft angenommen, daß solche Zahlen sich auf eine Reihenfolge beziehen, in welche die Inschriften eingeordnet gewesen wären. Aber nicht zu erwähnen, daß eine solche Reihe oder auch nur irgend etwas dem

---

¹) „Alexander mortuus non est, sed vivit super astra, et corpus in hoc tumulo quiescit. Vitam explevit cum Antonino Imperatore, qui, ubi multum beneficii antevenire praevideret, pro gratia odium reddidit: genua enim flectens, vero Deo sacrificaturus, ad supplicia ducitur. O tempora infausta! quibus inter sacra et vota ne in cavernis quidem salvari possimus! Quid miserius vita? sed quid miserius in morte, cum ab amicis et parentibus sepeliri nequeant!" Aringhi, „Roma Subterranea." Tom. II. p. 685.

²) Visconti, p. 112. 113.

Aehnliches nicht entdeckt werden kann, sind diese Ziffern bisweilen in einer Weise geschrieben, die man schwerlich angewandt hätte, wären sie nur fortlaufende Zahlen. Sie sind z. B. manchmal mit einem von Tauben getragenen Kranze umgeben; an einer Stelle ist das Wort TRIGINTA, dreißig, ganz ausgeschrieben, mit dem Monogramme des Namens Christi vorn und hinten, was jede Vorstellung, als sei es bloße Beziehung auf eine fortlaufende Reihe, ausschließt; in einem anderen Falle folgt auf die Zahl XV ein INP, in pace. Die Muthmaßung, daß solche einfache Inschriften den Tod eben so vieler Martyrer erwähnen, als die Zahlen andeuten, geht in absolute Gewißheit über, da sie durch eine Stelle bei Prudentius bestätigt wird, der über die Katakomben zu einer Zeit schrieb, da die Traditionen über sie noch frisch waren. — „Es gibt viele Marmorsteine," sagt er uns, „welche Gräber verschließen, nur mit einer Zahl bezeichnet; ihr erfahrt dadurch, wie viele Leiber zusammengehäuft liegen: aber ihr lest nicht ihre Namen. Ich erinnere mich, so gelesen zu haben, daß die Ueberreste von sechzig Leibern unter Einem Hügel begraben lagen."

„Sunt et multa tamen tacitas claudentia tumbas
　Marmora, quae solum significant numerum.
Quanta virum jaceant congestis corpora acervis
　Scire licet, quorum nomina nulla legas.
Sexaginta illic defossas mole sub una
　Reliquias memini me didicisse hominum."[1]

Diese Verse lassen nichts zu wünschen übrig: sie setzen uns in Besitz einer großen Menge von Inschriften, welche, da sie bloß Zahlen enthalten, vollständig beweisen, daß es in Wahrheit Viele waren, welche in jenen ersten Zeiten dem Herrn Jesus Zeugniß gaben.

---

[1] „Carmina." Rom. 1788. Tom. II. p. 1164. Carm. XI.

§. 13.
Burnet's Einwurf widerlegt.

Aber eine neue antiquarische Schwierigkeit begegnet uns hier. Denn Burnet hat behauptet, daß kein Monument gefunden worden sei, das beweisen könnte, daß die Christen vor dem vierten Jahrhunderte die Katakomben besaßen.[1]) Allgemeine negative Behauptungen sind immer leicht aufzustellen, aber zweifelsohne schwer zu beweisen; dagegen sind sie auf der andern Seite am leichtesten zu widerlegen: denn ein einziges Beispiel vom Gegentheile wird dazu genügen. So ist es hier. Eine einzige von den bereits erklärten Zahleninschriften wird Alles beweisen, was wir bedürfen. Sie lautet so:

N. XXX. SVRRA. ET. SENEC. COSS.
(30. Unter dem Consulate des Surra und Senecio.)

Nun fällt das Consulat des Surra und Senecio in's Jahr 107 nach Christus, eben die Zeit der trajanischen Verfolgung. Aber wir haben noch eine andere höchst bedeutungsvolle Inschrift, welche Marangoni mittheilt, wodurch diese Frage außer Zweifel gesetzt wird. Es ist jene des Gaudentius, eines Architekten, den dieser gelehrte Alterthumsforscher für den Leiter des Baues des Colosseums hält. Die Inschrift in den Katakomben belehrt uns, daß er den Tod unter Vespasian erlitt. Man kann auch nicht annehmen, daß sie später zu seiner Ehre errichtet wurde. Denn sie ist mit einer eigenen Art von Accenten oder Häubchen über einigen Sylben bezeichnet, welche, wie der gelehrte Marini gezeigt hat, nur von Augustus bis Trajan im Gebrauche waren.[2]) Folglich muß die Inschrift vor der Regierung dieses Kaisers eingehauen worden sein.

---

[1]) „Some Letters from Italy." Lond. 1724. p. 224.
[2]) „Atti dei Fratelli Arvali." p. 760.

Diese Inschriften sind ein neues, starkes Zeugniß, welch' eine Menge ihr Leben für den Glauben hingegeben haben muß, und haben so zur Widerlegung eines mächtigen Einwurfs gegen eine der wichtigsten und schönsten Bestätigungen des Christenthums geführt.

§. 14.
III. Monumente.

Obwohl man Münzen und Inschriften mit Recht als Monumente betrachten kann, so habe ich doch diesen Namen lieber der Klasse eigentlicher Gedächtnißmale vorbehalten, die durch Darstellungen, die zu dem Auge sprechen, die Erinnerung großer Ereignisse oder der Sitten und Gebräuche alter Zeiten erhalten. Der Werth solcher Monumente ist gewiß sehr groß; denn sie sind das absichtliche Vermächtniß des Ruhmes ganzer Generationen an ihre Nachkommen, die Repräsentanten und Stellvertreter der Nationen, die im Bewußtsein ihrer Vergänglichkeit und Sterblichkeit sie errichtet haben, indem sie dieselben, so gut sie konnten, nach ihrem Bilde und Gleichnisse gestalteten und mit der Größe und Pracht ausstatteten, die ihren eigenen Zustand am Besten nachbilden mochte, all' die Gedanken des Stolzes, die ihre eigenen Herzen erfüllten, in sie einschrieben, die ganze Fülle ihres Ehrgeizes und die Unermeßlichkeit ihrer Begierden in ihnen verleiblichten, und ihnen eine Seele schweigender Erinnerungen einhauchten, eine sprechende Kraft, welche die Sympathien an sich knüpft und zu dem Herzen lebender Generationen spricht, als ob sie mit der vereinigten Gewalt des erloschenen Geschlechtes Zwiesprache hielten. Und ach, nur zu sehr haben sie in der Regel sie zu Abbildern ihrer selbst gemacht: ihre Epigraphen sind, wie ihre Geschichte, ein Räthsel für den Gelehrten, seinen Witz daran zu versuchen: ihre Baupläne, wie ihre Verfassungen, ein zertrümmertes Labyrinth für den Alterthumsforscher, es zu ergänzen: ihre gehauenen Bilder, wie ihr Nationalcharakter, von der Zeit zernagt und formlos, für den Dichter, darüber zu träumen: ihre mächtigen Gebäude, wie die mächtigen Männer, die sie errichteten, sind zerstückelt, zerstreut und in Asche zerstoben, über die der Philosoph nachdenken und durch die der menschliche Stolz sich demüthigen mag. Aber eine weit freundlichere Belehrung werden sie an uns richten, wenn sie durch menschliche Absicht oder durch die Leitung der Vorsehung irgendwo eine schwache, noch glimmende Erinnerung solcher Dinge tragen, die zwar denen, die sie aufzeichneten, werthlos, uns aber heilig sind. So mögen unter den Skulpturen auf dem Titusbogen die Kaiser, die sie errichteten, und die darauf im Triumphe einherziehen, verstümmelt, entstellt und fast ausgelöscht sein aus der Urkunde ihrer Größe; der goldene Leuchter des Tempels, die Lampe heiliger Zeugschaft, wird darauf bleiben, — damals eine kriegerische Trophäe, jetzt eine Prophezie, — ihnen ein Zeichen des Sieges, uns ein Zeichen unbesieglicher Stärke.

§. 15.
Der Gebrauch des Weines in Aegypten, gegen die Angabe der Bibel geläugnet.

Im letztvergangenen Jahrhunderte wurden die Bücher Moses oft angegriffen wegen Erwähnung von Trauben und Weinbergen[1] und wohl auch wegen des Weines,[2] der nach denselben in Aegypten im Gebrauche gewesen wäre.[3] Denn Herodot sagt uns ausdrücklich, daß es in Aegypten keine Weinberge gab,[4]

---

[1] Gen. XL, 9. XLIII, 13.
[2] Num. XX, 5.
[3] Siehe Bullet, „Réponses critiques." Besançon 1819. Tom. III. p. 142. Duclot, „Bible vengée." Brescia 1821. Tom. II. p. 244.
[4] Lib. II. cap. 77.

und Plutarch versichert uns, daß die Eingebornen dieses Landes einen Abscheu vor dem Weine hatten, indem er nach ihrer Meinung das Blut derer sei, die sich gegen die Götter empört hätten.¹) Diese Autoritäten erschienen als so entscheidend, daß der gelehrte Verfasser der „gründlichen Erklärung des mosaischen Rechtes" die entgegengesetzten Angaben eines Diodorus, Strabo, Plinius und Athenäus als gänzlich überwogen durch das Zeugniß des einzigen Herodot betrachtete.²) Darum, schloß er, war bei den jüdischen Opfern ausdrücklich Wein verordnet, um ein ägyptisches Vorurtheil darüber zu durchbrechen und das auserwählte Volk von seiner übermächtigen Vorliebe für jenes Land und seine Einrichtungen loszulösen. In dieser Meinung folgten ihm viele tüchtige Männer. Dr. Prichard erwähnt Weinopfer unter jenen Gebräuchen, welche entweder „in näherer Beziehung oder im Gegensatze zu den Gesetzen Aegyptens standen,"³) und da dieser Gebrauch gewiß nicht in die Klasse der ersten gerechnet werden kann, so dürfen wir, glaube ich, annehmen, daß er die Meinung des Michaelis theilt. So lange als die Autorität des Herodot in dieser Weise den übereinstimmenden Zeugnissen anderer Schriftsteller vorgezogen wurde, war die Entgegnung auf diesen Einwurf natürlich nur schwach. Wir finden daher, daß die Schriftsteller, welche diese Erwiderung unternahmen, entweder ihre Zuflucht zu dem Mittel nahmen, auf die Unwahrscheinlichkeit einer solchen Angabe Muthmaßungen zu bauen, oder daß sie eine chronologische Verschiedenheit der Umstände und eine Sittenänderung zwischen der Zeit des Moses und Herodot voraussetzten.

---

¹) „De Iside et Osiride." §. 6.
²) Bd. III. S. 121 ff.
³) „Analysis of Egyptian mythology." p. 422. Guénée, „Lettres de quelques Juifs." Par. Tom. I. p. 192.

§. 16.
Vertheidigung durch Costaz, Jomard, Champollion und Rosellini.

Allein ägyptische Denkmäler haben den Streit zu Ende gebracht und haben natürlich zu Gunsten des jüdischen Gesetzgebers entschieden. In der großen Beschreibung Aegyptens, welche die französische Regierung nach der Expedition in dieses Land herausgab, beschreibt Costaz die genaue Abbildung des Weinbaues in allen ihren Theilen, wie sie in den Hypogäen oder unterirdischen Gewölben von Eilithyia gemalt ist, von der Anpflanzung des Weinstockes bis zum Abziehen des Weines; auch stellt er den Herodot streng darüber zu Rede, daß er das Vorhandensein von Weinbergen in Aegypten läugnet.[1]

Im Jahre 1825 wurde diese Frage auf's Neue angeregt im Journal des Débats, wo ein Kritiker über eine neue Ausgabe des Horatius die Gelegenheit wahrnahm, zu bemerken, daß das vinum mareoticum, das in der 37sten Ode des ersten Buches erwähnt wird, kein ägyptischer Wein sein könne, sondern ein Erzeugniß aus einer Gegend in Epirus, Namens Mareotis, sei. Dieß war in dem Blatte vom 26sten Juni; und am 2ten und 6ten des folgenden Monats besprach Malte-Brun die Frage in demselben Blatte, besonders mit Beziehung auf die Autorität Herodot's; aber seine Beweise reichten nicht weiter zurück, als in die Zeiten der griechischen und römischen Herrschaft. Jomard nahm jedoch davon Veranlassung, den Punkt umfassender zu erörtern: und in einer literarischen Zeitschrift, die zu solchen Erörterungen geeigneter war, als ein Tagblatt, verfolgte er seine Untersuchungen bis in die Zeiten der Pharaone. Außer den Gemälden, die bereits von Costaz angezogen waren, beruft er

---

[1] „Description de l'Egypte, Antiquités Mem." Par. 1809. Tom. I. p. 62.

sich auf die Ueberreste von Amphoren oder Weinkrügen, die unter den Ruinen alter ägyptischer Städte gefunden wurden und jetzt noch mit einer Kruste von Tartarus, der sich im Weine absetzt, überzogen waren.[1] Aber seit Champollion's Entdeckung des hieroglyphischen Alphabets kann die Sache als gänzlich entschieden angesehen werden; denn jetzt erscheint es als gewiß, daß der Wein in Aegypten nicht nur bekannt, sondern sogar bei den Opfern gebräuchlich war. Denn in den Darstellungen von Opfern haben wir unter andern Gaben auch Flaschen, die roth gefärbt sind bis an den Hals, welcher weiß bleibt, als sei er durchsichtig; und daneben liest man in Hieroglyphen das Wort *ERP*, was im Koptischen Wein bedeutet.[2]

Rosellini hat in den Abbildungen seines prachtvollen Werkes Darstellungen von jedem Theile des Weinbaues und der Weinbereitung mitgetheilt. Vor diesem aber hatte er zu Florenz ein ägyptisches Basrelief aus der großherzoglichen Gallerie herausgegeben, welches nach seiner Annahme ein Gebet an die Gottheit Athir in Hieroglyphen enthält. Sie wird gebeten, den Todten Wein, Milch und andere gute Dinge zu gewähren. Diese Gegenstände sind durch Gefäße dargestellt, die sie enthalten sollen, und um sie herum sind ihre Namen mit Hieroglyphen geschrieben. Um das erste stehen die Feder, der Mund und das Viereck, die phonetischen Zeichen für die Buchstaben *ERP*.[3] Hier will ich nun auch bemerken, daß der gelehrte Schweighäuser in seinen Anmerkungen zum Athenäus die Richtigkeit von Casaubon's Behauptung, daß ἔρπις das ägyptische Wort für Wein sei, in

---

[1] „Bulletin universel." 7e section. Tom. 4. p. 78.

[2] „Lettres à M. le Duc de Blacas." 1e lettre. p. 37.

[3] „Di un basso-relievo Egiziano della J. e R. Galleria di Firenze." Ib. 1826. p. 40. Wilkinson hat auch dasselbe Wort gelesen: „Materia hieroglyphica." p. 16. nota 5.

Zweifel zu ziehen scheint,¹) obwohl sich dieß durch Eustathius und Lykophron deutlich beweist. Hätte er sein Werk geschrieben, nachdem die Entdeckung des Wortes in Hieroglyphen gemacht war, so würde er seine Meinung ohne Zweifel geändert haben. Und auf der andern Seite zweifle ich nicht, daß Champollion und Rosellini ihre Interpretation durch diese alten Schriftsteller bekräftigt haben würden, wenn sie mit ihrem Zeugnisse bekannt gewesen wären.

§. 17.

Merkwürdige, in der Campagna Romana gefundene Vase, die sich auf die Sündfluth bezieht.

Erlauben Sie mir nun, Ihre Aufmerksamkeit auf ein außerordentlich interessantes Monument zu richten, das keine andere Erklärung zulassen wird, als die wir auch den apameischen Münzen geben mußten: indem wir es nämlich als ein Denkmal der Sündfluth betrachten. Im Jahre 1696 fand ein Arbeiter, indem er in der Umgegend Roms ein Grabmal aufgrub, eine irdene Vase, die mit einem Ziegel bedeckt war. Indem er diesen entfernte, fiel der Deckel weg und zerbrach. Der Arbeiter zog nun daraus eine Anzahl von Siegeln und Amuletten, die aus geschlossenen Händen, Ochsenköpfen und Olivenbeeren, alle roh aus Stein gearbeitet, bestanden. Unter diesen fühlte er etwas Hartes und Ebenes,

---

¹) Athenaeus, „Deipnosoph. Epit." Lib. II. Tom. I. p. 148. ed. Schweighäuser, hat das Wort ἔρπις in einem Citate aus Sappho, obwohl er an einer andern Stelle (lib. X. tom. 4 p. 55.) ὄλπιν liest. Der gelehrte Kritiker scheint bewiesen zu haben, daß letztere die richtige Leseart ist. („Animadvers. in Athen." Argentor. 1804. Tom. 5. p. 378.) Diese Entdeckung der ägyptischen Benennung, die alte Schriftsteller dem Weine geben, in hieroglyphischen Charakteren unter den im Texte erwähnten Umständen, muß als eine starke Bekräftigung der Richtigkeit des phonetischen Systems betrachtet werden.

und in seiner Ungeduld, es zu entdecken, brach er die Vase entzwei, und damit nicht zufrieden, brach er sie auch unten auf; hierauf fiel nun ein bronzener Ring heraus, der genau in den untern Theil der Vase eingepaßt war, nebst einer dünnen Platte, welche ihn bedeckt hatte. Er hatte keinen Boden, aber aus den Holzfasern, die mit der Erde sich gemengt fanden, schloß man, daß dieser ursprünglich aus diesem Stoffe gebildet war. Zugleich fiel eine Anzahl Figuren heraus, die ich sogleich beschreiben werde. Dieses merkwürdige Monument kam in den Besitz des Alterthumsforschers Ficoroni, und ein genauer Bericht davon wurde von Bianchini im folgenden Jahre herausgegeben.[1]) Ein Kupferstich ist beigegeben, der sehr roh ausgeführt ist; doch ist eine spätere Ausgabe davon vorhanden ohne Datum, aber mit der Angabe, daß jene Gegenstände in dem Hause des Giovanni Domenico Pennacchi sich befinden. Von dieser habe ich eine Copie machen lassen, ohne Rücksicht auf die unvollkommene Zeichnung in beiden Kupferstichen, die durch ihre Verschiedenheit voneinander deutlich genug zeigen, daß vollkommene Genauigkeit der Abbildung in keiner von beiden angestrebt war. Sie haben sie vor sich, und ich schreite zu ihrer Erklärung.[2])

Diese Abbildung ist in drei Theile getheilt. Der erste linker Hand stellt die Vase A dar, die aus Töpferthon gemacht ist, doch von anderer Beschaffenheit, als die gewöhnliche terra cotta, indem er mit flimmernden metallischen Trümmern und Marmorstückchen gemischt war. In der Gestalt gleicht sie einigermassen einer kleinen Tonne oder der Vase, die auf dem Isiszuge im Pallaste Mattei dargestellt ist. Die Figur stellt sie dar, wie sie zerbrochen war, und zeigt die Vertheilung des Inhalts darin bei C. Daneben ist der Deckel B, der darauf gefunden wurde. In der zweiten Ab-

---

[1]) „La storia universale provata coi monumenti." p. 178 sqq.
[2]) S. Tafel III.

theilung hat man Gestalt und Verhältniß des untern Theils der Base in zwei Drittheilen der wirklichen Größe. Fast in dem nämlichen Verhältnisse sind auch die Figuren in dieser und in der dritten Abtheilung vertheilt. D stellt den metallenen Ring dar, welcher den untern Theil des Gefäßes ausfütterte, und aus schmalen, zusammengenagelten Blättern besteht, wie zur Nachahmung eines hölzernen Bauwerkes. In Zwischenräumen sind Fenster oder Oeffnungen mit Läden darüber angebracht. Eine Thüre ist nicht da, dafür aber eine bronzene Leiter mit fünf Stufen, wie zu dem Ende, um von oben Eintritt zu gewähren. Das Gefüge dieser metallenen Büchse scheint also offenbar den Wunsch auszudrücken, ein Gebäude, wahrscheinlich von Holz, darzustellen, in das kein Eingang vom Boden aus stattfinden sollte. In gewissen Zwischenräumen ist die Seite über den Rand dieser kleinen Arche erhöht, wie die Brustwehren einer Befestigung; zwei von diesen Erhöhungen erscheinen in der Zeichnung: diese schienen den Deckel festzuhalten, der mit gewissen Metallnägeln an sie befestigt war, von denen einer, im Deckel befestigt, bei E in der linken Abtheilung zu sehen ist.

Die Figuren bestanden aus zwanzig Thierpaaren,[1] zwölf von Vierfüßern, sechs von Vögeln, eines von Schlangen und eines von Insekten. Es waren auch zwei andere, ungepaarte Insekten dabei, deren Gefährten wahrscheinlich bei der Ausgrabung verloren gegangen waren. Die Thiere waren ein Löwe und eine Löwin, ein Paar Tiger, Pferde, Esel, Hirsche, Ochsen, Wölfe, Füchse, Schafe, Hasen und zwei andere, die nicht näher bezeichnet sind. Dabei waren noch fünfunddreißig menschliche Figuren, einige einzeln, andere gruppirt, alle aber mit Zeichen der Anstrengung, um dem Ertrinken zu entgehen. Das Haar der weiblichen Figuren ist

---

[1] Bianchini sagt in seiner Beschreibung, es seien neunzehn Paare; aber dieß steht im Widerspruche mit seiner Aufzählung der einzelnen.

aufgelöst, und sie werden auf den Schultern und Rücken der Männer hinweggetragen. In diesem Falle sind sie beschäftigt, Mund und Nase ihrer Beschützer zu verschließen. Einige einzelne Figuren thun das Nämliche an sich selbst. Alle sind dargestellt, wie sie sich zu der äußersten Länge ihrer Gestalt strecken, und zur Rechten ist eine Gruppe von drei Figuren auf einem Leichname, der allem Anscheine nach ertrunken ist, als wollten sie dadurch ihrer Größe etwas beifügen. Die Figuren waren alle von ausgezeichneter Arbeit, die einen äußerst vollkommenen Stand der Kunst andeutete, mit Ausnahme von vieren, die von einer viel ungeschicktern Hand ergänzt zu sein scheinen. Dasselbe gilt von den Thieren, bei welchen zerbrochene oder verlorne Stücke in späterer Zeit ersetzt scheinen. Wir erfahren aus der Beschreibung nirgends, aus welchem Stoffe die Figuren bestanden. Bestanden sie aus Bronze, so können wir sie mit der Anzahl kleiner Thierfiguren vergleichen, die, immer paarweise, in Pompeji gefunden wurden, und von denen man viele in dem Museum zu Neapel sehen kann. Auch weiß ich nicht, was seitdem aus dieser merkwürdigen Reliquie geworden ist.

Ich folge dem gelehrten Erklärer dieses Monumentes nicht in die Menge seiner Gründe, die er anführt, um zu beweisen, daß es eine Vase war, die an dem Feste der Hydrophoria, oder der Erinnerung an die Fluth, gebraucht wurde. Die verschiedenen Amulette haben ohne Zweifel große Aehnlichkeit mit denen, welche nach der Beschreibung des Clemens von Alexandria, Arnobius und Anderer von den Heiden in ihre mystischen Körbe gelegt wurden: wenn aber jener, der in den Akten der Akademie von Cortona mitgetheilt wird, richtig ist,[1] wie es sehr wahrscheinlich ist, so könnte

---

[1] „Atti dell' Accademia di Cortona." Rom. 1742. Tom. I. p. 65. Vergl. auch die Abhandlung des Prof. Wunder: „De discrimine verborum cistae et titellae," in s. „Variae lectiones librorum aliquot M. T. Ciceronis ex cod. Erfurt." Lips. 1827. p. CLVIII sqq.

dieses Gefäß kaum zu jener Klasse von Monumenten gezählt werden. Ich muß noch bemerken, daß eine Kette und ein Schloß dicht neben unserer Vase gefunden wurden, als ob sie auf irgend eine Weise dazu gehörten.

Doch sei dem, wie ihm wolle, so ist es schwer, dieses eigenthümliche, kleine Monument auf eine andere Weise zu erklären, als auf die sogleich in's Aug fallende, daß es nämlich eine Andeutung enthält von der Vernichtung des menschlichen Geschlechtes mit Ausnahme Weniger, welche mit Paaren von Thieren in einer Art von Arche oder Kasten gerettet wurden.

§. 18.

Die Eroberung Juda's durch Schischak, dargestellt zu Karnak.

Als ich in meiner letzten Vorlesung von der Chronologie Aegyptens handelte, wie sie jetzt durch Monumente festgestellt ist, erwähnte ich einen merkwürdigen Synchronismus des Schischak und Rehoboam, wie er bei Rosellini mitgetheilt wird. Dieser König von Aegypten wird von Herodotus und Diodorus gänzlich übergangen; aber Manetho erwähnt ihn unter dem Namen Sesonchis als Gründer der zweiundzwanzigsten Dynastie. Ich erwähnte die Entdeckung mehrerer Monumente, die den Namen dieses Königs als Schischonk tragen. Diese Uebereinstimmung der beiden Annalen in so bestimmter Weise macht diesen Punkt zur eigentlichen Basis jedes Systemes ägyptischer Chronologie, und als solche hat ihn Rosellini aufgefaßt. Aber ich sparte für diese Zusammenkunft noch ein Monument auf, das diese Harmonie vollkommen feststellt und zugleich eine der schlagendsten Bestätigungen der heiligen Geschichte bildet, die je gefunden wurde. Dieses werde ich Ihnen nun vorlegen.

Das erste Buch der Könige (XIV, 24) und das zweite der Chronik (XII, 2) belehren uns, daß Schischak, König von Aegypten, im fünften Jahre des Rehoboam gegen Juda heraufzog mit 1200 Wagen und 60,000 Reitern und zahllosem Volke; daß er, nachdem er die festen Städte des Landes weggenommen, sich Jerusalem näherte, es zu belagern; daß der König und das Volk sich vor Gott demüthigten, und daß er, sich über sie erbarmend, ihnen verhieß, er wolle sie nicht verderben, aber doch in die Hand des Feindes als seine Sklaven geben; „doch sollen sie ihm dienen, damit sie den Unterschied meines Dienstes und des Dienstes der Weltreiche erkennen." Schischak kam daher und nahm die Schätze des Tempels, und darunter auch die goldenen Schilde, welche Salomon gemacht hatte.[1]) In dem großen Vorhofe von Karnak sind die Thaten dieses Eroberers und Wiederherstellers der ägyptischen Macht vollständig dargestellt. Wir müssen natürlich erwarten, daß die Eroberung Juda's darunter mitenthalten sei, um so mehr, als dieses Königreich gerade in seinem Zenith stand, da kurz zuvor Salomon alle benachbarten Nationen durch seine glänzende Pracht überstrahlt hatte. Wir wollen sehen, ob es so ist. In den Darstellungen zu Karnak ist Schischak nach einem in ägyptischen Monumenten gewöhnlichen Bilde geschildert, wie er einen Haufen zusammengeworfener, knieender Figuren bei den Haaren hält, und seine rechte Hand erhebt, um mit Einem Streiche seiner Streitaxt alle umzubringen. Neben diesen treibt der Gott Ammon-Ra gegen ihn eine Schaar Gefangener mit auf den Rücken gebundenen Händen vorwärts. Wenn die erste Gruppe diejenigen vorstellt, die er tödtete, so muß wohl die zweite diejenigen enthalten, die er nur zu Sklaven machte oder bloß überwand und in Tributpflicht nahm. Nach der Verheißung, die er erhielt, mußte der König von Juda in diese Klasse kommen, und in ihr müssen wir uns nach ihm umsehen. Unter den Figuren der gefangenen Könige finden wir auch demgemäß einen mit einer vollkommen jüdischen Physiognomie,

---

[1]) II. Chron. XII, 8.

wie Rosellini bemerkt. Er hat bisher noch keine Copie dieses Monumentes mitgetheilt, obwohl er die Inschrift hat; aber damit Sie sich selbst überzeugen können, wie wahrhaft unägyptisch und wie vollkommen hebräisch die Gesichtsbildung dieser Person ist, habe ich eine vollkommen genaue Copie von dem Kupferstiche genommen, den Champollion zu Paris herausgegeben hat (s. Taf. IV). Sein Profil mit dem Barte ist in jeder Beziehung jüdisch, und um dieß noch mehr hervorzuheben, habe ich einen ägyptischen Kopf mit dem vollen Charakter seines Nationaltypus ihm an die Seite gestellt. Jeder dieser gefangenen Monarchen trägt einen Schild, der wie zur Darstellung der Befestigungen einer Stadt gezähnt ist, und auf diesen ist eine hieroglyphische Inschrift geschrieben, die ohne Zweifel angeben soll, wer der Träger ist. Die meisten, wenn nicht alle diese Schilde sind so verstümmelt, daß sie nicht mehr lesbar sind, mit Ausnahme jenes, den unsere jüdische Figur trägt, und der unversehrt geblieben ist. Auf demselben sind neun Charaktere: zuerst zwei Federn, ein Vogel und eine offene Hand; die Federn bedeuten die Buchstaben I. E; der Vogel U; die offene Hand D oder T; so haben wir Jeud, das hebräische Wort für Juda. Die fünf folgenden Charaktere bedeuten die Buchstaben H. A. M. L. K.: und ergänzen wir die Vocale, die in den Hieroglyphen gewöhnlich ausgelassen sind, so haben wir das hebräische Wort für „König" mit dem Artikel: Hamelek. Das letzte Zeichen steht immer für das Wort Kah, ein Land.[1]) So haben wir einen deutlichen Beweis, daß dieß der König von Juda ist, genau so behandelt, wie die Schrift es schildert, nämlich von Schischak oder Schischonk, dem Könige von Aegypten, in Knecht-

---

[1]) (Auch auf den übrigen Schilden sind noch Namen jüdischer Städte zu erkennen, wie z. B. Baithora (Beth haron), Magdo (Megiddo) u. a. S. Lepsius, „Briefe." S. 275. Vgl. auch Brugsch, „Reisebericht aus Aegypten." Lpz. 1855. S. 250. — A. d. Ueb.)

schaft gebracht. Wir dürfen wohl sagen, daß noch nie ein Monument gefunden wurde, das der Aechtheit der biblischen Geschichte ein solches neues, bestätigendes Zeugniß gibt. Ich schließe meine Bemerkungen, indem ich Sie darauf aufmerksam mache, daß Paravey zwischen dem Gesichte des Königs von Juda und der angeblichen Abbildung von dem Angesichte unseres Heilandes eine deutlich wahrnehmbare Aehnlichkeit findet, besonders in dem unteren Theile, und so würde eine Familienähnlichkeit zwischen dem Ahnen und dem Nachkommen stattfinden.

Diese Beispiele mögen genügen; denn wenn ich bedenke, wo wir uns befinden, im Mittelpunkte und Herzen dieser Wissenschaft, wo ihre erhabenen Einflüsterungen mit allen Sinnen eingesogen werden, und wo wir selbst mit den Erinnerungen ihrer heiligen Monumente gleichsam Eines werden: so kommt es mir vor, als müsse die Aufzählung einiger wenigen, geringfügigen Beispiele von ihrer Kraft als eine fast nutzlose Aufbringlichkeit erscheinen. Wohl saß einst Einer auf den Ruinen dieser Stadt und wurde durch den Gedankenzug, den sie ihm aufdrängten, veranlaßt, das heute besprochene Werk über ihre letzte Geschichte zu entwerfen:

„Mit Spott den heil'gen Glauben untergrabend."

Aber gewiß muß ein gläubiges Gemüth aus solch' einer Betrachtung mit ganz andern Gefühlen sich erheben, erdrückt allerdings von dem ganzen Gewichte seiner natürlichen Schwäche, im Geiste gedemüthigt von den colossalen Trümmern einer unerreichten Größe, mehr als je niedergesunken in die Kleinheit vor den Denkmälern fast übermenschlicher Kraft: zugleich aber auch erheitert durch andere, tröstlichere Gedanken. Denn selbst diese heidnischen Monumente enthalten viele heilige Erinnerungen; von den drei Triumphbögen beurkundet einer die Erfüllung einer großen Verheißung, der andere den Triumph des Christenthums über das Heidenthum: das Amphitheater des Flavius war einst der Schauplatz von dem Zeugnisse der Martyrer. Und gewiß, zu welchem Glauben sich auch ein

Mensch bekennen mag, kann er nur mit gerührtem und feierlichem Gefühle jene vielen alten und ehrwürdigen Kirchen betreten, die einsam dastehen mitten unter den Ruinen alter Bauwerke, nicht weil sie in der Einsamkeit errichtet wurden, sondern weil, wie an jenen abgesonderten Bergkegeln, die sich an den Flanken der Berge erheben, die Fluthen vieler Jahrhunderte rings um sie die weniger dauerhaften Massen, die sie einschloßen und miteinander verbanden, weggespült haben. Und wenn er eine derselben betritt, und sieht, wie sie noch alle ihre Theile und Zierden behalten haben, ganz wie sie in frühern Zeiten waren, so unberührt, so unverändert, als ob selbst die Luft, die die alten Christen in sie hauchten, nicht verweht sei; — ich glaube, es wäre Ihnen nicht schwer, für einen kurzen Augenblick zu fühlen, wie sie fühlten, zu wünschen, daß auch alles Andere so wenig Wechsel erlitten hätte, zu begehren, daß die Religion noch einmal ihre Wurzeln so tief in unsern Herzen schlagen könnte, wie sie in den ihrigen wurzelte, und wenn sie auch die Palme des Martyriums nicht mehr hervorbringen kann, doch wenigstens den Oelzweig des Friedens tragen möchte. Und wo immer wir wandern unter den Ueberresten der alten Stadt, ob wir Ergötzung oder Belehrung suchen, so werden wir hier in eine Seelenstimmung versetzt, der der Gedankenloseste nicht entgehen kann, die alle eigensüchtigen, persönlichen Gefühle dämpft, eine Annäherung an eine religiöse Gemüthsverfassung, welche zeigt, wie nothwendig die Zerstörung aller bloß irdischen Macht eine Eingangsstufe zu der Einführung eines geistigeren Einflusses war, wie denn auch die Betrachtung dieser Zerstörung der persönlichen Wirkung jenes Einflusses den Weg bahnt. Und so können wir sagen, daß die Archäologie, die Wissenschaft der Ruinen und Monumente, uns nicht nur aufklärt und ergötzt, sondern auch wohl die Grundlage der stärksten religiösen Eindrücke und der persönlichen Ueberzeugungen bilden kann.

Zehnter Vortrag:
Ueber
Orientalische Studien.

I. Abtheilung.
Heilige Literatur.

Der Orient hat bereits mehr als einmal unsere Aufmerksamkeit in Anspruch genommen, und gewiß würde es vergebliche Mühe sein, unterstützende Beweise des Christenthums oder bestätigende Zeugnisse für seine heiligen Schriften in irgend einem anderen Lande zu suchen, als in dem, welches ihm seinen Ursprung gab. Der Osten trägt in Beziehung auf uns und das ganze menschliche Geschlecht einen Character, den kein Wechsel der Lage je ändern kann: dem Gelehrten und Philosophen öffnet er eine Fundgrube von heiligen und historischen Betrachtungen, welche, je tiefer man in sie eindringt, immer neue und unerschöpfliche Schätze darbietet. Es ist der Mutterschooß der Nationen, wo nicht nur das Geschlecht ursprünglich in's Dasein trat und nach der Fluth erneuert wurde, sondern von wo auch mittels einer Kraft, die keinem andern Theile der Erde gegeben war, Menschenstämme auf Menschenstämme hervorbrachen und einander vorwärts stießen, wie Wellen an das Ufer nach der regungslosen Ruhe des Oceans. Offenbar unvermögend, seinen eigenen Bewohnern die letzte Entwickelung geistiger Thätigkeit zu geben, hat er sie so ausgerüstet und vorbereitet, daß sie unter günstigen Einflüssen zu jeder möglichen Stufe der Civilisation, Cultur und Macht emporgestiegen sind.

Denn so lange die Nationen Asiens in ihrer angebornen Heimath bleiben, scheinen sie, — gleich als sei sie nur eine Baumschule, wo das Wachsthum gehindert ist, — unfähig, sich über eine gewisse Stufe moralischen Fortschrittes zu erschwingen. Während das physische Leben zu der höchsten möglichen Vollkommenheit getrieben scheint; während alle Fülle und Ueppigkeit, welche die Natur der Erde gewährt hat, hier vielmehr Geschenk als Erzeugniß ist; während die äußerliche Ausstattung des Menschen, seine körperliche Begabung mit Schönheit, Gewandtheit, Stärke und Ausdauer mit überragender Trefflichkeit ausgerüstet ist; während jede Einrichtung in Verfassung, Sitte, Geselligkeit und Religion den Ausdruck sinnlicher Glückseligkeit bis zu ihrem höchsten Grade von Befriedigung trägt: — ist all diesen Eigenschaften eine Grenze gesetzt, eine unübersteigliche Scheidewand zwischen ihnen und einer edleren Art von Auszeichnung; die Civilisation kann hier dem Geiste nie zum vollen Wachsthume seiner Schwingen verhelfen, daß sie ihn in die höheren Regionen rein geistiger Genüsse erhebe; die Erfindungskraft ist für immer ersetzt durch bloß sinnreiche Geschicklichkeit; anstatt der Stätigkeit des Gesetzes haben sie wilde, vorübergehende Eroberung oder stagnirenden Despotismus, und die Civilisation steht Jahrhundert für Jahrhundert ohne Wechsel in träger Ruhe auf gleicher Höhe, selten tiefer sinkend und niemals über einen bezeichneten Punkt steigend.

Allein dieser schroffe Contrast zwischen den Bewohnern Asiens und jenen Stämmen, die, einmal von ihnen ausgegangen, so wunderbare Kräfte des Gedankens und der

Erfindung an den Tag legten, ist bei all dem eine Quelle großer, wichtiger Vortheile. Denn er gibt den erstern einen festen, unveränderlichen Character, der die letztern in den Stand setzt, ihre Geschichte und Einrichtungen in die entferntesten Jahrhunderte zu verfolgen, und bietet Verbindungsglieder zwischen der Gegenwart und der Vergangenheit dar, die sonst verloren gegangen wären und uns nun viele reiche und schätzbare Erläuterungen unserer heiligsten Monumente verschaffen. Vergeblich wäre die Bemühung, den Zustand irgend eines Landes in Europa, z. B. Deutschlands, Britanniens oder Frankreichs, wie er vor zweitausend Jahren war, aus solchen Einrichtungen, Sitten und Erscheinungen, die noch jetzt stattfinden, kennen zu lernen. Außer den großen, unveränderlichen Zügen der Natur, Bergen, Seen und Flüssen, ist hier nichts, was sich nicht geändert und umgestaltet hätte; Sprachen, Regierungsformen, Künste und Cultur, das Aussehen der Fluren und die Gesichtsbildung der Menschen, Alles ist verschieden und trägt die Zeichen eines mannigfaltigen Wechsels. Wenden wir uns aber nach Osten, so ist hier Alles anders. Wir finden den Chinesen ganz wie seine älteste Literatur ihn beschreibt; wir sehen die wandernden Mongolen und Turkomanen mit ihren Wagenhäusern und Heerden das Leben des Scythen führen; wir sehen den Brahmanen dieselbe Abwaschung im heiligen Flusse verrichten, dieselben Werke qualvoller Ceremonien durchlaufen, wie die alten Gymnosophisten thaten, oder vielmehr, wie es in seinen heiligen Büchern von noch älterem Datum vorgeschrieben ist; ja noch mehr, wir sehen den Araber an denselben Quellen trinken, die nämlichen Pfade gehen, wie vor Alters die Juden auf ihren Pilgereisen thaten, die Erde mit denselben Instrumenten und zu denselben Zeiten pflügen, sein Haus nach derselben Form bauen, und fast dieselbe Sprache sprechen, wie die alten Besitzer des gelobten Landes.

Daraus ergibt sich, daß unzählige Erläuterungen der

heiligen Schrift bei jedem Schritte durch dieses segensreiche Land gefunden werden müssen. Aber abgesehen von dem, liegt in jener unwandelbaren Gleichförmigkeit der östlichern Völker auch ein hartnäckiges Festhalten aller großen Traditionen, ein tiefer Ernst in der Aufbewahrung alles dessen, was die urälteste Geschichte des Menschen berichtet, und so ist uns hier ein Prüfstein gegeben, der uns nicht täuschen kann, wenn wir ihn gebrauchen, um zu bewähren, was uns von der Vergangenheit überliefert wird; ein Mittel zur Verbindung der sonst ein für allemal zerstreuten Glieder jener Kette, welche die Geschichte des Menschengeistes von dem ersten Unterrichte seiner Kindheit bis zu den kühnern Gedanken seiner männlichen Jahre aneinander schließt.

Da ich nun jenes Gebiet betreten habe, welches eigentlich mein besonderes Fachstudium ausmacht, und da ich die Gegenstände, die es bilden, mehr in meinem Bereiche habe, so wird die Hauptschwierigkeit heute und in meiner nächsten Vorlesung darin bestehen, aus unzähligen Beispielen einige wenige von mehr allgemeinem Interesse auszuwählen, und anstatt dem Stoffe jene Vollendung zu geben, deren er fähig wäre, mich vielmehr auf solche einfache Umrisse zu beschränken, welche leicht zu behalten sind. Ich werde meinen Gegenstand in zwei Theile theilen und heute von der biblischen, bei unserer nächsten Zusammenkunft von der profanen orientalischen Literatur handeln.

Den Theil meiner Aufgabe, den ich für heute bestimmt habe, werde ich unter die zwei Haupttheile der kritischen und philologischen Wissenschaft vertheilen. Denn um einige Verhältnißmäßigkeit zwischen dieser und unserer nächsten Unterredung festzuhalten, muß ich unter dem Titel der profanen Wissenschaften solche antiquarische Erläuterungen befassen, welche aus nicht inspirirten Quellen geschöpft sind. Der Gegenstand der heutigen Vorlesung wird ganz aus solchen Studien bestehen, die den Schrifttext allein im Auge haben.

§. 1.

A. Kritische Wissenschaft.

Von allen diesen wissenschaftlichen Fächern kann man die kritische Wissenschaft mit Recht als die Grundlage betrachten. Denn wenn das rechte Verständniß der Worte der heiligen Schrift nothwendig das Fundament aller wahren Deutung ist, so muß die richtige Lesung derselben eine einleitende Stufe zu diesem rechten Verständnisse sein. Nun ist es die Wissenschaft der biblischen Kritik, die sich diesem Geschäfte unterzieht. Erstens erforscht sie, welches die wirklichen Worte eines jeden einzelnen Textes sind, untersucht alle Abweichungen, welche darin stattfinden mögen, und indem sie die Gründe, welche zu Gunsten einer jeden sprechen, gegen einander abwiegt, entscheidet sie, welche Leseart der Erklärer oder Uebersetzer vorzuziehen hat. Dann aber geht sie weiter und verallgemeinert ihre Ergebnisse, indem sie die Unverfälschtheit des ganzen heiligen Buches nach dem Umlaufe so vieler Jahrhunderte prüft.

§. 2.

Nutzen dieser Wissenschaft durch Anwendung auf einzelne Wörter und auf den ganzen Text.

Der Einfluß dieser Wissenschaft auf die Beweise für das Christenthum ist offenbar sehr groß. Denn was ihre Anwendung auf Einzelnheiten betrifft, so kann durch ein Wort oder eine Sylbe viel gewonnen oder verloren werden. Die Anwendung der schönen Prophezeiung Ps. XXII, 16.: „Sie durchbohrten meine Hände und Füße," auf Christus, wird von den Juden und allen Theologen der rationalistischen Schule bestritten, und der Streit dreht sich ganz um die Leseart der Worte. Denn die gegenwärtige Leseart des hebräischen Textes gibt der Stelle einen ganz verschiedenen Sinn, nämlich: „Wie ein Löwe sind meine Hände und Füße," und unzählig sind die über die richtige Leseart dieses Textes herausgegeben Untersuchungen. Im neuen Testamente befinden sich die meisten wichtigen Stellen, die auf die socinianische Streitfrage eine Beziehung haben, auffallender Weise in derselben Lage und bilden den Gegenstand der verwickeltsten kritischen Forschungen. Ich brauche kaum den endlosen Streit zu erwähnen, ob der berühmte Vers von den drei Zeugnissen 1. Joh. V, 7. ein Theil des Urtextes oder ein späteres Einschiebsel sei. Aber außerdem ist eine andere, sehr wichtige Stelle, die auf dasselbe Dogma Bezug hat, in einer noch merkwürdigern Lage. Es ist dieß 1. Tim. III, 16., wo ein ernsthafter Streit stattfindet, ob wir lesen sollen: „Gott erschien im Fleische," oder: „welcher im Fleische erschien;" und dieser Streit wurde nicht nur mit der Feder geführt, sondern wurde im buchstäblichen Sinne Gegenstand mikroskopischer Untersuchung. Denn er dreht sich darum, ob das Wort in den angesehensten Manuscripten ΟΣ, welcher, oder ΘΣ, Abkürzung für Θεός, Gott, heißt. Nun ist das Pronomen und die Abbreviation ganz gleich, mit Ausnahme des Querstriches, der durch das Θ geht, zum Unterschiede von Ο, und der Linie, die darüber gezogen ist, zum Zeichen der Abkürzung. Einige behaupten z. B., daß in dem berühmten alexandrinischen Codex im britischen Museum diese Linien von einer spätern Hand hinzugefügt seien; Alle stimmen darin überein, daß sie auf eine höchst unkluge Weise ausgebessert wurden. Andere erklären, daß einige Ueberreste des ursprünglichen Striches bei starkem Lichte mit Hülfe einer guten Linse gesehen werden können: und ihre Gegner erwidern, daß es nur der Querstrich eines Buchstabens auf der andern Seite des Blattes sei, welcher durch das Pergament durchscheine, wenn man es gegen die Sonne halte.[1]) Kurz, dieser

---

[1]) Sieh Woide, „Notitia Cod. Alexandrini." Lips. 1789. p. 172. §. LXXXVII.

Streit wurde fortgesetzt, und die Stelle im eigentlichen Sinne behandelt, bis Striche und Buchstaben, Ausbesserung und Original im gleichem Maaße verwischt waren und die Entscheidung für die Nachwelt davon abhängen muß, welches Urtheil sie aus so vielen widerstrebenden Zeugnissen bilden kann. Eine ähnliche Meinungsverschiedenheit herrscht in Betreff der Stelle in einem andern sehr berühmten Pariser Manuscript, „Codex Ephrem" genannt; Woide, Griesbach und Leß untersuchten ihn, konnten jedoch keine Gewißheit über seine wahre Leseart erlangen.

Aber der größte und wichtigste Dienst in der Wissenschaft, namentlich in Beziehung auf den Gegenstand dieser Vorlesungen, besteht darin, daß sie uns die Mittel an die Hand gibt, zu entscheiden, in wie ferne der Text der Schrift, wie wir ihn jetzt besitzen, frei von wesentlichen Aenderungen und Entstellungen ist, und daß sie folglich alle unsere Aengstlichkeit und Besorgniß betreffs seiner Erklärung hebt. Um Ihnen zu zeigen, in wie weit ihre Forschungen von glücklichem Erfolge begleitet waren, will ich Ihnen in Kürze einen Umriß der Geschichte dieser Wissenschaft, insofern sie auf die Texte des alten und neuen Testamentes angewendet wurde, entwerfen.

§. 3.
Geschichte dieser Wissenschaft.
1) Altes Testament.

Ich brauche nicht zu sagen, daß von den frühesten Zeiten der Kirche die Nothwendigkeit, correcte Texte zu haben, und die Pflicht, sich um ihre Herstellung zu bemühen, vollkommen anerkannt wurde,[1] mit dem Unterschiede, daß ihre Bemüh-

---

[1] „Codicibus emendandis primitus debet invigilare solertia eorum, qui Scripturas discere desiderant." St. Aug., „Doctrina Christiana." Lib. II. cap. 14. Tom. III. p. 1. p. 27. ed. Maur.

ungen, weil die Sprache des alten Testamentes den Christen wenig bekannt war, hauptsächlich auf die Vervollkommnung ihrer Uebersetzungen gerichtet waren. Origenes, Eusebius, Lucian und andere gelehrte Griechen widmeten ihre Talente diesem Gegenstande und reinigten die Uebersetzung der Septuaginta von den Fehlern, welche sich allmählig darin eingeschlichen und verschiedene Texte hervorgebracht hatten, die noch in den verschiedenen Manuscripten dieser Uebersetzung bemerklich sind. Im Abendlande beschäftigten sich der heilige Hieronymus, Cassiodorus und Alcuin mit nicht geringerer Anstrengung mit der lateinischen Uebersetzung. Aber alle kirchlichen Schriftsteller, die sich seit diesen bereits aufgezählten mit kritischen Gegenständen beschäftigten, besonders der heilige Augustinus und Beda Venerabilis, anerkannten zu wiederholten Malen die Nothwendigkeit, auf die Urschrift zurückzugehen und so viel als möglich die Herstellung eines correcten Textes zu versuchen.[1])

Als das Studium des Hebräischen unter den Christen mehr angebaut zu werden begann, und die Erfindung der Buchdruckerkunst den Urtext Allen zugänglich machte, erhob sich über seine Genauigkeit ein wichtiger Streit. In vielen sehr wichtigen Stellen, wie in der bereits angeführten, Ps. XXII, fand es sich, daß er von den damals gebräuchlichen Uebersetzungen abwich, und es erhob sich nun gegen die Juden, die ihn so lange in Monopol gehabt hatten, der Verdacht, als ob sie sich diesen Umstand zu Nutzen gemacht und den Urtext an verschiedenen Stellen geändert und auffallend entstellt hätten. Daher nahmen Manche an, die Uebersetzungen seien dem Originale vorzuziehen; Andere von gemäßigteren Grund-

---

[1]) „Ubi cum ex adverso audieris, proba; non confugias ad exemplaria veriora, vel plurium codicum, vel antiquorum, vel linguae praecedentis, unde hoc in aliam linguam interpretatum est." Adv. Faust. Lib. X. cap. II. Tom. VIII. p. 2. 219.

sätzen, daß dieses wenigstens nach ihnen corrigirt werden müsse. Aber schon bevor die kritischen Studien ihre volle Entwickelung erlangten oder auf Grundsätze zurückgeführt waren, die in jeder Wissenschaft der Beobachtung folgen, nicht vorangehen müssen, fand es sich, daß die genaue Prüfung fast jeder Stelle, die zur Bestätigung dieser Meinungen angeführt wurde, zu ihrer Widerlegung führte: und es stellte sich durch unbestreitbare Zeugnisse heraus, daß die Juden das heilige Buch frei von aller absichtlichen Verfälschung erhalten hatten. Dieses ist das Urtheil, das jetzt Alle einstimmig über den lebhaften, in Folianten geführten Streit zwischen Capellus und den beiden Buxtorf aussprechen.

§. 4.

Houbigant und Michaelis.

Doch gab es noch Manche, die nicht überzeugt waren: und ihre Hartnäckigkeit führte zu dem wichtigsten Schritte in diesem Zweige der biblischen Literatur, nämlich den Grund aller erschöpfenden kritischen Forschung zu legen durch Sammlung verschiedener Lesearten aus der Prüfung der Manuscripte, Uebersetzungen und alten Citate. Dieses war wenigstens der Beweggrund, welcher die Thätigkeit des F. Houbigant anregte. Er war der Ansicht, daß der hebräische Text wesentlich verfälscht sei, und versuchte es daher im Jahre 1753, ihn in vier prachtvollen Foliobänden herauszugeben, gesäubert von seinen Fehlern und zu seiner ursprünglichen Reinheit hergestellt durch Prüfung mehrerer Manuscripte auf der Bibliothek zu Paris und durch Vergleichung der ältesten Uebersetzungen. So kühn auch seine Theorieen sowie ihre Anwendung waren, so fühlten doch die Freunde der Religion keine Besorgniß, sie möchten zu ernstern Consequenzen führen; kein Hinderniß wurde ihm von seinen kirchlichen Obern in den Weg gelegt, und der Pabst sandte ihm eine prächtige Goldmedaille, zum Zeugnisse der Zufriedenheit mit seinem Fleiße und Eifer.[1])

Derselbe Weg wurde jedoch aus höheren und bessern Motiven von anderen gelehrten Männern verfolgt. Johann Heinrich Michaelis, dessen Ruf durch den seines Neffen allzusehr verdunkelt wurde, ließ im Jahre 1720 nach dreißigjähriger, anhaltender Arbeit eine Ausgabe der Bibel mit Noten erscheinen, worin nebst anderem werthvollen Materiale die Abweichungen dreier in Erfurt aufbewahrten Manuscripte gegeben sind.

§. 5.
Kennicott. Ermuthigung dieser Studien von Rom aus.

England jedoch hat das Verdienst, das größte und werthvollste Werk über diese wichtige Wissenschaft hervorgebracht zu haben, dasjenige, an welches alle spätern Untersuchungen nothwendigerweise als Supplemente und Anhänge sich anschließen müssen. Der gelehrte Benjamin Kennicott beschäftigte sich mehr als zehn Jahre mit der Vorbereitung der Materialien für seine große kritische Bibel, welche in den Jahren 1776 und 1780 aus der Presse von Clarendon hervorging. Zu diesem Zwecke begnügte er sich nicht, alle Manuscripte in England zu vergleichen: sondern er dehnte seine Forschungen über den ganzen Continent aus und erhielt überall die großmüthigste Aufmunterung. Die Ergebnisse seiner Arbeiten und jede interessante Entdeckung, zu der sie ihn führten, theilte er jedes Jahr dem Publikum in einem Jahresberichte mit, der das Interesse der Gelehrten von der ersten Ankündigung bis zur Vollendung seines herkulischen Werkes wach erhielt.

Nichts ist gewöhnlicher, als daß man uns, die wir zu Rom wohnen, und besonders diejenigen, welche hier zu befehlen haben, mit dem Vorwurfe beladet, daß man alle kritischen

---

[1]) Sieh Orme, „Bibliotheca Biblica." Art. Houbigant.

Forschungen, besonders in der biblischen Literatur, entmuthige und jedes Hinderniß denen, die sie betreiben, in den Weg lege. Ich werde etwas später Gelegenheit haben, einem einzelnen Vorwurfe dieser Art zu begegnen; aber das Benehmen und die Gesinnung, die man in Rom gegen Kennicott und sein Unternehmen bewies, bieten einen hinreichenden Beweis dar, wie grundlos solche Anklagen sind. Er selbst erzählt uns, daß der erste Ort, von wo ihm Ermuthigung und Hülfe kam, Rom war, und theilt unter dem Titel: „Das römische Zeugniß," folgenden Brief mit, den der Cardinal Passionei, Bibliothekar an der Vaticana, am 16. Mai 1761 an ihn schrieb.

„Das Unternehmen, eine neue Ausgabe der Bibel aus allen hebräischen Manuscripten, die in den berühmtesten Bibliotheken sich finden, in Oxford erscheinen zu lassen, hat hier eben so viele billigende Stimmen gefunden, als Männer, die davon hörten. Und um den Urheber eines so wichtigen Werkes zu begünstigen, habe ich die Vergleichung der alten hebräischen Manuscripte, die sich im Vatican vorfinden, mit Vergnügen gestattet und meine Erlaubniß als Bibliothekar der heiligen römischen Kirche offiziell gegeben." [1])

Im Jahre 1772 gab F. Fabricy, ein Dominikaner, in Rom zwei sehr starke Bände heraus, die fast ganz darauf ausgingen, zu beweisen, welche große Wohlthat der Religion aus einer freien und vollständigen Untersuchung des kritischen Zustandes unseres gegenwärtigen hebräischen Textes, wie Kennicott sie versprach, erwachsen müsse. „Was unser Interesse hauptsächlich anregen muß," sagt er, „ist dieß, daß sie unfehlbar der Religion mächtige Waffen darbieten wird, den Grundirrthum der Gottlosen und Freigeister über den gegenwärtigen Zustand unseres hebräischen Textes niederzuschlagen. Aus der Einsicht der hebräischen Manuscripte und aus ihrer Vergleichung mit unserem gewöhnlichen Texte und mit den ältesten

---

[1]) Kennicott, „Vet. Test. Pref." p. VIII.

Versionen muß eine interessante Thatsache sich ergeben, die Gewißheit, daß unsere heilige Schrift im Wesentlichen unverdorben ist. Wir können auf keine bessere Art die Hypothese jener widerlegen, die sich in unseren Tagen Philosophen nennen und den heiligen Büchern ihren Glauben versagen, unter dem Vorgeben, daß die Originalien der Schrift wesentlich verfälscht und jetzt in der äußersten Verwirrung und Unordnung seien." [1])

§. 6.
De Rossi.

Nur durch so freundliche Ermuthigung konnte der nächste und letzte Arbeiter auf diesem Felde sein außerordentliches Unternehmen zur Vollendung bringen. Dieser war Johann Bernhard de Rossi, ein armer, anspruchsloser Professor in Parma. In einem interessanten Berichte über seine Arbeiten, den er kurz vor seinem Tode herausgab, betrachtet er sich nur als ein geringfügiges Werkzeug in der Hand der göttlichen Vorsehung zu dem Werke, das sein Leben beschäftigte, zur Sammlung von Manuscripten und seltenen Ausgaben des hebräischen Textes. Ohne Glücksgüter, Einfluß oder Verbindungen, widmete er sich diesem Geschäfte; er opferte ihm alle seine geringen Mittel; er wandte jeden Kunstgriff an zur Besiegung des Widerstrebens der Juden, ihre geschriebenen Urkunden wegzugeben, und durch diese standhafte, unermüdete Hingabe an Einen großen, religiösen Zweck übertraf der Erfolg seiner Bemühungen auch seine kühnsten Erwartungen. Kennicott konnte durch ganz Europa nur 581 hebräische Manuscripte vergleichen, und keine öffentliche Bibliothek in England oder auf dem Continente besitzt mehr als 50 solche

---

[1]) „Des titres primitifs de la Révélation." Tom. prem. p. 3. Sieh Tom. II. p. 332. 373. 521 etc.

Documente. Im Jahre 1784 gab de Rossi den ersten Band seiner verschiedenen Lesearten heraus als Ergänzung zu Kennicott's Sammlung, und darin gibt er das Verzeichniß von 479 Manuscripten, die er selbst besitzt. Vor der Vollendung des vierten Bandes im Jahre 1788 hatte sich seine Sammlung auf 612 vermehrt, und im Jahre 1808 gab er einen Supplementband heraus, in dem 68 neue Manuscripte beschrieben sind; was in Allem 680 hebräische Manuscripte ausmacht. Da er bis zu seinem Tode, der vor wenigen Jahren erfolgte, fortfuhr zu sammeln, so ist diese unschätzbare Sammlung jetzt noch viel größer. Dieser würdige Priester widerstand jeder Versuchung, sich von seinem literarischen Schatze zu trennen. Der Kaiser von Rußland bot ihm einen ungeheuren Preis; aber er erwiederte, daß er niemals aus Italien gehen sollte. Pius VI. hatte ihm zuvor den Vorschlag gemacht, ihn zu kaufen, und der Gedanke, seine Bibliothek mit der vaticanischen vereinigt zu sehen, versuchte ihn vielleicht mehr als Gold; aber er zog es vor, von seinem eigenen Souverän eine unbedeutende Entschädigung für sich und seine Nichte anzunehmen, und vermachte sie der Bibliothek seiner Vaterstadt. Mit den werthvollen Sammlungen dieses demüthigen, aber unternehmenden Mannes kann man die Geschichte dieses Gebietes biblischer Kritik als geschlossen betrachten, ihre Resultate werden wir mit denen des anderen, interessantern Zweiges der kritischen Untersuchung, des neuen Testamentes vernehmen.

§. 7.

2) Neues Testament. Mill, Wetstein, Griesbach.

Sehr früh nach dem ersten Drucke dieser heiligen Bücher wurde es Sitte, die Manuscripte, die in jeder Bibliothek reichlich vorhanden waren, zu untersuchen, aber freilich weder mit großer Genauigkeit, noch nach einem gleichförmigen Plane.

Erst mit der großen Ausgabe Mill's im Jahre 1707, welche alle Arbeiten seiner Vorgänger zusammenfaßte, ihre Irrthümer verbesserte, und ihren Vorrath sehr vergrößerte, kann man sagen, daß die biblische Kritik eine systematische Form annahm. Nach ihm ging das Geschäft des Sammelns reißend vorwärts, und eine kritische Ausgabe nach der andern beschäftigte die Aufmerksamkeit der Gelehrten das ganze achtzehnte Jahrhundert hindurch. Die Ausgabe Wetstein's in den Jahren 1751 und 1752 verdunkelte alle Vorgänger; allein er nicht minder als sie trat den Vorrang, dessen er sich lange erfreute, dem großen Erneuerer dieser Wissenschaft Johann Jacob Griesbach ab. Ihm verdanken wir die leitenden Grundsätze, welche sie seitdem mit fast eiserner Consequenz beherrscht haben.

§. 8.
Hoffnungen der Freigeister von dieser Wissenschaft.

Hauptsächlich in Beziehung auf diesen Zweig kritischer Wissenschaft war das Interesse der Gelehrten und insbesondere der Theologen sehr angeregt. Denn hier besonders hatten die Gegner der Religion oder ihrer wesentlichsten Dogmen gehofft, etwas ihrer Sache Günstiges zu entdecken. Man setzte voraus, es würde wahrscheinlich irgend eine abweichende Leseart entdeckt werden, die den socinianischen Meinungen günstiger wäre; und in jedem Falle glaubten Viele, daß eine solche Unbestimmtheit in Betreff des ganzen Textes, eine solche Schwierigkeit der Wahl zwischen widersprechenden Lesearten sich ergeben müßte, daß aller Glaube wankend würde und das Ansehen der heiligen Schrift als Führerin zur Wahrheit gänzlich umgestoßen wäre. Von diesem Standpunkte aus betrachtete der berühmte Anton Collins in seinem „Gespräche über Freidenkerei" die kritischen Arbeiten Mill's und Anderer. Er machte sich die Verschiedenheiten zwischen Mill und Whitby über einige Stellen und über den Werth verschiedener Lesearten überhaupt zu Nutzen, um daraus zu folgern, daß das ganze neue Testament dadurch zweifelhaft gemacht werde. Er wurde jedoch bald gezüchtigt, durch die gewichtige Geißel Bentley's, der unter der Maske eines Phileleutherus Lipsiensis das Thörichte der Behauptungen Collins' gründlich darlegte und die Beschaffenheit des inspirirten Textes rechtfertigte.

§. 9.
Ergebnisse. 1) Beweis der Reinheit des Textes im Ganzen und im Einzelnen.

Und in der That können wir wohl fragen: was war das Ergebniß dieser mühsamen und scharfsinnigen Untersuchungen, dieser beschwerlichen Vergleichung von Manuscripten jeden Alters, der vielen Theorien zur Klassifizirung der kritischen Documente, kurz, all der Jahre, welche scharfsinnige und gelehrte Männer der eifrigen Arbeit widmeten, die heilige Schrift zu verbessern und vollkommen herzustellen? Fürwahr, wenn wir die großen, wichtigen Folgerungen, die wir gegenwärtig im Auge haben, bei Seite setzen, so ist das Ergebniß so unbedeutend, daß wir sagen müßten, es sei ein höchst verschwenderisches Verschleudern der Zeit und der Talente gewesen. Nicht als ob Mangel an hinreichender Verschiedenheit der Lesearten stattfände; im Gegentheil ist die Anzahl übermäßig. Mill's erste Arbeit brachte 30,000 zu Tage, und man kann sagen, daß sich ihre Anzahl täglich vermehre. Aber in dieser ganzen Masse — obwohl jede erreichbare Quelle erschöpft, obwohl die Väter jedes Jahrhunderts um ihre Lesearten durchsucht, obwohl die Versionen aller Nationen, die arabische, syrische, koptische, armenische und äthiopische, um ihre Uebersetzungen geplündert, obwohl Manuscripte jedes Jahrhunderts, vom sechzehnten bis zum dritten hinauf, und jedes Landes von unermüdlichen Schwärmen aber- und abermal besucht wurden, um sie ihrer Schätze zu berauben, obwohl, nachdem man die Vorräthe des Westen erschöpft hatte, die Kritiker gleich den Naturforschern in entfernte Länder zogen, um neue Exemplare zu entdecken, die Schlupfwinkel des Berges Athos, wie Scholz und Sebastiani, oder die unerforschten Bibliotheken der ägyptischen und syrischen Wüsten besuchten: — dennoch wurde nichts entdeckt, nicht einmal eine einzige Leseart, welche irgend eine Stelle in Zweifel setzen konnte, die zuvor als gewiß und entscheidend zu Gunsten irgend einer wichtigen Lehre betrachtet worden war. Denn in den vorhin angeführten Stellen, wie bei 1. Tim. III, 16., bestand der Zweifel bereits, da sich die Verschiedenheit schon in den alten Versionen fand. Diese abweichenden Lesearten lassen fast ohne Ausnahme die wesentlichen Theile jedes Satzes unberührt und finden nur bei Punkten von untergeordneter Bedeutung statt, bei der Einschiebung und Auslassung eines Artikels oder einer Conjunction, der genauern grammatischen Construction, überhaupt mehr bei den Formen als bei der Substanz der Wörter. Der erste Vers in dem Evangelium des heiligen Johannes z. B. war der Gegenstand verschiedener kritischen Conjecturen, indem man seine Beweiskraft für die Gottheit Christi schwächen wollte. Der eine Schriftsteller hatte behauptet, daß man den Genitiv lesen sollte: „und das Wort war Gottes;" ein anderer, daß der Satz anders punktirt sein sollte, und daß man lesen müsse: „und Gott war;" — „das Wort" aber sei an die nächste Periode anzuknüpfen. Eine beispiellose Thätigkeit wurde entfaltet von Männern, die der Sache, welche durch diese Conjecturen gestützt werden sollte, keineswegs abhold waren; und nachdem nun alle Zeugnisse, die in ihr Bereich kamen, untersucht waren, welche Entdeckungen wurden bei dieser Stelle gemacht? Allerdings mehrere abweichende Lesearten: so hat Clemens von Alexandrien einmal „das Wort war in Gott," anstatt „das Wort war bei Gott;" ein Manuscript und Gregorius von Nyssa lesen das Wort Gott mit dem Artikel „war der Gott." Dieß sind die einzigen Abweichungen, die sich in dem Texte finden, während die große Lehre, die er enthält, vollkommen unberührt bleibt, und die Conjecturen des Photinus, Crellius und Bahrdt sich als leichtfertig und ungegründet erwiesen haben.

In der That, wenn wir den neuen Text Griesbach's, des ersten Kritikers, der es wagte, eine neue Leseart in den gemeinüblichen Text aufzunehmen, durchblättern, und sehen — was bei der Verschiedenheit der Typen uns augenblicklich auffällt —, wie selten die Fälle sind, wo die große Menge von Documenten, die er zu Rathe zog, ihn zu einer Verbesserung veranlaßte; so müssen wir uns wundern über die Genauigkeit unseres gemeinen Textes, der doch nur ohne Auswahl aus den ersten Manuscripten, die nach der Erfindung der Buchdruckerkunst zu Handen waren, gebildet ist; oder vielmehr, wir müssen eine große Beruhigung fühlen bei dem kleinen Unterschiede zwischen den beßten und den schlechtesten Manuscripten und bei der so tröstlichen Weise, wie die Integrität der heiligen Urkunden erhalten wurde.

So vollständig täuschte dieses Ergebniß die Erwartungen der Gegner der Religion, daß sie, wie uns ein gefeierter Gelehrter des letzten Jahrhunderts berichtet, anfingen weniger günstig von dieser Art der Kritik zu denken, die sie zuvor so höchlich anempfohlen, in der Hoffnung, sie werde zu Entdeckungen führen, die ihren Maximen günstiger wären, als dem alten Systeme.[1]

Dieß Ergebniß ist ganz dasselbe, das auch durch das kritische Studium des alten Bundes gewonnen wurde. Es wurde von dem gelehrten Eichhorn anerkannt, daß Kennicott's verschiedene Learten kaum irgend eine von Belang enthalten, die interessant genug wäre, um die auf die Sammlung verwendete Arbeit zu lohnen.[2] Gerade in den letzten Jahren

---

[1] Michaelis, Thl. II. S. 266.
[2] „Einleitung." Leipzig 1824. Thl. II. S. 700.

hatten wir eine neue, auffallende Bestätigung dieses Ergebnisses. Dr. Buchanan brachte ein hebräisches Manuscript nach Europa, das von den schwarzen Juden gebraucht wurde, die seit undenklichen Zeiten in Indien ansäßig sind, wo sie Jahrhunderte lang von aller Verbindung mit ihren Brüdern in andern Theilen der Welt abgeschnitten waren. Es ist ein Bruchstück einer ungeheuren Rolle, welche, als sie noch vollständig war, gegen neunzig Fuß lang gewesen sein muß. Wie sie jetzt ist, ist sie aus Stücken zusammengesetzt, die von verschiedenen Personen zu verschiedenen Zeiten geschrieben wurden, und enthält einen beträchtlichen Theil des Pentateuchs. Sie ist auf rothgefärbte Häute geschrieben. Eine interessante Vergleichung dieses Manuscriptes wurde von Yeates angestellt und bekannt gemacht, und das Ergebniß ist, daß, wenn man es mit der Ausgabe des Van der Hooght zusammenstellt, welche bei solchen Vergleichungen immer als die Normalausgabe betrachtet wird, sich nicht mehr als vierzig verschiedene Lesearten ergeben; und von diesen ist auch nicht eine einzige von der geringsten Wichtigkeit, sondern der größte Theil betrifft nur Buchstaben, wie Jod und Bau, die mit vollkommener Gleichgültigkeit gesetzt oder weggelassen werden können. Ja vergleicht man es mit andern gedruckten und sehr correcten Ausgaben, so verringert sich diese Zahl noch um ein Bedeutendes. Der Vergleicher bemerkt sehr gut, daß wir hier „Exemplare von wenigstens drei alten Abschriften des Pentateuchs haben, deren Zeugniß sich vereinigt für die Integrität und Reinerhaltung des biblischen Textes, wie er von Christen und Juden in diesen Theilen der Welt anerkannt wird." [1])

---

[1]) „Collation of an Indian copy of the Pentateuch." p. 8.

§. 10.

2) Sicherung gegen künftige Entdeckungen. Griesbach's Recensionen.

Aber um noch einmal zum neuen Testamente und den kritischen Bemühungen, die ihm zugewendet wurden, zurückzukommen, so sind die Vortheile, die uns daraus entstanden sind, weit davon entfernt, bei der Versicherung stehen zu bleiben, daß noch nichts entdeckt wurde, was unsern Glauben an die Reinheit der heiligen Bücher erschüttern könnte. Dieser Vortheil war nur der erste Schritt, der durch sie in den frühesten Arbeiten Mill's und Wetstein's gewonnen wurde. Der Kritiker, mit dessen Namen ich mein Verzeichniß schloß, ging viel weiter: er gab uns zudem noch Sicherheit für die Zukunft. Seine große Theorie von der Klassifikation der Manuscripte wurde indeß zuerst von einem liebenswürdigen und gründlichen Gelehrten, Johann Albert Bengel, angedeutet. Dieser gelehrte Mann ist ein edles Muster von der Anwendung jener leitenden Grundsätze, die ich Ihnen in diesen Vorlesungen einzuprägen bemüht gewesen bin. Er war beunruhigt durch die verschiedenen Lesearten, die er in dem neuen Testamente entdeckte, und fürchtete, daß durch sie alle Zuversicht auf seine Richtigkeit gänzlich untergraben werde. Er hatte Niemand, den er zu Rathe ziehen konnte, er fürchtete sich, seinen Seelenzustand zu offenbaren, und mit einer Unfrichtigkeit und einem Muthe, der ihm Ehre macht, entschloß er sich, jeder Schwierigkeit die Stirne zu bieten, sich den kritischen Forschungen zu widmen und die Lösung seiner Skrupel in eben der Wissenschaft aufzusuchen, die sie in ihm erregt hatte. Das Ergebniß war dasjenige, welches sich zum Voraus erwarten ließ: seine eigene, persönliche Ueberzeugung von der Reinheit des Textes und die Vereinfachung der Untersuchung für Alle, die sich in einer ähnlichen Lage befinden mögen. Er bemerkte bald, daß es verlorne Mühe war, über irgend eine Stelle die Manuscripte zu zählen; denn eine große Anzahl derselben schaarte sich immer zusammen, so daß, wenn man wußte, wie eines las, man es als Vorbild und Stellvertreter vieler andern betrachten konnte, die, so zu sagen, zu derselben Klasse gehörten. So brachte er die Regel in Vorschlag, daß wenn über irgend einen Text ein berühmtes, altes Manuscript mit irgend einer alten Version übereinkomme, ihre gemeinsame Leseart als sicher betrachtet werden könne.

Dieses war jedoch bloß ein roher Keim des von Griesbach entdeckten und eingeführten Systemes. Dieser fand durch lange und fleißige Untersuchung, daß alle bekannten Manuscripte sich in drei Klassen theilen, denen er den Namen Recensionen gegeben hat, weil er annimmt, daß sie aus corrigirten Ausgaben des Textes in verschiedenen Ländern entstanden seien; demgemäß heißt er sie auch die alexandrinische, abendländische und byzantinische Recension. Jedes Manuscript gehört zu einer von diesen Klassen, und obwohl es in Zufälligkeiten von seinem Vorbilde abweichen mag, so stimmt es doch im Ganzen damit überein. Die Consequenz dieser Anordnung ist klar. Wir reden nun nicht mehr von zwanzig Manuscripten, die für eine Leseart sprechen, und von eben so vielen auf der andern Seite, noch denken wir daran, den besonderen Werth jedes einzelnen zu prüfen; eben so wenig haben wir Zahlen gegen innern Werth abzuwägen und zwischen ihnen zu entscheiden. Einzelne Manuscripte haben nun keinen Werth mehr: sondern wir entscheiden nur mehr zwischen Familien. Wenn zwei Familien mit einander übereinstimmen, so ist ihre vereinigte Leseart wahrscheinlich die richtige; wenn sie so in einander übergehen, daß Manuscripte aller Familien auf beiden Seiten verwirrt durcheinander gemengt sind, so kann die Frage nicht entschieden werden. Allein hier haben wir eine Sicherung gegen die Entdeckung was immer für eines künftigen Documentes. Denn wenn irgend ein Manuscript, so ehrwürdig und kostbar es auch sein mag, entdeckt werden sollte, so müßte es sich in diese Fächer fügen und in eine der Familien einreihen lassen, deren Gewicht es vergrößern könnte, während es alles individuelle Ansehen verlöre; somit könnte es dann unsere Sicherheit in keiner Weise stören. Und wenn es nun solche Unregelmäßigkeiten darböte, die es von ihnen allen ausschlößen und seine Einreihung unmöglich machten, so müßte es als heimathloser Vagabund betrachtet werden und könnte das System ebenso wenig in Unordnung bringen, als man von einem Kometen, der die Bahnen der Planeten durchschneidet, sagen könnte, daß er ihre Ordnung störe, weil er sich in ihr System nicht einfügen will.

Dieser große und wichtige Schritt im kritischen Studium des neuen Testamentes hat bedeutende Aenderungen erfahren, die alle darauf ausgehen, es weiter zu vereinfachen. Nolan, Hug, Scholz und viele Andere haben verschiedene Anordnungen und Vertheilungen der Manuscripte vorgeschlagen; allein sie sind nicht viel weiter gegangen, als die Namen und Zahlen der Klassen zu ändern: die Grundsätze haben sie ganz beibehalten. Noch die wichtigste Abänderung hat Scholz in Vorschlag gebracht. Nachdem er ganz Europa und einen großen Theil des Orients durchreist hatte, um Manuscripte zu vergleichen, gab er im Jahre 1830 den ersten Band einer neuen kritischen Ausgabe heraus; in der Vorrede dazu zieht er die Familien in zwei zusammen, um so die Anwendung von Griesbach's Princip noch leichter ausführbar zu machen. Aus einem Briefe, den ich kürzlich von ihm empfing, erfahre ich, daß der zweite Band eben unter der Presse ist.[1]

---

[1] (Er erschien in Leipzig i. J. 1836. — Einen sehr bedeutenden Schritt vorwärts that die Kritik des neutestamentlichen Textes durch Karl Lachmann. Um den historisch ältesten Text nach den anerkannt frühesten Quellen zu gewinnen, nahm er sich vor, nur die ältesten (Majuskel=) Handschriften zu berathen, dann nur den ältesten Versionen, vorzüglich der Itala und der verbesserten Vulgata des Hieronymus, endlich noch den Vätern, die bis zum vierten Jahrhundert blühten, eine Stimme zu

So können wir sagen, daß die kritische Wissenschaft nicht nur jeden aus schon bekannten Documenten hergenommenen Einwurf widerlegt, sondern uns auch volle Sicherheit gegen jedes noch zu entdeckende gewährt, während sie uns zugleich einfache und leichte Gesetze oder Regeln zur Entscheidung verwickelter Differenzpunkte an die Hand gegeben hat. Und diese Ergebnisse werden uns noch besser zu Statten kommen, wenn eine neue Ausgabe, die eben im Werke ist, erschienen sein wird, worin nur ausgewählte Lesearten, mit großer Sorgfalt geprüft und mit großer Genauigkeit angegeben, vollständig zusammengestellt sein sollen.

Außer diesen allgemeinen Vortheilen können wir noch sagen, daß viele einzelne Stellen, über denen zuvor eine Wolke des Zweifels hing, von ihrer Schwierigkeit befreit und vollständig gesichert worden sind. So z. B. sind die zwölf letzten Verse des Marcus, die einen sehr wichtigen und interessanten Gegenstand enthalten, von vielen Kritikern in Zweifel gezogen worden; und dasselbe kann man von Luc. XXII, 43—45. sagen, wo von dem blutigen Schweiße des Heilands im Garten die Rede ist. Nun hat der Fortschritt der kritischen Forschung diese beiden Stellen so vollständig auf gleiche Höhe mit jedem andern Theile des neuen Testamentes gesetzt, daß es ganz unmöglich ist, je wieder Bedenklichkeiten dagegen zu erheben.

---

gewähren. „N. Test. graeco et latine. Car. Lachmannus recensuit. Phil. Buttmannus graec. Lectionis authoritates apposuit." Berol. 1842. Tom. I. 1850. Tom. II. Die Recension, die er so gewann, näherte sich schon sehr der Vulgata. — In seine Fußstapfen trat Const. Tischendorf, (Nov. Test. graece. Ed. 7ma critica major. Lips. 1859.) der unter Anderm noch den Text, wie ihn die Vulgata vor sich gehabt, nach griechischen Quellen zu restituiren suchte. „Nov. Test. Textus graec. Versionis Vulgatae latinae. Par. 1813. II. Aufl. 1847. Auch seine Entdeckung des Codex Sinaiticus, — nach seiner Beurtheilung die älteste griechische Handschrift, die existirt, — hat nun auf's Neue die Integrität unseres Textes bewährt.

§. 11.

Widerlegung einer von Michaelis und Dr. Marsh erzählten Anekdote.

Es steht mit dieser Wissenschaft eine Anekdote in Verbindung, auf die ich zuvor hingedeutet habe, und es würde ungerecht sein, sie nicht genauer zu beleuchten, bevor wir damit abschließen. Die vaticanische Bibliothek besitzt, wie Sie alle wissen müssen, von der Septuaginta und dem neuen Testamente das werthvollste Manuscript, das es jetzt gibt. Es ist bekannt unter dem Namen Codex Vaticanus und wurde im Jahre 1587 auf Befehl des Papstes Sixtus V. herausgegeben. Michaelis und sein Commentator Dr. Marsh haben uns auf die Angabe Adlers hin erzählt, daß im Jahre 1783 der Abbate Spaletti, oder wie sie ihn nennen, Spoletti, bei dem Papste Pius VI. um Erlaubniß eingekommen sei, ein Fac-simile von dem ganzen Manuscripte herauszugeben, nach demselben Plane, nach dem er den Anakreon gedruckt hatte: daß der Papst dem Vorhaben günstig gewesen sei, aber „nach dem üblichen Geschäftsgange die Sache an die Inquisition wies, mit dem Auftrage, F. Mamachi, der magister sacri palatii, sollte insbesondere zu Rathe gezogen werden; diesen verleitete seine Ignoranz und ihr gewöhnlicher Begleiter, der Geist der Unduldsamkeit, den Papst zu überreden, daß er die Ausführung des Planes hindere, unter dem Vorwande, der vaticanische Codex weiche von der Vulgata ab, und daher könnte seine Veröffentlichung den Interessen der christlichen Religion Eintrag thun." Eine zweite Eingabe an den Papst wurde eingereicht; „aber die Macht der Inquisition behielt die Oberhand über Gründe, welche keine andere Unterstützung hatten, als die gesunde Vernunft." Dr. Rossi antwortete in einem Briefe an Michaelis auf diese Anklagen gegen seinen Gönner, den Papst; aber Dr. Marsh erwiedert: „wenigstens dieß sei gewiß, daß Spaletti die amtliche Erlaubniß nie erlangen konnte, obwohl er zu wiederholten Malen darum nachsuchte; er war daher genöthigt, sein Vorhaben aufzugeben, indem die persönliche Billigung des Papstes ihm keine Sicherheit gegen die Ahndung der Inquisition gewährt haben würde." [1]) Es ist wirklich betrübend, ein solches Gewebe von Entstellungen, wie es hier gesponnen wird, von angesehenen Schriftstellern wiederholt zu sehen, von denen es dann natürlich auch in populäre Werke übergegangen und allgemein in Lauf gekommen ist. Horne hat es natürlicher Weise nicht übersehen. [2])

Als ich vor einigen Jahren diese Geschichte zuerst las, verlor ich keine Zeit, ihre Wahrheit näher zu prüfen. Das Hauptfactum ist allerdings wahr: der Abbate Spaletti kam um die Erlaubniß ein, ein Fac-simile jenes ungeheuren Manuscriptes herauszugeben; und wäre er um nichts Anderes, als um die Erlaubniß eingekommen, so würde er sie ohne Zweifel bald erlangt haben. Aber unglücklicher Weise war sein Antrag, es auf Kosten der Regierung herausgeben zu dürfen, und dieß war lediglich der Grund einer abschlägigen Antwort. Dieß weiß ich von einem Manne, der mit Spaletti in vertrautem Verhältnisse stand, mit dem ganzen Vorgange bekannt war und keine Ahnung davon hatte, daß ein abweichender Bericht oder nur überhaupt irgend ein Bericht darüber in's Publikum gelangt war. [3]) Es wäre zu beklagen gewesen, fügte er hinzu, wenn Spaletti Gewährung seines Gesuches erlangt hätte; denn er war nur ein oberflächlicher Gelehrter und wünschte dieses ungeheure Werk nur als eine gute Speculation zu unternehmen. Wenn wir bedenken, daß es der Dazwischenkunft des Parlamentes und der Uebernahme aller Kosten durch dasselbe bedurfte, bevor Baber's Fac-simile von dem alexan-

---

[1]) Michaelis. Vol. II. Pars I. p. 181. Pars II. p. 644.

[2]) Vol. II. p. 125.

[3]) Der verstorbene Canonicus Baldi, Sotto-custode der vaticanischen Bibliothek.

brinischen Manuscripte des alten Testamentes allein unternommen werden konnte, und daß auch dann wegen der enormen Kosten nur 250 Abdrücke gemacht worden sind: so haben wir gewiß eine hinreichende Begründung, warum die Regierung die übermäßige Auslage ablehnte, die nothwendig war, um Spaletti's Vorhaben in's Werk zu setzen. Außer diesem Grundirrthume sind in der Anekdote noch andere von geringerem Belange. Der Inquisition konnte die Sache nicht zugewiesen werden „nach dem üblichen Geschäftsgange," wie Dr. Marsh es ausdrückt; denn Jedem, der mit dem hiesigen Geschäftsgange bekannt ist, klingt eine solche Behauptung ebenso wahrscheinlich, wie wenn irgend ein Fremder erzählte, Baber's Vorschlag, das alexandrinische Manuscript herauszugeben, sei „nach dem üblichen Geschäftsgange" an das Kriegsministerium oder an den obersten Rechnungshof verwiesen worden. Auch wurde es in Wirklichkeit gar nicht an die Inquisition überwiesen, und weit entfernt, daß je zwischen Spaletti und den Gliedern dieses Amtes ein Mißverständniß stattgefunden hätte, fuhr er fort, bis an's Ende seines Lebens alle Sonntagmorgen in ihrer Gesellschaft innerhalb der Mauern dieses gefürchteten Tribunals zuzubringen. Auch kann ich es dem gelehrten Bischof von Petersborough nicht hingehen lassen, was er von der Ignoranz Mamachi's spricht, eines Mannes, der unter den Erläuterern kirchlicher Alterthümer einen Platz ersten Ranges einnimmt, und dessen Werke glücklicher Weise wenigstens ebenso lang dauern werden, als diese Befleckung seines Gedächtnisses. Allein Dr. Marsh selbst bietet die beßte Widerlegung des Motives dar, das er dem ignoranten Geistlichen beilegt, dem es doch gewiß nicht unbekannt war, daß das vaticanische Manuscript fast schon zwei Jahrhunderte zuvor herausgegeben war; denn Marsh berichtet uns, daß dem Dr. Holmes keine Hindernisse in den Weg gelegt wurden, die Manuscripte des Vatican zum Behuf seiner Ausgabe der

Septuaginta zu vergleichen.¹) Und Spaletti war sogar unter denen, die in seinem Auftrage damit beschäftigt waren, und eben das fragliche Manuscript gehörte mit zu den untersuchten.

Als Monsignor Mai, seit Kurzem Bibliothecar am Vatican, den Papst Leo XII. darauf aufmerksam machte, wie gut es wäre, das neue Testament des Codex Vaticanus herauszugeben, erwiederte Seine Heiligkeit, Ihr Wunsch wäre, daß das Ganze mit Einschluß des alten Testamentes gedruckt würde. Auf dieß hin übernahm der gelehrte Prälat das Geschäft und setzte es fort bis zum Evangelium Marci. Unzufrieden mit der Ausführung seines Werkes, hat er es seitdem nach einem andern Plane wieder begonnen. Das neue Testament ist vollendet, und das alte beträchtlich vorgerückt. Diese Herausgabe wird der erschöpfendste Beweis sein, wie wenig man sich in Rom vor einer „Beeinträchtigung der christlichen Religion" durch kritisches Studium der heiligen Schriften fürchtet.²)

Doch — um diesen Theil meiner Aufgabe zu beschließen — wir haben so gesehen, daß diese Wissenschaft genau denselben Gang ging, wie so viele andere; in ihrem unvollkommenen Zustande bot sie den Freigeistern einigen Grund zu Einwürfen gegen die Grundlagen der christlichen Offenbarung, und dann, als sie furchtlos ihre eigene natürliche Richtung

---

¹) Die Vergleichung dieses Manuscripts wurde durch die französische Revolution unterbrochen. Warum sie nach der Zurückstellung des Codex nicht fortgesetzt wurde, konnten die Beamten der Bibliothek nicht erfahren. Gewiß leidet eine kritische Ausgabe der Septuaginta, in welcher die Vergleichung des beßten und ältesten Manuscriptes fehlt, an einem wesentlichen Mangel.

²) (Diese Ausgabe, die schon seit dem Jahre 1838 gedruckt lag, wurde im Jahre 1857 zu Rom in 5 Quartbänden veröffentlicht, und im Jahre 1859 erschien eine neue Bearbeitung des neuen Testaments von Vercellone; allein leider hat weder die erste Ausgabe noch diese Verbesserung der Erwartung der Fachgelehrten entsprochen. — A. d. Ueb.)

verfolgte, hob sie nicht nur alle Schwierigkeiten, die sie zuerst erhoben hatte, sondern ersetzte sie auch durch neue und beruhigende Bürgschaften, die keine künftige Untersuchung möglicherweise schwächen oder umstürzen kann.

§. 12.

B. Biblische Philologie. I. Hebräische Grammatik.

Wenn der Text durch kritische Forschung festgesetzt ist, so ist das nächste Geschäft, ihn zu übersetzen. Dieß ist vor Allem die Aufgabe der Philologie, welche die Bedeutung der Worte, sowohl einzeln als in Sätze verbunden, untersucht, und indem sie über ihren Werth entscheidet, zu dem Sinne ganzer Sätze und Abschnitte gelangt. Nun sind die verschiedenen Theile dieser Wissenschaft, so sonderbar es scheinen mag, im Fortschritte begriffen gewesen, und dieser Fortschritt hatte durchaus die Vertheidigung der Schrift und die Bestätigung ihrer Zeugnisse zum Ziele. Die Grammatik ist nothwendig die Basis alles Studiums, das die Wörter zum Gegenstande hat, und damit beginne ich also.

Sie werden vielleicht geneigt sein, zu lächeln, wenn ich von der Grammatik einer seit zweitausend Jahren todten Sprache sage, daß sie in einem Zustande des Fortschrittes und der Entwickelung sei. Ohne Zweifel werden Sie nicht minder zur Ungläubigkeit versucht sein, wenn ich behaupte, daß ihr Fortschritt sogar unsere Sicherheit in wesentlichen Lehren vergrößert hat. Und doch haben beide Behauptungen wirklich ihre Richtigkeit. Um derentwillen, welche an solchen Untersuchungen Interesse haben, will ich einen Umriß ihrer Geschichte entwerfen und dann die nützlichen und wichtigen Anwendungen, zu denen sie führen kann, mit Beispielen belegen.

§. 13.

Erste Periode ihrer Geschichte. Ihr Anfang unter den Christen.

Die Grammatik der hebräischen Sprache nahm natürlich ihren Ursprung bei den Juden: kein Christ in neuerer Zeit begann ihr Studium, bevor sie von ihnen alle jene Vollendung erlangt hatte, die ihre mangelhafte Methode ihr gewähren konnte. Doch darf man sagen, daß diese Wissenschaft bei uns auf selbstständigen Grundlagen betrieben wurde. Elias Levita war beschäftigt, den grammatischen Untersuchungen der Kimchi alle jene Vollendung zu geben, die sie von Schriftstellern seiner Nation je erreichen sollten, als Konrad Pellicanus im Jahre 1503 und Reuchlin drei Jahre später die ersten Rudimente des Hebräischen, für den christlichen Jugendunterricht bestimmt, herausgaben. Der Erstere, ein Mönch in Tübingen, hatte sich in einem Alter von zweiundzwanzig Jahren mit keinem andern Behelfe, als einer lateinischen Bibel, mit der Sprache bekannt gemacht, und konnte daher in seiner Grammatik nur so unvollständige Elemente gestalten, wie er sie auf diesem Wege aufgelesen hatte. Reuchlin nahm in Rom Unterricht bei einem Juden zu dem übermäßigen Preise einer Goldkrone für die Stunde: ihm verdanken wir die meisten grammatischen Ausdrücke, die jetzt bei dem Studium der heiligen Sprache gebräuchlich sind. Sebastian Münster, ein Schüler des Elias, verdunkelte bald seine Vorgänger, und seine Arbeiten, die fast ganz den Rabbinen nachgeschrieben waren, traten auch wieder an ihrer Statt hinter die umfassendere und klarere Methode des ältern Buxtorf zurück. Auch in andern Theilen Europa's außer Deutschland mangelte es nicht an grammatischen Untersuchungen. Santes Pagnini in Italien und Chevalier in Frankreich gaben Einleitungen in das Studium der heiligen Sprache heraus. Dieß kann man die erste Periode der hebräischen Grammatik unter den Christen nennen, eine Periode, die mit der Mitte des siebenzehnten Jahrhunderts endete. Ihre charakteristischen Merkmale sind die der jüdischen Schule, aus der sie entstand: eine kleinliche Achtsamkeit auf die komplizirten Veränderungen der Buchstaben und Vocalzeichen und auf die Ableitung und Bildung der Wörter, während der allgemeine Bau der Sprache großentheils übersehen ist. Außer Buxtorf muß jedoch noch Eine ehrenvolle Ausnahme gemacht werden. Salomon Glaß, dessen Philologia Sacra, besonders in der verbesserten Ausgabe von Dathe, auf dem Tische eines Jeden, der biblische Sprache studirt, nie fehlen sollte, sammelte einen Schatz syntaktischer Bemerkungen, welche außer ihrer Nützlichkeit für hebräische Grammatik auch das Verdienst hatten, die Sprache des neuen Testamentes zuerst mit dem alten in Berührung zu bringen.

§. 14.

Zweite Periode. Vergleichung mit verwandten Dialecten durch de Dieu, Schultens und die holländische Schule.

Während so das Studium der hebräischen Grammatik langsam vorwärts ging, wurden die verwandten semitischen Dialecte, damals unter dem Gesammtnamen orientalischer Sprachen bekannt, mit großer Emsigkeit gepflegt. Zu der Zeit, die ich nach Gesenius dem Ende der ersten christlichen Schule angewiesen habe, begann das Studium derselben einen Einfluß auf die hebräische Grammatik auszuüben und bezeichnete so den Anfang einer zweiten Epoche. Louis de Dieu gab im Jahre 1628 zuerst eine vergleichende Grammatik des Hebräischen, Chaldäischen und Syrischen heraus. Ihm folgte Hottinger (1649) und Sennert (1653), der zu den vorher verglichenen Sprachen auch noch das Arabische hinzufügte. Das berühmte Polyglotten-Lexicon Castelli's reihte in seinen Prolegomenen ferner das Aethiopische oder Abyssinische an.

Dieß war ein neues und wichtiges Werkzeug für das Studium der hebräischen Grammatik; aber die Syntax dieser verwandten Sprachen war selbst unvollständig entwickelt, und die Anwendung derselben war daher hauptsächlich auf die Declinationen und Conjugationen beschränkt. Am Anfange des letzten Jahrhunderts wurde eine ausgedehntere Anwendung wenigstens eines Zweiges dieser vergleichenden Sprachwissenschaft von dem gelehrten und scharfsinnigen Albert Schultens eingeführt. Wohl bewandert in der arabischen Literatur und über einen Schatz orientalischer Manuscripte auf der Leydener Bibliothek gebietend, widmete er den größten Theil seines Lebens der Erläuterung der hebräischen Philologie aus diesen Quellen. So groß auch seine Verdienste sind, führte ihn doch die Hingabe an das System, das er zuerst aufstellte, nothwendigerweise zu weit. Er opferte die Vortheile, die eine Vergleichung mit allen verwandten Dialecten darbietet, seiner Vorliebe für einen einzigen. Ja er ging noch weiter; denn oft übersieht er den eigenthümlichen Bau und den ausschließlichen Gebrauch der hebräischen Sprache wegen eines, wenn auch noch so schwachen Parallelismus mit dem Arabischen.[1]

Er war der Gründer jener Schule, die man in der hebräischen Philologie die holländische nennt. Viele seiner Schüler haben, wie sich erwarten ließ, die Fehler ihres Meisters nachgeahmt, obwohl einige wenige von schärferer Urtheilskraft sie zu vermeiden suchten. Während kühne sogenannte Arabismen und gezwungene Etymologieen die Werke Venema's, Lette's und Scheid's entstellen, haben Andere, wie Schröder, ein maaßvolleres Urtheil zu dem Studium der Grammatik mitgebracht. Die „Institutiones" dieses scharfsinnigen Mannes[2] waren in Deutschland lange Zeit das

---

[1] Ebend. S. 128.
[2] „Institutiones ad fundamenta linguae Hebraicae." Die letzte deutsche Ausgabe in Ulm 1792. Abgedruckt wurde es in Glasgow i. J. 1824.

Hauptwerk und sind noch jetzt meines Wissens in England bedeutend benützt und nach Verdienst geschätzt. Seine Syntax ist reichhaltig und genau, und kann als der beßte Behelf für Jene gelten, denen die großen deutschen Werke von Gesenius und Ewald unzugänglich sind.

§. 15.

Dritte Periode. Die deutsche Schule: Michaelis, Storr, Gesenius.

Während die holländische Schule auf ihrem Gipfel stand, legten die Deutschen den Grund jenes Systems, welches, obwohl so früh noch nicht gereift, die einzig wahre und feste Methode des Verfahrens bildete. Diese bestand darin, nicht sogleich nach einem vollständigen und umfassenden Systeme der Grammatik zu streben, sondern nur einzelne Puncte entweder aus den verwandten Dialecten oder durch Vergleichung zahlreicher Stellen in der Bibel selbst zu beleuchten. Christian Benedict Michaelis pflegte auf rühmliche Weise beide Methoden; Simonis, Storr und zahlreiche Andere trugen werthvolle Beobachtungen bei, um die hebräische Syntax und ihre Analogieen methodisch zu behandeln. So wurde also am Anfange dieses Jahrhunderts Material angehäuft, das nur einen gelehrten, scharfsinnigen und ausdauernden Forscher verlangte, es zu ordnen, zu sichten und zu vervollständigen.

Von der ersten Schule unterscheidet sich diese neuere ganz in derselben Weise, wie sich die Taktik der gegenwärtigen Zeit von jener des Alterthums unterscheidet. Wie diese die Phalanx oder die Legion durch verwickelte Manöver einübte, die hauptsächlich von den genauen Bewegungen und Stellungen der Einzelnen abhingen, so beruhte das ganze System der alten Grammatik auf den kleinlichen Verrichtungen, die bei jedem Worte vorkommen, auf den komplizirten Evolutionen jedes Punktes, seinem Vorrücken, seinem Zurückziehen oder seiner Bedeutung. Der neuere Grammatiker dagegen übersieht keineswegs diese geringern Bewegungen; aber er wendet seine größte Aufmerksamkeit auf die Aneinanderfügung der Redetheile, auf die Kraft der Partikeln unter den verschiedenen Umständen, auf die verschiedenen Bedeutungen eigenthümlicher Wortformen und auf die gegenseitige Abhängigkeit der kleinern und größern Glieder des Satzes: — er sieht hauptsächlich auf umfassendere Verbindungen und wichtigere Bestandtheile. Die erste Schule jedoch bediente sich eines Vortheils, den ihre Nachfolger übersahen oder verschmähten, die rabbinischen Grammatiker. Alles war am Anfange jüdisch, sowohl in Grammatik, als in Lexikographie, während in der folgenden Periode die Rabbiner in beiden Gebieten abgedankt wurden. Forster (1557) gab sein Lexikon heraus „non ex Rabbinorum commentis nec nostratum Doctorum stulta imitatione," und Masclef beschloß, die hebräische Grammatik von der Punktirung „aliisque inventis Masorethicis" zu reinigen. Ich weiß nicht, ob seine Nachfolger die Existenz der Syntax und Construction im Hebräischen für eine rabbinische Erfindung halten; aber diese Grammatiker, welche die Sprache ohne Punkte behandeln, entfesseln sie in der Regel auch nicht minder von den grammatischen Banden und stellen so die Sprache der Inspiration als eine solche bar, in welcher fast jedes Wort schwankend und ungewiß ist, und jeder Satz der Regel und bestimmten Fügung entbehrt.

Allein sei dem, wie ihm wolle, die Neuesten setzen es sich zum Ziele, keine Quelle der Belehrung zu umgehen, und Vieles, was in der Grammatik und Lexikographie von Werth ist, muß einer geeigneten Beachtung jüdischer Quellen zugeschrieben werden.[1]) Auch die Grammatik der verwandten

---

[1]) (Auf diesem Wege haben besonders zwei Gelehrte, Julius Fürst in s. „Librorum sacrorum Vet. Test. Concordantiae hebr. et chald." etc. Lips. 1837—1840, und Franz Delitzsch in s. „Jesurun, s. Isagoge in grammat. et lexicograph. ling hebr." Grimma 1838, große

Dialekte hat sich in gleicher Weise verbessert. Der Baron de Sacy hat das ganze Aussehen der arabischen Grammatik umgestaltet. Hoffmann hat denen, welche das Feld der syrischen Philologie bebauen wollen, wenig Aussicht übrig gelassen.¹)

Auf diese Grundlagen und mit diesen Vortheilen unternahm Gesenius das Geschäft, eine vollständige hebräische Grammatik herauszugeben, welche im Jahre 1817 erschien.²) Dieses Werk mit seinem Lexicon bildet in der biblischen Literatur eine Aera; obwohl anfangs viele strenge Rügen dagegen ergingen, errang es sich doch allgemeine und verdiente Anerkennung, und viele Schriftsteller stehen nicht an, dem Verfasser fast das Monopol der hebräischen Gelehrsamkeit in der Gegenwart zuzuerkennen.

§. 16.

Bedeutsamkeit dieser Wissenschaft für die Beweise der biblischen Wahrheiten.

Ich habe sie zu lange mit der Geschichte eines so unfruchtbaren Gebietes der Wissenschaft, wie die hebräische Grammatik ist, aufgehalten; es ist nun Zeit, sie auf den Gegenstand dieser Vorlesungen anzuwenden.

Der Einfluß der Grammatik auf die Erklärung jeder Stelle ist zu offenbar, als daß er einer Auseinandersetzung

---

Erfolge gesichert. Beide haben es sich zum Ziele gesetzt, die Etymologie des Hebräischen durch tiefgehende, auf festen Principien beruhende Vergleichung des rabbinischen Sprachschatzes mit dem der übrigen semitischen Sprachfamilien zu bereichern. — A. d. Ueb.)

¹) Hoffmann's Werk muß jedoch viel mehr als eine Folge der neuesten Fortschritte in der hebräischen und arabischen Grammatik, denn als gleichlaufende Verbesserung angesehen werden. „Grammaticae Syriacae Libri tres." Halae 1827. p. VIII.

²) „Ausführliches, grammatisch-kritisches Lehrgebäude der hebräischen Sprache, mit Vergleichung der verwandten Dialekte." Leipzig 1817. 8. Seite 908.

bedürfte. Kein neuer Commentator würde die Beleuchtung eines Textes wagen, ohne zu zeigen, daß der Sinn, für den er sich entschied, durch die Bedeutung jedes Wortes und seine Verbindung mit dem Satze gefordert wird. Anderseits würde die Nachweisung, daß seine Meinung den Text in Widerspruch mit den feststehenden Regeln der Grammatik bringe, die unumstößlichste Widerlegung sein. Daraus aber müssen Sie sogleich abnehmen, wie wichtig es ist, daß die Hauptregeln, auf welche sich Jeder beruft, gewiß und erschöpfend seien, und wie leicht, auf die Autorität einiger wenigen Fällen hin, ein allgemeines grammatisches Gesetz aufgestellt werden könnte, das uns eines wichtigen dogmatischen Beweises berauben oder solchen Stellen, die bisher als deutlich galten, einen ganz neuen Sinn geben würde. In einem solchen Falle wird es unsere Pflicht, die Allgemeinheit der Regel zu prüfen; wir werden in die minutiae philologischer Erörterung eingehen müssen, und vergebens werden wir nach dem Namen des Commentators ohne den des Grammatikers streben. Der Fortschritt der Wissenschaft muß also diese Schwierigkeiten widerlegen und den Boden wieder gewinnen, den solche vom Vorurtheile geleitete Untersuchungen erobert zu haben scheinen.

All dieß ist in der That geschehen. Wenn ich Ihnen sage, daß die herrlichste und umständlichste Prophezeiung im alten Testamente geläugnet worden ist; daß der Streit darüber sich hauptsächlich auf eine grammatische Discussion über die Bedeutung eines kleinen Wortes bezog, das man als Schlüssel für die ganze Stelle annahm; daß von dem Hauptgrammatiker, den ich eben angerührt habe, eine Regel aufgestellt wurde, welche dieses Wort der einzigen Bedeutung beraubt, die mit einer prophetischen Interpretation verträglich ist; daß endlich die Forschungen der späteren Grammatiker diese Regel umgestoßen haben: so werden Sie mir zugeben, daß durch den Fortschritt dieser Wissenschaft für die Vertheidigung der Prophezie und folglich für die Bestätigung der Wahrheit des

Christenthums wichtige Resultate gewonnen werden können. Denn es ist im alten Testamente kaum eine Stelle zu finden, an welcher diese Klasse von Beweisen so erschöpfend dargethan werden könnte, als an dem zweiundfünfzigsten und dreiundfünfzigsten Kapitel des Isaias. Es bleibt daher für meinen Beweis nichts übrig, als die Geschichte dieses Streites in Kürze anzugeben, indem ich ihn für Solche, die mit der hebräischen Sprache nicht bekannt sind, so verständlich als möglich zu machen suche.

§. 17.
Gesenius Anwendung der Grammatik zur Läugnung der messianischen Prophezie in If. LII und LIII.

In den drei letzten Versen des zweiundfünfzigsten und durch das ganze folgende Kapitel ist der Charakter und das Schicksal des Knechtes Gottes dargestellt. Vielleicht ist kein Theil von demselben Umfange im alten Testamente so sehr durch Citationen im neuen geehrt; es ist die Stelle, welcher sich die göttliche Vorsehung als eines Werkzeuges bediente, um den Kämmerling der Königin von Aethiopien zu bekehren.[1] Schon zur Zeit des Origenes waren die Juden bemüht, sich der Kraft einer Prophezeiung zu entziehen, die den Knecht Gottes darstellt als mißhandelt, verwundet und zerschlagen und als sein Leben hingebend für sein Volk und sogar für die Erlösung aller Menschen.[2]

Obwohl der Targum oder die chaldäische Paraphrase des Jonathan die Stelle von dem Messias verstand, haben sie doch die spätern Juden entweder von irgend einem berühmten

---

[1] Apostelg. VIII, 32, 33.
[2] Kap. LIII, 12. Vergl. Matth. XXVI, 28. Röm. V, 19. If. LII, 15. Darüber sieh Jahn, „Appendix Hermeneuticae." Vienn. 1815. Fasc. II. p. 5.

Propheten oder von einer collectiven Gesammtheit ausgelegt. Die neuern Gegner der Prophezie haben die letzte Erklärung allgemein angenommen, jedoch mit bedeutender Verschiedenheit der besondern Anwendung. Die Lieblingstheorie scheint jene, welche annimmt, daß unter dem Bilde des Knechtes Gottes das ganze jüdische Volk, das in der Schrift oft mit diesem Namen bezeichnet wird, zu verstehen sei, und daß darin eine Beschreibung der Leiden, der Gefangenschaft und der Wiederherstellung des ganzen Volkes gegeben werde.[1]) Andere jedoch ziehen einen engeren Sinn vor und beziehen die ganze Stelle auf die Prophetenzunft. Diese Erklärungsart hat einen geistreichen und gelehrten Vertheidiger an Gesenius gefunden.[2])

Freilich wird dieser Knecht Gottes als Ein Individuum dargestellt: aber die Anhänger der collectiven Anwendung berufen sich auf einen Text, der ein entscheidendes Gewicht zu ihren Gunsten haben soll. Dieß ist der achte Vers des dreiundfünfzigsten Kapitels, „um der Sünde meines Volkes willen schlug ich ihn." Das hier gebrauchte Fürwort kommt sehr selten vor und findet sich hauptsächlich bei den Dichtern (למו lamo). Man behauptet nun, dasselbe habe bloß plurale Bedeutung, und die Stelle müsse daher gegeben werden: „schlug ich sie." Nun aber würde diese Bedeutung mit einer Prophezie, die sich auf ein einziges Individuum bezieht, unverträglich sein, und man betrachtet sie daher als den Schlüssel zu der ganzen Stelle und als Beweis, daß nur eine collective Gesammtheit unter dem Bilde des Knechtes Gottes verstanden werden könne. Dadurch ginge also die Prophezeiung gänzlich verloren; anstatt einer deutlichen Vorhersagung von der Sendung und Erlösung des Messias hätten wir bloß eine pathe-

---

[1]) Eckermann, „theologische Beiträge." Erste Sect. S. 191. Rosenmüller, „Jesajae Vaticinia." Lips. 1820. Vol. III. p. 326.

[2]) „Philologisch-kritischer und historischer Commentar über den Jesaia." Leipzig 1821. Zweiter Theil. S. 168.

tische Elegie über die Leiden der Propheten oder des Volkes. Auf dieses Wort beruft sich Rosenmüller in den Prolegomena zu dem Kapitel als eine entscheidende Beendigung des Streites und nimmt an, der Prophet habe dieses Wort ausdrücklich zu dem Zwecke gebraucht, um jeden Zweifel über seine Meinung zu beseitigen.¹) In gleicher Weise bezieht sich Gesenius darauf in derselben Absicht;²) er betrachtet es als bloßes Vorurtheil, die Stelle im Singular zu übersetzen, wie die syrische Version und der heilige Hieronymus gethan.³) Gesenius hat aber, wie ich schon vorhin andeutete, sich schon früher den Weg zu seiner Erklärung geöffnet und die Nothwendigkeit jeder nähern Rechenschaft darüber dadurch abgeschnitten, daß er in seiner Grammatik eine Regel bildete, bei der es offenbar auf diese Stelle abgesehen war.

Er hat hier die Behauptung aufgestellt, daß das poetische Pronomen לָמוֹ nur Plural sei, und daß, obwohl es sich bisweilen auf Wörter im Singulare beziehe, dieses nur dann stattfinde, wenn dieselben Sammlungswörter seien. Nachdem er eine Anzahl von Beispielen angeführt hat, fügt er den fraglichen Text an: „In dieser Stelle," bemerkt er, „hat die grammatische Erörterung ein dogmatisches Interesse gewonnen.

---

¹) „Omnino autem quo minus de singula quadam persona vatem loqui existimemus, illud vetat, quod versu 8. exeunte de illa, qui loquentes inducuntur, dicunt ... לָמוֹ enim collective duntaxat pro לָהֶם usurpari videbimus ad eum locum, voluitque vates illa voce usus ipse significare, ministrum illum divinum, de quo loquitur, esse certam quandam plurium ejusdem conditionis collationem, unius personae imagine repraesentatam. Quum igitur omnis interpretatio, quae singulari alicui personae hanc pericopam accommodare studet, plane sit seponenda," etc. A. a. O. p. 330, cf. p. 359.

²) A. a. O. S. 163. 183.

³) Erster Theil, erste Abtheilung. S. 86. 88. Der Targum, Symmachus und Theodotion, die keine christlichen Uebersetzer sind, geben das Wort in derselben Weise.

Das Subject dieses Kapitels wird immer im Singular erwähnt, ausgenommen an dieser Stelle; jedoch ist es völlig erklärlich, warum es in Vers 8 sich in einen Pluralis verändert, da, wie mir wenigstens gewiß ist, dieser **Knecht Gottes** ein Collectivum der Propheten ist." [1] Sie sehen also, wie wichtig eine Erörterung werden kann, die an und für sich selbst von geringem Belange ist; wie die Untersuchung, ob ein unbedeutendes Fürwort nur Plural sei, oder ob es auch Singular sein könne, der Angelpunkt wurde, um den sich eine Frage von wesentlicher Bedeutung für die christliche Wahrheit drehte. [2]

§. 18.
Widerlegung seiner Regel durch Ewald.

Die grammatischen Arbeiten des Gesenius waren noch nicht so vollkommen, daß sie Andere von der Bebauung desselben Feldes abgeschreckt hätten. Im Jahre 1827 kam eine sehr vollständige kritische Grammatik von Ewald heraus, worin natürlich auch die von Gesenius über dieses Pronomen aufgestellte grammatische Regel besprochen wurde. Ewald zählt

---

[1] „Lehrgebäude." S. 221.
[2] Es muß erinnert werden, daß die Erörterung dieser besonderen Prophezeiung im engen Zusammenhange steht mit dem Grundsatze, ob überhaupt Prophezieen im alten Testamente vorkommen. Durch dergleichen spezielle Erklärungen suchen die Rationalisten sich von dem ganzen Systeme der Prophezie los zu machen, durch das die Wahrheit des Christenthums so sehr bestätiget wird. Diese Stelle ist überdieß von besonderem Gewichte als Beweis der Sendung Christi und seiner Identität mit dem versprochenen Könige der Juden. Ich muß auch bemerken, daß außer den oben angegebenen Lösungen andere versucht wurden, welche die Prophezeiung sichern und doch das Pronomen im Plural lassen sollten. Eine ist bei Jahn a. a. O. S. 24., eine andere, wie ich glaube, dem hebräischen Sprachgebrauche entsprechendere in Hengstenberg's „Christologie des alten Testamentes." Berlin 1829. Erst. Theil, zweite Abthl. S. 339.

mehrere Beispiele auf und kommt durch Untersuchung ihres Zusammenhanges und der Parallelstellen zu dem Endresultate, daß diese ungewöhnliche Form wohl auch singulare Bedeutung haben könne.¹) Die Schwierigkeit gegen die prophetische Interpretation ist so von einem der neuesten Grammatiker beseitigt, und alle jene inneren Gründe zu ihren Gunsten sind zu ihrer natürlichen Kraft wieder hergestellt durch beharrliches Studium eben jener Wissenschaft, die zu ihrer Bestreitung angewendet wurde.

§. 19.

II. Biblische Hermeneutik.
1) Ihre Verwendung zu Angriffen auf die Kirchenväter.

Die Hermeneutik oder die Wissenschaft der Grundsätze biblischer Auslegung wird Ihnen kaum als eine solche Wissenschaft vorkommen, die des Fortschrittes fähiger wäre, als die hebräische Grammatik. Verstanden die frühesten Schriftsteller der Kirche nicht auch die Bibel? und mußten sie darum

---

¹) „Kritische Grammatik der hebräischen Sprache ausführlich bearbeitet von D. Georg H. Ewald." Leipzig 1827. S. 365. Es würde in einem populären Vortrage nicht an seinem Orte sein, in die nähere Begründung einer grammatischen Regel einzugehen. Ich will daher in dieser Note bemerken, daß außer den von Ewald gegebenen Beispielen aus Job XXVII, 23., besonders aber Is. XLIV. 15, 17., das ganz erschöpfend ist, noch andere Erwägungen die singulare Bedeutung des לָמוֹ bestätigen. 1) Das Suffix מוֹ ist gewiß Singular in Ps. XI, 7. פָּנֵימוֹ „sein Antlitz," da von Gott die Rede ist. Ein plurales Suffix wird nie auf den Namen יְהֹוָה als pluralis majestatis bezogen (Ewald a. a. O.), und deßwegen betrachtet Gesenius den Gebrauch dieses Suffixums als einen Mißbrauch des Autors (a. a. O. S. 216). 2) Im Aethiopischen ist das Suffix מוֹ gewiß Singular. Lud. de Deo, „Crit. Sacra." p. 226. „Animad. in V. T." p. 547. Dieß Pronomen scheint nicht nur beiden Zahlen, sondern auch beiden Geschlechtern gemeinschaftlich zu sein, da es bei Job XXXIX, 7. als Femininum erscheint.

nicht von festen und richtigen Regeln in ihrer Auslegung geleitet werden? Ich verstehe recht wohl das Gewicht dieser Frage, die vielleicht in dem, was ich sogleich sagen werde, eine genügende Antwort erlangen wird. Aber wenn ich von der Hermeneutik als einer Wissenschaft rede, so verstehe ich darunter jene systematische Anordnung von Grundsätzen und Regeln, welche uns in den Stand setzt, Gottes heiliges Wort mit verhältnißmäßiger Leichtigkeit zu studiren, und so wie wir gewiß bessere Grammatiken der griechischen und lateinischen Sprache haben, als Jene, die sie sprachen, ohne uns darum anzumaßen, diese Sprachen besser als sie zu kennen und zu verstehen: so hat auch der Fleiß der neuern Zeit jene auf Vernunft und Logik gegründeten Gesetze der biblischen Auslegungskunst, die sich zerstreut in den Schriften der Alten vorfinden und von ihnen bei der buchstäblichen Auslegung angewendet wurden, ohne geradezu als Regeln angezogen zu werden, mit Sorgfalt gesammelt und in Ordnung gebracht.

Ich trete vor keiner Bestreitung dieser letzten Behauptung zurück. Es ist wahr, daß die Väter sich oft in Allegorieen und Mysterien verlieren, die der Geschmack ihrer Zeit erforderte, und die zur moralischen Belehrung ihrer Leser und Hörer dienten. Es ist wahr, daß sie auch bei ihren buchstäblichen Erklärungen nicht immer jenen theoretischen Grundsätzen folgen, die sie selbst so klar aufgestellt haben, sondern gelegentliche theologische Erörterungen dem weniger ansprechenden Geschäfte des Scholiasten vorziehen. Aber deßungeachtet stehe ich nicht an, zu behaupten, daß die beßten Grundsätze biblischer Auslegung in ihren Abhandlungen und die geistreichste und scharfsinnigste Anwendung derselben in ihren Commentaren zu finden sind.

Die Väter kannten sehr wohl den Unterschied zwischen buchstäblicher und allegorischer Auslegung. Der heilige Ephrem z. B. unterläßt nicht, seine Leser darauf aufmerksam zu machen, wenn er den buchstäblichen Sinn zu Gunsten eines mystischen umgeht.¹) Junilius berichtet uns sogar, daß in der syrischen Schule zu Nibisis, wo St. Ephrem lebte: Einleitung in die heilige Schrift gelehrt wurde, und theilt ein Compendium der dort vorgetragenen Grundsätze mit. Er sammelte dieselben aus den Mittheilungen eines persischen Schülers, und sie umfassen in wenigen Worten gewiß den Hauptinhalt der neuern Hermeneutik.²) Das Verdienst des heiligen Chrysostomus als buchstäblichen Erklärers, der alle angeblichen Fortschritte der neuern Scripturisten zu benützen weiß, ist von Winer, einem Kritiker aus der strengsten Schule, anerkannt.³) Auch dessen Schüler Theodoretus spendet er unzweideutiges Lob.⁴) Da ich aber bei diesem Gegenstande bin, so werden Sie mir gewiß erlauben, in wenigen Augenblicken einen wichtigen Umschlag in den Meinungen der Neueren zu bezeichnen, und zu zeigen, wie die wachsende Aufmerksamkeit, die diesem Zweige der Theologie zugewendet wurde, zur Vertheidigung der ersten Schriftsteller des Christenthums geführt hat. Vor wenigen Jahren noch war es Sitte, zu glauben, daß die Väter aller festen und stichhaltigen Grundsätze der Auslegung ermangelten, und daß ihre Commentare

---

¹) Sieh „Horae Syriacae," p. 54; und Gaab's Aufsatz über St. Ephrem's Auslegungsweise in den Memorabilien von Paulus N. I. p. 65. sqq.

²) „De Partibus Divinae Legis" in „Biblioth. magna Pat. Col. Tom. VI. p. II.

³) „In iis enim, quas ad singulos sanctos libros confecit homilias, nihil antiquius habet, nisi *sensuum et singulorum verborum et integrorum commatum e loquendi usu, ex historiis, e scriptorum denique sacrorum consiliis explicare*, eaque in re idoneam probavit solertiam, *ita ut, si qua parum recte, nihil tamen temere dictum reperiatur.* „Pauli ad Galatas Epistola Graece, perpetua annotatione illustravit Dr. G. Ben. Winer." Lips. 1828. p. 15. Von welchem neuen Commentar kann so viel gesagt werden?

⁴) Ib. p. 16.

ein Gewebe von Fehlern und Mißgriffen seien. Der Fortschritt der Hermeneutik hat unter andern auch die Frucht getragen, daß dieses Vorurtheil ausgemerzt wurde und diese gelehrten und frommen Männer in neuern Werken die Achtung und das Vertrauen wieder gewannen, das ihnen so unverantwortlicher Weise entzogen worden war. Zwei Beispiele von dieser Sinnesänderung werden meine Behauptung vollständig rechtfertigen.

§. 20.
Rechtfertigung des heiligen Augustinus und Hieronymus durch den Fortschritt dieser Wissenschaft.

Von dem heiligen Augustinus hat der offenherzige Ernesti geschrieben, daß, wäre er mit dem Hebräischen und Griechischen bekannt gewesen, die Größe und Feinheit seines Geistes ihm einen Vorrang über alle alten Commentatoren gegeben haben würde.[1] So behutsam auch dieses Lob sein mag, so ist es doch die Sprache eines Panegyrikers, wenn man es mit dem ungemessenen Tadel und der possenhaften Sprache des ältern Rosenmüller vergleicht. In seiner „Geschichte der Schriftauslegung in der christlichen Kirche"[2], welche eine Zeit lang in Deutschland ein Buch von hoher Geltung war, unternimmt er es, den Character und die Verdienste dieses heiligen Bischofs zu besprechen; er geht in die Irrthümer seiner Jugend ein, um daraus zu folgern, „er habe die heiligen Schriften eher verdunkelt, als beleuchtet," und „da er das Ansehen seines Lehrers, des heiligen Ambrosius, allen Grundsätzen einer gesunden Vernunft vorzog, sei es kein Wunder, daß der

---

[1] „Iust. Interp. N. T." Lips. 1809. p. 342.

[2] „D. Jo. Georg. Rosenmülleri Historia Interpretationis Librorum SS. in Ecclesia Christiana." Hildburgh. et Lips. 1798—1814. V Tem.

Schüler nicht weiser wurde, als sein Lehrer."¹) Daß der heilige Augustinus mit den Gesetzen der Auslegung nicht unbekannt war, ist Rosenmüller nicht keck genug, zu läugnen; aber sein Schluß ist: „Augustinum nomine interpretis vix esse dignum;" auch gesteht er ihm nicht einmal den Scharfsinn und das Talent zu, das Ernesti ihm so unbeschränkt zuerkennt.²) Eine solche Characteristik des gelehrten und frommen Bischofs von Hippo ist jedoch einer Geschichte würdig, welche unter den christlichen Auslegern den Häretikern Pelagius und Julian den ersten Rang gibt!³)

Aber es fehlte nicht an einem Vertheidiger, und die Verdienste dieses großen Vaters sind seit einigen Jahren sorgfältig geprüft und gründlich dargethan worden von Dr. Heinrich Clausen. Sein interessantes Schriftchen, das zu Kopenhagen erschien, hat die Verdienste des heiligen Augustinus, als eines großen Kenners der heiligen Schrift, in ein neues, ehrenvolles Licht gesetzt.⁴) Es ist darin bewiesen, daß er mit dem Griechischen hinreichend bekannt war, um davon eine fruchtbare Anwendung in seinen Commentaren zu machen;⁵) daß er deutlich alle jene Grundsätze ausgesprochen hat, „welche die Stamina und ersten Elemente der nüchternen und gesunden Kritik sind;"⁶) daß er die beßten Maximen der Hermeneutik sämmtlich sowohl weitläufig auseinandergesetzt, als auch gedrängt zusammengefaßt hat;⁷) daß er durch treffende An-

---

¹) Pars III. Lips. 1807. p. 404—406.

²) „Augustinus verdient den Namen eines Auslegers nicht." S. 500 ff.

³) S. 505. 537.

⁴) „Aurelius Augustinus Hipponensis Sacrae Scripturae Interpres." Havniae 1827. 8vo. p. 271. Der Verfasser ist Protestant.

⁵) Pag. 33. 39. Vgl. Rosenmüller l. c. p. 404.

⁶) Pag. 135.

⁷) Pag. 137. sqq. Der heilige Augustinus nennt drei Eigenschaften, mit welchen Jeder, der sich an die Auslegung der Schrift machen will, ausgestattet sein sollte: 1) Kenntniß der hebräischen und griechischen

wendung derselben, verbunden mit natürlichem Scharfsinne, häufig sehr glücklich die Dunkelheiten der heiligen Schrift[1]) aufgehellt und die irrigen Auslegungen Anderer durch genaue Forschung widerlegt hat;[2]) und daß er oftmals durch scharfes Eindringen in die Ansichten der inspirirten Schriftsteller und durch Anführung von Parallelstellen Schwierigkeiten entfernt hat.

Der heilige Hieronymus, der gefeierte Zeitgenosse und Freund des heiligen Augustinus, war der Gegenstand noch unwahrerer Schmähungen, die in noch rohern Ausdrücken gefaßt wurden. Von ihm hat Luther gesagt: „Hieronymus soll nicht unter die Lehrer der Kirche mitgerechnet noch gezählt werden: denn er ist ein Ketzer gewesen; doch glaube ich, daß er selig sei durch den Glauben an Christum. Ich weiß keinen unter den Lehrern, dem ich so feind bin, als Hieronymus; denn er schreibt nur von Fasten, Speisen und Jungfrauschaft."[3]) Aber der ältere Rosenmüller ist noch bestimmter und roher in seinen Anschuldigungen gegen ihn als Schriftausleger. Er läßt ihm kaum eine einzige gute Eigenschaft. Nach ihm ist seine Kenntniß der Sprachen und Palästina's gänzlich überwogen von seinen grundlosen Etymologien, seinen rabbinischen Spitzfindigkeiten und seiner gänzlichen Unfähigkeit,

---

Sprache (scientia linguarum, oder wie er sich anderswo erklärt, linguae Hebraeae et Graecae cognitio). 2) Kenntniß biblischer Archäologie (cognitione rerum quarundam necessariarum, anderswo einzeln benannt als Kenntniß der Philosophie, Geschichte, Physik und Literatur der Bibel). 3) Bekanntschaft mit den kritischen Regeln, um über die eigentliche Leseart des Textes zu entscheiden (adjuvante codicum veritate, quam solers emendationis diligentia procuravit). „De Doct. Christ." L. I. c. 1. Clausen p. 140.

[1]) Pag. 181 sqq.
[2]) Pag. 207 sqq.
[3]) „Luther's sämmtliche Schriften." Thl. XXII. S. 2070. Ausgabe von Walch.

die Ansichten seines Autors zu fassen!¹) Ja, dieß sind noch die geringsten von seinen Fehlern; was er von Gelehrsamkeit besaß, verwendete er nur, um die Lehren des Christenthums zu verdrehen, und man kann ihm auch nicht die geringsten Ansprüche auf theologische Wissenschaft zugestehen. ²)

Um eine Aenderung der Ansichten über die Verdienste dieses Vaters unter den neuern Gelehrten zu suchen, brauchen wir nicht über die Familie seines Anklägers hinauszugehen. Der jüngere Rosenmüller hat durch seine Lobpreisungen und durch thatsächliche Anerkennung für die possenhaften und unziemlichen Rügen seines Vaters Genugthuung geleistet. Er hat bemerkt, daß die Commentare dieses gelehrten Kirchenvaters in der größten Achtung gehalten werden müssen wegen der Gelehrsamkeit, mit welcher er jede von ihm angenommene Auslegung unterstützt.³) Er ist mit mündlicher Lobpreisung nicht zufrieden; denn der beständige Gebrauch, den er in seinen Commentaren von den exegetischen Arbeiten unseres Vaters

---

¹) Rosenmüller, w. ob. p. 346.

²) Ich glaube, nur mit wohlverdienter Entrüstung wird Jeder, der die ehrwürdigen Zierden des Urchristenthums schätzt, folgende bitteren Stellen lesen: — Maxime autem dolendum est, hunc tantum virum eruditione sua tam turpiter abusum esse ad pervertendam doctrinam Christianam, in sacris litteris traditam, atque ad omnis generis superstitiones defendendas et propagandas." Er dichtet ihm dann an: „Immodicum studium suas absurdissimas opiniones tuendi, incredibilis animi impotentia et superstitio, furor, quo abreptus" etc. p. 369. — „Ex hactenus dictis satis, ut opinor, apparet, Sanctum (si Diis placet) Hieronymum cum omni sua eruditione hebraica, graeca, latina, geographica etc. fuisse monachorum superstitiosissimum, omnis verae eruditionis theologicae expertem. Ut paucis dicamus, religioni plus nocuit, quam profuit." p. 393.

³) „Ezechielis Vaticinia." Lips. 1826. Vol. I. p. 26. Wir müssen es der kindlichen Liebe verzeihen, wenn er uns an das Werk seines Vaters über den Character des heiligen Hieronymus verweist, den er selbst so ganz anders schildert. S. 25.

macht, zeigt hinreichend die aufrichtige Hochachtung, die er ihm zollt. In seinen Scholien über die kleinern Propheten hat er selten Gelegenheit, von den Gesinnungen seines gefeierten Führers abzuweichen.

Ich habe Sie lange bei der ersten Periode der biblischen Literatur aufgehalten, weil sie beweist, daß sogar die Geschichte der Hermeneutik eine fortschreitende Wissenschaft ist, und daß ihr Fortschritt gedient hat, Vorurtheile gegen die ersten Schriftsteller des Christenthums zu entfernen und ihren Character gegen die kecken und unstatthaften Angriffe der liberalen Schule zu vertheidigen.

§. 21.
2) Rechtfertigung der alten katholischen Exegeten durch denselben Fortschritt der Wissenschaft.

Nachdem so gezeigt ist, daß diese Wissenschaft, so jung sie auch sein mag in ihrem Gesetzbuche, doch so alt ist als das Christenthum in ihren Grundsätzen: so müssen wir ein Jahrtausend ihrer Geschichte überspringen und unsern eigenen Zeiten näher rücken. Nach dem Wiederaufleben der Wissenschaften erhoben sich zahlreiche Commentatoren unter unsern Gottesgelehrten, deren Werke die üble Nachrede getheilt haben, welche auf jene des fünften Jahrhunderts gehäuft wurde. Man hielt es für Pflicht, die bändereichen Erzeugnisse dieser fleißigen und oft scharfsinnigen Ausleger zu verschreien als eine bloße Masse literarischen Schuttes, vielleicht geeignet, die Bretter einer Bibliothek anzufüllen, aber nicht den Tisch des Gelehrten zu beschweren.

Allein obschon sie oft zu weitschweifig sind und zu sehr nach allegorischer Auslegung trachten, so würde es eine Ungerechtigkeit sein, zu läugnen, daß sie in der fleißigen Sammlung und Sichtung der Meinungen Anderer, in einer scharfsinnigen Untersuchung des Zusammenhanges und der Bedeutung einer Stelle und in der glücklichen Lösung ernstlicher Schwierigkeiten den Weg für ihre Nachfolger bahnten und viel mehr Erfolge erzielt haben, als diese immer anzuerkennen bereit sind. So z. B. ist der Commentar des Pradus und Villalpandus über Ezechiel, welcher zu Rom von 1596 bis 1604 erschien, noch immer die große Fundgrube, zu der jeder neue Scholiast bei der Erklärung der Schwierigkeiten dieses Buches seine Zuflucht nehmen muß, und wird von dem gelehrtesten aus ihnen anerkannt als ein Werk, „das von mannigfacher Gelehrsamkeit angefüllt und für das Studium des Alterthums sehr fruchtbar ist."[1] Die Anmerkungen Agelli's über die Psalmen, die ebenfalls zu Rom im Jahre 1606 erschienen, wurden von demselben Schriftsteller nach Ernesti angerühmt als das Werk „eines sehr gelehrten und scharfsinnigen Autors, welcher besonders glücklich ist in Erklärung des Verhältnisses der Vulgata und der alexandrinischen Uebersetzung."[2] Noch größere Empfehlungen werden von dem gelehrten und geistreichen Schultens dem spanischen Jesuiten Pineda gespendet, von dessen Noten über Job (Madrid 1597) er anerkennt, „daß sie ihm seine Arbeiten bedeutend erleichtert haben." Er nennt ihren Verfasser: „Theologus et Literator eximius, magnus apud suos, apud nos quoque."[3] Maldonatus über die Evangelien wird angepriesen und empfohlen von Ernesti, obwohl, wie zu erwarten, seine Empfehlungen in barschen Ausdrücken von Ammon in den Anmerkungen zu ihm widerrufen worden sind.[4] Als vor einigen Jahren in Deutschland der Vorschlag gemacht wurde, Calmet's Commentare wieder abzudrucken, erregte schon die

---

[1] Rosenmüller, „Ezechielis Vaticinia." Lips. 1826. Vol. I. p. 32.
[2] „Psalmi." Lips. Vol. I. Praef. (p. 5.)
[3] „Liber Jobi cum nova versione et commentario perpetuo." Lug. Bat. 1737. Tom. I. Praef. p. 11.
[4] „Inst. Int." p. 353.

Erwähnung eines solchen Planes das Gelächter der freisinnigen Schule;[1]) doch wurde ich von einem sehr gründlichen Gelehrten versichert, daß er Calmet's Anmerkungen über Jesaias mit denen Lowth's verglichen und die schönsten Erläuterungen des englischen Bischofs schon zuvor bei dem gelehrten Benediktiner gefunden habe. Ein anderer gelehrter Freund hat mir gezeigt, wie bedeutend neuere Erklärer ihn ausgeschrieben haben, ohne ihn nur im Geringsten zu nennen.[2]) Aber Niemand hat die Wahrheit dieser Bemerkungen in ein stärkeres Licht gesetzt, als mein verstorbener liebenswürdiger und ausgezeichneter Freund Professor Ackermann in seinem Commentar zu den kleinern Propheten.[3]) Durch sein ganzes Werk hindurch sind die Meinungen der alten katholischen Theologen gesammelt und ehrenvoll erwähnt. Es ist erfreulich, diese Schriftsteller, deren Namen anzuziehen außer Brauch gekommen war, wieder mit Achtung behandelt zu sehen; und es ist etwas fast Ergötzliches in der häufigen Nebeneinandersetzung Rosenmüller's und Cornelius a Lapide, Oedmann's und Figueiro's, Horst's und De Castro's.

Wenn ich mich in solche lange Abschweifungen über die

---

[1]) Wenn ich mich recht erinnere, so befindet sich ein Aufsatz über diesen Gegenstand irgendwo in Eichhorn's allgemeiner Bibliothek. (Mehrere der älteren Exegeten sind in neuerer Zeit wirklich wieder herausgegeben worden. So hat Abbé Migne in Paris den ganzen Cornelius a Lapide abdrucken lassen. Fr. Sausen besorgte eine neue Ausgabe von Estius: „In omnes B. Pauli Epp. Comment." Mog. 1841—1845, und von Maldonat: „Commentarii in quatuor Evangelistas." Mog. 1840—1843; von letztern erschien dann eine zweite Auflage, aber mit bedeutenden Auslassungen, und Verkürzungen von Martin, Mogunt 1854. — A. d. Ueb.)

[2]) J. B. Rosenmüller, „Prophetae Minores." Lips. 1813. Vol. II. p. 337 sqq., ist fast wörtlich entnommen aus Calmet's Vorrede zum Jonas, „Commentaire literal." Par. 1726. Vol. IV. p. 893. Fol.

[3]) „Prophetae Minores perpetua annotatione illustrati a Dr. P. F. Ackermann." Viennae 1830.

älteren Commentatoren einließ, so werden Sie mir zugeben, daß die gewonnenen Resultate in engem Zusammenhange mit meinem Gegenstande stehen und in ihren Folgerungen mit dem allgemeinen Ziele dieser Besprechungen zusammenfallen. Denn ich glaube, es wird sich gezeigt haben, daß das Studium und die Anwendung der Hermeneutik, obwohl nicht in ein System gebracht, in der Kirche immer gepflegt wurde, und daß der Fortschritt der Wissenschaft alte Vorurtheile entfernt und das Andenken der Männer, die auf die Achtung und Dankbarkeit jedes Christen Anspruch haben, wieder zu Ehren gebracht hat.

§. 22.

3) Angriffe auf die heilige Schrift, besonders auf die Prophezieen durch die Verdorbenheit der Auslegungskunst in der rationalistischen Schule.

Von ihnen muß ich mich zu einer ganz verschiedenen Klasse von Schriftstellern wenden. Nach der Mitte des letzten Jahrhunderts gab Semler den ersten Anstoß zu der sogenannten freien Schrifterklärung. Die Läugnung der Inspiration, die Auflösung jedes Wunders in Allegorie oder Vision oder Täuschung oder ein natürliches, in orientalische Uebertreibung gehülltes Ereigniß, und gänzliche Läugnung der Prophezie sind die bezeichnenden Merkmale dieser Klasse. Daß der Glaube an die Inspiration von keinem protestantischen Theologen gefordert werden könne, schließt Semler aus den anerkannten Grundsätzen aller reformirten Kirchen; für diese gottlose Erklärung der Wunder hat Ammon förmliche Regeln aufgestellt,[1]) und ihre praktische Anwendung findet sich im Uebermaaße in den Werken von Eichhorn, Paulus, Gabler, Schuster, Hezig

---

[1]) „De interpretatione narrationum mirabilium N. T." vor keiner oben angeführten Ausgabe von Ernesti. Doch scheint er p. XIV. einige Wunder zuzugeben.

und vielen Anderen. Es ist indeß hauptsächlich der Fortschritt der Hermeneutik in der Interpretation der Prophezieen, wobei ich Sie einige Augenblicke aufhalten möchte, weil durch sie das alte Testament hauptsächlich mit den Beweisen für das Christenthum in Verbindung steht.

Jedermann, der wie Sie gewöhnt ist, die Prophezieen des alten Testamentes nicht bloß mit Achtung, sondern mit Ehrfurcht behandeln zu hören, muß sich verletzt fühlen, wenn er sieht, mit welch' frecher Stirne sie von den Schriftstellern dieser Schule mißhandelt werden. De Wette z. B. in seinem Handbuche der Einleitung denkt nie daran, den Glauben, daß in den Schriften des Isaias oder seiner Mitpropheten irgend eine wirkliche Voraussagung sei, auch nur zu erwähnen. Der einzige Unterschied zwischen ihnen und den Sehern der heidnischen Nationen ist, „daß diesen der wahre, moralische Geist des Monotheismus fehlte, durch welche die hebräische Prophezeiung geläutert und geheiligt wurde." [1] Ich will Sie nicht weiter verletzen durch Verfolgung der Geschichte dieser unseligen Schule, deren Gottlosigkeiten auf dem Continente leider eine solche Herrschaft erlangt haben, daß sie sogar von Leuten, die theologische Lehrstühle an protestantischen Universitäten inne haben, offen gelehrt und von Männern, die sich auf ihren Titelblättern Pastoren protestantischer Gemeinden nennen, in Büchern verbreitet werden. Es wird hinreichen, zu bemerken, daß Professor Eichhorn die rationalistische Theorie von den Prophezeiungen in ein System brachte und es wagte, einen vollständigen Parallelismus zwischen den Gesandten des wahren Gottes und den Wahrsagern des Heidenthums aufzustellen. [2]

Mit solchen Grundsätzen, wie diese sind, läßt sich nichts

---

[1] „Lehrbuch der historisch-kritischen Einleitung." Zweite verbesserte Auflage. Berlin 1822. S. 279.

[2] „Einleitung in das alte Testament." Götting. 1821. 4te Auflage. Bd. IV. S. 45.

Anderes erwarten, als daß die Interpretation der Prophezieen in gräuliche Verkehrtheit fiel. Daher sind in vielen neueren Commentatoren die Vorhersagungen über den Messias entweder gänzlich übersehen oder systematisch angestritten. Jahn, obwohl ein kecker und anrüchiger Schriftsteller, war darauf bedacht, mehrere derselben zu vertheidigen und zu beleuchten,[1]) und die Psalmen verdanken eine treffliche Vertheidigung ihrer Prophezieen dem Michaelis.[2]) Bei Rosenmüller findet eine große Ungleichheit statt; bei manchen Gelegenheiten nimmt er die Partei unserer Gegner, wie über das LIII. Kapitel des Jesaias und in der Bestreitung der Aechtheit des letzten Theiles dieses Buches. Bei andern Gelegenheiten tritt er als ein gelehrter und geschickter Sachwalter für den prophetischen Sinn auf; ich darf nur seine Anmerkungen über den XLV. Psalm und seine Abhandlung über die berühmte Vorhersagung bei Jsaias VII als Beispiel anführen.[3])

§. 23.
Rückkehr zu gesunden Principien. Hengstenberg.

Die Entartung, in welche so die hermeneutische Wissenschaft gesunken war, mußte nothwendig eine Gegenwirkung hervorrufen und durch dieselbe eine Rückkehr zu bessern Grundsätzen. Dieß ist bereits in großem Maaße eingetreten, und es sind Werke erschienen, welche sich die große Gelehrsamkeit, die von der andern Seite aufgeboten worden war, zu Nutzen machten und manches Gute aus der Masse des Schlechten, womit diese Wissenschaft überhäuft war, auszogen. Denn sie haben in vollem Maaße gezeigt, daß die Gelehrsamkeit und

---

[1]) „Appendix Hermeneut." Viennae 1813. 1815.
[2]) „Kritisches Collegium über die drei wichtigsten Psalmen von Christus." Frankf. und Götting. 1759.
[3]) „Jesajae Vaticin." Tom. I. p. 292. f.

der Aufwand von Scharfsinn, die in dem Angriffe auf die göttliche Prophezie entwickelt wurden, wohl der bessern Sache dienstbar gemacht werden und all ihren Glanz beibehalten können, obschon sie ihre blendende Kraft verlieren. Ich will nur das gelehrte Werk Hengstenberg's über die Prophezieen auf Christus anführen, in welchem die Reihe der prophetischen Verkündigungen mit großem Scharfsinne und gründlicher Gelehrsamkeit zergliedert und vertheidigt ist. Die Lehren von einem leidenden Messias und der Gottheit Christi, wie sie im alten Testamente vorausverkündigt sind, werden bewunderungswürdig auseinandergesetzt; Alles, was Rabbinen und Väter, orientalische und klassische Schriftsteller beitragen können, ist lichtvoll und schlagend zusammengestellt; die Einwürfe der Gegner sind mit großem Geschicke gelöst oder zurückgewiesen, und großes Glück und sicherer Takt zeigt sich in der Entwirrung des Sinnes dunkler Phraseologie.[1]) Wir können wirklich sagen, daß in seiner Hand eben jene Wissenschaft, die sich bis auf die kürzeste Zeit der Sache der geoffenbarten Wahrheit zerstörend bewies, das wirksamste Mittel zu ihrer Vertheidigung wird.

§. 24.

4) Einwurf von Michaelis gegen die Aechtheit der zwei ersten Kapitel des Matthäus aus dem Ausdrucke: „Erfüllt werden."

Erlauben Sie mir nun, daß ich Ihnen ein Beispiel gebe, das nach meiner Ansicht einer höhern Ordnung in der Anwendung dieser Wissenschaft angehört, und verzeihen Sie mir, wenn ich für einige Augenblicke die populäre Form, die ich durch alle meine Vorlesungen einzuhalten bemüht war,

---

[1]) „Christologie des alten Testamentes und Commentar über die messianischen Weissagungen der Propheten." Berlin 1829. I. Theil. II. Theil 1832. III. Theil 1835.

verlasse; denn der Gegenstand fordert eine mehr gelehrte Untersuchung, die er auch wohl zu verdienen scheint. Unter einigen andern Gründen, die Michaelis für die Verwerfung der zwei ersten Kapitel des Matthäus vorbringt, ist einer auf folgenden Umstand gegründet. Sie enthalten mehrere Beziehungen auf das alte Testament, eingeführt durch die Formeln: „Dieß Alles ist geschehen, auf daß erfüllt würde, was von dem Herrn gesagt worden durch den Propheten;" [1] „denn also steht geschrieben durch den Propheten;" [2] „damit erfüllt würde, was von dem Herrn durch den Propheten gesagt worden ist;" [3] „da ward erfüllt, was gesagt ist." [4] Nach ihm entsprechen die so angezogenen Texte keineswegs buchstäblich den Ereignissen, auf die sie angewendet werden; und doch sträubt er sich wegen der starken Einführungsformeln, sie als bloße Citate und Anpassungen zu betrachten. Kein Beispiel, bemerkt er, könne angeführt werden, daß so starke Ausdrücke, wie die angezogenen, gebraucht werden, um eine bloße Accommodation eines Textes einzuführen. Er müsse daher glauben, der Sinn des Autors sei, daß die Umstände, die er beschreibt, wirklich die Erfüllung jener alten Weissagungen bildeten. Nun aber ist er nach dem Prinzip der Privatauslegung der Meinung, daß sie nicht so genommen werden können, und da ein inspirirter Autor keinen Irrthum begangen haben kann, so will er diese Kapitel lieber einem andern, und zwar nicht inspirirten Autor zuschreiben, als diese Sätze so drehen, daß sie nichts als eine Anwendung biblischer Texte bedeuten. [5]

Dieses ist der Einwurf, dem ich zu begegnen wünsche.

---

[1] Matth. I, 22.
[2] Ebend. II, 5.
[3] Ebend. II, 15.
[4] Ebend. II, 17.
[5] Michaelis, „Einleitung in das neue Testament." B. I. S. 206—214.

Es ist nicht meine Absicht, die Texte einzeln zu prüfen, und zu beweisen, daß man sie auf die Ereignisse in dem Leben unseres Erlösers gar wohl anwenden könne: ich will der Frage von vorneherein begegnen, und zeigen, wie der Fortschritt der orientalischen Forschung dem Rationalisten den Boden unter den Füßen hinwegzieht und das Hauptargument, worauf die Verwerfung dieser zwei wichtigen Kapitel gegründet wurde, gänzlich umstößt.

§. 25.

Beweis aus syrischen und arabischen Schriftstellern, daß dieser Ausdruck auch bei bloßer Anpassung von Schrifttexten gebraucht wird.

Die meisten Commentatoren, sowohl Katholiken, als Protestanten sind darüber ein's, daß manche Texte, auch wenn sie so eingeführt werden, reine Citate sind und gar nicht den Zweck haben, auszudrücken, daß ihre wörtliche Erfüllung bei der beschriebenen Gelegenheit stattfand. Viele Schriftsteller haben mit einem großen Aufwande von Mühe zu beweisen gesucht, daß auch die angeführten Ausdrucksformen mit dieser Vorstellung nicht unvereinbar seien, und zu diesem Ende haben sie sich hauptsächlich der Schriften der Rabbinen und klassischen Autoren bedient. So schrieb Surenhusius einen starken Band über die Citationsformeln der Rabbinen; allein er brachte nicht eine einzige Stelle bei, wo das Wort erfüllt vorkommt.[1] Dr. Sykes behauptet, daß solche Ausdrücke sich auf jeder Seite jüdischer Schriftsteller finden, führt aber kein einziges Beispiel an.[2] Knapp wiederholt dieselbe Behauptung; denn er sagt, "daß das hebräische und chaldäische Wort בא und die chaldäischen und rabbinischen Wörter חקן, אשלים und

---

[1] „Βίβλος καταλλαγῆς." Amsterd. 1713.
[2] „Truth of the Christian religion." Lond. 1725. p. 206—296.

גמר, ein Ding vollbringen oder bestätigen heißen.¹) Er gibt dann ein Beispiel vom ersten Worte, aus 1. Kön. I, 14., wo der Sinn bloß ist: „ich will deine Rede vollenden." Professor Tholuck hat wirklich mehrere Beispiele aus den Rabbinen angeführt, um diesen Sinn festzustellen. Die zwei stärksten sind diese: — „Der, welcher ißt und trinkt und hernach betet, von ihm ist geschrieben: ‚Du hast mich hinter deinen Rücken geworfen.'" „Seit der שמיר (Schamir, ein fabelhaftes Thier) den Tempel zerstört hat, hat der Strom der göttlichen Gnade und der Heiligen aufgehört, wie geschrieben steht Pf. XII, 2." Zu diesen hat er eine Stelle aus der Chronik des Barhebräus, eines syrischen Schriftstellers aus viel späterer Zeit, hinzugefügt. Sie heißt: — „Sie sahen den Zorn, von dem der Prophet sagt: Ich will tragen den Zorn des Herrn; denn ich habe gesündigt."²) Diese Worte sollen nur sagen: „sie sahen den Zorn des Herrn." Sharpe und Andere haben einige Stellen aus griechischen Klassikern angezogen; allein sie sind weit davon entfernt, an die bestimmte und strenge Form der Sätze im neuen Testamente hinzureichen.³) Denn nach all dem steht Michaelis Bemerkung noch fest, daß keine von ihnen die Kraft der Worte er-

---

¹) Georgii Christ. Knapp, „Scripta varii argumenti maximam partem exegetici et historici argumenti." Ed. 2. Halle 1823. Tom II. p. 523.

²) „Commentar zu dem Evangelium Johannis." Hamburg 1827. S. 68. Vor einigen Jahren fragte mich dieser Gelehrte, ob mir beim Lesen syrischer Schriftsteller nie Stellen vorgekommen seien, welche diese Schwierigkeiten heben und die Phrasen erläutern könnten. Ich zeigte ihm die oben mitgetheilten Beispiele, und auf seine Bitte theilte ich ihm eine Abschrift mit und gab ihm volle Freiheit, davon Gebrauch zu machen. Es ist daher möglich, daß sie in irgend einem deutschen Werke, das ich nicht kenne, erschienen sind, und ich halte es deßwegen für gut, den Umstand zu erwähnen, um nicht in den Verdacht zu kommen, als ob ich anderer Leute Arbeit auf meine eigene Rechnung schreibe.

³) Bei Horne, „Introduction." Vol. II. p. 444. Note.

reicht: „Da ward erfüllt, was gesprochen wurde durch den Propheten," und die Frage des Verfassers der Anmerkungen zu ihm bleibt ungelöst: „wurde dieser Ausdruck bei den Rabbinen in diesem Sinne gebraucht?" [1])

Ein Beispiel jedoch mag diesem Tadel zu entgehen scheinen. Es ist eine Stelle, welche Wetstein aus dem Abrisse des Lebens des heiligen Ephrem in Assemani's „Bibliotheca orientalis" anführt, wo ein Engel den Heiligen so anredet: אזדהר דלא תשתלם עליך הי דכתיבא דאפרים אץ עגלתא ושר. „Trage Sorge, daß nicht erfüllt werde an dir, was geschrieben steht, Ephraim ist eine junge Kuh ꝛc." [2]) Dieses Beispiel genügte jedoch Michaelis nicht, wahrscheinlich weil es nicht von andern gestützt ist und wegen der ermahnenden Redeweise. [3])

Der Kampfplatz ist also geöffnet und würdig, die Aufmerksamkeit der Gelehrten zu beschäftigen. Obwohl es nun anmaßend scheinen möchte, so glaube ich doch im Stande zu sein, die Schwierigkeit zu lösen, und zwar bloß auf dem Wege, den ich im ganzen Verlaufe dieser Vorträge zu zeigen bemüht war, nämlich durch die, wenn auch schwache Verfolgung eben der Wissenschaft, welcher sie angehört. Indem ich ihr zu begegnen suche, brauche ich wohl nicht vorauszuschicken, daß ich den Argumenten Michaelis in keiner Weise irgend eine Giltigkeit zuerkenne, oder einzuräumen gedenke, daß die Citate im ersten Capitel des Matthäus sich nicht als genau anwendbar auf die beschriebenen Ereignisse bewähren ließen. Ueber diese Punkte ließe sich Vieles sagen: aber ich wünschte die weitschweifige Untersuchung, in die es uns führen würde, zu vermeiden und nur die Frage auf des Gegners eigenem Boden

---

[1]) „Notes on Michaelis." Vol. I. p. 487.
[2]) Assemani „B. O." Tom. I. p. 35. „Acta S. Ephr." Opp. Tom. III. p. XXXVI. Wetstein in Matth. I, 22.
[3]) Vol. I. p. 214.

aufzunehmen, indem ich beweise, daß er, wenn auch alle seine Annahmen zugestanden werden, doch keinen Grund hat, jenen Theil der heiligen Schrift zu verwerfen oder die Inspiration seines Verfassers zu bestreiten. Mit andern Worten, ich wünschte zu zeigen, daß, wenn auch jene Texte auf gewisse Ereignisse nicht anders als durch Accommodation anwendbar wären, die Ausdrücke, welche sie einführen, jene Erklärung wohl zulassen und so den aus ihrer Bedeutung gezogenen Schluß umstoßen. Denn ich werde ihnen durch Beispiele aus den frühesten syrischen Schriftstellern zeigen, daß im Oriente ähnliche Ausdrücke gebraucht werden, um biblische Sätze auf Personen anzuwenden, von denen die Schriftsteller unmöglich glauben konnten, daß sie sich ursprünglich auf dieselben beziehen.

1. Die Redensart „erfüllt werden" wird so gebraucht, und zwar nicht bloß wie in dem von Wetstein mitgetheilten Beispiele, sondern in declaratorischer Form. In einem weitläufigern, als dem von ihm citirten Leben des heiligen Ephrem haben wir die merkwürdige Stelle: ושלמת עלוהי מלתא דאתאמרת מטל פולוס לחנניא דמנא הוי לי נביא. „Und in ihm wurde erfüllt das Wort, das wegen des Paulus zu Ananias gesprochen ward: er ist mir ein Gefäß der Auserwählung." [1])

Der Autor spricht hier vom heiligem Ephrem und gibt deutlich zu verstehen, daß die Worte, die er auf ihn anwendet, eigentlich von einem Andern gesprochen wurden. Aber der Heilige selbst, der älteste Schriftsteller, den wir in dieser Sprache haben, gebraucht diese Redensart in einer noch bezeichnenderen Weise. Denn er sagt Folgendes von Aristoteles: עלוהי שלמת הי דכתיבא מטל שלימון חכימא דבקדמיא ואחריא לא הוא דחכימא אכותה. „An ihm wurde erfüllt, was von Salomon dem Weisen gesprochen ward: daß von denen, die vorher und nachher waren, keiner ihm an Weisheit gleich kam." [2])

---

[1]) „St. Ephrem, Opp." Tom. III. p. XXIV.
[2]) Serm. I. Tom. II. p. 317.

2. Der Ausdruck: „wie geschrieben steht," oder: „wie der Prophet sagt,"[1]) wird genau in derselben Weise gebraucht. St. Ephrem gebraucht es offenbar, um eine bloße Anpassung einer Schriftstelle einzuführen: טניא לטעיא עלתא דעודרנא דכתיב דאלהא אתתעיר איך דמבא וישר. „Jene, die im Irrthum sind, haben die Quelle der Hülfe gehabt, wie geschrieben steht: Der Herr erwachte, wie Einer, der schlief."[2]) Um die Beweiskraft dieser Anwendung zu sehen, müßte man die ganze Stelle lesen. Ich übergehe einige weniger entscheidende Beispiele[3]) und eile vorwärts.

3. Sogar der stärkste von allen diesen Ausdrücken, „dieser ist es, von dem geschrieben steht," wird mit derselben Freiheit von diesen ältesten orientalischen Schriftstellern gebraucht. In den Akten des heiligen Ephrem, die ich schon mehr als einmal angezogen habe, wird er so angewendet: z. B. wo von den Heiligen die Rede ist: הנו דאמר פורוקן דנורא אתית דארמא בארעא. „Dieser ist es, von dem unser Heiland sagt: Ich bin gekommen, Feuer auf die Erde zu senden."[4]) An einer Stelle wird derselbe Text auf den heiligen Basilius in noch bestimmtern Ausdrücken angewendet.[5])

Um diese Belege noch mehr zu bekräftigen, will ich

---

[1]) Matth. II, 6.

[2]) Serm. XXXIII. adv. Haeres. Tom. II. p. 513. Für Solche, die mit der syrischen Sprache bekannt sind, möchte ich bemerken, daß die lateinische Uebersetzung das Wort טעיא to'ajo mit amentes gibt, während es in allen diesen Predigten durchaus „Verirrte" oder Ketzer bedeutet. Vgl. S. 526. 527. 559 ꝛc. St. Ephrem scheint damit die Manichäer zu meinen.

[3]) Z. B. in den Akten des heiligen Ephrem, wo jedoch bloß eine moralische Schrift citirt wird, die wirklich in der Bibel nicht vorkommt. Ferner Bd. II. S. 487, wo „wie geschrieben steht," ein Citat einführt.

[4]) Pag. XXXVIII.

[5]) Pag. LXVIII. Er sagt ausdrücklich: „Dieser ist es, von dem unser Heiland sagt" ꝛc. Assemani, der Uebersetzer seines Lebens, gibt die Redensart: „propterea ipsi *accommodatum iri* illa Domini verba" etc.

bemerken, daß die Araber ihr heiliges Buch, den Koran, in eben dieser Weise auf Begebenheiten anwenden. Ich will Ihnen nur ein oder zwei Beispiele mittheilen aus den vielen, die ich mir aufgezeichnet habe. In einem Briefe von Almelik Alaschraf Barsebai an Mirza Schahroch, Sohn Timur's, mitgetheilt von Sacy, haben wir diese Worte: „Fürwahr, wenn der Höchste es nicht gewollt hätte, so hätten wir euch nicht überwältigen können; aber er hat uns Sieg versprochen in dem ehrwürdigen Buche Gottes, wo er sagt: Da gaben wir euch den Vortheil über sie." [1] Diese Worte wurden aber offenbar von einer ganz andern Person gesprochen. Folgendes Beispiel nähert sich noch mehr der fraglichen Redensart: פלנא אסוה ברסול אללה פי קולה מא־אודי נבי מא־אוריה: „Wir gleichen dem Propheten, wo er sagt: Nie litt ein Prophet, was ich leide." [2]

Ich fürchte, diese Untersuchung möchte Manchen von Ihnen einigen Ueberdruß erregt haben; in diesem Falle möchte ich Sie nur bitten, zu betrachten, wie wichtig ihr Gegenstand ist. Denn sie hat zum Ziele, der Hand eines kecken Gelehrten einen angeblichen Grund für die Verwerfung zweier der wichtigsten und schönsten Kapitel in der evangelischen Geschichte zu entreißen. Sie dient zugleich als ein fernerer Beleg, wie fortgesetzter Fleiß in irgend einem Studium mit Sicherheit auf den Besitz eines Fadens hoffen darf, um die Schwierigkeiten, die sich aus ihren niederen Stufen ergeben, zu entwirren.

So wenig erschöpfend auch die besprochenen Gegenstände sein mögen, so haben sie doch, wie ich glaube, zur Beleuchtung des Zieles, das wir in diesen Vorträgen verfolgen, mannigfache Seiten dargeboten. In jedem der Glieder, welche

---

[1] De Sacy, „Chrestomathie Arabe." 1re ed. Arab. Text p. 256. Uebers. Tom. II. 325.
[2] Humbert, „Anthologie Arabe." Paris 1819. p. 112.

die eigentliche Bibelkunde bilden, haben wir einen naturgemäß vorwärts schreitenden Gang beobachtet, und in jedem Falle war von selbst die Folge jenes Fortschrittes die Entfernung von Vorurtheilen, die Widerlegung von Einwürfen und die Bestätigung der Wahrheit. Ich will nur hinzufügen, daß die eigene praktische Anwendung der verschiedenen wissenschaftlichen Zweige, die ich in dieser Vorlesung zusammengefaßt habe, Jeden zu der Ueberzeugung führen wird, daß sie selbst in dieser beschränkten Form dieselbe Macht der Entwicklung und dieselbe erhaltende Kraft haben. Die Erfahrung hat mich schon seit lange überzeugt, daß jeder Text, den die Katholiken zu Gunsten ihrer von den Protestanten angegriffenen Lehren vorbringen, jene strenge Prüfungen bestehen wird, denen die neuere Wissenschaft jede bestrittene Stelle unterworfen wissen will. Dieß gehört jedoch in das Gebiet der dogmatischen und polemischen Theologie, in das wir uns hier nicht eindrängen dürfen.

Das Studium des göttlichen Wortes und das Nachdenken über seine Wahrheiten bildet gewiß unsere edelste Beschäftigung. Wenn aber dieses Studium von strengen Grundsätzen geleitet und von gründlicher Forschung unterstützt wird, so wird es die intellektuelle Freude des Mathematikers mit der Entzückung des Dichters vereinigen und immer neue Quellen der Erbauung und der Wonne öffnen, von denen ich einige Ihnen in meiner nächsten Besprechung zu erschließen hoffe.

Elfter Vortrag:

Ueber

Orientalische Studien.

II. Abtheilung.

Profane Literatur.

Im letzten Vortrage handelte ich von solchen Beleuchtungen des biblischen Textes, die seinen eigenen Inhalt zum Gegenstande hatten, sei es nun im Buchstaben oder in seiner Bedeutung. Begreiflicher Weise müssen die orientalischen Studien noch viele von anderer Art darbieten, ähnlich denen, welche wir auch aus andern Wissenschaften hervorgehen sahen. In der That ist kein Zweig der Literatur so reich an Rechtfertigung und Beleuchtung der Bibel, wie jene Studien, die ich als „profane orientalische Literatur" bezeichnet habe. Leider ist das hier gebrauchte Beiwort zweideutig, und ich wünschte, wir hätten irgend ein anderes an seine Stelle zu setzen. Der Ausdruck „profan," auf Studien angewendet, die nicht im wesentlichen Zusammenhange mit heiligen Dingen stehen, scheint beinahe einen Tadel auf sie zu werfen. Da man ihn oft gebraucht, um nicht blos den Mangel eines besonders geheiligten

Charakters, sondern auch das Vorhandensein eigentlicher Unheiligkeit auszudrücken und die Schuldbarkeit von sonst gleichgiltigen Thaten zu bezeichnen, so hat er nach der Vorstellung von Manchen leider dieselbe Bedeutung, wenn er auf wissenschaftliche Bestrebungen angewendet wird. Unter den Begriffsverwirrungen, welche aus dem Gebrauche zweideutiger Wörter hervorgehen, sind wenige so nachtheilig, aber auch wenige so allgemein, wie diese. In meinem Schlußvortrage werde ich Gelegenheit haben, jene Anfeindung zu erwähnen, welche zu allen Zeiten die humanistische Gelehrsamkeit von Vielen erfahren hat; für jetzt will ich bloß bemerken, daß schwache Geister vorzüglich durch das Beiwort, welches sie von heiligen Studien unterschied, zu ihrem voreiligen Urtheile verleitet worden sind. Der Name: weltliche, humanistische oder gar profane Wissenschaft war wirklich der Grund oder Vorschub jenes Widerwillens, welchen solche Männer gegen jedes andere, als das theologische Studium fühlten und ausdrückten.

Alle diese Ausdrücke sind indessen nur relativ und bloß so stark gewählt zur Erhebung der anderen Wissenschaft, welche sie nothwendig an Werth übertrifft: wie denn Alles, was sich auf den Geist und seine Förderung bezieht, dem, was bloß der Erde entstammt, vorangehen muß. Aber Weisheit und Erkenntniß sind, wo immer sie sich finden, Gaben Gottes und die Früchte des rechten Gebrauches der von ihm verliehenen Kräfte; und wie die Christen früherer Jahrhunderte unbedenklich auf ihren heiligsten Denkmälern die Bilder von Männern darstellten, deren Wissen oder anmuthiges Dichten selbst in den Zeiten des Heidenthumes der Welt zur Zierde gereichte: so ist das Wissen solcher Männer wohl werth, unter den Beleuchtungen und Ausschmückungen der heiligen Religion, für welche jene Gebäude bestimmt waren, eine Stelle zu finden.

Während ich daher solche Studien unserer Aufmerksamkeit für höchst würdig erachte, beseitiget mir doch die Erwägung des eben bemerkten jedes Bedenken, zur profanen Literatur solche Beleuchtungen der heiligen Schrift zu rechnen, welche bei morgenländischen Schriftstellern von höchst ehrwürdigem Character und von der religiösesten Gesinnung gefunden werden. Denn ich gebrauche den Ausdruck nur im Sinne eines allgemein angenommenen Unterscheidungsmerkmales einer höchst nützlichen und empfehlungswürdigen Gattung des Wissens.

Ich scheide den Gegenstand dieses Vortrages in drei Theile; zuerst handle ich von solchen besonderen Erläuterungen, welche die morgenländische Archäologie im Oriente gewinnen kann; alsdann werde ich Ihnen einige Fälle von dem Einflusse geben, den unsere wachsende Bekanntschaft mit der Philosophie Asiens auf die Vertheidigung der Religion ausübt; drittens werde ich ein Paar Beispiele auswählen von dem Gebrauche, den man von den geschichtlichen Urkunden des Orients machen kann.

§. 1.

I. Erläuterungen einzelner Stellen. Sammlungen von Reise-Berichten über orientalische Sitten und Gebräuche.

Die erste dieser drei Klassen ist in England längst nach Gebühr mit Vorliebe gepflegt worden. Keine andere Nation hat so viele unternehmende Reisende zur Erforschung des Orients ausgesendet, und es war natürlich, zu erwarten, sie werde die erste sein, die Ergebnisse ihrer Beobachtungen, welche ein Theil der Landesliteratur wurden, auf die Erläuterung der Bibel anzuwenden. So sind wir denn auch fast überschüttet mit Sammlungen von Reiseberichten über Gebräuche, Sitten und Ansichten der Asiaten, welche einiges Licht auf die biblische Erzählung werfen konnten. Oft sind die Beispiele, welche der Ordnung der Bücher und Kapitel der Schrift folgen, ganz unnöthig, manchmal sind sie ungenügend; überhaupt besitzen sie nie die Stärke systematischer Abhandlungen über biblische Alterthümer, wo die Ergebnisse verarbeitet und mit allen Stellen verglichen werden, auf welche sie anwendbar scheinen. Es braucht kaum bemerkt zu werden, daß der Vortheil, den solche Compilationen der Religion und ihrer heiligen Urkunde leisten können, im steten Wachsthume begriffen ist. Die Fundgrube ist unerschöpflich: jedem Reisenden gelingt es, irgend eine neue Uebereinstimmung zwischen den alten und neuen Einwohnern Asiens zu entdecken, und die angedeuteten Werke schwellen bei jeder neuen Ausgabe zu einer größeren Dicke an und wachsen an Zahl ihrer Bände. Burder's „Oriental Customs and Literature" erhielt in der deutschen Uebersetzung von Rosenmüller große und bedeutende Zusätze, die ihrerseits wieder übersetzt und dem Original beigegeben wurden. Ich glaube, ich müßte die Zahl meiner Vorträge vermehren, wenn ich Ihnen die Nachlese darbieten wollte, die ich nach der überreichen Ernte meiner Vorgänger in diesem Zweige der Literatur gemacht habe. Wohl durfte der Ausschuß für orientalische Uebersetzungen nicht bloß erklären: „die heilige Schrift sei reich an Ausdrucksweisen und Anspielungen auf Gebräuche, die in Europa vielfältig nur unvollkommen verstanden werden, aber im Orient immer noch im Gang sind," sondern auch, daß man aus der Herausgabe von noch mehr orientalischen Schriftstellern viele neue Erläuterungen erwarten dürfte.[1])

§. 2.

Joseph's Wahrsagebecher.

Ich will, fast auf Gerathewohl, Einen Fall auswählen, an dem die wachsende Natur solcher Untersuchungen sich zu zeigen scheint.

Genesis XLIV, 5. 15. wird ein Becher erwähnt, in welchem Joseph wahrsagte; natürlich im Verlaufe der Ver-

---

[1]) „Report." Lond. 1829. p. 7.

stellung, die er annehmen zu müssen glaubte. „Der Becher, den ihr gestohlen habt, ist der, aus welchem mein Herr trinkt und in welchem er wahr zu sagen pflegt.... Und er sagte zu ihnen: Warum mochtet ihr also thun? wußtet ihr nicht, daß in der Kunst des Wahrsagens Keiner meines Gleichen ist?" Das gab nun früher Gelegenheit zu so ernstlichen Einwürfen, daß sehr gewandte Kritiker eine Aenderung der Leseart oder eine Versetzung der Wörter vorschlugen; denn man glaubte, hier werde auf einen Gebrauch angespielt, zu dem bei den alten Schriftstellern durchaus kein Seitenstück sich finde. „Wer," ruft Houbigant aus, „hat je von einem Wahrsagen gehört, das vermittelst eines Bechers vorgenommen würde?"[1]) Aurivillius geht noch weiter: „Ich erkenne an," sagt er, „daß eine solche Auslegung annehmbar wäre, wenn durch das Zeugniß irgend eines glaubwürdigen Geschichtschreibers dargethan werden könnte, daß bei den Aegyptern entweder damals oder später diese Art des Wahrsagens im Gebrauche gewesen sei."[2]) Burder führt in der ersten Aus-

---

[1]) (Eine freilich dunkle Stelle, die Athenäus (XI. 55.) aus der Abhandlung des Nikomachos über die ägyptischen Feste anführt, hätte nicht übersehen werden sollen. Sie lautet: „Νικόμαχος δ' ἐν πρώτῳ περὶ ἑορτῶν Αἰγυπτίων φησί· τὸ δὲ κόνδυ ἐστὶ μὲν Περσικόν, τὴν δὲ ἀρχήν, ἣν Ἕρμιππος ἀστρολογικός, ὡς ὁ κόσμος, ἐξ οὗ τῶν θεῶν τὰ θαύματα καὶ τὰ καρπώσιμα γίνεσθαι ἐπὶ γῆς· διὸ ἐκ τούτου σπένδεσθαι." So konnte der persische Dschemschid, je nachdem er den Becher bis zu einem der sieben innerhalb bezeichneten Erdklimen füllte, die Ereignisse der eingefüllten Weltstriche beschauen. — Für Hydromantie waren nach dem Zeugniß des Zosimus (vita Aureliani) im aphacenischen Tempel in Aegypten berühmte Anstalten getroffen. Daß auch Lecanomantie, d. i. Wahrsagen aus dem Becher, in Aegypten bekannt gewesen sei, erhellt aus Glycas. Annal. 2., wo König Nektanabus als erfahren darin geschildert wird, so wie aus Jamblichus in dem Buche von den ägyptischen Mysterien. 3. Abschn. §. 14. — A. d. Ueb.)

[2]) „Dissertationes ad Sacras Literas et Philologiam Orientalem pertinentes." Götting. et Lips. 1790. p 273.

gabe seiner „orientalischen Gebräuche" zwei Arten von Weissagung mit Bechern an, die Saurin aus Julius Serenus und Cornelius Agrippa mittheilt; aber keine davon paßt recht auf unsern Fall.¹) Baron Silvestre de Sacy war der Erste, welcher aus einem Vorfalle, der in Norden's Reisen berichtet wird, nachwies, daß der nämliche Gebrauch noch in neuerer Zeit in Aegypten vorkomme. In merkwürdigem Zusammentreffen sagt Baram Kaschef zu den Reisenden, er habe seinen Becher gefragt, und entdeckt, sie seien Spione und kämen, um auszukundschaften, wie das Land am beßten angegriffen und unterjocht werden könne.²) Damit ist die Bedingung erfüllt, unter welcher vor einem halben Jahrhunderte Aurivillius den Sinn, den der Text gegenwärtig gibt, wollte gelten lassen. Die Revue des deux Mondes vom August 1833 gibt von dem Gebrauche des Wahrsagebechers einen höchst merkwürdigen und wohlverbürgten Fall von außerordentlich wunderbarer und geheimnißvoller Art, den die Berichterstatter in Aegypten in Verbindung mit mehreren englischen Reisenden bezeugen.

Aber weit entfernt, daß es noch irgend eine Schwierigkeit hätte, ein vereinzeltes Beispiel dieses Gebrauches in Aegypten zu finden, dürfen wir vielmehr behaupten, daß keine Art der Wahrsagerei sich so allgemein im ganzen Oriente nachweisen läßt. So lesen wir in einer chinesischen Beschreibung des Reiches Tibet, welche im Jahre 1792 verfaßt ist, unter den dort üblichen Arten des Wahrsagens auch diese: „Manchmal schauen sie in einen Wasserkrug und sehen das Zukünftige."³)

Die Perser scheinen den Becher sogar für das Hauptwerkzeug des Wahrsagens gehalten zu haben; denn ihre Dichter

---

¹) „Oriental Customs." Lond. 1807. Vol. I. p. 25.

²) „Chrestomathie Arabe." Paris 1806. Vol. II. p. 513.

³) „Quelques fois ils regardent dans une jatte d'eau et voient ce que doit arriver." — „Nouveau Journal Asiatique." Oct. 1829. p. 261.

spielen beständig auf das Märchen von einem berühmten Wahr=
sagebecher an, der ursprünglich dem Halbgotte Dschemschid
angehört habe, welcher ihn in den Fundamenten von Istachar
(Persepolis) entdeckte, und von welchem er sich auf Salomon
und Alexander vererbt und den Grund ihres ganzen Glückes
und Glanzes gebildet habe. Guignaut fügt der Liste seiner
Besitzer auch den Joseph bei; ich weiß aber nicht, auf welches
Zeugniß hin.[1]) Alle diese Beispiele setzen voraus, daß das
Wahrsagen durch Hineinschauen geschah. Ich will noch ein
Beispiel von einer andern Art beifügen. Nämlich der älteste
syrische Vater, der heilige Ephrem, berichtet uns, man habe
aus Bechern geweissagt, indem man an sie geschlagen und den
hervorgebrachten Ton beobachtet habe.[2]) Damit haben wir
eine wachsende Reihe von Belegen für eine Stelle, die man
noch vor wenigen Jahren für unhaltbar erklärte, weil sie
durch keinen einzigen unterstützt werde.

§. 3.
Schätzung im Stammhaus.

Da ich das letzte Beispiel aus einem gegenwärtig allzu=
sehr vernachläßigten Zweige der orientalischen Literatur genom=
men habe, kann ich mich nicht enthalten, daraus noch eine
Erläuterung einer Schwierigkeit mitzutheilen, die meines Wis=
sens bisher noch nicht gehoben worden ist. Bei Lucas II, 4.
wird angegeben, daß Joseph nach Bethlehem, der Stadt
Davids, gehen mußte, um sich dort bei Gelegenheit einer all=
gemeinen Schätzung mit seiner jungfräulichen Braut einregi=
striren und besteuern zu lassen. Offenbar war dieß nicht
freie Wahl; und doch finden wir kein anderes Beispiel eines
solchen Gebrauches.

---

[1]) Zu Creuzer, Tom. I. part. I p. 312.
[2]) „Opera omnia." Romae 1737. Tom. I. Syr. et Lat. p. 100.

Lardner wirft diese Schwierigkeit auf und bringt eine Lösung aus Ulpian vor, welcher sagt, Jeder müsse dort eingeschrieben werden, wo sein Eigenthum sich befinde. „Obwohl Joseph nicht reich war," sagt er, „so mochte er doch irgend ein kleines Erbgut zu oder bei Bethlehem haben." Diese Antwort erschien jedoch ihm selbst ungenügend; denn hätte, meint er, Joseph hier irgend ein Feld besessen (Ulpian gebraucht das Wort ager), so hätte wahrscheinlich auch ein Haus dazu gehört, oder wenigstens hätte ihn der Pächter desselben unter sein Dach aufgenommen. Ueberdieß wird als Grund angegeben: „denn er war aus dem Hause und dem Geschlechte Davids." Lardner spricht daher ferner die Vermuthung aus, es sei bei den Juden so gebräuchlich gewesen, nach Stämmen und Familien eingeschrieben zu werden; aber es konnte doch keine Nothwendigkeit geben, diesen Gebrauch mit so viel Beschwerlichkeit zu beobachten, und überhaupt ist die wirkliche Existenz desselben unerwiesen. Nun trifft es sich aber, daß wir in derselben Gegend in späterer Zeit ganz das Nämliche geschehen sehen. Nach dem Berichte des Dionysius in seiner Chronik: „veranstaltete Abdelmelik eine Schatzung der Syrier im Jahre 1692 und ließ ein Aufgebot ergehen, jede Person solle sich in ihre Heimath, in ihre Stadt und in ihr väterliches Haus begeben, um sich mit Angabe ihres Namens und ihrer Herkunft, ihrer Weingärten, Olivenpflanzungen, Heerden, Kinder und alles Eigenthumes aufzeichnen zu lassen." Das war, fügt er bei, die erste Schatzung, die ein Araber in Syrien vornehmen ließ.[1]) Dieser einzige Fall reicht hin, dem im Evangelium erzählten Umstande alles Befremdende zu benehmen, und macht es unnöthig, einen weitern Grund dafür zu suchen.

Ich kann kaum angeben, warum ich diesen Beispielen einen Vorzug vor vielen andern zugestehe, welche ebenso gut

---

[1]) Assemani „Biblioth. orient." Vol. II. p. 101.

gezeigt hätten, wie dieser Zweig orientalischer Studien, nämlich die Erforschung morgenländischer Gebräuche und Zustände physischer oder moralischer Art, so lange er betrieben wird, nicht aufhört, alle Schwierigkeiten zu heben und neues Licht über biblische Erzählungen zu verbreiten.

§. 4.
Geographische Erläuterungen.

Um diese Abtheilung meines Gegenstandes zu beschließen, will ich die in der neuesten Zeit aus den Entdeckungen in der ägyptischen Literatur gewonnenen Belehrungen über biblische Geographie anführen. So hat uns Burton mit dem Numeri (XIII, 22.) und Ezechiel (XXX, 14.) vorkommenden Zoan bekannt gemacht, dessen hieroglyphischen Namen er entdeckte und mittheilte.[1]) Ebenso hat Wilkinson den Streit über No=Amon oder das No des Nahum (III, 8.), Jeremias (LXIV, 25.) und Ezechiel (XXX.) aufgehellt; denn er hat bewiesen, daß es der ägyptische Name für Thebais sei.[2]) Wirklich haben die Siebenzig es durch Diospolis, den alten Namen Thebens bei den Griechen, übersetzt. Nach der Annahme Champollion's ist der Name Thebe nichts anderes, als das ägyptische Wort tapè, Haupt oder Hauptstadt nach dem thebaischen Dialecte. Der hebräische Name No=Ammon ist ganz ägptisch und bedeutet Antheil des Gottes Ammon, wie denn auch die genannte Uebersetzung es einmal durch $\mu\varepsilon\rho\grave{\iota}\varsigma$ Ἄμμων gibt."[3]) (Nah. III, 8.)

---

[1]) „Excerpta Hieroglyph." Nr. IV.

[2]) Mitgetheilt von Sir W. Gell im „Bulletino dell' Istituto di Corrispondenza archeologica." Roma 1829. Nr. IX. p. 104—106. (Vergl. Wilkinson: Topography of Thebe. Lond. 1838. — A. d. Ueb.)

[3]) „Handbuch der biblischen Alterthumskunde, oder biblische Geographie von E. F. K. Rosenmüller." Leipzig. Dritter Band. S. 299.

Man muß nicht glauben, daß das Gebiet biblischer Erläuterungen, wobei ich so lange verweilte, ausschießlich in den Händen so populärer Schriftsteller sich befinde, wie die oben erwähnten sind. Im Gegentheil wurde die Naturgeschichte des Orients seit den Zeiten Bochart's und Celsius von Oedmann und Forskål gründlich und mit staunungswürdigem Erfolge studirt; über die Sitten und Kleidungsarten der Juden haben wir von Braun und Schröder unschätzbare Belehrung erhalten; ja wir haben von Bynäus einen Band voll seltsamer Gelehrsamkeit über die Schuhe der Hebräer (de calceis Hebraeorum); doch wir wollen auf wichtigere Dinge übergehen.

§. 5.
II. Orientalische Philosophie.

Die orientalische Philosophie kann von mehreren Seiten her in's Auge gefaßt werden, und von jeder fällt ein anderes Licht auf biblische Wahrheiten. Wir können die Philosophie verschiedener Völker einfach als das eigenthümliche Kennzeichen ihres Geistes, als jenes Unterscheidungsmerkmal betrachten, welches in Beziehung auf ihre Geistesthätigkeit dieselbe Stelle einnimmt, wie die äußere Gesichtsbildung in Beziehung auf ihre eigenthümliche Gemüthsart. Jede einheimische Philosophie muß nothwendig das Gepräge jenes eigenthümlichen Gedankensystemes tragen, welches Natur oder gesellige Einrichtungen oder andere bestimmende Ursachen dem Geiste eingedrückt haben; je nach dem vorherrschenden Charakter der Denkweise eines Volkes wird sie mystisch oder streng logisch, tiefsinnig oder leicht faßlich, abstrakt oder praktisch sein.

Die Experimental-Philosophie, die wir unserm Baco verdanken, ist der treue Abdruck der dem englischen Charakter durchaus eigenen Art zu denken, von den höchsten Anschauungen unserer Weisen bis zu den praktischen Gedanken des Bauers. Der abstrakte und beschauliche, halbträumende Mysticismus des

Hindu ist nicht minder auch der natürliche Ausdruck seiner ihm eigenthümlichen Ruhe und Unthätigkeit, der Erguß glänzenden Tiefsinnes, der sich in Menschen erzeugen muß, welche in Muße an den Ufern ihrer majestätigen Ströme sitzen. Wo es viele Secten gibt, dürfen wir uns darauf verlassen, daß die meisten von ihnen sich zu fremden und oft dem eigenen Geiste nicht verwandten Lehren bekennen. Daher kommen jene sich beinahe widersprechenden Erscheinungen in manchen Theilen der besten griechischen Philosophieen, jene Anerkennung großer Wahrheiten neben der Schwäche der Beweise, die wir selbst in ihrem erhabensten Schriftsteller treffen.

Aber wenn wir sehen, daß alle philosophischen Systeme der Nationen, die ihrem Charakter nach ganz verschieden und in ihrem logischen Verfahren einander vollkommen unähnlich sind, in allen Hauptstücken, die bei den Menschen geistigen Werth haben müssen, zu denselben Ergebnissen gelangen, so bleibt uns nur die Wahl zwischen zwei Folgerungen: entweder ist eine Ueberlieferung, eine dem Menschengeschlechte gemeinsame und folglich von Anfang an mitgegebene Lehre durch so viele Kanäle zu uns herabgeflossen; oder diese Lehren sind so wesentliche, so natürliche Wahrheiten, daß der menschliche Geist sie unter jeder möglichen Form entdeckt und sich aneignet. Alte Philosophen schloßen von der allgemeinen Uebereinstimmung der Menschheit in irgend einem gemeinsamen Glauben auf seine Wahrheit und bewiesen auf diese Art viele kostbare und wichtige Lehren. Durch ein tieferes Studium der Philosophie vieler Völker haben wir die Kraft dieses Schlusses um einen ungeheuren Schritt weiter gebracht; denn wir können nun die Gründe angeben, aus welchen sie dieselben annahmen. Hätten wir auch nur Ein System angetroffen, welches die künftige und ewige Fortdauer der menschlichen Seele läugnete und diese Läugnung durch solche Schlüsse und Folgerungen bestätigte, welche sich auf eigenthümliche, von fremden Lehren durchaus unabhängige Grundsätze stützten: so hätten wir allerdings eine

Schwierigkeit von einigem Gewichte zu überwinden gehabt. Wenn wir aber finden, daß der Mysticismus des Inders zu demselben Resultate kommt, wie die synthetische Schlußfolgerung des Griechen, so müssen wir zur Ueberzeugung gelangen, daß das Resultat richtig sei. In den vom Obrist Wilks übersetzten Stücken Achlâki Nasiri, eines persischen Werkes über die menschliche Seele, werden alle Fragen über diesen Theil des Menschen mit bewunderungswürdigem Scharfsinne erörtert, und obwohl der Uebersetzer aus einiger Aehnlichkeit mit den griechischen Philosophen vermuthet, die Schlußfolgerung sei von diesen entlehnt,[1]) so scheint mir doch die Form der Beweisführung und der Gedankengang einen entschieden ursprünglichen Character zu entfalten.

Damit haben wir neue Stärke gewonnen für unsere Ueberzeugung von Glaubenspunkten, die als Fundament des Christenthums wesentlich nothwendig und durch dessen Lehren weiter entwickelt sind. Aber es gibt einige Systeme asiatischer Philosophie, welche mit der Schrift in nahe Berührung kommen, indem sie darin angedeutet oder auch bekämpft werden, und deren Kenntniß auf manche Stellen ein helles Licht werfen kann.

§. 6.
Die orientalische Philosophie im engern Sinne.

Die vorzüglichste darunter ist die sogenannte orientalische Philosophie. Diese besteht in jenem sonderbar geheimnißvollen Lehrgebäude, das der alten Perserreligion zu Grunde liegt und den ersten christlichen Sekten ihren Ursprung gab: es besteht in dem Glauben an den Kampf zwischen den entgegengesetzten Mächten des Guten und Bösen, an die

---

[1]) „Transactions of the Royal Asiatic Society of Great Britain and Ireland." Lond. 1827. Vol. I. p. 514 seq.

Existenz emanirter Einflüsse, die zwischen der göttlichen und der irdischen Natur in der Mitte stehen, und in der beharrlichen Anwendung mystischer und geheimnißvoller Ausdrücke zur Bezeichnung der verborgenen Wechselbeziehungen dieser verschiedenen Ordnungen erschaffener und unerschaffener Wesen. Diese Philosophie durchzog den ganzen Osten: man kann nicht zweifeln, daß ihr Einfluß zur Zeit der Ankunft unsers Heilandes unter den Juden bemerklich war, und daß namentlich die Sekte der Pharisäer viele ihrer geheimnißvollen Lehren angenommen hatte. Sie kam bis nach Griechenland, durchdrang besonders die pythagoräische und platonische Philosophie und wirkte durch die geheimen religiösen Mysterien auf das Volk. In vielen ihrer Lehren kam sie der Wahrheit so nahe, daß die heiligen Schriftsteller sich bewogen fanden, manche Ausdrücke derselben zur Darlegung ihrer Lehren zu entlehnen. Daher kommt es, daß unsere bessere Kenntniß dieses Religionssystemes durch die größere Aufmerksamkeit, die ihm geschenkt wurde, dahin gelangte, mehrere früher dunkle Redeweisen und Stellen zu erläutern und zu bekräftigen. Wenn z. B. Nicodemus das Wort des Herrn von der „Wiedergeburt" nicht verstand oder sich stellte, als ob er es nicht verstehe, so möchten wir denken, ein solcher Ausdruck sei keineswegs leicht; die Rüge: „Du bist ein Meister in Israel und verstehst das nicht?" will uns als zu streng erscheinen. Wenn wir aber entdecken, daß dieses die gewöhnliche Figur war, wodurch die Pharisäer in ihrer mystischen Sprache den Akt des Proselyt-werdens bezeichneten, und daß die Redensart jener Philosophie eigenthümlich ist und bei den Brahmanen von denen gebraucht wird, die ihre Religion annehmen:[1]) so begreifen wir sogleich, wie eine so dunkle Redensart von der Person, an welche sie gerichtet wurde, hätte wohl verstanden

---

[1]) Wiseman, „Lectures on the Real Presence." Lond. 1836. p. 95. S. Windischmann's „Philosophie" ꝛc. S. 558.

werden sollen. Bendsten hat alte Inschriften, welche mystische Anspielungen aus dieser verborgenen Philosophie enthalten, mit großer Sorgfalt gesammelt und aus ihnen Erläuterungen mehrerer Ausdrücke des neuen Testamentes gewonnen.¹) Es mag hinreichen zu bemerken, daß Ausdrücke wie Licht und Finsterniß, Fleisch und Geist, die Darstellung des Leibes als Gefäß oder Gezelt der Seele, — Bilder, die so schön passen, die reinsten Lehren des Christenthums auszudrücken, wie keine andern zu jener Zeit, — insgesammt sich als Eigenthum dieser Philosophie erwiesen und somit die Dunkelheit verloren haben, die man ihnen sonst zum Vorwurfe machte.

§. 7.
Die Mendäer oder Johannisjünger.

Aber ich gehe zu Einer besondern Sekte oder Abart dieses Systemes über. Ein schwieriger Theil des neuen Testamentes ist auf eine merkwürdige Weise durch unsere Bekanntschaft mit einer noch existirenden, aber vor dem Ende des letzten Jahrhunderts wenig oder gar nicht gekannten Sekte von Gnostikern aufgehellt worden. Durch eine kleine, nicht sehr bekannte Abhandlung des asiatischen Missionärs F. Ignatius a Jesu, die vor hundert Jahren erschien, wurde Europa zuerst mit einer halbchristlichen Sekte bekannt, die vorzüglich in der Gegend von Bassorah ihren Sitz hat und offenbar von den alten Gnostikern herstammt, aber eine besondere Verehrung gegen den heiligen Johannes den Täufer hat.²) Sie heißen Nasaräer, Sabier, Mendäer oder Johannisjünger. Letzteren Namen geben sie sich selbst. Es fehlt nicht an

---

[1] In seinen „Miscellanea Hafnensia." Copenhag. 1816. Tom. I. p. 20.
[2] Ignatius à Jesu, „Narratio originis et errorum Christianorum St. Johannis."

Beweisen, daß sie seit den ersten Jahrhunderten existirt haben; das Ganze ihres Glaubens gründet sich auf die orientalische Philosophie, das System der Emanationen aus der Gottheit.[1]) Professor Norberg machte diese sonderbare Religion zuerst besser bekannt, indem er vor mehreren Jahren ihr heiliges Buch, das Adamsbuch oder den Codex Nazaraeus, herausgab.[2])

Es ist in einer eigenthümlichen Schriftgattung und Mundart von sehr verdorbenem Syrisch verfaßt und sehr schwer zu verstehen. Ihr Hauptwerk, das Norberg so sehr gedruckt zu sehen wünschte, ist noch nicht herausgegeben. Es ist eine ungeheure Rolle, mit seltsamen Figuren bedeckt, und heißt ihr Diwan. Die Originalabschrift ist im Museum der Propaganda; von dieser habe ich zwei ganz getreue Copieen machen lassen, deren eine ich noch besitze und heute zu Ihrer Einsicht mitbrachte, deren andere ich aber in der Bibliothek der Royal Asiatic Society in London niedergelegt habe.[3])

---

[1]) (Neuere Untersuchungen machen es sehr wahrscheinlich, daß die Mendäer die Anhänger des Gnostikers Elkesai (Elchasaich) sind, der nach den Nachrichten der Väter des dritten Jahrhunderts (Hippolytus, Origenes, Epiphanius) am Anfange der Regierung Trajans (um 98 n. Chr.) auftrat, mit einem Buche, das er als Offenbarung eines Engels aus Persien empfangen zu haben vorgab. S. Chwolsohn: Die Ssabier und der Ssabismus. Petersb. 1856; I. B. S. 100—138. — Ihre religiösen Bücher sind übrigens in ihrer gegenwärtigen Gestalt entschieden jünger als der Muhammedanismus, was jedoch nicht ausschließt, daß sie uralte Bestandtheile enthalten. Ihre Herausgabe und Uebersetzung durch Norberg ist leider so mangelhaft, daß eine sichere Erkenntniß ihres so confusen Lehrsystems dadurch noch nicht möglich wird. — A. d. Ueb.)

[2]) „Codex Nazaraeus liber Adami appellatus." Tom. I. Hafniae. Ohne Jahreszahl. (Der Name „Buch Adams" ist den Mendäern selbst fremd; sie nennen es Sidra rabba, das große Buch, oder Ginsa, d. i. der Schatz. — A. d. Ueb.)

[3]) (Eine Handschrift davon (vom Jahre 1715) findet sich auch auf der kaiserl. Bibliothek in Paris. S. Zeitschrift der deutschen morgenländischen Gesellschaft. XIX. 1. und 2. Heft. 1865. S. 132 f. — A. d. Ueb.)

Man wußte längst, daß der heilige Johannes in seinen Schriften durchaus gnostische Sekten, besonders die sogenannten Ebioniten und Cerinthianer bekämpfe. Dieser Umstand erklärte viele, außerdem dunkle Ausdrücke und machte es uns begreiflich, warum er so nachdrücklich auf der Wirklichkeit der Erscheinung Christi im Fleische beharre. Es war nun einleuchtend, daß das erste Kapitel seines Evangeliums eine Reihe von Aussprüchen enthalte, die geradezu ihren Behauptungen entgegengesetzt sind. Da z. B. die Gnostiker das Dasein vieler Aeonen oder emanirter Wesen unter Gott festhielten, wovon sie eines „das Wort," ein anderes „den Eingebornen," wieder ein anderes „das Licht" nannten u. s. f., und lehrten, die Welt sei von einem bösen Geiste geschaffen worden, so stößt der heilige Johannes all diese Meinungen um, indem er zeigt, daß nur Einer vom Vater gezeugt ist, welcher zugleich das Licht, das Wort und der Eingeborne ist, und durch welchen alle Dinge gemacht sind.[1]

Aber in diesem erhabenen Eingange kommen noch andere Dinge vor, die nicht so leicht zu erklären sind. Warum wird der untergeordnete Rang des Täufers so nachdrücklich hervorgehoben? Warum werden wir belehrt, nicht er sei das Licht gewesen, sondern nur ein Zeuge des Lichtes, und warum wird das zweimal wiederholt? Warum wird uns eingeprägt, er sei bloß ein Mensch gewesen? Diese wiederholten Versicherungen müssen gegen irgend welche herrschende Meinungen gerichtet gewesen sein, die ebenso sehr der Widerlegung bedurften, als die andern; und doch kannten wir keine Sekte, die zu ihnen Veranlassung gegeben haben mochte. Die Veröffentlichung der mendäischen Schriften hat allem Anscheine nach die Schwierigkeit gelöst.

Sobald der Codex Nazaraeus erschienen war, wendeten mehrere Gelehrte seine Ausdrücke zur Erläuterung des

---

[1] St. Irenaeus, „Adv. haeres." L. I. c. I. §. 20.

Johanneischen Evangeliums an. Die Beweiskraft dieser Anwendung wurde anfangs für sehr groß gehalten,¹) nachher aber besonders von Hug, wenn ich mich recht erinnere, als unbedeutend zurückgewiesen. Und doch können wir, wie ich glaube, das Buch nicht durchblättern, ohne durch offenbar alte Meinungen überrascht zu werden, welche der Apostel im Eingange seines Evangeliums im Auge gehabt zu haben scheint. Dazu gehört erstens die scharfe Unterscheidung zwischen Licht und Leben; zweitens der Vorrang Johannes des Täufers vor Christus; drittens die Gleichsetzung des Johannes mit „dem Lichte."

Der erste dieser Irrthümer findet sich vielleicht auch bei andern Gnostikern; aber im Codex Nazaraeus werden beide als verschiedene Wesen ganz besonders getrennt. Die erste Emanation aus Gott ist darin der König des Lichtes; die andere das Feuer; die dritte das Wasser; die vierte das Leben.²) Nun verwirft aber der heilige Johannes diesen Irrthum im vierten Verse, wo er sagt: „Und das Licht war das Leben." Der andere Wahn, daß Johannes über Christus stehe, bildet den Grundirrthum dieser Sekte. Die Glieder derselben heißen eben deßhalb Mendai Jahja, Jünger des Johannes. Ein von Norberg mitgetheilter arabischer Brief des Maroniten-Patriarchen in Syrien lehrt uns, daß sie

---

¹) Michaelis „Einleit." Bd. 3. S. 285 ff. (Petermann, der sich drei Monate lang bei den Mendäern in Suq esch Schiuch am untern Euphrat aufhielt, und sich von dem Priester derselben in ihrer Sprache und Religion unterrichten ließ, gibt eine genaue und ausführliche Darstellung ihres Religionssystems und ihrer Gebräuche in seinen „Reisen im Orient." Leipzig 1861. S. 81—137 und 147—165. Nach ihm sind die Mendäer, obwohl aus dem Christenthum hervorgegangen, gegenwärtig nicht mehr als eine christliche, sondern vielmehr als eine antichristliche Sekte zu betrachten, da sie Jesus Christus für einen falschen Propheten, ja für einen Dämon erklären. — A. d. Ueb.)

²) Norberg. p. VIII.

den Johannes mehr als Christus verehren, den sie so sorgfältig von „dem Leben" unterscheiden.[1]) Drittens identifiziren sie den Johannes mit dem Lichte. Die nächste beste Stelle, die ich in dem Buche aufschlage, führt die Heimath der zwei letzten Irrthümer sogleich auf sie zurück. „Vorwärts gehend und bei dem Gefängnisse Jesus des Messias angelangt, fragte ich: wessen Gefängnißstätte ist dieß? Ich erhielt zur Antwort: Es umnachtet Jene, welche das Leben geläugnet haben und dem Messias gefolgt sind."[2]) Alsdann redet der Messias den Erzähler mit den Worten an: „Sage uns deinen Namen, und weise uns dein Zeichen, welches du empfangen hast vom Wasser, dem Schatze des Glanzes und der großen Taufe des Lichtes." Und wie der Messias das Zeichen sieht, neigt er sich vor ihm viermal zur Huldigung.[3]) Darnach begehren die Seelen, welche bei ihm sind, die Erlaubniß, drei Tage lang in ihre Leiber zurückzukehren, um sich im Jordan taufen zu lassen „im Namen jenes Mannes, der über ihn hinausgegangen sei."[4]) Hier also steht Johannes und seine Taufe über Christus, der Messias wird vom „Lichte" unterschieden,

---

[1]) (Nach Petermann nennen sie sich selbst nie Mendai Jahja, sondern nur Mendai, oder vielmehr Mandaje, und zwar heißen sie so von dem „Manda de hajje, dem Worte des Lebens," der dem christlichen Logos am meisten entspricht. Sie heißen also von diesem Mandäer, wie wir von Christus Christen. — Mit dem Namen Sabier, d. i. Täufer, werden sie besonders von den Muhammedanern genannt, weil die oft wiederholte Taufe bei ihnen besonders in die Augen fällt. Sie lassen sich diesen Namen gern gefallen, weil sie unter demselben im Koran den Religionen beigezählt sind, welchen der Prophet Duldung gestattet. — Was übrigens die erwähnten Johannesjünger im Libanon betrifft, so ist von ihnen nichts Näheres bekannt geworden, und es liegt die Vermuthung nahe, daß hier eine Verwechselung mit den sogenannten Nosairi stattfindet. — A. d. Ueb.)

[2]) Tom. II. p. 9.

[3]) Ib. p. 11.

[4]) Norberg., p. 13. „In nomine hujus viri, qui te praeteriit."

und die Taufe des Johannes „die Taufe des Lichtes" genannt. Nun muß uns gewiß in die Augen fallen, wie scharf der Evangelist jeder dieser gotteslästerlichen Behauptungen widerspricht, indem er uns lehrt, in „Christo sei das Leben;" Johannes aber „sei nicht das Licht, sondern nur ein Zeuge desselben;" und Johannes sei nach seinem eigenen Geständnisse geringer, als Christus. Und in diesem Punkte scheinen schon die Worte des Evangeliums zur Widerlegung des Irrthums ausgewählt zu sein. „Johannes gab Zeugniß von ihm, rief und sprach: Dieser war es, von dem ich gesagt habe: der nach mir kommen wird, ist vor mir gewesen; denn er war eher als ich." (V. 15.)

Wir haben allen Grund, anzunehmen, daß die Meinungen dieser sonderbaren Sekte sich im Verlaufe der Zeit bedeutend geändert haben; aber ihre Uebereinstimmung mit dem gnostischen Systeme und einige geschichtliche Zeugnisse beweisen, daß es keine neue Religion sei; vielmehr scheint sie sich von Jenen herzuleiten, welche bloß die Taufe des Johannes erhielten.[1]) Auf jeden Fall erweist die Mittheilung dieser Urkunden und unsere vertrautere Bekanntschaft mit dieser Sekte, daß bei den Gnostikern Meinungen vorhanden waren, welche genau den vom heiligen Johannes verworfenen Irrthümern entsprechen. Ausdrücke, die vorher unverständlich waren, sind auf solche Art deutlich geworden, und die Reihe scheinbar unzusammenhängender Sätze oder Aussprüche, die seinen Eingang bildet und auf Punkte, die für uns von geringer Bedeutung sind, unnöthiger Weise großen Nachdruck zu legen schien, deutet, wie jetzt gezeigt ist, auf gotteslästerliche Lehren hin, die im Evangelium widerlegt werden.

---

[1]) (Auch Petermann ist geneigt, einen frühern Zusammenhang dieser Sekte mit den Apg. 19, 1 f. erwähnten Johannesjüngern anzuerkennen. II. S. 99. — A. d. Ueb.)

§. 8.

Christologie der Samaritaner.

Ein anderes Beispiel von der Hebung einer Schwierigkeit durch unsere in neuerer Zeit immer mehr erweiterte Bekanntschaft mit den Meinungen einer morgenländischen Sekte bietet die samaritanische Literatur dar. Diese Sekte ging, wenigstens zum Theil, schon sehr früh von den Juden aus und nahm bekanntermaßen bloß den Pentateuch als heiliges Buch an. Ihr Religionshaß gegen die Juden war sehr stark; und da sie sich nie friedlich vereinigen konnten, so wird es unwahrscheinlich, daß eine Partei von der andern Meinungen entlehnt haben möchte. Im IV. Kapitel Johannis bekennt ein samaritanisches Weib ihren Glauben, daß bald ein Messias kommen werde (V. 25.); darauf bekennen sich die Bewohner der Stadt öffentlich zu derselben Erwartung (V. 39 und 42.). Sieht das nicht höchst unwahrscheinlich aus? Der Pentateuch allein konnte ja kaum Gründe für einen so festgewurzelten und allgemeinen Glauben darbieten. Diese Schwierigkeit nimmt noch zu, wenn wir bedenken, daß die einzige Stelle in den Büchern Mosis, welche mit hinreichender Deutlichkeit die Lehre auszusprechen scheint, von ihnen nicht auf den Messias gedeutet wird. Ich meine den Text Deuter. XVIII, 15: „Der Herr Gott wird unter euch einen Propheten erwecken" u. s. w., welchen sie, wie Gesenius in seiner Abhandlung über die Theologie der Samaritaner zeigt, durchaus nicht auf seine Ankunft beziehen.¹) Und doch haben wir jetzt über ihren Glauben in diesem Punkte so viel Beweise, als wir nur

---

¹) De Samaritanorum theologia." Halae 1822. p. 45. (Nach Petermann, der auch bei den Samaritanern in Nablus sich längere Zeit aufhielt und bei ihrem Priester Unterricht nahm, deuten sie die Stelle allerdings auf den Messias. Sieh I. S. 238. — A. d. Ueb.)

immer wünschen können. Denn die Samaritaner, die auf etwa dreißig Häuser in Nablus herabgekommen sind, erwarten ihrem Bekenntnisse gemäß noch immer einen solchen Messias unter dem Namen Hathab. Im vorigen Jahrhunderte wurde ein Briefwechsel mit ihnen geführt, in der Absicht, diesen Punkt aufzuklären. Schnurrer hat ihn drucken lassen, und das Ergebniß ist von der Art, wie wir es zur Bestätigung der evangelischen Erzählung nur immer wünschen konnten.[1]) Dieser Schluß ist noch ferner durch samaritanische Gedichte bestätigt worden, welche sich in der bodlehanischen Bibliothek befinden und von Gesenius herausgegeben sind. Denn in ihnen scheint die Erwartung eines Messias deutlich ausgesprochen zu sein.[2]) Somit hat unsere neuere Bekanntschaft mit den Lehren dieses Ueberrestes der Samaritaner für eine Stelle, die außerdem ziemlich schwer zu erklären wäre, eine wichtige Aufhellung gewonnen.

§. 9.
Spuren der Trinitätslehre außer dem Christenthume, namentlich in der Tao-tse-Lehre der Chinesen.

Nachdem wir den Einfluß gesehen haben, welchen eine fremde Philosophie auf die Ausdrücke und folglich auch auf

---

[1]) Eichhorn's „biblisches Repertorium." Thl. IX. S. 27. Andere ähnliche Correspondenzen fanden zwischen den wenigen noch übrigen Samaritanern und Skaliger, Ludolf und der Universität zu Oxford statt. S. De Sacy, „Mémoire sur l'état actuel des Samaritains." p. 17.

[2]) „Carmina Samaritana e codicibus Londinensibus et Gothanis." Lips. 1824. p. 75. Auf die Einwürfe mehrerer Recensenten hin ist Gesenius nicht geneigt, auf der messianischen Beziehung dieses Verses hartnäckig zu bestehen, vielmehr gibt er zu, er könne verschieden ausgelegt werden. Wenn man aber weiß, daß das hier gebrauchte Wort Hathab, „der Belehrer," (nach Petermann Taëb, geschrieben Taheb, und mit dem Artikel Hataheb;) der samaritanische Name für den Messias ist, so scheint kein Grund vorhanden, von seiner ursprünglichen Uebersetzung

die Auslegung der Schrift ausübte, so wollen wir jetzt umgekehrt sehen, ob diese einiges Licht auf die Philosophie anderer morgenländischen Völker werfen und dadurch Einwendungen gegen unsere Religion heben könne. Auf diesem Wege werden wir zu der orientalischen Philosophie zurückkehren, von der wir uns etwas entfernt haben.

Man hat eine außerordentliche Aehnlichkeit entdeckt zwischen einigen der geheimnißvollsten Lehren des Christenthums und Aeußerungen, die in dieser Philosophie sich finden. Einige Spuren eines Glaubens an eine Dreieinigkeit lassen sich, wie Ihnen ohne Zweifel bekannt sein wird, in dem berühmten Schreiben Plato's an Dionys von Syrakus finden. Philo, Proklus, der Philosoph Sallustius und andere Platoniker enthalten noch klarere Andeutungen eines solchen Glaubens. Nach allgemeiner Annahme konnte derselbe nur aus der orientalischen Philosophie hergeleitet werden, in welcher auch jedes andere Dogma des Platonismus sich entdecken läßt.

Die Fortschritte der morgenländischen Forschung setzten diese Muthmaßung außer allen Zweifel. Upnechat, eine persische Compilation aus den Weden, von Anquetil Duperron übersetzt und herausgegeben, bietet viele Stellen, die sich noch weit deutlicher an christliche Lehren anschließen, als die Andeutungen der griechischen Philosophen. Ich will nur zwei aus der Zusammenstellung des Inhaltes dieses Werkes vom Grafen Lanjuinais anführen: — „Das Wort des Schöpfers ist selbst der Schöpfer und der große Sohn des Schöpfers." „Sat (d. h. seiend, wahr) ist der Name Gottes, und Gott ist Trabrat, das heißt: aus Dreien Eines machend." [1])

---

abzugeben. Jedenfalls stellt sein Commentar unsere Beweise für die Erwartung eines Messias bei den Samaritanern auf weit sicherern Boden, als es früher der Fall war.

[1]) „Journal Asiatique." Paris 1823. Tom. III. p. 15. 83. Der Name Upnechat ist aus dem indischen Upanischad durch verderbte Aus-

Aus allen solchen Uebereinstimmungen sollte nicht mehr geschlossen werden, als daß unter verschiedenen Nationen sich Urüberlieferungen über religiöse Lehren erhalten haben. Allein anstatt so zu schließen, greifen die Gegner des Christenthums sie begierig auf und gebrauchen sie als feindliche Waffen gegen dessen göttlichen Ursprung. Dupuis sammelte jede Stelle, welche die Aehnlichkeit noch augenfälliger machen konnte, indem er nicht einmal die unterschobenen Werke des Hermes Trismegistos verschmähte, und schloß, das Christenthum sei weiter nichts, als ein Zweig jener philosophischen Schule, welche im Oriente lange vor der Erscheinung seines Stifters geblüht habe.[1])

Wenn aber der Eine diese Lehre von dem Andern entlehnte, so muß jetzt zugestanden werden, daß gerade die Untersuchungen, welche diese Verbindung unter den verschiedenen Schulen des Orients und Occidents noch weiter ausdehnten, die Quelle entdeckt haben, von welcher sie insgesammt ursprünglich ausgingen. Es ist jetzt erwiesen, daß sogar China seine neuplatonische Schule gehabt hat; und die Lehren ihres Gründers Lao-tse verrathen eine zu große Aehnlichkeit mit den Ansichten der Akademie, als daß man sie nicht für Abkömmlinge derselben Ahnen halten sollte. Die ältern Missionäre hatten einige Auszüge aus seinen Schriften und einige Nachrichten über sein Leben mitgetheilt. Erstere waren indeß unvollständig, letztere mit Mährchen vermischt. Abel-Rémusat verdanken wir eine erschöpfende und höchst anziehende Abhandlung über Beides.[2]) Nicht bloß die leitenden Grundsätze des

---

sprache entstanden. (Trabrat ist verderbt statt trivrit, welches bedeutet: 1) dreifach, trinus, 2) ein Ding aus dreien machend, 3) eine aus drei Fäden geflochtene Schnur, also auch triunus. — A. d. Ueb.)

[1]) „Origine de tous les Cultes." Paris, l'an III. Vol. V. p. 283 seqq.

[2]) „Mémoire sur la vie et les opinions de Lao-tseu, philosophe Chinois, du VI. siècle avant notre ère, qui a professé les opi-

Platonismus sind in seinen Werken enthalten, sondern sogar eine solche wörtliche Uebereinstimmung ist von diesem gelehrten Orientalisten darin nachgewiesen worden, welche nicht anders erklärt werden kann, als durch die Annahme irgend eines Bindegliedes zwischen den athenienfischen und den chinesischen Weisen. Die Lehre von einer Dreieinigkeit ist in seinen Schriften zu deutlich ausgesprochen, als daß sie könnte mißverstanden werden; an einer Stelle indeß ist sie in höchst auffallenden Ausdrücken gegeben.

„Das, wonach ihr schaut und es doch nicht seht, heißt J; das, worauf ihr horchet und es doch nicht hört, heißt Hi (der Buchstabe H); wonach ihr tastet und es doch nicht fühlt, heißt Wei (der Buchstabe W). Diese drei sind unerforschlich und machen, indem sie vereint sind, nur Eins. Der Obere von ihnen ist nicht glänzender und der Untere nicht finsterer. . . . Das ist das, was Form ohne Form, Bild ohne Bild und unbestimmbares Wesen heißt. Laufe ihm vor, und du findest nicht seinen Anfang; folge ihm nach, und du entdeckest nicht sein Ende."[1])

Diese außerordentliche Stelle, welche offenbar dieselbe Lehre enthält, die ich aus andern Werken angeführt habe, bedarf keines Commentars. Ich brauche bloß mit Abel-Rémusat zu bemerken, daß der ungewöhnliche Name, welchen

---

nions communément attribuées à Pythagore à Platon et à leurs disciples." Paris 1823.

[1]) S. 40. (Eine ähnliche Stelle von Lao-tse führt Professor Neumann in seinem „Lehrsaal des Mittelreiches" S. 16. nach Tue-jang an. Hier heißt es unter Anderm: „Was oder wer kann wohl das Tao (Gott) sehen? Das J allein, das J sieht es nämlich in sich selbst; denn es ist der verborgenste Aufenthalt des Tao. Wer kann nun das Tao hören? Das Hi allein, das Hi hört es nämlich in sich selbst, denn es ist die Tiefe des Tao. Wer kann nun das Tao erfassen? Das Wei allein; das Wei erfaßt es nämlich in sich selbst. Diese drei: J, Hi und Wei, sind vereinigt im Himmel." — A. d. Ueb.)

dieses dreieinige Wesen hier führt, aus den drei Buchstaben JHW zusammengesetzt ist; denn die im Chinesischen angeführten Sylben sind in dieser Sprache bedeutungslos, und stellen folglich bloß Buchstaben dar. Es ist demnach ein ausländischer Name, welchen wir überall vergeblich suchen, außer bei den Juden. Ihr sogenannter unnennbarer Name, den wir Jehovah aussprechen, wird unter verschiedenen Verunstaltungen in den Mysterien vieler heidnischen Nationen angetroffen; aber nirgends ist er weniger entstellt, als in den angeführten Worten des chinesischen Philosophen. Er konnte in jener Sprache unmöglich auf eine der Urform nähere Art ausgedrückt werden.[1])

Der gelehrte französische Orientalist ist weit entfernt, in dieser Ableitung eine Unwahrscheinlichkeit zu sehen. Im Gegentheil sucht er sie durch historische Nachweisungen zu unterstützen. Er prüft die oft in Mährchen verhüllten Ueberlieferungen, welche sich noch unter den Tao-se oder Schülern des Lao-tse vorfinden, und kommt zu dem Schlusse, die lange Reise, welche er in die Westländer machte, müsse nothwendig vor der Verkündung seiner Lehren stattgefunden haben. Er wagt jedoch nicht, anzunehmen, daß seine philosophische Reise sich bis nach Palästina ausgedehnt habe; wenn er aber auch nicht weiter kam, als Persien, so hätte die babylonische Gefangenschaft, die eben damals eingetreten war, ihm Gelegenheit genug gegeben, mit Juden zu verkehren.[2]) Ein anderes

---

[1]) IAΩ ist wahrscheinlich die griechische Form, die sich der wahren Aussprache des hebräischen Namens am meisten nähert. Wenn wir auch das chinesische Wort nach seinen Sylben J-hi-wei aussprechen, so nähert es sich dem hebräischen Je-ho-wah, wie die morgenländischen Juden es aussprechen, immer noch mehr, als das chinesische Chi-li-su-tu zu seiner ursprünglichen Form Christus.

[2]) „Effectivement, si l'on veut examiner les choses sans préjuge, il n'y a pas d'invraisemblance à supposer, qu' un philosophe Chinois ait voyagé, dès le VIe siècle avant notre ère dans

sonderbares Zusammentreffen ist das, daß er beinahe gleichzeitig mit Pythagoras lebte, welcher in den Orient reiste, um dieselbe Lehre sich anzueignen, und vielleicht dieselben Geheimnisse in sein Land zurückbrachte.

Mit diesen Ergebnissen von Abel-Rémusat stimmen Schriftsteller von nicht geringem Rufe überein, mögen wir das nun als eine Frage der Philosophie oder der Philologie betrachten. Windischmann, den ich vorher anführte, und von dem ich ferner zu sprechen Gelegenheit haben werde, scheint die von Abel-Rémusat für seine Meinung angeführten Gründe für höchst beachtenswerth zu halten.¹) Klaproth vertheidigt deßgleichen seine Erklärung gegen Pauthier's Angriffe, indem er bemerkt, obgleich er es für unwahrscheinlich halte, daß der Name Jehova im Chinesischen sich finde, so sehe er doch nicht gerade eine Unmöglichkeit in diesem Gedanken; zugleich behauptet er, die Deutung seines gelehrten Freundes habe keine gründliche Erwiderung gefunden.²)

Dieser Fall macht es ziemlich wahrscheinlich, daß, wenn irgend eine Verbindung zwischen den bei den Juden bewahrten Offenbarungen und ähnlichen Lehren bei andern Nationen anerkannt wird, diese sie von den Hütern der geoffenbarten Wahrheiten empfangen haben. Das berechtigt uns zu der Annahme, daß in andern Fällen ähnliche Mittheilungen können stattgefunden haben, und den höhnischen Einwürfen solcher Schriftsteller, wie ich vorhin angedeutet, als seien christliche Glaubenssätze aus heidnischen Philosophieen geflossen, ist ein Ende gemacht.

---

la Perse ou dans la Syrie." p. 13. Seine Anhänger haben auch die Ueberlieferung, seine Seele sei vor seinem Ableben in die Reiche westlich von Persien gewandert.

¹) „Die Philosophie im Fortgang" ꝛc. Bonn 1827. Thl. I. S. 404.
²) „Mémoire sur l'origine et la propagation de la doctrine du Tao." p. 29.

§. 10.
Das Alter der indischen Philosophie.

Laßen Sie uns nun nach diesen einzelnen Anwendungen die allgemeinen Fortschritte betrachten, welche in einem Zweige der Forschung über morgenländische Philosophie gemacht wurden, den man lange als furchtbare Waffe gegen die Schrift zu gebrauchen pflegte. Sie erinnern sich, wie die indische Astronomie und Chronologie, deren Alter man zu einer übermäßigen Höhe gesteigert hatte, in ihren Ansprüchen so auffallend herabgestimmt wurden, und daß ich mir die Untersuchung über das Alter der philosophischen Literatur in Indien auf diese Stelle verspart habe. Ich brauche nicht zu bemerken, daß die Ungläubigen des vorigen Jahrhunderts jenen heiligen Büchern der Inder, welche ihre philosophischen und religiösen Systeme enthalten und unter dem Namen Weda's hinlänglich bekannt sind, kein mäßigeres Alter zuschrieben. Vielmehr wurde ihnen ein so abentheuerliches Alterthum beigelegt, daß die mosaischen Schriften im Vergleich mit ihnen als Werke der Neuzeit erschienen. Es ist daher gewiß von Interesse, zu bestimmen, inwiefern diese Meinung durch die großen Fortschritte in unserer Bekanntschaft mit der Sanskrit-Literatur bestätigt oder widerlegt worden sei.

Das Erste, was uns auffallen muß, ist die Bemerkung, daß Werke von dieser Art am leichtesten sich mit einem Anscheine hohen Alters bekleiden lassen, indem eine gewisse Einfalt der Haltung und Mystik des Gedankens uns veranlaßt, ihnen ein Alterthum zuzuschreiben, das nicht wie in andern Zweigen der Literatur oder der Wissenschaft durch Daten oder wissenschaftliche Beobachtungen geprüft werden kann. Zugleich müssen wir aber auch bemerken, daß, wenn gewisse Theile einer National-Literatur trotz ihrer hohen Ansprüche sich als verhältnißmäßig neu erwiesen haben, jeder andere Zweig, welcher die unverdiente Ehre derselben theilte, auch ohne Verletzung der Gerechtigkeit zum Theilnehmer der Herabsetzung jener gemacht, und verurtheilt werden dürfe, nichts Höheres anzustreben, als seine Gefährten. Da man nun die Philosophie der Hindu als einen Theil eben jener Literatur Indiens angesehen hat, so muß sie auch wenigstens zum Theile jenen Untersuchungen weichen, welche allen übrigen das eingebildete Alterthum abgestreift haben.

§. 11.
Forschungen von Colebrooke, den beiden Windischmann und Ritter.

Es hat indeß nicht an besondern Untersuchungen gefehlt, und diese bieten weit schlagendere und bestimmtere Ergebnisse dar. Zuerst wollen wir die äußerste, für unsern Gegner günstigste Annahme in Betracht ziehen. Der Autorität Colebrooke's wird Jedermann die volle Competenz zugestehen, Fragen, die mit der Sanskrit=Literatur zusammenhängen, zu entscheiden; und gewiß hat er nie eine Neigung gezeigt, deren Werth und Wichtigkeit zu gering anzuschlagen. Nun nimmt er als Grundlage seiner Berechnungen die in den Weda's an den Tag gelegten astronomischen Kenntnisse an und schließt aus den darin gebotenen Daten, sie können nicht früher als 1400 vor Christus verfaßt sein.[1]) Das ist, werden Sie sagen, ein hohes Alterthum; aber am Ende steht es doch eben ungefähr um 200 Jahre unter dem Alter des Moses und jener Zeit, wo die Künste in Aegypten ihren Höhepunkt erreicht hatten.

Es gibt eine neuere Untersuchung über diese Frage, welche mir ihrer Ergebnisse wegen noch wichtiger scheint, wie sie sich nicht minder auch durch die Persönlichkeit des Verfassers empfiehlt. Derselbe ist Dr. Friedrich Windischmann, den

---

[1]) „Asiatic Researches." Vol. VII. p. 284.

ich mit inniger Freude meinen Freund nenne, nicht bloß in Rücksicht auf seine glänzenden Geistesgaben und seine gründlichen Kenntnisse in der Sanskrit-Literatur und Sprache, sondern mehr noch wegen Eigenschaften höheren Ranges und liebenswürdiger Art und wegen Tugenden, die einstmals eine Zierde des geistlichen Standes sein werden, dem er sein künftiges Leben geweiht hat. Frei von jedem Gedanken, das Alter dieser Bücher, die er ganz sorgfältig durchstudirt hat, zu übertreiben oder zu verkleinern, sammelt er mit großem Scharfsinne alle Angaben, welche sie für die Entscheidung ihres wahren Alters darbieten. Was uns nun in seiner Untersuchung am meisten auffällt, ist zu sehen, wie sichtbar der Kampf der Sanskrit-Philologen nur mehr dahin geht, ihre Lieblings-Literatur nicht zu tief herabdrücken zu lassen, und wie sie, weit entfernt, für sie im Geiste früherer Schriftsteller ein unnatürliches Maaß von Jahrhunderten in Anspruch zu nehmen, mit allem Eifer darnach trachten, dieselbe auf eine bescheidene Periode vor der christlichen Zeitrechnung hinaufzubringen. Der Beweisgang, den mein liebenswürdiger, junger Freund einhält, ist in Kürze dieser. Die Gesetze Manu's sind, wie aus innern Gründen erhellt, offenbar früher aufgezeichnet worden, als der Gebrauch der Selbstopferung auf der Halbinsel des Ganges wenigstens allgemein herrschend war. Da uns nun griechische Schriftsteller aus der Zeit Alexanders lehren, daß dieser Gebrauch damals ausgeübt wurde, so muß jenes Werk vor dieser Zeit verfaßt worden sein. Nun setzt aber das Gesetzbuch Manu's die Weda voraus, indem es sie citirt und sagt, sie seien von Brahma verfaßt.[1]

---

[1] „Frederici Henr. Hug. Windischmanni Sancara sive de theologumenis Vedanticorum." Bonnae 1833. p. 52. — (Der Verfasser ist nach einer fruchtbaren und segensreichen Wirksamkeit für die Kirche und die Wissenschaft, leider viel zu früh für beide, als Dom-Capitular in München im Jahre 1861 gestorben. — A. d. Ueb.)

Diese Darstellung des Beweisganges läßt der von dem jungen Verfasser entfalteten großen Bekanntschaft mit den feinsten Einzelnheiten der Sprache und des Inhaltes jener heiligen Bücher freilich nicht ihr Recht widerfahren. Jede Behauptung wird mit einem Aufwande von Gelehrsamkeit unterstützt, den Wenige nach Gebühr schätzen können. Dasselbe muß von seinen übrigen Gründen gesagt werden, welche vorzüglich in dem Beweise bestehen, daß der Styl der Weda's weit älter sei, als der jedes andern Werkes in dieser Sprache. Dieser Beweis wird durch streng philologische Untersuchung geführt, die nur für den Eingeweihten Interesse hat.[1]) Allein die Schlüsse, zu denen er kommt, sind keineswegs bestimmt; sie legen den Weden ein hohes Alter bei, aber kein solches, das selbst den besorglichsten Geist schrecken könnte.[2])

Nachdem ich diesem gelehrten Schriftsteller so wenig Gerechtigkeit habe widerfahren lassen, fürchte ich, noch weniger im Stande zu sein, den Arbeiten seines Vaters den gebührenden Tribut zu leisten, dessen europäischer Ruf als Philosoph mich jeder einleitenden Bemerkung enthebt; zumal da ich darin dem Verdachte Raum geben müßte, daß ich mich als bewundernder und verehrender Freund von meiner Zuneigung hinreißen lasse. Das Werk dieses vielseitigen und gründlichen

---

[1]) S. 58 ff.

[2]) (Lassen glaubt, die Sammlung des Textes der Weda mit Sicherheit in das siebente Jahrhundert vor Christus setzen zu dürfen. Ueber die Zeit ihrer Abfassung aber wagt er gar keine bestimmte Angabe: nur glaubt er die Entstehung der ältern Weda einer Periode vor dem eilften Jahrhundert anweisen zu müssen. Ind. Alt. Bd. I. S. 735 ff. M. Müller („history of ancient Sanscrit Literature." Lond. 1860. p. 512.) verlegt die ältesten Bestandtheile der Weda etwa in den Zeitraum zwischen dem zehnten und zwölften Jahrhundert vor Christus. Westergaard („Ueber den ältesten Zeitraum der indischen Geschichte mit Rücksicht auf die Literatur." Breslau 1862.) drückt den Abschluß der Weda noch um ein paar Jahrhunderte tiefer herab. — A. d. Ueb.)

Gelehrten, das ich heute bereits einmal citirt habe, bringt den ganzen bisher bekannten Inhalt der indischen Philosophie in die wissenschaftlichste und vollständigste Ordnung. Er betrachtet sie nicht so fast chronologisch, als nach ihrer innerlichen und natürlichen Entwickelung, und sucht in allen Theilen der Systeme, aus denen sie besteht, die Prinzipien aufzufinden, welche sie belebten und all ihre Elemente durchdrangen. In der Untersuchung nun, die nicht bloß eine ungeheure Anhäufung von Fakten erfordert, sondern auch eine hohe Geisteskraft, welche sich in ihr Chaos zu tauchen und Licht von Finsterniß zu scheiden vermag, ist Windischmann vor allen andern Schriftstellern erfolgreich gewesen. Die Epochen des brahmanischen Systems prüft er nach den darin enthaltenen Lehren und Grundsätzen; und seine Ergebnisse sind von der Art, daß sie einerseits den indischen Büchern ein hohes Alter zumessen, andererseits aber dieselben als bestätigende Zeugnisse für die Mittheilungen der inspirirten Urkunden geltend machen. Denn die früheste Epoche oder Periode der brahmanischen Philosophie bietet nach ihm ein genaues Gegenstück zu den patriarchalischen Zeiten, wie sie im Pentateuch geschildert werden.[1]

Da ist jedoch ein anderer Schriftsteller von verdientem Ansehen unter den Geschichtschreibern der Philosophie, welcher weit entfernt ist, die Ansprüche oder Beweise, welche von Orientalisten zu Gunsten dieses hohen Alterthums vorgebracht wurden, gelten zu lassen. Ritter, Professor an der Universität zu Berlin, hat Alles, was dafür vorgebracht worden ist, mit großem Scharfsinne gesichtet. Die astronomischen Folgerungen oder vielmehr Muthmaßungen Colebrooke's verwirft er, indem sie sich zu keinem einzigen bestimmten oder berechenbaren Datum erheben;[2] und er ist geneigt, den aus dem scheinbaren Alterthume indischer Monumente oder

---

[1] „Die Philosophie im Fortgang der Weltgesch." Bd. II. S. 690 ff.
[2] „Geschichte der Philosophie." Hamburg 1829. Thl. I. S. 60.

der Ausbildung der Sanskritsprache gezogenen Beweisen nicht viel mehr Stärke einzuräumen. Denn, bemerkt er, der Geschmack an colossalen Denkmälern ist nicht nothwendig so alt: indem wir sehen, daß manche in verhältnißmäßig neuer Zeit errichtet worden sind; die Sprache aber erhält ihre eigenthümliche Vollendung oft in einem Augenblicke: und kann kein sicheres Merkmal des Alterthums darbieten, außer wenn man Epochen, die in ihr selbst zu entdecken sind, gegenseitig vergleicht.[1]) Der ganze Beweisgang Ritter's trachtet eher das vermeintliche Alter der indischen Philosophie umzustoßen, als irgend eine neue Theorie aufzubauen. Indeß schließt er, der Anfang wahrer systematischer Philosophie dürfe nicht über die Regierung Wikramaditja's, ungefähr 100 Jahre vor Christus, zurückgesetzt werden.[2])

§. 12.
Probe einer Selbst-Mystification der Encyclopädisten.

Ehe ich die Betrachtung der indischen philosophischen Werke verlasse, will ich Ihnen noch eine Probe von der Voreiligkeit geben, womit Männer, die stolz darauf waren, Ungläubige zu heißen, jede Behauptung verschlangen, welche das Christenthum zu bekämpfen schien. Im vorigen Jahrhunderte wurde von Sainte Croix ein indisches, in seinen Lehren außerordentlich christliches Werk unter dem Titel Ezour Vedam herausgegeben.[3]) Voltaire pochte darauf, als einen Beweis, daß die Lehren des Christenthums von den Heiden geborgt seien, und erklärte es für ein Werk von unermeßlichem Alter, das ein Brahman von Seringham verfaßt habe.[4]) Nun hören Sie die Geschichte dieses wunderbaren Werkes.

---

[1]) S. 62.
[2]) S. 120. 124.
[3]) „Ezour Vedam, ou ancien commentaire du Vedam." Yverdun 1788.
[4]) „Siecle de Louis XV."

Als Sir Alexander Johnston Oberrichter in Ceylon war und den Auftrag erhielt, ein Gesetzbuch für die Eingebornen zu verfassen, lag es ihm sehr daran, die besten indischen Werke zu Rathe zu ziehen und unter Andern auch sich der Aechtheit des Ezur Vedam zu versichern. Er forschte daher sorgfältig in den südlichen Provinzen nach und suchte bei den berühmtesten Pagoden, besonders bei der zu Seringham: aber umsonst. Er konnte weder über den Brahmanen Auskunft erhalten, noch über das Werk, das er sollte verfaßt haben. Nach seiner Ankunft zu Pondicheri erhielt er von dem Gouverneur, Grafen Dupuis, die Erlaubniß, die Handschriften in der Bibliothek der Jesuiten zu untersuchen, die seit ihrem Abzug aus Indien unberührt geblieben war. Darunter entdeckte er das Ezur Vedam französisch und Sanskrit. Dasselbe wurde von Herrn Ellis, Vorstand des Collegiums zu Madras, sorgfältig geprüft, und seine Untersuchung führte zu der sichern Entdeckung, daß das Sanskrit-Original i. J. 1621 einzig und allein zur Förderung des Christenthums von dem gelehrten und frommen Missionär Robert de Nobilibus, Neffen des Cardinals Bellarmin und nahen Anverwandten des Papstes Marcellus II. sei verfaßt worden.[1])

§. 13.

III. Morgenländische Geschichtsforschung.
Merodach-Baladan.

Von der Philosophie wollen wir nun darauf übergehen, zu untersuchen, was für die Religion durch die Fortschritte in

---

[1]) „Asiatic Researches." Vol. XIV. „British Catholic Colonial Intelligencer." Lond. 1834. Nr. II. p. 163. (In dem Verzeichnisse der Werke de Nobilis, das Bertrand (La mission du Maduré. Par. 1847—1850.) nach einem Briefe des P. Proenza mittheilt, findet sich das Ezur-Vedam nicht; jedenfalls stammt es aber von einem Missio-

der morgenländischen Geschichte geschehen sei, wobei ich mich mit einem oder zwei Beispielen begnügen will.

In Cap. XXXIX. des Isaias erfahren wir, daß der babylonische König Merodach-Baladan eine Gesandtschaft an den jüdischen König Ezechias geschickt habe. Dieser König von Babylon erscheint nicht mehr weiter in der heiligen Schrift, und eben dieses verursacht eine bedeutende Schwierigkeit. Denn damals blühte noch das Reich der Assyrier, und Babylon war bloß eines seiner Vasallenreiche. Noch neun Jahre vorher hatte den Berichten gemäß der assyrische Monarch Salmanassar die Bewohner von Babylon in andere Gegenden versetzt;[1] wenige Jahre später aber wurde Manasses von dem Könige Assyriens gefangen nach Babylon abgeführt.[2] Ueberdieß spricht der Prophet Michäas um die nämliche Zeit von einer Abführung der Juden nach Babylon, während er doch die Assyrier als die Feinde bezeichnet, die sie vorzüglich zu fürchten hätten.[3]

Alle diese Daten beweisen unwidersprechlich, daß Babylon zur Zeit des Ezechias unter assyrischer Oberherrschaft stand. Wer war nun dieser Merodach-Baladan, König von Babel? Wenn er bloß Statthalter jener Stadt war, wie konnte er dann dem jüdischen Regenten, der damals mit seinem Lehensherrn im Kriege begriffen war, durch eine Gesandtschaft Glück wünschen lassen? Der Canon des Ptolemäus gibt uns keinen König dieses Namens: auch scheint seine Zeitrechnung mit der heiligen Schrift nicht vereinbar zu sein.[4]

---

näre aus seiner Schule. S. Müllbauer: Geschichte der katholischen Missionen in Ostindien. Freib. 1852. S. 179. 205. — A. d. Ueb.)

[1] 2. (4.) Kön. VII, 24.

[2] 2. Chron. XXXIII, 11.

[3] Mich. IV, 10. Vgl. V, 5. 6.

[4] (Prof. Schegg hält den Mardok-empad des Ptolemäus für den Merodach des Isaias. S. „Der Prophet Isaias." München 1850. Thl. II. S. 273. — A. d. Ueb.)

In diesem Dunkel und Zweifel hätten wir verharren müssen, und der scheinbare Widerspruch dieser Stelle mit andern Texten wäre unerklärlich geblieben, hätten nicht die neuern Fortschritte der orientalischen Studien eine Urkunde von höchst ehrwürdigem Alterthume zu Tage gefördert. Diese ist nichts Anderes, als ein in der Chronik des Eusebius aufbewahrtes Bruchstück des Berosus. Erst als dieses Werk aus der armenischen Uebersetzung in seiner Vollständigkeit an's Licht trat, haben wir jenes Fragment kennen gelernt;¹) und Gesenius, dessen Ansicht uns so oft feindlich gegenüberstand, kann ich hier mit großem Vergnügen als jenen Schriftsteller anführen, dessen Scharfsinn wir die erste Anwendung davon verdanken.²)

Dieses interessante Bruchstück belehrt uns, daß, nachdem Sennacherib's Bruder in der Eigenschaft eines assyrischen Vicekönigs Babylon regiert hatte, Acises ungerechter Weise sich der Oberherrschaft bemeisterte. Nach dreißig Tagen wurde er von Merodach-Baladan ermordet, welcher die höchste Gewalt sechs Monate lang behielt, nach deren Verlauf er ebenfalls ermordet wurde und den Elibus zum Nachfolger erhielt. Aber nach drei Jahren sammelte Sennacherib ein Heer, lieferte dem Eindringlinge eine Schlacht, besiegte ihn und nahm ihn gefangen. Als er so Babylon neuerdings sich unterworfen hatte, ließ er seinen Sohn Assordan, den Essarhaddon der Schrift, als Statthalter daselbst zurück.

Es besteht nur eine scheinbare Abweichung zwischen diesem historischen Bruchstücke und der biblischen Erzählung; letztere berichtet nämlich den Mord Sennacherib's und die Nachfolge Essarhaddon's vor der Gesandtschaft des Merodach-Baladan nach Jerusalem.³) Aber darauf hat Gesenius mit Recht geantwortet, der Prophet habe diese Ordnung in der

---

¹) „Eusebii Chronicon." Venet. 1818. Tom. I. p. 42.
²) „Commentar über den Isaias." Thl. I. Abth. II. S. 999 ff.
³) Isaias XXXVII, 38.

Absicht befolgt, um die Geschichte des assyrischen Monarchen, welche mit seinem Gegenstande in keiner fernern Verbindung mehr stehe, so abzuschließen, daß er nicht mehr auf sie zurück zu kommen brauche.

Durch diese Anordnung ist auch die Voraussagung seiner Ermordung enger mit der Geschichte ihrer Erfüllung verknüpft.[1]) Diese Lösung, welche den Verlauf einiger Zeit zwischen Sennacherib's Rückkehr nach Ninive und seinem Tode voraussetzt, wird aber auch schon durch die Worte des Textes wahrscheinlich gemacht: „Da brach Sennacherib, der König der Assyrier auf und zog ab und kehrte zurück und blieb in Ninive u. s. w.;" auch erhält sie überdieß durch chronologische Gründe Gewißheit. Denn es ist gewiß, daß Sennacherib's Zug nach Aegypten in seinem ersten oder zweiten Jahre (714 v. Chr.) muß stattgefunden haben, indem nach dem zwanzigsten Kapitel des Isaias Sargon gerade vor diesem Ereigniß regierte. (716.) Nun regierte aber Sennacherib nach Berosus, am Schlusse des berührten Bruchstückes, achtzehn Jahre lang, ehe er von seinen Söhnen ermordet wurde. Er muß also seine Rückkehr nach Ninive um viele Jahre überlebt haben.[2]) Die Nachricht des Berosus, daß die babylonische Empörung sich unter der Regierung des Sennacherib zugetragen habe, widerspricht so keineswegs dem biblischen Texte; und sobald diese einzige Schwierigkeit gelöst ist, beseitigt das Fragment jeden Einwurf, der etwa gegen die Glaubwürdigkeit desselben erhoben werden könnte.

Denn nun ist uns vollkommen klar, wie in Babylon zu einer Zeit, wo es eigentlich eine Provinzialstadt des assyrischen Reiches war, ein König oder vielmehr ein Usurpator herrschte. Nichts war natürlicher, als daß Merodach-Baladan, nachdem er den Thron an sich gerissen hatte, sich mit

---

[1]) Isaias XXXVII, 7.
[2]) Gesenius, S. 1002. Vgl. die Tabelle, Thl. II. S. 560.

den Feinden seines Oberherrn, gegen den er sich empörte, durch Bündniß und Freundschaft zu vereinigen suchte. Ezechias, der nicht minder, als er selbst, das assyrische Joch abgeschüttelt hatte[1]) und mit dem Könige von Aegypten in einem mächtigen Bunde stand, mußte seine nächste Zuflucht sein. Auf der andern Seite konnte aber auch dem jüdischen Monarchen keine Gesandtschaft willkommener sein, indem er den gemeinsamen Feind in der Nachbarschaft hatte und froh sein mußte, diesen Feind durch eine Empörung in dem eigentlichen Herzen seines Reiches anderwärts beschäftigt zu sehen.[2]) Daraus entstand die außerordentliche Aufmerksamkeit, womit er die Gesandten des Usurpators behandelte, und welche den Propheten Isaias, oder vielmehr Gott, so schwer beleidigte, daß er ihm auch in Folge davon die babylonische Gefangenschaft ankündigte.[3])

§. 14.
Einwürfe gegen den Ursprung des christlichen Cultus aus seiner Aehnlichkeit mit den Gebräuchen des Lamaismus.

Ein anderes Beispiel von dem Vortheile, welchen die Fortschritte orientalischer Geschichtsforschung Gegenständen von religiösem Interesse bringen mögen, haben wir in dem Lichte, welches kürzlich über den religiösen Cult in Tibet verbreitet wurde. Als Europa zuerst mit diesem Culte bekannt wurde, mußte es nothwendig von der darin hervortretenden Aehnlichkeit mit den christlichen Ceremonien überrascht werden. Die Hierarchie der Lama's, ihre Klosteranstalten, ihre Kirchen und

---

[1]) 2. (4.) Kön. XVIII, 7.
[2]) Aus dem im Texte Gesagten wird wahrscheinlich, daß die babylonische Revolution während Sennacherib's Zug gegen Judäa und Aegypten Statt fand.
[3]) Isaias XXXIX, 2. 5.

Ceremonien gleichen den unsrigen so genau, daß man sich genöthigt glaubte, einen Zusammenhang zwischen beiden anzunehmen. „Die früheren Missionäre waren zufrieden, den Lamaismus für eine Ausartung des Christenthums zu halten, und ihn als Rest jener syrischen Sekten zu betrachten, die einst in diese entfernten Gegenden Asiens vorgedrungen waren."¹)

Doch Andere haben diese Aehnlichkeit zu ganz verschiedenen Zwecken benützt. „Häufige geheimnißvolle Andeutungen und versteckte Winke in den Werken gelehrter Männer," sagt ein zu früh verstorbener Orientalist, auf dessen Abhandlung über diesen Gegenstand ich mich sogleich beziehen werde, „veranlaßten Manche zu dem Zweifel, ob die lamaische Theokratie ein Ueberbleibsel christlicher Sekten oder im Gegentheil die alte und ursprüngliche Grundform sei, nach welcher ähnliche Einrichtungen in andern Theilen der Welt wären angelegt worden. Diese Anschauung zeigt sich in den Anmerkungen zu der Reisebeschreibung des Pater D'Andrada, zu den französischen Uebersetzungen Thunberg's und der Asiatic Researches und in manchen anderen neuen Werken, wo sich Irreligiosität unter einer oberflächlichen und lügenhaften Gelehrsamkeit zu verstecken sucht."²) „Diese Aehnlichkeiten," sagt Malte-Brun, „wurden als Beweise gegen den göttlichen Ursprung des Christenthums gebraucht."³) In der That finden wir, daß diese Analogieen Volney Stoff zu ganz besonderer Erheiterung bieten.⁴)

Anfangs begegnete man diesen Einwürfen nur mit abweisenden Antworten. Fischer bemerkte mit Recht, kein Schriftsteller vor dem dreizehnten Jahrhundert gebe einen Wink von

---

¹) Abel-Rémusat, „Aperçu d'un Mémoire intitulé Recherches chronologiques sur l'origine de la hiérarchie Lamaïque," abgedruckt in den „Mélanges Asiatiques." Paris 1825. Vol. I. p. 129.

²) Das. Note 2. „Mélanges," p. 132.

³) „Précis de la Géographie universelle." Paris 1812. Vol. III p. 581.

⁴) „Ruines." Paris 1820. p. 428.

dem Dasein dieses Systemes, und es könne auch für sein Alterthum kein Beweis vorgebracht werden. Doch es war Mode geworden, bloß auf den Grund plausibler Muthmaßungen hin allen Anstalten des mittlern Asiens ein abenteuerliches Datum zuzumuthen. Das ehrwürdige Alter, welches man dieser Religionsverfassung zutheilte, stimmte vollkommen mit Bailly's wissenschaftlichen Hypothesen über dasselbe Land überein und bildete ein natürliches Seitenstück zu dem romantischen Systeme, welches die Gebirge Sibiriens oder die Steppen der Tartarei zur Wiege der Philosophie machte. Seitdem haben die Sprachen und die Literatur Asiens einen großen Schritt vorwärts gemacht, und die Folge war die gänzliche Widerlegung dieser ausschweifenden Hypothesen durch die Werke einheimischer Schriftsteller.

§. 15.
Beweis des neuern Ursprungs dieses Religionssystemes.

Abel-Rémusat ist widerum der Schriftsteller, dem wir diese wichtige Aufklärung verdanken. In einer interessanten Abhandlung hat er uns mit einem werthvollen Fragmente aus der Japanischen Encyclopädie bekannt gemacht, welches die wahre Geschichte der lamaischen Hierarchie enthält. Ohne dieses wären wir vielleicht immer unbestimmten Muthmaßungen überlassen geblieben; aber mit Hilfe desselben sind wir im Stande, die grundlosen, wenn gleich bestechenden Träume unserer Widersacher zu widerlegen. Nach dieser Urkunde lebte der Gott Buddha ursprünglich in der Person seiner indischen Patriarchen auf Erden.[1] In der Folge ging seine Seele in

---

[1] (Die Annahme einer fortlaufenden Reihenfolge buddhistischer Patriarchen ist trotz der bestimmten Angaben chinesischer Quellen ohne historische Glaubwürdigkeit, da z. B. die Zeiten, die den einzelnen Patriarchen angewiesen werden, mit ganz sichern chronologischen Daten im Widerspruche stehen. — A. d. Ueb.)

einen neuen Stellvertreter über, der aus irgend einer Kaste gewählt war; und der Träger seiner Gottheit war so sicher überzeugt, ein Wundermittel gegen die Vernichtung zu besitzen, daß er gewöhnlich den Leiden des Alters durch Besteigung eines Opferholzstoßes entging, von wo er gleich dem Phönix zu einem neuen Leben zu erstehen hoffte. In diesem Zustande blieb der Gott bis in's fünfte Jahrhundert unserer Zeitrechnung, wo er für gut fand, aus dem südlichen Indien auszuwandern und seine Residenz in China aufzuschlagen. Sein Repräsentant erhielt den Titel: Lehrer des Reiches, sollte aber bloß, wie die späteren Chalifen zu Bagdad, dem Hofe des himmlischen Reiches einen religiösen Glanz verleihen.

In dieser prekären Lage setzte sich die Nachfolge der Religionshäupter achthundert Jahre lang fort, bis im dreizehnten Jahrhunderte das Haus des Tschingis-chan sie von ihrer Abhängigkeit befreite und sie mit Herrschaft bekleidete. Voltaire hat gesagt, Tschingis-chan sei ein zu kluger Staatsmann gewesen, um das geistliche Reich des Groß-Lama in Tibet zu stören;[1] aber damals existirte einmal noch kein Reich in Tibet, alsdann residirte der Oberpriester des Schamanenthums nicht dort, und endlich war der Name Lama noch kein Titel. Denn erst der Enkel des Eroberers hat 33 Jahre nach dessen Tode dem Oberhaupte seiner Religion Souverainetät verliehen, und da der damals lebende Buddha gerade ein Tibetaner war, wurde ihm dieses Land zur Regierung überlassen. So wurde der Berg Putala oder Botalu[2] zur Hauptstadt dieses geistlichen Reiches, und der Ausdruck Lama,[3] welcher Priester bedeutet, zuerst als unterscheidender Titel auf dessen Regenten angewendet.

---

[1] Abel-Rémusat, „Philosophie de l'Histoire, Essai sur les Moeurs." p. 137.

[2] Sieh „Nouveau Journal Asiatique." Oct. 1829. Not. 1. p. 273.

[3] (Eigentlich Dalai-Lama, dem Meere gleicher Lama. — A. d. Ueb.)

Diese Nachricht über den Ursprung der lamaischen Dynastie stimmt vollkommen mit einer andern interessanten Urkunde überein, die unlängst veröffentlicht worden ist. Es ist dieß eine Beschreibung von Tibet, welche der Archimandrit F. Hyacinth Bitschurin aus dem Chinesischen in's Russische und Julius Klaproth mit Berichtigungen nach dem Urtexte aus dem Russischen in's Französische übersetzt hat.¹) Diese Urkunde belehrt uns, daß Tschingis-chan jenes Land überfiel und ein Reich gründete, welches Tibet sammt den dazu gehörigen Ländern umfaßte. Da der Kaiser Chubilai die Schwierigkeit sah, dieses entfernte Land zu beherrschen, ersann er eine den Sitten des Volkes angemessene Weise, dasselbe in Abhängigkeit zu erhalten. „Er theilte das Land der Tufo in Kreise und Distrikte, stellte Beamte von verschiedenen Graden auf und unterwarf sie der Autorität des Ti-ße (Kaiser-Lehrers). Zu jener Zeit bekleidete Bhâchbah oder Pagba aus Sarghia in Tibet dieses Amt. In einem Alter von sieben Jahren hatte er alle heiligen Bücher gelesen und ihre erhabensten Gedanken erfaßt, weßhalb er das geistvolle Kind genannt wurde. Im Jahre 1260 erhielt er den Titel König des großen und kostbaren Gesetzes und ein Siegel von orientalischem Jaspis. Außerdem wurde er mit der Würde eines Oberhauptes der gelben Religion geschmückt. Seine Brüder, Kinder und Nachkommen erfreuten sich ausgezeichneter Stellen bei Hof und erhielten Siegel von Gold und orientalischem Jaspis. Der Hof nahm den Bhâchbah mit Auszeichnung auf und versäumte nichts, was zur Erhöhung seines Ansehens beitragen konnte."²)

Zur Zeit, als die buddhistischen Patriarchen sich zuerst in Tibet festsetzten, war jenes Land in unmittelbarer Berührung mit dem Christenthume. Nicht nur hatten die Nestoria-

---

¹) Im „Nouveau Journal Asiatique." Août et Oct. 1829.
²) Ibid. Août p. 119.

ner kirchliche Niederlassungen in der Tartarei, sondern auch italienische und französische Ordensmänner besuchten den Hof des Chans in wichtigen Missionen vom Papste und dem heiligen Ludwig von Frankreich. Sie brachten Kirchenornate und Altäre mit sich, um wo möglich auf die Eingebornen einen günstigen Eindruck zu machen. Zu diesem Zwecke hielten sie ihren Gottesdienst in Gegenwart der tatarischen Fürsten, von welchen sie die Erlaubniß erhielten, innerhalb der Ringmauern der kaiserlichen Paläste Kapellen zu errichten. Ein italienischer Erzbischof, welchen Clemens V. sendete, schlug seinen Sitz in der Hauptstadt auf und errichtete eine Kirche, zu welcher die Gläubigen durch den Schall dreier Glocken zusammengerufen wurden, und in welcher sie an den Wänden viele heilige Gemälde erblickten.[1]

Nichts lag näher, als daß manche von den verschiedenen Sekten, wovon der mongolische Hof wimmelte, dadurch veranlaßt wurden, die Gebräuche dieser Religion zu bewundern und sich anzueignen. Einige Glieder der kaiserlichen Familie nahmen heimlich das Christenthum an, viele vermischten dessen Uebungen mit dem Bekenntnisse ihres eigenen Glaubens, und Europa wurde abwechselnd durch Berichte über kaiserliche Bekehrungen und durch die Entdeckung ihrer Falschheit erfreut und enttäuscht.[2] Ein derartiges Gerücht über Mangu-chan

---

[1] Abel-Remusat, p. 138. Vgl. Assemani inf. cit.

[2] Assemani, „Biblioth. Orient.". Tom. III. P. II. p. CCCCLXXX. seqq. „Di Marco Polo e degli altri viaggiatori Veneziani più illustri Dissertazioni del P. Abb. (nachher Cardinal) Zurla." Ven. 1818. Vol. I. p. 287. (Es ist nicht zu läugnen, daß auch schon der ältere Buddhismus zahlreiche Analogieen der christlichen Religion darbietet, welche durch eine solche bloß zufällige Berührung mit dem christlichen Culte nicht erklärt werden können. Die speziellen Aehnlichkeiten des tibetanischen Buddhismus oder des Lamaismus in seiner gegenwärtigen Gestalt finden aber ihre Erklärung vielleicht in einem andern Umstande, der schon mit seinem Ursprunge zusammenhängt. Der Stifter dieser gegenwärtigen

verursachte auch die Missionen des Rubriquis und Ascellino. Umgeben von der Ausübung solcher Ceremonien, und durch die abendländischen Botschafter und Missionäre über den Cult und das Kirchenregiment ihrer Heimath unterrichtet, ist es kein Wunder, daß die Religion der Lama eben zu der Zeit, wo sie anfing, sich mit Glanz und Pomp zu umkleiden, Einrichtungen und Gebräuche annahm, mit denen sie bereits vertraut geworden war, und die von Jenen bewundert wurden, welche sie zu gewinnen wünschte. Das Zusammentreffen von Zeit und Ort, die frühere Nichtexistenz dieser geistlichen Monarchie beweist zur Genüge, daß die tibetanische Religion bloß ein Versuch ist, die unsrige nachzuahmen.

Es ist nicht meine Sache, dem gelehrten Akademiker in der spätern Geschichte dieser religiösen Dynastie zu folgen. Sie hat sich bis auf unsere Tage unter chinesischer Oberherrschaft erhalten, zu gleicher Zeit verehrt und verfolgt, angebetet und unterdrückt. Aber für ewig hat sie ihre Ansprüche auf Alterthum verwirkt, und ihre Anmaßung, als eine Nebenbuhlerin oder gar Mutter des Christenthums zu gelten, ist vollständig geprüft und abgewiesen.

Ich habe meine Untersuchung so weit ausgedehnt, daß ich die vielen Nutzanwendungen, die ihr Gegenstand darböte,

---

Cultusform, der gelben Religion, im Gegensatz zu der frühern rothen, ist Dsong=K'haba, dessen Schüler der erste Dalai=Lama war. Nun wird, nach dem Berichte der beiden Missionäre Huc und Gabet, von diesem Dsong=K'haba erzählt, daß er in seiner Jugend Schüler eines Fremdlings aus dem Westen gewesen sei, der, nachdem er ihm alle seine Wissenschaft mitgetheilt hatte, sich auf der Spitze eines Berges niederlegte und starb. Die äußern Merkmale, die diesem Fremdlinge beigelegt werden, verrathen das Characteristische der kaukasischen Gesichtsbildung im Gegensatze zur mongolischen, und es liegt nun sehr nahe, ihn für einen Christen, etwa für einen Nestorianer zu halten. S. den Artikel „Buddhismus" im Supplement zu Wetzer und Welte's „Kirchen-Lexicon. S. 186. — A. d. Ueb.)

übergehen muß. Es wäre aber ungerecht, von demselben Abschied zu nehmen, ohne auf die ruhmvolle Auszeichnung hinzudeuten, die sich unser Land in Betreibung dieser Studien vor allen andern erworben hat. Wenn uns unsere Erziehung auch nicht für so tiefe Forschungen über die dunklern Theile der asiatischen Literatur befähigt hat, wie unsere Nachbarn auf dem Festlande, so lernten wir doch jene ungeheuren Mittel herbeischaffen, welche die Vorsehung uns zur Verfügung gestellt hat, um Vieles, was sonst verborgen geblieben wäre, an's Licht zu bringen. Es wäre gewiß für uns schimpflich, wenn in spätern Jahrhunderten die Geschichte aller unserer Colonieen dem forschenden Denker bloß Blätter mit Tabellen zur Ausgleichung der Einfuhr und Ausfuhr und Aufzählungen der jährlichen Zuflüsse in unsere Staatskasse darbieten würde; oder wenn die Annalen unseres mächtigen Reiches in Indien nichts Besseres schilderten, als eine Mischanstalt kaufmännischer und kriegerischer Triebkräfte, welche durch die bunten Scenen mercantiler Kriege und königlicher Handelsspeculationen sich hindurchbewegt. Es gereicht wirklich unserm Nationalcharakter zur Ehre und ist der stärkste Beweis seiner geistigen Kraft, daß so viel von Männern geschah, deren Beruf mit gelehrten und wissenschaftlichen Bestrebungen im Gegensatze zu stehen schien, und ich weiß nicht, ob die Unehre, die auf den Staat fällt, nicht durch die Ehre gedeckt werden wird, die von dem persönlichen Verdienste so vieler ausgezeichneten Männer ausgeht. Denn es kann der Aufmerksamkeit der Nachwelt nicht entgehen, daß, während Frankreich bei seiner ägyptischen Expedition wissenschaftliche und gelehrte Männer von Fach aussendete, um seine Armee zu begleiten und die Denkmäler jenes Landes heimzubringen, England keinen solchen Unterschied zu machen brauchte, sondern unter denen, die seine Schlachten kämpften und seine kriegerischen Operationen leiteten, Männer fand, die das Schwert niederlegen konnten, um die Feder zu ergreifen und jedes wichtige Denkmal mit solcher Umsicht und Gelehrsamkeit aufzuzeichnen, als wären die Wissenschaften ihre einzige Beschäftigung gewesen.[1]) Aber es ist Hoffnung da, daß unserm Nationalgefühle noch eine höhere Befriedigung werde, und die unter königlichem Schutze stehende Gründung des Ausschusses für Uebersetzung orientalischer Werke hat unsern Vorrath an orientalischem Wissen bereits stark vermehrt. Sie hat Solche, die sich außerdem schwerlich hätten bewegen lassen, diese Studien zu begünstigen und zu fördern, für sie interessirt; sie hat manchen Gelehrten, der sonst in stummer Dunkelheit gebrütet hätte, aufgemuntert und Viele ermuthigt, die außerdem nicht die nöthige Kraft gefühlt hätten, —

„Eoam tentare fidem, populosque bibentes
Euphratem —
Medorum penetrare domos, Scythiosque recessus
Arva super Cyri Chaldaeique ultima regni,
Qua rapidus Ganges, et qua Nyssaeus Hydaspes
Accedunt pelago."

(Lucan. VIII, 213.)

---

[1]) Zu diesen gehörte der selige Freund des Verfassers, Obrist Tod. (Unter den neuern ist vorzüglich Obrist Rawlinson, der Entzifferer der Keilinschriften zu nennen. — A. d. Ueb.)

Zwölfter Vortrag:

Schluß.

Ich habe nun die Aufgabe vollendet, die ich durch Ihre Güte ermuthigt begann. Ich versprach, die Geschichte mehrerer Wissenschaften zu durchgehen, und durch dieses einfache Verfahren zu beweisen, wie ihr Fortschritt von einem steten Zuwachse neuen Lichtes und Glanzes für die Beweise des Christenthums begleitet war. Ich versprach, meinen Gegenstand in der anspruchlosesten Form zu behandeln, Belege, die schon in Elementarbüchern über diesen Gegenstand Eingang gefunden, zu vermeiden, und meinen Stoff so viel wie möglich aus solchen Werken zu ziehen, die nicht die Vertheidigung des Christenthums zum Ziele haben.

Da ich mich nun, so gut es meine geringen Kräfte erlaubten, meiner Verpflichtung gegen Sie entledigt habe, so möge es uns gegönnt sein, ein wenig auszuruhen und auf den Weg zurückzusehen, den wir verfolgt haben, oder wie Solche, die mit einander gereist sind, uns eine Weile am Ziele unserer Reise niederzusetzen und gemeinschaftliche Rechnung darüber zu halten, was wir gewonnen haben. Unser Weg mochte zum Theil über dürre und uninteressante Gegenden hinzulaufen scheinen: ich habe Sie durch enge und mühsame Pfade geleitet und vielleicht auch bisweilen in der Irre umhergeführt; wenn Sie aber während unseres Zusammenseins Sich zu beklagen haben, daß Sie einen ungeschickten Führer fanden, so mag dagegen er darauf erwiedern, daß er nur zu viele Ermuthigung zur Verlängerung seiner Irrwege und zu viel Nachsicht gefunden habe, um so leicht zu entdecken, daß er vom Pfade abgekommen. Jedoch fanden wir wenigstens eine genügende Mannigfaltigkeit von Gegenständen, die an unserer Beobachtung vorübergingen, um uns Ersatz für die Mühsale des Weges zu leisten, und wir haben auf demselben durchaus einen großen Punkt im Auge behalten, der uns früher oder später immer wieder auf die rechte Spur führen und auch unsern abschweifendsten Irrgängen eine Einheit des Charakters und Gleichförmigkeit des Ganges geben mußte. Indem wir nun diesen noch einmal in's Auge fassen, werden wir in wenigen Augenblicken den Weg, über den unser Gang uns geführt hat, noch einmal durchlaufen können.

Erstens nun mag man mich natürlich fragen, welchen Zuwachs ich für die Beweise des Christenthums gewonnen zu haben glaube. Auf diese Frage müßte ich mit der gemessensten Zurückhaltung antworten. Ich halte diese Beweise für etwas zu Innerliches und zu tief im Herzen Wurzelndes, als daß ich durch die Kraft äußerlicher Erwägungen ihre Anzahl leicht hätte vermehren oder vermindern können. Obwohl wir solche Beweise seiner Wahrheiten, wie gelehrte Männer sie mit Geschick gesammelt haben, nothwendig haben und gebrauchen mögen, um mit den Gegnern des Christenthums zu streiten, so glaube ich doch nicht, daß irgend einer auf den Grund einer solchen logischen Beweisführung seine erhabenen Lehren und seine tröstlichen Verheißungen festhält. So mag ein geschickter Theoretiker Ihnen viele nöthigende Gründe, sowohl auf gesellschaftliche als natürliche Gesetze gebaut, aufweisen, warum Sie Ihre Eltern lieben sollen, und doch weiß er so gut wie Sie, daß Sie nicht aus solchen Gründen sie geliebt haben, sondern aus einem weit heiligern, innerlicheren Antriebe. In gleicher Weise brauchen wir, wenn wir einmal die wahre Religion in uns aufgenommen haben, ihre Beweggründe und Beweise nicht mehr in den Auseinandersetzungen der Bücher zu suchen; sie verwachsen mit unsern heiligsten Gefühlen, sie ergeben sich uns von selbst, da wir fühlen, daß die Wahrheiten, die sie lehrt, nothwendig sind zu unserer Glückseligkeit, da wir hier den Schlüssel finden zu den Geheimnissen unserer Natur, die Lösung aller geistigen Probleme, die Vereinigung aller Widersprüche unseres räthselhaften Zustandes, die Antwort auf alle die ernsten Fragen unseres ruhelosen Bewußtseins.

So ist die Religion gleich einer Pflanze, die ihre Wurzeln in den Mittelpunkt der Seele treibt; sie hat an ihnen feine, zarte Fasern, die in die engsten Fugen eines wohlgebauten Geistes sich einbohren und eindrängen, und starke, knotige Aeste, die sich mit den weichsten und reinsten unserer Gefühle verschlingen. Und wenn sie nach Außen hin unzählige Schößlinge und Zweige breitet, mit denen sie, wie mit Händen, irdische und sichtbare Gegenstände faßt und festhält, so ist es vielmehr zu ihrem Nutzen und zu ihrer Zierde, als weil sie einer solchen Stütze bedürfte, geschweige denn, daß sie davon ihre natürliche und nothwendige Lebenskraft ableitete. Mit diesem äußerlichen und üppigen Wuchse nun hatte es unsere Arbeit hauptsächlich zu thun, mehr als mit den verborgenen Wurzeln und Grundlagen: wir haben ihre wohlthätigen Verbindungen vielleicht um etwas erweitert; wir haben sie bisweilen um einen verfallenen und vergessenen Ueberrest alter Größe gewunden, oder wie einen Kranz um eine kräftige junge Pflanze geschlungen und ihre heiligen Früchte mit weniger gutartigen Gewächsen gemengt: und wir haben gesehen, wie durch diese Berührung beide Freundlichkeit und Anmuth gewannen, wie sie Bedeutung und Ehre und Schönheit über

Dinge ausgießen kann, die sonst nutzlos und profan wären. Auch mögen wir durch unsere Pflege der Pflanze selbst einigermassen neue Triebe und Kräfte zur Erstarkung mitgetheilt haben.

Mit andern Worten, diese Vorträge gingen hauptsächlich darauf aus, die Beziehung zwischen den Zeugnissen für das Christenthum und anderen Zweigen der Wissenschaft zu erforschen und den Einfluß zu verfolgen, den der nothwendige Fortschritt dieser auf die Beleuchtung der erstern ausüben muß. Mit den eigentlichen inneren Beweisen für die christliche Religion haben wir uns nicht befaßt; aber indem wir Einwürfe gegen die äußere Offenbarungsform, in der diese Religion erscheint, gegen die Documente, in denen ihre Beweise und Lehren beurkundet sind, und gegen manche besondere Ereignisse, die darin berichtet werden, zurückwiesen, dürfen wir in gewissem Maaße hoffen, die innere Kraft jener Beweisgründe erhöht und für eine mächtigere Entwicklung in unserm Geiste befähigt zu haben. Diese Betrachtung läßt verschiedene Gesichtspunkte zu und bahnt den Weg zu vielen noch wichtigeren Folgerungen, welche den Gegenstand dieser meiner letzten Anrede an Sie ausmachen werden. Und zwar will ich zuerst einige wenige Worte sagen über die unmittelbare Beziehung des bisher Behandelten auf die allgemeinen Beweise des Christenthums und auf die Vertheidigung jener heiligen Urkunden, worin die Hauptzeugnisse authentisch bewährt sind.

§. 1.
Bedeutung des gewonnenen, auf der Mannigfaltigkeit der angewandten Prüfungen beruhenden Beweises.

Der große Unterschied zwischen einem bestehenden Irrthume und einem Systeme der Wahrheit ist der, daß jener gewisse Seiten darbieten kann, von denen aus betrachtet er keinen Fehler verräth; er ist wie ein Edelstein, welcher einen

Flecken hat, aber dem Auge so zugekehrt werden kann, daß das Lichtspiel, unterstützt durch eine künstliche Fassung, ihn verbirgt, der aber nur ein wenig gedreht und unter einem andern Winkel beobachtet, seinen Mangel enthüllt. Die Wahrheit dagegen ist ein Edelstein, der nicht gefaßt zu werden braucht, der, fehlerfrei und ohne Wolke, dem reinen, hellen Lichte von jeder Seite nach jeder Richtung entgegen gehalten werden darf und überall dieselbe Reinheit, Gesundheit und Schönheit entfaltet. Jener ist ein unreines Metall, das der Kraft mehrerer Reagentien, die man darauf wirken läßt, widerstehen mag, aber zuletzt doch von einem aus ihnen angegriffen wird: diese ist wie im Glühofen bewährtes Gold, das der Kraft jeder Prüfung trotzt. Je zahlreicher daher die Berührungspunkte sind, die irgend ein System andern Ordnungen intellektueller oder wissenschaftlicher Forschung darbietet, um so mehr Gelegenheit gibt es zur Prüfung seines Werthes; und gewiß, wenn ihm der fortgesetzte Fortschritt zur Vollkommenheit auf den verschiedenen Seiten keinen Eintrag thut, so müssen wir schließen, daß es in der ewigen Wahrheit so tief eingewurzelt sei, daß nichts Geschaffenes seine Gewißheit erschüttern könne. Nichts ist öfter versucht worden, als die Fälschung wissenschaftlicher Erzeugnisse: aber nichts ist unglücklicher ausgefallen. Wo der Autor, wie etwa Synesius, sich auf philosophische Speculation beschränkt hat, die zu jeder Zeit dieselbe sein kann, mag es schwieriger sein, den Betrug entscheidend nachzuweisen. Aber wo Geschichte, Rechtswissenschaft, Sitten und andere äußere Umstände in dem Werke vorkommen, ist es ihm fast unmöglich, den Geist der Gelehrten lange im Ungewissen zu lassen. Die berüchtigtsten literarischen Betrügereien der neuern Zeit, die Geschichte von Formosa, oder noch mehr der sicilianische Codex von Bella, setzten eine Zeit lang die Welt in Verwirrung: am Ende aber wurden sie doch entdeckt.

Nun war es der Gegenstand und das Ziel unserer

Untersuchung, die verschiedenen Phasen, in denen die geoffenbarte Religion erscheint, durch den Lichtreflex so mannigfaltiger Zweige der Wissenschaft zu prüfen; zu sehen, wie sie sich unter dem Einflusse so verschiedenartiger Kräfte gestaltet, und uns zu versichern, in wie ferne sie fähig ist, der vielseitigsten Prüfung Stand zu halten und der hartnäckigsten und feindseligsten Untersuchung zu trotzen. Und gewiß können wir sagen, daß kein System sich je der Entdeckung offener aussetzte, wenn es irgend einen Irrthum enthalten hätte, als das Christenthum; kein Buch bot je der Enthüllung einer Unwahrheit, die es etwa aussprach, so viele Fäden dar, als seine heilige Schrift. Sie beurkundet uns die frühesten und die letzten Naturrevolutionen unsers Erdballs, die Zerstreuung des menschlichen Geschlechtes, die Reihenfolge der Herrscher in allen umliegenden Ländern, von der Zeit des Sestostris bis zu den syrischen Königen, die Sitten und Gebräuche und Sprache verschiedener Nationen, die großen religiösen Traditionen des Menschengeschlechtes und die Erzählung vieler staunenswerther und wunderbarer Ereignisse, wie sie in den Annalen keines andern Volkes sich finden. Hätten die Prüfsteine, an denen alle diese verschiedenen Bestandtheile einmal probirt werden mußten, damals existirt, als sie in dieser Weise zusammengefügt wurden, so würde man sich wohl Mühe gegeben haben, sie gegen ihre Wirkung zu sichern. Aber gegen die Zukunft konnte keine Kunst, kein Scharfsinn Schutz verleihen. Wäre der Name eines einzigen ägyptischen Pharao willkürlich erfunden worden, wie wir es bei andern orientalischen Geschichtschreibern sehen, so wäre wohl die Entdeckung des Hieroglyphenalphabetes nach 3000 Jahren kaum eine von den Möglichkeiten der Entdeckung gewesen, gegen welche der Geschichtschreiber sich vorgesehen hätte. Wäre die Geschichte der Schöpfung oder der Sündfluth eine fabelhafte, poetische Erdichtung gewesen, — die beschwerlichen Reisen der Geologen in den Alpenthälern oder die Entdeckung der Hyänenhöhlen auf einer unbekannten Insel würden wohl nicht jene Bestätigung dieser Theorie gewesen sein, auf die ihr Erfinder gerechnet hätte. Ein Fragment des Berosus kommt an's Licht und beweist, daß das, was zuvor unglaublich schien, vollkommen wahr ist: eine Münze wird gefunden und vervollständigt die Lösung anscheinender Widersprüche. Jede Wissenschaft, jedes Studium vergrößert, so wie es nur einen Schritt macht in seinem eigenen natürlichen Vorwärtsschreiten, die Masse unserer bestätigenden Beweise.

§. 2.
Verstärkung desselben, die sich aus der Mehrheit der Verfasser und aus der Mannigfaltigkeit des Inhaltes der heiligen Schrift ergibt.

Dieses ist also das erste wichtige Ergebniß, das wir gewonnen haben: der Besitz jenes mächtigen Beweises, den ein System aus vielfachen Bewährungen erhält. Dieser Beweis wird in seinem Werthe um Vieles gehoben durch einige nahe liegende Erwägungen. Erstens möchte ich bemerken, daß die heilige Schrift nicht das Werk Eines Menschen oder Einer Zeit, sondern vielmehr eine Zusammenstellung der Schriften Vieler ist. Wenn nun ein einziger Schriftsteller von großer Gewandtheit den Versuch gewagt hätte, die Annalen eines Volkes zu verfälschen, oder die erdichtete Biographie irgend einer ausgezeichneten Person zu schreiben, oder imaginäre Systeme der Natur zu entwerfen, oder aus seiner Einbildung die großen Ereignisse ihrer Geschichte zu schildern: so könnte er möglicher Weise sich auf jeder Seite gegen Entdeckung gewahrt und jeden Satz wohl bemessen haben, um den besondern Zweck, den er im Auge hatte, zu erreichen. Wollte man sich aber vorstellen, daß während der 1600 Jahre von Moses bis auf den heiligen Johannes ein solches System fortgesetzt werden konnte, und zwar von einer Reihe von Schriftstellern, ohne Zusammenhang, von den unähnlichsten

Fähigkeiten und — wenn wir auf einen Augenblick die gottlose Hypothese zugeben wollen — unter den verschiedensten Einflüssen, Schriftsteller, die nothwendig die Vergangenheit und die Zukunft unter verschiedenen Gesichtspunkten in's Aug faßten: so müßte man sich ein auffallenderes Zusammenwirken moralischer Kräfte zu einem bösen Werke denken, als die Welt je eines gesehen hätte. Aber dieß ist es nicht, was wir gegenwärtig im Auge haben. Es ist offenbar, daß dem Willen, zu betrügen — vorausgesetzt, er wäre vorhanden gewesen — die Kraft nicht folgen konnte; die Berührungspunkte mit andern Thatsachen wären zu unendlich mannigfaltig gewesen, als daß sie in jedem Falle sich genau angefügt hätten. Wenn wir annehmen, Moses sei mit dem Aegypten seiner Zeit genau bekannt gewesen, so würde es unwahrscheinlich sein, daß jeder folgende Annalist eine gleiche Kenntniß gehabt hätte; wenn die Meinungen seiner Zeit über den physischen Bau der Welt so richtig waren, daß sie keine Möglichkeit darboten, durch neuere Untersuchungen Lügen gestraft zu werden, so würde dieß dem Isaias keine Zuverläßigkeit in der Erzählung babylonischer Zustände sichern. Kurz, je größer die Ausdehnung der Zeit und des Raumes, der Ereignisse und Gebräuche ist, welche die heilige Schrift umfaßt, desto größer waren die Gefahren der Entdeckung, hätte sie etwas Unwahres oder Unrichtiges enthalten.

§. 3.
Verstärkung aus der Beschaffenheit der geprüften Thatsachen und der angezogenen Gewährschaften.

Zweitens möchten wir bemerken, daß die Punkte, welche unsere Forschungen berührt haben, selten Hauptereignisse oder der eigentliche Gegenstand waren, von dem die inspirirten Schriftsteller handelten, sondern größtentheils zufällige und fast nur gelegentlich eingeschaltete Bemerkungen oder Erzähl=

ungen, bei denen sie kaum erwarten konnten, daß eine genauere Untersuchung angestellt werden würde. Der gemeinsame Ursprung aller Menschen oder die wunderbare Zerstreuung unseres Geschlechtes werden nicht weitläufig ausgeführt: sondern der erstere ist fast der natürlichen Folgerung überlassen, und die letztere wird in der einfachsten Weise erzählt. Doch haben wir gesehen, welch' ein langer Fortschritt der Wissenschaft erfordert wurde, um die Beweise dieser Ereignisse gegen die starken Vorurtheile des ersten Anscheines und gegen die gepriesenen Folgerungen einer schlecht betriebenen Wissenschaft herauszubringen. Die verschiedenen historischen Vorfälle, auf die unsere neuere Thätigkeit Licht geworfen hat, sind meistens Episoden zu der allgemeinen Erzählung der jüdischen Vaterlandsgeschichte; durchaus sind es solche Stellen, welche man mit weniger behutsamer Hand hinwerfen würde, ohne zu argwöhnen, daß sie zur Prüfung des Werkes möchten gebraucht werden. Aber gerade solche Stellen, wie diese, wurden forschend geprüft ohne irgend ein ungünstiges Resultat.

Drittens möchten wir etwas mißtrauisch gegen den Versuch gewesen sein, wenn er nur von Freunden geführt worden wäre. Allein obwohl diese eifrig an dem Werke der Beleuchtung und Bewährung gearbeitet haben, so ist doch das Meiste von zwei anderen Menschenklassen geschehen, die beide über allen Verdacht gleich erhaben sind. Die erste besteht aus Jenen, welche ihre Studien ruhig verfolgten, ohne die Absicht, sie irgendwie auf heilige Zwecke anzuwenden, oder selbst ohne Ahnung, sie möchten so angewendet werden. Wenn der Alterthumsforscher eine neue Münze auftreibt und dann entziffert, so weiß er nicht, ehe Alles fertig ist, welche Kunde aus der alten Welt sie ihm bringen wird. Der Orientalist durchstöbert seine erloschenen Pergamente, unfähig, zu vermuthen, welche Belehrung ihm über ferne Gebräuche werden wird, ehe er ihre Schwierigkeiten überwunden hat. Weder der Eine noch der Andere geht in seinen Studien von der

Vermuthung aus, daß seine Entdeckungen sich dem Theologen als nützlich erweisen möchten; seine denkbare Voraussetzung konnte den gelehrten Aucher zu der Hoffnung verleiten, daß ein Fragment des Berosus sich in der armenischen Uebersetzung des Eusebius finden würde, das im Originale verloren gegangen ist, viel weniger, daß ein solches Fragment, wenn es entdeckt wäre, eine Schwierigkeit heben würde, die sich um eine wichtige Erzählung lagerte. Nun war aber dieß wesentlich ein Theil oder vielmehr eine Bedingung meines Planes, mich hauptsächlich an solche Schriftsteller zu halten, die ihre Forschungen verfolgten, ohne auf irgend einen Vortheil zu achten, der dadurch den christlichen Beweisen erwachsen könnte

Die zweite Klasse von Schriftstellern aber, der wir einen großen Theil unseres Stoffes in dieser Untersuchung verdanken, ist noch um einen Schritt weiter entfernt von allem Verdachte der Parteilichkeit für unsere Sache. Sie werden ohne Zweifel verstehen, daß ich Jene meine, die entschiedene Gegner unserer Ansicht sind. Diese mögen wir wieder in zwei Klassen unterabtheilen. Die erste wird solche Schriftsteller enthalten, welche die Folgerungen nicht zugeben, die wir aus unsern Vordersätzen ziehen, obwohl sie uns diese feststellen helfen, oder welche unsern Glauben zwar nicht für wahr halten, aber auch nicht angreifen. So haben Sie gesehen, wie Klaproth die Zerstreuung und Virey die Einheit des Menschengeschlechtes läugnen, beide jedoch eine Fülle bedeutender Zeugnisse zur Festsetzung dieser beiden Punkte darbieten. Die Andern sind noch viel mehr gegen ihren Willen zu unserm Dienste genöthigt worden; denn ihr Scharfsinn und ihre Fähigkeit wurde darin geübt, gerade die Sätze zu bekämpfen, die ich festzustellen mich bemühte. Ja selbst das Genie Buffon's schien sich von der Vorstellung gehoben zu fühlen, daß er einen kühnern Flug nehme, als sonst Menschen zu wagen gewohnt sind, und daß er die Schranken der allgemeinen Ueberzeugung durchbreche. Die kläglichen Ueberreste, die man damals von der indischen Astronomie besaß, würden niemals den Geist des unglücklichen Bailly beschäftigt haben, wäre nicht sein Eifer geschärft worden durch die eitle Hoffnung, dadurch eine Chronologie zu construiren, die mehr mit den irreligiösen Meinungen seiner Partei, als mit dem ehrwürdigen Glauben früherer Jahrhunderte im Einklang stünde. Und doch ersann die Einbildungskraft des Erstern zuerst die Theorie von der allmähligen Abkühlung der Erdmasse, die jetzt von so Vielen als eine erschöpfende Lösung der Schwierigkeiten betreffs der Sündfluth betrachtet wird; und von dem Letztern kann man sagen, daß er durch seinen Versuch, jene Astronomie auf einen wissenschaftlichen Ausdruck zu bringen, den Grund zu ihrer gänzlichen Bloßstellung gelegt habe.

Durch diese Erwägungen muß der in diesen Vorlesungen vorgetragene Beweis viel an Kraft gewinnen; denn sie beseitigen jeden Verdacht, daß die Gewährschaften, auf die er gebaut ist, sorgfältig von Freundeshand zubereitet seien.

§. 4.
Sicherheit der Religion gegen die Gefahr künftiger Entdeckungen.

Das erste Ergebniß dieser Folgerungen ist klar: die christliche Religion und ihre Zeugnisse können sich mit Wahrheit all der Sicherheit rühmen, welche eine unendliche Mannigfaltigkeit von Proben, die gegen ein System versucht wurden, ohne ihm Eintrag zu thun, von seiner Wahrheit zu geben vermag. Aber diese Folgerung hat auch eine bedeutende vorsorgende Kraft; denn sie bietet einen Grund des Vertrauens für die Zukunft dar, wie keine andere Beweisform darbieten könnte. Denn wenn Alles, was bisher geschehen, nur auf Bestätigung unserer Beweise abzielte, so haben wir gewiß nichts von dem zu fürchten, was noch verhüllt bleibt. Wären die ersten Stadien jeder Wissenschaft unserer Sache die günstigsten gewesen, und hätte ihre weitere Ausbildung das

Gewonnene wieder verringert, so möchte wirklich jeder fernere Verlauf der Gelehrsamkeit uns bang machen. Da wir aber sehen, daß die Lage der Dinge gerade die umgekehrte ist, daß die Anfänge der Wissenschaften unsern Wünschen am ungünstigsten, ihre Fortschritte aber äußerst befriedigend sind: so müssen wir überzeugt sein, daß künftige Entdeckungen, weit entfernt, die Beweisgründe, die wir besitzen, zu schwächen, vielmehr sie nothwendiger Weise stärken müssen.

Und so gestaltet sich uns ein edler, erhabener Begriff von der Religion, indem wir sie als den großen, festen Punkt erkennen, um den die moralische Welt sich dreht, während er selbst wandellos bleibt, oder vielmehr als das Abbild von Ihm, der sie gab, das allumfassende Medium, in dem alles Andere sich bewegt, wächst und abnimmt, entsteht und vergeht, während es ihm doch keine wesentliche Umwandlung mittheilt, sondern höchstens seine äußere Manifestation vorübergehend ändert. Wir müssen sie betrachten als die letzte Zuflucht alles Denkens, als das Bindeglied zwischen dem Sichtbaren und Unsichtbaren, dem Geoffenbarten und dem zu Erforschenden, als die Auflösung aller Widersprüche, als Bestimmung aller Probleme außen in der Natur und innen in der Seele, als das feste, ständige Element jeder Wissenschaft, als das Ziel und Ende alles Nachsinnens. Sie erscheint uns so, wie Sophokles den Oelbaum, das Sinnbild des Friedens, beschreibt, — eine Pflanze, nicht gesetzt von Menschenhand, sondern von selbst und nothwendig in der großen Ordnung geschöpflicher Weisheit entsprossen, furchtbar ihren Feinden, und so fest gegründet, daß Niemand in alten und neuern Zeiten sie zu entwurzeln vermochte:

$$\varphi\acute{v}\tau\varepsilon\upsilon\mu' \; \acute{\alpha}\chi\varepsilon\acute{\iota}\rho\omega\tau o\nu, \; \alpha\grave{v}\tau \acute{o}\pi o\iota o\nu,$$
$$\dot{\varepsilon}\gamma\chi\acute{\varepsilon}\omega\nu \; \varphi\acute{o}\beta\eta\mu\alpha \; \delta\alpha\grave{\iota}\omega\nu,$$
$$\tau\grave{o} \; \mu\acute{\varepsilon}\nu \; \tau\iota\varsigma \; o\check{v}\tau\varepsilon \; \nu\acute{\varepsilon}o\varsigma \; o\check{v}\tau\varepsilon \; \gamma\acute{\eta}\rho\alpha$$
$$\sigma\eta\mu\alpha\acute{\iota}\nu\omega\nu \; \dot{\alpha}\lambda\iota\acute{\omega}\sigma\varepsilon\iota \; \chi\varepsilon\rho\grave{\iota} \; \pi\acute{\varepsilon}\rho\sigma\alpha\varsigma.$[1]

---

[1] Oedip. Col. 694.

§. 5.

Interesse der Religion für den Fortschritt der Wissenschaft.

Nach dem Gesagten mag es überflüssig scheinen, noch die Folgerung zu ziehen, daß die christliche Religion kein Interesse haben kann, die Pflege der Wissenschaft und Literatur zu unterdrücken, noch irgend einen Grund, ihre allgemeine Ausbreitung zu fürchten, so lange dieselbe von geziemender Beachtung gesunder moralischer Grundsätze und der Wahrheit des Glaubens begleitet ist. Denn wenn die Erfahrung der Vergangenheit uns eine Bürgschaft gegeben hat, daß der Fortschritt der Wissenschaft gleichmäßig darauf abzielt, die Anzahl unserer Beweise zu Gunsten des Christenthums zu mehren und denen, die wir bereits besitzen, neuen Glanz zu geben, so wird es sicherlich ihr Interesse und ihre Pflicht, jenes beständige und heilsame Fortschreiten zu ermuthigen. Doch gab es vom Anfange der Kirche an Männer, welche die entgegengesetzte Meinung aussprachen, und man kann sie in zwei Klassen eintheilen, je nach den Beweggründen, die sie zur Bekämpfung der menschlichen Wissenschaft antrieben.

§. 6.

Erste Klasse von Gegnern dieser Ansicht: Aengstliche Christen. Ihre Widerlegung durch die Kirchenväter.

Die erste besteht aus jenen wohlmeinenden Christen aller Zeiten, welche glaubten, daß Wissenschaft und Gelehrsamkeit unverträglich seien mit dem Eifer für heiligere Pflichten, oder daß sie den Geist von der Betrachtung himmlischer Dinge abziehen und jene beständige Heiligkeit des Gedankens stören, nach deren Besitz ein Christ immer streben sollte; oder auch, daß solche Bestrebungen in der heiligen Schrift deutlich verworfen seien, überall wo die Weisheit dieser Welt getadelt werde. Diese Klasse furchtsamer Christen richtete zuerst ihr Widerstreben gegen jene Philosophie, welche so viele Väter, besonders jene aus der alexandrinischen Schule, mit der christlichen Theologie zu versöhnen und zu vereinigen suchten. Sie wurden jedoch eifrig angegriffen und widerlegt von Clemens von Alexandria, der mehrere Kapitel seiner gelehrten Stromata der Vertheidigung seiner Lieblingsstudien widmete. Er bemerkt sehr richtig, daß „mannigfaltige und reiche Gelehrsamkeit dem, der die großen Dogmen des Glaubens vorträgt, das Vertrauen seiner Zuhörer erwirbt, indem sie seine Schüler mit Bewunderung erfüllt und sie zu der Wahrheit zieht;"[1] was ebenfalls die Meinung Cicero's ist, wenn er sagt: „Magna est enim vis ad persuadendum scientiae."[2] Clemens beleuchtet dann seinen Beweis durch viele Citate aus den heiligen Schriften und aus Profanautoren. Ich will Ihnen eine merkwürdige Stelle vorlesen.

„Einige Menschen, die eine hohe Meinung von ihrer guten Gesinnung haben, wollen sich nicht der Philosophie oder Dialektik widmen, ja nicht einmal der Naturphilosophie, sondern begehren nur den Glauben allein und ungeschmückt zu besitzen, mit eben so viel Grund, als wenn sie Trauben von einem Weinstocke zu pflücken erwarteten, den sie ungepflegt gelassen haben. Unser Herr wird allegorisch ein Weinstock genannt, von dem wir durch sorgfältige Pflege nach dem ewigen Worte Früchte pflücken sollen. Wir müssen beschneiden und graben und binden und alle andere nöthige Arbeit verrichten. Und wie bei dem Ackerbau und der Arzneiwissenschaft derjenige als der Gebildetste gilt, der sich auf die mannigfaltigste Anzahl von Kenntnissen, die zum Bauen oder zum Heilen nützlich sind, verlegt hat, so müssen wir den für den Beßtgebildeten halten, der alle Dinge in Beziehung mit der

---

[1] „Stromata." Ed. Potter. Lib. 1. cap. 2. Tom. I. p. 327.
[2] „Topica." Oper. Ed. Lond. 1681. Tom. I. p. 173.

Wahrheit setzt, der aus der Geometrie, der Musik, der Grammatik und der Philosophie selbst Alles sammelt, was zur Vertheidigung des Glaubens dient. Der Kämpfer aber, der sich nicht wohl eingeübt hat, wird gewiß verachtet werden."[1]

Diese Worte, ich muß es gestehen, bieten mir nicht geringe Aufmunterung. Denn wenn wir anstatt Geometrie und Musik Geologie, Völkerkunde und Geschichte setzen, so haben wir in dieser Stelle eine förmliche Bestätigung der Gesichtspunkte, die wir in diesen Vorträgen im Auge hatten, und eine Billigung der Grundsätze, die uns in ihnen leiteten.

So wie diese Opposition sich in der Kirche fortsetzte, so wurde sie auch von eifrigen und beredten Seelenführern als der Sache der Wahrheit nachtheilig zurückgewiesen. Der heilige Basilius der Große scheint besonders zu seiner Zeit als rüstiger Vertheidiger der profanen Wissenschaft gegolten zu haben. Er selbst empfiehlt ernstlich das Studium der schönen Literatur zu jener Zeit, wo, wie er sagt, der Geist zu schwach ist, die festere Speise des göttlichen Wortes zu ertragen. Er sagt ausdrücklich, daß durch die Lesung solcher Schriftsteller, wie Homer, der jugendliche Geist zu tugendhaften Gesinnungen erzogen werde; daß jedoch zugleich Sorge getragen werden müsse, Alles fern zu halten, was die Unschuld des Herzens verderben könnte.[2]

Der heilige Gregorius von Nyssa spricht von ihm mit großem Lobe, weil er praktisch diese Grundsätze in Beziehung auf die Religion in Ausführung brachte und sie durch seine große Gelehrsamkeit beleuchtete. „Viele," schreibt er, „bringen der Kirche profane Gelehrsamkeit als Gabe dar: unter diesen war der große Basilius, der, da er in seiner Jugend sich der Beute Aegyptens bemächtigte und sie Gott

---

[1] „Strom." c. IX. p. 342.
[2] „Basilii Opera." Tom. I. Hom. 24.

geweiht hatte, mit ihrem Reichthume den Tabernakel der Kirche schmückte." [1])

Der berühmte Freund des heiligen Basilius hat sich indeß über das Verdienstliche dieses Punktes noch weiter ausgebreitet. Der heilige Gregorius von Nazianz war sein Mitschüler zu Athen gewesen, wo beide, von demselben religiösen Geiste beseelt, sich mit ausgezeichnetem Erfolge den Wissenschaften widmeten, indem sie die Wahrheit nach dem Ausdrucke des heiligen Augustinus „wo immer gefunden, als Eigenthum der Kirche Christi betrachteten." In der That verstand ihr Schulgefährte Julian so wohl den Werth, den sie und andere heilige Männer ihrer Zeit der menschlichen Gelehrsamkeit beilegten, und den mächtigen Gebrauch, den sie davon zum Umsturze des Irrthums und Götzendienstes machten, daß er nach seinem Abfalle ein Decret erließ, wodurch die Christen von dem Besuche der öffentlichen Schulen und der Erwerbung von Kenntnissen ausgeschlossen wurden.[2]) Und dieß wurde von ihnen als eine schwere Verfolgung betrachtet. Eine Stelle aus des heiligen Gregorius Leichenrede auf seinen Freund wird hinreichend sein, Sie über seine Ansicht aufzuklären:

„Ich glaube, daß alle Männer von gesundem Verstande darin übereinstimmen müssen, daß die Wissenschaft für das höchste der irdischen Güter zu halten sei. Ich spreche nicht bloß von der edlen Wissenschaft, welche die unsere ist, und welche, alle äußerliche Anmuth verschmähend, sich ausschließlich auf das Werk der Erlösung und die Schönheit der geistigen Ideen wendet, sondern auch von jener Gelehrsamkeit, die von außen kommt, und die einige unverständige Christen als falsch und gefährlich und die Seele von Gott abkehrend

---

[1]) „De Vita Mosis." „S. Gregorii Nysseni Opera." Paris. 1638. Tom. I. p. 209.

[2]) „Socrates Hist. Eccl." Lib. I. cap. 12.

verwerfen." Nachdem er bemerkt hat, daß der Mißbrauch solcher Wissenschaft durch die Heiden ebenso wenig ein Grund für ihre Verwerfung sei, als ihre gotteslästerliche Verwechslung der materiellen Elemente mit Gott uns von ihrem rechtmäßigen Gebrauche abhalten könne, fährt er so fort: „Daher muß man die Gelehrsamkeit nicht tadeln, weil einige Männer so zu denken beliebten; im Gegentheile muß man die, welche so denken, für thörichte und unwissende Männer halten, welche möchten, daß alle Menschen so wären, wie sie, damit sie in der Menge verborgen blieben und Niemand ihren Mangel an Bildung entdecken könnte." [1])

Die hier gebrauchten Ausdrücke sind in der That streng; aber sie dienen, um auf die stärkste Weise die Gesinnungen dieses heiligen und gelehrten Mannes über die Nützlichkeit menschlicher Wissenschaft und Gelehrsamkeit zu zeigen. Wenden wir uns zu den großen Lichtern der abendländischen Kirche, so finden wir nicht weniger strenge Vorwürfe im Kampfe mit Jenen gebraucht, die sich der weltlichen Wissenschaft entgegensetzten. Der heilige Hieronymus z. B. spricht sogar mit Bitterkeit von denen, welche, wie er sagt, „Unwissenheit für Heiligkeit halten, indem sie sich rühmen, daß sie Schüler armer Fischer seien." [2]) Bei einer andern Gelegenheit erläutert er die Schrift mit vielen Stellen aus der heidnischen Philosophie, und schließt dann mit diesen Worten: „Haec autem de Scriptura pauca posuimus, ut congruere nostra cum philosophis doceremus." „Wir haben dieses Wenige aus der Schrift hergesetzt, um zu zeigen, daß unsere Lehren mit

---

[1]) S. Gregor. Nazianzeni, „Funebris oratio in laudem Basilii Magni." Oper. Par. 1609. Tom. I. p. 323.

[2]) „Responsum habeant non adeo me hebetis fuisse cordis et tam crassae rusticitatis, quam illi solam pro sanctitate habent, piscatorum se discipulos asserentes, quasi idcirco sancti sint, si nihil scirent." Ep. XV. ad Marcellam. Oper. Tom. II. Par. II. p. 62. Ed. Martianay.

denen der Philosophen übereinstimmen."[1] Diese Worte drücken deutlich aus, daß er es für ein interessantes, eines guten Christen nicht unwürdiges Studium hielt, die Verbindungen zwischen den geoffenbarten Wahrheiten und menschlicher Wissenschaft zu verfolgen, und zu sehen, ob die beiden in Einklang gebracht werden können.

Sein gelehrter Freund, der heilige Augustinus, war offenbar derselben Meinung. Denn wo er von den Eigenschaften spricht, die ein wohl ausgestatteter Theologe haben soll, zählt er unter ihnen auch weltliche Wissenschaft als von großem Gewichte auf. Er schreibt so: „Wenn Jene, die sich Philosophen nennen, irgend etwas Wahres und unserm Glauben Angemessenes gesagt haben, so müssen wir es nicht nur nicht fürchten, sondern es sogar von ihnen als unrechtmäßigen Besitzern zu unserm Gebrauche nehmen." Er bemerkt dann, daß jene Wahrheiten, die in ihren Schriften zerstreut sind, wie reines Metall unter dem Erze einer Ader seien: jenes müsse der Christ von ihnen nehmen, zum rechten Zwecke der Predigt des Evangeliums.[2] „Haben so viele der beßten Gläubigen unter uns," fährt er fort, „anders gehandelt? Mit welcher Last Goldes und Silbers und kostbarer Gewänder beladen sahen wir nicht Cyprian, den lieblichsten Lehrer und seligsten Martyrer, aus Aegypten wegziehen? Wie viel trugen Lactantius, Victorinus, Optatus, Hilarius hinweg? Wie viel unzählige Griechen?"[3]

Es ist nicht schwer, mit Aussprüchen wie diese jene vielen Stellen zu vereinigen, wo die Väter menschliche Wissenschaft zu verwerfen scheinen. So sagt der heilige Augustinus

---

[1] „Adv. Jovinianum." Lib. II. Ib. p. 20.

[2] „Debet ab eis auferre Christianus ad usum justum praedicandi evangelium."

[3] „De Doctrina Christiana." Lib. II. cap. 10. Opera. Tom. III. Pars I. p. 42. Ed. Maur.

selbst in einem seiner Briefe, wo er von der Erziehung spricht, die er dem Possidius gibt, daß die sogenannten freien Künste diesen Namen nicht mehr verdienen zu der ehrwürdigen Zeit, die eigentlich solchen Bestrebungen angehöre, welche auf die wahre, von Christus uns erkaufte Freiheit gegründet sind; und der heilige Ambrosius, um eine Stelle aus vielen anzuziehen, sagt dem Demetrius, daß „Jene, welche wissen, mit welcher Mühe sie erlöst und um welchen Preis sie erkauft sind, nicht von den Weisen dieser Welt zu sein wünschen." [1] Denn es ist klar, daß sie an diesen Stellen von der thörichten, eitlen, selbstgefälligen Gelehrsamkeit anmaßender Sophisten und falscher Rhetoriker und von jener Wissenschaft sprechen, welche, leer vom Salze der Gnade und vom religiösen Geiste, geschmacklos, schaal und nichts werth ist. Und wie könnten wir auch nur einen Augenblick anders denken, wenn wir ihre herrlichen Werke lesen, den darin angehäuften Schatz alter Gelehrsamkeit beschauen und in jedem Kapitel ihre gründliche Bekanntschaft mit heidnischen Philosophen und in jedem Satze ihre Vertrautheit mit den reinsten Mustern des Styles ersehen. Wer kann zweifeln, oder wer will es wagen zu bedauern, daß Tertullian und Justin, Arnobius und Origenes mit allen Waffen ausgerüstet waren, welche heidnische Gelehrsamkeit zum Kampfe für die Wahrheit darbieten konnte? Wer kann wünschen, daß Basilius und Hieronymus, Gregorius und Augustinus in der ganzen schönen Literatur des Alterthums weniger bewandert gewesen wären, als sie waren? Ja gerade in dem eben angezogenen Briefe spricht Augustinus, wenn ich mich recht erinnere, ohne Bedauern, ja sogar mit Vergnügen von den Büchern über Musik, die sein Freund zu besitzen den Wunsch geäußert hatte.

---

[1] „Epistolae." Ed. Par. 1632. Lib. IV. Epist. XXXIII. Oper. Tom. V. p. 264.

§. 7.

Stimmen aus der Kirche der spätern Zeiten.

Die Gesinnungen der ältesten Kirche haben so wenig über diesen als über einen andern Punkt einen Wechsel erlitten. Mabillon hat außer Zweifel gesetzt, daß sogar unter Männern aus dem Mönchsstande die Gelehrsamkeit von Anfang an ermuntert und befördert wurde.[1]) Bacon schreibt mit großer Lobpreisung von dem Eifer für Gelehrsamkeit, der in der katholischen Kirche immer an den Tag gelegt wurde. „Gott," schreibt er, „sandte seine göttliche Wahrheit in die Welt aus, begleitet von andern Zweigen des Wissens, als ihrem Gefolge und ihren Dienerinnen. Wir finden, daß viele alte Bischöfe und Väter der Kirche in der Gelehrsamkeit der Heiden wohl bewandert waren, so zwar, daß das Decret des Kaisers Julian, welches den Christen die Schulen und Uebungen untersagte, für eine verderblichere Befehdung des Glaubens betrachtet wurde, als die blutigen Verfolgungen seiner Vorgänger. Die christliche Kirche war es, welche unter den Ueberschwemmungen der Scythen von Nordwesten und der Sarazenen von Osten her in ihrem Busen die Ueberreste auch der weltlichen Wissenschaft bewahrte, die sonst gänzlich verschwunden wären. Und in den letzten Jahren haben die Jesuiten den Zustand der Wissenschaft in hohem Grade belebt und gekräftigt, und zugleich zur Befestigung des römischen Stuhles beigetragen."

„Es sind daher," fährt er fort, „hauptsächlich zwei Dienste, welche die Philosophie und menschliche Wissenschaft der Religion außer der Zierde und Beleuchtung erweisen: der eine besteht in der kräftigen Anregung zur Vermehrung der

---

[1]) „Traité des Etudes monastiques" Par. 1691. Pars I. cap. XV. p. 112.

Ehre Gottes, der andere in der Gewährung eines besondern Schutzes gegen Unglaube und Irrthum."[1])

Zwischen den zwei Endpunkten, die Baco genannt hat, den alten Vätern und der Gesellschaft Jesu, ist ein langer Zwischenraum, wo wir uns trotz des gewöhnlichen Vorurtheils nicht einbilden dürfen, daß der mütterliche Geist der Kirche nicht zu Gunsten der weltlichen Wissenschaft gewirkt habe. „Ich möchte bemerken," schreibt ein gelehrter und liebenswürdiger Autor, „daß dem Katholiken nicht bloß die philosophische, sondern auch die Literargeschichte der Welt erstaunlich erweitert ist; die Gegenstände ändern ihre gegenseitige Lage, und viele sind in glänzendes Licht gesetzt, die zuvor in Dunkel gehüllt waren. Während die Neuern fortfahren, von Geschlecht zu Geschlecht bloß von den Cäsaren und den Philosophen zu hören, und ihren ganzen Scharfsinn darin üben, unter ihren Zeitgenossen parallele Charaktere aufzuspüren: entdeckt der Katholik, daß zwischen der heidnischen Civilisation und der gegenwärtigen eine ganze Welt liegt, prangend mit jeder Art moralischer und intellektueller Größe: die Namen, die auf seiner Zunge sind, sind nicht mehr Cicero und Horatius, sondern St. Augustinus, St. Bernard, Alcuin, St. Thomas, St. Anselm: die Orte, die in seinem Geiste mit der Vorstellung des Friedens und der Würde der Gelehrsamkeit verbunden sind, sind nicht mehr das Lyceum oder die Akademie, sondern Citeaux, Clugny, Crowland oder das Oxford des Mittelalters."[2])

Ich will Sie nur auf seine reiche und feurige Darlegung des erschöpfenden Beweises aufmerksam machen, daß klassische und philosophische Studien mit Eifer und Geschick in der Einsamkeit des Klosters gepflegt wurden, von —

---

[1]) „De augmentis Scientiarum." Bacon's Works. Lond. 1818. Vol. VI. p. LXIII.

[2]) „Mores Cath., or Ages of Faith." Lond. 1833. Book III. p. 277.

"Gedankenvollen Mönchen, die ihr Leben
Um Christi willen Gottes Dienst ergeben,
Da ihre Herzen von Gefühlen schwellen,
Die aus der Kirche Mutterbusen quellen." [1]

Doch ich kann Ihnen die Ansicht eines Mannes nicht vorenthalten, der eine glänzende Zierde jener verläumdeten Zeiten war. Unter den auserlesenen Reden des heiligen Bernardus über das hohe Lied ist eine eben über das Thema: „daß es gut ist, menschliche Wissenschaft zu kennen," worin der beredte Vater sich so ausspricht: „Ich möchte vielleicht die Wissenschaft zu sehr herabzusetzen, die Gelehrten fast zu tadeln und das Studium der Wissenschaft zu verbieten scheinen. Das sei ferne. Mir ist nicht unbekannt, wie viele gelehrte Männer der Kirche genützt haben und nützen, entweder durch Widerlegung ihrer Gegner, oder durch Belehrung der Unwissenden. Und ich habe auch gelesen: Weil du die Erkenntniß verwirfst, verwarf ich auch dich, daß du nicht mehr mein Priester seiest." [2]

Dieß also war die Gesinnung und das Verfahren der katholischen Kirche in Betreff der Anwendung weltlicher Wissenschaft zur Vertheidigung und Beleuchtung der Wahrheit: und jenen unbesonnenen Christen, welche sagen, daß die Religion einer solchen fremden, söldnerischen Hilfe nicht bedürfe, kann man wohl keine bessere Antwort geben, als die des Dr. South: „Wenn Gott unsere Gelehrsamkeit nicht braucht, so kann er noch weniger eure Unwissenheit brauchen."

---

[1] „Yarrow revisited." 2d. ed. p. 254.
[2] „Serm. XXXVI. super Cantica." Basil. 1566. Opp. p. 608.

§. 8.

Zweite Klasse von Gegnern dieser Ansicht: Die Feinde der Religion in neuern und ältern Zeiten.

Die zweite Klasse von Schriftstellern, die behaupten, daß die Religion kein Interesse bei dem Fortschritte der Wissenschaft habe, wird von ganz andern Beweggründen getrieben. Denn sie umfaßt jene Feinde der Offenbarung, gegen welche diese Vorträge hauptsächlich gerichtet waren, und welche vorgeben, daß das Fortschreiten der Wissenschaft auf Umsturz oder auf Schwächung der Beweise der geoffenbarten Religion abziele. Ich habe so viel Gelegenheit gehabt, diese Männer praktisch zu bestreiten, daß ich mich nicht dabei aufhalten werde, die Thorheit ihrer Behauptungen noch weiter auseinanderzusetzen. Ich will nur bemerken, daß dieser ungegründete Vorwurf nicht erst von den neuern Gegnern des Christenthums gemacht wurde, sondern in der That die älteste Anschuldigung ist, die dagegen vorgebracht ward. Denn Celsus, einer der ältesten Bestreiter seiner Wahrheit, dessen Einwürfe uns aufbehalten sind, spöttelte besonders darüber, daß wir der Wissenschaft so feind seien, aus Furcht, sie schwäche unsere Sache. Aber er traf einen gewandten und siegreichen Gegner in dem gelehrten Origenes, der die Verläumdung siegend zurückschlägt und daraus eine Folgerung zieht, die ich nicht umhin kann, hier anzuführen. „Wenn es sich finden wird, daß die christliche Religion die Menschen zur Wissenschaft einladet und ermuntert, dann müssen Jene ernsten Tadel verdienen, welche ihre eigene Unwissenheit dadurch zu entschuldigen suchen, daß sie in einer Weise sprechen, die auch Andere von ihrem Fleiße abwendig machen muß."[1] Diese

---

[1] „Contra Celsum." Lib. III. Opera. Tom. I. p. 476. Ed. De la Rue.

Bemerkung zeigt ebensowohl die Zuversicht des Origenes, daß das Christenthum durch die Ermunterung der Gelehrsamkeit nicht leiden könne, als sie eine Zurechtweisung jener furchtsamen Klasse von Freunden ist, die ihr Fortschritt beunruhigt.

§. 9.
Ermunterung der Wissenschaften von Rom aus.

Mehr als einmal hatte ich Gelegenheit, Italien und namentlich Rom gegen alberne Verläumbungen in dieser Beziehung zu vertheidigen. Ich habe bewiesen, daß diese Stadt in Ermuthigung und Unterstützung der Wissenschaft und Literatur, die sich zum Ziele setzte, die Grundlagen der Religion bis in ihr Innerstes zu erproben, ohne Eifersucht und ohne Furcht in erster Reihe stand. Es gibt vielleicht kein Land, wo die höhern Gebiete der Bildung so ohne Rückhalt jedem Stande offen stünden, wo die Naturwissenschaft freier getrieben, und wo orientalische und kritische Literatur mehr gepflegt wäre, als hier. Diese Stadt besitzt drei Anstalten in Art einer Universität, wo alle Zweige der Literatur und Wissenschaft miteinander unter tüchtigen Professoren kultivirt sind, und an der großen Universität ist ein Lehrstuhl, einzig in seiner Art, wo die Entdeckungen der neuern Naturkunde auf die Vertheidigung der heiligen Schrift angewendet werden.[1] Was mich selbst betrifft, so wäre es ungerecht von mir, wenn ich diese Gelegenheit versäumte, zu sagen, daß ich bei jeder Veranlassung, besonders aber in Beziehung auf den Gegenstand dieser Vorträge, die herablassendste Ermunterung von denen erhalten habe, deren Beifall jeder Katholik für seine schönste Belohnung auf Erden halten wird.[2]

---

[1] Der Lehrstuhl der „Fisica sagra."

[2] Mit Vergnügen erzähle ich folgende Anekdote. Vor einigen Jahren schrieb ich zu einer Thesis, die von einem Mitgliede meiner Schule

§. 10.
Pflicht des Geistlichen, den Studien zu obliegen, um allen Einwürfen gewachsen zu sein.

Aus Allem, was ich bisher gesagt und, wie ich hoffe, auch bewiesen habe, können wir gewiß einige praktische Folgerungen ziehen. Zuerst wende ich mich mit aller geziemenden Verehrung an Jene, welche die Pflichten und Gefahren meines Berufes theilen, und ohne mir anzumaßen, sie zu belehren oder auch nur Ihnen zu rathen, bitte ich sie als Freunde und Brüder, keine Gelegenheit zu verlieren, um den ewigen Vorwurf der Feinde der Religion durch die That Lügen zu strafen. Nicht durch leeres Gerede sollen wir die Leute überzeugen, daß wir den Fortschritt der Wissenschaft nicht fürchten; offen müssen wir ihr entgegengehen, oder vielmehr auf ihrem vorwärts schreitenden Gange sie begleiten,

---

vertheidigt wurde, eine lateinische Dissertation von zehn oder zwölf Seiten über die Nothwendigkeit der Vereinigung allgemeiner, wissenschaftlicher Bildung mit den theologischen Studien. Ich gab einen flüchtigen Ueberblick über die verschiedenen wissenschaftlichen Zweige, die ich in diesen Vorträgen besprochen habe. Der Aufsatz wurde bald in's Italienische übersetzt und in einem sicilianischen Journale abgedruckt; ich glaube, er erschien auch in Mailand. Was jedoch meinem Herzen am erfreulichsten war und als Bestätigung der Behauptungen im Texte dienen mag, ist folgender Umstand: Als ich zwei Tage darauf dem verstorbenen Papste Pius VIII., einem in der profanen und heiligen Literatur gewiß wohl bewanderten Manne, meine Aufwartung machte, um ihm nach dem Gebrauche ein für ihn bereitetes Exemplar der Thesis zu überreichen, fand ich, daß er sie schon vor sich auf dem Tische liegen hatte; in den freundlichsten Ausdrücken benachrichtigte er mich, daß er, sobald er von meiner kleinen Arbeit gehört, sogleich nach ihr geschickt habe, und fügte hinzu, mit Hindeutung auf das oben von den alten Vätern angezogene Bild: „Sie haben Aegypten seiner Beute beraubt, und gezeigt, daß sie dem Volke Gottes gehört."

immer sie als Bundesgenossin und Freundin behandeln, und sie als auf unserer Seite stehend zeigen; so können wir mit Grund hoffen, die Ueberzeugung zu erwecken, daß die Wahrheit allein Gottes ist, und daß seine Diener und ihre Sache sie nicht zu fürchten haben. Der Grund, warum während des letzten Jahrhunderts der Unglaube sich in Frankreich so verderblich erwies, war, weil seine Emissäre ihn ausstaffirt mit allen Flitterzierden einer falschen Wissenschaft dem Volke zur Annahme darboten; weil sie Erklärungen und blendende Beweise anwendeten, die sie aus allen Zweigen der Wissenschaft gezogen hatten; weil sie den Rand des vergifteten Bechers mit allen Reizen eines schönen Styles und lebendiger Darstellung versüßten; während leider Jene, die es unternahmen, sie zu bestreiten, mit Ausnahme Guenée's und vielleicht noch einiger Andern, nur abstrakte Folgerungen und rein didaktische Demonstrationen gebrauchten.[1]) Und ist es zuviel verlangt, daß wir uns nicht geringere Mühe geben sollen, um unsere Religion mit jenen Reizen zu bekleiden, die ihr eigenes Gewand sind, das Gott ihr gegeben, und das ihr Feind sich gottlos angemaßt hat?

Die wandelnden Formen, die der Unglaube annimmt, die proteusähnliche Leichtigkeit, mit der seine Gestalten und Bewegungen wechseln, sollte uns in einem Zustande unermüdeter Thätigkeit erhalten, um ihm in allen seinen Veränder-

---

[1]) Als ein Beispiel dieses Mangels bei einem Manne, der einen höhern Standpunkt einnahm, als ich es für nöthig erachtete, und den Krieg in Feindes Land zu führen suchte, möchte ich ein Werk erwähnen, das zu Neapel gegen das Ende des vorigen Jahrhunderts erschien unter dem Titel: „L'irreligiosa libertà di pensare nemica del progresso delle scienze." Es ist ein dicker Quartband, aber von der ersten Seite bis zu der letzten enthält er keine einzige belegende Thatsache, um zu beweisen, daß der Unglaube dem Fortschritte der Wissenschaft feindlich gewesen. Es ist ein Werk voll trockenen Geredes mit einem guten Theile Declamation.

ungen mit entsprechendem Widerstande gegenüberzustehen, und so im Stande zu sein, ihn in allen seinen abenteuerlichen Erscheinungen zu ersticken. „Die Veränderlichkeit des Irrthums," sagt ein beredter Schriftsteller unserer Zeit, „verlangt eine entsprechende Mannigfaltigkeit in den Mitteln zur Vertheidigung der Wahrheit: und von wem darf das Volk mit mehr Recht ihre Vertheidigung gegen die Uebergriffe des Irrthums und Unglaubens erwarten, als von denen, deren eigentliches Geschäft es ist, ihre Thätigkeit und ihr Leben der Beförderung der Tugend und Religion zu widmen? .. Da der Dienst der christlichen Kirche zur Belehrung der Menschen jedes Alters in Wahrheit und Heiligkeit eingesetzt ist, so muß er sich nach den immer wechselnden Scenen der moralischen Welt richten, und bereit stehen, die Angriffe der Gottlosigkeit und des Irrthums zurückzuschlagen, unter welcher Gestalt sie immer erscheinen mögen." [1])

Aber diese Gesinnungen, die hier über die Lehrer jeder Religion ausgesprochen werden, sind schon vor mehr als tausend Jahren über unser Amt von dem ruhmvollen Chrysostomus geäußert worden, in dem goldenen Buche, das er für die Lehrer unseres Glaubens schrieb. Denn er spricht über eben diesen Punkt folgendermaßen: „Daher müssen wir uns alle Mühe geben, daß die Lehre Christi reichlich unter uns sei. Denn die Vorbereitungen der feindlichen Schlacht sind nicht einförmig; denn der Krieg an sich selbst ist mannigfaltig und von verschiedenen Feinden unternommen. Nicht alle brauchen die nämlichen Waffen und leiten ihren Angriff nach dem nämlichen Plane. Wer es daher unternimmt, sie alle zu bekämpfen, muß die Kunstgriffe eines Jeden verstehen. Er muß zugleich Bogenschütz und Schleuderer sein, Befehlshaber und Gemeiner, Soldat zu Pferd und zu Fuß, gleich geschickt,

---

[1]) „Modern infidelity considered with respect to its influence on society," in a sermon by R. Hall. M. A. Lond. 1822. p. IV. et XI.

im Schiff oder auf der Feste zu fechten. Denn im gemeinen Kriege widersteht Jeder seinem Gegner in der Weise, auf die er eingeübt wurde; aber in diesem Treffen ist es ganz anders: wenn daher der, welcher den Sieg gewinnen soll, nicht innig vertraut ist mit jedem besondern Kunstgriffe, so weiß der Teufel wohl, wo er den Vortheil über eine schwache Seite erlangen und seine Räuber hineinführen kann, daß sie die Heerde nehmen und zerreißen. Das ist nicht der Fall, wo er weiß, daß der Hirt mit jeder Fähigkeit ausgerüstet und vor seinen Täuschungen auf der Hut ist. Es ziemt uns daher, nach jeder Seite hin bereitet zu sein." [1])

Zu diesem ermuthigenden Zeugnisse von der Richtigkeit des Standpunktes, den ich eingenommen habe, kann ich das eines gefeierten Vaters der lateinischen Kirche hinzufügen. Denn der heilige Hieronymus spricht sich bei der Erklärung über Ekkles. II, 8 („Ich sammelte mir Silber und Gold und die Schätze der Könige") so aus: „Unter den Schätzen der Könige können wir die Lehren der Philosophen und die weltlichen Wissenschaften verstehen, deren Bekanntschaft sich der Prediger durch seinen Fleiß erwirbt, und so die Weisen in ihren eigenen Netzen fängt." [2])

Es ist, werden Sie sagen, ein mühevolles Geschäft, die nothwendige Vorbereitung für diesen wechselvollen Krieg sich anzueignen; aber das ist nicht minder der Fall bei der Befähigung für jeden andern höhern Stand in der Gesellschaft; —

„Pater ipse colendi
Haud facilem esse viam voluit." [3])

Erklärt doch der römische Redner, daß keiner hoffen

---

[1]) „De Sacerdotio." Cantab. 1710. Lib. IV. §. IV. p. 177.

[2]) „Possunt regum substantiae et philosophorum dici dogmata et scientiae saeculares, quas ecclesiasticus vir diligenter intelligens, apprehendit sapientes in astutia eorum." „Comment. in Eccl." Tom. II. p. 726.

[3]) „Virgilii Georg." p. 121.

dürfe, zur Vollkommenheit in seinem Berufe zu gelangen, „wenn er sich nicht die Kenntniß aller Wissenschaften erworben habe;"[1]) und dieß, um der Menge zu schmeicheln und vielleicht den Lauf der Gerechtigkeit zu wenden:[2]) und wir sollten uns von einem ähnlichen Fleiße, süß an sich selbst und fruchtreich, abschrecken lassen durch den Gedanken an die Mühe und Schwierigkeit, da doch unser Gegenstand der erhabenste und heiligste ist, den die Erde aufweisen kann, da die Wissenschaften selbst nur Töchter der unerschaffenen Weisheit sind, und als solche eben durch das Ziel, dem wir sie zuwenden, geheiligt und Priesterinnen des Allerhöchsten werden? Daß die nothwendige Vorbereitung für diese Art, dem Irrthume zu begegnen und die Wahrheit aufzuhellen, Zeit kostet, kann man nicht läugnen: aber wozu, darf ich ohne Scheu fragen, könnte man die Zeit besser verwenden? Gewiß nicht zu den flüchtigen Gemeinplätzen, die nur einen Tag lang den Geist der Menge beschäftigen, nicht zu der geistlosen Literatur, die in ununterbrochenem Strome aus den Pressen unseres Landes hervorgeht, nicht zu den faden Vergnügungen, die überhaupt die Gesellschaft gewähren kann. „Durchbrich," möchte ich mit dem Dichter sagen, „die Netze solcher frostigen Sorgen, und folge der Leitung himmlischer Weisheit, daß wir unserm Vaterlande zur Ehre gereichen und einen Schatz von Glückseligkeit in uns selbst besitzen."

„Quod si
Frigida curarum fomenta relinquere posses,
Quo te coelestis sapientia duceret, ires.
Hoc opus, hoc studium parvi properemus et ampli,
Si patriae volumus, si nobis vivere cari."[3])

---

[1]) „Ac mea quidem sententia, nemo poterit esse omni laude cumulatus orator, nisi erit omnium rerum magnarum atque artium scientiam consequutus." De Orat. Lib. I. p. 89. Ed. cit.

[2]) „Discitur innocuas ut agat facundia causas;
Protegit haec sontes, immeritosque premit." Trist. II, 27.3.

[3]) „Horatii Epist." L. I. ep. III, 25.

§. 11.

Aehnliche Pflicht aller Christen, je nach ihren Fähigkeiten.

Ja: parvi properemus et ampli; laßt uns Alle, groß und klein, dieses edle Werk fördern! Es liegt in der Macht eines Jeden, seine wissenschaftliche Beschäftigung so einzurichten, daß sie seiner religiösen Ausbildung und der Kräftigung seiner eigenen heiligen Ueberzeugungen diene, mag er auch nicht mit Talenten gesegnet sein, die ihn in den Stand setzen, die Summe der allgemeinen Beweise zum Beßten der Gesammtheit zu vermehren. Denn, wenn auch nur Wenige von Gottes Vorsehung bestimmt sind, in seiner Kirche zu leuchten als flammende Lichter, die man nicht unter den Schäffel stellen darf, so hat doch Jeder eine jungfräuliche Lampe zu pflegen, ein kleines, aber kostbares Licht in seiner Seele brennend zu erhalten, indem er es immer mit frischem Oele nährt, daß es ihn auf seinem rauhen Pfade führe und nicht matt und erlöschend erfunden werde, wenn der Bräutigam kommen wird.

Und doch weiß ich nicht, warum nicht Jeder, der auch nur gewöhnliche Fähigkeiten hat, hoffen könnte, die Beweisgründe für die Wahrheit zu erweitern. Es gibt niedere Gebiete in dieser, wie in jeder andern Wissenschaft; es gibt stille, zurückgezogene Gänge, die nicht über die Grenzen der häuslichen Abgeschlossenheit hinausführen; in diesen mag der Furchtsame wandeln und, ohne der Menge ausgesetzt zu sein, zarte, bescheidene Kräuter sammeln, die auf dem Altare Gottes ebenso wohl duften werden, als der köstlichste Balsam, den Beseleel und Oliab mit so vieler Kunst mischten.[1]) Die bunte Muschel, die das Kind am Hügel aufhebt, mag wohl bisweilen ein eben so starkes Zeugniß für eine große Katastrophe sein, als die mächtigen Knochen von Seeungeheuern,

---

[1]) Exod. XXX, 35. XXXI, 11.

die der Naturforscher aus dem Sandsteine herausgräbt; eine kleine Münze kann die Zerstörung eines Reiches so sicher beurkunden, als ein Obelisk oder ein Triumphbogen. „Wenn Andere," sagt der heilige Hieronymus, „ihr Gold und Silber zum Dienste der Stiftshütte beitragen, warum sollte ich nicht auch meine geringen Gaben, wenigstens von Ziegenhaaren und Fellen, darbringen?"[1]) Zu diesem schönen Bilde, das Jeder auf sich selbst anwenden kann, will ich nur hinzufügen, daß, während Gold und Silber zur Zierde des Hauses Gottes dienen, jene geringeren Gaben — die Felle und härenen Gewebe — ihm zum Schutz und Schirm taugen.

§. 12.
Nutzen, Vergnügen und Methode solcher Studien.

Sie Alle haben ohne Zweifel schon oft jene herrlichen Gemälde an der Decke der Borgia-Gemächer im Vatican bewundert, worauf die Wissenschaften dargestellt sind, wie sie jede für sich Hof halten; jede thront auf einem prächtigen Sitze, mit Zügen und Mienen voll der erhabensten und würdevollsten Schönheit, umgeben von den Emblemen und den vorzüglichsten Darstellungen ihrer Macht auf Erden, und scheint so die Huldigung aller Beschauer zu verlangen. Welches würde nun wohl die Auffassung des Künstlers gewesen sein, und zu welcher Erhabenheit des Ausdruckes würde er sich erhoben haben, hätte er die Aufgabe gehabt, jene erhabenste aller Wissenschaften, unsere göttliche Religion darzustellen, thronend, wie es ihr immer geziemt, um von jenen ihren Mägden Huldigung und Anbetung zu empfangen! Denn wenn diese, wie bewiesen wurde, nur Dienerinnen unter ihrem höheren Gesetze sind, und nur bestimmt, von ihrer Autorität Zeugniß zu geben, wie weit erhaben über den ihrigen muß

---

[1]) „Prologus galeatus," vor der Vulgata.

dann die Lieblichkeit und Anmuth, die Majestät und Heiligkeit sein, mit der sie angethan sein muß! Und welche Ehre und Würde muß dem zu Theil werden, der sich berufen fühlt, den Tribut einer dieser treuen Vasallinnen zu überbringen, und wie sehr muß seine Bewunderung für ihre Königin erhoben werden, wenn er sich so nahe in ihre Gegenwart versetzt sieht!

Aber wer immer versucht, ein weiteres Feld zu bebauen, und von Tag zu Tag so bescheiden, wie wir hier zu thun strebten, dem beständigen Fortschritte jeder Wissenschaft folgt, sorgfältig bemüht, den Einfluß, den sie auf seine heiligeren Erkenntnisse ausübt, zu beobachten; der wird darin eine so reine Freude und so wachsende Lust finden, daß kein verschwendeter Eifer rein menschlicher Gelehrsamkeit sie je ersetzen kann. Einen Solchen weiß ich mit Niemanden besser zu vergleichen, als mit dem, der begeisterte Liebe zu den Reizen der Natur mit genügender Kenntniß ihre Gesetze paart und seine Tage in einem Garten voll des auserlesensten Blumenflors zubringt. Hier sieht er eine prachtvolle Blume, die alle ihre Schönheit der strahlenden Sonne geöffnet hat; dort ist eine andere eben im Begriffe, ihre bescheidenere Blüthe zu erschließen, noch nicht in völliger Entfaltung; daneben ist eine andere, die erst zu sprossen beginnt und nur langsame Hoffnung größerer Entwickelung darbietet; doch wartet er geduldig, wohl wissend, daß das Gesetz fest steht, nach welchem auch sie zu ihrer Zeit dem Lichte und der Wärme, die sie nähren, ihren Tribut zahlen muß. Ebenso sieht Jener eine Wissenschaft nach der andern, wenn ihre bestimmte Stunde gekommen ist, und ihre reifenden Einflüsse gewirkt haben, irgend eine Form entfalten, die der mannigfachen Harmonie allgemeiner Wahrheit sich anschließen, die schöpferische Kraft, die ihr das Leben gegeben hat, reichlich belohnen und, so unfruchtbar sie auch zuerst scheinen mochte, etwas erzeugen wird, was den Tempel und Altar der Anbetung Gottes zieren mag.

Und wenn er seine Erfahrungen sorgfältig zusammen=

faßt und sie den bereits vorhandenen Sammlungen mannigfaltiger, zu Einem Ziele hinstrebender Beweise hinzufügt, so wird er gewiß den edelsten Zweck erreicht haben, für den ein Mensch leben und sich Wissenschaft erwerben kann: — seine eigene Veredlung und das Wohl seines Geschlechtes. Denn wie ein alter und weiser Dichter, nach einem noch weiseren Heiligen, geschrieben hat:

"Die erste Frucht, die Wissen bringen soll,
Ist, daß du Aller Wohl dir nehm'st zu Herzen,
Nicht höhnisch lachend, schwarzer Galle voll,
Nicht weinend über selbst gemachte Schmerzen;
Nicht hassend aus der Brust, die ächzend schwillt
Vom Groll, der aus der innern Knechtschaft quillt.
Nein, stets voll Lust, durch Lösen, Binden, Lindern,
Der tief gefall'nen Menschheit Noth zu mindern.

Doch Der sucht Kenntniß, um gekannt zu sein,
Und das ist wißbegier'ge Eitelkeit;
Der Andere sammelt sie als Waare ein,
Die er verkauft und nie umsonst verleiht;
Verschwendet wird so schmählich Geld wie Zeit,
Die Wissenschaft mit schnödem Sinn entweiht.
Sie suchen zur Erbauung Andrer, heiß' ich Lieben,
Und Weisheit, sie zur Selbsterbauung üben."[1]_

Wenn einmal die Gelehrsamkeit durch so hohe Antriebe geheiligt sein wird, so wird sie bald auch durch reinere Gesinnungen geweiht sein und einen ruhigern und kräftigern Charakter annehmen, als menschliche Wissenschaft je besitzen kann.

---

[1] Lord Brooke, "Treatise of Humane Learning." Diese Zeilen sind bloß eine Paraphrase folgender schönen Stelle des heiligen Bernhard: "Sunt namque qui scire volunt eo tantum fine ut sciant, et turpis curiositas est. Et sunt qui scire volunt, ut sciantur ipsi, et turpis vanitas est. Et sunt item qui scire volunt, ut scientiam suam vendant, verbi causa pro pecunia, pro honoribus, et turpis questus est. Sed sunt quoque qui scire volunt ut aedificent, et charitas est. Et item qui scire volunt, ut aedificentur, et prudentia est." Sermo XXXVI. supra Cant. p. 608.

Eine begeisterte Liebe zur Wahrheit wird in der Seele angefacht werden, welche jedes niedrigere und irdische Gefühl in seinem Streben ersticken wird. Niemals werden wir die Sache mit dem Auge eines Parteimannes betrachten, noch sie nach persönlichen Rücksichten schätzen: sondern nach dem Rathe des trefflichen Schlegel werden wir „alle Arten nutzlosen Streites und lieblosen Hasses meiden, und streben, einen Geist der Liebe und Einheit lebendig zu erhalten."[1]) Wir werden die Sache für zu heilig halten, als daß sie unter dem Einflusse oder mit Hilfe menschlicher Leidenschaften geführt werden könnte. In dem Worte des Dichters wird sie zu uns zu sprechen scheinen, uns anregend, zwar den Sieg zu suchen, aber nur in der Kraft Gottes:

Βούλου κρατεῖν μέν, σὺν θεῷ δ' ἀεὶ κρατεῖν.[2])

Allein diese Antriebe werden noch eine größere Kraft haben: sie werden uns auch den Erfolg sichern. Denn wenn einmal reine Liebe und ungemischte Bewunderung der Religion unsere Bemühungen belebt, so werden wir uns von einer ritterlichen Hingebung an ihren Dienst entflammt fühlen, welche uns unermüdlich und unbesieglich macht, sobald wir zu ihrer Vertheidigung gewappnet sind. Unser Zug mag lang und gefährlich sein, es mögen Bezauberungen und Feereien, Riesen und Ungeheuer, Anlockungen und Widerstand uns in den Weg treten; aber wir werden vorwärts schreiten, im Vertrauen auf die Stärke unserer Sache; wir werden jedes Trugbild zerstreuen und jedem wesenhaften Feinde offen begegnen, und die Krone wird uns nicht entgehen können. Mit andern Worten, mit Geduld werden wir uns allen Mühsalen, die eine solche genaue Untersuchung verursachen mag, unterwerfen; wenn sich ein Einwurf erhebt, werden wir, anstatt uns mit unbestimmten Erwiderungen zu begnügen, sogleich eben jenes

---

[1]) „Philosophische Vorlesungen." S. 265.
[2]) Soph. Aj. 764.

Gebiet der heiligen oder profanen Gelehrsamkeit untersuchen, aus dem er gezogen wurde; wir werden uns ruhig hinsetzen und uns geduldig an das beschwerliche Werk machen; wir werden uns bemühen, alle seine Verwickelungen zu entwirren, und emsig jeden Knoten aufzulösen; und ich verspreche Ihnen: so hoffnungslos auch Ihr Geschäft im Anfang scheinen mag, das Ergebniß Ihrer Anstrengungen wird gewiß in der kurzen, ausdrucksvollen Inschrift ausgesprochen sein, die auf einer alten Gemme uns erhalten ist, und die ich wohl als Inbegriff und Schlußwort dieser meiner Vorträge betrachten darf:

„RELIGIO, VICISTI!"

Religion, du hast gesiegt!

Zusatz zu Seite 82.
Ueber die Uebereinstimmung zwischen den semitischen und indisch-europäischen Grammatikalformen.

Der Leser wird beobachtet haben, daß die persönlichen Fürwörter zu den wichtigsten Elementen gehören, welche die Ethnographen zur Bestimmung der Sprachverwandtschaften anwenden, und in der vorhergehenden Vorlesung wurde gezeigt, welche wichtige Folgerungen Lepsius aus der entschiedenen Aehnlichkeit zwischen den ägyptischen und hebräischen Pronomen und Suffixen gezogen hat. Dr. Prichard hat denn auch in dem zuvor angeführten Anhang am Ende seines „Eastern Origin etc." einige von den Pronomina mit den indisch-europäischen verglichen, wie z. B. אתא — atta mit du ꝛc. Aber mir scheint, eine genauere Analyse dieses und der andern Pronomina wird zu noch befriedigenderen Folgerungen führen.

Wenn wir entdecken, daß ein Theil jedes Wortes einer bestimmten Klasse sich immer gleich bleibt, während das übrige wechselt, so können wir daraus mit Recht schließen, daß er nur ein Gattungsmerkmal ausmacht, das man ohne weiteres weglassen kann, wenn man die besondere Bedeutung des Wortes erforschen oder es mit andern Sprachen vergleichen will. So ist im Sanskrit das Pronomen der ersten Person aham, das der zweiten tuam; weßwegen Bopp mit Recht die Sylbe am als bloß generisch betrachtet, und die wesentlichen Theile auf ah und tu zurückführt, deren erstes dem altdeutschen ih, lateinisch ego; das zweite dem lateinischen tu, dem persischen תו — tu und dem deutschen du entspricht.

Nun scheint es mir, daß die semitischen Pronomina einer ähnlichen Zusammensetzung unterliegen, welche zerlegt werden muß, bevor wir erwarten können, ihre charakteristischen Theile zu finden; und dieß kann nur geschehen durch Vergleichung von Formen, die jetzt in einigen Dialekten verloren gegangen, in andern aber erhalten sind. Die Sylbe, die wir so in allen Personen beider Zahlen gemeinschaftlich finden werden, ist אן, verschieden ausgesprochen an oder en, je nach der Tendenz der verschiedenen Dialekte, immer aber aus denselben zwei Buchstaben, Aleph und Nun, zusammengesetzt.

Das Pronomen der ersten Person sing. ist im Hebräischen אנכי — AN — oki, abgekürzt in אני An — i; im Chaldäischen אנא — AN — a; im Syrischen אנא — EN — o; im Arabischen אנא — EN — a. Die entsprechenden Plurale heißen im Hebräischen אנחנו — An — achnu; chaldäisch und samar. אנ An — an; syrisch חנן — chnan; arabisch נחן — N — achna. Bei den zwei letzten ist die Vorsetzsylbe mehr oder minder verloren gegangen.

Die Pronomina der zweiten Person im Hebräischen sind (um der Kürze wegen die Feminina, die regelmäßig dem Masculinum folgen, zu übergehen) אתא — atta, sing. und אתם — attem, plur.; aber im ersten ת, das im Hebräischen bloß durch ein Verdoppelungszeichen ausgedrückt ist, steckt ein unterdrücktes N, so daß alle Grammatiker darin übereinstimmen, daß diese Formen für אנתא — AN — ta und אנתם — AN — tem stehen. Dieß ist durch andere Dialekte außer Zweifel gesetzt: chaldäisch אנת — AN — t, und אנתון — AN — tun; syrisch אנת — An — t, אנתון — AN — tun (doch deutet ein Strich über dem N an, daß der Buchstabe nicht ausgesprochen wurde, und verbindet so die anderen Dialekte mit dem Hebräischen); arabisch אנת — EN — ta, אנתם — EN — tom.

In der dritten Person haben das Hebräische und Arabische diese Compositionspartikel ganz verloren, oder vielmehr ein ganz anderes Pronomen angenommen; doch hat es das Syrische im Plural und das Chaldäische in beiden Zahlen beibehalten. So chaldäisch אנא — IN — e, sing.; אנון — IN — un, plur. masc.; אנין — IN — e(i)n, fem. In diesen Worten ist das Aleph wegen der Verdoppelung des N mit I punktirt; syrisch אנון — En — un, plur. masc. אנין — EN — e(i)n.

Aus dieser Zergliederung ergibt sich, daß die Sylbe אן bloß generische Partikel ist, die keinen wesentlichen Theil irgend eines Pronomens bildet, sondern allen Personen gemeinschaftlich ist, und daß wir sie deßwegen davon trennen können und müssen, bevor wir zur eigentlichen und wesentlichen Substanz eines jeden kommen können. Denn in viel deutlicherer Weise, als das sanskritische am, geht es durch alle Pronomina jeder Zahl, jedes Geschlechtes und jeder Person hindurch.

Wenn wir dieß System auf das Pronomen der ersten Person im Singular anwenden, so haben wir den wesentlichen Theil desselben im Hebräischen; denn in allen andern Dialekten findet es sich bloß in der abgekürzten Form, כי — OCHI, das man wohl mit dem sanskritischen ah — am, oder dem Deutschen ich vergleichen kann; sogar die abgekürzte Form I (AN — I) verräth eine hinreichende Aehnlichkeit mit dem altdeutschen ih.

Gehen wir weiter zum Plural, so wird es sich zeigen, daß der Wurzeltheil des hebräischen Pronomens ACHNU ist; der erste Theil desselben scheint von dem aspirirten K oder כ im Singular herzurühren, das hier in einen reinen Kehllaut verwandelt ist. Demgemäß würde nun der Theil des Pronomens, der nichts als den Pluralis bedeutet, NU sein, und wir haben die Abstufungen von der vollern bis zur verstümmelten Form in den andern Dialekten. Arabisch (N)ACH — NA; syrisch CH — NAN; chaldäisch (AN) AN. Aus dieser Abstufung ergäbe sich, daß NU, NA oder N die Merkmale der ersten Person Pluralis sind, und damit haben wir ein auffallendes Zusammentreffen mit dem Sanskrit und griechischen Dualis nau und νῶῖ und dem lateinischen Plural nos.

In der zweiten Person ist die Aehnlichkeit noch auffallender; denn wenn wir die generische Sylbe abstreifen, so heißt das Pronomen im Hebräischen und Arabischen TA, im Chaldäischen und Syrischen T, das zu Genüge mit dem Sanskrit tuam, gen. te, dem lateinischen und persischen tu und dem deutschen du übereinkommt. Der Plural wird von dem Singular nach gewöhnlicher Ordnung gebildet.

Da ich die Pronomina der dritten Personen im Syrochaldäischen zergliederte, geschah es nur, um das beständige, durch das ganze Pronominalsystem wiederkehrende Zusammensetzungstheilchen nachzuweisen. Jedoch wird die Vergleichung der Pronomina dieser Person nicht weniger auffallend erscheinen, als die vorhergehenden, wenn wir die im hebräischen und arabischen, sowie im syrischen Singular erhaltenen Formen prüfen. Das masc. sing. ist im ersten הוא — HU; im zweiten הו — hua; im dritten הו — hu. Mit diesen können wir vergleichen das persische א — o; das wälische evo, das sich im Suffix wie das hebräische in aw oder o verändert; das lateinische hic, hujus, hi, und das englische he. Das Femininum ist bei allen dasselbe: hebräisch היא, arabisch הי und syrisch הי — HI. Genau das nämliche ist im Wälischen, wo die dritte Person im Femininum hi lautet. Der Plural הם — Hem, oder sein Femininum הן — HEN, oder das syrische אנן — EN — UN mag sich vielleicht mit dem entsprechenden wälischen hwynt vergleichen lassen.

Ich wage diese Conjecturen nur mit geziemendem Vorbehalte. Ich habe nur zu oft gesehen, wie eine scharfsinnige Theorie ihren Urheber verleiten kann, zufällige oder eingebildete

Aehnlichkeiten für wirkliche Analogieen anzunehmen, als daß ich nicht doppelt auf der Hut sein sollte, wo irgend eine neue und künstliche Ansicht mir vorschwebt. Doch kann ich nicht umhin, zu glauben, daß das Verfahren, welches ich befolgte, und die Verwandtschaften, die es uns eröffnet hat, der Aufmerksamkeit wohl werth seien, wegen der Gleichförmigkeit, die sich durch ihren ganzen Wirkungskreis kund gibt. In diesem Falle habe wir einen neuen und wichtigen Berührungspunkt zwischen beiden großen Sprachfamilien, der sich auf die grammatische Zergliederung der ursprünglichen Sprachelemente gründet.

Es gibt noch andere Untersuchungen, die ich der Aufmerksamkeit werth erachte, indem sie wahrscheinlich zu demselben Ergebnisse führen würden; aber für jetzt mag das Vorhergehende genügen. Ich will nur bemerken, daß in den semitischen Dialekten Spuren von dem erscheinen, was man sonst mehr als Eigenthümlichkeit der andern Familie betrachtet, nämlich von der Conjugation durch Hülfszeitwörter. Denn die Passiven im Chaldäischen und Syrischen scheinen offenbar aus der Verbindung des Substantivverbum אית‎, את‎ — ith, von dem sich Spuren im Chaldäischen לית‎ — la — ith (es ist nicht), und in der Partikel את‎ — eth und ית‎ — joth zeigen, mit dem unbestimmten Verbum entstanden zu sein.

Taf. I.

Fig. 1.

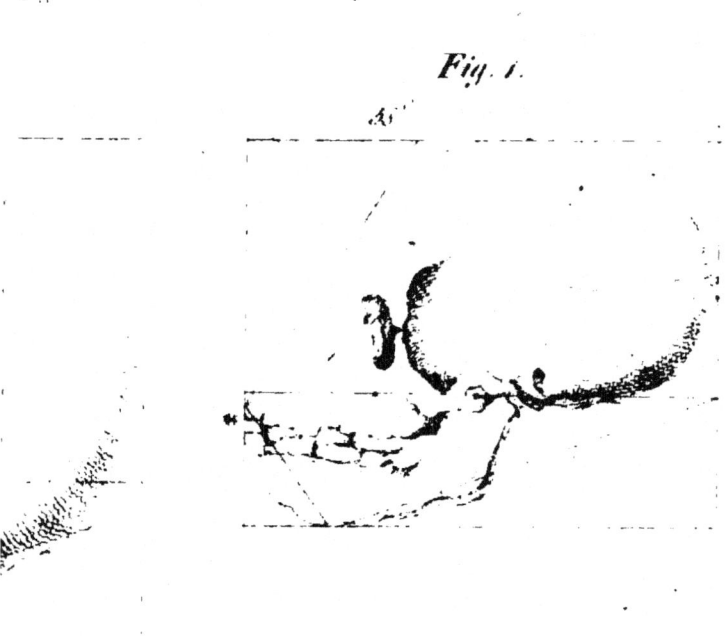

Fig. 6.

APAMEISCHE MÜNZE.

Taf. II.

Fig. 1.

Fig. 2.

Verlag von G. J. Manz in Regensburg.

Taf. IV.

MONUMENT DES SCHISCHAK.

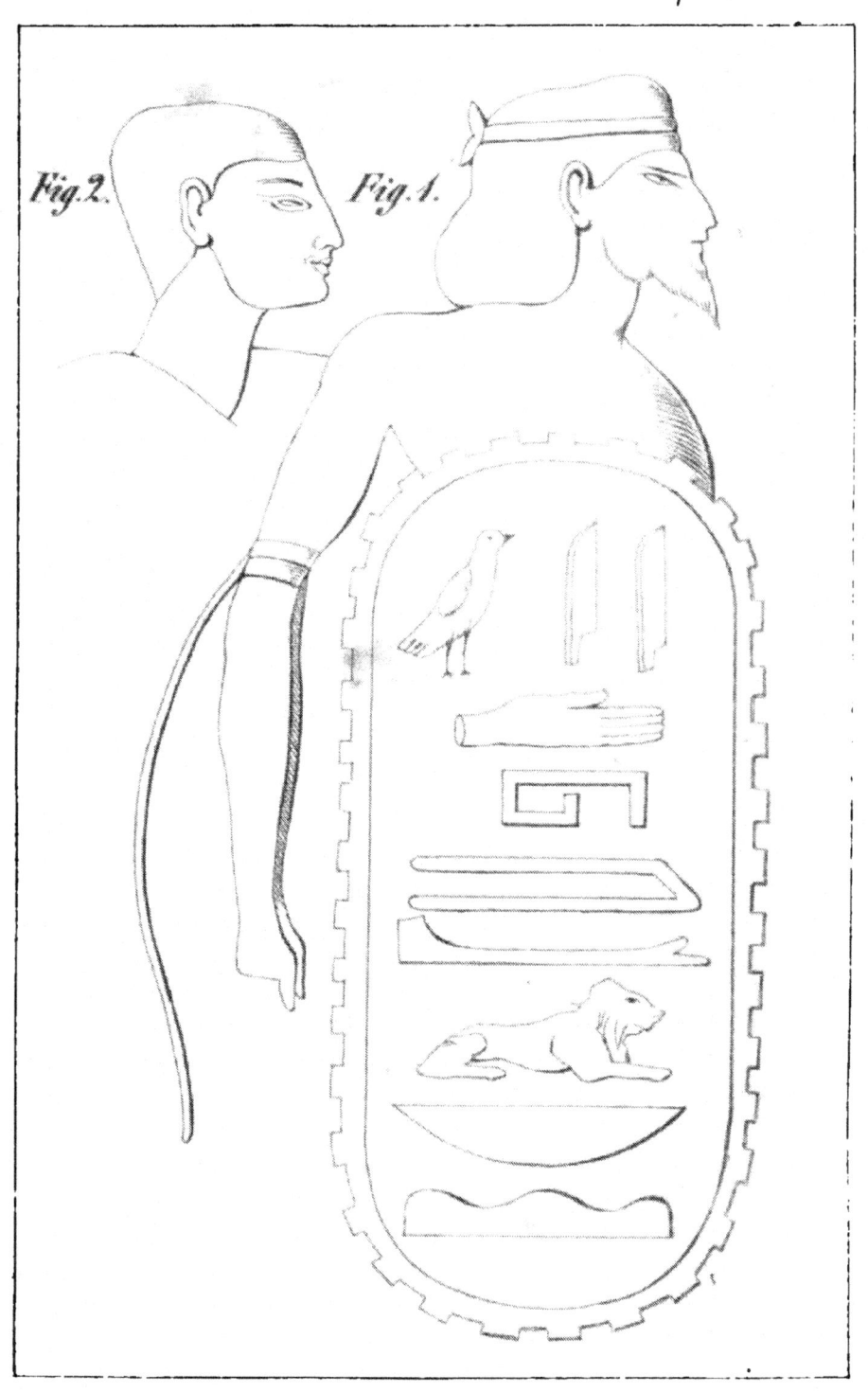

Verlag von G. J. Manz in Regensburg.

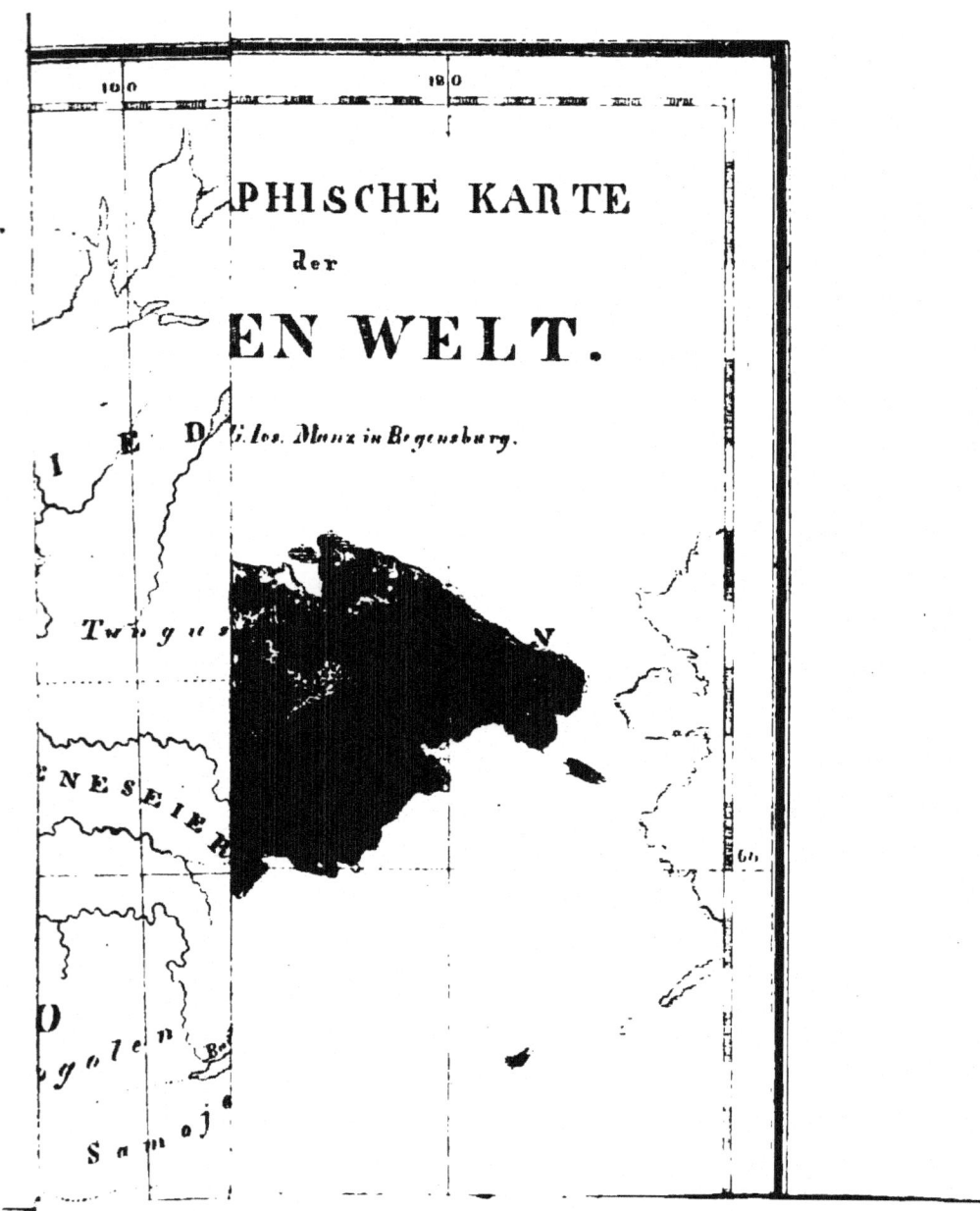

CPSIA information can be obtained at www.ICGtesting.com
Printed in the USA
BVOW09s0954230415
397439BV00014B/89/P